CONFERENCE SERIES

Series Editors: K. Habitzel, T. D. Märk, S. Prock, B. Stehno

iup • *innsbruck* university press

www.uibk.ac.at/iup

innsbruck university press in Conference Series:
Series Editors: K. Habitzel, T. D. Märk, S. Prock, B. Stehno

Also available by *i*up in this series:

Contributions – 2nd International Conference on Proton Transfer Reaction Mass Spectrometry and Its Applications, ISBN-10: 3-901249-78-8, ISBN-13: 978-3-901249-78-5
Editors: A. Hansel, T. D. Märk

41st Symposium on Theoretical Chemistry – Innsbruck, Austria September 5–7, 2005
ISBN-10: 3-901249-80-X, ISBN-13: 978-3-901249-80-8 – Editors: B. M. Rode, B. R. Randolf

Contributions – 15th Symposium on Atomic and Surface Physics and Related Topics
ISBN-10: 3-901249-82-6, ISBN-13: 978-3-901249-82-2 – Editors: V. Grill, T. D. Märk

Microlearning: Emerging Concepts, Practices and Technologies
Proceedings of Microlearning 2005: Learning & Working in New Media Environments
ISBN-10: 3-901249-83-4, ISBN-13: 978-3-901249-83-9 – Editors: T. Hug, M. Lindner, P. A. Bruck

Zukunftsplattform Obergurgl 2006:
Forschungsplattformen innerhalb der Leopold-Franzens-Universität Innsbruck
ISBN-10: 3-901249-86-9, ISBN-13: 978-3-901249-86-0 – Editors: M. Grumiller, T. D. Märk

Bildung schafft Zukunft
1. Innsbrucker Bildungstage, 17. – 18. November 2005
ISBN-10: 3-901249-87-7, ISBN-13: 978-3-901249-87-7 – Editor: Heidi Möller

Die Wiederentdeckung der Langsamkeit
Tagungsband zum gleichnamigen Symposion anlässlich des Tages der psychischen Gesundheit 2005
ISBN-10: 3-901249-88-5, ISBN-13: 978-3-901249-88-4 – Editors: Matthias A. Brüstle, Wolfgang Weber

Pangeo Austria 2006
ISBN-10: 3-901249-93-1, ISBN-13: 978-3-901249-93-8 – Editor: Monika Tessadri-Wackerle

Proceedings of the 7th International Workshop on Adjoint Applications in Dynamic Meteorology
ISBN-10: 3-901249-98-2, ISBN-13: 978-3-901249-98-3 – Editors: M. Ehrendorfer, R. M. Errico

Micromedia & e-Learning 2.0: Gaining the Big Picture
Proceedings of Microlearning Conference 2006
ISBN-10: 3-901249-99-0, ISBN-13: 978-3-901249-99-0 – Editors: T. Hug, M. Lindner, P. A. Bruck

Contributions – 3rd International Conference on Proton Transfer Reaction Mass Spectrometry and Its Applications, ISBN-10: 3-902571-03-9, ISBN-13: 978-3-902571-03-8
Editors: A. Hansel, T. D. Märk

Micromedia and Corporate Learning
Proceedings of the 3rd International Microlearning 2007 Conference
ISBN: 978-3-902571-09-0 – Editors: M. Lindner, P. A. Bruck

Österreich, Spanien und die europäische Einheit – Austria, España y la unidad europea
ISBN: 978-3-902571-11-3 – Editors: P. Danler, K.-D. Ertler, W. Krömer, E. Pfeiffer, E. Rodrigues-Moura

XXV CILPR 2007 – Congrès International de Linguistique et de Philologie Romanes
Communications : Résumés
ISBN: 978-3-902571-15-1 – Editors: M. Iliescu, H. Siller-Runggaldier

Geomorphology for the Future
ISBN: 978-3-902571-18-2 – Editors: A. Kellerer-Pirklbauer, M. Keiler, Ch. Embleton-Hamann, J. Stötter

Zukunftsplattform Obergurgl 2007
Forschungskooperationen innerhalb der Leopold-Franzens-Universität Innsbruck
ISBN: 978-3-902571-21-2 – Editors: M. Grumiller, T. D. Märk

Competence development as workplace learning
ISBN: 978-3-902571-25-0 – Editors: L. Chisholm, H. Fennes, R. Spannring

Contributions – 16th Symposium on Atomic and Surface Physics and Related Topics (SASP 2008)
20.1. – 25.1.2008, Les Diablerets, Switzerland
ISBN: 978-3-902571-31-1 – Editors: R. D. Beck, M. Drabbels and T. R. Rizzo

innsbruck university press
Univ.-Prof. Dr. Dr.h.c.mult. Tilmann Märk
Universität Innsbruck
Christoph-Probst-Platz, Innrain 52
A-6020 Innsbruck
www.uibk.ac.at/iup

Herausgeber: Gustav Wachter, Florian Burger
Verlagsredaktion: Carmen Drolshagen, Gregor Sailer
Umschlaggestaltung: Jasmine Heßler-Luger
Herstellung: Books on Demand

ISBN: 978-3-902571-47-2

Wachter/Burger (Hrsg)

Die Dienstleistungsrichtlinie

Dienstleistungsfreiheit in Europa Segen oder Fluch?

Tagungsband

zum

Symposium vom 8. und 9. November 2006
an der Leopold-Franzens-Universität Innsbruck

Inhaltsverzeichnis

Gustav Wachter
Eröffnung des Symposiums „Die Dienstleistungs-Richtlinie: Dienstleistungsfreiheit in Europa – Segen oder Fluch?" 1

Waldemar Hummer
Einführung in den Forschungsschwerpunkt „Europäische Integration" 7

Walter Obwexer
Primärrechtliche Rahmenbedingungen für die Erbringung von Dienstleistungen im Binnenmarkt 11

Dieter Lukesch
Die Dienstleistungsrichtlinie aus ökonomischer Sicht 47

Armin Hatje
Die Dienstleistungsrichtlinie – ein Fortschritt für den Binnenmarkt? 61

Waldemar Hummer
Die Übernahme der „Dienstleistungs-Richtlinie" im Fürstentum Liechtenstein und die Position der Schweiz 79

Harald Burmann
Die Dienstleistungsrichtlinie und ihre Auswirkungen auf die Rechtsanwaltschaft vornehmlich in Österreich 143

Andreas Gapp
Dienstleistungsrichtlinie und Finanzdienstleistungen 159

Gottfried Call
Dienstleistungsrichtlinie und Immobilienwirtschaft I 179

Robert Moll
Dienstleistungsrichtlinie und Immobilienwirtschaft II 187

Christian Mandl / Markus Stock
Die Dienstleistungsrichtlinie aus der Sicht der Wirtschaftskammer Österreich 191

Johann Egger
Die Entsende-Richtlinie 209

Gustav Wachter
Dienstleistungsfreiheit und Arbeitsvertragsrecht ... 235

Florian Burger
Dienstleistungsfreiheit und Arbeitnehmerschutzrecht ... 267

Andreas Mair
Das kollektive Arbeitsrecht im Kontext von Dienstleistungsfreiheit und Dienstleistungsrichtlinie - dargestellt unter besonderer Berücksichtigung des Kollektivvertragsrechts ... 301

Anhang
Vorschlag für eine Richtlinie des Europäischen Parlaments und des Rates über Dienstleistungen im Binnenmarkt (SEK[2004] 21; „Bolkestein-Entwurf") ... 331

Richtlinie 2006/123/EG des Europäischen Parlaments und des Rates vom 12. Dezember 2006 über Dienstleistungen im Binnenmarkt (Dienstleistungs-Richtlinie) ... 381

Autorenverzeichnis

Dr. Florian ***Burger***
Wissenschaftlicher Mitarbeiter am Institut für Arbeits- und Sozialrecht, Wohn- und Immobilienrecht und Rechtsinformatik, Universität Innsbruck, Innrain 52, A-6020 Innsbruck

RA Dr. Harald ***Burmann***
Präsident der Tiroler Rechtsanwaltskammer, Meraner Straße 3/III, A-6020 Innsbruck

Univ.-Prof. Dr. Gottfried ***Call***
Professor am Institut für Arbeits- und Sozialrecht, Wohn- und Immobilienrecht und Rechtsinformatik, Universität Innsbruck, Innrain 52, A-6020 Innsbruck

ao. Univ.-Prof. Dr. Johann ***Egger***
Professor am Institut für Arbeits- und Sozialrecht, Wohn- und Immobilienrecht und Rechtsinformatik, Universität Innsbruck, Innrain 52, A-6020 Innsbruck

Dr. Andreas ***Gapp***
Leiter der Rechtsabteilung und Vorstandsassistent der Raiffeisenbank Kleinwalsertal AG, Walserstraße 63, A-6992 Hirschegg

Prof. Dr. Armin ***Hatje***
Professor an der Fakultät für Rechtswissenschaften, Abt. Europäisches Gemeinschaftsrecht, Universität Hamburg, Schlüterstraße 28, D-20146 Hamburg

o.Univ.-Prof. DDDr. Waldemar ***Hummer***
Professor am Institut für Europarecht und Völkerrecht, Universität Innsbruck, Innrain 52, A-6020 Innsbruck

Univ.-Prof. Dr. Dieter ***Lukesch***
Professor am Institut für Wirtschaftstheorie, -politik und -geschichte, Universität Innsbruck, Universitätsstraße 15, A-6020 Innsbruck

Dr. Andreas ***Mair***
Wissenschaftlicher Mitarbeiter am Institut für Arbeits- und Sozialrecht, Wohn- und Immobilienrecht und Rechtsinformatik, Universität Innsbruck, Innrain 52, A-6020 Innsbruck

MMag. Christian ***Mandl***

Leiter der Stabsabteilung EU-Koordination, Wirtschaftskammer Österreich, Wiedner Hauptstraße 63, A-1045 Wien

Dr. Robert ***Moll***

Fachgruppenobmann der Immobilien- und Vermögenstreuhänder, Wirtschaftskammer Tirol, Meinhardstraße 14, A-6020 Innsbruck

Ass.-Prof. Dr. Walter ***Obwexer****,*

Professor am Institut für Europarecht und Völkerrecht, Universität Innsbruck, Innrain 52, A-6020 Innsbruck

Mag. Markus ***Stock***

Mitarbeiter der Stabsabteilung EU-Koordination, Wirtschaftskammer Österreich, Wiedner Hauptstraße 63, A-1045 Wien

Univ.-Prof. Dr. Gustav ***Wachter***

Professor am Institut für Arbeits- und Sozialrecht, Wohn- und Immobilienrecht und Rechtsinformatik, Universität Innsbruck, Innrain 52, A-6020 Innsbruck

Gustav Wachter

Eröffnung des Symposiums „Die Dienstleistungs-Richtlinie. Dienstleistungsfreiheit in Europa – Segen oder Fluch?“

Meine sehr geehrten Damen und Herren,

hiemit darf ich die erste Veranstaltung im Rahmen des heurigen Fakultätstages der Rechtswissenschaftlichen Fakultät eröffnen und Sie in meiner Eigenschaft als Dekan der Rechtswissenschaftlichen Fakultät herzlich zum Symposium zum Thema Dienstleistungsrichtlinie begrüßen.

Im Rahmen des Fakultätstages haben wir ja bereits letztes Jahr zwei Fachseminare veranstaltet. Heuer haben wir das Thema DL-RL ausgewählt. Damit haben wir ein besonders brisantes und zugleich hoch aktuelles Thema auf die Tagesordnung gesetzt. Das wird sogleich deutlich, wenn ich einen kurzen Überblick über die bisherige Entwicklung im Zusammenhang mit der DL-RL gebe:

Die Kommission der Europäischen Gemeinschaften hatte bekanntlich am **25.02.2004** einen **Vorschlag für eine Richtlinie des Europäischen Parlaments und des Rates über Dienstleistungen im Binnenmarkt**[1] vorgelegt („Bolkestein-Richtlinie" – benannt nach dem damals im Amt gewesenen EU-Binnenmarktkommissar). Das erklärte **Ziel dieses Richtlinienvorschlages** war es, einen Rechtsrahmen zu schaffen, durch den die **Hindernisse für die Niederlassungsfreiheit** von Dienstleistungserbringern **und für den freien Dienstleistungsverkehr** zwischen den Mitgliedstaaten beseitigt werden und der den Dienstleistungserbringern ebenso wie den -empfängern die notwendige Rechtssicherheit bietet, die diese für die wirksame Wahrnehmung dieser beiden Grundfreiheiten des EG-Vertrages benötigen.

Zur **Beseitigung der Hindernisse für die <u>Niederlassungsfreiheit</u>** war im Entwurf ua Folgendes vorgesehen:

---

1 Im Folgenden kurz „Dienstleistungsrichtlinie" bzw abgekürzt „DL-RL" genannt.

- Maßnahmen zur Verwaltungsvereinfachung, insbesondere durch die Verpflichtung zur Benennung **einheitlicher Ansprechpartner**, bei denen ein Dienstleistungserbringer alle Verwaltungsformalitäten, die im Zusammenhang mit seiner Tätigkeit erforderlich sind, erledigen kann, sowie die Verpflichtung der zuständigen Stellen, die **elektronische Abwicklung** dieser Formalitäten zu ermöglichen;
- einige verbindliche Grundsätze für die auf Dienstleistungstätigkeiten anwendbaren **Genehmigungserfordernisse**, insbesondere hinsichtlich der Voraussetzungen und der Verfahren für die Erteilung der Genehmigung;
- **das Verbot bestimmter**, besonders restriktiver rechtlicher **Anforderungen**, die teilweise noch in den Rechtsvorschriften einzelner Mitgliedstaaten zu finden sind;
- die Pflicht zur **Prüfung der Vereinbarkeit einer Reihe anderer** rechtlicher **Anforderungen** mit den Bestimmungen der Richtlinien, insbesondere die Beurteilung der Verhältnismäßigkeit.

Zur **Beseitigung der Hindernisse für den freien <u>Dienstleistungsverkehr</u>** sah der Vorschlag ua Folgendes vor:

- das **Herkunftslandprinzip** (nach dem der Dienstleistungserbringer einzig den Rechtsvorschriften des Landes unterliegt, in dem er niedergelassen ist, und wonach die Mitgliedstaaten die Erbringung von Dienstleistungen durch in einem anderen Mitgliedstaat niedergelassene Dienstleistungserbringer nicht beschränken dürfen);
- das **Recht der Dienstleistungsempfänger, Dienstleistungen** aus anderen Mitgliedstaaten **in Anspruch zu nehmen**, ohne dabei durch restriktive Maßnahmen ihres eigenen Landes oder diskriminierende Vorgehensweisen öffentlicher Stellen oder privater Akteure behindert zu werden;
- eine Aufgabenteilung zwischen Herkunftsmitgliedstaat und Entsendemitgliedstaat sowie die Regelung des Ablaufs der Kontrollverfahren bei der **Entsendung von Arbeitnehmern** im Zusammenhang mit der Erbringung von Dienstleistungen.

Dieser Richtlinienvorschlag hat zu einer in dieser Heftigkeit noch nicht gekannten politischen Auseinandersetzung innerhalb der EU geführt. Insbesondere zwischen Arbeitgeber- und Arbeitnehmerseite gingen die Einschätzungen des

Entwurfs weit auseinander. Zahlreiche Publikationen sind erschienen[2]: Durch Vertreter der **Wirtschaft** wurde der Entwurf grundsätzlich begrüßt, es wurden lediglich gewisse Nachbesserungen verlangt. Durch die **Arbeitnehmerseite** (aber auch durch verschiedene andere Organisationen) wurde der Entwurf hingegen in einer Reihe von europäischen Ländern vehement kritisiert und als **massive Bedrohung der in diesen Ländern bestehenden Sozialstandards** eingeschätzt[3]. Im Zentrum der Ablehnung stand dabei das Herzstück des RL-Entwurfes, das **Herkunftslandprinzip**.

So wurde zB in Österreich vom **GPA-Bundesvorstand** am 27.04.2005 eine **Resolution** verabschiedet, in der es ua heißt:

„Europäische Dienstleistungsrichtlinie: Herkunftslandprinzip muss weg!

Die Europäische Union plant die völlige Liberalisierung des Dienstleistungsmarktes in Europa. Der aktuelle Richtlinienentwurf, den die EU-Kommission dazu präsentiert hat, steht den Zielen eines sozialen Europas diametral entgegen. Die Kommissionspläne hätten Verdrängungswettbewerb, Lohn- und Sozialdumping, Verlagerung und Standortwettbewerb um die niedrigsten sozialen Standards zur Folge.

Kern des Entwurfes ist das so genannte Herkunftslandprinzip. Dies bedeutet, dass Unternehmen bei grenzüberschreitender Dienstleistungserbringung nur noch den gesetzlichen und sonstigen Regulierungen ihres Herkunftslandes unterworfen sind. Regelungen wie zB Entgeltfortzahlung bei Krankheit, Kündigungsschutz, Versetzungsschutz oder Anordnung von Überstunden würden sich in erster Linie nach dem Recht des Unternehmenssitzes richten. […]"

Und die **Arbeiterkammer Wien** hat folgenden Standpunkt eingenommen[4]:

„Die Dienstleistungsrichtlinie der EU – Die Zerstörung des österreichischen Arbeitsrechts.

Kommt die Dienstleistungsrichtlinie so wie von der EU-Kommission vorgelegt, hat das katastrophale Auswirkungen auf unser Arbeitsrecht.

Denn im Klartext bedeutet die Dienstleistungsrichtlinie: Unternehmen aus einem EU-Mitgliedsland, die über die Grenze hinweg in Österreich Dienstleistungen erbringen, müssen nicht mehr das österreichische Arbeitsrecht einhalten, sondern nur das Recht ihres Herkunftslandes. Dabei ist es egal, ob der Dienstleister ausländische oder österreichische Arbeitnehmer einsetzt, vorübergehend oder dauerhaft – für einen Österreicher kann also in Öster-

---

2 S dazu zB *Höferl/Hollos*, Die „EU-Dienstleistungsrichtlinie". Fakten und Argumente zu einer Rechtsnorm der EU, die jeden betreffen würde[3] (2006); *Lorenz/Wannöffel*, EU-Rahmenrichtlinie: Dienstleistungen im Binnenmarkt (2005).

3 S dazu zB *Bsirske/Deppe/Lindner/Skarpeils-Sperk* ua, Die EU-Dienstleistungsrichtlinie. Ein Anschlag auf das europäische Sozialmodell (2006).

4 AK Wien Aktuell 9/2005.

reich britisches, portugiesisches oder in eine paar Jahren slowakisches oder lettisches Recht gelten, wenn er für eine Firma aus einem dieser Länder arbeitet.

Ausgenommen von dieser Regel (dem sogenannten Herkunftslandprinzip) ist nur ein kleiner Kernbereich von Mindeststandards: Mindestlohn, Mindesturlaub, Mindestmutterschutz und Mindestruhezeit.

Und nicht einmal diese Mindestnormen sind das Papier wert, auf dem sie geschrieben sind, es gibt nämlich in Österreich keine Behörde, die die Einhaltung der wenigen Mindeststandards kontrollieren kann, und es gibt keine Strafen. Dafür ist ausschließlich das Herkunftsland zuständig. Es müsste daher etwa eine polnische Behörde prüfen, ob auf einer Baustelle in Österreich österreichisches Recht eingehalten wird – welches Interesse sie daran hätte, steht in den Sternen".

In zahlreichen europäischen Staaten hat es heftige öffentliche Proteste bis hin zu Großdemonstrationen gegen die DL-RL gegeben. Es hat sich erstmals eine Art europäischer „innenpolitischer" Debatte entwickelt. Es wird sogar kolportiert, dass der negative Ausgang der Volksabstimmungen über die EU-Verfassung in Frankreich und in den Niederlanden maßgeblich auf die Bestrebungen zur Schaffung der DL-RL zurückzuführen war.

Letztlich ging es um die Auseinandersetzung zwischen dem **extrem liberalen Ansatz** der EU-Kommission und der Vorstellung von einem Europa, in dem auch der **Schutz der Arbeitnehmer, die Erhaltung bestehender Sozialstandards** usw Berücksichtigung finden.

Am **16.02.2006** hat das **Europäische Parlament** über die DL-RL abgestimmt. Es wurde ein Kompromiss verabschiedet, in dem eine Vielzahl von Änderungsvorschlägen gegenüber dem ursprünglichen Entwurf berücksichtigt ist.

Am **04.04.2006** hat die **Kommission** einen geänderten Richtlinien-Vorschlag[5] vorgelegt. Der neue Text orientiert sich weitgehend am Kompromiss des EU-Parlaments[6]. Insbesondere wurde das umstrittene Herkunftslandprinzip aus der Vorlage gestrichen und durch den Terminus „Dienstleistungsfreiheit" ersetzt, wurden dem ursprünglichen Entwurf diverse weitere Ausnahmen von der Dienstleistungsfreiheit hinzugefügt usw.

Auf dem Treffen des **Rates der Europäischen Union** am **29.-30.05.2006** in Brüssel wurde eine politische Einigung über den Entwurf der Dienstleistungsrichtlinie

---

5 Geänderter Vorschlag für eine Richtlinie des Europäischen Parlaments und des Rates über Dienstleistungen im Binnenmarkt, KOM(2006) 160 endg.

6 S dazu zB *Lorenz*, EU-Dienstleistungsrichtlinie und gesetzlicher Mindestlohn – rechtliche Bewertungen und mögliche Schlussfolgerungen, AuR 2006, 91 ff.

erzielt[7]. und ein entsprechend überarbeiteter Vorschlag erstellt[8]. Der Text wurde in der Folge als **„GEMEINSAMER STANDPUNKT des Rates vom 24. Juli 2006 im Hinblick auf den Erlass einer Richtlinie des Europäischen Parlaments und des Rates über Dienstleistungen im Binnenmarkt“**[9] finalisiert und dem Europäischen Parlament für die zweite Lesung übermittelt.

Diese **2. Lesung** ist derzeit im Gange. Es lag neuerlich eine gewisse Anzahl von Abänderungsanträgen vor. Diese wurden allerdings am 23.10.2006 im **Binnenmarktausschuss** samt und sonders abgelehnt[10].

Nächsten Mittwoch (15.11.2006) ist nach den vorliegenden Informationen die Abstimmung im Plenum des Europäischen Parlamentes vorgesehen. Nach der Billigung des Textes durch den Binnenmarktausschuss wird allgemein erwartet, dass die DL-RL durch das Plenum **in der Fassung des Gemeinsamen Standpunktes des Rates verabschiedet** werden wird[11].

---

7 S Press Release 9334/06 (Presse 136), 10: *„The Council reached by unanimity (The Belgian and the Lithuanian delegations announced that they would abstain), in public deliberation, a political agreement on a draft directive on services in the internal market. The Council will adopt its common position at one of its forthcoming meetings after finalisation of the text and will forward it to the European Parliament for a second reading.“*

8 Text of the political agreement of 29 May 2006; **Amended proposal for a Directive of the European Parliament and of the Council on Services in the Internal Market,** 30.05.2006, DG C I.

9 DG C 1, 10003/4/06 REV 4.

10 S <http://www.europarl.europa.eu/news/expert/infopress_page/056-11864-296-10-43-909-20061020IPR11863-23-10-2006-2006-false/default_en.htm> (01.12.2007): *„Services directive: Internal Market Committee backs Council text. The suspense is nearly over: the European Parliament's final vote on the services directive will take place as expected in November. By approving the Council's second-reading text on Monday night, the EP's Internal Market Committee paved the way for adoption of the text by the full Parliament. Apart from a few details, the Council text reflects the one adopted by Parliament at first reading.“*

11 Ergänzung: Das Plenum des Europäischen Parlaments hat am 15.11.2006 den Gemeinsamen Standpunkt des Rates ohne substanzielle Änderungen bestätigt. Allerdings wurde der Text hinsichtlich prozeduraler Bestimmungen zum Komitologieverfahren an die zwischenzeitlich geänderte Rechtslage angepasst. Auf Grund dessen musste sich der Rat noch einmal mit der DL-RL befassen. Mit Beschluss des Rates vom 11. Dezember 2006 ist die Richtlinie endgültig verabschiedet worden. Am 27.12.2006 ist die Richtlinie schließlich im Amtsblatt veröffentlicht worden (ABl 2006 L 376 S 36).

In der Folge ist die RL in den Mitgliedstaaten **binnen drei Jahren** in innerstaatliches Recht **umzusetzen**[12].

Insgesamt sind wir also mit dem Thema DL-RL auf dem letzten Stand der Dinge. Aktueller geht es nicht.

Wir haben auf unserem Symposium ein **sehr dichtes Programm mit einem konsequenten Aufbau**. Es schreitet vom Allgemeinen ins Besondere fort. Insgesamt bin ich zuversichtlich, dass wir zwei interessante und informative Tage erleben werden.

Bevor wir nun zur Begrüßung durch den Leiter des Forschungsschwerpunktes „Europäische Integration", Herrn Kollegen Hummer, kommen, darf ich Ihnen noch einen **Überraschungsgast** ankündigen. Es ist dies der **Vorsitzende des Universitätsrates der Universität Innsbruck, Herr Prof. Rainer**. Er hat es sich nicht nehmen lassen, zur Eröffnung unseres Symposiums zu kommen und einige Grußworte an uns zu richten.

12 Ergänzung: Gemäß Art 44 Abs 1 der DL-RL setzen die Mitgliedstaaten die erforderlichen Rechts- und Verwaltungsvorschriften in Kraft, die erforderlich sind, um dieser Richtlinie bis spätestens ab dem 28.12.2009 nachzukommen.

Waldemar Hummer

Einführung in den Forschungsschwerpunkt „Europäische Integration“

Es ist mir eine besondere Freude, Sie heute in meiner Eigenschaft als Leiter des Forschungsschwerpunktes „**Europäische Integration**“ der Rechtswissenschaftlichen (REWI) Fakultät der LFU-Innsbruck begrüßen zu dürfen. Der Grund dafür ist der, dass mit dem gegenständlichen Symposium „**Die Dienstleistungsrichtlinie. Dienstleistungsfreiheit in Europa – Segen oder Fluch?**“ eines der drei Projekte, die gegenwärtig im Rahmen dieses im Jahre 2005 neuerlich eingerichteten Forschungsschwerpunktes (der im Grunde aber bereits seit 1989 besteht[1]) ausgearbeitet werden, vorgestellt wird. Diese erfreuliche Aktivität ist aber nur die Spitze eines europarechtlichen „Eisbergs“, der schon seit vielen Jahren an der hiesigen REWI-Fakultät ausgebildet wurde. Um dessen Dimensionen, vor allem aber seinen „Tiefgang“, auszuloten, bedarf es zunächst eines Blicks zurück.

Die REWI-Fakultät kann auf eine langjährige Tradition in der Beschäftigung mit dem Europarecht zurückblicken. Bereits 1985 gelang es, durch ein Abkommen mit der Europäischen Kommission ein „**Europäisches Dokumentationszentrum**“ (EDZ) im damaligen Institut für Völkerrecht und Internationale Beziehungen zu lokalisieren, dem alle amtlichen Dokumente der Europäischen Gemeinschaften gratis zur Verfügung gestellt wurden. Nach deren Erfassung und Systematisierung konnten damit allen Instituten der REWI-Fakultät die wichtigsten einschlägigen europarechtlichen Materialien – vor allem aber die Amtsblätter und die amtliche Sammlung der Rechtsprechung des Gerichtshofs der Europäischen Gemeinschaften (EuGH) – zur Verfügung gestellt werden, damit diese entsprechend europarechtlich recherchieren konnten. Das EDZ der REWI-Fakultät, das von vielen Universitätsangehörigen, aber auch Praktikern, regelmäßig konsultiert

1 Vgl dazu nachstehend S 8.

wird, ist bis heute das führende Dokumentationszentrum für europarechtliche Materialien in ganz Westösterreich geblieben.[2]

Parallel zum Stellen der ersten Beitrittsanträge Österreichs zu den drei Europäischen Gemeinschaften im Juli 1989 wählte die **REWI-Fakultät** - als erste in ganz Österreich - bereits im Jahre 1989 das Fach „**Europarecht**" zu ihrem (einzigen) **Forschungsschwerpunkt** und richtete zur infrastrukturellen Unterstützung und Koordination dieser Tätigkeiten ein eigenes „**Zentrum für Europarecht**" (ZER) als „Besondere Universitätseinrichtung" iSv § 83 UOG '75 ein, das unter meiner Leitung ebenfalls am Institut für Völkerrecht und Internationale Beziehungen angesiedelt wurde und kontinuierlich bis 2004 tätig war.[3] Neben seiner intrafakultären und -universitären Unterstützungs- und Koordinationstätigkeit „nach innen" wurde das ZER aber auch „nach außen" tätig und gab bzw gibt noch immer seit 1991 eine eigene Zeitschrift „**Zeitschrift für EuropaRecht - ZER. Kurzinformation zum Recht der Europäischen Union**" heraus, die in einer für den deutschsprachigen Raum einmaligen Form alle Judikate des EuGH und des Gerichts erster Instanz (EuG) sowie die wichtigsten Rechtsakte des gemeinschaftlichen und unionsrechtlichen Sekundärrechts enthält. Die Zeitschrift wurde zunächst im Eigenverlag, dann ab 1993 im Manz Verlag/Wien[4] und seit 1998 auch als Beilage zu den „europa blättern" des bundesdeutschen Bundesanzeiger Verlags/Köln herausgegeben. Sie erscheint sechsmal im Jahr.

Der europarechtliche Schwerpunkt der REWI drückt sich aber auch in der Zahl der habilitierten Fachvertreter für Europarecht aus. Zur Zeit verfügen vier Personen über eine **umfassende** venia docendi im Fach „Europarecht" - von denen einer noch dazu „Jean Monnet-Professor für Europarecht" ist - wozu noch ein Habilitand hinzuzuzählen ist. Dazu kommen noch zwei weitere Kollegen der REWI-Fakultät, die über eine europarechtliche „**Bezüge-venia**" verfügen, sodass die REWI-Fakultät der LFU-Innsbruck mit diesen sieben Fachvertretern bei wei-

---

2 Vgl dazu die Festschrift zum zehnjährigen Bestehen des ZER, an der 13 enge (auswärtige/ausländische) Mitarbeiter und Freunde des ZER mitgewirkt haben; *Hummer* (Hrsg), Europarecht im Wandel, Braumüller Verlag/Wien 2003, 417 Seiten.

3 Vgl dazu den Tätigkeitsbericht des ZER für die Periode SS 1990-bis SS 1993 (1993), 45 Seiten; *Hummer* (Hrsg), Europarecht in Innsbruck, Sonderband der Reihe Recht und Europa, Braumüller Verlag Wien (2002), 144 Seiten.

4 Die ZER liegt der Zeitschrift für Rechtsvergleichung bei.

tem über mehr „Europarechtler" verfügt, als jede andere österreichische Universität (sic).[5]

Diese Anzahl an Fachvertretern garantiert aber auch ein breites Lehrangebot im Fach „**Europarecht**", das zwar bereits 1978 durch das Rechtswissenschaftliche Studiengesetz (RwStG) als (Pflicht-)**Wahlfach** in die österreichische Juristenausbildung eingeführt, aber erst im Zuge der Umsetzung des Universitätsstudiengesetzes (UniStG) (1997) zu einem **Pflichtfach** im Umfang von drei bis vier Semesterwochenstunden aufgewertet wurde.

Abschließend soll noch auf die beiden anderen **Forschungsvorhaben** im Rahmen des Forschungsschwerpunktes „Europäische Integration" an der REWI-Fakultät hingewiesen werden. Zum einen handelt es sich um ein umfassendes Projekt zum Thema „**EU-Recht und staatliches Recht am Beispiel Österreichs. Allgemeine Rahmenbedingungen und konkrete Anwendungsfälle des Zusammenwirkens beider Rechtsordnungen**", und zum anderen um die kritische Auseinandersetzung mit der Judikatur des EuGH unter dem Titel „**Der EuGH als rechtspolitische Instanz – eine kritische Analyse**". Alle drei Forschungsvorhaben belegen einmal mehr den hohen Stand der europarechtlichen Forschung an unserer LFU-Innsbruck.

In diesem Sinne darf ich dem gegenständlichen Symposium über die „Dienstleistungs-Richtlinie" einen guten und erfolgreichen Verlauf wünschen.

5 Vgl dazu die Zusammenstellung bei *Hummer,* Die österreichische Europarechtslehre und ihre Vertreter, in Hummer (Hrsg), Paradigmenwechsel im Europarecht zur Jahrtausendwende (2004) 389 ff.

Walter Obwexer

Primärrechtliche Rahmenbedingungen für die Erbringung von Dienstleistungen im Binnenmarkt

1. Einführung
2. Niederlassungsfreiheit
   2.1. Rechtsgrundlagen
   2.2. Anwendungsbereich
      2.2.1. Persönlicher Anwendungsbereich
      2.2.2. Sachlicher Anwendungsbereich
      2.2.3. Primäre und sekundäre Niederlassung
   2.3. Umfang
      2.3.1. Diskriminierungsverbot
      2.3.2. Beschränkungsverbot
      2.3.3. Inländerdiskriminierungen
   2.4. Ausnahmen
      2.4.1. Gründe der öffentlichen Ordnung, Sicherheit und Gesundheit
      2.4.2. Ausübung öffentlicher Gewalt
3. Dienstleistungsfreiheit
   3.1. Rechtsgrundlagen
   3.2. Anwendungsbereich
      3.2.1. Persönlicher Anwendungsbereich
      3.2.2. Sachlicher Anwendungsbereich
   3.3. Umfang
      3.3.1. Diskriminierungsverbot
      3.3.2. Beschränkungsverbot
      3.3.3. Inländerdiskriminierungen
   3.4. Ausnahmen
      3.4.1. Gründe der öffentlichen Ordnung, Sicherheit und Gesundheit
      3.4.2. Ausübung öffentlicher Gewalt
      3.4.3. Verkehrsdienstleistungen
      3.4.4. Kapitalverkehrsdienstleitungen
4. Abgrenzung zwischen Dienstleistungsfreiheit und Niederlassungsfreiheit
5. Anerkennung von Berufsqualifikationen (Diplomanerkennung)
   5.1. Grundlagen
   5.2. Vertikales System
   5.3. Horizontales System
   5.4. Sonderregelungen
   5.5. Äquivalenzprüfung nach Primärrecht
   5.6. Verhältnis der verschiedenen Systeme zueinander
6. Schlussbetrachtungen

1. Einführung

Die von der Kommission Ende Februar 2004 vorgelegte Richtlinie über Dienstleistungen im Binnenmarkt (**Dienstleistungs-Richtlinie**)[1] konnte – nach heftiger

---

1 Vorschlag für eine Richtlinie des Europäischen Parlaments und des Rates über Dienstleistungen im Binnenmarkt, KOM(2004) 2 endg vom 25. Februar 2004.

Kritik insbesondere am sog „Herkunftslandprinzip"[2] und intensiven Verhandlungen zwischen den zuständigen Rechtsetzungsorganen der Europäischen Gemeinschaft (EG) - im ersten Halbjahr 2006 (unter österreichischer Präsidentschaft) inhaltlich im Wesentlichen akkordiert werden. Die vom Europäischen Parlament Mitte Februar 2006 in Erster Lesung verlangten Modifikationen[3] waren von der Kommission Anfang April 2006 weitgehend in ihren geänderten Vorschlag übernommen worden.[4] Darauf aufbauend legte der Rat Ende Juli 2006 seinen gemeinsamen Standpunkt fest.[5] Anfang Dezember 2006 konnten das Europäische Parlament und der Rat schließlich eine Einigung über den Text der Richtlinie erzielen[6] und diese in der Folge verabschieden.

Die Richtlinie 2006/123/EG des Europäischen Parlaments und des Rates vom 12. Dezember 2006 über Dienstleistungen im Binnenmarkt[7] wurde am 27. Dezember 2006 im Amtsblatt der Europäischen Union kundgemacht und ist am 28. Dezember 2006 in Kraft getreten.

Die Dienstleistungs-Richtlinie verfolgt das **Ziel**, die Beschränkungen der Niederlassungsfreiheit von Dienstleistungserbringern in den Mitgliedstaaten und des freien Dienstleistungsverkehrs zwischen den Mitgliedstaaten zu beseitigen (Erwägungsgrund 5). Diese Beschränkungen lassen sich nämlich - so der Gemeinschaftsgesetzgeber - *„nicht allein durch die direkte Anwendung der Artikel 43 und 49 des Vertrags"* beseitigen (Erwägungsgrund 6).

---

2 Vgl *Albath/Giesler*, Das Herkunftslandprinzip in der Dienstleistungsrichtlinie - eine Kodifizierung der Rechtsprechung? EuZW 2006, 38 ff.

3 Vgl Legislative Entschließung des Europäischen Parlaments vom 16. Februar 2006 zu dem Vorschlag für eine Richtlinie des Europäischen Parlaments und des Rates über Dienstleistungen im Binnenmarkt, P6_TA-PROV(2006)0061; Dok 6275/06 vom 1. März 2006.

4 Vgl geänderter Vorschlag für eine Richtlinie des Europäischen Parlaments und des Rates über Dienstleistungen im Binnenmarkt, KOM(2006) 160 endg vom 4. April 2006.

5 Vgl Gemeinsamer Standpunkt (EG) Nr 16/2006 des Rates vom 24. Juli 2006 im Hinblick auf den Erlass einer Richtlinie des Europäischen Parlaments und des Rates über Dienstleistungen im Binnenmarkt, Dok 10003/4/06 vom 24. Juli 2006, ABl 2006 C 270 E S 1 ff.

6 Vgl Mitteilung der Kommission an das Europäische Parlament gemäß Art 251 Abs 2 UAbs 2 EGV über den gemeinsamen Standpunkt des Rates im Hinblick auf den Erlass der Richtlinie des Europäischen Parlaments und des Rates über Dienstleistungen im Binnenmarkt, KOM(2006) 424 endg vom 25. Juli 2006.

7 ABl 2006 L 376 S 36 ff. Vgl zB *Calliess*, Die Dienstleistungsfreiheit, Schriftenreihe des Zentrums für europäisches Wirtschaftsrecht Bonn, Nr 160 (2007); *Obwexer*, RL über Dienstleistungen im Binnenmarkt, ecolex 2007, 4 ff; *Stock*, Die Dienstleistungsrichtlinie, in WKÖ (Hrsg), EU-Aktuell 07/2006.

Zur Erreichung dieses Zieles enthält die Dienstleistungs-Richtlinie **allgemeine Bestimmungen**, die die Wahrnehmung der Niederlassungsfreiheit durch Dienstleistungserbringer sowie den freien Dienstleistungsverkehr erleichtern sollen (Art 1 Abs 1). Sie gilt ganz allgemein für Dienstleistungen, die von einem in einem Mitgliedstaat niedergelassenen Dienstleistungserbringer angeboten werden (Art 2 Abs 1). Als Dienstleistung gilt dabei jede von Art 50 EGV erfasste selbständige Tätigkeit, die in der Regel gegen Entgelt erbracht wird (Art 4 Z 1). Dienstleistungserbringer ist jede natürliche Person, die die Staatsangehörigkeit eines Mitgliedstaates besitzt, und jede in einem Mitgliedstaat niedergelassene juristische Person iSv Art 48 EGV, die eine Dienstleistung anbietet oder erbringt (Art 4 Z 2). Als Niederlassung gilt die tatsächliche Ausübung einer von Art 43 EGV erfassten wirtschaftlichen Tätigkeit durch den Dienstleistungserbringer auf unbestimmte Zeit und mittels einer festen Infrastruktur, von der aus die Geschäftstätigkeit der Dienstleistungserbringung tatsächlich ausgeübt wird (Art 4 Z 5).

Wie die skizzierten Bestimmungen der Dienstleistungs-Richtlinie zeigen, verweist diese mehrfach auf einschlägige primärrechtliche Bestimmungen der Niederlassungsfreiheit und des freien Dienstleistungsverkehrs. Ganz allgemein ist die gegenständliche Richtlinie auf die Kompetenztatbestände der genannten Grundfreiheiten – Koordinierung der Rechts- und Verwaltungsvorschriften der Mitgliedstaaten über die Aufnahme und Ausübung selbständiger Tätigkeiten (Art 47 Abs 2 und Art 55 EGV) – gestützt. Schon aus diesen Gründen wird den im EG-Vertrag verankerten Kernbestimmungen betreffend die Niederlassungsfreiheit und den freien Dienstleistungsverkehr auch nach In-Kraft-Treten der Dienstleistungs-Richtlinie besondere Bedeutung zukommen. Darüber hinaus markieren diese Bestimmungen jene primärrechtlichen Rahmenbedingungen, die einerseits bei der Umsetzung der Dienstleistungs-Richtlinie beachtet werden müssen (Art 3 Abs 3) und andererseits weiterhin immer dann anzuwenden sind, wenn die Dienstleistungs-Richtlinie als „lex specialis" keine Anwendung findet.[8] Letzteres gilt insbesondere für jene Tätigkeiten, auf die die Dienstleistungs-Richtlinie keine Anwendung findet (Art 2 Abs 2) bzw die von der Regelung über die Dienstleistungsfreiheit (Art 16) ausgenommen sind (Art 17). Schließlich muss die Dienstleistungs-Richtlinie den primärrechtlichen Vorgaben entsprechen.

Vor diesem Hintergrund werden nachstehend die wesentlichen Inhalte der Niederlassungsfreiheit und des freien Dienstleistungsverkehrs in ihrer Auslegung durch den EuGH dargestellt. Ergänzend dazu wird auf die Anerkennung von

8 Vgl dazu allgemein EuGH, Rs C-168/04, Kommission/Österreich, Slg 2006, I-9041 ff Rn 38.

Berufsqualifikationen eingegangen. Die diesbezüglich geltenden sekundärrechtlichen Regelungen sind nämlich einerseits eng mit der Aufnahme und Ausübung selbständiger Erwerbstätigkeiten verbunden und haben andererseits Vorrang gegenüber der Dienstleistungs-Richtlinie, soweit sie spezifische Aspekte der Aufnahme oder Ausübung einer Dienstleistungstätigkeit in bestimmten Bereichen oder bestimmten Berufen regeln (Art 3 Abs 1 lit d).

2. Niederlassungsfreiheit

Die Niederlassungsfreiheit[9] zählt zu den vier Grundfreiheiten des Binnenmarktes. Sie ist Teil des freien Personenverkehrs.[10]

2.1. Rechtsgrundlagen

Die Niederlassungsfreiheit ist **primärrechtlich** in den **Art 43 bis 48 EGV** verankert.

Die Bestimmungen der Art 43, 45 Abs 1, 46 Abs 1 und 48 EGV entfalten **unmittelbare Wirkung**.[11] Demnach kann sich ein Einzelner vor nationalen Gerichten und Verwaltungsbehörden direkt auf diese Bestimmungen berufen (subjektive unmittelbare Wirkung); die mitgliedstaatlichen Rechtsanwendungsorgane sind ihrerseits verpflichtet, diese Bestimmungen direkt anzuwenden (objektive unmittelbare Wirkung).

Die gegenständlichen Bestimmungen verpflichten in erster Linie die Mitgliedstaaten. Sie binden aber auch die EG und deren Organe. Schließlich sind selbst Private an diese primärrechtlichen Vorgaben gebunden. Dies gilt jedenfalls dann, wenn sie Maßnahmen setzen, die eine kollektive Regelung im Niederlassungsbereich enthalten (**mittelbare Drittwirkung**).[12] Maßnahmen von Einzelpersonen sind – im Lichte der Rechtsprechung des EuGH zur Arbeitnehmerfreizügigkeit[13] und im Sinne der Kongruenz der Grundfreiheiten – an das Diskriminierungsverbot aus Gründen der Staatsangehörigkeit gebunden (**unmittelbare Drittwirkung**).

---

9 Vgl statt vieler *Hailbronner/Nachbaur*, Niederlassungs- und Dienstleistungsfreiheit im Binnenmarkt (1992); *Tietje*, Niederlassungsfreiheit, in Ehlers (Hrsg), Europäische Grundrechte und Grundfreiheiten (2003) 240 ff.

10 Vgl zB *Kingreen*, Die Struktur der Grundfreiheiten des Europäischen Gemeinschaftsrechts (1999).

11 Vgl zB EuGH, Rs 2/74, Reyners, Slg 1974, 631 ff Rn 24/28 f; Rs C-208/00, Überseering, Slg 2002, I-9919 ff Rn 60.

12 Vgl – allerdings zur Arbeitnehmerfreizügigkeit – EuGH, Rs C-415/93, Bosman, Slg 1995, I-4921 ff Rn 70 ff.

13 EuGH, Rs C-281/98, Angonese, Slg 2000, I-4139 ff Rn 36.

Die primärrechtlichen Vorschriften werden durch Bestimmungen in mehreren - insbesondere auf die Art 44, 45 Abs 2, 46 Abs 2 und 47 EGV gestützten - Rechtsakten ergänzt. Zu diesen **sekundärrechtlichen Vorschriften** zählen:

- die Verordnung (EWG) Nr 1408/71 vom 14. Juni 1971 zur Anwendung der Systeme der sozialen Sicherheit auf Arbeitnehmer und Selbständige sowie deren Familienangehörige, die innerhalb der Gemeinschaft zu- und abwandern,[14] und
- die Richtlinie 2004/38/EG vom 29. April 2004 über das Recht der Unionsbürger und ihrer Familienangehörigen, sich im Hoheitsgebiet der Mitgliedstaaten frei zu bewegen und aufzuhalten.[15]

Seit ihrem In-Kraft-Treten am 28. Dezember 2006 ist auch die Dienstleistungs-Richtlinie den relevanten sekundärrechtlichen Vorschriften zuzuordnen.

Neben diesen allgemeinen Regelungen gibt es spezielle berufsbezogene Vorschriften, die die jeweilige Berufszulassung und Berufsausübung regeln.[16]

2.2. Anwendungsbereich

Die Niederlassungsfreiheit gilt gemäß Art 43 Abs 1 EGV für

1. Staatsangehörige eines Mitgliedstaates,
2. die sich in einem anderen Mitgliedstaat niederlassen bzw dort Agenturen, Zweigniederlassungen oder Tochtergesellschaften gründen.

2.2.1. Persönlicher Anwendungsbereich

Staatsangehörige der Mitgliedstaaten sind die **Unionsbürger** (Art 17 EGV).[17]

Staatsangehörige von Nichtmitgliedstaaten (**Drittstaatsangehörige**) werden von der Niederlassungsfreiheit nicht erfasst. Als **Familienangehörige** von Unionsbürgern haben sie jedoch das Recht, in dem Mitgliedstaat, in dem sie das Recht

---

14 ABl 1971 L 149 S 2 ff idF ABl 2006 L 392 S 1 ff. Diese Verordnung wird mit dem Beginn der Anwendung der Verordnung (EG) Nr 883/2004 des Europäischen Parlaments und des Rates vom 29. April 2004 zur Koordinierung der Systeme der sozialen Sicherheit, ABl 2004 L 166 S 1 ff, ersetzt; deren Anwendung beginnt mit dem In-Kraft-Treten der Durchführungsverordnung, KOM(2006) 16 endg vom 31. Jänner 2006.

15 ABl 2004 L 229 S 35 ff.

16 Siehe dazu nachstehend Kap 5.1.

17 Zu Erwerb und Verlust der Unionsbürgerschaft vgl *Obwexer*, Die Rechte und Pflichten der Unionsbürger aus der Unionsbürgerschaft, Diss Universität Innsbruck (1998) 103 ff.

auf Aufenthalt oder das Recht auf Daueraufenthalt genießen, eine Erwerbstätigkeit als Selbständige aufzunehmen (Art 23 Richtlinie 2004/38).

Gemäß Art 48 Abs 1 EGV werden im Rahmen der Niederlassungsfreiheit **Gesellschaften** den Unionsbürgern gleichgestellt, wenn sie nach den Rechtsvorschriften eines Mitgliedstaates gegründet worden sind und ihren satzungsmäßigen Sitz, ihre Hauptverwaltung oder ihre Hauptniederlassung innerhalb der EG haben (Kumulierung von Gründung und Sitz). Der satzungsmäßige Sitz, die Hauptverwaltung oder die Hauptniederlassung einer Gesellschaft dient - ebenso wie die Staatsangehörigkeit bei natürlichen Personen - dazu, ihre Zugehörigkeit zur Rechtsordnung eines Mitgliedstaates zu bestimmen.[18] Dabei reicht der in der Satzung genannte Sitz aus. Auf den tatsächlichen Sitz wird nicht abgestellt, so dass auch reine Briefkastenfirmen die Niederlassungsfreiheit in Anspruch nehmen können.[19] Nicht entscheidend ist weiters die Kontrolle über eine Gesellschaft, solange diese nach dem Recht eines Mitgliedstaates Rechtspersönlichkeit besitzt.[20] Geht die Rechtspersönlichkeit verloren, kann sich die betroffene Gesellschaft nicht mehr auf die Niederlassungsfreiheit berufen. Dies gilt zB im Falle einer Sitzverlegung.[21]

Der Kreis der **begünstigten Gesellschaften** wird in Art 48 Abs 2 EGV definiert. Demnach gelten als Gesellschaften die Gesellschaften des bürgerlichen Rechts und des Handelsrechts einschließlich der Genossenschaften und die sonstigen juristischen Personen des öffentlichen und privaten Rechts mit Ausnahme derjenigen, die keinen Erwerbszweck verfolgen. Selbst eine gemeinnützige Stiftung, die als Eigentümerin ein in einem anderen Mitgliedstaat belegenes Grundstück aktiv verwaltet, ist als Gesellschaft iSv Art 48 Abs 2 EGV anzusehen.[22] Dem folgend umfasst der Begriff „Gesellschaft" sämtliche juristische Personen, die einen Erwerbszweck verfolgen, dh am Wirtschaftsleben teilnehmen, ohne dass es dabei um Gewinnmaximierung gehen muss. Die herrschende Lehre geht zudem davon aus, dass auch nicht-rechtsfähige Organisationsformen unter Art 48 Abs 2 EGV fallen.[23]

---

18 EuGH, Rs C-208/00, Überseering, Slg 2002, I-9919 Rn 57.

19 EuGH, Rs C-212/97, Centros, Slg 1999, I-1459 ff Rn 14 ff.

20 EuGH, Rs C-208/00, Überseering, Slg 2002, I-9919 ff Rn 62 ff.

21 Vgl EuGH, Rs 81/87, Daily Mail, Slg 1988, 5483 ff.

22 EuGH, Rs C-386/04, Stauffer, Slg 2006, I-8203 ff Rn 16-19.

23 Vgl *Bröhmer*, in Calliess/Ruffert, Kommentar zu EU-Vertrag und EG-Vertrag[2] (2002), Art 48 EGV Rz 4 mwN.

Aus der Mehrfachanknüpfung an Gründung und Sitz resultieren verschiedene rechtliche Schwierigkeiten. Diese können sowohl durch die Harmonisierung des nationalen Gesellschaftsrechts als auch durch die Einführung eigener **europäischer Gesellschaftsformen** beseitigt werden. Bislang konnten diesbezüglich allerdings nur bescheidene Erfolge erzielt werden. Lange Zeit existierte nur die **Europäische wirtschaftliche Interessenvereinigung** (EWIV).[24] Erst im Jahr 2001 konnte (nach über 30 Jahren Verhandlungen) das Statut der Europäischen Aktiengesellschaft[25] verabschiedet werden. Demnach können Handelsgesellschaften im Gebiet der EG in der Form der **Europäischen Aktiengesellschaft** (Societas Europea, SE) unter den Voraussetzungen und in der Weise gegründet werden, die in der Verordnung vorgesehen sind. In Kraft getreten ist diese Verordnung am 8. Oktober 2004. Mitte des Jahres 2003 wurde das Statut der Europäischen Genossenschaft[26] verabschiedet. Demnach kann eine Genossenschaft im Gebiet der EG in der Form der **Europäischen Genossenschaft** (SCE) unter den Voraussetzungen und in der Weise gegründet werden, die in der Verordnung vorgesehen sind. In Kraft getreten ist diese Verordnung am 18. August 2006. Für das Statut des **Europäischen Vereins** und das Statut der **Europäischen Gegenseitigkeitsgesellschaft** wurden 1991 Vorschläge vorgelegt,[27] von der Kommission Anfang 2006 aber zurückgezogen.[28] In beiden Fällen wurde vergeblich versucht, unter Ausschöpfung der Kompetenzgrundlagen des Art 44 Abs 2 lit g iVm Art 44 Abs 1 EGV das nationale Gesellschaftsrecht der Mitgliedstaaten anzugleichen.

---

[24] Verordnung (EWG) Nr 2137/85 vom 25. Juli 1985 über die Schaffung einer Europäischen wirtschaftlichen Interessenvereinigung (EWIV), ABl 1985 L 199 S 1 ff.

[25] Verordnung (EG) Nr 2157/2001 vom 8. Oktober 2001 über das Statut der Europäischen Gesellschaft (SE), ABl 2001 L 294 S 1 ff. Vgl Richtlinie 2001/86/EG vom 8. Oktober 2001 zur Ergänzung des Statuts der Europäischen Gesellschaft hinsichtlich der Beteiligung der Arbeitnehmer, ABl 2001 L 294 S 22 ff.

[26] Verordnung (EG) Nr 1435/2003 des Rates vom 22. Juli 2003 über das Statut der Europäischen Genossenschaft (SCE), ABl 2003 L 207 S 1 ff. Vgl Richtlinie 2003/72/EG des Rates vom 22. Juli 2003 zur Ergänzung des Statuts der Europäischen Genossenschaft hinsichtlich der Beteiligung der Arbeitnehmer, ABl 2003 L 207 S 25 ff.

[27] Vorschlag für eine Verordnung (EWG) des Rates über das Statut des Europäischen Vereins, ABl 1992 C 99 S 1 ff idF ABl 1993 C 236 S 1 ff; Vorschlag für eine Verordnung (EWG) des Rates über das Statut der Europäischen Gegenseitigkeitsgesellschaft, ABl 1992 C 99 S 40 ff idF ABl 1993 C 236 S 40 ff.

[28] Vgl Vorschläge der Kommission, die auf ihre allgemeine Relevanz, auf ihre Auswirkungen auf die Wettbewerbsfähigkeit sowie auf sonstige Folgen überprüft und daraufhin zurückgezogen wurden, ABl 2006 C 64 S 3 ff.

2.2.2. Sachlicher Anwendungsbereich

Die Niederlassung umfasst zunächst die **Aufnahme und Ausübung selbständiger Erwerbstätigkeiten**. Damit ist jede wirtschaftliche, auf Entgelt ausgerichtete Tätigkeit gemeint, die weisungsfrei auf eigene Rechnung und eigenes Risiko erfolgt. Dabei kann es sich sowohl um die Erbringung von Dienstleistungen (kaufmännische Tätigkeiten, freiberufliche Tätigkeiten etc) als auch um die Herstellung von Waren handeln. Die Höhe des Einkommens ist nicht relevant. Nach Ansicht des EuGH muss eine *„tatsächliche Ausübung einer wirtschaftlichen Tätigkeit mittels einer festen Einrichtung auf unbestimmte Zeit"*[29] vorliegen.

Daneben umfasst die Niederlassungsfreiheit auch die **Gründung und Leitung von Unternehmen**. Dazu zählen nach jüngster Rechtsprechung des EuGH selbst grenzüberschreitende Verschmelzungen von Gesellschaften.[30] Schließlich umfasst die Niederlassungsfreiheit auch die **Gründung von Agenturen, Zweigniederlassungen oder Tochtergesellschaften**.

Die Ausübung der selbständigen Erwerbstätigkeit muss **in einem anderen Mitgliedstaat** erfolgen. Fehlt dieses grenzüberschreitende Element, findet die Niederlassungsfreiheit keine Anwendung. Dies kann zu **Inländerdiskriminierungen** führen.[31]

2.2.3. Primäre und sekundäre Niederlassung

Für die Aufnahme und Ausübung selbständiger Erwerbstätigkeiten reicht die Staatsangehörigkeit eines Mitgliedstaates aus; auf die Ansässigkeit der Begünstigten kommt es da dabei nicht an (Art 43 Abs 1 S 1 EGV). Dasselbe gilt für die Gründung und Leitung von Unternehmen (primäre Niederlassung). Für die Gründung von Agenturen, Zweigniederlassungen oder Tochtergesellschaften (sekundäre Niederlassung) ist neben der Staatsangehörigkeit eines Mitgliedstaates zudem die Ansässigkeit in der EG Voraussetzung (Art 43 Abs 1 S 2 EGV).

2.3. Umfang

Art 43 EGV beinhaltet nach ständiger Rechtsprechung des EuGH sowohl ein **Diskriminierungsverbot** als auch ein **Beschränkungsverbot**.

---

29 EuGH, Rs C-221/89, Factortame ua, Slg 1991, I-3905 ff Rn 20.

30 EuGH, Rs C-411/03, SEVIC Systems, Slg 2005, I-10805 ff Rn 18 f.

31 Siehe dazu nachstehend Kap 3.3.3.

2.3.1. Diskriminierungsverbot

Die Niederlassungsfreiheit normiert gemäß Art 43 Abs 2 EGV ein **Verbot der unterschiedlichen Behandlung aus Gründen der Staatsangehörigkeit** bei der Aufnahme und Ausübung selbständiger Erwerbstätigkeiten sowie bei der Gründung und Leitung von Unternehmen (Gebot der Inländergleichbehandlung).

Verboten sind sowohl direkte (rechtliche) als auch indirekte (tatsächliche) Diskriminierungen.

Direkte Diskriminierungen liegen dann vor, wenn eine Ungleichbehandlung an der Staatsangehörigkeit anknüpft. Derartige Regelungen können außerhalb der vertraglich vorgesehenen Ausnahmen[32] nicht gerechtfertigt werden (**absolutes Diskriminierungsverbot**).

Indirekte Diskriminierungen sind dann gegeben, wenn eine Ungleichbehandlung nicht an der Staatsangehörigkeit anknüpft, sondern auf andere Unterscheidungsmerkmale abstellt, die aber tatsächlich zu einer Schlechterstellung von EU-Ausländern führen, indem sie ausschließlich oder überwiegend Ausländer betreffen. Derartige Unterscheidungsmerkmale sind etwa der Wohnsitz im Inland[33] oder bestimmte Kenntnisse der Amtssprache(n) eines Mitgliedstaates.[34] Indirekte Diskriminierungen können – auch außerhalb der vertraglich vorgesehenen Ausnahmen[35] – durch objektive, von der Staatsangehörigkeit der Betroffenen unabhängige Erwägungen gerechtfertigt werden und sind erlaubt, sofern sie in einem angemessenen Verhältnis zu dem Zweck stehen, der damit zulässigerweise verfolgt wird, dh wenn sie verhältnismäßig sind (**relatives Diskriminierungsverbot**).

Nicht jede Ungleichbehandlung führt jedoch zu einer (absolut oder relativ) verbotenen Diskriminierung aus Gründen der Staatsangehörigkeit. Nach gefestigter Rechtsprechung des EuGH stellt das Verbot der Diskriminierung aus Gründen der Staatsangehörigkeit nämlich eine besondere Ausformung des allgemeinen Gleichheitsgrundsatzes dar. Demnach dürfen vergleichbare Sachverhalte nicht unterschiedlich und unterschiedliche Sachverhalte nicht gleich behandelt werden. Unterschiedliche Behandlungen sind aber zulässig, soweit sie objektiv gerechtfertigt[36] und auf das unbedingt Erforderliche beschränkt[37] sind. Bei Beachtung dieser

32 Siehe dazu nachstehend Kap 3.4.
33 Vgl zuletzt EuGH, Rs C-470/04, N, Slg 2006, I-7409 ff Rn 35.
34 Vgl zB EuGH, Rs C-506/04, Wilson, Slg 2006, I-8613 ff Rn 70.
35 Siehe dazu nachstehend Kap 3.4.
36 Vgl EuGH, Rs 147/79, Hochstrass/Gerichtshof, Slg 1980, 3005 ff Rn 7.

Vorgaben liegt überhaupt keine **Ungleichbehandlung** vor,[38] so dass die betreffende staatliche Maßnahme auch nicht zu einer Diskriminierung führen kann.

2.3.2. Beschränkungsverbot

Neben dem Diskriminierungsverbot normiert Art 43 EGV nach gefestigter Rechtsprechung des EuGH auch ein Beschränkungsverbot. Demnach sind selbst **nicht diskriminierende Maßnahmen** – also solche, die Inländer und EU-Ausländer gleich behandeln – grundsätzlich verboten, wenn sie die Aufnahme und/oder die Ausübung einer selbständigen Erwerbstätigkeit beschränken, behindern oder weniger attraktiv machen.[39]

In seiner jüngeren Rechtsprechung stellt der EuGH allerdings auf die **Spürbarkeit** einer Beschränkung ab und subsumiert nur solche Beschränkungen unter das Verbot des Art 43 EGV, die nicht zu ungewiss sind und zu indirekt wirken.[40] Genaue Kriterien für spürbare und nicht spürbare Beschränkungen fehlen bislang allerdings. Ausschlaggebend dürfte für den EuGH die Überlegung sein, ob eine bestimmte staatliche Maßnahme die Entscheidung eines Begünstigten einer Grundfreiheit beeinflusst, diese in Anspruch zu nehmen oder nicht.[41] Wann dies zutrifft, kann letztlich wohl nur der EuGH selbst im Rahmen einer Einzelfallprüfung entscheiden.

Staatliche Maßnahmen, die eine (spürbare) Beschränkung der Niederlassungsfreiheit darstellen, sind lediglich dann erlaubt, wenn sie durch zwingende Gründe des Allgemeininteresses gerechtfertigt und verhältnismäßig sind. Die **zwingenden Gründe des Allgemeininteresses** stellen dogmatisch Ausnahmen auf der Tatbestandsebene des Art 43 EGV dar, die – neben der Spürbarkeit – als weitere immanente Schranken der Niederlassungsfreiheit zu qualifizieren sind. Diese Gründe dürfen nach ständiger Rechtsprechung des EuGH nicht wirtschaftlicher Natur sein.[42] Beispiele zwingender Gründe des Allgemeininteresses sind der Verbraucherschutz,[43] die Sicherung eines bestimmten Ausbildungsstandes,[44] die Qualifi-

---

37 Vgl EuGH, Rs 13/63, Italien/Kommission, Slg 1963, 359 ff, 384.

38 Vgl zuletzt EuGH, Rs C-346/04, Conijin, Slg 2006, I-6137 ff Rn 16.

39 Vgl EuGH, Rs C-168/91, Konstantinidis, Slg 1993, I-1191 ff Rn 15; Rs C-294/00, Gräbner, Slg 2002, I-6515 ff Rn 38.

40 EuGH, verb Rs C-418/93 ua, Semeraro Casa Uno ua, Slg 1996, I-2975 ff Rn 32; vgl aber Rs C-9/02, De Lasteyrie du Saillant, Slg 2004, I-2409 ff Rn 43, wonach auch *„geringfügige oder unbedeutende Beschränkungen der Niederlassungsfreiheit"* verboten sind.

41 Vgl EuGH, Rs C-190/98, Graf, Slg 2000, I-493 ff Rn 23 ff.

42 EuGH, Rs C-436/00, X und Y II, Slg 2002, I-10829 ff Rn 50.

43 EuGH, Rs 205/84, Kommission/Deutschland, Slg 1986, 3755 ff Rn 30 ff.

kationssicherung von Architekten,[45] der Gesundheitsschutz,[46] der Schutz des geistigen Eigentums,[47] die Kohärenz des Steuersystems,[48] die Vorbeugung von Steuerflucht,[49] der Schutz der Interessen der Gläubiger, der Minderheitsgesellschafter, der Arbeitnehmer oder auch des Fiskus,[50] die Wirksamkeit der Steueraufsicht und die Lauterkeit des Handelsverkehrs,[51] die Kontinuität der Krankenversorgung[52] sowie die Aufrechterhaltung des finanziellen Gleichgewichts des Systems der sozialen Sicherheit.[53] Diese vom EuGH bereits anerkannten Gründe sind nicht taxativ, sondern können allenfalls durch weitere Gründe ergänzt werden.

Der Grundsatz der **Verhältnismäßigkeit** verlangt, dass die staatlichen Maßnahmen geeignet sind, das damit verfolgte Ziel zu erreichen (Geeignetheit), und nicht über das hinausgehen, was zur Zielerreichung erforderlich ist (Erforderlichkeit).

Das Beschränkungsverbot im Rahmen der (personenbezogenen) Grundfreiheiten – dazu zählt auch die Niederlassungsfreiheit – wird vom EuGH seit 1995 in ständiger Rechtsprechung wie folgt umschrieben (**Gebhard-Formel**):[54]

„Aus der Rechtsprechung des Gerichtshofes ergibt sich jedoch, dass nationale Maßnahmen, die die Ausübung der durch den Vertrag garantierten grundlegenden Freiheiten behindern oder weniger attraktiv machen können, vier Voraussetzungen erfüllen müssen: Sie müssen in nichtdiskriminierender Weise angewandt werden, sie müssen aus zwingenden Gründen des Allgemeininteresses gerechtfertigt sein, sie müssen geeignet sein, die Verwirklichung des mit ihnen verfolgten Zieles zu gewährleisten, und sie dürfen nicht über das hinausgehen, was zur Erreichung dieses Zieles erforderlich ist […].“

44 EuGH, Rs C-55/94, Gebhard, Slg 1995, I-4165 Rn 37.

45 EuGH, Rs C-298/99, Kommission/Italien, Slg 2002, I-3129 ff Rn 38.

46 EuGH, Rs C-108/96, Mac Quen, Slg 2001, I-837 ff Rn 28.

47 EuGH, Rs 62/79, Coditel, Slg 1980, 881 ff Rn 15.

48 EuGH, Rs C-80/94, Wielockx, Slg 1995, I-2493 ff Rn 23; Rs C-436/00, X und Y II, Slg 2002, I-10829 ff Rn 51 ff.

49 EuGH, Rs C-9/02, De Lasteyrie du Saillant, Slg 2004, I-2409 ff Rn 50.

50 EuGH, Rs C-208/00, Überseering, Slg 2002, I-9919 ff Rn 92.

51 EuGH, Rs C-167/01, Inspire Art, Slg 2003, I-10155 ff Rn 132.

52 EuGH, Rs 96/85, Kommission/Frankreich, Slg 1986, 1475 ff Rn 14.

53 EuGH, Rs C-157/99, Smits und Peerbooms, Slg 2001, I-5473 ff Rn 72 (im Rahmen einer Prüfung nach Art 46 EGV).

54 EuGH, Rs 55/94, Gebhard, Slg 1995, I-4165 ff Rn 37.

2.3.3. Inländerdiskriminierungen

Da die Niederlassungsfreiheit bei rein internen Sachverhalten keine Anwendung findet, können Inländer, die sich nicht auf günstigeres Gemeinschaftsrecht berufen können, eine Schlechterstellung gegenüber Staatsangehörigen anderer Mitgliedstaaten erfahren. Derartige Inländerdiskriminierungen sind – beim derzeitigen Stand des **Gemeinschaftsrechts** – jedoch nicht verboten.

Demgegenüber können Inländerdiskriminierungen gegen den Gleichheitssatz des **nationalen Verfassungsrechts** verstoßen. In Österreich geht der VfGH seit 1997 in ständiger Rechtsprechung davon aus, dass eine Schlechterstellung österreichischer Staatsbürger gegenüber ausländischen Staatsangehörigen am Gleichheitssatz zu messen ist und daher einer sachlichen Rechtfertigung bedarf. Liegt keine „objektive und vernünftige Rechtfertigung" vor, so verstößt die unterschiedliche Behandlung gegen nationales Verfassungsrecht.[55]

Diese Rechsprechung bezieht sich in erster Linie auf jene Fälle, in denen bereits die österreichische Norm zwischen rein innerstaatlichen Sachverhalten und solchen mit Gemeinschaftsbezug differenziert. Sie gilt aber auch in jenen Fällen, in denen erst der Anwendungsvorrang des Gemeinschaftsrechts die Differenzierung erkennen lässt. In letzterem Fall ist das vorrangig anzuwendende Gemeinschaftsrecht mit der nationalen Norm zu vergleichen.[56]

2.4. Ausnahmen

Von den Vorgaben der Niederlassungsfreiheit kann in zwei Fallkonstellationen abgewichen werden. Die erste betrifft die Rechtfertigungsgründe der öffentlichen Ordnung, Sicherheit und Gesundheit, die zweite die Bereichsausnahme der Ausübung öffentlicher Gewalt.

2.4.1. Gründe der öffentlichen Ordnung, Sicherheit und Gesundheit

Gemäß Art 46 Abs 1 EGV beeinträchtigen die Bestimmungen über die Niederlassungsfreiheit nicht die Anwendbarkeit der Rechts- und Verwaltungsvorschriften, die eine Sonderregelung für Ausländer vorsehen und aus Gründen der öffentlichen Ordnung, Sicherheit oder Gesundheit gerechtfertigt sind (**ordre public-Vorbehalt**).

---

[55] VfSlg 13084/1992, 14.863/1997, 14963/1997.

[56] VfGH 01.03.2004, G110/03 ua.

Diese Rechtfertigungsgründe werden in der **Richtlinie 2004/38** – im Lichte der Rechtsprechung des EuGH[57] – näher konkretisiert. Ganz allgemein dürfen diese Gründe nicht zu wirtschaftlichen Zwecken geltend gemacht werden (Art 27 Abs 1 Richtlinie 2004/38). Die Begriffe „**öffentliche Ordnung und Sicherheit**" werden nicht (abschließend) definiert. Die Richtlinie beinhaltet lediglich Vorgaben, die bei Maßnahmen aus Gründen der öffentlichen Ordnung oder Sicherheit zu beachten sind. So ist der Grundsatz der Verhältnismäßigkeit zu wahren. Des Weiteren darf ausschließlich das persönliche Verhalten des Betroffenen ausschlaggebend sein. Strafrechtliche Verurteilungen allein können ohne weiteres diese Maßnahmen nicht begründen (Art 27 Abs 2 UAbs 1 Richtlinie 2004/38). Das persönliche Verhalten muss eine tatsächliche, gegenwärtige und erhebliche Gefahr darstellen, die ein Grundinteresse der Gesellschaft berührt. Vom Einzelfall losgelöste oder auf Generalprävention verweisende Begründungen sind nicht zulässig (Art 27 Abs 2 UAbs 2 Richtlinie 2004/38).[58] Der Begriff „**öffentliche Gesundheit**" wird inhaltlich umschrieben. Darunter fallen ausschließlich Krankheiten mit epidemischem Potential und sonstige übertragbare, durch Infektionserreger oder Parasiten verursachte Krankheiten (Art 29 Abs 1 Richtlinie 2004/38). Krankheiten, die nach Ablauf einer Frist von drei Monaten ab dem Zeitpunkt der Einreise auftreten, stellen keinen Ausweisungsgrund dar (Art 29 Abs 2 Richtlinie 2004/38).

Aus Gründen der öffentlichen Ordnung, Sicherheit oder Gesundheit können **direkte** (rechtliche) **Diskriminierungen** von EU-Ausländern gerechtfertigt werden. **Indirekte** (tatsächliche) **Diskriminierungen** lassen sich dann rechtfertigen, wenn sie auf objektiven (sachlichen), von der Staatsangehörigkeit der Betroffenen unabhängigen Erwägungen beruhen und verhältnismäßig sind. Gründe der öffentlichen Ordnung, Sicherheit oder Gesundheit nach Art 46 Abs 1 EGV brauchen daher nicht mehr zusätzlich geprüft zu werden, da sie bereits in den – nicht abschließend aufgezählten – objektiven Erwägungen enthalten sind. Dasselbe gilt für die Rechtfertigung von (spürbaren) **Beschränkungen**. Die zwingenden Gründe des Allgemeininteresses können nämlich auch in Gründen der öffentlichen Ordnung, Sicherheit oder Gesundheit bestehen.

2.4.2. Ausübung öffentlicher Gewalt

Gemäß Art 45 Abs 1 EGV findet das Kapitel über die Niederlassungsfreiheit keine Anwendung auf Tätigkeiten, die dauernd oder zeitweise mit der Ausübung

57 Vgl zB EuGH, verb Rs C-482/01 und C-493/01, Orfanopoulos und Oliveri, Slg 2004, I-5257 ff Rn 40 ff; Rs C-136/03, Dörr und Ünal, Slg 2004, I-4759 ff Rn 36 ff.

58 Vgl EuGH, Rs 30/77, Bouchereau, Slg 1977, 1999 ff Rn 33/35.

öffentlicher Gewalt verbunden sind. Ausgenommen sind demnach nur jene Tätigkeiten, die eine unmittelbare oder spezifische Teilnahme an der Ausübung öffentlicher Gewalt darstellen. Der EuGH interpretiert diese Bestimmung restriktiv dahingehend, dass ihre Anwendung nur dann in Betracht kommt, wenn die Ausübung öffentlicher Gewalt einen nicht abtrennbaren Teil der betreffenden Berufstätigkeit darstellt.[59]

Dem folgend ist etwa der Beruf des Anwalts nicht als gemäß Art 45 Abs 1 EGV von der Niederlassungsfreiheit ausgenommen anzusehen.[60] Der Beruf des Notars mit seinem öffentlichen Beurkundungsrecht kann hingegen grundsätzlich unter die Bereichsausnahme des Art 45 Abs 1 EGV subsumiert werden. Ob dies tatsächlich zutrifft, hängt allerdings vom konkreten Aufgabenbereich und der damit verbundenen Befugnis zur Ausübung imperativer Staatstätigkeit ab.[61] Die Tätigkeit des Notars in Österreich, geregelt in der Notariatsordnung,[62] fällt nach Ansicht der Kommission jedoch nicht unter Art 45 Abs 1 EGV. Dem folgend hat sie Österreich aufgefordert, die Notariatsordnung dem Gemeinschaftsrecht anzupassen und insbesondere das in § 6 Abs 1 lit a der Notariatsordnung vorgesehene Staatsangehörigkeitserfordernis aufzuheben. Da Österreich dieser Forderung bislang nicht nachgekommen ist, hat die Kommission am 27. Juni 2007 den Beschluss gefasst, die einschlägige Bestimmung der Notariatsordnung mit einer Vertragsverletzungsklage gemäß Art 226 EGV beim EuGH zu bekämpfen.[63] Diesem obliegt nun die definitive Entscheidung darüber, ob und inwieweit der Beruf des Notars in Österreich von der Bereichsausnahme des Art 45 Abs 1 EGV umfasst ist.

Schließlich kann der Rat gemäß Art 46 Abs 2 EGV bestimmte Tätigkeiten von der Niederlassungsfreiheit ausnehmen. Davon hat er bislang allerdings keinen Gebrauch gemacht.

---

[59] EuGH, Rs 2/74, Reyners, Slg 1974, 631 ff Rn 42/43 ff.

[60] EuGH, Rs 2/74, Reyners, Slg 1974, 631 ff Rn 48/50 f.

[61] Vgl *Haeder*, Das deutsche Notariat als Bereichsausnahme von der Niederlassungs- und Dienstleistungsfreiheit? ZEuS 2007, 117 ff.

[62] RGBl 1871/75 idF BGBl I 2006/92.

[63] Vertragsverletzungsverfahren Nr 96/4740.

3. Dienstleistungsfreiheit

Die Dienstleistungsfreiheit[64] zählt ebenfalls zu den Grundfreiheiten des Binnenmarktes und damit zu den „Grundlagen der Gemeinschaft", deren Bestimmungen „weit auszulegen sind".[65]

3.1. Rechtsgrundlagen

Die Dienstleistungsfreiheit ist **primärrechtlich** in den **Art 49 bis 55 EGV** geregelt. Die Bestimmungen in Art 49 Abs 1 und Art 50 EGV entfalten **unmittelbare Wirkung.**[66] Sie verpflichten die Mitgliedstaaten und die Organe der EG. Darüber hinaus sind auch kollektive Regelungen Privater an den gegenständlichen Vorgaben zu messen.[67] Schließlich gilt das darin verankerte Verbot der Diskriminierung aus Gründen der Staatsangehörigkeit wohl auch für Handlungen von Privatpersonen.[68]

Die primärrechtlichen Vorschriften werden durch Bestimmungen mehrerer – insbesondere auf Art 52 und Art 55 iVm Art 47 Abs 2 EGV gestützter – Rechtsakte ergänzt. Zu diesen **sekundärrechtlichen Vorschriften** zählen:[69]

- die Richtlinie 2004/38/EG vom 29. April 2004 über das Recht der Unionsbürger und ihrer Familienangehörigen, sich im Hoheitsgebiet der Mitgliedstaaten frei zu bewegen und aufzuhalten,[70] und
- die Richtlinie 96/71/EG vom 16. Dezember 1996 über die Entsendung von Arbeitnehmern im Rahmen der Erbringung von Dienstleistungen.[71]

---

64 Vgl statt vieler *Hailbronner/Nachbaur,* Die Dienstleistungsfreiheit in der Rechtsprechung des EuGH, EuZW 1992, 105 ff; *Pache,* Dienstleistungsfreiheit, in Ehlers (Hrsg), Europäische Grundrechte und Grundfreiheiten (2003) 268 ff; *Rolshoven,* „Beschränkungen" des freien Dienstleistungsverkehrs (2002).

65 Vgl zuletzt EuGH, Rs C-1/05, Jia, Urteil vom 9. Jänner 2007, noch nicht in der amtlichen Slg veröffentlicht, Rn 36.

66 EuGH, Rs 33/74, van Binsbergen, Slg 1974, 1299 ff Rn 24/26.

67 ZB EuGH, Rs 36/74, Walrave und Koch, Slg 1974, 1405 ff Rn 16/19; verb Rs C-51/96 und C-191/97, Deliège, Slg 2000, I-2549 ff Rn 47 f.

68 Vgl – allerdings zur Arbeitnehmerfreizügigkeit – EuGH, Rs C-281/98, Angonese, Slg 2000, I-4139 ff Rn 36.

69 Die Richtlinie 63/340/EWG vom 31. Mai 1963 zur Aufhebung aller Verbote oder Behinderungen von Zahlungen für Leistungen, wenn der Dienstleistungsverkehr nur durch Beschränkungen der damit verbundenen Zahlungen begrenzt ist (ABl 1963, 1609 f) ist formal noch in Kraft, aber wegen Art 56 Abs 2 EGV obsolet.

70 FN 15.

Seit ihrem In-Kraft-Treten am 28. Dezember 2006 gehört auch die Dienstleistungs-Richtlinie zu den relevanten sekundärrechtlichen Vorschriften.

Neben diesen allgemeinen Regelungen gelten spezielle berufsbezogene Vorschriften, die die jeweilige Berufszulassung und die Berufsausübung betreffen.[72]

3.2. Anwendungsbereich

Die Dienstleistungsfreiheit gilt gemäß Art 49 Abs 1 und Art 50 Abs 3 EGV für

1. Angehörige der Mitgliedstaaten,
2. die in einem anderen Mitgliedstaat Dienstleistungen erbringen.

3.2.1. Persönlicher Anwendungsbereich

Angehörige der Mitgliedstaaten sind die **Unionsbürger**.

Staatsangehörige von Nichtmitgliedstaaten (**Drittstaatsangehörige**) können sich nicht auf die Dienstleistungsfreiheit berufen.[73] Auch als aufenthaltsberechtigte **Familienangehörige** eines Unionsbürgers haben sie nicht das Recht, Dienstleistungen in einem anderen Mitgliedstaat als dem Aufenthaltsmitgliedstaat zu erbringen (Art 23 Richtlinie 2004/38). In letzterem Mitgliedstaat können sie aber als Selbständige Dienstleistungen anbieten.

Hingegen können Staatsangehörige von Nichtmitgliedstaaten aus der **Dienstleistungsfreiheit ihres Arbeitgebers** begünstigt sein. Denn Dienstleistungserbringer können bei Dienstleistungen in einem anderen Mitgliedstaat ihr eigenes Personal mitnehmen, auch wenn es sich dabei nicht um Unionsbürger handelt (**Entsendung von Arbeitnehmern im Rahmen der Erbringung von Dienstleistungen**).[74] Von den entsandten Drittstaatsangehörigen darf keine Arbeitserlaubnis verlangt werden, selbst wenn eine solche im nationalen Recht normalerweise vorgesehen ist. Der betroffene Mitgliedstaat kann jedoch die Einhaltung der geltenden Tarifverträge, insbesondere bezüglich des Lohns, sowie seiner sozial- und arbeitsrechtlichen Vorschriften verlangen;[75] dabei muss er allerdings prüfen, ob

---

71 ABl 1997 L 18 S 1 ff, idF ABl 2003 L 236 S 906 ff.

72 Siehe dazu nachstehend Kap 5.1.

73 EuGH, Rs C-452/04, Fidium Finanz, Slg 2006, I-9521 ff Rn 25.

74 Vgl Mitteilung der Kommission: Leitlinien für die Entsendung von Arbeitnehmern im Rahmen der Erbringung von Dienstleistungen, KOM(2006) 159 endg vom 4. April 2006; KOM(2007) 304 endg vom 13. Juni 2007.

75 EuGH, Rs C-112/89, Rush Portuguesa, Slg 1990, I-1417 ff Rn 12 und 18. Vgl Richtlinie 96/71/EG vom 16. Dezember 1996 über die Entsendung von Arbeitnehmern im Rahmen der Erbringung von Dienstleistungen, ABl 1997 L 18 S 1 ff.

der durch diese gewährte Schutz der Arbeitnehmer nicht durch entsprechende oder im Wesentlichen vergleichbare Verpflichtungen gewährleistet wird, denen das entsendende Unternehmen bereits im Mitgliedstaat seiner Niederlassung unterliegt.[76]

Eine Ausdehnung der Dienstleistungsfreiheit auf Drittstaatsangehörige, die in der EG ansässig sind, könnte durch bloßes Sekundärrecht erfolgen. Eine entsprechende Kompetenz der EG ist in Art 49 Abs 2 EGV verankert. Der Rat hat von dieser Ermächtigung bislang aber noch keinen Gebrauch gemacht; entsprechende Vorschläge der Kommission liegen ihm allerdings schon länger vor.[77]

Gemäß Art 48 Abs 1 iVm Art 55 EGV werden im Rahmen der Dienstleistungsfreiheit **Gesellschaften**[78] den Unionsbürgern gleichgestellt.

3.2.2. Sachlicher Anwendungsbereich

Dienstleistungen werden in Art 50 Abs 1 EGV definiert als Leistungen, die in der Regel gegen Entgelt erbracht werden. Art 50 Abs 2 EGV zählt als solche beispielhaft gewerbliche, kaufmännische, handwerkliche und freiberufliche Tätigkeiten auf. Demnach umfasst der Begriff „Dienstleistung" in der gegenständlichen Vertragsbestimmung **selbständige Tätigkeiten**. Das dafür zu leistende **Entgelt** muss die wirtschaftliche Gegenleistung für die erbrachte Leistung darstellen,[79] aber nicht zwingend vom Dienstleistungsempfänger selbst gezahlt werden. So hat der EuGH mehrfach entschieden, dass eine medizinische Leistung nicht deshalb ihren Charakter als Dienstleistung iSv Art 49 EGV verliert, weil der Patient, nachdem er den ausländischen Dienstleistungserbringer für die erhaltene Behandlung bezahlt hat, später die Übernahme der Kosten dieser Behandlung durch einen nationalen Gesundheitsdienst beantragt.[80]

---

76 EuGH, Rs C-168/04, Kommission/Österreich, Slg 2006, I-9041 ff Rn 47.

77 Vgl Vorschlag der Kommission für eine Richtlinie zur Ausdehnung der grenzüberschreitenden Dienstleistungen auf in der Gemeinschaft niedergelassene Staatsangehörige dritter Länder, KOM(2000) 271 endg, ABl 2000 C 311 E S 197 ff; geänderter Vorschlag für eine Richtlinie des Europäischen Parlaments und des Rates über die Bedingungen für die Entsendung von Arbeitnehmern mit Staatsangehörigkeit eines dritten Landes im Rahmen der grenzüberschreitenden Erbringung von Dienstleistungen, KOM(2000) 271 endg, ABl 2000 C 311 E S 187 ff.

78 Siehe dazu vorstehend Kap 3.2.1.

79 Vgl EuGH, Rs C-109/92, Wirth, Slg 1993, I-6477 ff Rn 15.

80 Vgl zuletzt EuGH, Rs C-372/04, Watts, Slg 2006, I-4325 ff Rn 89.

Aus Art 49 Abs 1 EGV und Art 50 Abs 3 EGV folgt zudem, dass zum gemeinschaftsrechtlichen Dienstleistungsbegriff (im Gegensatz zum wirtschaftlichen) noch die Elemente der **Grenzüberschreitung** und des **vorübergehenden Charakters** gehören.[81] Bei letzterem Element sind nach ständiger Rechtsprechung des EuGH nicht nur die Dauer der Leistung, sondern auch ihre Häufigkeit, regelmäßige Wiederkehr oder Kontinuität zu berücksichtigen. Der vorübergehende Charakter der Leistung schließt für den Dienstleistenden nicht die Möglichkeit aus, sich im Aufnahmemitgliedstaat mit einer bestimmten Infrastruktur (einschließlich eines Büros, einer Praxis oder einer Kanzlei) auszustatten, soweit diese Infrastruktur für die Erbringung der fraglichen Leistung erforderlich ist.[82]

Schließlich sind Dienstleistungen gemäß Art 50 Abs 1 EGV solche Leistungen, die nicht den Vorschriften über den freien Waren- und Kapitalverkehr und über die Freizügigkeit der Personen unterliegen. Daraus folgt, dass der Begriff „Dienstleistungen" alle *„nicht von den übrigen Freiheiten erfassten Leistungen mit dem Ziel ab[deckt], keine wirtschaftliche Tätigkeit aus dem Geltungsbereich der Grundfreiheiten herausfallen zu lassen"*. Ein Vorrang der übrigen Grundfreiheiten gegenüber der Dienstleistungsfreiheit resultiert daraus nicht.[83]

Demnach gelten als **Dienstleistungen iSd EG-Vertrages** – auf dessen einschlägige Bestimmungen die Dienstleistungs-Richtlinie verweist – selbständige, gegen Entgelt erbrachte Leistungen, die grenzüberschreitend und vorübergehend sind.

Art 49 Abs 1 EGV und Art 50 Abs 3 EGV umfassen nach ihrem Wortlaut nur die Fälle, in denen der Dienstleistungserbringer sich in den Staat des Dienstleistungsempfängers begibt, um dort die Dienstleistung zu erbringen (**positive** oder aktive **Dienstleistungsfreiheit**). Dazu zählen beispielsweise die anwaltliche Vertretung eines Mandanten in einem anderen Mitgliedstaat[84] oder die Organisation von Ausbildungen für die Tätigkeit als Heilpraktiker in einem anderen Mitgliedstaat.[85] Nach ständiger Rechtsprechung des EuGH fallen aber – über den Wortlaut der einschlägigen Vertragsbestimmungen hinausgehend – auch noch andere Formen der Dienstleistung unter den EG-Vertrag. Dazu zählen folgende Fallkonstellationen:

---

[81] Vgl EuGH, Rs C-215/01, Schnitzer, Slg 2003, I-14847 ff Rn 28.

[82] EuGH, Rs C-55/94, Gebhard, Slg 1995, I-4165 ff Rn 27; Rs C-131/01, Kommission/Italien, Slg 2003, I-1659 ff Rn 22.

[83] EuGH, Rs C-452/04, Fidium Finanz, Slg 2006, I-9521 ff Rn 32.

[84] EuGH, Rs 33/74, van Binsbergen, Slg 1974, 1299 ff.

[85] EuGH, Rs C-294/00, Gräbner, Slg 2002, I-6515 ff.

- Der Dienstleistungsempfänger begibt sich in den Staat des Dienstleistungserbringers, um dort die Dienstleistung in Anspruch zu nehmen (**negative** oder passive **Dienstleistungsfreiheit**). Dazu zählen zB ein Arztbesuch[86] oder eine Touristenfahrt.[87]
- Weder Dienstleistungserbringer noch Dienstleistungsempfänger, sondern nur die Dienstleistung überschreitet eine Grenze (**personenunabhängige Dienstleistungsfreiheit** oder Korrespondenzdienstleistungsfreiheit). Dies gilt zB beim telephonischen Anbieten von Terminanlagegeschäften[88] oder beim Ausstrahlen und Empfangen von Fernsehsendungen.[89]
- Dienstleistungserbringer und Dienstleistungsempfänger begeben sich in einen anderen Mitgliedstaat, in dem die Dienstleistung erbracht wird (**auslandsbedingte Dienstleistungsfreiheit**). Zu dieser Sonderform der aktiven Dienstleistungsfreiheit zählt zB die Tätigkeit eines Fremdenführers, der eigene Staatsangehörige in einem anderen Mitgliedstaat führt.[90]

Je nach Konstellation der Dienstleistungsfreiheit können sich entweder der Dienstleistungserbringer (positive Dienstleistungsfreiheit) oder der Dienstleistungsempfänger (negative Dienstleistungsfreiheit) oder beide (personenunabhängige Dienstleistungsfreiheit) auf die einschlägigen Bestimmungen des Gemeinschaftsrechts berufen. In ersteren beiden Fällen müssen die direkt Begünstigten (der Dienstleistungserbringer bei der positiven Dienstleistungsfreiheit und der Dienstleistungsempfänger bei der negativen Dienstleistungsfreiheit) Unionsbürger bzw diesen gleichgestellte Gesellschaften sein. Offen ist diesbezüglich, ob auch Drittstaatsangehörige - als abgeleitet bzw im Reflex Begünstigte (der Dienstleistungsempfänger bei der positiven Dienstleistungsfreiheit und der Dienstleistungserbringer bei der negativen Dienstleistungsfreiheit) - sich auf die Dienstleistungsfreiheit berufen können. Der EuGH hat diese Frage - mangels Anlassfall - noch nicht eindeutig entschieden. In seiner Rechtsprechung finden sich jedoch Ansätze, die darauf hindeuten, dass die Reflexrechte aus der Dienstleistungsfreiheit nicht auf Unionsbürger beschränkt sind.[91]

---

86 EuGH, verb Rs 286/82 und 26/83, Luisi und Carbone, Slg 1984, 377 ff.

87 EuGH, Rs 186/87, Cowan, Slg 1989, 195 ff.

88 EuGH, Rs C-384/93, Alpine Investments, Slg 1995, I-1141 ff.

89 EuGH, Rs 155/73, Sacchi, Slg 1974, 409 ff.

90 EuGH, Rs C-154/89, Kommission/Frankreich, Slg 1991, I-659 ff.

91 Vgl EuGH, Rs C-60/00, Carpenter, Slg 2002, I-6279 ff.

3.3. Umfang

Nach ständiger Rechtsprechung des EuGH enthalten die Art 49 Abs 1 und Art 50 Abs 3 EGV sowohl ein **Diskriminierungsverbot** als auch ein **Beschränkungsverbot**.[92]

3.3.1. Diskriminierungsverbot

Nach dem Wortlaut von Art 50 Abs 3 EGV normiert die Dienstleistungsfreiheit ein Verbot der unterschiedlichen Behandlung aus Gründen der Staatsangehörigkeit bei der Erbringung von Dienstleistungen. Dieses Gebot der **Inländergleichbehandlung** gilt aufgrund der extensiven Auslegung der Dienstleistungsfreiheit durch den EuGH für alle Formen der gegenständlichen Grundfreiheit.

Verboten sind – wie bei der Niederlassungsfreiheit – sowohl **direkte** (rechtliche) als auch **indirekte** (tatsächliche) **Diskriminierungen**.[93]

3.3.2. Beschränkungsverbot

Nach ständiger Rechtsprechung des EuGH beinhalten die Art 49 Abs 1 und Art 50 Abs 3 EGV aber auch ein Beschränkungsverbot. Demnach sind selbst **gleichbehandelnde Maßnahmen** grundsätzlich verboten, wenn sie die Ausübung der Dienstleistungsfreiheit beschränken, behindern oder weniger attraktiv machen.

Nach gefestigter Rechtsprechung des EuGH verlangen die gegenständlichen primärrechtlichen Vorgaben *„die Aufhebung aller Beschränkungen des freien Dienstleistungsverkehrs – selbst wenn sie unterschiedslos für inländische Dienstleistende wie für solche aus anderen Mitgliedstaaten gelten –, sofern sie geeignet sind, die Tätigkeiten des Dienstleistenden, der in einem anderen Mitgliedstaat ansässig ist und dort rechtmäßig entsprechende Dienstleistungen erbringt, zu unterbinden oder zu behindern"*.[94]

Außerdem verstößt jede mitgliedstaatliche Regelung gegen Art 49 EGV, *„die die Erbringung von Dienstleistungen zwischen Mitgliedstaaten gegenüber der Erbringung von Dienstleistungen erschwert, die innerhalb eines einzigen Mitgliedstaats stattfindet"*.[95]

---

[92] Vgl EuGH, verb Rs C-49/98 ua, Finalarte ua, Slg 2001, I-7831 ff Rn 28.

[93] Siehe dazu vorstehend Kap 3.3.1.

[94] EuGH, Rs C-58/98, Corsten, Slg 2000, I-7919 ff Rn 33; Rs C-429/02, Bacardi Frankreich, Slg 2004, I-6613 ff Rn 31.

[95] EuGH, Rs C-17/00, De Coster, Slg 2001, I-9445 ff Rn 30; verb Rs C-544/03 u C-545/03, Mobistar ua, Slg 2005, I-7723 ff Rn 30.

Wie bei der Niederlassungsfreiheit stellt der EuGH auch bei der Dienstleistungsfreiheit auf die **Spürbarkeit** ab. Demnach fallen nur solche Beschränkungen unter das Verbot der Art 49 Abs 1 und Art 50 EGV, die nicht zu ungewiss sind und zu indirekt wirken bzw deren Auswirkungen nicht *„zu zufällig und zu mittelbar"* sind.[96]

Spürbare Beschränkungen der Dienstleistungsfreiheit sind nur dann erlaubt, wenn sie aus **zwingenden Gründen des Allgemeininteresses** gerechtfertigt[97] und verhältnismäßig sind. Zu den vom EuGH beispielhaft aufgezählten Rechtfertigungsgründen zählen ua der Schutz der Gesundheit der Bevölkerung,[98] die Sicherung der Funktionsfähigkeit der Rechtspflege,[99] die zum Schutz der Empfänger von Dienstleistungen bestimmten Berufsregeln,[100] der Schutz des geistigen Eigentums,[101] der Schutz der Arbeitnehmer,[102] der Schutz der Verbraucher,[103] die Erhaltung des nationalen historischen und künstlerischen Erbes,[104] die Aufwertung der archäologischen, historischen und künstlerischen Reichtümer und die bestmögliche Verbreitung von Kenntnissen über das künstlerische und kulturelle Erbe eines Landes.[105] Liegen derartige zwingende Gründe des Allgemeininteresses vor, ist zusätzlich darauf zu achten, ob diesen Gründen nicht schon durch die Rechtsvorschriften des Mitgliedstaates Rechnung getragen wird, in dem der Dienstleistungserbringer niedergelassen ist (**Prinzip der gegenseitigen Anerkennung**).[106] Die Prüfung der Rechtsvorschriften des Herkunftsmitgliedstaates hat noch vor jener der **Verhältnismäßigkeit** zu erfolgen. Nur wenn das Allgemeininteresse nicht bereits durch die Rechtsvorschriften des Herkunftsmitgliedstaates ausreichenden Schutz erfährt, ist zu prüfen, ob das eingesetzte Mittel zur Verwirkli-

96 EuGH, Rs C-231/03, Coname, Slg 2005, I-7287 ff Rn 20.

97 Vgl die Aufzählung vom EuGH anerkannter Gründe in Rs C-288/89, Gouda ua, Slg 1991, I-4007 ff Rn 14.

98 EuGH, Rs C-294/00, Gräbner, Slg 2002, I-6515 ff Rn 42.

99 EuGH, Rs C-3/95, Reisebüro Broede, Slg 1996, I-6511 ff Rn 31.

100 EuGH, verb Rs 110/78 und 111/78, Van Wesemael, Slg 1979, 35 ff Rn 28.

101 EuGH, Rs 62/79, Coditel, Slg 1980, 881 ff Rn 15.

102 EuGH, Rs 179/80, Webb, Slg 1981, 3305 ff Rn 19; verb Rs 62/81 und 63/81, Seco, Slg 1982, 223 ff Rn 14; Rs C-113/89, Rush Portugesa, Slg 1990, I-1417 ff Rn 18.

103 EuGH, Rs 220/83, Kommission/Frankreich, Slg 1986, 3663 ff Rn 20; Rs 252/83, Kommission/Dänemark, Slg 1986, 3713 ff Rn 20; Rs C-180/89, Kommission/Italien, Slg 1991, I-709 ff Rn 20.

104 EuGH, Rs C-180/89, Kommission/Italien, Slg 1991, I-709 ff Rn 20.

105 EuGH, Rs C-154/89, Kommission/Frankreich, Slg 1991, I-659 ff Rn 17; Rs C-198/89, Kommission/Griechenland, Slg 1991, I-727 ff Rn 21.

106 Vgl EuGH, Rs C-58/98, Corsten, Slg 2000, I-7919 ff Rn 35.

chung der wichtigen Gründe geeignet und erforderlich ist. Die Tatsache, dass ein Mitgliedstaat weniger strenge Vorschriften erlässt, als ein anderer, bedeutet noch nicht, dass dessen Vorschriften unverhältnismäßig sind.[107] Der alleinige Umstand unterschiedlicher Schutzniveaus in den Mitgliedstaaten ist nämlich für die Beurteilung der Verhältnismäßigkeit der einschlägigen Bestimmungen ohne Belang.[108]

Die zwingenden Gründe des Allgemeininteresses stellen - neben der Spürbarkeit - Ausnahmen auf der Tatbestandsebene der Art 49 Abs 1 und Art 50 EGV dar. Dogmatisch sind sie daher als tatbestandsimmanente Schranken der Dienstleistungsfreiheit zu qualifizieren.

3.3.3. Inländerdiskriminierungen

Inländerdiskriminierungen resultieren daraus, dass sich ein Inländer bei rein internen Sachverhalten nicht auf (günstigeres) Gemeinschaftsrecht berufen kann. Derartige Diskriminierungen sind - beim derzeitigen Stand des Gemeinschaftsrechts - jedoch nicht verboten.[109] Sie können - wie in Österreich - vom nationalen Verfassungsrecht verboten sein.[110]

3.4. Ausnahmen

Wie bei der Niederlassungsfreiheit kann auch bei der Dienstleistungsfreiheit von den primärrechtlichen Vorgaben in zwei Fallkonstellationen abgewichen werden.

3.4.1. Gründe der öffentlichen Ordnung, Sicherheit und Gesundheit

Gemäß Art 46 Abs 1 iVm Art 55 EGV beeinträchtigen die Bestimmungen über die Dienstleistungsfreiheit nicht die Anwendbarkeit der Rechts- und Verwaltungsvorschriften, die eine Sonderregelung für Ausländer vorsehen und aus Gründen der öffentlichen Ordnung, Sicherheit oder Gesundheit gerechtfertigt sind (**ordre public-Vorbehalt**). Diese Rechtfertigungsgründe werden in der Richtlinie 2004/38 näher konkretisiert.[111]

---

[107] EuGH, Rs C-3/95, Reisebüro Broede, Slg 1996, I-6511 ff Rn 42; Rs C-1087/6, Mac Quen ua, Slg 2001, I-837 ff Rn 33; Rs C-294/00, Gräbner, Slg 2002, I-6515 ff Rn 46.

[108] EuGH, Rs C-294/00, Gräbner, Slg 2002, I-6515 ff Rn 47.

[109] ZB EuGH, Rs 52/79, Debauve ua, Slg 1980, 833 ff Rn 9.

[110] Siehe dazu vorstehend Kap 3.3.3.

[111] Siehe dazu vorstehend Kap 3.4.1.

Aus Gründen der öffentlichen Ordnung, Sicherheit oder Gesundheit können **direkte** (rechtliche) **Diskriminierungen** von Ausländern gerechtfertigt werden. **Indirekte** (tatsächliche) **Diskriminierungen** lassen sich – ausgehend von der Kongruenz der Grundfreiheiten – dann rechtfertigen, wenn sie auf objektiven (sachlichen), von der Staatsangehörigkeit der Betroffenen unabhängigen Erwägungen beruhen und verhältnismäßig sind.[112] Gründe der öffentlichen Ordnung, Sicherheit oder Gesundheit nach Art 46 Abs 1 EGV brauchen daher nicht mehr zusätzlich geprüft zu werden, da sie bereits in den objektiven Erwägungen enthalten sind. Dasselbe gilt für (spürbare) Beschränkungen der Dienstleistungsfreiheit, deren zwingende Gründe des Allgemeininteresses auch Gründe der öffentlichen Ordnung, Sicherheit oder Gesundheit umfassen können.

3.4.2. Ausübung öffentlicher Gewalt

Gemäß Art 45 Abs 1 iVm Art 55 EGV findet das Kapitel über die Dienstleistungsfreiheit – wie jenes über die Niederlassungsfreiheit[113] – keine Anwendung auf Tätigkeiten, die ganz oder teilweise mit der Ausübung öffentlicher Gewalt verbunden sind.

3.4.3. Verkehrsdienstleistungen

Ausgenommen von den Vorschriften des Dienstleistungskapitels sind gemäß Art 51 Abs 1 EGV Dienstleistungen auf dem Gebiet des Verkehrs. Für sie kommen die Art 70 bis 80 EGV zur Anwendung.

3.4.4. Kapitalverkehrsdienstleitungen

Gemäß Art 51 Abs 2 EGV besteht eine Abstimmungspflicht zwischen der Liberalisierung der Kapitalverkehrsdienstleistungen von Banken und Versicherungen und der Liberalisierung des Kapitalverkehrs. Diese Verpflichtung ist mit der Liberalisierung des Kapitalverkehrs (vgl Art 56 Abs 1 EGV) gegenstandslos geworden. Wegen der Kongruenz der Grundfreiheiten ist insbesondere die Einordnung einer Finanzdienstleistung unter die Vorschriften über den freien Dienstleistungsverkehr (zB Versicherungen)[114] oder unter die Vorschriften über den freien Kapitalverkehr (zB Finanzierungsgeschäfte) nicht mehr von entscheidender Bedeutung. Dies gilt allerdings nur innerhalb des Binnenmarktes, nicht aber im Verhältnis zu Drittstaaten. Der Grund dafür liegt darin, dass sich (nicht in der EU ansässige)

112 ZB EuGH, Rs C-101/94, Kommission/Italien, Slg 1996, I-2691 ff Rn 31. Missverständlich EuGH, Rs C-224/97, Ciola, Slg 1999, I-2517 ff Rn 16

113 Siehe dazu vorstehend Kap 3.4.2.

114 EuGH, Rs C-118/96, Safir, Slg 1998, I-1897 ff Rn 22.

Drittstaatsangehörige nicht auf den freien Dienstleistungsverkehr berufen können, der freie Kapitalverkehr aber auch zwischen den Mitgliedstaaten und Drittstaaten gilt.[115]

4. Abgrenzung zwischen Dienstleistungsfreiheit und Niederlassungsfreiheit

Beide Grundfreiheiten - Dienstleistungsfreiheit und Niederlassungsfreiheit - beziehen sich auf die Ausübung selbständiger Erwerbstätigkeiten. Während erstere Grundfreiheit aber nur vorübergehende Tätigkeiten umfasst, findet letztere Grundfreiheit auf Tätigkeiten Anwendung, die auf unbestimmte Zeit erbracht werden. Die Abgrenzung der beiden Grundfreiheiten voneinander ist deshalb erforderlich, da Dienstleistungs- und Niederlassungsfreiheit **unterschiedliche Inhalte** haben. Die Unterschiede wurden zwar vom EuGH in seiner Rechtsprechung - der Kongruenz der Grundfreiheiten folgend - zu einem wesentlichen Teil aufgehoben, in Teilbereichen bestehen sie aber noch fort. Dies gilt insbesondere für die Begünstigten der beiden Grundfreiheiten und für die Zulässigkeit von Beschränkungen bei der Ausübung einer selbständigen Erwerbstätigkeit. Bei der Dienstleistungsfreiheit ist nämlich neben den zwingenden Erfordernissen des Allgemeininteresses und der Verhältnismäßigkeit auch das Prinzip der gegenseitigen Anerkennung von Bedeutung. Letzteres führt in der Praxis dazu, dass der Mitgliedstaat, in dem eine Tätigkeit erfolgt, dem Begünstigten weniger Beschränkungen auferlegen kann als bei Inanspruchnahme der Niederlassungsfreiheit.

Ein selbständig Erwerbstätiger fällt demnach unter die **Dienstleistungsfreiheit**, soweit die Leistungserbringung in dem betroffenen Mitgliedstaat vorübergehend bleibt. Für die Frage, ob die Tätigkeiten des Leistenden im Aufnahmemitgliedstaat vorübergehenden Charakter haben, sind nach der Rechtsprechung des EuGH nicht nur die Dauer der Leistung, sondern auch *„ihre Häufigkeit, regelmäßige Wiederkehr oder Kontinuität zu berücksichtigen"*.[116]

Der EuGH hat diese Situation von der eines Staatsangehörigen eines Mitgliedstaates unterschieden, der als Angehöriger eines Mitgliedstaates in stabiler und kontinuierlicher Weise eine Berufstätigkeit in einem anderen Mitgliedstaat ausübt, in dem er sich von einem Berufsdomizil aus ua an die Angehörigen dieses Staates wendet. Demgemäß hat der EuGH festgestellt, dass ein solcher Staatsangehöriger

---

[115] Vgl EuGH, Rs C-452/04, Fidium Finanz, Slg 2006, I-9521 ff Rn 25 ff.

[116] EuGH, Rs C-55/94, Gebhard, Slg 1995, I-4165 ff Rn 27; Rs C-131/01, Kommission/Italien, Slg 2003, I-1659 ff Rn 22; Rs C- 215/01, Schnitzer, Slg 2003, I-14847 ff Rn 28.

unter die Vorschriften des Kapitels über das **Niederlassungsrecht** und nicht unter die des Kapitels über die Dienstleistungen fällt.[117]

Der Begriff Dienstleistung gemäß Art 50 EGV kann somit Dienstleistungen ganz unterschiedlicher Art umfassen, einschließlich solcher, deren Erbringung sich über einen längeren Zeitraum, bis hin zu mehreren Jahren, erstreckt, zB, wenn es sich um Dienstleistungen handelt, die im Rahmen eines Großbauprojekts erbracht werden. Auch Leistungen, die ein in einem Mitgliedstaat ansässiger Wirtschaftsteilnehmer mehr oder weniger häufig oder regelmäßig, auch über einen längeren Zeitraum, für Personen erbringt, die in einem oder mehreren anderen Mitgliedstaaten niedergelassen sind, können Dienstleistungen im Sinne des Vertrages sein, etwa die entgeltliche Beratung oder Auskunftserteilung.[118]

5. Anerkennung von Berufsqualifikationen (Diplomanerkennung)

Nach der Dienstleistungs-Richtlinie genießen jene Gemeinschaftsrechtsakte, die spezifische Aspekte der Aufnahme oder Ausübung einer Dienstleistungstätigkeit in bestimmten Bereichen oder bestimmten Berufen regeln, Vorrang gegenüber der gegenständlichen Richtlinie (Art 3 Abs 1). Dieser Vorrang gilt insbesondere für die Richtlinie 2005/36/EG vom 7. September 2005 über die Anerkennung von Berufsqualifikationen (**Berufsqualifikations-Richtlinie**)[119] (Art 3 Abs 1 lit d). Letztere Richtlinie ist am 20. Oktober 2005 in Kraft getreten und bis zum 20. Oktober 2007 innerstaatlich umzusetzen. Erst mit Ablauf der Umsetzungsfrist werden die geltenden Diplomanerkennungs-Richtlinien – mit Ausnahme der Sonderregelungen für Rechtsanwälte – aufgehoben; bis dahin sind sie weiterhin anzuwenden.

Inhaltlich basiert die Berufsqualifikations-Richtlinie auf dem derzeit in Kraft stehenden Diplomanerkennungsregime.[120] Dieses wird zwar neu geordnet und

---

117 EuGH, Rs C- 215/01, Schnitzer, Slg 2003, I-14847 ff Rn 29.

118 EuGH, Rs C- 215/01, Schnitzer, Slg 2003, I-14847 ff Rn 30.

119 ABl 2005 L 255, 22 ff.

120 Vgl statt vieler *Leibrock*, Stand und Perspektiven der gegenseitigen Anerkennung der Diplome, EuZW 1992, 465 ff; *Obwexer/Happacher-Brezinka*, Diplomanerkennung in der EU. Berufliche und akademische Anerkennung von Qualifikationen im Binnenmarkt, ZÖR 2001, 465 ff; *Schneider*, Die Anerkennung von Diplomen in der Europäischen Gemeinschaft (1995); *Weber*, Die Anerkennung beruflicher Hochschuldiplome im Recht der EG, WissR 1997, 20 ff; *Winkel*, Freizügigkeit und Anerkennung von Befähigungsnachweisen nach EU-Recht, WiVerw 1998, 83 ff.

gleichzeitig gestrafft, die wesentlichen Grundsätze werden aber beibehalten.[121] Neu ist der in der Berufsqualifikations-Richtlinie verankerte **Grundsatz der Dienstleistungsfreiheit** (Art 5). Dieser soll den freien Dienstleistungsverkehr durch die Möglichkeiten zur Ausübung beruflicher Tätigkeiten unter der im Herkunftsmitgliedstaat erworbenen Berufsbezeichnung erleichtern. Demnach können die Mitgliedstaaten die Dienstleistungsfreiheit nicht aufgrund der Berufsqualifikationen einschränken, wenn der Dienstleister zur Ausübung desselben Berufes rechtmäßig in einem Mitgliedstaat niedergelassen ist (Niederlassungsmitgliedstaat). Ist der betreffende Beruf oder die Ausbildung zu diesem Beruf im Niederlassungsmitgliedstaat nicht reglementiert, so muss der Dienstleister diesen Beruf mindestens zwei Jahre während der vorhergehenden zehn Jahre im Niederlassungsmitgliedstaat ausgeübt haben (Art 5 Abs 1). Diese Regelung gilt nur für den Fall, dass der Dienstleister von der Dienstleistungsfreiheit Gebrauch macht, also sich zur vorübergehenden und gelegentlichen Ausübung des Berufes in einen anderen Mitgliedstaat (Aufnahmenmitgliedstaat) begibt. Der vorübergehende und gelegentliche Charakter der Erbringung von Dienstleistungen ist im Einzelfall zu beurteilen, insbesondere anhand der Dauer, der Häufigkeit, der regelmäßigen Wiederkehr und der Kontinuität der Dienstleistung. Selbst in diesen Fällen bleiben spezifische Vorschriften des Gemeinschaftsrechts unberührt. Gemeint sind damit jene Vorschriften, die für bestimmte reglementierte Berufe spezielle Regelungen für die Anerkennung von Berufsqualifikationen festlegen (Art 2 Abs 3). Im Aufnahmemitgliedstaat unterliegt der Dienstleister den berufsständischen, gesetzlichen oder verwaltungsrechtlichen Berufsregeln, die dort in unmittelbarem Zusammenhang mit den Berufsqualifikationen für Personen gelten, die denselben Beruf wie er ausüben; ebenso unterliegt er den geltenden Disziplinarbestimmungen.

Der Grundsatz der Dienstleistungsfreiheit basiert formal auf dem **Prinzip der gegenseitigen Anerkennung**; materiell kommt die damit verbundene automatische und obligatorische Anerkennung der Berufsqualifikationen dem Herkunftslandprinzip sehr nahe.

Abgesehen von dieser Neuerung wurde im Wesentlichen das geltende Diplomanerkennungsregime in die Berufsqualifikations-Richtlinie übernommen. Deshalb erscheint es angebracht, die Diplomanerkennung anhand der derzeit in Kraft befindlichen Regelungen und im Lichte der Rechtsprechung des EuGH darzustellen.

---

[121] Vgl *Handig*, Neue Richtlinie für die Anerkennung von Berufen, ecolex 2005, 958 ff.

5.1. Grundlagen

Zur tatsächlichen Verwirklichung der Niederlassungsfreiheit und des freien Dienstleistungsverkehrs bedarf es nicht nur der Abschaffung von Diskriminierungen und der Aufhebung von (spürbaren) Beschränkungen, sondern auch der Rechtsangleichung im Bereich jener Berufe, für deren Aufnahme und/oder Ausübung die Mitgliedstaaten bestimmte Ausbildungen und/oder praktische Tätigkeiten vorschreiben (**reglementierte Berufe**).

Art 40, Art 47 und Art 47 iVm Art 55 EGV übertragen der EG die Kompetenz, Maßnahmen zur Erleichterung der Aufnahme und Ausübung selbständiger und unselbständiger Tätigkeiten zu erlassen. Davon umfasst sind Richtlinien zur Koordinierung der Rechts- und Verwaltungsvorschriften der Mitgliedstaaten über die Aufnahme und Ausübung von Erwerbstätigkeiten (**Koordinierungs-Richtlinien**) sowie Richtlinien für die gegenseitige Anerkennung von Diplomen, Prüfungszeugnissen und sonstigen Befähigungsnachweisen (**Anerkennungs-Richtlinien**).

Die einschlägigen Regelungen finden nur dann Anwendung, wenn der antragstellende Unionsbürger Zugang zu einem bestimmten Beruf begehrt, eine bestimmte berufliche Tätigkeit ausüben will oder sonstige Handlungen setzt, die auf eine spätere Ausübung einer wirtschaftlichen Tätigkeit gerichtet und mit dieser eng verbunden sind (**Anerkennung zu beruflichen Zwecken**). Letzteres gilt zB für den Antrag auf Eintragung in ein Arbeitsvermittlungsverzeichnis, da die Einstufung eines arbeitslosen Staatsangehörigen eines anderen EU-Mitgliedstaates sich auf die Möglichkeit für diese Personen auswirkt, im Aufnahmemitgliedstaat Arbeit zu finden.[122]

Der Begriff **Diplom** bezeichnet dabei die Summe aller Diplome, Prüfungszeugnisse und sonstigen Befähigungsnachweise einschließlich etwaig notwendiger Berufserfahrung, aus denen hervorgeht, dass der Inhaber über die beruflichen Voraussetzungen verfügt, die für den Zugang zu einem (reglementierten) Beruf oder dessen Ausübung in einem Mitgliedstaat erforderlich sind (**Endprodukt-Konzeption**).[123] In seiner neueren Rechtsprechung scheint der EuGH jedoch einen über diese Konzeption hinausgehenden Ansatz zu verfolgen, wonach die zuständigen Behörden des Aufnahmemitgliedstaates – auch bei nicht reglementierten Berufen und damit ganz allgemein – alle vom Aufnahmewerber erworbenen Fä-

---

122 EuGH, Rs C-164/94, Aranitis, Slg 1996, I-135 ff Rn 32.

123 Vgl *Görlitz*, Gemeinschaftsrechtliche Diplomanerkennungspflichten und Zugang zum deutschen Vorbereitungsdienst, EuR 2000, 836 ff.

higkeiten und Kenntnisse zu berücksichtigen und mit den im Aufnahmemitgliedstaat verlangten Fähigkeiten und Kenntnissen zu vergleichen haben.[124]

Das Gemeinschaftsrecht sieht für die Berufszulassung und die Berufsausübung sowie die Diplomanerkennung unterschiedliche inhaltliche **Vorgaben** vor, wobei zwischen dem vertikalen System, dem horizontalen System und den Sonderregelungen zu differenzieren ist. Hinzu kommt – gewissermaßen als Auffangregelung – die materielle Äquivalenzprüfung nach Primärrecht.

5.2. Vertikales System

Für einige wenige freiberufliche Tätigkeiten, insbesondere im Gesundheitsbereich, wurden Koordinierungs- und Anerkennungs-Richtlinien verabschiedet. Diese betreffen folgende **Berufe**: Ärzte,[125] Zahnärzte,[126] Tierärzte,[127] Apotheker,[128] Hebammen[129] sowie Krankenschwestern und Krankenpfleger.[130]

Das vertikale System beruht auf einer gemeinschaftsweiten Angleichung der Berufsausbildungs-, -zulassungs- und -ausübungsregeln. Dabei wird ein für alle Mitgliedstaaten verbindlicher **Mindeststandard** festgelegt, der nicht unterschritten werden darf. Die unter Beachtung dieses Mindeststandards ausgestellten Diplome sind von den anderen Mitgliedstaaten anzuerkennen.

Die **Anerkennung** der Diplome hat *„automatisch und obligatorisch"* zu erfolgen.[131] Verfügt der Begünstigte über ein Diplom, das den Vorgaben einer der vertikalen Anerkennungs-Richtlinien entspricht, so hat jeder Mitgliedstaat dieses Diplom anzuerkennen und in seinem Hoheitsgebiet die gleiche Wirkung zu verleihen wie den von ihm ausgestellten Diplomen. Dabei ist es den Mitgliedstaaten untersagt, von den Begünstigten die Einhaltung anderer Bedingungen zu verlan-

---

124 EuGH, Rs C-234/97, Fernández de Bobadilla, Slg 1999, I-4795 ff Rn 28 ff.

125 Richtlinie 93/16/EWG, ABl 1993 L 165 S 1 ff idF ABl 2003 L 284 S 1 ff.

126 Richtlinie 78/686/EWG, ABl 1978 L 233 S 1 ff idF ABl 2003 L 236 S 258 ff; Richtlinie 78/687/EWG, ABl 1978 L 233 S 10 ff idF ABl 2003 L 236 S 258 ff.

127 Richtlinie 78/1026/EWG, ABl 1978 L 362 S 1 ff idF ABl 2001 L 206 S 1 ff; Richtlinie 78/1027/EWG, ABl 1978 L 362 S 7 ff idF ABl 2001 L 206 S 1 ff.

128 Richtlinie 85/432/EWG, ABl 1985 L 253 S 34 ff idF ABl 2001 L 206 S 1 ff; Richtlinie 85/433/EWG, ABl 1985 L 253 S 37 ff idF ABl 2003 L 236 S 258 ff.

129 Richtlinie 80/154/EWG, ABl 1980 L 33 S 1 ff idF ABl 2003 L 236 S 258 ff; Richtlinie 80/155/EWG, ABl 1980 L 33 S 8 ff idF ABl 2001 L 206 S 1 ff.

130 Richtlinie 77/452/EWG, ABl 1977 L 176 S 1 ff idF ABl 2003 L 236 S 258 ff; Richtlinie 77/453/EWG, ABl 1977 L 176 S 8 ff idF ABl 2001 L 206 S 1 ff.

131 EuGH, Rs C-16/99, Erpelding, Slg 2000, I-6821 ff Rn 23 ff.

gen als die, die in den einschlägigen Richtlinien festgelegt sind.[132] Die *„automatische und obligatorische"* Anerkennung ist folglich auf eine **rein formale Prüfung** beschränkt, die – auf Antrag – verpflichtend vorgenommen werden muss.

5.3. Horizontales System

Die Schwierigkeiten und Unzulänglichkeiten der berufsspezifischen Rechtsangleichung haben zur Entwicklung eines neuen Anerkennungskonzepts geführt, das ohne Angleichung der Ausbildungswege und des Berufsrechts in den Mitgliedstaaten zur gegenseitigen Anerkennung von Diplomen verpflichtet.

Dieses horizontale System ist in drei Richtlinien verankert:

1. Richtlinie 89/48/EWG über eine allgemeine Regelung zur Anerkennung der Hochschuldiplome, die eine mindestens dreijährige Berufsausbildung abschließen (**Hochschuldiplomanerkennungs-Richtlinie**);[133]
2. Richtlinie 92/51/EWG über eine zweite allgemeine Regelung zur Anerkennung beruflicher Befähigungsnachweise in Ergänzung zur Richtlinie 89/48/EWG (**zweite Diplomanerkennungs-Richtlinie**);[134]
3. Richtlinie 1999/42/EG über ein Verfahren zur Anerkennung der Befähigungsnachweise für die unter die Liberalisierungs- und Übergangsrichtlinien fallenden Berufstätigkeiten in Ergänzung der allgemeinen Regelung zur Anerkennung der Befähigungsnachweise (**ergänzende Diplomanerkennungs-Richtlinie**).[135]

Letztere Richtlinie hat den größten Teil der Anfang der sechziger Jahre im Bereich von Handel, Handwerk, Industrie und Landwirtschaft erlassenen Liberalisierungs- und Übergangsrichtlinien ersetzt und regelt die Anerkennung von Qualifikationen, die nicht unter die zwei erstgenannten Richtlinien fallen.

Das horizontale System beruht auf der Annahme, dass die Ausbildungen, die in den Mitgliedstaaten die Ausübung eines bestimmten (reglementierten) Berufes erlauben, im Wesentlichen vergleichbar, also grundsätzlich gleichwertig sind (**Prinzip des gegenseitigen Vertrauens**).

Demnach hat ein Unionsbürger, der in seinem Heimat- oder Herkunftsmitgliedstaat zur Ausübung eines bestimmten (reglementierten) Berufes berechtigt

132 EuGH, Rs C-238/98, Hocsman, Slg 2000, I-6623 ff Rn 33.
133 ABl 1989 L 19 S 16 ff idF ABl 2001 L 206 S 1 ff.
134 ABl 1992 L 209 S 25 ff idF ABl 2004 L 32 S 15 ff.
135 ABl 1999 L 201 S 77 ff.

ist, auch im Aufnahmemitgliedstaat Anrecht auf Zugang zu diesem Beruf und auf Ausübung desselben. Zu diesem Zweck hat der Aufnahmemitgliedstaat das im Herkunftsmitgliedstaat erworbene Diplom anzuerkennen.[136] Er hat grundsätzlich auch Drittlanddiplome anzuerkennen, wenn sie bereits von einem anderen Mitgliedstaat als gleichwertig anerkannt worden sind. Ist der Beruf im Heimat- oder Herkunftsmitgliedstaat nicht reglementiert, dh ist die entsprechende Tätigkeit dort in Zugang und Ausübung frei, so wird die Garantie an Kenntnissen, die die Reglementierung bietet, durch den Nachweis einer Berufserfahrung von gewisser Mindestdauer bzw durch eine etwaig vorgesehene reglementierte Ausbildung ersetzt.

Als Ausgleich für die fehlende Koordinierung der Ausbildungswege und des Berufsrechtes kann der Aufnahmemitgliedstaat die Qualifikationen des Antragstellers auf ihre Übereinstimmung mit seinen eigenen Anforderungen **materiell überprüfen**. Bestehen zwischen der im Aufnahmemitgliedstaat verlangten und der im Heimat- oder Herkunftsmitgliedstaat des Antragstellers erworbenen Qualifikation wesentliche Unterschiede in der Dauer oder im Inhalt der Ausbildung oder unterscheiden sich die Tätigkeitsbereiche der reglementierten Berufe in den betreffenden Mitgliedstaaten, so kann der Aufnahmemitgliedstaat über eigene **Kompensationsmechanismen** einen entsprechenden Ausgleich für diese Unterschiede verlangen. Eine unterschiedliche Ausbildungsdauer kann durch Berufserfahrung ausgeglichen werden; divergierende Ausbildungsinhalte oder unterschiedliche Tätigkeitsfelder des (reglementierten) Berufes können durch eine Eignungsprüfung (Nachweis der für den betreffenden Beruf wesentlichen Fähigkeiten und Kenntnisse) oder durch einen Anpassungslehrgang (Ausübung des betreffenden Berufes unter der Aufsicht eines qualifizierten Berufsangehörigen mit abschließender Bewertung) kompensiert werden. Berufserfahrung einerseits und Eignungsprüfung oder Anpassungslehrgang andererseits dürfen allerdings nicht kumuliert werden; die Wahl zwischen dem Anpassungslehrgang und der Eignungsprüfung ist grundsätzlich dem Antragsteller zu überlassen.[137]

Die in der Hochschuldiplomanerkennungs-Richtlinie enthaltene **Anerkennungsregelung** (Art 3 Richtlinie 89/48) ist nach ständiger Rechtsprechung des EuGH inhaltlich unbedingt und hinreichend genau und entfaltet somit **unmittel-**

---

136 Die Kommission spricht in diesem Zusammenhang von einer *„per se-Anerkennung der Qualifikation des Migranten"*; vgl Bericht an das Europäische Parlament und an den Rat über den Stand der Anwendung der allgemeinen Regelung zur Anerkennung der Hochschuldiplome gemäß Art 13 der Richtlinie 89/48/EWG, KOM(96) 46 endg vom 15. Februar 1996, 19.

137 Vgl EuGH, Rs C-149/05, Price, Slg 2006, I-7691 ff Rn 51 ff.

bare Wirkung.[138] Dem steht auch nicht die Möglichkeit entgegen, vom Antragsteller Kompensationsmaßnahmen zu verlangen (Art 4 Richtlinie 89/48). Kompensationsmaßnahmen dürfen, soweit es an einer Umsetzung in das nationale Recht fehlt, nur insoweit vorgeschrieben werden, als sie in der bei der Beurteilung des in Rede stehenden Antrages geltenden nationalen Regelungen vorgesehen sind.[139] Im Anwendungsbereich der Hochschuldiplomanerkennungs-Richtlinie darf des Weiteren keine Nostrifizierung der Befähigungsnachweise des Bewerbers verlangt werden.[140] Schließlich steht einer Berufung auf die Anerkennungsregelung auch nicht das Unterbleiben der Bezeichnung einer für die Anerkennung zuständigen Behörde entgegen. Der Antragsteller kann sich gegenüber der Behörde, die tatsächlich für die Regelung des Zugangs zu einem bestimmten Beruf nach nationalem Recht zuständig ist, direkt auf die Anerkennungsregelung berufen.[141]

Diese Auslegung der einschlägigen Bestimmungen der Hochschuldiplomanerkennungs-Richtlinie gilt auch für die entsprechenden – im Wesentlichen identen – Bestimmungen der zweiten Diplomanerkennungs-Richtlinie.[142] Sie ist wohl auch auf die ergänzende Diplomanerkennungs-Richtlinie übertragbar.

5.4. Sonderregelungen

Neben dem vertikalen und dem horizontalen System bestehen **Sonderregelungen** für zwei Berufe. Für **Architekten**[143] wurde eine Anerkennungs-Richtlinie erlassen, die weder eine Angleichung des Berufsrechts noch verbindliche Vorgaben für die Ausbildung beinhaltet, wohl aber Mindestvoraussetzungen für die anzuerkennenden Diplome festschreibt.[144] Die Richtlinien für **Rechtsanwälte** betreffend die Erbringung von Dienstleistungen[145] sowie die ständige Ausübung des Rechtsanwaltsberufs als Selbständiger oder abhängig Beschäftigter[146] normieren weder eine Angleichung der Berufsregeln noch Vorgaben für die Ausbildung.[147]

---

138 EuGH, Rs C-102/02, Beuttenmüller, Slg 2004, I-5405 ff Rn 55.

139 EuGH, Rs C-141/04, Peros, Slg 2005, I-7163 ff Rn 34.

140 EuGH, Rs C-234/97, Fernández de Bobadilla, Slg 1999, I-4773 ff Rn 27.

141 EuGH, Rs C-141/04, Peros, Slg 2005, I-7163 ff Rn 38.

142 EuGH, Rs C-142/04, Aslanidou, Slg 2005, I-7181 ff Rn 33 ff.

143 Richtlinie 85/384/EWG, ABl 1985 L 223 S 15 ff idF ABl 2003 L 236 S 258 ff.

144 Vgl EuGH, Rs C-310/90, Egle, Slg 1992, I-177 ff Rn 7.

145 Richtlinie 77/249/EWG, ABl 1977 L 78 S 17 f idF ABl 2003 L 236 S 257 f.

146 Richtlinie 98/5/EG, ABl 1998 L 77 S 36 ff idF ABl 2003 L 236 S 257 f.

147 Vgl EuGH, Rs C-168/98, Luxemburg/Parlament und Rat, Slg 2000, I-9131 ff; Rs C-193/05, Kommission/Luxemburg, Slg 2006, I-8673 ff; *Eilmansberger*, Die Niederlassungsrichtlinie für Rechtsanwälte und ihre Umsetzung in Österreich, AnwBl 2000, 318 ff.

Im Rahmen dieser Sonderregelungen hat die **Anerkennung** der Diplome zwar automatisch und obligatorisch zu erfolgen, doch sind dafür bestimmte (zusätzliche) Voraussetzungen erforderlich. Bei den **Architekten** sind nur jene Diplome anzuerkennen, die den qualitativen und quantitativen Mindestvorgaben der Richtlinie entsprechen. Ein Wanderarchitekt mit einem solchen Diplom ist im Aufnahmemitgliedstaat selbst dann zur Aufnahme und Ausübung einer Tätigkeit berechtigt, die dort üblicherweise von einem Architekten ausgeübt wird, wenn sein Diplom in Bezug auf die Ausbildung materiell nicht ohne weiteres gleichwertig ist.[148] Entspricht das Diplom den Mindestvorgaben der Richtlinie nicht - die Mitgliedstaaten können nämlich Ausbildungsgänge beibehalten oder einführen, die unter den Mindestvorgaben liegen -, so wird das betreffende Diplom vom Anwendungsbereich der Richtlinie nicht mehr erfasst. Bei den **Rechtsanwälten** bedarf es einer mindestens dreijährigen effektiven und regelmäßigen Tätigkeit unter der ursprünglichen Berufsbezeichnung im Aufnahmemitgliedstaat im Recht dieses Mitgliedstaates, einschließlich des Gemeinschaftsrechts. Wird dieser Nachweis erbracht, so ist der Rechtsanwalt berechtigt, im Aufnahmemitgliedstaat ohne Kompensationsmaßnahmen unter der Berufsbezeichnung des Aufnahmemitgliedstaates tätig zu werden; er ist wie die inländischen Rechtsanwälte zum Rechtsanwaltsberuf zuzulassen. Vor dieser Zulassung ist ein in einem Mitgliedstaat eingetragener Rechtsanwalt berechtigt, unter seiner ursprünglichen Berufsbezeichnung in jedem anderen Mitgliedstaat auch auf Dauer tätig zu werden (europäischer Rechtsanwalt). Für diese Tätigkeiten darf vorab weder eine Prüfung der Fachkenntnisse noch eine Prüfung der Sprachkenntnisse erfolgen.[149] Dem Aufnahmemitgliedstaat steht es aber frei, dem europäischen Rechtsanwalt einen innerstaatlich zugelassenen Einvernehmensanwalt vorzuschreiben.[150]

5.5. Äquivalenzprüfung nach Primärrecht

Finden die dargestellten sekundärrechtlichen Anerkennungs-Richtlinien keine Anwendung, so ist nach ständiger Rechtsprechung des EuGH jeder Mitgliedstaat aufgrund des Primärrechtes verpflichtet, *„die Diplome, Prüfungszeugnisse und sonstigen Befähigungsnachweise, die der Betroffene erworben hat, um den gleichen Beruf in einem anderen Mitgliedstaat auszuüben, in der Weise zu berücksichtigen, dass er die durch diese Diplome bescheinigten Fachkenntnisse mit den nach nationalem Recht vorge-*

148 EuGH, Rs C-421/98, Kommission/Spanien, Slg 2000, I-10375 ff Rn 37.

149 EuGH, Rs C-506/04, Wilson, Slg 2006, I-8613 ff Rn 70 f.

150 Diese gemeinschaftsrechtlichen Vorgaben sind im Bundesgesetz über den freien Dienstleistungsverkehr und die Niederlassung von europäischen Rechtsanwälten in Österreich, BGBl I 27/2000 idF BGBl I 59/2004, umgesetzt.

schriebenen Kenntnissen und Fähigkeiten vergleicht" (**Vlassopoulou-Formel**).[151] Dies gilt sowohl bei reglementierten als auch bei nicht reglementierten Berufen.[152] Das Prüfungsverfahren muss es den Behörden des Aufnahmemitgliedstaates ermöglichen, objektiv festzustellen, ob die durch das mitgebrachte Diplom bescheinigten Kenntnisse und Fähigkeiten den innerstaatlich verlangten gleich oder zumindest gleichwertig sind.[153] Diese Beurteilung der Gleichwertigkeit eines ausländischen Diploms muss ausschließlich danach erfolgen, welches Maß an Kenntnissen und Fähigkeiten dieses Diplom unter Berücksichtigung von Art und Dauer des Studiums und der praktischen Ausbildung, auf die es sich bezieht, bei seinem Inhaber vermuten lässt.[154] Dabei kann ein Mitgliedstaat jedoch objektiven Unterschieden Rechnung tragen, die sowohl hinsichtlich des im Herkunftsmitgliedstaat für den fraglichen Beruf geltenden rechtlichen Rahmens als auch hinsichtlich des Tätigkeitsbereichs dieses Berufs vorhanden sind. Führt die vergleichende Prüfung zu der Feststellung, dass die durch das ausländische Diplom bescheinigten Fähigkeiten und Kenntnisse den nach den nationalen Vorschriften verlangten entsprechen, so ist der Mitgliedstaat verpflichtet anzuerkennen, dass das ausländische Diplom die verlangten Voraussetzungen erfüllt.[155] Ergibt der Vergleich hingegen nur eine teilweise Entsprechung, so kann der Aufnahmemitgliedstaat den Nachweis verlangen, dass der Betroffene die fehlenden Kenntnisse und Fähigkeiten erworben hat.[156]

5.6. Verhältnis der verschiedenen Systeme zueinander

Das Verhältnis der verschiedenen Systeme zueinander wird durch folgende Regeln bestimmt: Die Richtlinien des horizontalen Systems gelten nicht für die (reglementierten) Berufe, die Gegenstand einer Einzelrichtlinie des vertikalen Systems sind.[157] Sachverhalte, die von keiner der Anerkennungs-Richtlinien erfasst werden, unterliegen der materiellen Äquivalenzprüfung nach Primärrecht.[158] Dem folgend ist in der Praxis zunächst zu prüfen, ob ein Sachverhalt vom vertika-

---

151 EuGH, Rs C-340/89, Vlassopoulou, Slg 1991, I-2357 ff Rn 16.

152 EuGH, Rs C-234/97, Fernández de Bobadilla, Slg 1999 I-4795 ff Rn 28 ff.

153 EuGH, Rs 222/86, Heylens, Slg 1987, 4097 ff Rn 12 ff; Rs C-340/89, Vlassopoulou, Slg 1991, I-2357 ff Rn 17; Rs C-104/91, Borrell, Slg 1992, I-3003 ff Rn 12.

154 EuGH, Rs 222/86, Heylens, Slg 1987, 4097 ff Rn 13.

155 EuGH, Rs C-104/91, Borrell, Slg 1992, I-3003 ff Rn 14.

156 EuGH, Rs C-340/89, Vlassopoulou, Slg 1991, I-2357 ff Rn 19; Rs C-104/91, Borrell, Slg 1992, I-3003 ff Rn 14; Rs C-234/97, Fernández de Bobadilla, Slg 1999, I-4795 ff Rn 32 u 33.

157 Art 2 Abs 2 Richtlinie 89/48; Art 2 Abs 2 Richtlinie 92/51; Art 1 Abs 1 Richtlinie 99/42.

158 EuGH, Rs C-238/98, Hocsman, Slg 2000, I-6623 ff Rn 34.

len System geregelt ist. Trifft dies nicht zu, ist das horizontale System heranzuziehen. Wenn auch dieses keine Anwendung findet, ist auf die materielle Äquivalenzprüfung nach Primärrecht zurückzugreifen.[159]

6. Schlussbetrachtungen

Sowohl die Niederlassungsfreiheit als auch die Dienstleistungsfreiheit beinhalten nach ständiger Rechtsprechung des EuGH nicht nur ein **Diskriminierungsverbot** (Gleichbehandlungsgebot), sondern auch ein **Beschränkungsverbot**. Letzteres führt dazu, dass selbständige Erwerbstätigkeiten, die in einem Mitgliedstaat rechtmäßig erbracht werden, grundsätzlich auch in jedem anderen Mitgliedstaat frei angeboten werden dürfen. Ein Mitgliedstaat kann die Aufnahme oder Ausübung derartiger Tätigkeiten nur dann untersagen bzw von bestimmten Voraussetzungen abhängig machen, wenn dafür wichtige Gründe vorliegen und die betroffene Regelung nicht diskriminierend ausgestaltet und verhältnismäßig ist. Der Grundsatz der Verhältnismäßigkeit verlangt, dass die mitgliedstaatliche Regelung geeignet ist, das damit verfolgte Ziel zu erreichen (Geeignetheit), und nicht über das hinausgeht, was zur Zielerreichung erforderlich ist (Erforderlichkeit).

Im Rahmen der Dienstleistungsfreiheit geht das Beschränkungsverbot noch weiter. Es muss nämlich stets zusätzlich geprüft werden, inwieweit den wichtigen Gründen nicht bereits durch die Rechtsvorschriften Rechnung getragen wird, denen der Leistungserbringer in dem Mitgliedstaat unterliegt, in dem er ansässig ist. Nach diesem **Prinzip der gegenseitigen Anerkennung** bleiben zwar die Rechtsvorschriften des Bestimmungsmitgliedstaates maßgebend, doch sind die „Vorleistungen" im Herkunftsmitgliedstaat entsprechend zu berücksichtigen. Da es demnach nach wie vor im Wesentlichen auf die Rechtsvorschriften des Bestimmungsmitgliedstaates ankommt, ist die in der Literatur auch verwendete Bezeichnung „Herkunftslandprinzip" irreführend. Letzteres Prinzip legt – seinem Wortlaut folgend – nämlich nahe, dass die Dienstleistungen nur dem Recht des Herkunftsmitgliedstaates unterliegen. Ganz allgemein dürfen die Mitgliedstaaten die Erbringung von Dienstleistungen nicht von Voraussetzungen abhängig machen, die für eine Niederlassung gelten. Auf diese Weise würden sie dem freien Dienstleistungsverkehr nämlich seine praktische Wirksamkeit nehmen.

Das Beschränkungsverbot der beiden Grundfreiheiten richtet sich in erster Linie an den Mitgliedstaat, in dem der Begünstigte seine Dienstleistung erbringt bzw in Anspruch nimmt (**Aufnahmemitgliedstaat**). Es verpflichtet aber auch den Mitgliedstaat, von dem der Begünstigte kommt bzw in dem er seinen (Wohn-)Sitz

[159] EuGH, Rs C-313/01, Morgenbesser, Slg 2003, I-13467 ff Rn 43.

hat (**Herkunftsmitgliedstaat**). Insoweit geht das primärrechtlich verankerte Beschränkungsverbot weiter als das von der Kommission im Rahmen der Dienstleistungs-Richtlinie ursprünglich vorgeschlagene Herkunftslandprinzip gegangen wäre.

Das geltende **Diplomanerkennungsregime** basiert ebenfalls auf dem Prinzip der gegenseitigen Anerkennung. Darauf aufbauend beinhaltet die Berufsqualifikations-Richtlinie besondere Vorschriften zur Erleichterung des freien Dienstleistungsverkehrs. Demnach ist ein Dienstleistungserbringer, der in einem Mitgliedstaat zur Ausübung eines Berufes rechtmäßig niedergelassen ist, berechtigt, diesen Beruf vorübergehend und gelegentlich auch in jedem anderen Mitgliedstaat auszuüben. Letzterer darf grundsätzlich keine zusätzlichen Qualifikationen mehr verlangen. Die damit verbundene automatische und obligatorische Anerkennung der Berufsqualifikationen basiert zwar formal auf dem Prinzip der gegenseitigen Anerkennung, kommt materiell aber dem Herkunftslandprinzip sehr nahe.

Trotz oder gerade wegen ihres weiten Umfangs sind die **Niederlassungsfreiheit** und der **freie Dienstleistungsverkehr** nunmehr 14 Jahre nach Ablauf des Zieldatums für die Verwirklichung des Binnenmarktes am 31. Dezember 1992 **noch immer nicht vollständig verwirklicht**. Die Mitgliedstaaten sind zwar verpflichtet, ihre nationalen Rechtsordnungen diesen Vorgaben anzupassen. Doch kein Mitgliedstaat ist der gegenständlichen Verpflichtung bislang vollständig nachgekommen. Die damit verbundene Verletzung der Verpflichtungen aus dem EG-Vertrag kann die Kommission mittels **Vertragsverletzungsverfahren** (Art 226 EGV) gegen die säumigen Mitgliedstaaten vom EuGH feststellen lassen. Diese Verfahren sind allerdings langwierig und auf Einzelfälle beschränkt. Ebenso können sich die Einzelnen lediglich anlassbezogen auf die **unmittelbare Wirkung** entfaltenden Kernbestimmungen einer der beiden Grundfreiheiten vor nationalen Verwaltungsbehörden und Gerichten direkt berufen; die nationalen Gerichte haben das Recht bzw in letzter Instanz die Pflicht, den EuGH mit einer Vorabentscheidung (Art 234 EGV) zu befassen. Eine systematische Überprüfung und flächendeckende Anpassung der mitgliedstaatlichen Rechtsordnungen an die gemeinschaftsrechtlichen Vorgaben lässt sich allerdings mit keinem der beiden Rechtsschutzverfahren durchsetzen.

Vor diesem Hintergrund soll die **Dienstleistungs-Richtlinie** eine neue Initiative zur Vollendung des Binnenmarktes für Dienstleistungen setzen. Die Mitgliedstaaten sollen verpflichtet werden, proaktiv ihre Rechtsordnungen auf Hindernisse für den Austausch von Dienstleistungen zu durchforsten und nicht zulässige Beschränkungen der Niederlassungsfreiheit und insbesondere des freien Dienstleistungsverkehrs aufzuheben.

Dieter Lukesch

Die Dienstleistungsrichtlinie aus ökonomischer Sicht

1. EINLEITUNG: Die Herausforderungen
2. WAS AN ÖKONOMISCHEN FOLGEN RECHENBAR IST: Ergebnisse ökonometrischer Studien
3. AUSBLICKE

1. EINLEITUNG: Die Herausforderungen

Sehr geehrter Herr Dekan, liebe Kolleginnen und Kollegen:

Zunächst darf ich mich herzlich für die Einladung bedanken, an Ihrem Fakultätentag zu einem wichtigen Integrationsthema aus der Sicht des Nichtjuristen, des Ökonomen sprechen zu dürfen.

Ich fasse diese Einladung auch als ein besonderes Zeichen der Verbundenheit und Kooperation zwischen meiner bzw den SoWi-Fakultäten und unseren juristischen Partner auf, die ja historisch gesehen gemeinsame Wurzeln haben.

Und an dieser Stelle kommt mir ein sehr berühmter Repräsentant unserer gemeinsamen Vergangenheit in den Kopf – *Eugen BÖHM von BAWERK*, der ab 1881 und dann bis 1889 Mitglied der damaligen „Rechts- und Staatswissenschaftlichen Fakultät" war und neben Carl Menger als einer der Begründer der „Österreichischen Schule der Nationalökonomie" heute angesehen wird.

Eugen BÖHM-BAWERK publizierte knapp vor seinem Tod im Jahre 1914 einen berühmt gewordenen Aufsatz mit dem Titel „Macht oder ökonomisches Gesetz"[1]. Er setzte sich darin mit der Frage auseinander, ob die Politik (gemeint war damals die Gewerkschaftspolitik) langfristig gegen die Gesetze des Marktes handeln könne oder ob der Politik durch die Marktgesetze Grenzen gesetzt werden, gegen die sie langfristig nicht anrennen könne.

---

1 *Böhm-Bawerk,* 1968: Macht oder ökonomisches Gesetz? (1914) in Weiss (Hrsg), Gesammelte Schriften von Eugen von Böhm-Bawerk (1924) 230-300.

An diesen Aufsatz *Eugen BÖHM-BAWERKS* fühlte ich mich bei der Vorbereitung auf dieses Beitrags auf das heftigste erinnert, denn sieht man die Entstehungsgeschichte der EU-Dienstleistungsrichtlinie durch, so ist sie durchaus als ein „Streit zwischen Markt und Politik" aufzufassen, als ein Prozess, in dem sich die ursprüngliche Idee der Waren-, Kapital-, der Personen- und insb der Dienstleistungsfreiheit des Binnenmarktkonzeptes von Maastricht (beschlossen am 7. Feber 1992 und in Kraft seit 1993) im politisch bestimmten, nationalen Regelwerk und Regulierungsnetz der EU-Mitgliedsländer bemerkenswert verhedderte.

Nun sind demokratisch-politische Entscheidungsprozesse absolut nichts Negatives, im Gegenteil: große Pläne und Entwürfe wie die Europäische Integration benötigen - wenn sie gelingen sollen - sehr viel mehr als theoretisch gewonnene ökonomische Einsichten, sie brauchen Akzeptanz bei der Bevölkerung - aber auch mutige Politiker, die den Interessen der *„silent majority"*, ds letztlich den Konsumenten und Nachfragern von Dienstleistungen, eine hörbare Stimme leihen. Denn die massiv auftretende Gegnerschaft der Dienstleistungs-Richtlinie in Europa - die ja bis zur jüngsten Einigung über den vorliegenden Text durch den Rat der Europäischen Union am 29. Mai dJ in Wien[2] war im Wesentlichen in zwei Lager geteilt - einigen ging der gegenüber dem EU-Kommissionsvorschlag aus dem Jahr 2004 veränderte Text des Europäischen Parlaments viel zu weit[3] - andere sahen darin in erster Linie eine Verhinderung der komparativen Vorteile ihrer nationalen Ökonomien, weil es zu keiner Harmonisierung der Zulassungskriterien zum grenzüberschreitenden Dienstleistungshandel gekommen war (Stichwort „Herkunftslandprinzip").

Dabei herrscht immer noch die ökonomisch falsche Grundauffassung vor, die in der Dualität von Wettbewerb und sozialer Verantwortung gesehen wird, nämlich dass die beiden Ziele Antagonisten wären, woraus man einen Kompromiss zu bilden hätte, ohne dass gesehen wird, dass Wohlstandsvermehrung die grundlegende Voraussetzung dafür ist, dem Ziel der sozialen Verantwortung und dem des sozialen Ausgleichs näher zu kommen. Und auch dieser „Antagonismus" ist leicht zu erklären, denn der durch Wettbewerb entstehende kurzfristig fühlbare negativ empfundene Anpassungsdruck steht den eher mittelfristig wirkenden positiven Wachstums- und Wohlfahrtsgewinnen gegenüber.

Und so ist der nunmehr vorliegende Text der Regierungseinigung, sollte er die 2. Lesung im EU-Parlament in den nächsten Tagen überstehen, sicher nur ein (al-

---

2 Siehe dazu Gemeinsamer Standpunkt, Brüssel, 24. Juli 2006.

3 *Bsirske*, Die EU-Dienstleistungsrichtlinie (2006): *„Ein Anschlag auf das Europäische Sozialmodell"*.

ler)erster Schritt, um der Vorgabe eines gemeinsamen Binnenmarktes auf dem Sektor des Dienstleistungshandels und damit auch der Dienstleistungsfreiheit etwas näher zu kommen. Aber ein erster Schritt in Richtung „ökonomisches Gesetz" ist immerhin auch als Erfolg zu werten.

Ob damit die sattsam bekannten Kalauer:

- ein oberösterreichischer Bodenleger benötig, ehe er in Bayern tätig werden darf und sei es auch nur für einen einzigen Auftrag, sechs Kontaktaufnahmen mit deutschen Behörden (vom zuständigen Finanzamt über das Wirtschaftsministerium bis zu zuständigen Gewerbebehörde), denen er notariell beglaubigte Bescheinigungen vorlegen, Meldungen erstatten bzw Genehmigungen einholen muss;
- ein Kärntner Dienstleistungserbringer in Slowenien sämtliche Dokumente und Unterlagen in slowenischer Sprache bzw Übersetzungen einbringen muss;
- ein Maschinenexporteur, der ein Gerät in Griechenland von eigenem Fachpersonal anschließen will, beim örtlichen Stromversorger akkreditiert sein muss und dazu griechische Befähigungskurse zu absolvieren hat oder
- ein deutsches Bestattungsunternehmen die Überstellung eines Verstorbenen an ein französisches Bestattungsunternehmen an der Grenze übergeben muss, weil der deutsche Sarg den Bestattungsvorschriften Frankreichs nicht entspricht;
- die verpflichtende Ablegung der Prüfung als staatlich anerkannter Reiseführer oder eines Äquivalenztests, wenn ein Bayrischer Busunternehmer seine Tagesausflügler durch Salzburg führen möchte und dabei Erläuterungen zur Stadt abgeben will;
- usw

der Vergangenheit angehören werden, bleibe dahingestellt.[4]

Aber wieder im Ernst: Die EU-Dienstleistungsrichtlinie ist auch seitens der Kommission als ein Hebel für die (aus meiner Sicht futuristischen) Zielsetzungen der Lissabon-Vereinbarungen zu sehen. Sie soll einen Beitrag zur Erreichung des Lissabon-Zieles bringen, bis zum Jahr 2010 Europa zum wettbewerbfähigsten und dynamischsten Wirtschaftsraum der Welt werden zu lassen.

Und damit komme ich schon zu den Herausforderungen, die sich die europäische Wirtschaft gegenüber anderen und insbesondere dem US-amerikanischen

---

4 S dazu *WKÖ – Euro Info Centre*, Die EU-Dienstleistungsrichtlinie aus der Sicht der österreichischen Wirtschaft (2006); *Nerb*, Auswirkungen der geplanten EU-Dienstleistungsrichtlinie auf die Wirtschaft Deutschlands, Ifo Schnelldienst 5/2006, 20.

Wettbewerb gegenübersieht (von anderen Wirtschaftsräumen, wie dem Chinas oder Südostasiens will ich gar nicht sprechen, obwohl auch diese Ökonomien im Zeichen des Internet und im Rahmen von GATS und WTO als potentielle Konkurrenten anzusehen sind).

Bild 1:[5]

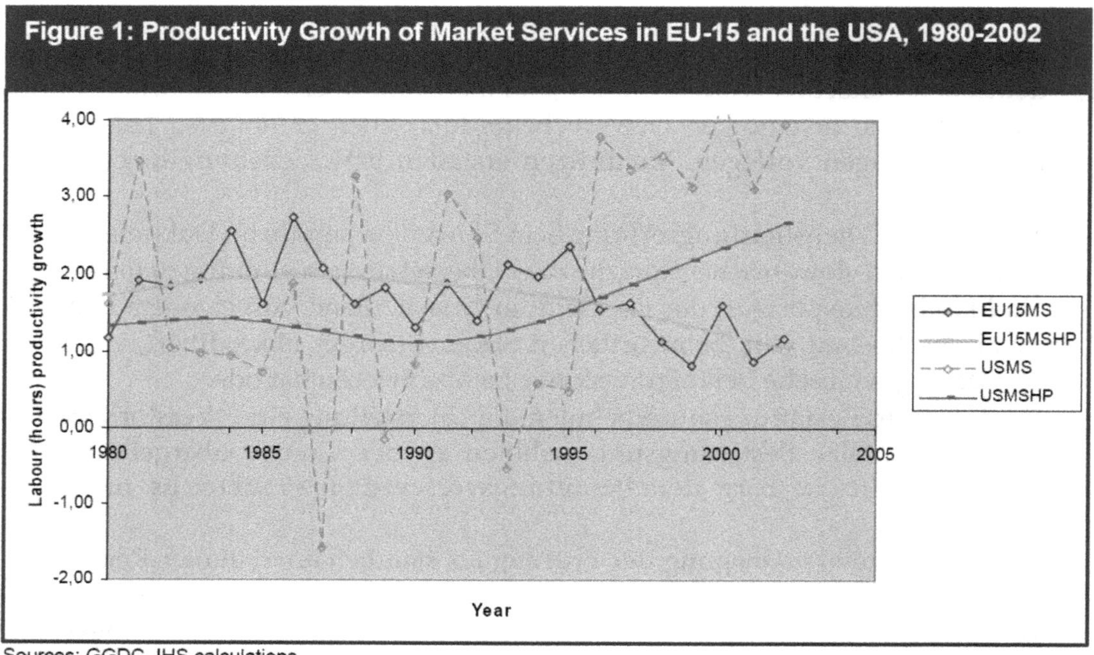

Sources: GGDC, IHS calculations

Schneidet man aus dem Dienstleistungssektor, der auch in Österreich wie in Europa rund 70 % der nationalen Wertschöpfung ausmacht, den Bereich der Marktdienstleistungen ieS heraus, so leisten diese einen Wertschöpfungsbeitrag von rund 48 % des BIP bzw 41 % der Gesamt-Beschäftigung im EU-15-Raum (ausgenommen ist dabei der Öffentliche Dienst iwS) und vergleicht dessen Produktivitätsentwicklung mit jenem der USA, dann wird die Herausforderung, aber auch

---

5 Quelle: *Felderer/Graf/Paterson/Polasek/Schwarzbauer/Sellner*, The European Services Market in the Context of the Lisbon Agenda.Productivity and Employment in European Services with High Intensity of Information and Communications Technology (ICT), in Austrian Federal Ministry of Economics and Labour (Hrsg), Deepening the Lisbon Agenda (2006) 21 (26) <http://ec.europa.eu/internal_market/services/docs/services-dir/studies/deepening_lisbon_studies_bmwa_vienna_2006_en.pdf> (01.12.2007).

die Chance eines Gemeinsamen Marktes für Dienstleistungen ohne national differierenden Regulierungen klar:

- Noch in den Achtzigerjahren bis zur Mitte der Neunzigerjahre lag die Entwicklung der Arbeitsstundenproduktivität im Europa der 15 bis zu einem Prozent-Punkte über jener der USA.
- Ab Mitte der Neunzigerjahre aber überholt die Produktivität der Dienstleistungen der USA jene Europas und weist seitdem einen immer stärkeren Vorsprung gegenüber Europa auf - in Europa sinkt die Produktivität der Marktdienstleistung, in den USA steigt der Trend aber sehr deutlich an, so dass sich heute der Vorsprung der USA - gemessen an den ausgewiesenen Trends auf mehr als 2 %-Punkte ausgedehnt hat.

Eine weitere Darstellung soll die Herausforderungen und Chancen der Marktdienstleistungen Europas gegenüber den USA darstellen:

Bild 2:[6]

Table 1: Contributions of Services to Productivity Growth, EU-15, USA, 1995-2002

	Growth contribution	as % of growth rate, respectively	Growth contribution	as % of growth rate, respectively
	95-02 US		95-02 EU	
TOTAL ECONOMY [GROWTH RATE]	2,37	100,0%	1,66	100,0%
ALL SERVICES	2,06	86,8%	1,31	79,3%
NON-SERVICES	0,31	13,2%	0,34	20,7%
MARKET SERVICES	2,02	85,1%	1,12	67,8%
Rest Economy	0,35	14,9%	0,53	32,2%
ALL MARKET SERVICES [GROWTH RATE]	3,59	100,0%	1,26	100,0%
ICT INTENSIVE SERVICES	2,96	82,4%	1,12	88,9%
ICT NON-INTENSIVE SERVICES	0,63	17,6%	0,14	11,1%

Source: GGDC, IHS calculations

6 Quelle: *Felderer/Graf/Paterson/Polasek/Schwarzbauer/Sellner*, The European Services Market in the Context of the Lisbon Agenda.Productivity and Employment in European Services with High Intensity of Information and Communications Technology (ICT), in Austrian Federal Ministry of Economics and Labour (Hrsg), Deepening the Lisbon Agenda (2006) 21 (27) <http://ec.europa.eu/internal_market/services/docs/services-dir/studies/deepening_lisbon_studies_bmwa_vienna_2006_en.pdf> (01.12.2007).

- Marktdienstleistungen in den USA wuchsen zwischen 1995 und 2002 jährlich mit +3,59 %, in Europa dagegen nur mit 1,26 % pa, also nur knapp halb so schnell!
- Und ihr Beitrag zum gesamtwirtschaftlichen Wachstum der US-Wirtschaft (2,37 %) war 85,1 %, in Europa dagegen (bei einer Gesamtwachstumsrate von nur 1,66 %) deutlich niedrigeren 67,8 %.
- Dementsprechend unterschiedlich sind dann natürlich auch die Einkommens- und Beschäftigungsmöglichkeiten im Sektor der Marktdienstleistungen verlaufen.

Was will ich mit diesen Bildern aussagen:

Einerseits möchte ich darauf hinweisen, dass Europa gegenüber den USA an Wettbewerbsfähigkeit bei Marktdienstleistungen verliert; insbesondere wenn man an transatlantisch handelbare Dienstleistungen denkt - zB im Informations- und Kommunikations- und Finanzsektor. Andererseits untermauern diese Bilder, dass Europa in der Vergangenheit die großen Chancen eines funktionierenden Binnenmarktes, die im Dienstleistungssektor stecken, nicht genutzt hat - und zwar im Wesentlichen deshalb, weil die nationalen Regulierungen - verbunden mit exorbitant hohen Transaktionskosten - Wettbewerbsverhinderungsstrategien (ökonomisch gesprochen also protektionistische Maßnahmen) waren, die wie hohe Barrieren von Schutzzöllen innerhalb der Gemeinschaft wirken.

Diese Feststellung gilt noch stärker, wenn wir uns eine anhaltende Unterlassung von Wettbewerb auch seitens der neuen Mitgliedsländer vor Augen halten. Der Gemeinsame Markt wird mehr als doppelt so groß wie jener der USA; aber ohne eine echte Dienstleistungsrichtlinie führt dies zu noch größeren potentiellen Wohlfahrtsverlusten einschließlich der damit verbundenen und dann versäumten Einkommens-, Beschäftigungs- und Verteilungschancen. Schon aus diesen Gründen sollte Europa nicht zum *„Kontinent der verpassten Gelegenheiten"* werden!

2. WAS AN ÖKONOMISCHEN FOLGEN RECHENBAR IST: Ergebnisse ökonometrischer Studien

Die ökonomischen Folgen der EU-Dienstleistungsrichtlinie sind in ihren quantitativen Folgen für Wachstum, Beschäftigung, Konsum und Exporte in den letzten zwei Jahren durchaus intensiv untersucht worden.

Am meisten zitiert sind wohl die Studien:

- des dänischen Wirtschaftsforschungsinstituts Copenhagen Economics;[7] weiters die Arbeiten des niederländischen Centraal Planbureaus;[8]
- Länderstudien liegen zahlreich vor, so zB vom cesIFO Institut München und Dresden und dem DIW Berlin;[9]
- für Österreich möchte ich die Arbeiten von *Breuss*, Europainstitut der WU, Wien, erwähnen.[10]

Sie zeichnen sich durch einen hohen Grad an Ähnlichkeit in den Resultaten aus, obwohl jeweils auf anderen methodischen Wegen gewonnen („allgemeine angewandte Gleichgewichtsmodelle" in der neoklassischen Tradition bzw „Makromodelle" in der keynesianischen Tradition).

Die Argumentationskette dieser Modelle läuft entlang etwa der folgenden Linien:

---

7 Zuletzt aus dem Feber 2006: The Economic Importance of Origin Principle in the Proposed Service Directive, Final Report.

8 *de Bruijn/Kox/Lejour,* The trade-induced effects of the Services Directive and the country of origin principle (2006), CPB-Studie Dokument Nr 108 <http://www.cpb.nl/eng/pub/cpbreeksen/document/108/doc108.pdf> (01.12.2007).

9 *Nerb,* Mögliche Auswirkungen der geplanten EU-Dienstleistungsrichtlinie auf die Wirtschaft Deutschlands, ifo Schnelldienst 5/2006; *Gornik,* Dienstleistungen im Binnenmarkt (2006).

10 *Breuss/Badinger,* The European Single Market for Services in the Context of the Lisbon Agenda, in Austrian Federal Ministry of Economics and Labour (Hrsg), Deepening the Lisbon Agenda (2006) 79 <http://ec.europa.eu/internal_market/services/docs/services-dir/studies/deepening_lisbon_studies_bmwa_vienna_2006_en.pdf> (01.12.2007).

Bild 3:[11]

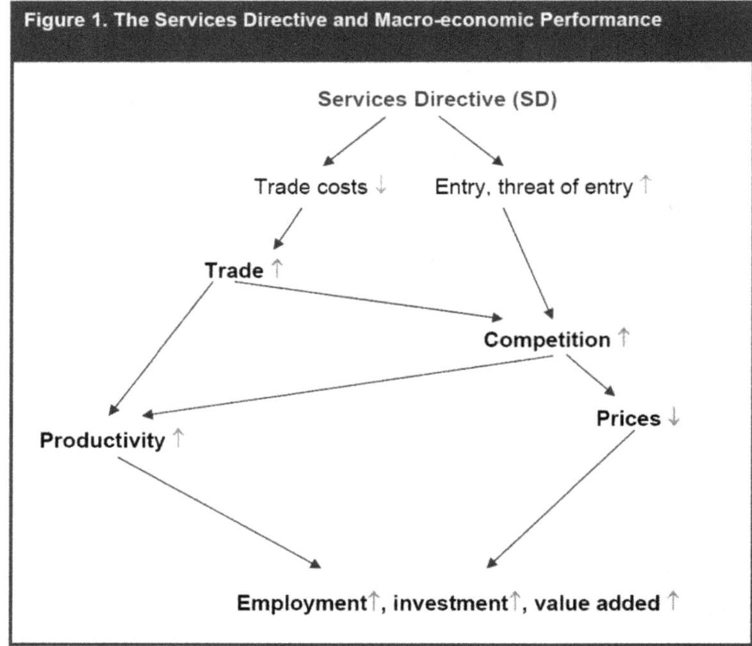

- Die Dienstleistungsrichtlinie senkt die Transaktionskosten des grenzüberschreitenden Dienstleistungshandels (s dazu später).
- Gleichfalls werden die Markteintritte von EU-Betrieben in anderen EU-Ländern zunehmen bzw es steigt die Gefahr, dass Unternehmen aus anderen EU-Ländern auf dem Heimmarkt tätig werden (threat of entry, dh die potentielle Konkurrenz steigt).
- Beide Faktoren zusammengenommen erhöhen den Wettbewerbsgrad auf den Dienstleistungsmärkten.
- Das gestiegene Handelsvolumen und der erhöhte Wettbewerbsgrad sorgen einerseits für eine höhere Produktivität („Wettbewerb um die besseren Lösungen" und Skaleneffekte aus dem größeren Markt), gleichzeitig senken sie die Preise (Abbau von Gewinnmargen im bislang geschützten Sektor).
- Schließlich sorgen höhere Produktivität und die Reduktion von Rentenelementen in den Preisen und Gewinnen für steigende Beschäftigung, höhere Investitionen, höhere Wertschöpfung und damit höheres Wirtschaftswachstum. Alle

11 Quelle: *Breuss/Badinger*, The European Single Market for Services in the Context of the Lisbon Agenda, in Austrian Federal Ministry of Economics and Labour (Hrsg), Deepening the Lisbon Agenda (2006) 79 (85) <http://ec.europa.eu/internal_market/services/docs/services-dir/studies/deepening_lisbon_studies_bmwa_vienna_2006_en.pdf> (01.12.2007).

drei Effekte sind in den Lissabon-Zielsetzungen der Union verankert und vereinbart.

Das ist natürlich ein stark vereinfachtes Wirkungsschema, es soll aber das prinzipielle Herangehen der Forscher an diese Fragestellung verdeutlichen.

Neben den Gesamteffekten dieser Wirkungskette lassen sich aus den nach Wirtschaftssektoren und Regionen disaggregierten Modellen auch „Gewinner" und „Verlierer" der Dienstleistungsrichtlinie durchaus abschätzen.

Zur weiteren Charakterisierung der erwähnten quantitativen Modelle dienen noch zwei, weitere Bilder:

Das erste betrifft die Absenkung des Heterogenitätsgrades der nationalen Regulierungen durch die Dienstleistungsrichtlinie – es ist ja gerade der Unterschied in den nationalen Regulierungen zwischen den EU-Ländern, der den Dienstleistungshandel zwischen den Ländern behindert oder gar unmöglich macht.

Bild 4:[12]

Table 2.2 Expected impacts of proposed EU measures on intra-EU policy heterogeneity, by sub-domain

Components of heterogeneity indicator and covered policy domains	Average bilateral heterogeneity between 14 EU member states in 1998 a)	Reduction due to implementation of the EU directive b)
Regulatory and administrative opacity	0.38	66 – 77 %
Explicit barriers to trade and investment	0.21	73 – 78 %
Administrative burdens on start-ups	0.55	34 – 46 %
Barriers to competition	0.32	29 – 37 %
State control	0.42	3 – 6 %
Overall PMR heterogeneity indicator	0.39	31 – 38 %

a) Excluding Luxembourg due to insufficient data. Zero represents no heterogeneity, and one maximum heterogeneity.
b) Based on detailed item-wise consideration of the match between the EU directive and the 184 specific regulation items selected from the OECD database.
Source: Kox, Lejour and Montizaan (2004a)

Dieser Heterogenitätsgrad (0 bedeutet keine Unterschiede oder volle gegenseitige Anerkennung, ein Indikator von 1 dagegen völlig unterschiedliche nationale Regelungen) sinkt durch den ursprünglichen Kommissionsvorschlag um etwa

12 Quelle: *de Bruijn/Kox/Lejour*, The trade-induced effects of the Services Directive and the country of origin principle (2006) 17, CPB-Studie Dokument Nr 108 <http://www.cpb.nl/eng/pub/cpbreeksen/document/108/doc108.pdf> (01.12.2007).

insgesamt ein Drittel (der Ersatz des Herkunftslandprinzips durch das Prinzip des freien Dienstleistungsverkehrs im letzten Konsens reduziert aber diese Absenkung der Heterogenität deutlich, allerdings bleiben immer noch beträchtliche positive Auswirkungen gesamtwirtschaftlich erhalten).

Diese Unterschiede in den nationalen Gesetzgebungen bezüglich der gesetzlichen Bedingungen zur Erbringungen von Marktdienstleistungen wirken wie Zölle, hier in der Gestalt von „Nichttarifarischen Handelshemmnissen".

Die Absenkung des Heterogenitätsgrades lässt sich als Reduktion der „impliziten Zölle auf Dienstleistungsimporte" berechnen. Das folgende Bild bringt die Ergebnisse – und zwar ohne das aufgegebene Herkunftslandprinzip:

Bild 5:[13]

Table 4.1 Reduction in non-tariff barriers due to less differences in regulation

Country	Lower bound	Upper bound	Country	Lower bound	Upper bound
Austria	13.0	22.5	Hungary	13.8	24.0
Belgium-Luxembourg	10.8	18.9	Ireland	12.0	20.8
Czech Republic	15.6	27.2	Italy	13.1	22.5
Germany	11.6	20.2	Netherlands	10.2	18.1
Denmark	14.1	23.9	Poland	16.1	27.8
Spain	12.6	21.7	Portugal	14.2	24.9
Finland	11.6	20.2	Rest EU [a)]	16.1	27.8
France	11.3	19.9	Slovakia [a)]	15.6	27.2
United Kingdom	11.1	19.3	Slovenia [a)]	13.8	24.0
Greece	13.5	23.4	Sweden	11.7	20.5

Source : WorldScan and Kox *et al.* (2004a). Numbers are expressed as percentages of import value.
The reductions in bilateral NTBs are averages over the destination countries of the exporting country.
[a)] The numbers for these countires are identical to those for Poland, Czech Republic and Hungary respectively, because of the reasons mentioned in footnote 24.

- Diese impliziten Zölle sinken für Dienstleistungs-Importe zB in Österreich zwischen 13,0 und 22,5 %, in Deutschland zwischen 11,6 und 20,2 %, in Italien zwischen 13,1 und 22,5 % usw.
- Österreich liegt hier mit den Auswirkungen der EU-Dienstleistungsrichtlinie auf seinen nationalen Regulierungsgrad eher in der Spitzengruppe der „Betrof-

[13] Quelle: *de Bruijn/Kox/Lejour*, The trade-induced effects of the Services Directive and the country of origin principle (2006) 33, CPB-Studie Dokument Nr 108 <http://www.cpb.nl/eng/pub/cpbreeksen/document/108/doc108.pdf> (01.12.2007).

fenheit“ - wenn der ursprüngliche Plan der Kommission, nämlich das Herkunftslandprinzip voll anzusetzen, auch beschlossen würde.

Quasi in Klammer möchte ich noch eine Graphik aus der erwähnten CPB-Studie erwähnen, die auf den rechnerischen Unterschied zwischen der Richtlinie mit Herkunftslandprinzip und ohne dieses hinweisen.

Bild 6:[14]

Figure 5.1 **Macroeconomic effects of Services Directive with and without the Country of Origin Principle**

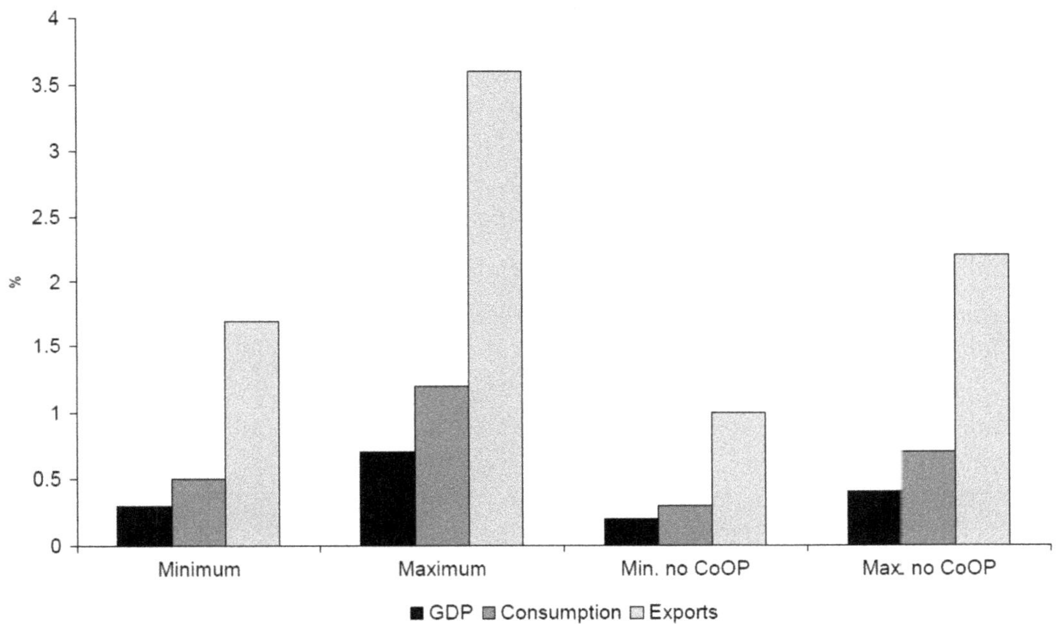

Die Unterschiede wären durchaus beträchtlich! - Aber dieses Prinzip wurde ja nicht völlig aufgegeben, nur in einer schwächeren Form in den Regierungskompromiss aufgenommen.

Jetzt aber endlich zu den errechneten Ergebnissen:

Sie sind, gesamtwirtschaftlich gesprochen eher bescheiden. Der Grund dafür liegt daran, dass der kommerzielle Dienstleistungsexport der EU (innerhalb und außerhalb der EU) nur rund 13 % des Gesamtexports ausmacht - und darüber

14 Quelle: *de Bruijn/Kox/Lejour*, The trade-induced effects of the Services Directive and the country of origin principle (2006) 48, CPB-Studie Dokument Nr 108 <http://www.cpb.nl/eng/pub/cpbreeksen/document/108/doc108.pdf> (01.12.2007).

hinaus entfällt nur ca die Hälfte (~7 %) auf den innereuropäischen Dienstleistungshandel. Allerdings sind diese Daten nach Ländern durchaus unterschiedlich und natürlich auch branchenmäßig ungleich verteilt.

Zuerst ein kurzer Blick auf die Daten der Modelle; ich verwende die letztverfügbare Studie des *Centraal Plan Bureas* der Niederlande – aber die Ergebnisse der österreichischen Forscher bestätigen die der gesamteuropäischen Modelle:[15]

Bild 7:[16]

Table 4.2 **Macroeconomic effects of the trade increase due to the Services Directive (% volume changes)**

Country	Lower bound GDP	Consumption	Real wages	Exports	Upper bound GDP	Consumption	Real wages	Exports
EU	0.3	0.5	0.6	1.7	0.7	1.2	1.3	3.6
Austria	0.5	1.0	1.2	2.1	1.0	2.2	2.6	4.4
Belgium-Luxembourg	0.3	1.0	1.1	1.6	0.6	2.1	2.2	3.1
Czech Republic	2.1	1.5	1.1	4.8	4.9	3.5	2.5	10.9
Germany	0.4	0.6	0.6	1.2	0.9	1.3	1.4	2.6
Denmark	0.4	0.6	0.4	2.2	0.9	1.3	1.1	4.7
Spain	0.2	0.3	0.3	1.0	0.3	0.5	0.6	2.2
Finland	0.5	0.6	0.5	2.0	1.1	1.2	1.0	4.2
France	0.3	0.4	0.4	1.0	0.6	0.8	0.8	2.1
United Kingdom	0.0	0.3	0.4	0.7	0.1	0.7	0.8	1.6
Greece	0.2	0.4	0.4	1.8	0.4	0.9	0.9	4.0
Hungary	1.7	1.4	1.2	4.7	3.8	3.2	2.6	10.3
Ireland	-0.2	1.5	1.7	0.4	-0.5	3.1	3.5	0.7
Italy	0.3	0.4	0.5	1.2	0.6	0.9	1.0	2.6
Netherlands	0.4	0.8	1.6	1.5	0.7	1.6	2.2	3.2
Poland	0.6	0.6	1.3	2.8	1.4	1.5	1.7	6.6
Portugal	0.2	0.4	0.7	1.4	0.5	0.9	1.1	3.1
Slovakia	1.3	1.7	1.6	3.5	3.0	3.8	3.7	8.2
Slovenia	1.7	1.3	1.3	5.5	3.6	2.7	2.7	11.7
Sweden	0.3	0.7	0.7	1.6	0.6	1.4	1.4	3.5
Rest EU	1.2	1.4	1.5	4.9	2.7	3.4	3.6	11.2

Source: WorldScan simulations. The numbers are cumulative volume changes compared to the baseline in 2040.

---

15 *Breuss/Badinger*, The European Single Market for Services in the Context of the Lisbon Agenda, in Austrian Federal Ministry of Economics and Labour (Hrsg), Deepening the Lisbon Agenda (2006) 79 <http://ec.europa.eu/internal_market/services/docs/services-dir/studies/deepening_lisbon_studies_bmwa_vienna_2006_en.pdf> (01.12.2007).

16 Quelle: *de Bruijn/Kox/Lejour*, The trade-induced effects of the Services Directive and the country of origin principle (2006) 34, CPB-Studie Dokument Nr 108 <http://www.cpb.nl/eng/pub/cpbreeksen/document/108/doc108.pdf> (01.12.2007).

1. Für die EU insgesamt lukriert die Dienstleistungsrichtlinie

- durch einen Niveau-Sprung im gesamtwirtschaftlichen Wachstum zwischen +0,3 und +0,7 %;
- und einen Anstieg der Reallöhne zwischen 0,6 und 1,3 %

2. Für Österreich bewirkt die Dienstleistungsrichtlinie ein zusätzliches Wachstum zwischen 0,5 und 1,0 %, bei den Reallöhnen zwischen +1,2 und +2,6 %.
3. Tendenziell am positivsten sind diese makroökonomischen Wirkungen für die mittelosteuropäischen Länder
4. An Beschäftigungseffekten lassen sich für die EU allerdings nur etwa +0,3 % oder rund 600.000 neue Arbeitsplätze errechnen; für Österreich würde das rund 10.000 zusätzliche Arbeitsplätze bedeuten.

Gewinner dieser Richtlinie sind in erster Linie die klein- und mittelständischen Betriebe, denn die Großbetriebe haben sich zwischenzeitlich durch die Niederlassungsfreiheit und Gründung von Auslandstöchtern beholfen.

3. AUSBLICKE

Um die Europäische Dienstleistungsrichtlinie ist hart gerungen worden; ich würde ihren gegenwärtigen Status aus ökonomischer Sicht als durchaus unvollendet sehen, der viele (wohl auch juristische) Fragen offen lässt, die schließlich vom EuGH zu beantworten sein werden.

Positiv möchte ich aber vermerken, dass eine Reihe von Verfahrensregeln vereinbart wurden, die auf eine Weiterentwicklung der Dienstleistungsfreiheit schließen lassen, wie zB der zuletzt eingebaute systematische Screening-Prozess und die Berichtspflicht über den Fortschritt bei der Umsetzung der Dienstleistungsrichtlinie.

Aber noch etwas soll erwähnt werden: Als zu einem gewissen Grad der „Österreichischen Schule der Nationalökonomie" verpflichteter Volkswirt bin ich nicht zahlengläubig, im Gegenteil, ich bin von der Begrenztheit des menschlichen Wissens und der Prognostizierbarkeit menschlichen Verhaltens überzeugt. Aber soviel sei doch diesbezüglich kritisch angemerkt: In all den Studien kommen die dynamischen Wettbewerbsprozesse nicht zum Ausdruck; nämlich

- dass Wettbewerb ein Entdeckungsverfahren ist, das wirtschaftliche Innovationen anreizt, die man heute noch gar nicht kennen kann;
- dass mehr Wettbewerb auch zu Spezialisierungen führt, die ihrerseits Spezialisierungsgewinne nach sich ziehen;
- und dass letztlich der Wettbewerb zur Kontrolle der wirtschaftlichen Macht führt, die wiederum den Konsumenten insgesamt zugute kommen wird.

In diesem Sinne meine ich, dass das *Böhm-Bawerk*-Zitat „Macht oder ökonomischen Gesetz“ schon mittelfristig, erst recht aber in der längeren Sicht zugunsten des ökonomischen Gesetzes und eines wesentlich erweiterten Freiraumes für einen einheitlichen europäischen Dienstleistungsmarkt am Ende der erst begonnen Entwicklung stehen wird.

Ob die Dienstleistungsrichtlinie ein Segen oder Fluch ist - diese Eingangsfrage des Symposium wage ich nicht zu beantworten - eines aber ist sicher: sie wird uns noch viel Arbeit kosten - oder sollte ich besser sagen - viel Arbeit für die Juristen bringen!

Armin Hatje

Die Dienstleistungsrichtlinie – ein Fortschritt für den Binnenmarkt?

1. Ausgangsfrage
2. Rechtsgrundlagen und Anwendungsbereich
   2.1. Ziele
   2.2. Rechtsgrundlage
   2.3. Anwendungsbereich
      2.3.1. Grundsätze
      2.3.2. Verhältnis zu anderen Rechtsakten der Gemeinschaft
3. Regelungsgehalt
   3.1. Verfahrensrechtliche und organisatorische Vorschriften
      3.1.1. Screening
      3.1.2. Einheitlicher Ansprechpartner
      3.1.3. Sonstige Vorschriften
   3.2. Vorschriften zur Niederlassungsfreiheit der Dienstleistungserbringer
      3.2.1. Gemeinschaftskonformität von Zulassungsbestimmungen
      3.2.2. Verfahrensbeschleunigung
   3.3. Dienstleistungsfreiheit
      3.3.1. Der „Stein des Anstoßes"
      3.3.2. Primärrechtliche Ausgangslage
         3.3.2.1. Das Herkunftslandprinzip
         3.3.2.2. Einschränkungen des Herkunftslandprinzips
         3.3.2.3. Dienstleistungsfreiheit und Herkunftslandprinzip
      3.3.3. Ursprüngliche Konzeption der Richtlinie
      3.3.4. Die geltende Fassung der Richtlinie
         3.3.4.1. Einschränkung des Anwendungsbereichs
         3.3.4.2. Entschärfung des Herkunftslandprinzips
         3.3.4.3. Kodifizierung der Rechte des Dienstleistungsempfängers
4. Schluss

1. Ausgangsfrage

Die „Richtlinie über Dienstleistungen im Binnenmarkt" wurde am 27.12.2006 im Amtsblatt der EU veröffentlicht.[1] Bis zum 28.12.2009 muss sie in nationales Recht umgesetzt sein. Es handelt sich um eine deutlich veränderte Fassung des ursprünglichen Vorschlags der Kommission, der auf eine sehr weit reichende

[1] Richtlinie 2006/123/EG des Europäischen Parlaments und des Rates vom 12. Dezember 2006 über Dienstleistungen im Binnenmarkt, ABl 2006 L 376 S 36; zum Datum des Ratsbeschlusses FN 3 der Begründung der Richtlinie); zu den konzeptionellen Änderungen im Vergleich zum Ursprungsentwurf sehr kritisch etwa CMLRev 2006, 307 (Editorial Comments).

Liberalisierung der Dienstleistungsmärkte abzielte.[2] Kernstück war ein konsequent durchnormiertes Herkunftslandprinzip, welches Dienstleistungserbringer grundsätzlich dem Recht und der Kontrolle ihres Heimatlandes unterstellte.

Obwohl die meisten Wirtschaftsverbände das Projekt als notwendigen Schritt zu einem funktionierenden Binnenmarkt begrüßten[3], überwog die Kritik.[4] Die Einwände beschränkten sich keineswegs auf Stellungnahmen in den Medien oder Fachzirkeln, wie in so vielen Fällen europäischer Politik. In einer Reihe von Mitgliedstaaten und sogar in Brüssel gingen die Menschen auf die Straße, um gegen das Vorhaben der Kommission zu protestieren. Es bildete sich, jedenfalls für kurze Zeit, was Politikwissenschaftler und Verfassungstheoretiker immer angemahnt hatten: eine europäische Öffentlichkeit.[5] Der Protest hatte weitgehend Erfolg. Die kürzlich verabschiedete Dienstleistungsrichtlinie (DL-RL) ist weit weniger ambitioniert. Sie wirft die Frage auf, welchen Beitrag sie überhaupt zu einem verbesserten Angebot von Dienstleistungen im Binnenmarkt leisten kann.

Als Maßstab dient vor allem die bisherige Rechtsprechung des EuGH zur Niederlassungs- und Dienstleistungsfreiheit. Sie hat nicht nur Breschen in das Dickicht des nationalen Rechts geschlagen, durch die Leistende und Leistungen, aber auch die Leistungsempfänger auf fremdes Hoheitsgebiet gelangen konnten. Dem Gerichtshof verdanken wir zugleich ein relativ ausgewogenes Konzept, welches den Liberalisierungsanspruch des europäischen Rechts mit den legitimen politischen Kontroll- und Gestaltungsansprüchen der Mitgliedstaaten verbindet.

2. Rechtsgrundlagen und Anwendungsbereich

2.1. Ziele

Die politischen Ziele der Richtlinie sind klar: Es geht im einen Beitrag zur sog Lissabon Agenda, wonach Europa bis zum Jahre 2010 zum wettbewerbsfähigsten

---

2 KOM(2004) 2 endg vom 25.02.2004.

3 Zu den wirtschaftlichen Folgen auch *De Koster*, The pont of view of the federation of belgian enterprises on services directive, in Blanpain (ed), Freedom of Services in the European Union (2006) 127.

4 Informativ der Sammelband von *Blanpain* (ed), Freedom of Services in the European Union (2006); Einzelheiten *Gekiere*, The Proposal of the European Commission for a directive on services in the internal market: an overview of its main features and critical reflections, in Blanpain (ed) 3; *Möstl*, Wirtschaftsüberwachung von Dienstleistungen im Binnenmarkt, DÖV 2006, 281.

5 Zur Forderung nach einer europäischen Öffentlichkeit etwa *Grimm*, Braucht Europa eine Verfassung? JZ 1995, 581.

wissensbasierten Wirtschaftsraum in der Welt werden soll.[6] Als Teil dieser Agenda sieht die Kommission eine bessere Nutzung des wirtschaftlichen Potentials der Dienstleistungen, die zwar rund 70% der BIP der meisten Mitgliedstaaten ausmachen, aber nur 20% des zwischenstaatlichen Leistungsaustausches. In einer sorgfältigen und sehr lesenwerten Untersuchung aus dem Jahre 2002 hat die Kommission aufgelistet, wo nach ihren Recherchen die Hindernisse für einen freien Austausch von Dienstleistungen in den Mitgliedstaaten liegen. Das Potential entgrenzter Dienstleistungsmärkte in Europa wird dabei auf mehrere Hunderttausend Arbeitsplätze beziffert.

Juristisch geht es um die Vollendung des Binnenmarktes im Bereich der Dienstleistungen, also eine Zielsetzung, die insbesondere durch die Art 2, 3 und 14 EGV gemeinschaftsrechtlich legitimiert ist. Entsprechend offensiv war der erste Richtlinienvorschlag formuliert worden. Zwar ist der neue Entwurf in vielen Punkten zurückhaltender, insbesondere betont er auch die soziale Komponente der europäischen Integration. Jedoch bleibt das Grundanliegen der Richtlinie unverändert: Beseitigung bestehender Hindernisse für die Niederlassung von Dienstleistern und den Austausch von Dienstleistungen, Verbesserung der Qualität von Dienstleistungen mit dem weiteren Ziel, neue Arbeitsplätze in der EU zu schaffen.[7]

Darüber hinaus sieht die Kommission die Richtlinie als ein Instrument an, welches gleichsam **proaktiv** die Mitgliedstaaten veranlassen soll, ihre Rechtsordnungen auf Hindernisse für den Austausch von Dienstleistungen zu durchsuchen. Die Kommission will nicht länger nur **reaktiv** in langwierigen Vertragsverletzungsverfahren darauf hinwirken, die Regeln des Binnenmarktes zu verwirklichen. Dies gilt umso mehr, als die Erweiterung auf 27 Mitgliedstaaten eine Einzelprüfung der Konformität des nationalen Rechts mit dem Europarecht zweifellos erschwert.[8]

Ferner hofft man durch eine horizontale Regelung, also eine Regelung, die mehrere Sachbereiche und Dienstleistungsarten umfasst, sich künftig spezifische Maßnahmen der Rechtsangleichung ersparen zu können, welche stets die Gefahr unterschiedlicher oder gar widersprüchlicher Regelungen bergen. Anders gesagt:

---

6 „Der Stand des Binnenmarktes für Dienstleistungen“ Mitteilung der Kommission an den Rat und an das Europäische Parlament, KOM(2002) 441 endg vom 30.07.2002; siehe ferner „Eine Binnenmarktstrategie für den Dienstleistungssektor“, Mitteilung der Kommission an den Rat und an das Europäische Parlament, KOM(2000) 888 endg vom 29.12.2000.

7 Siehe dazu die 4. Begründungserwägung der DL-RL (FN 1).

8 Siehe den Vorschlag der Kommission (FN 2) 11.

die Richtlinie soll den Corpus europäischer Gesetzgebung entlasten und damit die Klarheit und Kohärenz des Gemeinschaftsrechts fördern.[9] Allerdings werden weitere Maßnahmen nicht ausgeschlossen.

Schließlich wurde die Form der Rahmenrichtlinie gewählt, um einer Uniformierung der nationalen Rechtssystem und einer Überregulierung entgegen zu wirken. Die Bezeichnung „Rahmenrichtlinie" ist zwar kein Rechtsbegriff, aus dem ganz bestimmte Folgerungen zu ziehen wären. Jedoch deutet die Kommission damit an, keine Detailharmonisierung zu bezwecken, welche die staatlichen Gestaltungsspielräume übermäßig verengen würde.[10]

2.2. Rechtsgrundlage

Die Richtlinie wird auf Art 47 Abs 2 S 1 und 3 sowie auf Art 55 EGV gestützt. Die genannten Bestimmungen erlauben den Erlass von Richtlinien, welche die Aufnahme und Ausübung selbständiger Tätigkeiten mit oder ohne Niederlassung erleichtern sollen. Die Richtlinie hält sich grundsätzlich an diesen Kompetenzrahmen. Auch das Subsidiaritätsprinzip (Art 5 Abs 2 EGV) und das Verhältnismäßigkeitsprinzip (Art 5 Abs 3 EGV) werden im Ergebnis beachtet.

2.3. Anwendungsbereich

Bereits die verschachtelte Definition des Gegenstandes und des Anwendungsbereichs offenbart die politische Brisanz der Dienstleistungsrichtlinie.

2.3.1. Grundsätze

Der Anwendungsbereich der DL-RL ist verschachtelt geregelt. Zunächst stellt Art 1 DL-RL klar, welche Bereiche die Richtlinie nicht **berührt**. Dazu gehören zum einen staatliche Leistungen und Organisationsformen, wie etwa Dienstleistungen von allgemeinem wirtschaftlichem Interesse, also Leistungen der Daseinsvorsorge, die von Einrichtungen des öffentlichen Rechts erbracht werden, Dienstleistungsmonopole, der Schutz öffentlich-rechtlich organisierter Einrichtungen und die Gewährung staatlicher Beihilfen. Ferner sind das Strafrecht ausgenommen, das Arbeits- und Sozialrecht sowie die staatlichen Grundrechte einschließlich der nationalen Vorschriften über Tarifautonomie und Arbeitskämpfe. Freilich zielt die Richtlinie überhaupt nicht auf eine Regelung der fraglichen Rechtsgebiete und Leistungsangebote. Soweit es zu Überschneidungen kommen kann, bleiben allerdings die allgemeinen Grundsätze des EG-Vertrages anwendbar. So sind die Mit-

---

[9] Vorschlag der Kommission vom 25.02.2004 (FN 2) 9.

[10] Vorschlag der Kommission vom 25.02.2004 (FN 2) 9.

gliedstaaten einerseits verpflichtet, die praktische Wirksamkeit der Dienstleistungsfreiheit (und der Niederlassungsfreiheit der Dienstleistungserbringer) zu gewährleisten, anderseits müssen alle Maßnahmen unterlassen, welche die praktische Wirksamkeit des Gemeinschaftsrechts in Frage stellen.

Der Anwendungsbereich wird in Art 2 Abs 1 DL-RL positiv umschrieben. Danach gilt die DL-RL *„für Dienstleistungen, die von einem in einem Mitgliedstaat niedergelassenen Dienstleistungserbringer angeboten werden"*. Unter Dienstleistung ist gem Art 4 Z 1 *„jede von Artikel 50 EG-Vertrag erfasste selbständige Tätigkeit"* zu verstehen, die *„in der Regel gegen Entgelt erbracht wird"*. Aus weiteren Bestimmungen ergibt sich, dass sich die Richtlinie auf grenzüberschreitend erbrachte oder in Anspruch genommene Dienstleistungen bezieht. Ihr wird damit ein Dienstleistungsbegriff zugrunde gelegt, wie er sich aus Art 50 EGV und der Rechtsprechung des EuGH ergibt.[11] Jedoch folgt die Einschränkung auf dem Fuße: Gemäß Art 2 Abs 2 DL-RL findet danach keine Anwendung auf

- nicht-wirtschaftliche Dienste von allgemeinem Interesse, wie etwa den Betrieb von Bildungs- und Kultureinrichtungen,
- Finanzdienstleistungen,
- Dienstleistungen und Netze der elektronischen Kommunikation,
- Gesundheitsdienstleistungen,
- Glücksspiele,
- Tätigkeiten, die mit der Ausübung öffentlicher Gewalt verbunden sind,
- Verkehrsdienstleistungen einschließlich Hafendienste,
- die Arbeit von Leiharbeitsagenturen,
- und (dem Vernehmen nach vor allem auf deutschen Wunsch) soziale Dienstleistungen im Bereich der Kinder- und Altenbetreuung,
- schließlich ist der Bereich der Steuern ausgenommen.

Weitere Ausnahmen sind speziell im Kapitel über die Dienstleistungsfreiheit festgelegt worden. Alles in allem kann man sich mit Recht die Frage stellen, auf welche Dienstleistungen von Bedeutung die Richtlinie überhaupt noch Anwendung findet. Der Rat der EU verweist in seiner Pressemitteilung insbesondere auf drei Bereiche, in denen man sich Liberalisierungsgewinne erhofft:

- unternehmensbezogene Leistungen: Unternehmensberatungen, Zertifizierungs- und Prüforganisationen, Werbeagenturen, Personalagenturen

[11] Vgl etwa EuGH Rs 205/84, Kommission/Deutschland, Slg 1986, 3755 Rn 18/19; Rs C-154/89, Kommission/Frankreich, Slg 1991, I-659 Rn 7.

- unternehmens- und verbraucherbezogene Leistungen, wie etwa Rechtsberatung, Maklerdienste, Konstruktionsdienstleistungen, Vertriebsservices, Autovermietung und Reisebüros;
- schließlich verbraucherbezogene Leistungen, wie etwa Fremdenverkehr einschließlich der Fremdenführer, Freizeitangebote, Sportzentren und Freizeitparks.

Ob diese Sektoren in der Lage sind, die erhofften Arbeitsplätze in zurechenbarer Weise zu generieren, entzieht sich der juristischen Beurteilung. Zweifel sind allerdings angebracht.

2.3.2. Verhältnis zu anderen Rechtsakten der Gemeinschaft

In Art 3 der Richtlinie ist das Verhältnis zu anderen Rechtsakten der Gemeinschaft geregelt. Sofern Bestimmungen der Richtlinie anderen Gemeinschaftsrechtsakten widersprechen, die spezielle Regelungen über die Aufnahme oder die Ausübung einer Dienstleistungstätigkeit enthalten, gehen nach Art 3 Abs 1 die Vorschriften des anderen Rechtsaktes vor. Dies gilt etwa für die Richtlinie über die Anerkennung von Berufsqualifikationen[12] und die Richtlinien über die Aufnahme und Ausübung der Anwaltstätigkeit in anderen Mitgliedstaaten.[13]

3. Regelungsgehalt

Die Richtlinie besteht – grob besprochen – aus vier Regelungskomplexen: aus Vorschriften zur Verwaltungsvereinfachung (Art 5 bis 8 DL-RL, die Niederlassungsfreiheit der Dienstleistungserbringer (Art 9 bis 15 DL-RL), die Dienstleistungsfreiheit (Art 16 bis 21 DL-RL) und Vorschriften über Qualitätssicherung, Verwaltungszusammenarbeit, Weiterentwicklung und Kontrolle der Umsetzung der Richtlinie (Art 22 bis 46 DL-RL).

3.1. Verfahrensrechtliche und organisatorische Vorschriften

Die materiellen Vorgaben der Richtlinie zur Liberalisierung des Dienstleistungsverkehrs werden durch Aufträge an die Mitgliedstaaten zur Vereinfachung der Verwaltungsverfahren sowie der Steigerung ihrer Transparenz und Effizienz ergänzt.

---

12 Richtlinie 2005/36/EG des Europäischen Parlaments und des Rates vom 7. September 2005 über die Anerkennung von Berufsqualifikationen, ABl 2005 L 255 S 22.

13 Siehe dazu eingehend *Burmann*, Die Dienstleistungsrichtlinie und ihre Auswirkungen auf die Rechtsanwaltschaft vornehmlich in Österreich, in diesem Band S 143.

3.1.1. Screening

Zunächst sind die Mitgliedstaaten zu einem „Screening" des nationalen Rechts verpflichtet. Die Prüfung betrifft einmal die Frage, ob die nationalen Verfahren zur Aufnahme und zur Ausübung einer Dienstleistungstätigkeit „einfach genug" sind.[14] Hinsichtlich der Voraussetzungen für die Niederlassung von Dienstleistungserbringern haben sie die Aufgabe, die nationalen Genehmigungsvorschriften nach einem in der Richtlinie genau vorgeschriebenen Kriterienraster zu durchforsten, um etwaige Hindernisse proaktiv beseitigen zu können.

3.1.2. Einheitlicher Ansprechpartner

Nach Art 6 müssen die Mitgliedstaaten sicher stellen, dass die Dienstleistungserbringer die etwaig erforderlichen Zulassungsverfahren über (nicht durch!) einheitliche Ansprechpartner abwickeln können. Die Richtlinie verlangt indes nicht, dass nur eine Stelle pro Mitgliedstaat diese Aufgabe wahrnimmt. Vielmehr können, entsprechend der Binnenorganisation der Mitgliedstaaten, mehrere Ansprechpartner bestimmt werden. Jeder von ihnen muss jedoch allein in der Lage sein, für die Abwicklung der maßgeblichen Verfahren zu sorgen.

3.1.3. Sonstige Vorschriften

Darüber hinaus intensivieren ausführliche Bestimmungen zur Amtshilfe die Kooperation zwischen den nationalen Verwaltungen und schaffen auf diese Weise mehr Vertrauen.[15] Eine Verpflichtung der Kommission, spätestens fünf Jahr nach Inkrafttreten der Richtlinie einen Bericht über ihre Auswirkungen vorzulegen[16], zeigt schließlich, dass wie es bei der europäischen Dienstleistungsrichtlinie mit einem Beispiel experimenteller Gesetzgebung zu tun haben, deren endgültige Gestalt noch in der Entwicklung begriffen ist.

3.2. Vorschriften zur Niederlassungsfreiheit der Dienstleistungserbringer

Die Bestimmungen über die Niederlassungsfreiheit sind aus nationaler Sicht relativ unproblematisch. Sie folgen im Wesentlichen den Linien der Rechtsprechung des EuGH.[17] Insbesondere knüpft der Niederlassungsbegriff der Richtlinie

---

14 Art 5 Abs 1 DL-RL.

15 Art 28 bis 36 der Richtlinie.

16 Art 41 DL-RL.

17 Siehe dazu nur *Stumpf*, Aktuelle Entwicklungen im europäischen Dienstleistungs- und Niederlassungsrecht, DZWIR 2006, 99.

die Kriterien der Rechtsprechung an, welche vor allem auf das zeitliche Moment des dauernden Aufenthalts und die qualitative Komponente der tatsächlichen Verflechtung mit dem Wirtschaftsleben des Aufnahmestaates abstellt.[18]

3.2.1. Gemeinschaftskonformität von Zulassungsbestimmungen

Die Mitgliedstaaten sind, wie erwähnt, zu einem „Screening" ihrer Rechtsordnungen verpflichtet, um gemeinschaftsrechtswidrige Niederlassungshindernisse beseitigen zu können. Die jeweils verwendeten Kriterien - verwaltungsrechtlich gesehen Tatbestandsmerkmale - müssen diskriminierungsfrei sein, zwingenden Gründen des Allgemeinwohls dienen und dem Grundsatz der Verhältnismäßigkeit entsprechen. Darüber hinaus verlangt die Richtlinie von den nationalen Genehmigungsregelungen, dass sie

- präzise und eindeutig sind,
- objektiv formuliert sowie
- transparent und zugänglich sind.[19]

Hinzu kommt das Verbot der Doppelkontrolle, welches eine mehrfache Anwendung gleichwertiger Voraussetzungen untersagt, die bereits im Herkunftsstaat oder sogar im Bestimmungsland geprüft worden sind.[20] Ein Beispiel wäre etwa die Zuverlässigkeit eines Gewerbetreibenden, wenn sie bereits im Herkunftsland im Zuge eines Genehmigungsverfahrens positiv festgestellt worden wäre. Allerdings bleibt das Recht der Mitgliedstaaten unangetastet, die Gleichwertigkeit der Voraussetzungen eigenständig zu beurteilen.[21]

3.2.2. Verfahrensbeschleunigung

Soweit die Mitgliedstaaten die Niederlassung eines Dienstleistenden an eine Genehmigung knüpfen dürfen, sind sie verpflichtet, die Genehmigung bei Vorliegen der Voraussetzungen zu erteilen. Es handelt sich also um eine gebundene Entscheidung.[22] Sie muss innerhalb einer vom Mitgliedstaat festzulegenden Frist ergehen, andernfalls gilt sie mit Ablauf der Frist als erteilt.[23] Aus zwingenden Gründen des Allgemeininteresses kann allerdings von dieser Rechtsfolge abgewi-

---

[18] Vgl EuGH Rs C-211/89, Factortame, Slg 1991, I-3905 Rn 20.
[19] Art 13 Abs 3 DL-RL.
[20] Art 10 Abs 3 DL-RL; dazu grundlegend EuGH Rs 71/76, Thieffry, Slg 1977, 765 Rn 19.
[21] Vgl Art 10 Abs 5 DL-RL.
[22] Art 10 Abs 5 DL-RL.
[23] Art 13 Abs 4 DL-RL.

chen werden.[24] Darüber hinaus dürfen Genehmigungen grundsätzlich nicht befristet sein[25] und müssen für das gesamte Hoheitsgebiet des Mitgliedstaates gelten.[26] Ausnahmen von diesen Vorgaben sind ebenfalls nur aus zwingenden Gründen des Allgemeininteresses zulässig. In diesem Bereich wird es zu teils erheblichen Veränderungen nationaler Genehmigungsregelungen kommen. Eine ablehnende Entscheidung oder der Widerruf einer Genehmigung ist **ausführlich** zu begründen und muss mit Rechtsmitteln angreifbar sein.[27]

3.3. Dienstleistungsfreiheit

Herzstück der Richtlinie und Stein des Anstoßes sind die Art 16 ff über die Erbringung grenzüberschreitender Dienstleistungen.

3.3.1. Der „Stein des Anstoßes"

Die erste Fassung des Art 16 löste einen europaweiten Sturm der Entrüstung aus. Anlass war eine Konzeption, die unter dem Stichwort „Herkunftslandprinzip" in den Medien und der Fachöffentlichkeit diskutiert wurde. Nach Art 16 Abs 1 des ersten Entwurfs sollten die Mitgliedstaaten dafür Sorge tragen, dass *„Dienstleistungserbringer lediglich den Bestimmungen ihres Herkunftsmitgliedstaates unterfallen"*. Deshalb sollten die Herkunftsmitgliedstaaten gemäß Art 16 Abs 2 für die Kontrolle der Dienstleistungserbringer und der von ihnen angebotenen Dienstleistungen verantwortlich sein, auch wenn diese in einem anderen Mitgliedstaat erbracht werden. Die wirtschafts- und sozialpolitischen Einwände sind einleitend skizziert worden. Juristisch lassen sich die erste Version des Art 16 und seine heutige Formulierung nur dann beurteilen, wenn man sich die primärrechtliche Ausgangslage in Erinnerung ruft.

3.3.2. Primärrechtliche Ausgangslage

Danach ist das Herkunftslandprinzip kein (Rechts-)begriff des EG-Vertrages. Vielmehr handelt es sich bestenfalls um eine heuristische Kategorie, die vor allem benutzt wird, um die Wirkungen bestimmter Regelungen prägnant zu charakterisieren.

24 Art 13 Abs 4 DL-RL.
25 Art 11 DL-RL mit Ausnahmen.
26 Art 10 Abs 4 DL-RL.
27 Art 10 Abs 6 DL-RL.

3.3.2.1. Das Herkunftslandprinzip

Die Ursprünge des Herkunftslandprinzips liegen in der Frühzeit des freien Warenverkehrs, welcher lange Zeit die Dogmatik der Grundfreiheiten geprägt hat. Bekanntlich dehnte der EuGH, beginnend mit der Dassonville-Entscheidung aus dem Jahre 1974[28], in seinem 1979 ergangenen Cassis de Dijon-Urteil[29] den Grundsatz des freien Warenverkehrs von einem Diskriminierungs- zu einem Beschränkungsverbot aus. Nur bei sog Verkaufsmodalitäten gilt nach der Keck-Formel weiterhin lediglich ein Diskriminierungsverbot.[30] Im Übrigen ist – negativ formuliert – jede staatliche Maßnahme verboten, die geeignet ist den freien Warenverkehr unmittelbar oder mittelbar, tatsächlich oder potentiell zu behindern.[31] Positiv formuliert ist eine Ware, die in einem Mitgliedstaat rechtmäßig hergestellt oder in Verkehr gebracht wurde, grundsätzlich in der gesamten Gemeinschaft verkehrsfähig.[32] Insofern kann man von einem „Herkunftslandprinzip" sprechen. Allerdings haben die Erfahrungen im Bereich des Warenverkehrs auch gezeigt, wie voraussetzungsvoll dieser Grundsatz ist. Denn er stützt sich auf die (ausdrückliche oder konkludente) gegenseitige Anerkennung von rechtlichen Standards. Sie kommt wiederum nur dort in Betracht, wo weitgehende rechtliche Übereinstimmungen, entsprechendes Vertrauen und vergleichbare wirtschaftliche Verhältnisse herrschen.

3.3.2.2. Einschränkungen des Herkunftslandprinzips

Aber selbst unter diesen optimalen Voraussetzungen gilt das Herkunftslandprinzip nicht unbegrenzt.[33] Denn es bleibt den Mitgliedstaaten erlaubt, Einschränkungen vorzunehmen, wenn sie entweder die Ausnahmetatbestände des Vertrages erfüllen oder ungeschriebenen zwingenden Erfordernissen des Allgemein-

---

[28] EuGH Rs 8/74, Dassonville, Slg 1974, 837; zur Entwicklung informativ *Kluth/Rieger*, Die gemeinschaftsrechtlichen Grundlagen und berufsrechtlichen Wirkungen des Herkunftslandprinzips und Bestimmungslandprinzips – Eine Analyse am Beispiel der Dienstleistungs- und Berufsanerkennungsrichtlinie, GewArch 2006, 1.

[29] EuGH Rs 120/78, Cassis de Dijon, Slg 1979, 649.

[30] Grundlegend EuGH verb Rsen C-267/91 u C-268/91, Keck ua, Slg 1993, I-6097; ferner Rs C-292/92, Hünermund, Slg 1993, I-6787.

[31] Allerdings hat der Gerichtshof solche Regelungen als nicht geeignet angesehen, den Warenverkehr zu beeinträchtigen, deren beschränkende Wirkungen zu ungewiss und zu indirekt sind, EuGH Rs C-266/96, Corsica Ferries, Slg 1998, I-3949 Rn 31.

[32] Vgl insbes EuGH Rs 120/78, Cassis de Dijon (REWE/ Bundesmonopolverwaltung für Branntwein), Slg 1979, 649 Rn 14.

[33] So zu Recht *Becker*, in Schwarze (Hrsg), EU-Kommentar (2000) Art 28 Rn 45.

wohls dienen, letzteres allerdings nur, wenn die Regelungen unterschiedslos auf inländische und ausländische Produkte anwendbar sind.[34] Die „zwingenden Erfordernisse" sind eine Schöpfung des EuGH. Sie bilden einen offenen Katalog gemeinschaftsrechtlich anerkannter Schutzgüter **nichtwirtschaftlicher** Art. Sie stellen auf der Rechtfertigungsebene die Balance zwischen dem ausgeweiteten Schutzbereich der Grundfreiheit einerseits und den legitimen politischen Gestaltungsansprüchen der Mitgliedstaaten andererseits her.[35] Dazu gehören etwa der Verbraucherschutz, die Lauterkeit des Handelsverkehrs, die Betrugsbekämpfung sowie Ziele der Sozial- und Kulturpolitik.[36] Deshalb hat die Cassis-Rechtsprechung, entgegen mancher Erwartung, die europäische Harmonisierung keineswegs überflüssig gemacht. Freilich verlagerte sich der Schwerpunkt von einer vertikalen, das einzelne Produkt betreffenden Rechtsangleichung zu einer stärker horizontalen, produktübergreifenden europäischen Harmonisierung, wie etwa Vorschriften über die Etikettierung von Lebensmitteln, verbotene Zusatzstoffe uäm. Vor allem im Bereich der technischen Sicherheit ist auch nach der Cassis-Entscheidung eine vertikale Harmonisierung unverzichtbar.

3.3.2.3. Dienstleistungsfreiheit und Herkunftslandprinzip

Auch die Dienstleistungsfreiheit wurde vom Gerichtshof mittlerweile in einer umfangreichen Judikatur entfaltet. Dabei betont der EuGH, dass es sich um einen „elementaren" [37] bzw „fundamentalen"[38] Grundsatz handelt. Geschützt sind sowohl die **aktive** Dienstleistungsfreiheit, bei der sich der Leistende vorübergehend in den Mitgliedstaat des Leistungsempfängers begibt[39], als auch die **passive** Dienstleistungsfreiheit, bei der sich der Leistungsempfänger im Staat des Dienstleistungserbringers aufhält.[40] Erfasst ist auch der Fall, dass sich Dienstleistungserbringer und Dienstleistungsempänger gemeinsam in einen anderen Mitgliedstaat begeben, was etwa bei Reiseleitern der Fall ist, die im Ausland auch die Rolle des Fremdenführers übernehmen. In den Schutzbereich fallen außerdem Leistungen, die grenzüberschreitend erbracht werden, ohne dass der Leistende und der Empfänger ihren Sitzstaat verlassen (sog Korrespondenzdienstleistungen).[41] Beispiele sind etwa Telekommunikationsdienste oder grenzüberschreitende Werbe-

[34] EuGH Rs 120/78, Cassis de Dijon, Slg 1979, 649 Rn 8.
[35] *Nicolaysen*, Europarecht II (1996) 49.
[36] Eingehend *Becker*, in Schwarze (Hrsg), EU-Kommentar (2000) Art 30 Rn 55 ff.
[37] EuGH Rs C-158/96, Kohll, Slg 1998, I-1931 Rn 41.
[38] EuGH Rs 205/84, Kommission/Frankreich, Slg 1986, 3755 Rn 27.
[39] EuGH Rs 33/74, Van Binsbergen, Slg 1974, 1299.
[40] EuGH verb Rsen 286/82 u 26/83, Luisi u. Carbone, Slg 1984, 377.
[41] EuGH Rs C-384/93, Alpine Investments, Slg 1995, I-1141.

oder Marketingtätigkeiten.[42] Nur auf Tätigkeiten, die in einem Mitgliedstaat dauernd mit der Ausübung öffentlicher Gewalt verbunden sind, findet das Kapitel über die Dienstleistungsfreiheit in dem betreffenden Staat keine Anwendung (Art 55 iVm Art 45 EGV).

Für die Erbringung von Dienstleistungen gilt nach dem Wortlaut des Art 50 Abs 2 EGV der Grundsatz der Inländergleichbehandlung. Danach dürfen die Leistenden ihre Tätigkeit in einem anderen Mitgliedstaat unter den Bedingungen ausüben, welche dieser Staat seinen Angehörigen vorschreibt. Ausnahmen sind gem Art 55 iVm Art 46 EGV nur zulässig, wenn sie aus Gründen der öffentlichen Ordnung, Sicherheit oder Gesundheit gerechtfertigt sind.

Der Gerichtshof hat indes auch die Dienstleistungsfreiheit zu einem Anspruch ausgebaut, welcher *„die Aufhebung aller Beschränkungen verlangt, selbst wenn sie unterschiedslos für einheimische wie für Dienstleistende anderer Mitgliedstaaten gelten, sofern sie geeignet sind, die Tätigkeiten des Dienstleistenden, der in einem Mitgliedstaat ansässig ist und dort rechtmäßig ähnliche Dienstleistungen erbringt, zu unterbinden, zu behindern oder weniger attraktiv zu machen"*.[43] Damit gilt die Cassis-Formel grundsätzlich auch im Bereich der Dienstleistungen: eine Dienstleistung, die in einem Mitgliedstaat rechtmäßig erbracht wird, darf auch in einem anderen Mitgliedstaat grundsätzlich frei angeboten werden. Darüber hinaus hat der Gerichtshof auch Regelungen des Sitzstaates eines Dienstleisters beanstandet, weil sie mittelbar die grenzüberschreitende Tätigkeit behinderten.[44] Lediglich solche Regelungen, deren beschränkende Wirkungen auf den Dienstleistungsverkehr „zu ungewiß und zu mittelbar" sind, werden vom Beschränkungsverbot nicht erfasst.[45] Noch ungeklärt ist die namentlich Frage, ob die Keck-Rechtsprechung auch auf die Dienstleistungsfreiheit übertragen werden kann, es also im Falle sog Vertriebsmodalitäten bei einem Diskriminierungsverbot bleibt.[46]

Im Übrigen darf der freie Dienstleistungsverkehr nach ständiger Rechtsprechung nur durch Regelungen beschränkt werden, die *„durch zwingende Gründe des Allgemeininteresses gerechtfertigt sind und für alle im Hoheitsgebiet des Bestimmungs-*

42 Weitere Beispiele bei *Holoubek*, in Schwarze (Hrsg), EU-Kommentar (2000) Art 49 Rn 53/54.

43 EuGH Rs C-429/02, Bacardi France, Slg 2004, I-6613 Rn 31.

44 Siehe nur EuGH Rs C-384/93, Alpine Investements, Slg 1995, I-1141; Rs C-70/95, Sodemare, Slg 1997, I-3395; Rs C-60/00, Carpenter, Slg 2002, I-6279.

45 Vgl etwa EuGH Rs C-44/98, BASF, Slg 1999, I-6269 Rn 16 mwN.

46 Dazu näher *Frenz*, Handbuch Europarecht, Bd 1, Europäische Grundfreiheiten (2004) 961 ff.

staats tätigen Personen oder Unternehmen gelten, und zwar nur insoweit, als dem Allgemeininteresse nicht bereits durch die Rechtsvorschriften Rechnung getragen ist, denen der Leistungserbringer in dem Staat unterliegt, in dem er ansässig ist."[47] Im letzten Satzteil wird der Gedanke, der unter dem Stichwort Herkunftslandprinzip diskutiert wird, am deutlichsten.[48] Freilich bleiben auch danach die Vorschriften des Bestimmungslandes letztlich maßgebend. Lediglich bei ihrer Anwendung sind die Vorleistungen im Herkunftsstaat zu berücksichtigen.[49]

Im Übrigen müssen die einschränkenden Anforderungen sachlich geboten sein und sie dürfen nicht über das hinausgehen, was zum Erreichen der angestrebten Ziele erforderlich ist. Sie müssen also den Grundsatz der Verhältnismäßigkeit wahren.[50] Dazu gehört der Schutz der Arbeitnehmer einschließlich solcher Vorschriften, wie sie etwa im deutschen Entsendegesetz vorgesehen sind, die einem „Lohndumping" durch ausländische Anbieter entgegen wirken sollen.[51] Hingegen ist es den Mitgliedstaaten generell untersagt, die Erbringung von Dienstleistungen von Bedingungen abhängig machen, welche für eine Niederlassung gelten. Sie würden der Dienstleistungsfreiheit die praktische Wirksamkeit nehmen, welche gerade in dem Anspruch besteht, grenzüberschreitende Leistungen ohne die besonderen Anforderungen einer Niederlassung erbringen zu dürfen. Konkret sind etwa Residenz-, Präsenz- und Registrierungspflichten höchst problematisch und nur unter sehr engen Voraussetzungen zulässig.[52]

3.3.3. Ursprüngliche Konzeption der Richtlinie

Die ursprüngliche Fassung der Richtlinie war – auch gemessen an den primärrechtlichen Vorgaben – sehr ambitioniert. Nach Art 16 des ersten Vorschlags der Richtlinie – Überschrift: Herkunftslandprinzip – sollten die Mitgliedstaaten dafür Sorge tragen, dass Dienstleistungserbringer lediglich den Bestimmungen ihres Herkunftsmitgliedstaates unterfallen. Umgekehrt sollte der Herkunftsmitgliedstaat für die Kontrolle des Dienstleistungserbringers verantwortlich sein, auch

47 EuGH Rs 205/84, Kommission/Deutschland, Slg 1986, 3755 Rn 27.
48 Siehe auch EuGH Rs 110/78, Van Wesemael, Slg 1979, 35.
49 Siehe dazu etwa die Rs C-58/98, Corsten, Slg 2000, I-7919 Rn 31.
50 Siehe etwa EuGH Rs C-154/89, Kommission/Frankreich, Slg 1991, I-659 Rn 15.
51 Ein Beispiel ist das deutsche Arbeitnehmer-Entsendegesetz, Gesetz vom 26.02.1996 (BGBl I 227); aus der Rechtsprechung Rs C-60/03, Wolff & Müller, Slg 2004, I-9553.
52 Vgl etwa Rs 493/99, Kommission/Deutschland, Slg 2001, I-8163 Rn 18.

wenn er seine Tätigkeit in einem anderen Mitgliedstaat ausübt.[53] Außerdem wurden die Rechtfertigungsgründe für solche Vorschriften, die eine zulässige Einschränkung des Leistungsaustausches bewirken, auf die öffentliche Sicherheit und Ordnung, den Gesundheits- sowie den Umweltschutz reduziert.[54] Dadurch wurde der Zugriff auf „gebietsfremde" Dienstleister und ihre Tätigkeiten relativ eng begrenzt, ohne dass die Richtlinie aus der Sicht ihrer Kritiker einen entsprechenden Ausgleich zum Schutz anderer Rechtsgüter bereitgestellt hätte, wozu insbesondere die Integrität der Arbeits- und Sozialordnung gehört.[55] In diese Lücke stieß außerdem die Angst vor billiger Konkurrenz aus dem Ausland - vor allem aus den neuen Mitgliedstaaten.[56] Außerdem wurde - nicht zu Unrecht - die Verantwortungsteilung bei der Überwachung von Dienstleistungserbringern kritisiert: Dem Bestimmungsland war die Kontrolle nach den eigenen Vorschriften weitgehend untersagt, dem an sich hierfür verantwortliche Herkunftsland wäre eine Kontrolle vielfach praktisch nicht möglich gewesen. Dadurch hätte, zumindest faktisch, ein rechtsfreier Raum entstehen können. Dieser Ansatz wäre über die Judikatur des EuGH deutlich hinausgegangen.[57]

3.3.4. Die geltende Fassung der Richtlinie

Die nunmehr geltende Fassung des Art 16 der Dienstleistungsrichtlinie versucht diese Fehler zu vermeiden. Sie lehnt sich enger an die Rechtsprechung des EuGH an. Vor allem aber trägt sie die Spuren der heftigen Diskussionen der vergangenen Monate.

---

53 Art 16 Abs 2 (Vorschlag) sollte lauten: *„Der Herkunftsmitgliedstaat ist dafür verantwortlich, den Dienstleistungserbringer und die von ihm erbrachten Dienstleistungen zu kontrollieren, auch wenn er diese in einem anderen Mitgliedstaat erbringt"*.

54 Art 17 Z 17 und Art 19 Abs 1 des ersten Vorschlags für eine Dienstleistungsrichtlinie (FN 2).

55 Zwar sahen die Art 34 bis 38 unter der Überschrift „Kontrolle" Pflichten der Mitgliedstaaten zur gegenseitigen Unterstützung vor, jedoch zeigen Erfahrungen in anderen Bereichen des Gemeinschaftsrechts, dass auf diese Weise eine allein verantwortliche nationale Verwaltungskontrolle nicht substituiert werden kann; eine eingehende Analyse der Situation im Arbeits(schutz)recht bei *Bruun*, The proposed directive on services an labour law, in Blanpain (ed), Freedom of Services in the European Union (2006) 19.

56 Auch die in Art 24 und 25 des Entwurfs festgelegten Regeln für die Entsendung von Arbeitnehmern sowie die Fortgeltung der sog Entsenderichtlinie 96/71/EG konnten diese Befürchtungen nicht zerstreuen.

57 So auch im Ergebnis *Albath/Giesler*, Das Herkunftslandprinzip in der Dienstleistungsrichtlinie - eine Kodifizierung der Rechtsprechung? EuZW 2006, 38.

3.3.4.1. Einschränkung des Anwendungsbereichs

Besonders augenfällig: Das Herkunftslandprinzip ist aus der Überschrift des betreffenden Kapitels verschwunden. Außerdem wurde der Anwendungsbereich des Art 16 gegenüber dem ersten Vorschlag der Kommission weiter eingeschränkt. Gemäß Art 17 des Richtlinienentwurfs sollen nunmehr Dienstleistungen von allgemeinem wirtschaftlichem Interesse komplett ausgenommen sein. Nur beispielhaft werden die Sektoren Post, Elektrizität, Gas sowie die Wasserverteilung und Wasserversorgung, die Abwasserbewirtschaftung sowie die Dienste der Abfallwirtschaft genannt. Bedenkt man, dass der EuGH den Mitgliedstaaten einen weiten Ermessensspielraum bei der Entscheidung einräumt, welche Tätigkeiten unter diese Kategorie fallen sollen[58], so wird die Tragweite dieser Einschränkung deutlich. Weitere Ausnahmen betreffen sozial- oder gesellschaftspolitisch heikle Bereiche, wie die Entsendung von Arbeitnehmern in andere Mitgliedstaaten, die Angelegenheiten, die unter die Richtlinie zur Erleichterung des freien Dienstleistungsverkehrs der Rechtsanwälte fallen, die gerichtliche Beitreibung von Forderungen, die Verbringung von Abfällen und die Zulassung von Fahrzeugen, die in einem anderen Mitgliedstaat geleast wurden. Für diese Bereiche gelten entweder die allgemeinen Grundsätze der Art 43 und 49 oder spezielle Regelungen des Gemeinschaftsrechts.

3.3.4.2. Entschärfung des Herkunftslandprinzips

Auch Art 16 wurde inhaltlich entschärft: Nach der neuen Fassung des Art 16 Abs 1 *„achten die Mitgliedstaaten das Recht der Dienstleistungserbringer, Dienstleistungen in einem andern Mitgliedstaat als demjenigen ihrer Niederlassung zu erbringen. Der Mitgliedstaat, in dem die Dienstleistung erbracht wird, gewährleistet die freie Aufnahme und die freie Ausübung von Dienstleistungstätigkeiten innerhalb seines Hoheitsgebietes."* Die grundsätzliche Freistellung vom Recht des Bestimmungslandes ist also entfallen. In adminsitrativ-praktischer Hinsicht bleibt es bei der Kontrolle der Dienstleistungserbringer durch die Behörden des Empfangsstaates. Allerdings dürfen die Mitgliedstaaten die Aufnahme und die Ausübung einer Dienstleistungstätigkeit nur dann von bestimmten Anforderungen abhängig machen, wenn sie folgende Leitlinien beachten: die nationalen Regelungen müssen

- dürfen keine Diskriminierung bewirken,
- sie müssen dem Schutz der öffentlichen Ordnung, der öffentlichen Sicherheit, der öffentlichen Gesundheit und dem Umweltschutz dienen,

---

[58] Siehe EuGH Rs C-159/94, Kommission/Frankreich, Slg 1997, I-5815 Rn 56; Rs C-320/91 Corbeau, Slg 1993, I-2533; Rs C-393/92, Almelo, Slg 1994, I-1477

– und außerdem verhältnismäßig sein.

Diese Befugnis in Art 16 Abs 2 weiter eingeschränkt. Danach dürfen die Mitgliedstaaten den ausländischen Dienstleistern grundsätzlich keine Residenz-, Präsenz- und Registrierungspflichten auferlegen, es sei denn, derartige oder andere Maßnahmen sind gem Art 16 Abs 3 der Richtlinie aus Gründen der öffentlichen Sicherheit und Ordnung, des Gesundheitsschutzes oder des Umweltschutzes gerechtfertigt. Diese Vorgaben der Richtlinie kodifizieren die Rechtsprechung des EuGH - bis auf einen wesentlichen Punkt: Zwar sind die Mitgliedstaaten berechtigt, ihre jeweiligen Vorschriften über Beschäftigungsbedingungen einschließlich derjenigen in Tarifverträgen anzuwenden. Aufgrund der fortbestehenden Kontrollkompetenz der Bestimmungsländer ist zu erwarten, dass ein faktisch mögliches Sozialdumping, wie anlässlich des ersten Vorschlages der Richtlinie befürchtet, nun prinzipiell nicht mehr möglich ist. dürfte es danach nicht geben.

Jedoch bleibt der Kanon der zwingenden Erfordernisse wird weiterhin auf vier Schutzgüter begrenzt: öffentliche Sicherheit und Ordnung, Gesundheit und Umweltschutz. Zudem sind die Mitgliedstaaten verpflichtet, die Aufrechterhaltung rechtlicher Hindernisse gegenüber der Kommission schriftlich zu begründen.[59] Hierin liegt das eigentliche Liberalisierungspotential der Richtlinie.

3.3.4.3. Kodifizierung der Rechte des Dienstleistungsempfängers

Gleichsam das Gegenstück zu den Rechten der Dienstleistungserbringer sind die Ansprüche der Dienstleistungsempfänger. Sie wurden nahezu unverändert aus dem ersten Entwurf der Richtlinie übernommen. Gemäß Art 20 dürfen an den Dienstleistungsempfänger keine Anforderungen gestellt werden, welche die Inanspruchnahme einer von einem in einem anderen Mitgliedstaat niedergelassenen Dienstleistungserbringer angebotenen Dienstleistung beschränken. Auch insoweit geht die Richtlinie im Wesentlichen den Weg, den die Rechtsprechung des EuGH zur „Dienstleistungsempfangsfreiheit“ vorgezeichnet hat.[60]

4. Schluss

Nach alledem sind Einschätzungen übertrieben, welche die endgültige Fassung der Dienstleistungsrichtlinie als Ausdruck der Unfähigkeit Europas ansehen,

---

59 Art 41 DL-RL.

60 EuGH verb Rsen 286/82 u 26/83, Luisi u Carbone, Slg 1984 , 377 Rn 10; Rs 186/87, Cowan, Slg 1989, 195 Rn 15; eingehend dazu *Kluth*, in Calliess/Ruffert (Hrsg), EUV/EGV, Art 50 Rn 27.

durch eine beherzte Liberalisierung der Märkte Wachstum und Beschäftigung zu generieren. Zwar ist sie kein so großer Sprung nach vorn, wie anfänglich gewollt, sondern allenfalls ein Hüpfer. Jedoch wird die Richtlinie für eine Reihe von Dienstleistungen und ihre Anbieter den Grenzübertritt erleichtern. Für die heute noch nicht erfassten Tätigkeiten und Wirtschaftsbereiche ist das letzte Wort noch nicht gesprochen. Sie können vor dem Hintergrund der Erfahrungen mit der Richtlinie und ihrer Transformation in den nächsten Jahren entweder in den Anwendungsbereich einbezogen oder einer gesonderten Regelung unterworfen werden. Überdies verkörpert die Richtlinie auch einen Paradigmenwechsel in der europäischen Wirtschaftspolitik. Sie ist das Ergebnis, ob man es nun schätzt oder nicht, einer vergleichsweise breiten Diskussion in Europa, wie es sie zuvor kaum gegeben hat. Insofern erzeugt die Richtlinie auch einen demokratischen Mehrwert für Europa.

Waldemar Hummer

Die Übernahme der „Dienstleistungs-Richtlinie" im Fürstentum Liechtenstein und die Position der Schweiz

1. Einführung
2. Die Dienstleistungs-Richtlinie 2006/123/EG und der EWR
  2.1. Liechtensteins Beitritt zum EWR
  2.2. Ziel und Zweck des EWR
  2.3. Die „Zwei-Pfeiler" - Struktur des EWR
    2.3.1. Erster Pfeiler: Vom EWR-Abkommen „beliehene" EG-Organe
    2.3.2. Zweiter Pfeiler: Vom EWR-Abkommen „beliehene" EFTA-Organe
    2.3.3. Gemeinsame EWR-Organe
  2.4. Der „EWR-Rechtsetzungsprozess"
    2.4.1. Allgemeine Charakteristik
    2.4.2. Die drei Phasen des „EWR-Rechtsetzungsprozesses"
      2.4.2.1. Preparatory phase
      2.4.2.2. Decision shaping
      2.4.2.3. Decision making/taking
    2.4.3. Außerkraftsetzung „unmittelbar berührter" Teile der Anhänge des EWR-Abkommens
    2.4.4. Inkorporation eines „Beschlusses" des Gemeinsamen EWR-Ausschusses qua „Vertrag"
    2.4.5. Veröffentlichung von Beschlüssen des Gemeinsamen EWR-Ausschusses
  2.5. Dienstleistungsfreiheit im EWR
  2.6. Umsetzung der Dienstleistungs-Richtlinie 2006/123/EG in Liechtenstein
3. Die Dienstleistungs-Richtlinie 2006/123/EG und die Schweiz
  3.1. Die Bedeutung des Dienstleistungssektors für die Schweizer Volkswirtschaft
  3.2. Dienstleistungsliberalisierung in der Schweiz
  3.3. Anpassung des Schweizer Rechts an das Recht der EG
    3.3.1. Herbeiführung der „Eurokompatibilität" des schweizerischen Rechts
    3.3.2. Freihandelsabkommen Schweiz - EWG (1972)
    3.3.3. Bilaterale I (1999)
    3.3.4. Dienstleistungsregelung in den Bilateralen I
      3.3.4.1. Art 5 Personenfreizügigkeits-Abkommen samt Anhang I
      3.3.4.2. Übergangsregelung für die Dienstleistungsfreiheit und Ausweitung derselben auf die neuen EU-Mitgliedstaaten
      3.3.4.3. Diplomanerkennung
    3.3.5. Ein eigenes Abkommen zur Liberalisierung von Dienstleistungen?
      3.3.5.1. Materielle Fragen
      3.3.5.2. Formelle Fragen
    3.3.6. Bilaterale II (2004)
    3.3.7. Exkurs: Umsetzung der bilateralen Abkommen der Schweiz mit der EU
      3.3.7.1. Auswärtige Angelegenheiten als Bundeskompetenz
      3.3.7.2. Mitwirkung der Kantone an der Europapolitik der Schweiz
      3.3.7.3. Umsetzung von Völkerrecht durch die Kantone
    3.3.8. Dienstleistungsaspekte in den Bilateralen II
    3.3.9. Bilaterale III?
4. Dienstleistungsliberalisierung im GATS
5. Schlussbetrachtungen

1. Einführung

Mit der Verabschiedung der **Richtlinie 2006/123/EG des Europäischen Parlaments und des Rates vom 12. Dezember 2006 über Dienstleistungen im Binnenmarkt**[1] (nachstehend „Dienstleistungs-Richtlinie") ging eine mehrjährige Periode der Diskussion und Reflexion über eine zentrale Frage der Ausgestaltung einer Marktfreiheit zu Ende, die wie kaum eine andere die (wirtschafts-)politischen Implikationen wichtiger binnenmarktrelevanter Maßnahmen aufgezeigt hat. Bereits 2002 hatte die Europäische Kommission festgestellt, dass einer umfassenden Liberalisierung des Dienstleistungssektors nach wie vor zahlreiche Hindernisse entgegenstehen.[2] Im Jänner 2004 legte sie dann einen auf Art 47 Abs 2 UAbs 1 und 3, Art 55, 71, 80 Abs 2 EGV gestützten Richtlinienvorschlag (sog **„Bolkestein-Richtlinie"**)[3] vor, der bis Ende 2005 angenommen werden sollte. Sowohl der Ausschuss der Regionen (AdR)[4] als auch der Wirtschafts- und Sozialausschuss (WSA)[5] gaben zu diesem Vorschlag negative Stellungnahmen ab und der Rat der EU legte eine „konsolidierte Fassung" des Vorschlages vor, in den die verschiedenen Änderungsvorschläge eingearbeitet wurden.[6] Auch der am Rechtsetzungsverfahren in der EG nicht beteiligte Europäische Rat stellte auf seiner Tagung in Brüssel am 22./23. März 2005 fest, dass *„die vorliegende Fassung des Richtlinienvorschlags den Anforderungen nicht in vollem Umfang gerecht wird."*[7] Zwischenzeitlich legte auch der im Europäischen Parlament zuständige „Ausschuss für Binnenmarkt und Verbraucherschutz" einen Bericht vor, der eine Reihe von Änderungsvorschlägen enthielt.[8]

---

1 ABl 2006 L 376 S 36 ff; gestützt auf den EG-Vertrag, insbesondere auf Art 47 Abs 2 Sätze 1 und 3 und Art 55 EGV; vgl dazu *Calliess*, Die Dienstleistungsrichtlinie, Zentrum für europäisches Wirtschaftsrecht, Universität Bonn, Vorträge und Berichte Nr 160 (2007).

2 Bericht der Kommission an den Rat und an das Europäische Parlament, Der Stand des Binnenmarktes für Dienstleistungen, KOM(2002) 441 endg vom 30. Juli 2002.

3 Vorschlag für eine Richtlinie des Europäischen Parlaments und des Rates über die Dienstleistungen im Binnenmarkt, KOM(2004) 2 endg vom 13. Jänner 2004.

4 ABl 2005 C 43 S 18.

5 EWSA (05) 228.

6 *Rat der EU*, Generalsekretariat, Vermerk Nr 5161/05 vom 10. Jänner 2005, 2004/2001 (COD).

7 Schlussfolgerungen des Vorsitzes, Europäischer Rat von Brüssel vom 22./23. März 2005, Nr 22.

8 *EP*, Ausschuss für Binnenmarkt und Verbraucherschutz, Entwurf eines Berichts vom 11. Mai 2005, 2004/2001 (COD) vorläufig.

Nachdem am 16. Februar 2006 der Richtlinienentwurf durch das Europäische Parlament (EP) in erster Lesung „entschärft" worden ist,[9] wurde am 29. Mai 2006 im Rat eine politische Einigung über den Entwurf erzielt, dem alle Mitgliedstaaten zustimmen konnten - lediglich Litauen enthielt sich der Stimme[10] - und die zur Verabschiedung des Gemeinsamen Standpunktes des Rates am 24. Juli 2006 führte.[11] Danach ging der Entwurf zu einer zweiten Lesung in das EP, das ihn am 15. November 2006 endgültig annahm. Der Rat stimmte in der Folge am 11. Dezember 2006 dem Richtlinienvorschlag zu, sodass die Richtlinie 2006/123/EG am 12. Dezember 2006 ausgefertigt und am 27. Dezember 2006 im Amtsblatt der EU publiziert werden konnte. Gem ihrem Art 45 trat sie in der Folge am 28. Dezember 2006 in Kraft.

Es war vor allem das in der ursprünglichen Fassung der „Bolkestein-Richtlinie" verankerte „**Herkunftslandprinzip**", das nur von einigen wenigen Mitgliedstaaten der EU akzeptiert wurde, da sie von diesem ein nicht zu tolerierendes Lohn- und Qualitätsdumping ausländischer Firmen bei der Erbringung von Dienstleistungen zu Lasten einheimischer Unternehmer befürchteten - ein sog *„race to the bottom"*[12] in Richtung niedrigster Schutzstandards. Gem diesem Prinzip hätten nämlich die Mitgliedstaaten dafür Sorge zu tragen gehabt, *„dass Dienstleistungserbringer lediglich den Bestimmungen ihres Herkunftsmitgliedstaates unterfallen"* (Art 16 Abs 1). Im Bereich der Entsendung von Arbeitnehmern sah Art 17 Abs 1 allerdings eine Ausnahme vom „Herkunftslandprinzip" vor, wodurch die Kompatibilität mit der **Entsenderichtlinie**[13] hergestellt werden sollte.

Neben dieser Befürchtung eines „Wettbewerbs der Rechtsordnungen" nach unten wurde in der Literatur aber auch argumentiert, dass das Herkunftsland-

9 Neben der Umstellung vom „Herkunftsland"- auf das „Bestimmungsland"-Prinzip wurden auch die Ausnahmen entscheidend ausgeweitet, die sich nunmehr in drei Gruppen einteilen lassen: (1) Dienstleistungsbereiche, für die es bereits besondere gemeinschaftsrechtliche Regelungen gibt; (2) Bereiche, für die spezifische Richtlinien geplant sind und (3) Bereiche, in denen die nationale Autonomie beibehalten wird, da es sich um Dienstleistungen im Bereich der Daseinsvorsorge handelt.

10 EU-Staaten einigen sich auf Dienstleistungs-Richtlinie, NZZ vom 30. Mai 2006, 9.

11 ABl 2006 C 270 E.

12 Vgl *Basedow*, Dienstleistungsrichtlinie, Herkunftslandprinzip und internationales Privatrecht, EuZW 2004, 423; *Donges/Eekhoff/Franz/Fuest/Möschel/Neumann*, Dienstleistungsmärkte in Europa weiter öffnen, Stiftung Marktwirtschaft. Frankfurter Institut, Schriftenreihe: Band 45 (2007) 18; *Calliess* (FN 1) 4.

13 Richtlinie 96/71/EG, ABl 1997 L 18 S 1 ff.

prinzip als vorrangige Kollisionsnorm einen Systembruch im IPR darstelle[14] und im Übrigen im Widerspruch zu den Bemühungen um eine Vereinheitlichung des Kollisionsrechts auf europäischer Ebene stehe.[15] Des Weiteren wurde auch die Regelungskompetenz der Gemeinschaft - im Hinblick auf die Beachtung der Grundsätze der Verhältnismäßigkeit und der Subsidiarität - in Zweifel gezogen, ebenso wie auch festgestellt wurde, dass der sachliche Anwendungsbereich der Richtlinie teilweise unklar sei.[16]

War damit aber die konkrete Ausgestaltung der Dienstleistungs-Richtlinie schon zwischen den einzelnen Mitgliedstaaten der EU mehr als umstritten, so wurde sie in den Ländern, die sich mehr oder weniger zu einer **Übernahme** bzw zu einem bloßen **Nachvollzug** derselben - ohne dabei aber auch nur die geringsten inhaltlichen Mitwirkungs- und Mitgestaltungsmöglichkeiten zu besitzen - gezwungen sehen, noch kontroversieller diskutiert.

Ersterer Fall trifft auf das **Fürstentum Liechtenstein** zu, das als Mitglied des EWR[17] zwar **rechtlich** zur Übernahme der Dienstleistungs-Richtlinie - obwohl sie sich selbst nicht als „Text von Bedeutung für den EWR" bezeichnet, ist sie selbstredend ein solcher - nicht „verpflichtet" ist, für den Fall der Blockierung der Nichtübernahme der Richtlinie in den EWR aber die Sanktion der „Suspendierung" des Binnenmarktzugangs für den „unmittelbar berührten" Bereich für alle EWR-Staaten auslösen würde[18], letzterer aber auf die **Schweiz**, die nicht nur durch eine Reihe bilateraler Verträge mit der Europäischen Gemeinschaft (EG)[19] verbunden ist, sondern ganz allgemein in einem solchen ökonomischen Naheverhältnis zum Binnenmarkt steht, dass sie es sich aus wirtschaftspolitischen Grün-

---

14 Gem Art 3 Abs 2 betrifft die Dienstleistungsrichtlinie allerdings expressis verbis nicht die Regeln des IPR.

15 *Basedow* (FN 12) 423 f.

16 Beschluss des deutschen Bundesrates, Drucksache 128/04 vom 2. April 2004, 2, zitiert nach *Epiney/Meier/Mosters,* Die Kantone zwischen EU-Beitritt und bilateralem Weg: Bewertung ausgewählter europapolitischer Optionen aus rechtlicher Sicht, in Konferenz der Kantonsregierungen (Hrsg), Zwischen EU-Beitritt und bilateralem Weg: Überlegungen und Reformbedarf aus kantonaler Sicht (2006) 77 ff (166).

17 Beschluss des EWR-Rates Nr 1/95 vom 10. März 1995 über das In-Kraft-Treten des Abkommens über den Europäischen Wirtschaftsraum für das Fürstentum Liechtenstein, ABl 1995 L 86/58 ff; gem seinem Art 7 trat der Beschluss am 1. Mai 1995 in Kraft.

18 Vgl dazu *Hummer,* K.III. Sonderbeziehung EG-EFTA, 51 f Rn 221 ff, in Dauses (Hrsg), Handbuch des EG-Wirtschaftsrechts (1993 ff), Loseblattausgabe.

19 Vgl *Hummer,* Die räumliche Erweiterung des Binnenmarktrechts, EuR-Beiheft 1/2002, 75 ff sowie nachstehend auf S 110 ff, 124 ff.

den (**faktisch**) kaum leisten kann, den Regelungsgehalt dieser Richtlinie nicht in irgend einer Form nachzuvollziehen.

Gleichzeitig mit der Vorlage des ersten Entwurfes der Dienstleistungs-Richtlinie Ende Februar 2004 legte die schweizerische Regierung den Entwurf für eine Revision des **Binnenmarktgesetzes** (BMG) (1995)[20] vor, der ebenfalls die Dienstleistungs- und Niederlassungsfreiheit stärken will.[21] Die Revision des BMG ist eine wichtige Maßnahme im Rahmen des vom Bundesrat am 18. Februar 2004 verabschiedeten **Wachstumspakets**, mit dem versucht wurde, mehr Wettbewerb auf den immer noch relativ stark geschützten Schweizer Binnenmarkt zu bringen. Das BMG stellt für sich alleine keinen „autonomen Nachvollzug"[22] des Binnenmarktprogramms dar – der Titel wurde aus programmatischen Gründen nach Ablehnung des EWR-Abkommens 1992 gewählt – sondern sollte vor allem innerschweizerische Barrieren im öffentlichen Beschaffungswesen überwinden helfen.

Der gegenständliche Beitrag versucht aufzuzeigen, wie zwei Nichtmitgliedstaaten der EU, die allerdings unter einem großen Anpassungsdruck dem Gemeinschaftsrecht gegenüber stehen, auf die (bevorstehende) Verabschiedung der Dienstleistungs-Richtlinie[23] reagiert haben bzw noch reagieren werden – die Umsetzung der Dienstleistungs-Richtlinie hat gem ihrem Art 44 Abs 1 UAbs 1 für die EU-Mitgliedstaaten (und wohl auch für die drei EFTA-Staaten im EWR, Liechtenstein, Norwegen und Island) ja erst bis zum 28. Dezember 2009 zu erfolgen.[24] Vordringlich geht es dabei aber um die Darstellung der Rahmenbedingungen, unter denen die Übernahme der Richtlinie bzw der Nachvollzug von deren materiellem Gehalt in die jeweiligen staatlichen Rechtsordnungen Liechtensteins und der Schweiz stattfinden wird.

Das Modell der Übernahme einer Richtlinie der EG durch einen EWR-Staat – im gegenständlichen Fall durch Liechtenstein – ist unter anderem aber auch deswegen von großer Bedeutung, da diese „legislative Technik" im Zuge der näheren

---

20 SR 943.02.

21 Vgl dazu *Brunetti*, Das Binnenmarktgesetz als Teil des Binnenmarktprogramms, Die Volkswirtschaft 12/2004, 17.

22 Vgl dazu nachstehend auf S 107 f.

23 Der gegenständliche Beitrag wurde großteils im Herbst 2006, dh noch vor der definitiven Verabschiedung der Dienstleistungs-Richtlinie verfasst und konnte in der Folge nur punktuell ajourniert werden.

24 Vgl dazu nachstehend auf S 102.

Ausgestaltung der neuen „**Europäischen Nachbarschaftspolitik**" (ENP)[25] in Zukunft verstärkt an Bedeutung gewinnen wird. Im Rahmen dieser Nachbarschaftspolitik, die im Ressort der österreichischen Kommissarin *Benita Ferrero-Waldner* ausgearbeitet wurde, wird denjenigen (europäischen) Staaten, denen keine Beitrittsoption eingeräumt wird - zur Zeit verfügen nur die sechs Staaten des Westbalkans[26] sowie die Türkei[27] über eine solche - an Stelle eines (Voll-)Beitritts zur EU ua ein Modell à la „**EWR II**" als zweitbeste Lösung angeboten.[28]

Die Rechnung, wie viele europäische Staaten sich, wenn überhaupt, mit dieser „zweitbesten" Lösung eines „**EWR II**" zufrieden geben müssen, ist ganz einfach: Bedenkt man, dass es zur Zeit 47 Mitgliedstaaten des **Europarates** gibt, die (potentiell) die Aufnahmekriterien in die EU gem Art 49 EUV iVm mit den sog „**Kopenhagener-Kriterien**"[29] erfüllen würden, dann wären von diesen zunächst die gegenwärtigen 27 EU-Mitglieder abzuziehen, sodass 20 Staaten übrig bleiben. Von diesen müssen aber weitere 7 abgezogen werden, da diesen - entweder als Staaten des Westbalkans oder als Türkei - eine Beitrittsoption offen steht. Zieht man von den dann noch verbleibenden 13 Staaten Russland ab - mit dem die EG in den sog „vier Räumen" verhandelt[30] - dann sind es nur mehr 12 Europarats-Staaten, von denen dann aber noch die drei EFTA-Länder im „EWR" (Liechtenstein, Norwegen und Island) sowie die Schweiz[31] subtrahiert werden müssen, sodass lediglich 8 europäische Staaten für ein solches Modell überhaupt übrig bleiben.

Trotzdem erscheint es angezeigt, bereits jetzt dieses zukünftige Assoziationsmodell eines „**EWR II**" an Hand des gegenwärtig bestehenden „EWR" nachzu-

---

25 Vgl dazu *Hummer*, Die Union und ihre Nachbarn - Nachbarschaftspolitik vor und nach dem Verfassungsvertrag, integration 3/2005, 233 ff sowie neuerdings die Beiträge im Heft 2-3/Februar-März 2007 der Zeitschrift „Osteuropa" unter dem Sammeltitel: „Inklusion, Exklusion, Illusion. Konturen Europas: Die EU und ihre Nachbarn".

26 Kroatien, Bosnien-Herzegowina, Serbien, Montenegro, Mazedonien und Albanien.

27 Die Beitrittsverhandlungen mit der Türkei worden am 5. Oktober 2005 aufgenommen; für die Vorstadien vgl *Hummer* (FN 19) 88 ff.

28 *Bruha/Alsen*, EWR, EU-Mitgliedschaft und neue Nachbarschaftspolitik der EU, in Bruha/Pállinger/Quaderer (Hrsg), Liechtenstein - 10 Jahre im EWR. Bilanz, Herausforderungen, Perspektiven, Liechtenstein Politische Schriften Bd 40 (2005) 180 f gehen davon aus, dass die ENP für europäische Staaten nur „als Zwischenschritt" auf dem Weg zu einer zukünftigen Mitgliedschaft und nicht als definitive „second best"-Lösung verstanden werden darf.

29 Vgl *Hummer* (FN 19) 75 ff (134).

30 Vgl *Hummer* (FN 25) 243 f.

31 Die Schweiz hat ihr am 20. Mai 1992 gestelltes Beitrittsgesuch zu den Europäischen Gemeinschaften nicht zurückgezogen sondern nur sistiert.

vollziehen und in den Grundzügen zu veranschaulichen. Obwohl Österreich im Jahre 1994 selbst ein Jahr lang Mitglied des EWR gewesen ist,[32] sind hierzulande Kenntnisse über die ausgesprochen komplexe Struktur dieses Assoziationsverhältnisses von Drittstaaten an die EG[33] im Grunde kaum mehr vorhanden und sollten daher entsprechend aufgefrischt werden.

Aber auch die Position der Schweiz verdient Beachtung, ist es ihr als einzigem EFTA-Staat doch gelungen, trotz basisdemokratischer Verwerfung des Beitritts zum EWR durch eine Volksabstimmung am 6. Dezember 1992, mit der EG eine Reihe von bilateralen Verträgen (Freihandelsabkommen, sektorale Abkommen sowie Bilaterale I und II) abzuschließen, und zwar großteils in den Bereichen, in denen sie die Außenseiterposition zum Binnenmarkt als Drittstaat wirtschaftlich besonders unangenehm zur Kenntnis nehmen musste.

Dementsprechend sollen nachstehend beide Modelle der *Übernahme* bzw des *Nachvollzugs* der Dienstleistungs-Richtlinie in die Rechtsordnungen Liechtensteins und der Schweiz dargestellt werden.

2. Die Dienstleistungs-Richtlinie 2006/123/EG und der EWR

Da die Übernahme der Dienstleistungs-Richtlinie 2006/123/EG in die Rechtsordnung des Fürstentums Liechtenstein nicht isoliert, sondern nur im Verbund mit den anderen EFTA-Staaten im EWR geschehen kann, muss zunächst ein Blick auf das Verfahren der Sekundärrechtssetzung im EWR und deren Übernahme in das Recht der EFTA-Staaten geworfen werden. Eingangs müssen dazu aber auch der Beitritt Liechtensteins zum EWR, dessen Ziel und Zweck sowie die Organstruktur des EWR kurz dargestellt werden.

2.1. Liechtensteins Beitritt zum EWR

Das Abkommen über den einheitlichen, homogenen „**Europäischen Wirtschaftsraum**“ (EWR) wurde am 2. Mai 1992 in Porto/Portugal durch die damali-

32 Vgl dazu *Hummer*, Der EWR und seine Auswirkungen auf Österreich, EuZW 12/1992, 361 ff; *Hummer* (Hrsg), Der Europäische Wirtschaftsraum und Österreich (1994); *Hummer*, Österreich als Vertragspartei des EWR-Abkommens vor dem Beitritt zur Europäischen Union, in Hummer (Hrsg), Die Europäische Union und Österreich (1994) 3 ff.

33 Vgl dazu grundlegend *Hummer* (FN 18) 23 ff Rn 73 ff; *Azizi*, Ausgewählte rechtliche und institutionelle Fragen des EWR-Abkommens unter besonderer Berücksichtigung seiner Auswirkungen auf die Länder, in Hummer (Hrsg), Der Europäische Wirtschaftsraum und Österreich (1994) 39 ff.

gen 12 EG-Mitgliedstaaten und die sieben EFTA-Staaten unterzeichnet.[34] Nach dem negativen Ausgang des EWR-Referendums in der Schweiz am 6. Dezember 1992 ging das Referendum in Liechtenstein am 11. bzw 13. Dezember 1992 überraschenderweise - und noch dazu mit einer unerwarteten Mehrheit von 55,8% Ja-Stimmen - positiv aus, wodurch eine Anpassung des Zoll(unions)vertrags zwischen der Schweiz und Liechtensteins vom 29. März 1923[35] erforderlich wurde - aufgrund dieses Vertrages gehörte Liechtenstein nämlich zum schweizerischen Zollgebiet.

Da die Bereichsausnahme für den Zollunionsvertrag (1923) in Art 121 EWRA durch die Nichtratifikation der Schweiz hinfällig geworden war und dem EWR-Recht sowohl nach der Schweizer als auch nach der liechtensteinischen Rechtsordnung Vorrang vor nationalem Recht zukommt, musste der Zollunionsvertrag dem EWR-Vertrag angepasst werden. Am 17. März 1993 kam es schließlich im Rahmen der in Art 129 Abs 3 EWRA vorgesehenen diplomatischen Konferenz zur Unterzeichnung des **Anpassungsprotokolls** des EWR, mittels dessen dem Ausscheiden der Schweiz Rechnung getragen wurde.

Für Liechtenstein bedeutete der Nicht-Beitritt der Schweiz zum EWR, dass es zunächst den Zollunionsvertrag den geänderten Umständen anpassen musste. Nach über einjährigen Verhandlungen mit der Schweiz konnte Liechtenstein die mit der Schweiz gefundene Lösung dem EWR-Rat vorlegen, der in der Folge am 10. März 1995 über die durch den Beitritt Liechtensteins notwendigen Anpassungen des EWR-Abkommens samt zahlreicher Übergangsregelungen entschied.[36] Am 9. April 1995 stimmten 55,9% der liechtensteinischen Bevölkerung dem geänderten Zollunionsvertrag mit der Schweiz zu, sodass das EWR-Abkommen am 1. Mai 1995 für Liechtenstein in Kraft treten konnte.

Da gem Art 128 EWRA jedes Land, das der EU beitreten möchte, gleichzeitig auch Mitglied des EWR werden muss, musste nach dem Beitritt zehn neuer Mitgliedstaaten zur EU zum 1. Mai 2004 auch ein **EWR-Erweiterungsabkommen**[37] geschlossen werden. Dieses Abkommen wurde am 11. November 2003 in Vaduz

---

[34] Text des EWR-Abkommens in *Hummer* (Hrsg), Der Europäische Wirtschaftsraum und Österreich (FN 32) 217 ff, in Kraft getreten am 1. Jänner 1994.

[35] LGBl 1923/24; vgl dazu *Hummer* (FN 18) 56 Rn 239.

[36] Beschluß 1/95 des EWR-Rates vom 10. März 1995 über das In-Kraft-Treten des EWR-Abkommens für das Fürstentum Liechtenstein, ABl 1995 L 86 S 58 ff, 86 ff; vgl *Prange*, Liechtenstein im Europäischen Wirtschaftsraum (2000).

[37] LGBl 2005/249.

unterzeichnet, seit dem 1. Mai 2004 provisorisch angewendet und trat für Liechtenstein am 6. Dezember 2005 in Kraft.

2.2. Ziel und Zweck des EWR

Zweck des EWR ist die Herbeiführung „**binnenmarktähnlicher Verhältnisse**“ zwischen den Mitgliedstaaten der EU und den drei EFTA-Staaten Liechtenstein, Norwegen und Island. Damit sind aber nicht nur die vier Grundfreiheiten und das Wettbewerbsrecht, sondern auch die mit dem Binnenmarkt direkt oder indirekt in Verbindung stehenden Rechtsbereiche – sog „**horizontale**“ und „**flankierende**“ Politiken – angesprochen.

Als „**horizontale**“ Politiken (Art 66 bis 77 EWRA) werden dabei diejenigen Bereiche bezeichnet, deren Harmonisierung für das Funktionieren des Binnenmarktes als notwendig angesehen wird, wie zB die Sozialpolitik, die Umweltpolitik, das Gesellschaftsrecht, die Statistik und der Konsumentenschutz.[38]

Als „**flankierende**“ oder begleitende Politiken (Art 78 bis 88 EWRA) wiederum gelten diejenigen Bereiche, die keinen unmittelbaren Einfluss auf die Grundfreiheiten haben, wie zB Forschung & Entwicklung, Bildung, Fördermaßnahmen für KMU, Tourismus, Medien etc.[39]

Da es sich beim EWR um ein Assoziationsverhältnis der drei EFTA-Staaten an die EG gem Art 310 EGV in Form einer bloßen **Freihandelszone** handelt, benötigt der EWR ein System von Ursprungsregeln (Protokoll 4). Der EWR stellt somit keine Zollunion dar, sodass die gesamte Zoll- und Außenhandelspolitik bei den Mitgliedstaaten verbleibt, die diese weiterhin autonom führen können. Weitere, vom EWR nicht umfasste Bereiche des EG-Rechts sind die Agrar- und Fischereipolitik, die Regional-, Steuer-, Finanz-, Wirtschafts- und Währungspolitik, die Entwicklungspolitik sowie Teile der gemeinsamen Verkehrspolitik. Ebenso wenig ist die Gemeinsame Außen- und Sicherheitspolitik (GASP) und die Europäische Sicherheits- und Verteidigungspolitik (ESVP) der „Zweiten Säule“ der EU vom EWR-Vertrag umfasst.[40]

2.3. Die „Zwei-Pfeiler“ – Struktur des EWR

Der institutionelle Rahmen des EWR besteht aus zwei „Pfeilern“, nämlich zum einen aus dem **ersten Pfeiler**, der sich aus den in der EU ausgebildeten EWR-rele-

---

38 *Hummer* (FN 18) 41 f Rn 161 ff.

39 *Hummer* (FN 18) 42 Rn 167 ff.

40 *Hummer* (FN 18) 26 Rn 86.

vanten Gemeinschaftsorganen zusammensetzt, sowie zum anderen aus dem **zweiten Pfeiler**, den die drei EFTA-Staaten im EWR mit ihren eigenen Organen bilden. Zwischen den beiden Pfeilern sind die **gemeinsamen EWR-Organe** lokalisiert, durch die die Vertragsparteien des EWR die Durchführung desselben vornehmen.

Neben den drei „beliehenen" **EG-Organen** (Europäische Kommission, EuGH und Gericht erster Instanz) der ersten Säule und den vier „beliehenen" **EFTA-Organen** (Ständiger Ausschuss der EFTA-Staaten, EFTA-Überwachungsbehörde, EFTA-Gerichtshof und Parlamentarischer Ausschuss der EFTA-Staaten)[41] überträgt der EWR-Vertrag auch noch vier **gemeinsamen EWR-Organen** (EWR-Rat, Gemeinsamer EWR-Ausschuss, Gemeinsamer Parlamentarischer EWR-Ausschuss und Beratender EWR-Ausschuss) entsprechende Kompetenzen.

Der EWR-Vertrag verfügt mit diesen insgesamt 11 Organen über eine außerordentliche Organfülle, die die Komplexität dieses Assoziationsgebildes widerspiegelt. Die wichtigsten davon sollen nachstehend kurz dargestellt werden (Stand: Ende 2006).

2.3.1. Erster Pfeiler: Vom EWR-Abkommen „beliehene" EG-Organe

Im Rahmen des ersten Pfeilers agieren im EWR drei **„beliehene" EG-Organe**, nämlich die Europäische Kommission, der EuGH und das Gericht erster Instanz.

Der **Kommission** obliegt gem Art 56 und 109 EWRA die spezielle Überwachung der Wettbewerbsregeln bzw die allgemeine Überwachung der Erfüllung der Verpflichtungen aus dem EWR-Abkommen. Diese Tätigkeit der Kommission als EWR-Überwachungsorgan unterliegt gem Art 57 Abs 2 lit a bzw Art 109 Abs 1 EWRA der gerichtsförmigen Überprüfung durch den **EuGH**. Das **Gericht erster Instanz** wiederum ist gem Art 58 und 109 f EWRA in Wettbewerbsangelegenheiten involviert.

2.3.2. Zweiter Pfeiler: Vom EWR-Abkommen „beliehene" EFTA-Organe

Das EWR-Abkommen überträgt aber auch vier – staatsvertraglich zwischen den EFTA-Staaten im EWR eingerichteten – **EFTA-Organen** entsprechende Kompetenzen. Dabei handelt es sich, wie vorstehend bereits ausgeführt, um den Stän-

---

[41] Diese Organe wurden durch drei multilaterale Verträge zwischen den EFTA-Staaten eingerichtet, die am 2. bzw 20./21. Mai 1992 unterzeichnet wurden; *Hummer* (FN 18) 44 Rn 178, 183; vgl dazu die FN 42, 43 und 46.

digen Ausschuss der EFTA-Staaten, die EFTA-Überwachungsbehörde, den EFTA-Gerichtshof und den Parlamentarischen Ausschuss der EFTA-Staaten.

Der **Ständige Ausschuss der EFTA-Staaten**,[42] der sowohl auf Ministerebene als auch auf Beamtenebene - Ständige Vertreter der EFTA-Staaten im EWR sowie Beobachter der Schweiz und der EFTA-Überwachungsbehörde (ESA) - tagen kann, dient der Ausarbeitung gemeinsamer EFTA-Positionen, wobei im Regelfall einstimmig beschlossen wird. Er ist damit das Forum für die Konsensfindung bezüglich der gemeinsamen Positionen der EFTA-Staaten im EWR-Rat oder im Gemeinsamen EWR-Ausschuss, erfüllt aber auch die sonstigen im Zusammenhang mit dem EWR-Abkommen stehenden Entscheidungsbefugnisse.

Er verfügt über folgende fünf **Subkomitees**:

- Subkomitee I: Warenverkehr, Wettbewerb, Beihilfen
- Subkomitee II: Kapitalverkehr, Gesellschaftsrecht
- Subkomitee III: Freier Personenverkehr, Niederlassungs- und Dienstleistungsfreiheit
- Subkomitee IV: Flankierende und horizontale Politiken
- Subkomitee V: Rechtliche und institutionelle Fragen.

Die **EFTA-Überwachungsbehörde** (EFTA Surveillance Authority, ESA), mit Sitz in Brüssel, wird gem Art 108 Abs 1 EWRA iVm Art 7 des ESA-Übereinkommens[43] aus drei im gegenseitigen Einvernehmen auf vier Jahre bestellten EFTA-Staatsangehörigen gebildet, die völlige Unabhängigkeit genießen. Sie trifft mit Stimmenmehrheit begründungspflichtige Entscheidungen, wobei ihrem Präsidenten ein Dirimierungsrecht zukommt. Die ESA - als Kontrollorgan der „EFTA-Säule" im EWR - überwacht im Allgemeinen die ordnungsgemäße Anwendung des EWR-Abkommens sowie im speziellen die Einhaltung der EWR-Bestimmungen in den Bereichen Wettbewerb, öffentliches Auftragswesen und Subventionen. Stellt die ESA fest, dass eine Verletzung des EWR-Abkommens durch einen EFTA-Staat im EWR vorliegt (Nichtumsetzung, fehlerhafte Umsetzung oder unrichtige Auslegung von EWR-Recht), dann kann sie ein Vertragsverletzungsverfahren einleiten, das zuletzt mit einer Klage vor dem EFTA-Gerichtshof im EWR endet.

---

42 Abkommen betreffend einen Ständigen Ausschuss der EFTA-Staaten, BGBl 913/1993 samt Anpassungsprotokoll BGBl 914/1993.

43 Abkommen zwischen den EFTA-Staaten zur Errichtung einer Überwachungsbehörde und eines Gerichtshofs; ABl 1994 L 344 S 3 ff; BGBl 911/1993 samt Anpassungsprotokoll, BGBl 912/1993; Liechtensteinisches LGBl 1995/72 und 73 idgF.

Der **EFTA-Gerichtshof**[44] im EWR, mit Sitz in Luxemburg, ist gem Art 108 Abs 2 EWRA aus drei für sechs Jahre bestellten Richtern auf je einem EFTA-Staat im EWR zusammengesetzt. Seine Zuständigkeit erstreckt sich von der Streitbeilegung zwischen den drei EFTA-Staaten in EWR-Angelegenheiten über Vorabentscheidungsersuchen bezüglich des EWR-Abkommens für vorlegende Gerichte der EFTA-Staaten und Berufungen gegen Strafbescheide der ESA bis hin zu Nichtigkeitsbeschwerden gegen Entscheidungen der ESA – wobei analog zu Art 230 Abs 4 EGV auch Individualbeschwerden zulässig sind.[45]

Der **Parlamentarische Ausschuss der EFTA-Staaten**[46], dessen Mitglieder aus bis zu je fünf Mitgliedern der Parlamente der drei EFTA-Staaten im EWR ernannt werden, dient den EFTA-Staaten als beratendes Gremium, kann aber auch Empfehlungen abgeben und Entschließungen fassen. Die Mitglieder des Parlamentarischen Ausschusses der EFTA-Staaten bilden die „EFTA-Seite" des Gemeinsamen Parlamentarischen EWR-Ausschusses, sodass, wie vorstehend bereits erwähnt, eine Personalunion zwischen den Mitgliedern dieses Parlamentarischen Ausschusses der EFTA-Staaten und denen des Gemeinsamen Parlamentarischen EWR-Ausschusses besteht. Die Schweiz genießt in diesem Organ einen Beobachterstatus.

2.3.3. Gemeinsame EWR-Organe

Teil VII des EWR-Vertrages (Institutionelle Bestimmungen) (Art 89 bis 114 EWRA) zerfällt in vier Kapitel, von denen Kap 1 (Struktur der Assoziation) im Abschnitt 1 den **EWR-Rat**, in Abschnitt 2 den **Gemeinsamen EWR-Ausschuss**, in Abschnitt 3 die **Parlamentarische Zusammenarbeit** und in Abschnitt 4 die **Zusammenarbeit zwischen den Wirtschafts- und Sozialpartnern** regelt.

Der **EWR-Rat** setzt sich gem Art 90 Abs 1 EWRA aus den Außenministern der drei EFTA-Staaten im EWR, den Außenministern der aktuellen und der kommenden EU-Präsidentschaft, dem Mitglied der Europäischen Kommission, das für die

---

44 Vgl FN 43.

45 Zur Herstellung einer „perpetuatio fori" des EFTA-Gerichtshofs im EWR nach dem Ausscheiden Österreichs, Schwedens und Finnlands aus dem EWR siehe das Abkommen über Übergangsregelungen für einen Zeitraum nach dem Beitritt bestimmter EFTA-Staaten zur Europäischen Union, BGBl 120/1995; vgl *Tichy/Dedichen*, Securing a smooth shift between the two EEA Pillars: Prolonged competence of EFTA Institutions with respect to former EFTA States after their accession to the European Union, CMLR 1995, 131 ff; *Azizi*, EU-Erweiterung im Spannungsfeld zu EFTA und EWR. Ausgewählte Fragen im Zusammenhang mit dem EU-Beitritt Österreichs, in FS Rill (1995) 263 ff.

46 Abkommen über einen Parlamentarischen Ausschuss der EFTA-Staaten, BGBl 915/1993 samt Anpassungsprotokoll BGBl 916/1993; vgl nachstehend auf S 92.

Auswärtigen Beziehungen zuständig ist,[47] sowie dem Generalsekretär des Rates und Hohen Vertreter für die GASP[48] zusammen und ist das oberste politische Organ im EWR. Er wird mindestens zweimal jährlich von seinem im sechsmonatigen Turnus zwischen den EU- und den EFTA-Staaten im EWR wechselnden Präsidenten einberufen. Er gibt die politischen Anstöße für die Durchführung des EWR-Abkommens und legt die allgemeinen Leitlinien für den Gemeinsamen EWR-Ausschuss fest. Die politischen Grundsatzentscheidungen müssen einstimmig ergehen.

Der **Gemeinsamer EWR-Ausschuss** besteht aus den Ständigen Vertretern der EFTA-Staaten im EWR sowie aus Vertretern der Europäischen Kommission bzw der EU-Mitgliedstaaten – und zwar gem Art 93 EWRA nicht auf Minister- sondern auf hoher Beamtenebene – tritt einmal pro Monat zusammen und ist als Hauptorgan für die Durchführung des EWR-Abkommens für die laufende Verwaltung desselben zuständig. Sein Vorsitz rotiert ebenfalls im sechsmonatigen Rhythmus zwischen einem EFTA-Staat und – anders als im EWR-Rat – der Europäischen Kommission.

Der Gemeinsame EWR-Ausschuss kann **Beschlüsse**[49] fassen, die zur Übernahme neuen EG-Rechts in den EWR dienen und die im Einvernehmen zwischen den EU-Organen und den „mit einer Stimme sprechenden" EFTA-Staaten im EWR gefasst werden müssen (Art 93 Abs 2 EWRA). Mit diesen wird die Änderung des „EWR-relevanten acquis", die Übernahme neuer Judikatur des EuGH sowie die Zustimmung zu Schutz- und Ausgleichsmaßnahmen vorgenommen. Die Beschlüsse sind für die Vertragsparteien (völker-)rechtlich bindend und von ihnen im Wege der „erforderlichen Maßnahmen" (Art 104 EWRA) innerstaatlich durchzuführen. Da ein solcher Beschluss materiell aber als Änderung des EWR-Abkommens iSe vereinfachten (Vertragsänderungs-)Verfahrens gem Art 98 EWRA anzusehen ist, wird er innerstaatlich staatsvertraglich genehmigt.[50] Daher kann ein EFTA-Staat iSv Art 103 EWRA das In-Kraft-Treten eines solchen Beschlusses von einer verfassungsrechtlich vorgesehenen innerstaatlichen Genehmigung abhängig machen, was bei einem „Organ-Beschluss" – der ja völkerrechtlich

---

[47] Gegenwärtig ist dies das Mitglied der Europäischen Kommission, *Benita Ferrero-Waldner.*

[48] Gegenwärtig ist dies *Javier Solana.*

[49] Sämtliche Beschlüsse des Gemeinsamen EWR-Ausschusses können unter der Adresse <http://www.sewr.llv.li> (01.12.2007) (Beschlüsse – Gemeinsamer EWR-Ausschuss) abgerufen werden.

[50] Vgl dazu nachstehend auf S 94.

bereits „qua Beschluss" bindet - rechtlich nicht möglich wäre.[51] Bei der Bezeichnung „Beschluss" des Gemeinsamen EWR-Ausschusses in Art 104 EWRA handelt es sich also prinzipiell um eine irreführende Bezeichnung.

Der **Gemeinsame Parlamentarische EWR-Ausschuss** besteht gem Art 95 EWRA aus je 12 Mitgliedern des Europäischen Parlaments und 12 Mitgliedern der Delegationen der drei nationalen Parlamente der EFTA-Staaten im EWR. Er ist das parlamentarische Organ im EWR, das beratend tätig wird. Durch das anlässlich der EFTA-Ministertagung in Reykjavik am 20./21. Mai 1992 unterzeichnete Abkommen über einen „**Parlamentarischen Ausschuss der EFTA-Staaten**"[52] wird eine Personalunion zwischen den Mitgliedern dieses Parlamentarischen Ausschusses der EFTA-Staaten und denen des Gemeinsamen Parlamentarischen EWR-Ausschusses hergestellt.

Der **Beratende EWR-Ausschuss** besteht gem Art 96 EWRA aus je 9 Mitgliedern des Wirtschafts- und Sozialausschusses (WSA) der EG und 9 Mitgliedern des Ständigen EWR-Ausschusses der EFTA-Staaten (2 davon stammen aus Liechtenstein) und ist das sozialpartnerschaftliche Organ im EWR. Er tritt einmal im Jahr zusammen.

2.4. Der „EWR-Rechtsetzungsprozess"

Die „Überführung" bzw der Nachvollzug des EWR-relevanten Gemeinschaftsrechts geschieht in Form eines äußerst komplexen Verfahrens, das grundsätzlich auf die inhaltliche und zeitliche Parallelität des EWR-Rechts zum EU-Recht abzielt. Ziel ist die Erreichung einer maximalen **Rechtshomogenität** zwischen dem Gemeinschaftsrecht und dem EWR-Recht (*„binnenmarktähnliche Verhältnisse"*).

Die Dynamik des EWR-Rechts und die damit verbundene Wichtigkeit des „EWR-Rechtsetzungsprozesses" kann am besten durch die Zahl der ins EWR-Abkommen übernommenen Rechtsakte veranschaulicht werden. Galten Ende 1994, dh im ersten Jahr der Anwendung des EWR-Abkommens, noch 1.270 Rechtsakte der EG im EWR - was ca 60% des gesamten „acquis communautaire" entsprach - so waren dies im April 2006 4.410[53] und zum 7. Juli 2006 bereits 4.630, was beinahe einer Vervierfachung in zehn Jahren (!) gleichkommt. Alleine im Jahr 2005 wurden

[51] Vgl *Hummer* (FN 18) 46 f Rn 192 bis 194 und 53 Rn 228.

[52] Vgl *Hummer* (FN 18) 44 Rn 178; siehe dazu vorstehend auf S 90.

[53] *EFTA*, 45th Annual Report of the EFTA 2005, April 2006, 18.

insgesamt 314 neue EG-Rechtsakte in den EWR übernommen, von denen allerdings 105 im Veterinär- und phytosanitären Bereich lagen.[54]

Zu beachten ist in diesem Zusammenhang allerdings, dass in der EG jährlich im Schnitt etwa 2.000 neue Sekundärrechtsakte erlassen werden, von denen mehr als die Hälfte aber nur den Bereich Landwirtschaft betreffen, der - wie vorstehend erwähnt - vom sachlichen Geltungsbereich des EWR ausgenommen und somit nicht EWR-relevant ist.

2.4.1. Allgemeine Charakteristik

Im so genannten *„autonomen Nachvollzug"* im Rahmen des „EWR-Rechtsetzungsprozesses" stehen den EFTA-Staaten im EWR zwar Mitwirkungsrechte, aber keine wie immer gearteten materiellen Mitsprache- oder gar Entscheidungsrechte zu.[55] Die Rechtsetzung liegt völlig in Händen der Organe der EG, innerhalb deren die EFTA-Staaten nur ein Informations- und Anhörungsrecht haben. Der „EWR-Rechtsetzungsprozess" ist daher kein autonomes Rechtsetzungsverfahren im eigentlichen Sinn, sondern vielmehr im Grunde ein Verfahren des bloßen (kollektiven) *„autonomen Nachvollzugs"* - im Sinne einer *„mirror legislation"*.[56]

Der in der EG autonom zustande gekommene Rechtsakt wird durch den Gemeinsamen EWR-Ausschuss telle quelle „nachbeschlossen" - und damit von **Gemeinschaftsrecht** in **Völkerrecht** umgewandelt. Anschließend wird er aber **nicht** - wie vorstehend bereits ausgeführt[57] - als „**Organbeschluss**" sondern als „**völkerrechtlicher Vertrag**" in die Rechtsordnungen der EFTA-Staaten transformiert.[58] Gem Art 8 Abs 2 der Liechtensteinischen Landesverfassung sind Staatsverträge, durch die über Staatshoheitsrecht verfügt werden soll, immer dem Landtag vorzulegen, wobei entsprechende Zweifelsfragen nach dem Gutachten des

---

54 *EFTA* (FN 53) 18; vgl auch JC 98/2006 vom 7. Juli 2006; vgl *Entner-Koch*, Liechtenstein im „EWR-Rechtsetzungsprozess", in Bruha/Pállinger/Quaderer (Hrsg), Liechtenstein - 10 Jahre im EWR. Bilanz, Herausforderungen, Perspektiven, Liechtenstein Politische Schriften Bd 40 (2005) 82.

55 Vgl dazu grundlegend *Hummer* (FN 18) 45 ff Rn 147 ff; *Azizi* (FN 33) 53 ff.

56 Vgl *Baudenbacher*, Der Beitrag des EFTA-Gerichtshofs zur Schaffung eines dynamischen und homogenen EWR, in Bruha/Pállinger/Quaderer (Hrsg), Liechtenstein - 10 Jahre im EWR. Bilanz, Herausforderungen, Perspektiven, Liechtenstein Politische Schriften Bd 40 (2005) 27; vgl dazu nachstehend auf S 106 ff.

57 Vgl dazu vorstehend auf S 91.

58 *„Jeder Beschluß des Gemeinsamen EWR-Ausschusses ist völkerrechtlich als ein Staatsvertrag einzustufen"*, *Entner-Koch* (FN 52) 90; *Ettl*, Der Europäische Wirtschaftsraum, in Röttinger/Weyringer (Hrsg), Handbuch der Europäischen Integration[2] (1996) 481.

Liechtensteinischen Staatsgerichtshofes vom 11. Dezember 1995[59] zu lösen sind. Dieses Gutachten wird daher immer dann herangezogen, wenn zu entscheiden ist, ob ein Vorbehalt gem Art 103 EWRA - in Form einer bloßen Zustimmung „ad referendum"[60] - seitens Liechtensteins angebracht werden soll oder nicht.

Dieses Verfahren bezieht sich aber nur auf die Ergänzungen und Änderungen der Anhänge des EWR-Abkommens und der in Art 98 EWRA genannten Protokolle, dh auf sogenanntes „EWR-**Sekundärrecht**". Änderungen des Hauptteils des EWR-Abkommens und der nicht in Art 98 EWRA genannten Vertragsbestandteile, dh von „EWR-**Primärrecht**", müssen durch herkömmlichen völkerrechtlichen Vertrag zwischen allen EWR-Vertragsparteien erfolgen.[61]

2.4.2. Die drei Phasen des „EWR-Rechtsetzungsprozesses"

Der in den Art 97 bis 104 EWRA normierte „**EWR-Rechtsetzungsprozess**"[62] besteht aus drei Phasen, der *„preparatory phase"*, dh der Vorbereitungsphase (Art 91 Abs 1 EWRA), dem *„decision shaping"*, dh der Entscheidungsfindung (Art 99 Abs 2 bis 4 EWRA), und dem *„decision making"*, dh der Beschlussfassung (Art 102 Abs 1 bis 4 EWRA). Die „Preparatory Phase" bzw das *„decision shaping"* gibt den EFTA-Staaten die Möglichkeit, im EG-Rechtsetzungsverfahren entsprechend (konsultativ) mitzuwirken und dabei auf die künftig auch für den EWR geltenden Rechtsakte Einfluss zu nehmen. Die eigentliche „EWR-Rechtsetzung" findet anschließend in der Phase des *„decision making"* statt. Mitgestaltend ist diese Phase insoweit, als die zu übernehmenden EG-Rechtsakte im Beschluss des Gemeinsamen EWR-Ausschusses auf die Bedürfnisse der EFTA-Staaten in gewisser Weise angepasst werden können.

Dieser komplexe „EWR-Rechtsetzungsprozess" wurde in der Praxis aber entsprechend vereinfacht, wobei vor allem die im **Gemeinsamen EWR-Ausschuss** vorgesehenen Beratungen auf die Arbeitsgruppen und/oder den **Ständigen Ausschuss der EFTA-Staaten** vorverlagert wurden.[63]

2.4.2.1. Preparatory phase

Da das Initiativmonopol für die Rechtsetzung in der EG gem Art 211 EGV bei der Europäischen Kommission liegt, können die EFTA-Staaten im EWR in der

[59] StGH 1995/14; LES 3/96, 119 ff; vgl dazu *Entner-Koch* (FN 54) 90.

[60] Vgl dazu nachstehend auf S 97.

[61] *Azizi* (FN 33) 56.

[62] Siehe dazu *Hummer* (FN 18) 45 ff Rn 187 ff; *Azizi* (FN 33) 53 ff.

[63] *Entner-Koch* (FN 54) 84.

Vorbereitungs-Phase lediglich (unverbindliche) Vorschläge für neue Rechtsakte sowohl im EWR-Rat als auch im Gemeinsamen EWR-Ausschuss einbringen (Art 5 EWRA). Bei der Ausarbeitung neuer Rechtsvorschriften, die für den EWR relevant sind, werden die EFTA-Staaten entweder informell durch die Kommission konsultiert oder es werden von den EFTA-Staaten in die die Kommission beratenden (wissenschaftlichen) **Expertenausschüsse** – wovon es in der EU mehrere hundert gibt – Vertreter entsendet. In dieser Vorbereitungsphase konsultiert die Kommission Sachverständige der EU-Mitgliedstaaten und solche aus den EFTA-Staaten in gleicher Weise (Art 99 Abs 1 EWRA). Die Experten der EFTA-Staaten haben damit (bloß) fakultative Konsultationsrechte.

Die EFTA-Staaten werden aber auch im Zuge der „Regeldelegation“ iSv Art 202 3. Spiegelstrich EGV vom Rat und dem EP an die Kommission im Rahmen der „Komitologie“ an den jeweiligen **Komitologie-Ausschüssen** beteiligt,[64] ebenso wie auch an anderen relevanten Einrichtungen, wie zB an SOLVIT.

Das „**SOLVIT**“-System[65] wurde 2002 von der Europäischen Kommission entwickelt, um sich mit allen grenzüberschreitenden Problemen zu befassen, die eine allfällige Nichteinhaltung des EU-Rechts zwischen einem Unternehmen oder einem Bürger auf der einen und einer nationalen Behörde auf der anderen Seite betreffen. Es wird auf nationaler Ebene verwaltet. Jeder EU-Mitgliedstaat sowie Liechtenstein, Norwegen und Island verfügt über eine eigene SOLVIT-Stelle, die in einem nationalen Ministerium angesiedelt ist. Dieses System arbeitet mit Hilfe einer Datenbank, in der nationale Experten für alle Bereiche des Binnenmarktes verzeichnet sind. Es ist transparent, schnell und leicht nachvollziehbar. In den beiden ersten Jahren seit seinem Bestehen wurden mehr als 70% der behandelten Fälle gelöst – und zwar in durchschnittlich weniger als 70 Tagen.[66]

2.4.2.2. Decision shaping

Sobald die Kommission der Europäischen Gemeinschaften ihre Rechtsetzungsinitiative an den Rat der EU und an das EP weitergeleitet hat, werden die EFTA-Staaten von ihr informiert und auch konsultiert. Während in der Folge das Recht-

---

64 *Hummer* (FN 18) 48 ff Rn 207 ff; vgl dazu allgemein *Hummer,* Die „Komitologie“ – das „unbekannte Wesen“. Reform und zukünftige Entwicklung der „delegierten Rechtsetzung“ durch die Europäische Kommission, in FS P. Fischer (2004) 121 ff; *Schusterschitz,* Die Komitologiereform 2006, europa blätter 5/2006, 176 ff.

65 Vgl dazu <http://www.europa.eu.int/solvit> (01.12.2007).

66 *Martin,* EU-Binnenmarkt: Ein Modell für die Schweiz?, in Die Volkswirtschaft. Das Magazin für Wirtschaftspolitik 12-2004, 29.

setzungsverfahren in der EG seinen Lauf nimmt, prüfen die EFTA-Staaten ihrerseits den Kommissions-Entwurf und konsultieren einander im **„Ständigen Ausschuss der EFTA-Staaten"**. Parallel dazu finden auf Antrag einer Vertragspartei Konsultationen im **„Gemeinsamen EWR-Ausschuss"** statt (Art 99 Abs 2 bis 4 EWRA). Der Sinn dieser Konsultationen liegt darin, den EFTA-Staaten die Akkordierung einer „gemeinsamen Position" im Hinblick auf den von ihnen zu übernehmenden EG-Rechtsakt zu ermöglichen, da innerhalb des „Gemeinsamen EWR-Ausschusses" ja das Einstimmigkeitsprinzip herrscht und somit die EFTA-Staaten „mit einer Stimme" sprechen müssen (Art 93 Abs 2 EWRA).

2.4.2.3. Decision making/taking

Die EG hat die EFTA-Staaten „so bald wie möglich" darüber zu unterrichten, dass sie einen unter den EWR fallenden Rechtsakt zu erlassen gedenkt, um damit den EFTA-Staaten die Möglichkeit zu geben, die erforderlichen Änderungen an den Anhängen zum EWR-Abkommen so rechtzeitig zu beschließen, dass diese zeitgleich mit dem Sekundärrecht der EG in Kraft treten können. In der Praxis hat sich aber gezeigt, dass die EG-Rechtsakte erst mit einer **drei-** bis **sechsmonatigen Verspätung** (auch) im EWR-Abkommen zur Anwendung gelangen.[67]

Sobald der zu übernehmende EG-Sekundärrechtsakt vorliegt, prüft die zuständige EFTA-Arbeitsgruppe, ob und inwieweit dieser Rechtsakt unter das EWR-Abkommen fällt oder nicht. Ist dies der Fall, dann findet im „Ständigen Ausschuss der EFTA-Staaten" eine interne Willensbildung statt, bei der ebenfalls das Einstimmigkeitsprinzip herrscht. Jeder EFTA-Staat kann damit eine Beschlussfassung im „Gemeinsamen EWR-Ausschuss" verhindern, in dem er bereits im „Ständigen Ausschuss der EFTA-Staaten" die gemeinsame Willensbildung verunmöglicht.

Wird ein EG-Sekundärrechtsakt als „EWR-relevant" eingestuft, so wird das Beschlussfassungsverfahren (decision making/taking) (Art 102 Abs 1 bis 4 EWRA) eingeleitet, im Zuge dessen der „Gemeinsame EWR-Ausschuss" innerhalb von 6 Monaten ab erstmaliger Befassung oder bis zum In-Kraft-Treten des Sekundärrechts – falls dieser Zeitpunkt später liegen sollte – entweder

- einen Beschluss über die erforderlichen Änderungen der Anhänge zum EWR-Abkommen zu fassen oder, falls dies nicht gelingen sollte,
- eine andere Lösung zu beschließen hat, die es ermöglicht, das gute Funktionieren des EWR-Abkommens aufrechtzuerhalten, zB iSe Anerkennung der Gleichwertigkeit der Rechtsvorschriften aller Vertragsparteien.

[67] *Entner-Koch* (FN 54) 88.

2.4.3. Außerkraftsetzung „unmittelbar berührter" Teile der Anhänge des EWR-Abkommens

Gelingt es dem „Gemeinsamen EWR-Ausschuss" aber nicht, einen solchen Beschluss zu fassen – wobei es nur ein „kollektives" Vetorecht und kein individuelles „opting out" einzelner EFTA-Staaten gibt – dann treten gem Art 102 Abs 5 und 6 EWRA die vom zu übernehmenden EG-Sekundärrechtsakt „**unmittelbar berührten**" Teile der Anhänge des EWR-Abkommens 6 Monate nach Ablauf der vorerwähnten 6-monatigen Frist – also 12 Monate ab der erstmaligen Befassung des „Gemeinsamen EWR-Ausschusses" – keinesfalls aber bevor das gegenständliche EG-Sekundärrecht zur Anwendung kommt, **automatisch**, aber nur provisorisch, für alle Vertragsparteien außer Kraft, es sei denn, der „Gemeinsame EWR-Ausschuss" beschließt etwas anderes. Der „Gemeinsame EWR-Ausschuss" hat seine Bemühungen aber fortzusetzen, damit diese Außerkraftsetzung so bald wie möglich rückgängig gemacht werden kann.

Diese Suspendierung der „**unmittelbar berührten**" Teile der Anhänge des EWR-Abkommens trifft selbstredend die EFTA-Staaten im Sinne einer „**materiellen Reziprozität**" um vieles härter, wird ihnen dadurch doch ein Marktzutritt zu einem hundert mal so großen Wirtschaftraum versperrt, als ihr eigener Markt beträgt (ca 500 Mio EU-Bürger : 5 Mio EWR-Bürger). Damit lastet auf den EFTA-Staaten ein enormer (wirtschaftspolitischer) Druck, das EG-Sekundärrecht doch noch zu übernehmen.

Was das In-Kraft-Treten eines Beschlusses des Gemeinsamen EWR-Ausschusses betrifft, so tritt er, falls er diesbezüglich ein Datum enthält, grundsätzlich zu diesem Zeitpunkt in Kraft. Art 103 EWRA enthält aber einen Vorbehalt der verfassungsrechtlichen Zustimmungsbedürftigkeit, sodass für den Fall, dass ein EFTA-Staat bloß *„ad referendum"* zugestimmt hat, der betreffende Beschluss erst nach Erfüllung seiner verfassungsrechtlichen Voraussetzungen in Kraft tritt. Dementsprechend prüft in Liechtenstein die Stabsstelle EWR vor jeder Verabschiedung eines Rechtsaktes durch den „Gemeinsamen EWR-Ausschuss", ob ein solcher Vorbehalt gem Art 103 EWRA angebracht ist oder nicht.

2.4.4. Inkorporation eines „Beschlusses" des Gemeinsamen EWR-Ausschusses qua „Vertrag"

Eine völkerrechtliche „**Anomalie**" stellt der Umstand dar, dass jeder Beschluss des Gemeinsamen EWR-Ausschusses nicht wie ein „**Organbeschluss**" dieses Vertragsanwendungsorgans sondern vielmehr wie ein völkerrechtlicher „**Vertrag**" einzustufen ist. Damit muss ein Beschluss des Gemeinsamen EWR-Ausschusses dem jeweiligen Parlament der EFTA-Staaten im EWR zur Genehmigung vorgelegt und anschließend vom Staatspräsidenten ratifiziert werden. Diese rechtsdogmatisch mehr als unorthodoxe Konstruktion geht zum einen auf die „**dualistische**" Konzeption der skandinavischen Verfassungen hinsichtlich der Inkorporation von Völkerrecht[68], zum anderen aber auf die Überlegung der österreichischen Bundesregierung zurück, eine Teilnahme Österreichs am EWR ohne (Gesamt-)Änderung der österreichischen Bundesverfassung iSv Art 44 Abs 3 B-VG bewerkstelligen zu können.[69] Aus ihrer Sicht wäre es nämlich politisch inopportun gewesen, dem österreichischen Staatsvolk im Jahre 1993 eine Volksabstimmung über den EWR-Beitritt zuzumuten und es wenige Monate danach, nämlich bereits im Jahre 1994, neuerlich über einen Beitritt zur EU abstimmen zu lassen.

Da der „Integrationshebel" für die dazu notwendige Übertragung von Hoheitsrechten in Art 9 Abs 2 B-VG aber nicht groß genug ausgebildet war, wurde – um das EWR-Abkommen am Boden der bestehenden Bundesverfassung abschließen zu können – die verfassungskonforme Lösung entwickelt, die gesetzesändernden oder gesetzesergänzenden Beschlüsse des Gemeinsamen EWR-Ausschusses **nicht** als „**Organbeschlüsse**" iSv Art 9 Abs 2 B-VG sondern als „**Staatsverträge**"[70] gem Art 50 B-VG zu inkorporieren.[71] Jeder diesbezügliche Beschluss des Gemeinsamen EWR-Ausschusses war daher gem Art 2 Abs 1 EWR-BVG[72] einem besonderen Genehmigungsverfahren durch Nationalrat und Bundesrat zu unterwerfen.[73]

---

68 Vgl *Azizi* (FN 33) 108.

69 Einer der geistigen Väter dieser Konstruktion, der damalige Beamte im Verfassungsdienst des Bundeskanzleramtes, *Josef Azizi*, ist heute österreichischer Richter am Gericht erster Instanz; vgl *Hummer*, Österreich in der EU (1995-2005) – Bilanz einer zehnjährigen Mitgliedschaft, in Hummer/Obwexer (Hrsg), 10 Jahre EU-Mitgliedschaft Österreichs. Bilanz und Ausblick (2006) 599.

70 *Bruha/Büchel* nennen die Beschlüsse des Gemeinsamen EWR-Ausschusses folgerichtig „Mini-Verträge"; *Bruha/Büchel*, Staats- und völkerrechtliche Grundfragen einer EWR-Mitgliedschaft Liechtensteins, Liechtensteiner Juristen-Zeitung 1/92, 16.

71 Vgl Erläuterungen zur Regierungsvorlage zum EWR-BVG, 741 BlgNR XVIII. GP, 8 ff.

72 Bundesverfassungsgesetz, mit dem begleitende Regelungen zum Abkommen über den Europäischen Wirtschaftsraum erlassen werden (EWR-Bundesverfassungsgesetz – EWR-BVG), BGBl 1993/115.

73 Vgl *Hummer* (FN 18) 46 f Rn 190, 192 ff; *Azizi* (FN 33) 66; *Griller*, Die Übertragung von Hoheitsrechten auf zwischenstaatliche Einrichtungen (1992) 55.

2.4.5. Veröffentlichung von Beschlüssen des Gemeinsamen EWR-Ausschusses

Jeder Beschluss des Gemeinsamen EWR-Ausschusses zur Änderung einer der Anlagen des EWR-Abkommens wird im Amtsblatt der EU in deutscher und in der **EWR-Beilage** zum **Amtsblatt der EU** („*EEA Supplement*") in norwegischer und isländischer Sprache veröffentlicht. In Liechtenstein werden die Beschlüsse des Gemeinsamen EWR-Ausschusses im **Landesgesetzblatt** (LGBl) kundgemacht, nachdem der Beschluss in Kraft getreten ist. Der EG-Rechtsakt selbst wird in der „**EWR-Rechtssammlung**" kundgemacht.[74]

Das **EWR-Register** ist der Fundstellennachweis für alle an einem bestimmten Stichtag in das EWR-Abkommen übernommenen EU-Rechtsakte („Texte von Bedeutung für den EWR"). Diese werden, gemeinsam mit dem jeweiligen „Übernahme-Beschluss" des Gemeinsamen EWR-Ausschusses, im EWR-Register aufgeführt, wobei die entsprechende Fundstelle im liechtensteinischen Landesgesetzblatt ebenfalls angemerkt wird. Das EWR-Register wird elektronisch unter der Adresse <http://www.sewr.llv.li/register> geführt, erscheint aber auch einmal pro Jahr in Papierform.

Die **EWR-Rechtssammlung** ist die amtliche Sammlung der im EWR-Register geführten EU-Rechtsakte und wird parallel zum EWR-Register geführt. Sie enthält den vollständigen Wortlaut der in den EWR übernommenen EU-Rechtsakte, die auch über die Adresse <http://eur-lex.europa.eu/de/index.htm> abgerufen werden können.

2.5. Dienstleistungsfreiheit im EWR

Die Dienstleistungsfreiheit ist in den Art 36 bis 39 EWR-Abkommen verankert und entspricht grundsätzlich den Bestimmungen der Art 49 ff EGV. Art 36 EWRA statuiert die Dienstleistungsfreiheit für natürliche und juristische Personen der Vertragsparteien, die in einem anderen Hoheitsgebiet einer Vertragspartei als demjenigen des Leistungsempfängers ansässig sind. Die näheren Ausführungen dazu sind in den Anhängen IX, X und XI zum EWR-Abkommen enthalten und betreffen Finanzdienstleistungen, audiovisuelle Dienstleistungen, Telekommunikation etc. Art 37 EWRA entspricht Art 50 EGV und enthält dementsprechend auch

[74] Gem Art 67 Abs 3 der Landesverfassung; Art 4 bis 7 des Gesetzes über die Umsetzung und Kundmachung der EWR-Rechtsvorschriften (LGBl 1995/99); Verordnung über die EWR-Rechtssammlung (LGBl 1995/146 idgF); Art 3 lit k Kundmachungsgesetz (LGBl 1995/101).

eine Definition der Dienstleistungen. Art 38 EWRA, der Art 51 Abs 1 EGV entspricht, verweist bezüglich der Transportdienstleistungen auf die Bestimmungen des Kapitels über den Verkehr (Art 47 ff EWRA). Art 39 EWRA wiederum legt fest, dass die Art 30 (gegenseitige Anerkennung von Diplomen etc), 32 (Tätigkeiten, die auch nur zeitweise mit der Ausübung öffentlicher Gewalt verbunden sind), 33 (Vorbehalt der öffentlichen Ordnung) und 34 (Gleichstellung von Gesellschaften mit natürlichen Personen, soferne diese bestimmte Kriterien erfüllen) auch auf Dienstleistungen Anwendung finden.

2.6. Umsetzung der Dienstleistungs-Richtlinie 2006/123/EG in Liechtenstein

Die geplante Umsetzung der Dienstleistungs-Richtlinie 2006/123/EG in die liechtensteinische Rechtsordnung würde folgendermaßen vor sich gehen. Da die Mitgliedstaaten des EWR an die „gemeinsamen EWR-Organe" keine legislativen Kompetenzen übertragen haben, muss auf die jeweiligen verfassungsrechtlichen Erfordernisse der EWR-Mitgliedstaaten Rücksicht genommen werden, sodass in bestimmten Fällen ein Beschluss des Gemeinsamen EWR-Ausschusses für einen EWR-Mitgliedstaat erst dann verbindlich wird, wenn der heimische Gesetzgeber dem Beschluss zugestimmt hat. Die Handhabung eines solchen verfassungsrechtlichen Zustimmungserfordernisses für die Übernahme eines Beschlusses des Gemeinsamen EWR-Ausschusses ist in Art 103 EWRA vorgesehen.

Da, wie vorstehend bereits ausgeführt, jeder Beschluss des Gemeinsamen EWR-Ausschusses völkerrechtlich nicht als per se bindender Organbeschluss sondern als Staatsvertrag zu qualifizieren ist, ist in Liechtenstein dabei stets zu prüfen, ob der Landtag befasst werden muss. Gem Art 8 Abs 2 der Liechtensteinischen Landesverfassung (LV) sind Staatsverträge, mittels derer über staatliche Hoheitsrechte disponiert wird, immer dem Landtag zur Zustimmung vorzulegen, wobei das ebenfalls bereits vorerwähnte Gutachten 1995/14 des Liechtensteinischen Staatsgerichtshofes vom 11. Dezember 1995 zu beachten ist.

Dementsprechend wird vor der monatlichen Sitzung des Gemeinsamen EWR-Ausschusses in Brüssel auf einer gemeinsamen Sitzung der EWR-Kommission des Landtages und der Regierung, die in der Regel durch die Stabsstelle EWR vertreten wird, geklärt, ob und bei welchen der zu übernehmenden Rechtsakte ein Vorbehalt gem Art 103 EWRA angebracht werden muss, da es zu einer Vorlage an den Landtag zur Genehmigung derselben kommen muss. Diese Sachentscheidung wird der Ständigen Vertretung Liechtensteins in Brüssel weitergeleitet, die in den Sitzungen des Ständigen Ausschusses der EFTA-Staaten bzw des Gemeinsamen EWR-Ausschusses diesen Vorbehalt Liechtensteins gem Art 103 EWRA entsprechend zu vertreten hat.

Bedingt die Umsetzung von Beschlüssen des Gemeinsamen EWR-Ausschusses die Änderung eines bestehenden oder die Erlassung eines neuen Gesetzes, so ist zu berücksichtigen, dass in Liechtenstein der Erlass eines Gesetzes in drei Lesungen erfolgt und dem Referendum unterstellt werden muss. Das Gesetzgebungsverfahren nimmt daher, nach Verabschiedung des Gesetzesantrages durch die Regierung, noch mindestens vier Monate in Anspruch. Nach ihrem Erlass durch den Landtag können Gesetze auch nur dann in Kraft treten, wenn sie - nach Ablauf der Referendumspflicht - vom Landesfürsten sanktioniert, vom Regierungschef gegengezeichnet und im Landesgesetzblatt (LGBl) kundgemacht worden sind.

Was die Umsetzungsfrist von Beschlüssen des Gemeinsamen EWR-Ausschusses betrifft, so ist zunächst das im Übernahmebeschluss festgesetzte Umsetzungsdatum maßgebend. Enthält der Übernahmebeschluss aber kein Umsetzungsdatum, dann ist die Umsetzungsfrist maßgebend, die in der EG-Richtlinie angeführt ist. Sollte dieses Datum vor dem In-Kraft-Treten des Übernahmebeschlusses liegen, dann gilt für die EFTA-Staaten im EWR der Zeitpunkt des In-Kraft-Tretens des Übernahmebeschlusses im Schoß des Gemeinsamen EWR-Ausschusses als Umsetzungsdatum, dh der Rechtsakt muss bereits zum Zeitpunkt des In-Kraft-Tretens des Beschlusses des Gemeinsamen EWR-Ausschusses umgesetzt sein. Da die ESA dafür auch eine Kundmachung im LGBl verlangt, ergeben sich in Liechtenstein immer wieder Probleme. Die Überwachung der korrekten und zeitgerechten Umsetzung der Richtlinien obliegt zunächst der ESA - der auch jede erfolgte Umsetzung notifiziert werden muss - und in der Folge unter Umständen dem EFTA-Gerichtshof im EWR.

Für die Umsetzung von Richtlinien hat die Liechtensteinische Regierung am 18. Juli 2006 den Beschluss 2006/1459 erlassen, um damit das Ziel einer Umsetzungsquote von 98,5% festzusetzen - im Jahre 2005 erreichte Liechtenstein lediglich eine Quote von 97,9% - und zu betonen, dass künftig eine rechtzeitige Umsetzung aller Richtlinien erfolgen muss. In diesem Zusammenhang muss daran erinnert werden, dass Richtlinien in der EG und im EWR (in der Regel) an zwei verschiedenen Tagen in Kraft treten: in der EG gem Art 254 EGV am zwanzigsten Tag nach ihrer Veröffentlichung im Amtsblatt der EU, im EWR hingegen am Tag des In-Kraft-Tretens des sie betreffenden Beschlusses des Gemeinsamen EWR-Ausschusses. Der Tag, an dem ihre Umsetzungsfrist jedenfalls abläuft, ist jedoch - unter Vorbehalt anderer Bestimmungen des Umsetzungsbeschlusses des Gemeinsamen EWR-Ausschusses - für die EG und den EWR der gleiche, nämlich jener Tag, den die Richtlinie in der Regel selbst bezeichnet - dies dient der Verwirklichung des Homogenitätsprinzips iSd Art 1 EWRA.

Bei der Umsetzung von EG-Richtlinien geht man in Liechtenstein durchaus pragmatisch vor und hält des öfteren nach „**Rezeptionsvorlagen**" Ausschau, dh man orientiert sich an der Umsetzungspraxis benachbarter, vor allem deutschsprachiger Staaten.

Laut informeller Auskunft der Stabsstelle EWR wird Liechtenstein die vor der Verabschiedung stehende Dienstleistungs-Richtlinie vollinhaltlich und ohne weitere Anpassungen in den EWR-acquis übernehmen und wäre sogar bereit gewesen, die alte Fassung der Richtlinie samt „Heimat"- oder „Herkunftslandprinzip" zu akzeptieren. Die Umsetzungsfrist für die Dienstleistungs-Richtlinie wird für Liechtenstein zur gleichen Zeit – dh, wie vorstehend bereits erwähnt, zum 28. Dezember 2009 – ablaufen, wie dies gem Art 44 Abs 1 UAbs 1 Richtlinie 2006/123/EG für die EU-Mitgliedstaaten vorgesehen ist.

3. Die Dienstleistungs-Richtlinie 2006/123/EG und die Schweiz

Trotz ihrer enormen Handelsverflechtung – die Schweiz exportiert zwei Drittel ihrer Güter und Dienstleistungen in die EU-27 – vor allem auch im Bereich der Dienstleistungen hat die Schweiz mit ihrem wichtigsten Handelspartner, nämlich der EU, noch immer kein umfassendes Abkommen über den Dienstleistungsverkehr, sondern lediglich fünf einschlägige sektorspezifische Abkommen zur Reglementierung einzelner Dienstleistungen (Versicherungsabkommen, Personenfreizügigkeits-Abkommen, Landverkehrsabkommen, Luftverkehrsabkommen, Abkommen über Öffentliches Beschaffungswesen)[75] abgeschlossen.

Verhandlungen über die Liberalisierung von Dienstleistungen zwischen der Schweiz und der EG wurden überhaupt erst durch die Verwerfung des EWR-Abkommen im Referendum vom 6. Dezember 1992 durch das Schweizer Volk nötig.[76] Wäre die Schweiz dem EWR beigetreten, dann wären zwischen ihr und der EG – so wie im vorerwähnten Fall des Fürstentums Liechtenstein – „binnenmarktähnliche Verhältnisse" herzustellen gewesen,[77] aufgrund derer es gem Art 36 ff EWRA zur Übernahme des einschlägigen „Dienstleistungs-acquis" der EG gekommen wäre.[78]

Der gegenwärtige Istzustand – eine Reihe sektorieller Regelungen ohne Rahmenabkommen – wird vom Schweizer Bundesrat bereits seit längerer Zeit als un-

---

[75] Vgl dazu nachstehend auf S 113 f.

[76] Vgl dazu vorstehend auf S 86 und nachstehend auf S 112.

[77] Vgl dazu vorstehend auf S 87.

[78] Vgl *Wagschal/Ganser/Rentsch,* Der Alleingang. Die Schweiz 10 Jahre nach dem EWR-Nein (2002) 37 ff.

befriedigend angesehen: *„Das Fehlen eines eigentlichen Dienstleistungsabkommens mit der EU ist eine Lücke in der Absicherung des Marktzutritts für Schweizer Anbieter im Ausland“*.[79] Auf der anderen Seite wird aber von Vertretern wichtiger Dienstleistungsbranchen, wie zB den Finanzdienstleistern (Versicherungen und Banken) aber auch dem Bauhauptgewerbe festgestellt, dass im Grunde kein (besonderer) Handlungsbedarf bestehe. Ebenso wird auch in der schweizerischen Literatur dazu apodiktisch festgestellt: *„Ich sehe heute keinen Handlungsbedarf für neue Verhandlungen der Schweiz über ein Dienstleistungsabkommen mit der EU“*.[80] In einer weiteren Stellungnahme des Bundesrates vom 22. September 2006 auf eine Motion der sozialdemokratischen Fraktion wird diesbezüglich darauf hingewiesen, dass die von der EU gewünschte vollständige Übernahme des einschlägigen acquis communautaire aus schweizerischer Sicht unter anderem auch gewisse Nachteile für den Wirtschaftsstandort Schweiz mit sich bringen könnte.[81]

In dieser enormen Bandbreite bewegen sich auch die Interessenslagen nicht nur der beiden potentiellen Vertragspartner Schweiz und EG sondern auch der einzelnen Dienstleistungserbringer innerhalb der Schweizer Volkswirtschaft. Diesem Umstand soll in der Folge nachgegangen werden.

3.1. Die Bedeutung des Dienstleistungssektors für die Schweizer Volkswirtschaft

Dass die Schweiz ein klassisches Dienstleistungsland ist,[82] das im Rahmen der OECD-Länder einen Spitzenplatz einnimmt, braucht nicht näher betont zu werden, die Zahlen sind eindrücklich genug: Der Sektor der Dienstleistungen ist in der Schweiz für rund 73% des BSP verantwortlich[83] – lediglich die USA verbuchen mit 77% einen noch höheren Wert. Dienstleistungen erwirtschaften einen Han-

79 Bundesrat (Hrsg), Aussenwirtschaftsbericht 2004, 44.

80 *Nufer*, Bilaterale Verhandlungen, wie weiter? in Europainstitut der Universität Basel, Baslerschriften zur europäischen Integration Nr 79 (2006) 57.

81 <http://search.parlament.ch/cv-geschaefte?gesch_id=20063291> (01.12.2007).

82 *Pauletto*, Handelsbeziehungen im Bereich der Dienstleistungen, in Die Volkswirtschaft. Das Magazin für Wirtschaftspolitik 6-2004, 15: *„Die Schweiz ist zweifelsohne eine Dienstleistungswirtschaft“*; lediglich in den USA liegt der Anteil des Dienstleistungssektors an Beschäftigung und Wertschöpfung noch (klar) höher als in der Schweiz; Staatssekretariat für Wirtschaft seco/Direktion für Wirtschaftspolitik (Hrsg), Bericht zur Dienstleistungsliberalisierung in der Schweiz im Vergleich zur EU, vom 29. November 2005, IX, 8.

83 Im Vergleich dazu in der BRD nur für 64% (2005); *Donges/Eekhoff/Franz/Fuest/Möschel/Neumann* (FN 12) 8; *Martin* (FN 66) 28.

delsbilanzüberschuss von mehr als 27 Mrd Franken (2004)[84] - damit konnte die Schweiz beim Handel mit Dienstleistungen einen Ertragsbilanzüberschuss erwirtschaften, der größer ist als der der EU.[85]

In der Schweiz finden im tertiären Sektor drei von vier Erwerbstätigen Arbeit und 80% der neuen Arbeitsplätze entstehen dort - während fast gleich viele in der Industrie und der Landwirtschaft verloren gehen.[86] An diesen Dienstleistungsexporten haben die Finanzdienstleistungen mit knapp einem Drittel den größten Anteil, gefolgt vom Tourismus mit gut einem Viertel und dem Transportsektor mit rund einem Sechstel.

Die EU-Mitgliedstaaten sind mit Abstand der wichtigste Partner der Schweiz im Dienstleistungshandel. Umgekehrt war die Schweiz im Jahre 2002 hinter den USA und weit vor Japan mit einem Anteil von über 11% an den Importen der zweitwichtigste Dienstleistungshandelspartner der EU-15.[87]

3.2. Dienstleistungsliberalisierung in der Schweiz

So bedeutend der Dienstleistungssektor für die Volkswirtschaft der Schweiz auch ist, so wenig liberalisiert ist er in manchen Bereichen. Was den Stand der Dienstleistungsliberalisierung betrifft, so wies die Schweiz im Vergleich zum EU-15-Durchschnitt bis vor kurzem einen großen Liberalisierungsrückstand bei der Elektrizitätsversorgung sowie einen leichten Rückstand bei der Telekommunikation, den Postdiensten, dem Personenschienenverkehr und den Versicherungsdienstleistungen auf.[88] Nahm man die jeweiligen *„best practice"*-Staaten zum Vergleich, so ergab sich ein großer Liberalisierungsrückstand der Schweiz bei der Elektrizitätsversorgung, der Telekommunikation, den Postdiensten und dem Personenschienenverkehr. Vor Kurzem sind diesbezüglich aber im Bereich der Elekt-

---

84 Davon realisierten Banken und Versicherungen mit ihren Finanzdienstleistungen mehr als ein Drittel; vgl *Nufer* (FN 80) 41.

85 In der per/capita-Rangliste landete die Schweiz damit hinter Hongkong auf dem zweiten Platz; vgl *Wasescha,* Hat die Schweiz eine Dienstleistungspolitik? in Die Volkswirtschaft 6-2004, 5.

86 *Nufer* (FN 80) 5, 40.

87 OECD Statistics on International Trade in Services, zitiert in: Staatssekretariat für Wirtschaft (seco)/Direktion für Wirtschaftspolitik (Hrsg) (FN 82) 10.

88 Staatssekretariat für Wirtschaft (seco)/Direktion für Wirtschaftspolitik (Hrsg) (FN 82) XVIII.

rizitätsversorgung,[89] der Postmarktliberalisierung[90] und der Telekommunikation[91] entsprechende Reformen erfolgt, die den Liberalisierungsrückstand verringert haben.

Einen leichten Liberalisierungsrückstand im Vergleich zu den „best practice“-Staaten weist die Schweiz hingegen in den Branchen Detail- und Großhandel, Versicherungsdienstleistungen, Gesundheitswesen und Bildungswesen auf. Keinen Liberalisierungsrückstand kann man hingegen im Schienengüterverkehr und bei den unternehmensbezogenen Dienstleistungen (Geschäftsdienste und reglementierte Berufe) konstatieren. Bei der Regulierung von Bankdienstleistungen kann die Schweiz selbst als „best practice“-Staat bezeichnet werden.[92]

Gem dem Überblick über die relevanten Liberalisierungsunterschiede zwischen der EU und der Schweiz in der Studie des Staatssekretariats für Wirtschaft (seco)/Direktion für Wirtschaftspolitik *„Bericht zur Dienstleistungsliberalisierung in der Schweiz im Vergleich zur EU“* (2005)[93] läge in einer weiteren Liberalisierung der Dienstleistungsmärkte in der Schweiz ein volkswirtschaftlich enormes Wachstumspotential. Dies belegen auch drei quantitative Studien, die von ausländischen Instituten erstellt wurden.[94] Eine davon geht davon aus, dass die Schweizer

---

89 Am 23. März 2007 wurde das neue Bundesgesetz über die Stromversorgung vom Parlament verabschiedet und am 12. Juli ist die Referendumsfrist ungenutzt abgelaufen. Das Gesetz wird voraussichtlich am 1. Januar 2008 in Kraft treten.

90 Am 3. Mai 2006 wurde das zuständige Ministerium vom Gesamtbundesrat beauftragt, eine Revision des Post- und Postorganisationsgesetzes in Richtung auf eine schrittweise Öffnung des Postmarktes vorzubereiten; <http://search.parlament.ch/cv-geschaefte?gesch_id=20065108> (01.12.2007).

91 Am 24. März 2006 wurde die Änderung des Fernmeldegesetzes vom 30. April 1997 vom Parlament verabschiedet, die mit 1. April 2007 in Kraft getreten ist. Der novellierte Gesetzestext ermöglicht nunmehr eine Liberalisierung der sogenannten „letzten Meile“; <http://www.bakom.ch/dokumentation/gesetzgebung/00512/00871/index.html> (01.12.2007).

92 Staatssekretariat für Wirtschaft (seco)/Direktion für Wirtschaftspolitik (Hrsg) (FN 82) XIX.

93 Staatssekretariat für Wirtschaft (seco)/Direktion für Wirtschaftspolitik (Hrsg) (FN 81) XVI.

94 *Kox/Lejour,* Liberalisation of the European services market and its impact on Switzerland, Final Report, CPB Netherlands Bureau for Economic Policy Analysis (2005); *Copenhagen Economics,* Economic Effects of Services Liberalisation in Switzerland, Final Report (2005); *Ecoplan,* Liberalizing Services in Switzerland and with European Union, Final Report (2005); <http://www.seco.admin.ch/dokumentation/publikation/00004/00018/

Exporte von Geschäftsdienstleistungen in die EU – allerdings bei einer Umsetzung der Dienstleistungs-Richtlinie in ihrer alten Fassung iSd „Herkunftslandprinzips" – um 40 bis 84% zunehmen könnten. Gleichzeitig würde der Direktinvestitionsbestand der Schweiz im Dienstleistungssektor der EU um 20 bis 41% anwachsen. Umgekehrt könnten die Importe der Schweiz aus der EU um 41 bis 85% und der Direktinvestitionsbestand der EU-Staaten im Dienstleistungssektor der Schweiz um 29 bis 55% zunehmen.[95] Eine umfassende Dienstleistungsliberalisierung und Harmonisierung von Regulierungen zwischen der Schweiz und der EU würde dieser Studie zufolge nicht nur die Handelsverflechtung im Dienstleistungssektor zwischen der Schweiz und der EU deutlich erhöhen, sondern auch die Direktinvestitionstätigkeit stark dynamisieren.

3.3. Anpassung des Schweizer Rechts an das Recht der EG

3.3.1. Herbeiführung der „Eurokompatibilität" des schweizerischen Rechts

Für die Schweiz – als Drittstaat, der mit der EU nicht nur wirtschaftlich,[96] sondern auch politisch, wissenschaftlich und kulturell eng verflochten ist – ist die Anpassung des schweizerischen Rechts an das Recht der EU von vitaler Bedeutung. Für die Wettbewerbsfähigkeit der Schweizer Unternehmen ist die „**Eurokompatibilität**" einheimischer Güter und Dienstleistungen essentiell.[97]

Die Politik, Wettbewerbsnachteile für schweizerische Unternehmen durch eine eurokompatible, „**parallele Gesetzgebung**" („mirror legislation") zu vermeiden, wurde vom Bundesrat bereits 1988 in seinem Integrationsbericht empfohlen, in dem er betonte, dass die Qualität des Produktionsstandortes und des Arbeitsplatzes Schweiz maßgeblich davon abhänge, wie weit es gelinge, die schweizerische Rechtsordnung „europafreundlich" auszugestalten. Das Ziel müsse es sein, *„in Bereichen von grenzüberschreitender Bedeutung (und nur dort) eine größtmögliche Vereinbarkeit unserer Rechtsvorschriften mit denjenigen unserer europäischen Partner zu si-*

01809/index.html> (01.12.2007); vgl auch seco (Hrsg), Bericht zur Dienstleistungsliberalisierung (FN 82) 157 ff.

95 *Kox/Lejour* (FN 94) zitiert nach seco (Hrsg), Bericht zur Dienstleistungsliberalisierung (FN 82) XII, 160.

96 2004 gingen 60% der schweizerischen Exporte in die EU und 82% der Importe kamen aus der EU. Damit ist die Schweiz, nach den USA, der zweitwichtigste Außenhandelspartner der EU (!).

97 Vgl *Cottier/Dzamko/Evtimov,* Die europakompatible Auslegung des schweizerischen Rechts, SJE 2003, 357 ff.

chern".[98] Bei der Prüfung der „**Europaverträglichkeit**" handelt es sich um eine inhaltliche Kontrolle neu zu erlassender schweizerischer Vorschriften am Maßstab des europäischen Gemeinschaftsrechts durch die zuständigen Stellen der Schweiz. Im Rahmen dieser Prüfung wird vor allem untersucht, ob die zu erlassenden Regelungen mit dem primären und sekundären Gemeinschaftsrecht kompatibel sind.

In diesem Zusammenhang hatte der Bundesrat bereits am 3. Februar und am 18. Mai 1988 beschlossen, die Botschaften an die eidgenössischen Räte und die Bundesrats-Anträge für die Verordnungen jeweils mit einem Europakapitel zu versehen, das die Resultate der sog „**Europaverträglichkeitsprüfung**" enthalten soll.[99] Damit wurde die Europaverträglichkeitsprüfung zum festen Bestandteil der Schweizer Bundesgesetzgebung.[100]

Die Anpassung des schweizerischen Rechts an das Recht der EU - als Resultat dieser Überprüfung - kann dabei sowohl (a) **autonom**, als auch (b) **vertraglich** erfolgen.

Ad (a). Unter der Technik des „**autonomen Nachvollzugs**"[101] versteht man die im Wesentlichen vollständige Übernahme gemeinschaftsrechtlicher Vorgaben in gesetzgeberische Erlässe - allerdings stets unter dem Grundsatz der „pragmatischen Interessenwahrung".[102] Er wird dort angestrebt, wo wirtschaftliche Interes-

---

98 Bericht des Bundesrates über die Stellung der Schweiz im europäischen Integrationsprozess vom 24. August 1988, BBl 1988 III, 249 ff (380).

99 Schweizerischer Bundesrat (Hrsg), Europabericht 2006, vom 28. Juni 2006, 9 (BBl 2006, 6815 ff); *Senn,* Struktur und Rechtsfragen der bilateralen Beziehungen der Schweiz mit der Europäischen Union, ZSR NF 114 Bd 136 (1995) 412 f; *Bieber/Kahil-Wolff/Kallmayer,* Differenzierte Integration in Europa. Handlungsspielräume für die Schweiz? (2000) 15.

100 Bericht über die Stellung der Schweiz im europäischen Integrationsprozess vom 24. 8. 1988, BBl 1988 III, 389; vgl auch *Weber,* Der Einfluss des EG-Rechts auf das schweizerische Recht, in Weber/Thürer/Zäch (Hrsg), Aktuelle Probleme des EG-Rechts nach dem EWR-Nein (1993) 1 ff.; vgl auch die Botschaft vom 24. Februar 1993 über das Folgeprogramm nach der Ablehnung des EWR-Abkommens, BBl 1993 I, 805, 821 f.

101 Vgl dazu ua *Amgwerd,* Autonomer Nachvollzug von EU-Recht durch die Schweiz, unter spezieller Berücksichtigung des Kartellrechts (1998) 10 ff; *Bosch,* EG-Kartellrechtliche Probleme von Vertriebsverträgen in der Schweiz, in Weber/Thürer/Zäch (Hrsg), Aktuelle Probleme des EG-Rechts nach dem EWR-Nein (1993) 73 ff; *Epiney/Meier/Mosters* (FN 16) 85 ff.

102 Schweizerischer Bundesrat (Hrsg), Europabericht 2006 (FN 99) 6.

sen (Wettbewerbsfähigkeit) es erfordern oder rechtfertigen.[103] Wenngleich dabei die formalen Voraussetzungen des ordentlichen Gesetzgebungsverfahrens unberührt bleiben, ist in materieller Sicht der Inhalt der schweizerischen Rechtsetzung gemeinschaftsrechtlich so determiniert, dass man korrekter Weise von einem „**heteronomen Nachvollzug**“[104] sprechen sollte.

In diesem Zusammenhang sind zwei Formen des „autonomen Nachvollzugs“ zu unterscheiden: beim

- „**echten**“ autonomen Nachvollzug geht es um die bewusste und gezielte gemeinschaftsrechtskonforme Ausgestaltung nationalen Rechts – wie dies zB im Falle der sog „*Eurolex*“-Vorlagen[105] bzw später der „*Swisslex*-Pakete“[106] der Fall war; beim
- „**unechten**“ Nachvollzug geht es hingegen um die bloße punktuelle „Inspiration“[107] der nationalen Gesetzgebung durch europarechtliche Entwicklungen. In Summe kann man festhalten, dass in der schweizerischen Legistik die Anlehnung an gemeinschaftsrechtliche Vorgaben die Regel darstellt, während Abweichungen davon (begründungsbedürftige) Ausnahmen darstellen. Insoferne wird in der Literatur teilweise auch von einem „**systematischen Nachvollzug**“ gesprochen.[108]

Der „autonome Nachvollzug“ geht damit einen Schritt weiter als die bloße „Europaverträglichkeitsprüfung“: Während letztere nur originär schweizerische

---

103 Ziel ist der Abbau von Zugangshürden und die Verbesserung der Konkurrenzfähigkeit der Schweizer Wirtschaft; vgl *Cottier/Dzamko/Evtimov*, Die europakompatible Auslegung des schweizerischen Rechts, Schweizerisches Jahrbuch für Europarecht (2004) 357 ff.

104 *Freiburghaus*, Heteronomer Nachvollzug? Oder wie sich die Autonomie verflüchtigt, in Die Volkswirtschaft. Das Magazin für Wirtschaftspolitik 9-2004, 35: „*Autonomer Nachvollzug ist also ein Widerspruch in sich: Selbständig fremde Gesetze übernehmen*“.

105 Vgl *Hummer* (FN 18) 25 Rn 82.

106 Unter diesem Titel wurden – nach dem Scheitern des EWR-Beitritts – im Jahre 1993 27 Gesetzesvorlagen angenommen, die Vorschriften der EG in die schweizerische Rechtsordnung einführten; vgl *Jaag*, Europarecht. Die europäischen Institutionen aus schweizerischer Sicht (2003) 395 ff; *Drolshammer/Walter*, Die Schweiz und die Gestaltung ihrer Beziehungen zur EG nach dem 6. 12. 1992 – Eine Darstellung des EWR-Folgeprogramms des Schweizerischen Bundesrates, EuZW 1994, 549 ff; *Bieber/Kahil-Wolff/Kallmayer* (FN 99) 15 f.

107 Schweizerischer Bundesrat (Hrsg), Europabericht 2006 (FN 99) 9; *Epiney/Meier/Mosters*, (FN 16) 87.

108 *Spinner/Maritz*, EG-Kompatibilität des schweizerischen Wirtschaftsrechts: Vom autonomen zum systematischen Nachvollzug, in FS Roger Zäch (1999) 137.

Vorschriften auf ihre Vereinbarkeit mit dem Gemeinschaftsrecht überprüft, werden im Rahmen des autonomen Nachvollzugs fremde Regeln kraft selbstbestimmter eidgenössischer Entscheidung in die Rechtsordnung der Schweiz inkorporiert. Im Übrigen besteht interessanterweise bis heute noch keine eigene Liste aller Erlässe, die auf Gemeinschaftsrecht verweisen oder sich von diesem in irgendeiner Form inspirieren ließen.[109]

Da aber die Technik der „**Parallelgesetzgebung**" durch „autonomen Nachvollzug" an sich nicht ausreicht, um sich damit bereits den Binnenmarktzutritt zu sichern,[110] bedarf es der Anerkennung dieser Normen durch die Gegenseite, zB in Form von *„bridging arrangements"* zur gegenseitigen Anerkennung[111] – gerade dazu sind die, nachstehend noch näher auszuführenden, Bilateralen I und II aber da. Die beiden Bilateralen I und II beruhen rechtstechnisch/konzeptionell nämlich nicht auf der Übernahme von Gemeinschaftsrecht, sondern auf der (bloßen) Anerkennung der Gleichwertigkeit der beiden Rechtssysteme. Lediglich bei dem noch zu erwähnenden Luftverkehrsabkommen[112] und dem Assoziationsabkommen an Schengen/Dublin[113] übernimmt die Schweiz unmittelbar gemeinschaftsrechtliche Vorschriften.

Ad (b). Was die **vertragliche** Angleichung der schweizerischen Rechtsordnung betrifft, so hat die Schweiz – wie kein anderer Drittstaat – eine Fülle von bilateralen bzw. sektoralen Abkommen[114] mit der EG alleine oder mit ihr samt ihren Mit-

---

[109] Vgl die Antwort des Bundesrates vom 14. Februar 2007 auf das Postulat Nordmann, Autonomer Nachvollzug und Kennzeichnung des Schweizer EU-Rechts [06.3839].

[110] Vgl dazu *Hauser/Zimmermann,* Zum wirtschaftlichen und integrationspolitischen Stellenwert der bilateralen Verträge Schweiz-EU, in Aussenwirtschaft IV/1999, 469: *„Auch wenn Zertifikate schweizerischer Prüfstellen eine Übereinstimmung des Produkts mit eurokompatiblen Schweizer Normen bestätigen, ist damit noch kein Rechtsanspruch auf ungehinderten Marktzugang in der EU verbunden"*.

[111] ZB das 1999 zwischen der EG und der Schweiz abgeschlossene Abkommen über die gegenseitige Anerkennung von Konformitätsbewertungen (MRA), das Anfang Juni 2002 in Kraft getreten ist und am 22. Dezember 2006 erweitert wurde. Am 1. Februar 2007 wird der sachliche Geltungsbereich auch auf Ursprungswaren aus Drittländern ausgeweitet; Erleichterter Warenhandel, in NZZ vom 23./24. Dezember 2006, 23. Vgl dazu *Hummer* (FN 19) 86, 104 f, 132 f.

[112] Siehe dazu nachstehend auf S 113.

[113] Siehe dazu nachstehend auf S 124, 132 f.

[114] Nicht alle Abkommen, die die Schweiz in diesem Zusammenhang abgeschlossen hat, sind strikt **bilateral**, sondern einige – wie die, die seitens der EG „gemischt" abgeschlossen wurden – sind im Grunde als **multilaterale** Abkommen anzusehen. Der Ausdruck

gliedstaaten („gemischt") abgeschlossen, um die für sie unangenehmsten Auswirkungen ihrer Außenseiterposition abzuschwächen. Insgesamt handelt es sich dabei um etwa **zwanzig** bilaterale **Hauptabkommen** und etwa **hundert Sekundärabkommen.**[115] Bei diesen Abkommen handelt es sich um klassische völkerrechtliche Verträge - ohne automatische Anpassungen an neue Rechtsentwicklungen in der EU und ohne automatische Übernahme von EU-Recht. Für alle Abkommen gilt, dass jede Änderung neu verhandelt und von beiden Seiten genehmigt werden muss. Für bloße Anpassungen der Anhänge, in denen die Übernahme von neuen oder geänderten EU-Rechtsakten geregelt wird, kommen das Entscheidverfahren der Gemischten Ausschüsse, für das grundsätzlich die Zuständigkeit an den Bundesrat delegiert worden ist, sowie das für den Abschluss und die Genehmigung von Staatsverträgen vorgesehene innerstaatliche Verfahren zur Anwendung.[116] Für Schengen gilt ein eigenes Verfahren.[117] Auch wenn diese Abkommen keine völkerrechtliche Verpflichtung vorsehen, die künftige EG-Rechtsetzung (oder die Judikatur des EuGH)[118] systematisch nachzuvollziehen oder zu übernehmen, ist die Schweiz dabei faktisch in die Dynamik der Rechtsentwicklung in der EU eingebunden.[119]

Das erste hier einschlägige bilaterale Abkommen war diesbezüglich das Freihandelsabkommen der Schweiz mit der EWG aus dem Jahre 1972.

3.3.2. Freihandelsabkommen Schweiz – EWG (1972)

Das Freihandelsabkommen (FHA), das die Schweiz am 22. Juli 1972 mit der EWG abschließen konnte,[120] ist ein reines Warenverkehrsliberalisierungsabkommen und enthält demgemäß keine Bestimmungen über die Erbringung von grenzüberschreitenden Dienstleistungen. Allerdings könnte zB die Behinderung einer (Transport-)Dienstleistung als „Maßnahme gleicher Wirkung" wie eine mengenmäßige Beschränkung qualifiziert und damit dem sachlichen Geltungsbereich des

„bilaterale" Abkommen - siehe „Bilaterale I und II" - hat sich in der Praxis aber durchgesetzt.

115 Schweizerischer Bundesrat (Hrsg), Europabericht 2006 (FN 99) 10, 23; Bericht des Bundesrates zu den Auswirkungen verschiedener europapolitischer Instrumente auf den Föderalismus in der Schweiz (in Erfüllung des Postulats Pfisterer [01.3160] „Föderalismusbericht. Erhaltung des Föderalismus bei den verschiedenen europapolitischen Optionen"], BBl 2007, 5907 (5920).

116 Vgl dazu nachstehend auf S 133 ff.

117 Vgl dazu nachstehend auf S 132 ff.

118 Vgl dazu nachstehend auf S 132.

119 Botschaft zu den Bilateralen I, BBl 1999, 6489 ff (Z 148.5.).

120 ABl 1972 L 300 S 188 ff; SR 0.632.401.

Freihandelsabkommen unterworfen werden. Wie weit die Kommission in diesem Zusammenhang die Bestimmungen des Freihandelsabkommens auslegt, wird neuerdings im „**Steuerstreit Schweiz – EU**“[121] ersichtlich, im Zuge dessen sie bestimmte Unternehmenssteuerregelungen in schweizerischen Kantonen zugunsten von Holdings, gemischten Gesellschaften und Verwaltungsgesellschaften als „staatliche Beihilfen“ qualifiziert, die nicht mit der ordnungemäßen Anwendung des Freihandelsabkommens vereinbar sind und Art 23 Abs 1 FHA verletzen. Aus Sicht der Kommission ist nämlich die Steuerregelung ein starker Anreiz für multinationale Unternehmen[122] durch die Ansiedlung ihrer Hauptverwaltung oder ihrer Koordinierungs- und Vertriebszentren in der Schweiz ihre steuerlichen Verpflichtungen zu minimieren. Die Steuerprivilegien seien daher selektiv, wirken wie (Standort-)Subventionen und können den Handel direkt oder indirekt beeinträchtigen. Dementsprechend forderte die Kommission am 13. Februar 2007 die Schweiz formell auf, diese Steuerprivilegien so zu ändern, dass sie mit dem FHA (1972) kompatibel sind.[123] Die Schweiz wies diese Behauptungen der Kommission vor allem mit dem Argument zurück, dass der sachliche Geltungsbereich des FHA (1972) nur den grenzüberschreitenden Handel mit industriellen Produkten umfasst, keinesfalls aber Unternehmensbesteuerungen. Die Unternehmen, die von den kantonalen Steuerprivilegien erfasst werden, betreiben keinen Handel mit solchen Produkten zwischen der Schweiz und der EG. Ein Gewinn dieser Unternehmen aus allfälligen untergeordneten Handelsaktivitäten mit Industriegütern wird aber regulär besteuert.

Diese Vorgangsweise ist übrigens kein Novum, ist die Kommission doch bereits zweimal in ähnlicher Form – beide Male gegen österreichische Unternehmen

---

[121] Vgl Frontalangriff auf die kantonale Steuerhoheit, NZZ vom 13. Dezember 2006, 15; *Höltschi,* Die Drohung der EU-Kommission mit der Steuer-Keule, NZZ vom 13. Dezember 2006, 27; vgl *Felder/Siegwart,* Die sektoriellen Abkommen I und II von 1999/2004 sowie das Freihandelsabkommen von 1972 in ihrer praktischen Anwendung, Schweizerisches Jahrbuch für Europarecht/Annuaire suisse de droit européen 2006/2007 (2007) 375 ff; *Cottier/Matteotti,* Der Steuerstreit Schweiz – EG: Rechtslage und Perspektiven, Schweizerisches Jahrbuch für Europarecht/Annuaire suisse de droit européen 2006/2007 (2007) 221 ff.

[122] Dabei handelt es sich insgesamt um ca 20.000 Unternehmen (!), woraus die wirtschaftliche Bedeutung dieses Rechtsstreits ersichtlich ist; vgl Schlechter Stil der EU, NZZ vom 14. Februar 2007, 25.

[123] Press Releases Rapid IP/07/176 vom 13. Februar 2007.

(Opel Austria, Grundig Austria)[124] – gegen einen Vertragspartner eines Freihandelsabkommens (1972) vorgegangen, in dem sie nach dem Prinzip der „autonomen Auslegung" Begriffe des (völkerrechtlichen) FHA (1972) in ihrem (gemeinschaftsrechtlichen) Sinn verstanden und ausgelegt hat.[125]

Nur der Komplettheit halber sei aber darauf hingewiesen, dass der **EFTA-Vertrag** in den Art 29 bis 33 sowie im Anhang K Bestimmungen zur Liberalisierung des Dienstleistungsverkehrs enthält, ebenso wie auch die **bilateralen Abkommen**, die die EFTA-Staaten (und damit auch die Schweiz) mit einer Reihe von Drittstaaten abgeschlossen haben, wie zB mit Mexiko, Singapur, Chile und Südkorea, die großteils die Bestimmungen des GATS als formale Basis haben. Lediglich für die Finanz- und Telekommunikationsdienstleistungen gelten spezielle Bestimmungen.[126]

3.3.3. Bilaterale I (1999)

Nachdem das Schweizer Volk den Beitritt zum EWR am 6. Dezember 1992 abgelehnt hatte,[127] verfolgte die Schweiz ihre Interessen den Europäischen Gemeinschaften gegenüber auf dem „**bilateralen Weg**", dh durch „maßgeschneiderte" bilaterale Abkommen in klar abgegrenzten Bereichen.[128] Dementsprechend konnte sie nach mehrjährigen Verhandlungen am 21. Juni 1999 in Luxemburg folgende sieben bilaterale Abkommen (sog **Bilaterale I**)[129] – in erster Linie klassische

---

124 Vgl VO (EG) Nr 3697/93 des Rates vom 20. Dezember 1993 über die Rücknahme von Zollzugeständnissen gem Art 23 Abs 2 und Art 27 Abs 3 lit a des FHA zwischen der Gemeinschaft und Österreich (General Motors Austria), ABl 1993 L 343 S 1 ff (vgl dazu auch das Urteil des EuG in der Rs T-155/94, Opel Austria/Rat, Slg 1997, II-39 ff); VO (EG) Nr 317/94 des Rates vom 20. Dezember 1993 über die Rücknahme von Zollzugeständnissen gem Art 23 Abs 2 und Art 27 Abs 3 lit a des FHA zwischen der Gemeinschaft und Österreich (Grundig Austria GmbH), ABl 1994 L 41 S 18 ff.

125 Vgl dazu *Hummer,* Wie sich die Bilder (nicht) gleichen. Interpretationsprobleme der Freihandelsabkommen Österreichs und der Schweiz mit der E(W)G (1972), in Bammer/Holzinger/Vogl/Wenda (Hrsg), Rechtsschutz – gestern – heute – morgen, FS Matscher (2007) (im Erscheinen).

126 Vgl *Pauletto* (FN 82) 16.

127 Vgl *Hummer* (FN 19) 105.

128 Für eine Gegenüberstellung der Vor- und Nachteile des EWR-Vertrages, eines EG-Beitritts und eines Alleingangs der Schweiz siehe *Hauser/Bradke,* EWR-Vertrag, EG-Beitritt, Alleingang. Wirtschaftliche Konsequenzen für die Schweiz (1991).

129 Text und Botschaft zu den Bilateralen I, BBl 1999, 6489 ff.

Marktöffnungsverträge[130] - mit der EG unterzeichnen,[131] die am 1. Juni 2002 in Kraft[132] traten:

- **Personenfreizügigkeit,**
- **technische Handelshemmnisse,**
- **öffentliches Beschaffungswesen,**
- **Luftverkehr,**
- **Landverkehr,**
- **Landwirtschaft** sowie
- **Forschung.**

Diese sieben „sektoriellen Abkommen“ der Bilateralen I ergänzen das im Wesentlichen auf den klassischen Warenverkehr beschränkte Freihandelsabkommen (1972) durch eine schrittweise und kontrollierte Marktöffnung in weiteren Bereichen.[133]

Durch ihren Beitritt zur EU am 1. Mai 2004 übernahmen die zehn neuen EU-Mitgliedstaaten den gemeinschaftlichen „acquis“, einschließlich der Bilateralen I, wodurch diese auch auf die neuen Mitgliedstaaten ausgedehnt wurden. Für sechs der sieben Bilaterale I sowie für das Freihandelsabkommen (1972) erfolgte die Ausdehnung aufgrund des völkerrechtlichen Grundsatzes der **„beweglichen Vertragsgrenzen“**[134] automatisch.

Lediglich das „gemischt“[135] von der EG und ihren fünfzehn Mitgliedstaaten abgeschlossene Personenfreizügigkeits-Abkommen[136] war Gegenstand neuer Ver-

---

130 Lediglich das Forschungsabkommen enthält keine eigentliche wirtschaftliche Marktöffnungsdimension; vgl allgemein *Puffer,* Die Bilateralen Abkommen zwischen der Schweiz und der EU unter besonderer Berücksichtigung des Luft- und Landverkehrs, Diss Universität Innsbruck (2003).

131 Die Ratifikation seitens der Schweiz erfolgte am 16. Oktober 2000, nachdem das Schweizer Volk sie vorgängig in der Abstimmung vom 21. Mai 2000 mit 67,2% Ja-Stimmen gutgeheißen hatte. Seitens der EG und ihren Mitgliedstaaten waren mehrere Ratifikationsschritte notwendig, die am 4. April 2002 ihren Abschluss fanden.

132 Vgl *Kaufmann,* Die bilateralen Abkommen mit der EU, NZZ vom 21. Juni 2000.

133 Vgl dazu ua *Hummer* (FN 19) 104 ff; *Lautenberg,* Les accords bilatéraux vus de Bruxelles, in Accords bilatéraux Suisse - UE (Commentaires) (2001) 21 ff.

134 Vgl dazu *Seidl-Hohenveldern/Hummer,* Die Staaten, in Neuhold/Hummer/Schreuer (Hrsg), Österreichisches Handbuch des Völkerrechts, Bd 1-Textteil[4] (2004) 159 Rn 815.

135 Vgl dazu *Neuwahl,* Joint Participation in International Treaties and the Exercise of Power by the EEC and Its Member States: Mixed Agreements, CMLR 1991, 717 ff.

handlungen, die am 26. Oktober 2004 in die Unterzeichnung eines **(Zusatz-)Protokolls**[137] mündeten, in dem die beiden Parteien für die neuen EU-Mitgliedstaaten ein Übergangsregime vereinbarten, das Übergangsfristen bis zum 30. April 2011 vorsieht, innerhalb derer arbeitsmarktliche Beschränkungen (Inländervorrang, Lohnkontrolle etc) beibehalten werden können. Am 25. September 2005 entschied sich das Schweizer Volk in einem Referendum für die Ausdehnung der Personenfreizügigkeit auf die zehn neuen EU-Staaten.[138] Das Protokoll zum Abkommen über die Personenfreizügigkeit trat am 1. April 2006 in Kraft.[139]

3.3.4. Dienstleistungsregelung in den Bilateralen I

3.3.4.1. Art 5 Personenfreizügigkeits-Abkommen samt Anhang I

Dienstleistungsaspekte sind in den Bilateralen I an sich in den Abkommen über die Personenfreizügigkeit,[140] den Luftverkehr[141], den Landverkehr[142] und das

[136] Abkommen zwischen der Europäischen Gemeinschaft und ihren Mitgliedstaaten einerseits und der Schweizerischen Eidgenossenschaft andererseits über die Freizügigkeit, vom 21. Juni 1999, ABl 2002 L 114 S 6 ff; SR 0.142.112.681; AS 2002, 1529 ff; daneben hat die Schweiz auch mit den EFTA-Staaten ein solches Personenfreizügigkeits-Abkommen abgeschlossen.

[137] Vgl dazu den Beschluss des Rates vom 27. Februar 2006 über den Abschluss – im Namen der Europäischen Gemeinschaft und ihrer Mitgliedstaaten – eines Protokolls zu dem Abkommen zwischen der Europäischen Gemeinschaft und ihren Mitgliedstaaten einerseits und der Schweizerischen Eidgenossenschaft andererseits über die Freizügigkeit im Hinblick auf die Aufnahme der Tschechischen Republik, der Republik Estland, der Republik Zypern, der Republik Lettland, der Republik Litauen, der Republik Ungarn, der Republik Malta, der Republik Polen, der Republik Slowenien und der Slowakischen Republik als Vertragsparteien infolge ihres Beitritts zur Europäischen Union, ABl 2006 L 89 S 28 ff.

[138] Vgl Integrationsbüro EDA/EVD (Hrsg), Übersicht Bilaterale Abkommen II, Juni 2005; <http://www.europa.admin.ch> (01.12.2007).

[139] BBl 2004, 5891, 5943, SR 0.142.392.68.

[140] Vgl FN 136.

[141] SR 0.748.127.192.68. Seit Juni 2002 regelt das Luftverkehrsabkommen die Dienstleistungsfreiheit und die Niederlassungsfreiheit für Fluggesellschaften aus der Schweiz aus der Schweiz und der EU. Einschränkungen gibt es nur bei Inlandflügen durch ausländische Gesellschaften.

[142] SR 0.740.72. Das Landverkehrsabkommen eröffnet der Schweiz Zugangsmöglichkeiten zum EU-Schienennetz sowie Schweizer LKW auf den Straßen ähnliche Marktzutrittsbedingungen wie EU-Frächtern. Ausgenommen davon ist lediglich die Kabotage von Personen, nicht aber die von Gütern.

Öffentliche Beschaffungswesen[143] enthalten,[144] von denen aber lediglich das über die Personenfreizügigkeit von größerer sachlicher Relevanz ist.

Im Rahmen der Verhandlungen der Bilateralen I war die Abgleichung zwischen der Personenfreizügigkeit und der Dienstleistungsfreiheit – die formell nicht Gegenstand der Gespräche war – in manchen Bereichen schwierig. So sieht das Luftverkehrsabkommen ausdrücklich vor, dass die freie Dienstleistungserbringung durch die Bestimmungen über die Freizügigkeit von Personen nicht beeinträchtigt werden dürfe. Im Personenfreizügigkeits-Abkommen erreichte man schließlich einen – rechtsdogmatisch nicht sehr sauberen – Kompromiss, in dem man neben der Freizügigkeit auch eine zeitlich beschränkte Dienstleistungserbringung liberalisierte.[145] Ein weiteres Problem besteht in diesem Zusammenhang darin, dass gem Art 16 Abs 2 des Personenfreizügigkeits-Abkommens nur die bis zur Unterzeichnung des Abkommens am 21. Juni 1999 ergangene Judikatur des EuGH verbindlich einbezogen wurde, nicht aber die spätere Rechtsprechung. Trotz der Ermächtigung, die Auswirkungen späterer Urteile verbindlich festzustellen, sind Unterschiede nach diesem Zeitpunkt zumindest möglich.[146]

Dementsprechend wird gem Art 5 Abs 1 **Personenfreizügigkeits-Abkommen** *„einem Dienstleistungserbringer einschließlich Gesellschaften gemäß Anhang I das Recht eingeräumt, Dienstleistungen im Hoheitsgebiet der anderen Vertragspartei zu erbringen,*

---

143 SR 0.172.052.68. Das Abkommen sieht vor, dass die öffentliche Hand Dienstleistungen, Güter oder Bauaufträge ab einem bestimmten Schwellenwert entsprechend ausschreiben muss. Zentrale Regelungsbereiche sind dabei die nicht-diskriminierende Gleichbehandlung aller Anbieter, transparente Ausschreibeverfahren und ein Rekursrecht gegen (rechtswidrige) Zuschlagserteilungen.

144 Dazu kommt noch das am 10. Oktober 1989 zwischen der Schweizerischen Eidgenossenschaft und der EWG abgeschlossene Abkommen im Bereich der Direktversicherung mit Ausnahme der Lebensversicherung (SR 0.961.1.), das im Jahre 1992 in Kraft getreten ist. Gem diesem Abkommen können schweizerische Direktversicherer (mit Ausnahme der Lebens- und Rückversicherer) in jedem EU-Mitgliedstaat eine Zweigniederlassung oder Agentur errichten und dürfen dabei nicht schlechter gestellt werden als ihre EU-Konkurrenten; vgl dazu allgemein *Künzle,* Dienstleistungsfreiheit und schweizerische Versicherungsunternehmen in der EG (1991).

145 *Zosso,* La Suisse: un pays de services, Secrétariat d´Etat à l´économie (seco) (2005) 1: *„[...] l´accord sur la libre circulation des personnes touche marginalement la libéralisation des services“.*

146 Referat von *Christine Kaddous* auf der 8. ECSA-Tagung vom 30. Juni bis 1. Juli 2006 in Heidelberg zum Thema „Die Schweiz und Europa“, zitiert in *Baudisch/Gäbler,* Lehren einer flexiblen Integrationspolitik: Das Verhältnis der Schweiz zur Europäischen Integration, integration 1/07, 85.

deren tatsächliche Dauer 90 Arbeitstage pro Kalenderjahr nicht überschreitet". Einem solchen Dienstleistungs**erbringer** wird in Abs 2 das Einreise- und Aufenthaltsrecht im Hoheitsgebiet der jeweils anderen Vertragspartei eingeräumt. Abs 3 bezieht sich hingegen auf natürliche Personen als Dienstleistungs**empfänger** und räumt ihnen, solange sie nur Staatsangehörige der Schweiz oder eines Mitgliedstaates der EU sind, das Einreise- und Aufenthaltsrecht ein.

Die Bestimmungen der Art 17 bis 23 im Anhang I „Freizügigkeit" zum Personenfreizügigkeits-Abkommen gestalten in der Folge die Modalitäten für die Liberalisierung dieser grenzüberschreitenden Dienstleistung durch (a) Dienstleistungs**erbringer** weiter aus, reglementieren aber auch einige Aspekte der Konsumation von Dienstleistungen durch (b) Dienstleistungs**empfänger**.

Ad (a). Im Einzelnen werden durch diese Bestimmungen Dienstleistungs**erbringern** folgende Rechte gewährleistet:[147]

1. Einem Dienstleistungserbringer – der eine natürliche[148] (oder auch eine juristische) Person[149] sein kann – steht das Recht zu, Dienstleistungen im Hoheitsgebiet der anderen Vertragspartei zu erbringen, sofern deren tatsächliche Dauer 90 Arbeitstage pro Kalenderjahr nicht überschreitet (Art 5 Abs 1 iVm Art 17, 21 Anhang I);
2. Dem Dienstleistungserbringer und den von ihm beschäftigten Arbeitnehmern, die – unabhängig von ihrer Staatsangehörigkeit – in den regulären Arbeitsmarkt einer Vertragspartei integriert sind – steht für die Dauer der Erbringung der Dienstleistung ein Aufenthaltsrecht im Aufnahmestaat zum Zweck der Erbringung der Dienstleistung zu (Art 5 Abs 2 iVm Art 17 lit b sublit ii und Art 20 Anhang I);
3. In Art 19 Anhang I über die Freizügigkeit ist ein (allgemeines) Diskriminierungsverbot aus Gründen der Staatsangehörigkeit hinsichtlich der Dienstleistungserbringung im Verhältnis zu eigenen Staatsangehörigen enthalten;

---

147 Vgl *Essers,* Das Freizügigkeitsabkommen Schweiz EG: Auswirkungen auf die Berufe der Humanmedizin, Diss Universität Freiburg (2002) 53 ff; *Grossen/de Palézieux,* Abkommen über die Freizügigkeit, in Thürer/Weber/Zäch (Hrsg), Bilaterale Verträge Schweiz – EG. Ein Handbuch (2002) 124 ff; *Epiney/Meier/Mosters* (FN 16) 167.

148 Für eine Einschränkung nur auf natürliche Personen siehe Integrationsbüro EDA/EVD (Hrsg), Personenverkehr, Oktober 2005, 14; <http://www.europa.admin.ch> (01.12.2007); Integrationsbüro EDA/EVD (Hrsg), Bilaterale Abkommen I. Schweiz-Europäischer Union von 1999, Fact sheets, Bern Ausgabe 2/2005, 15, 19; <http://www.europa.admin.ch> (01.12.2007).

149 Dies nehmen *Epiney/Meier/Mosters* (FN 16) 167 an.

4. In Bezug auf die Beschäftigungsbedingungen von „entsandten Arbeitnehmern" wird auf die sog „Entsende-Richtlinie 96/71/EG"[150] verwiesen (Art 22 Abs 2 Anhang I);
5. Tätigkeiten, die die Ausübung hoheitlicher Befugnisse beinhalten, sind von der Anwendung der die Dienstleistungsfreiheit betreffenden Bestimmungen des Anhangs I ausgenommen (Art 22 Abs 1 Anhang I);
6. Eine Beschränkung der Dienstleistungsfreiheit ist aus zwingenden Gründen des Allgemeinwohls möglich und kann damit gerechtfertigt werden (Art 22 Abs 4 Anhang I), wobei – entsprechend der ständigen Judikatur des EuGH – der Verhältnismäßigkeitsgrundsatz zu beachten ist;

Ad (b). Dienstleistungs**empfänger** – wobei hier zweifelsfrei nur natürliche Personen erfasst sind – können in einen anderen Vertragsstaat zum Empfang einer Dienstleistung problemlos einreisen und sich dort grundsätzlich auch beliebig lange aufhalten. Für Aufenthalte von höchstens drei Monaten benötigt der Dienstleistungsempfänger keine Aufenthaltserlaubnis, für Aufenthalte von mehr als drei Monaten erhält er eine Aufenthaltserlaubnis, deren Gültigkeitsdauer der Dauer der Dienstleistung entspricht. Der Dienstleistungsempfänger kann während der Dauer seines Aufenthalts von der Sozialhilfe ausgeschlossen werden (Art 5 Abs 3 iVm Art 23 Anhang I).[151]

Durch diese Bestimmungen werden eine Reihe von Fragen aufgeworfen, die hier aber nur kurz angesprochen werden können.

1. Aus Art 16 Abs 2 des Personenfreizügigkeits-Abkommens geht wohl hervor, dass sowohl der Begriff der „Dienstleistung" als auch der der „Ausübung hoheitlicher Befugnisse" uam in ihrem gemeinschaftsrechtlichen Sinn zu verstehen sind; dasselbe dürfte auch für die Anforderungen an die Rechtfertigung von Beschränkungen gelten.[152]
2. Was den Umfang der Dienstleistungsfreiheit betrifft, so umfasst er nach herrschender Ansicht[153] sowohl die **aktive** und die **passive** wie auch die sog personenunabhängige Dienstleistungserbringung, die in der Schweiz als „**Korres-**

150 ABl 1997 L 18 S 1 ff.

151 Vgl dazu *Kahil-Wolff,* Das Freizügigkeitsabkommen Schweiz – EU: Auswirkungen auf die soziale Sicherheit, ecolex 2006, 348 ff.

152 *Epiney/Meier/Mosters* (FN 16) 168.

153 Vgl *Breitenmoser/Isler,* Der Rechtsschutz im Personenfreizügigkeitsabkommen zwischen der Schweiz und der EG sowie den EU-Mitgliedstaaten, AJP 2002, 1012; *Maritz,* Der Dienstleistungsverkehr im Abkommen über die Freizügigkeit, in Felder/Kaddous (Hrsg), Bilaterale Abkommen Schweiz – EU (2001) 336 f.

pondenzdienstleistung" bezeichnet wird.[154] Anhaltspunkte dafür, dass in diesem Zusammenhang die Dienstleistungen **„als solche"** liberalisiert werden sollen, werden von der einschlägigen Literatur in einer Reihe von Bestimmungen des Personenfreizügigkeits-Abkommens gesehen: so spricht zum einen Art 19 Anhang I davon, dass der Dienstleistungserbringer seine Tätigkeit „ausüben" kann; Art 5 Abs 1 Personenfreizügigkeits-Abkommen wiederum räumt Dienstleistungserbringern das Recht ein, Dienstleistungen im Hoheitsgebiet der anderen Vertragspartei zu erbringen und Art 5 Abs 2 Personenfreizügigkeits-Abkommen spricht von einem „Aufenthalts**recht**" und nicht einer **-pflicht** des Dienstleistungserbringers, sich auf das Territorium der anderen Vertragspartei zu begeben.[155] Wenngleich diese Argumente allesamt nicht völlig überzeugend sind, so darf doch davon ausgegangen werden, dass alle drei Formen der Dienstleistungserbringung von Art 5 Personenfreizügigkeits-Abkommen iVm Anhang I erfasst sind.

3. Was die **passive** Dienstleistungsfreiheit betrifft, so ist sie gem dem Wortlaut des Personenfreizügigkeits-Abkommens samt seinem Anhang (Art 5 Abs 3 iVm Art 23 Anhang I) wohl umfassend gewährleistet und unterliegt keinen sektoriellen und zeitlichen Beschränkungen. Von grundlegender Bedeutung ist diese Aussage vor allem für **medizinische** Dienstleistungen, deren Konsumation durch einen Angehörigen eines Vertragsstaates im Hoheitsgebiet eines anderen Vertragsstaates unter die Garantie des Art 5 Abs 3 Personenfreizügigkeits-Abkommen fällt.[156]
4. Was die Anwendung der vorerwähnten „90-Tage-Regel" betrifft, so ergibt sich deren genaue Tragweite nicht eindeutig aus dem Personenfreizügigkeits-Abkommen selbst, sondern muss systematisch erschlossen werden. Es spricht vieles dafür, diese Regelung nur auf die **aktive** Dienstleistungsfreiheit und nicht auf die passive sowie die Korrespondenzdienstleistungen zu beziehen. Bei der Berechnung der „90-Tage-Frist" dürfte auf den einzelnen Dienstleistungserbringer abzustellen sein.[157]
5. Falls sich aber die „90-Tage-Regel" nur auf die aktive Dienstleistungserbringung mit Aufenthalt in einem anderen Staat, nicht jedoch auf Korrespondenz-

---

[154] *Breitenmoser,* Der bilaterale Weg der Schweiz gegenüber der EU wird schwieriger, Die Volkswirtschaft. Das Magazin für Wirtschaftspolitik 9-2004, 37 ist hingegen der Ansicht, dass das Freizügigkeitsabkommen nur *personenabhängige* Dienstleistungen erfasst.

[155] *Epiney/Meier/Mosters* (FN 16) 169.

[156] *Maritz* (FN 153) 343 f; *Epiney/Meier/Mosters* (FN 16) 169.

[157] *Epiney,* Das Abkommen über die Personenfreizügigkeit - Überblick und ausgewählte Aspekte, in Achermann/Epiney/Kälin/Son Ngyen (Hrsg), Jahrbuch für Migrationsrecht 2004/2005, 62 ff.

dienstleistungen bezieht, dann wäre dies vor allem für **Versicherungen** von großer Bedeutung, wenngleich in diesem Zusammenhang wieder die Ausnahme des Art 22 Abs 3 lit ii) Personenfreizügigkeits-Abkommens zu beachten ist, gem derer **Finanzdienstleistungen** – für die im Hoheitsgebiet einer Vertragspartei eine vorherige Genehmigung erforderlich ist und deren Erbringer der Aufsicht der Behörden dieser Vertragspartei unterliegen – **nicht liberalisiert** sind.

In diesem Zusammenhang verdient das jüngst ergangene Urteil des EuGH in der Rs C-452/04, Fidium Finanz AG gegen Bundesanstalt für Finanzdienstleistungsaufsicht,[158] Beachtung, in dem der EuGH die Anwendbarkeit des Personenfreizügigkeits-Abkommens hinsichtlich seines Dienstleistungsaspekts zwar ins Auge fasst, aber zugleich feststellt, dass dieses *„zum Zeitpunkt der im Ausgangsverfahren maßgebenden Ereignisse [...] noch nicht in Kraft getreten war“* (Rn 26). Auf der anderen Seite vertrat GA *Dámaso Ruiz-Jarabo Colomer* in seinen Schlussanträgen in der Rs C-339/05, Zentralbetriebsrat der Landeskrankenhäuser Tirols/Land Tirol, vom 6. Juni 2006[159] wiederum die Ansicht, dass eine Anrechnung von Beschäftigungszeiten in der Schweiz, die **vor dem In-Kraft-Treten** des Personenfreizügigkeits-Abkommen erworben wurden, durch österreichische Krankenanstalten sehr wohl hätte vorgenommen werden müssen.

3.3.4.2. Übergangsregelung für die Dienstleistungsfreiheit und Ausweitung derselben auf die neuen EU-Mitgliedstaaten

Für die ersten beiden Jahre, dh vom 1. Juni 2002 bis zum 1. Juni 2004, unterlag diese Dienstleistungserbringung noch dem Inländervorrang und der Bewilligungspflicht, danach wurden diese Beschränkungen abgeschafft und lediglich eine vorgängige Meldepflicht angeordnet – allerdings nur für diejenigen Dienstleistungserbringer, die innerhalb eines Kalenderjahres mehr als acht Tage in der Schweiz erwerbstätig sind. Lediglich bei Dienstleistungen im Bereich des Bau- und Baunebengewerbes, des Gast- und Reinigungsgewerbes in Betrieben und Haushalten sowie des Überwachungs- und Sicherheitsdienstes hat die Meldung

158 EuGH, Rs C-452/04, Fidium Finanz AG/Bundesanstalt für Finanzdienstleistungsaufsicht, Slg 2006, I-9521; vgl dazu *Tobler*, Die Fidium Finanz-Entscheidung des EuGH: ein Vorbote der Luxemburger Rechtsprechung zum bilateralen Recht? SZIER 4/2006, 397 ff.

159 Das Vorabentscheidungsersuchen vom 22. Juni 2005 (ABl 2005 C 281 S 9) wurde durch Beschluss des Präsidenten der Zweiten Kammer des EuGH vom 4. August 2006 aus dem Register der anhängigen Rechtssachen gestrichen (ABl 2006 C 294 S 35).

über die Aufnahme der Tätigkeit unabhängig von der Dauer des Einsatzes, dh vom ersten Tag an, zu erfolgen.

Im Jahre 2005 waren in der Schweiz rund 92.830 Unionsbürger als grenzüberschreitende Dienstleistungserbringer – iSv Kurzaufenthaltern bis zu maximal 90 Tagen – tätig, wovon 44% sich weniger als 30 Tage in der Schweiz aufhielten. In der Periode vom Juni 2004 bis zum Mai 2005 wurde im Rahmen der grenzüberschreitenden Dienstleistungserbringung bis zu 90 Tagen ein Arbeitsvolumen von ca 9.400 Vollzeitarbeitskräften erbracht, was rund 0,3% des jährlichen Arbeitsvolumens der Schweiz entspricht.

Für die **neuen EU-Mitgliedstaaten** sind im vorerwähnten Zusatzprotokoll (2004) zum Personenfreizügigkeits-Abkommen[160] folgende Arbeitsmarktbeschränkungen vorgesehen: Die grenzüberschreitende Dienstleistungserbringung durch natürliche Personen wird in den Bereichen Bau- und Baunebengewerbe, Gebäudereinigung, Gärtnerei und Sicherheit bis zum 30. April 2011 dem Inländervorrang, der Kontrolle der Lohn- und Arbeitsbedingungen und dem im Schweizer Recht vorgesehenen Qualifikationserfordernis unterstellt.[161] Dazu kommt eine Ausweitung des Kontingents für Kurzaufenthalter von 15.800 (2006/2007) auf 29.000 (2010/2011) Personen.

3.3.4.3. Diplomanerkennung

Für die Erbringung von Dienstleistungen ist die Regelung der sog „Diplomanerkennung" von vitaler Bedeutung. Diesbezüglich sieht **Art 9 Personenfreizügigkeits-Abkommen** (1999) vor, dass die Vertragsparteien gem den Bestimmungen des Anhangs III des Abkommens die erforderlichen Maßnahmen zur gegenseitigen Anerkennung der Diplome, Zeugnisse und sonstigen Befähigungsnachweise zu treffen haben. Dieses Diplomanerkennungssystem gilt nur für sogenannte „**reglementierte Berufe**", deren Ausübung in einem Land vom Besitz eines „**Diploms**" abhängig gemacht wird. Für sieben Berufe – Ärzte, Zahnärzte, Tierärzte, Apotheker, Pflegepersonal in allgemeiner Pflege, Hebammen und Architekten – gilt die „automatische Anerkennung" ohne Prüfung der Ausbildungsinhalte. Für die restlichen reglementierten Berufe findet jeweils eine Gleichwertigkeitsprüfung durch den Aufnahmestaat statt. Diese auf dem Grundsatz der Nichtdiskriminierung beruhende Regelung des Personenfreizügigkeits-Abkommens wird

[160] Vgl dazu FN 136.

[161] Vgl Integrationsbüro EDA/EVD (Hrsg), Bilaterale Abkommen I Schweiz-Europäische Union von 1999, Ausgabe 2/2005, 19.

durch eine gesetzliche Regelung parallelisiert, nämlich das **Bundesgesetz über die Berufsbildung**, das auf dem Grundsatz der Gleichwertigkeit beruht.[162]

Zur Konsolidierung des komplizierten Systems der Diplomanerkennung hat die Europäische Kommission bereits 2002 einen Richtlinienvorschlag vorgelegt,[163] der allerdings erst durch die **Richtlinie 2005/36/EG des Europäischen Parlaments und des Rates vom 7. September 2005 über die Anerkennung von Berufsqualifikationen**[164] konkretisiert wurde. Über das Personenfreizügigkeits-Abkommen dürfte diese Richtlinie mit der Zeit auch in der Schweiz Wirkung entfalten.[165] Präzisierend muss in diesem Zusammenhang jedoch festgehalten werden, dass rechtlich verbindliche Wirkungen für die Schweiz erst ab einer in gegenseitigem Einvernehmen erfolgten Übernahme eines entsprechenden Sekundärrechtsaktes der EG in das Abkommen eintreten. Die Gespräche über die Übernahme der Richtlinie 2005/36/EG sind zur Zeit im Gange.

3.3.5. Ein eigenes Abkommen zur Liberalisierung von Dienstleistungen?

3.3.5.1. Materielle Fragen

Im Wissen darum, dass diese „Verlegenheitslösung“ der Einbettung der **Dienstleistungsfreiheit** in ein Abkommen über die **Personenfreizügigkeit** keine dauerhafte sein könne, einigte sich die Schweiz mit der EG in einer **„Gemeinsamen Erklärung“** in der Schlussakte der Bilateralen I (1999) aber darauf, *„sobald als möglich Verhandlungen über eine allgemeine Liberalisierung der Dienstleistungserbringung auf der Basis des ‚acquis communautaire‘ einzuleiten“*.[166] In der Folge kam es auch im Rahmen der Bilateralen II-Verhandlungen im Juni 2002 zur Aufnahme von entsprechenden Gesprächen, die aber – nach vier ergebnislosen Verhandlungsrunden (zwischen 15. Juli 2002 und 23. März 2003) – vom Rest der Bilateralen II entkoppelt wurden. Mitte des Jahres 2003 wurden die Gespräche dann im gegenseitigen Einvernehmen unterbrochen, obwohl der Schweizer Bundesrat *Joseph*

---

162 Vgl dazu *Papaux/Berthoud,* Diplomanerkennung zwischen der Schweiz und der EU, Die Volkswirtschaft 6/2005, 43.

163 Vorschlag für eine Richtlinie des Europäischen Parlaments und des Rates über die Anerkennung von Berufsqualifikationen, KOM(2002) 119 endg.

164 ABl 2005 L 255 S 22 ff.

165 Vgl dazu *Balastèr,* Liberalisierung der Dienstleistungen in der Schweiz im Vergleich zur EU, Die Volkswirtschaft 6/2004, 11.

166 Vgl dazu *Zosso* (FN 145) 12.

Deiss und Kommissar *Pascal Lamy* auf ihrem Treffen im März 2003 in Brüssel noch auf die Notwendigkeit der Fortsetzung der Gespräche hingewiesen hatten.

Der Grund für den Unterbruch der Verhandlungen waren eine Reihe offener Fragen, bei denen sich die Verhandlungspartner nicht einig werden konnten, wie zB der Umfang der Übernahme des Gemeinschaftsrechts („acquis communautaire")[167], die Frage der öffentlichen Dienstleistungen, das Wettbewerbs- und Gesellschaftsrecht, Fragen des Finanzplatzes Schweiz sowie die eventueller Mitentscheidungsrechte bei der Entwicklung von zukünftigen Regeln in diesem Bereich.[168] Auch über die Geschwindigkeit der Liberalisierung gewisser Infrastrukturbereiche, wie zB Energie, Postdienste, Telekommunikation, waren sich die Unterhändler nicht einig. Weitere Probleme zeichneten sich in der Frage der Beibehaltung des Gebäudeversicherungsmonopols,[169] das in der Mehrheit der Kantone nach wie vor besteht, sowie auch der Privilegien der Kantonalbanken ab, die durch Staatsgarantien gestützt werden.[170]

Das Schweizer Interesse an einer Fortführung der Verhandlungen bestand aber weiter, da zum einen die Gefahr abgewendet werden musste, dass die EG retorsiv – zB als Reaktion auf eine mögliche basisdemokratische Ablehnung der Ausdehnung des Personenfreizügigkeits-Abkommens auf die neuen Mitgliedstaaten im September 2005 – Schweizer Dienstleistungserbringer im Binnenmarkt diskriminieren könnte. Zum anderen wurde aber auch ein pragmatisches, innenpolitisches Argument ins Treffen geführt, nämlich dass die Öffnung des Schweizer Binnenmarktes wohl nur über Druck von außen erreicht werden könnte. Alle bisherigen Versuche zur Liberalisierung der Netzwerkdienstleistungen, wie zB Post, Telekom, Energie und Bahn sowie die Abschaffung der kantonalen Monopole bei den Gebäudeversicherungen waren nämlich innenpolitisch bisher nicht durchsetzbar gewesen. In letzter Zeit begannen die Fronten aber, wie vorstehend bereits ausge-

---

167 Diesbezüglich stellte *Christa Tobler* in ihrem Referat auf der 8. ECSA-Tagung vom 30. Juni bis 1. Juli 2006 in Heidelberg die These auf, *„dass auch Jahrzehnte nach Inkrafttreten des Freihandelsabkommens und vier Jahre nach Inkrafttreten der Bilateralen I in wichtigen Punkten noch unklar sei, was eigentlich zum acquis gehöre"*; *Baudisch/Gäbler*, Lehren einer flexiblen Integrationspolitik: Das Verhältnis der Schweiz zur Europäischen Union, integration 1/07, 38 f.

168 Schweizerischer Bundesrat (Hrsg), Europabericht 2006 (FN 99) 13, 72.

169 Vgl Regierungsrat des Kantons Zürich (Hrsg), Zürich und Europa (2006) 93; *Balastèr* (FN 165) 11.

170 Schweizerischer Bundesrat (Hrsg), Europabericht 2006 (FN 99) 72.

führt,[171] aufzuweichen und es kam zu ersten einschlägigen Liberalisierungsschritten.

3.3.5.2. Formelle Fragen

Als ein ganz besonderes rechtstheoretisches Problem wäre in diesem Zusammenhang auf die Frage der Auslegung „**autonomer**" und „**gemeinschaftsrechtlicher**" Begrifflichkeiten in einem solchen bilateralen Abkommen zu verweisen.[172] Während „autonome" Bestimmungen gem Art 31 Abs 1 Wiener Vertragsrechtskonvention (WVK) (1969) nach ihrer „gewöhnlichen Wortbedeutung" auszulegen sind, haben gemeinschaftsrechtlich besetzte Begriffe einen „semantic overload", der in der Regel mit der Judikatur des EuGH verbunden ist.

Allein aus der Verwendung identer (gemeinschaftsrechtlicher) Begriffe in einem solchen völkerrechtlichen bilateralen Abkommen folgt aber nicht automatisch derselbe Bedeutungsinhalt, da sich vor allem Ziel und Zweck des Binnenmarktes und eines solchen Vertrages prinzipiell unterscheiden. Aus dieser Ziel- und Zweckdivergenz folgt aber schlüssig die Konsequenz einer „**unterschiedlichen Bedeutung identer Begriffe**" – da sich die Interpretation gem Art 31 Abs 1 WVK (1969) eben auch „an Ziel und Zweck" eines Vertrages zu orientieren hat. Die Finalität einer Bestimmung darf aber niemals die „Wortlautschranke" der Kernbedeutung des „ordinary meaning" überschreiten.

In diesem Sinn hat auch der EuGH im Hinblick auf Assoziationsabkommen mehrfach festgestellt, dass mit dem Gemeinschaftsrecht wörtlich übereinstimmende völkervertragsrechtliche Bestimmungen nicht zwingend parallel zu ihrer gemeinschaftsrechtlichen Bedeutung auszulegen sind.[173] Auf der anderen Seite können völkerrechtliche Verträge aber auch dieselben Zielsetzungen wie gemeinschaftsrechtliche Regelungen verfolgen, sodass für diese Fälle wiederum vom gegensätzlichen Grundsatz der „**parallelen Auslegung**" auszugehen ist.[174]

---

171 Vgl dazu vorstehend auf S 105.

172 Vgl *Epiney/Meier/Mosters* (FN 16) 185 ff.

173 Vgl EuGH, Rs 270/80, Polydor, Slg 1982, 329 ff; EuGH, Rs 104/81, Kupferberg, Slg 1982, 3663; EuGH, Rs C-149/96, Portugal/Rat, Slg 1999, I-8395; EuGH, Gutachten 1/91, EWR I, Slg 1991, I-6049.

174 EuGH, Rs C-312/91, Metalsa, Slg 1993, I-3751; *Epiney/Meier/Mosters* (FN 16) 187; vgl dazu *Hummer* (FN 125).

3.3.6. Bilaterale II (2004)

Nach Abschluss der Bilateralen I war die Europäische Kommission grundsätzlich skeptisch gegenüber der Aufnahme neuer Verhandlungen mit der Schweiz. Dass sie trotzdem zur Eröffnung einer neuen Verhandlungsrunde bereit war, lag daran, dass die EG ihrerseits zwei wichtige Anliegen an die Schweiz hatte: die Schweiz sollte einerseits in das von der EG geplante System der grenzüberschreitenden Zinsbesteuerung und andererseits auch in die Betrugsbekämpfung im Bereich der indirekten Steuern eingebunden werden.

Die Schweiz erklärte sich zu diesen Verhandlungen bereit, stellte aber ihrerseits drei Bedingungen:

1. über die beiden von der EG gewünschten Dossiers hinaus sollten noch weitere Verhandlungen geführt werden und zwar über die Beteiligung der Schweiz an „Schengen/Dublin"[175] sowie über die sieben „left overs" aus dem Bilateralen I: Verarbeitete Landwirtschaftsprodukte, Statistik, Umwelt, Medien, Bildung, Ruhegehälter von EU-Beamten und Dienstleistungen;
2. die Verhandlungen sollten parallel geführt und gemeinsam abgeschlossen werden und
3. das Schweizer Bankgeheimnis müsse gewahrt werden.[176]

Ab dem 17. Juni 2002 wurde zwischen der Schweiz und der EG dementsprechend in zehn Dossiers parallel verhandelt, über die am 19. Mai 2004 politisches Einvernehmen erzielt werden konnte. In der Folge konnten die neun **Bilateralen II**[177] am 26. Oktober 2004 in Luxemburg unterzeichnet werden. Acht davon sind bilaterale völkerrechtliche Abkommen, nämlich die Abkommen über

- **Verarbeitete Landwirtschaftsprodukte,**[178]
- **Statistik,**[179]
- **Ruhegehälter von EU-Beamten (Vermeidung von Doppelbesteuerung),**[180]
- **Umwelt,**[181]

---

[175] Vgl dazu nachstehend auf S 125, 132 f.

[176] Vgl dazu das Monatsthema: Bilaterale Abkommen II, Die Volkswirtschaft 9/2004.

[177] Text und Botschaft zu den Bilateralen II, BBl 2004, 5965 ff; *Schwok/Bloetzer,* Annäherung statt Mitgliedschaft? Die Schweiz und die EU nach den zweiten bilateralen Abkommen, integration 3/05, 206 ff.

[178] SR 0.632.401.23.

[179] SR 0.431.026.81; am 1. Jänner 2007 in Kraft getreten, vgl dazu Die Schweiz wird statistisch sichtbar, in NZZ vom 10. Januar 2007, 15.

[180] SR 0.672.926.81.

- **MEDIA,**[182]
- **Schengen/Dublin,**
- **Betrugsbekämpfung**[183] und
- **Zinsbesteuerung,**[184]

beim neunten Verhandlungsergebnis

- **Bildung/Berufsbildung/Jugend**

handelt es sich lediglich um eine Absichtserklärung.[185]

Lediglich das Assoziationsabkommen der Schweiz an **Schengen**[186]/**Dublin**[187] war referendumspflichtig. Das Referendum ging am 5. Juni 2005 mit 54,6% Ja-Stimmen positiv aus. Bedenkt man die verkehrsgeographische Lage und die Arbeitsmarktsituation der Schweiz, dann kann man verstehen, dass die Schweiz nicht länger „Schengen-Außengrenzen“ zu ihren wichtigen Nachbarländern Italien, Frankreich, Deutschland und Österreich haben kann: täglich überqueren über 700.000 Personen, 300.000 PKW und 20.000 LKW die schweizerischen Landesgrenzen und mehr als 97% der Personen überschreiten ungeprüft die Schweizer Grenze.[188] Das Grenzwachtkorps ist nicht mehr in der Lage, dieses Ausmaß an Verkehr systematisch zu kontrollieren. Sowohl die Teilnahme am Schengener Sicherheitssystem (SIS und Eurodac) als auch am Dubliner Erstasylabkommen (1990) ist für die Schweiz zu einer Notwendigkeit geworden.

Im Gegensatz zu den Bilateralen I sind die Bilateralen II rechtlich nicht durch eine sog **„Guillotine-Klausel“** miteinander verbunden – die ein „Rosinenpicken“ der Schweiz verhindern soll.[189] Die Abkommen der Bilateralen II treten gem einem

---

181 SR 0.814.092.681.

182 SR 0.784.405.226.8.

183 SR 0.351.926.81.

184 SR 0.641.926.81 und SR 0.641.926.811; vgl dazu *Hinny,* Überblick über das Zinsbesteuerungsabkommen zwischen der Schweiz und der EU, ecolex 2006, 353 ff.

185 Regierungsrat des Kantons Zürich (Hrsg), Zürich und Europa (2006) 4.

186 BBl 2004 6447, SR 0.360.268.1.

187 BBl 2004 6479, SR 0.142.392.68; vgl dazu *Pfenninger,* Abkommen über Schengen/Dublin, Die Volkswirtschaft 9/2004, 15 ff.

188 *Schwok/Bloetzer* (FN 177) 209.

189 Vgl dazu *Hummer* (FN 19) 105; Schweizerischer Bundesrat (Hrsg), Europabericht 2006 (FN 99) 27; *Zäch,* Gesamtüberblick, in Thürer/Weber/Zäch (Hrsg), Bilaterale Verträge Schweiz – EG. Ein Handbuch (2002) 5; *Thürer/Hillemanns,* Allgemeine Prinzipien, in Thürer/Weber/Zäch (Hrsg), Bilaterale Verträge Schweiz – EG. Ein Handbuch (2002) 17 (29).

eigenen Zeitplan für jedes Abkommen getrennt in Kraft. Drei von ihnen sind bereits im Jahre 2005 in Kraft getreten (Verarbeitete Landwirtschaftsprodukte am 30. März, Ruhegehälter am 31. Mai und Zinsbesteuerung am 1. Juli), und zwei im Jahre 2006 (Umwelt und MEDIA, jeweils am 1. April). Das Statistik-Abkommen ist am 1. Jänner 2007 in Kraft getreten. Nach dem vollständigen In-Kraft-Treten der Bilateralen II wird einmal mehr das Paradoxon gelten: *„Je länger sich die Schweiz der EU mit bilateralen Abkommen annähert, umso weiter entfernt sie sich von einem Vollbeitritt"*.[190]

Die Durchführung der Assoziierungsabkommen an Schengen/Dublin, die aus praktischen Gründen erst ab 2008 angewendet werden können (operationeller Betrieb des SIS II, Feststellung der „Schengen-Reife" etc),[191] wird allerdings mehr Zeit in Anspruch nehmen. Die Schweiz nimmt jedoch schon jetzt an den Gemischten Ausschüssen und an der „Komitologie" teil – und das bereits seit Unterzeichnung dieser Abkommen.

Zur näheren Verdeutlichung dieser Aussagen über die Beteiligung von Drittstaaten an Komitologieverfahren sowie über die komplexe Struktur der bundesstaatlichen Kompetenzverteilung bei der Umsetzung völkerrechtlicher Verpflichtungen in der Schweiz soll nachstehend ein kurzer Blick auf das Zustandekommen und die Umsetzung der bilateralen Abkommen der Schweiz mit der EU geworfen werden.

3.3.7. Exkurs: Umsetzung der bilateralen Abkommen der Schweiz mit der EU

3.3.7.1. Auswärtige Angelegenheiten als Bundeskompetenz

Nach Art 54 BV sind die **auswärtigen Angelegenheiten** Sache des **Bundes** (Abs 1), der dabei aber Rücksicht auf die Zuständigkeiten der Kantone zu nehmen und deren Interessen zu wahren hat (Abs 3). Nach dieser Bestimmung kann der Bund über alle Materien völkerrechtliche Verträge schließen, auch über solche, die in den Kompetenzbereich der Kantone fallen. Sofern der Bund jedoch auf einem Gebiet, das im internen Kompetenzverteilungsverhältnis in die Zuständigkeit der Kantone fällt – wie zB in den Kompetenzbereichen Bildung und Kultur, Gesundheitswesen, Infrastruktur, Justiz, öffentliches Beschaffungswesen, Baurecht, polizeiliche Zusammenarbeit, Berufsdiplome – keinen völkerrechtlichen Vertrag geschlossen hat, steht es den Kantonen frei, dies selber zu tun (Art 56 BV).

---

190 *Schwok/Bloetzer* (FN 177) 216.

191 Vgl dazu *Schwok/Bloetzer* (FN 177) 208 ff.

Den Kantonen steht aber die sog „**kleine Außenpolitik**“ zu (Art 56 Abs 2 BV). Im Gefolge des Berichts über die grenzüberschreitende Zusammenarbeit und die Mitwirkung der Kantone bei der Außenpolitik vom 7. März 1994[192] wurden auf Wunsch der Kantone einige Instrumente eingerichtet, um sie bei der Ausübung ihrer Kompetenzen im Rahmen der „kleinen Außenpolitik“ zu unterstützen. Zu diesen Instrumenten zählt insbesondere die Sektion der grenzüberschreitenden Zusammenarbeit der Politischen Abteilung I des EDA. Vor dem Hintergrund dieser Verfassungsbestimmung verbleibt den Kantonen ein breiter Spielraum zur Gestaltung ihrer Außenbeziehungen. So informieren sie den Bund nur mehr - und zwar auch nur mehr vor deren Abschluss - über ihre Verträge mit ausländischen Vertragspartnern, die auch nicht mehr vom Bund genehmigt werden müssen.[193]

Europapolitik ist in der Schweiz demnach zunächst Teil der klassischen Staatsvertragskompetenz des Bundes (Art 54 BV).

3.3.7.2. Mitwirkung der Kantone an der Europapolitik der Schweiz

Die Kantone wirken an der Außenpolitik, dh auch an der Europapolitik, mit – und zwar auf der Basis von Art 55 BV sowie des diese Verfassungsbestimmung konkretisierenden **Mitwirkungsgesetzes** (1999)[194]. Zum einen werden sie in diesem Zusammenhang durch die Mitwirkung beim Abschluss von Verträgen darin miteinbezogen. Zum anderen sind sie verpflichtet, vom Bund abgeschlossene Verträge umzusetzen und zu vollziehen. Die Rückkoppelung bei dieser Entscheidungsfindung an die jeweiligen Interessenlagen des Bundes und der Kantone erfolgt dabei vornehmlich über die Mitberücksichtigungspflicht der Anliegen der Kantone (Art 54 Abs 3 BV), die substantiellen Mitwirkungsmöglichkeiten der Kantone am außenpolitischen Meinungs- und Willensbildungsprozess (Art 55 BV und Mitwirkungsgesetz 1999), das Vernehmlassungsverfahren (Art 47 BV und Vernehmlassungsgesetz 2005[195]) sowie die Institutionalisierung von Zusammenarbeitsforen [Konferenz der Kantonsregierungen (KdK) und deren Europakommis-

192 SR 94.027.

193 Vgl hierzu neu Art 61c Regierungs- und Verwaltungsorganisationsgesetz vom 21. März 1997 (RVOG), SR 172.010.

194 Vgl Bundesgesetz vom 22. Dezember 1999 über die Mitwirkung der Kantone an der Außenpolitik des Bundes (BGMK), SR 138.1.; vgl auch die Vereinbarung vom 7. Oktober 1994 zwischen dem Bundesrat und der Konferenz der Kantonsregierungen.

195 Bundesgesetz vom 18. März 2005 über das Vernehmlassungsverfahren (Vernehmlassungsgesetz), SR 172.061.

sion, Föderalistischer Dialog[196] und Interdepartementale Koordinationsgruppe für Föderalismusfragen (IDEKOF)[197]].

3.3.7.3. Umsetzung von Völkerrecht durch die Kantone

Die Bundesverfassung hält in ihrem Art 5 Abs 4 fest, dass Bund und Kantone das Völkerrecht beachten, sodass alle Staatsorgane eine gemeinsame Verantwortung für die ordnungsgemäße Erfüllung von völkerrechtlichen Verpflichtungen der Schweiz tragen.[198] Grundsätzlich sind dabei die Kantone für den Erlass der Ausführungsbestimmungen in ihrem Kompetenzbereich zuständig. Nach Art 46 Abs 1 BV setzen die Kantone das Bundesrecht nach Maßgabe von Verfassung und Gesetz um. Da in der Schweiz Staatsverträge wie innerstaatliches Bundesrecht gelten, beinhaltet Art 46 Abs 1 BV grundsätzlich auch die **Pflicht** der **Kantone** zur **Umsetzung internationalen Rechts**.

Aus dieser Verantwortlichkeit der Kantone zur Umsetzung von internationalem Recht lässt sich aber nicht deren außenpolitische bzw völkerrechtliche Verantwortlichkeit ableiten. Für die Erfüllung der Pflichten aus einem völkerrechtlichen Vertrag ist der Bund aus seiner Stellung als Vertragspartei heraus verantwortlich.[199] Um die Erfüllung der Vertragspflichten (auch) durch die Kantone sicherzustellen, stehen ihm folgende Instrumente oder Verfahren zur Verfügung: Unterstützung der Kantone durch den Bund bei der Umsetzung von Völkerrecht iSd Art 44 und 46 Abs 3 BV; Gebrauch der Aufsichtsmittel (Art 49 Abs 2 BV); Ersatzvornahme bei ungenügender oder nicht fristgemäßer Umsetzung; vermehrter Einbezug bei der Entscheidungsfindung, Aushandeln von Umsetzungsfristen (Mitwirkung und Konsultation im Hinblick auf die Umsetzung); Verpflichtung

---

[196] Beim „Föderalistischen Dialog“ treffen sich in der Regel zwei mal jährlich Vertreter des Bundesrates mit Vertretern der Konferenz der Kantonsregierungen zum Informationsaustausch über außenpolitische Fragen, über institutionelle Angelegenheiten oder über Querschnittsfragen.

[197] Unter der Leitung des Bundesamtes für Justiz koordiniert diese Arbeitsgruppe, die aus Vertretern aller Departemente und der Bundeskanzlei besteht, alle interdepartementalen Angelegenheiten, die das Verhältnis Bund-Kantone berühren. Ua bereitet diese Gruppe auch den „Föderalistischen Dialog“ vor.

[198] Vgl dazu Botschaft vom 20. November 1996 über eine neue Bundesverfassung, BBl 1997 I, 1, 135.

[199] Vgl dazu die Bestimmungen der Art 26 und 27 der Wiener Vertragsrechtskonvention vom 23. Mai 1969; BGBl 1980/40.

zur rechtzeitigen Vornahme von Anpassungen, soweit den Kantonen die Umsetzung des Völkerrechts obliegt (Art 7 Mitwirkungsgesetz[200]).

Das bisherige Vertragsnetz mit der EG betrifft hauptsächlich Kompetenzen des Bundes (FHA 1972, Versicherungsabkommen 1989, Bilaterale I 1999 und Bilaterale II 2004). Namentlich in den Bereichen Landverkehr (zB Verkehrsplanung und -führung), Personenverkehr (zB Familienzulagen), Schengen/Dublin (Polizei) und öffentliches Beschaffungswesen sind aber auch wichtige Kompetenzen der Kantone betroffen.

In der **Umsetzung** der bilateralen **Abkommen** der Schweiz mit der EU lassen sich – unter Einbeziehung der Mitwirkung der Kantone – im Grunde **sechs Phasen** unterscheiden: (a) innenpolitische Meinungs- und Willensbildung, (b) Verhandlungen, (c) Vernehmlassungsverfahren, (d) Umsetzung der Verhandlungsergebnisse, (e) Verfahren in den Gemischten Ausschüssen zur Anpassung und Weiterentwicklung der Verträge sowie (f) Genehmigung, Umsetzung und Publikation der Beschlüsse der Gemischten Ausschüsse.[201]

Ad (a). Der Bund informiert die Kantone rechtzeitig und umfassend über seine außenpolitischen Vorhaben, wobei die *Information* grundsätzlich über das Sekretariat der Konferenz der Kantonsregierungen (KdK), über deren Informationsbeauftragte im Integrationsbüro EDA/EVD, im Eidgenössischen Justiz und Polizeidepartement (EJPD) sowie bei der Mission der Schweiz bei der EU erfolgt.

Die *Konsultation* der Kantone erfolgt in der Regel über die KdK. Die KdK gibt in der Regel auch die Stellungnahmen im Namen der Kantonsregierungen zu außenpolitischen Entscheidungen oder zur Aufnahme von Verhandlungen ab.

Ad (b). Die Kantone setzen zur Begleitung von Verhandlungen im Rahmen der KdK *Arbeitsgruppen* zu den jeweiligen Verhandlungsdossiers ein. Die von der KdK dafür vorgeschlagenen ExpertInnen nehmen als vollwertige Mitglieder der Schweizer Delegationen an den Verhandlungen teil, die die Interessen der Kantone betreffen. Der Bund kann die Kantone während der Verhandlungen jederzeit konsultieren, andererseits können aber auch die Kantone vom Bund jederzeit verlangen, angehört zu werden. Zum Abschluss der Verhandlungen verabschieden die Kantone im Rahmen der KdK eine gemeinsame Stellungnahme.

---

[200] Vgl FN 188; vgl dazu *Jaag*, Die Rechtsstellung der Kantone in der Bundesverfassung, in Thürer/Aubert/Müller (Hrsg), Verfassungsrecht der Schweiz (2001) 485 f.

[201] Vgl dazu Bericht des Bundesrates (FN 115) 29 ff.

Ad (c). Das Vernehmlassungsverfahren ermöglicht dem Bund, die Öffentlichkeit über seine geplanten Vorhaben zu informieren und letztere frühzeitig auf ihre sachliche Richtigkeit, Vollzugstauglichkeit und Akzeptanz zu überprüfen. Es ist Ausdruck des kooperativen Föderalismus und damit ein wichtiges und notwendiges Instrument der Entscheidungsfindung im Bundesstaat. Es wird in der Regel schriftlich durchgeführt und dauert drei Monate. In dringlichen Fällen kann diese Frist verkürzt oder eine sog „konferenzielle Vernehmlassung" durchgeführt werden. Am Beispiel der Bilateralen I und II stellte sich die Situation folgendermaßen dar.

Bilaterale I: Am 15. März 1999, 14 Tage nach der Paraphierung der Vertragstexte, wurde das Vernehmlassungsverfahren über die sieben Verträge sowie über die Umsetzungs- und Begleitmaßnahmen eröffnet; es dauerte bis zum 13. April 1999. Das Vernehmlassungsverfahren über die flankierenden Maßnahmen im Personenverkehr wurde gesondert, und zwar vom 3. Februar bis zum 12. März 1999, durchgeführt.[202] Im Rahmen des Verfahrens äußerten sich die beiden Bundesgerichte, die Kantone, die in der Bundesversammlung vertretenen politischen Parteien, die Spitzenverbände sowie zahlreiche weitere interessierte Kreise.

Bilaterale II: Am 30. Juni 2004, fünf Tage nach der Paraphierung der Vertragstexte, wurde das Vernehmlassungsverfahren über die ausgehandelten Abkommen sowie über die dazugehörigen Umsetzungsmaßnahmen in schriftlicher Form eröffnet; es dauerte bis zum 10. September bzw für die Kantone bis zum 17. September 2004. Dabei wurden derselbe Kreis der Vernehmlassungsadressaten wie bei den Bilateralen I begrüßt.

Ad (d). Ebenfalls im Rahmen eines Vernehmlassungsverfahrens informiert der Bund die Kantone über die Änderungen der Rechtslage aufgrund eines Abkommens, das eingeführt und umgesetzt werden soll und das deren Zuständigkeiten betrifft. Aufgrund der aktiven Mitwirkung der Kantone in der Vorphase ist es ihnen dabei möglich, bereits frühzeitig die für die Umsetzung erforderlichen Dispositionen zu treffen.

Ad (e). Da die bilateralen Abkommen teilweise auf dem Prinzip der *„Gleichwertigkeit der Gesetzgebungen"* beruhen, bedeutet das, dass die Vertragsparteien die Rechtsetzung der Gegenseite als der ihren in Wirkung und Tragweite gleichwertig anerkennen und die Vertragspartner den erreichten und vereinbarten Standard

[202] Vgl dazu die Botschaft Bilaterale I, BBl 1999, 6163 ff.

kompatibel und gleichwertig halten.[203] Daher haben sich die Schweizer Vertreter in den **Gemischten Ausschüssen** (GA) ständig über die laufende Rechtsentwicklung in der EU zu informieren und diese bei Bedarf im Falle der Auslegung und Anwendung der Abkommen auch zu berücksichtigen.[204]

Fast alle der vorstehend erwähnten zwanzig Hauptabkommen haben GA institutionalisiert, die mit der Verwaltung und ordnungsgemäßen Anwendung der Abkommen betraut sind. Sie können Empfehlungen abgeben oder einvernehmlich Beschlüsse fassen, die für die Vertragsparteien bindend und auch entsprechend zu veröffentlichen sind.[205] Zu den wichtigsten Befugnissen der GA gehört in diesem Zusammenhang die Anpassung und Änderung der Anhänge der entsprechenden Abkommen, um diese der in der EU geänderten Rechtslage anzupassen. Änderungen der Abkommen selbst (exklusive Anhänge und Anlagen) bedürfen in der Regel der Genehmigung durch die Bundesversammlung; vorbehalten bleiben allerdings Änderungen von beschränkter Tragweite, die gem Art 7a Abs 2 Regierungs- und Verwaltungsorganisationsgesetz (1997)[206] in den Kompetenzbereich des Bundesrates fallen.

Die Schweiz ist in den GA regelmäßig durch den Bundesrat vertreten, der allerdings – je nach Inhalt des Beschlusses - diese Befugnis an die Departemente und Ämter delegieren kann. Es kann aber auch eine parlamentarische Genehmigung erforderlich sein.

Diese Verfahren in den GA eröffnen der Schweiz allerdings nicht ein Mitentscheidungsrecht beim Erlass des EU-Rechts selbst. Sie ist aber als Beobachter in eine Reihe von (Komitologie-)Ausschüssen eingebunden[207], an deren Abstimmungen sie aber nicht teilnimmt. Am weitesten gehen diese Mitwirkungsmöglichkeiten der Schweiz im Rahmen der **Schengen-Assoziierung.**[208] Hierbei wird die Schweiz – im Unterschied zu den übrigen sektoriellen Abkommen – bereits an den einschlägigen Rechtsetzungsverfahren in der EU beteiligt. So ist die Schweiz ne-

---

203 Die EU drängt allerdings zunehmend darauf, dass die Schweiz die relevanten Bestimmungen in der EU „telle quelle“ übernimmt.

204 Vgl dazu *Felder/Siegwart* (FN 121) 375 ff.

205 Rechtsgrundlage für die Publikation der Beschlüsse der GA ist das Bundesgesetz vom 18. Juni 2004 über die Sammlungen des Bundesrechts und das Bundesblatt (Publikationsgesetz), SR 170.512.

206 Siehe FN 193.

207 Vgl dazu die vorstehenden Ausführungen zu den Mitwirkungsrechten Liechtensteins gem Art 100 EWRA auf S 94.

208 Vgl dazu vorstehend auf S 125 f.

ben den Ausschüssen, die die Europäische Kommission unterstützen, namentlich in allen Arbeitsgruppen des Rates beteiligt, in denen neue schengenrelevante Rechtsakte erarbeitet werden. Sie verfügt in diesem Rahmen über ein gestaltendes Mitspracherecht. Die Übernahme einer solchen Weiterentwicklung des Schengen-Besitzstandes erfolgt dann – ebenfalls anders als bei den anderen sektoriellen Abkommen – nicht gestützt auf einen Beschluss des GA, sondern auf der Grundlage eines besonderen, im Schengen-Assoziierungsabkommen[209] niedergelegten Verfahrens (Art 7): Danach erfolgt die Übernahme eines von der EU vorab zu notifizierenden Rechtsakts im Rahmen eines **Notenwechsels**, der aus der Sicht der Schweiz einen völkerrechtlichen Vertrag darstellt, für dessen Abschluss – je nach Inhalt des zu übernehmenden Rechtsakts – die Bundesversammlung oder ausnahmsweise der Bundesrat zuständig ist. Allenfalls kann zudem auch die Zustimmung durch das Volk im Rahmen eines fakultativen Staatsvertragsreferendums erforderlich werden (Art 141 Abs 1 lit d Z 3 BV). Dabei steht der Schweiz für die Übernahme und Umsetzung einer solchen Weiterentwicklung des Schengen-acquis insgesamt eine Frist von maximal zwei Jahren zur Verfügung.

Im Bundesbeschluss vom 17. Dezember 2004 über die Genehmigung und die Umsetzung der bilateralen Abkommen zwischen der Schweiz und der EU über die Assoziierung an Schengen und an Dublin[210] wurde der Abschluss einer „*Vereinbarung betreffend Umsetzung, Anwendung und Entwicklung des Schengen/Dublin-Besitzstands*" in Aussicht gestellt, der in der Folge am 29. September 2006 auch erfolgte. Diese Vereinbarung zwischen den Bund und den Kantonen orientiert sich an der Verfassung und am Mitwirkungsgesetz (1999)[211] und geht nirgends darüber hinaus.

Ad (f). Die Genehmigung und Umsetzung der Beschlüsse des GA erfolgen gemäß den innerstaatlichen Verfahren, wobei diese gegebenenfalls aber der Genehmigung durch die Vertragsparteien bedürfen, wie zB im Falle des Art 22 Abs 3 letzter Satz des Luftverkehrsabkommens.[212] Soweit die Beschlüsse der GA Änderungen der Anhänge zu den bilateralen Abkommen herbeiführen, stellen sie Änderungen des Staatsvertrages dar, die – gestützt auf Art 166 Abs 2 Satz 1 BV – der parlamentarischen Genehmigung bedürfen. Der Bundesrat kann jedoch gem Art 166 Abs 2 Satz 2 BV völkerrechtliche Verträge selbständig abschließen oder

[209] Vgl FN 186.

[210] BBl 2004, 7149; vgl dazu auch FN 187.

[211] Bundesgesetz vom 22. Dezember 1999 über die Mitwirkung der Kantone an der Aussenpolitik des Bundes (BGMK), SR 138.1; vgl FN 194.

[212] Vgl dazu vorstehend auf S 113, 115 und FN 142.

ändern, soweit er nur durch ein Bundesgesetz oder einen von der Bundesversammlung genehmigten völkerrechtlichen Vertrag dazu ermächtigt wird (Art 7a RVOG).

Beschlüsse der GA können manchmal eine Tragweite haben, die eine Genehmigung durch die Bundesversammlung erforderlich machen. So müssen zB Beschlüsse, die Materien betreffen, die in die Kompetenz der Bundesversammlung fallen bzw die Anpassung von Bundesgesetzen bedingen[213], dem Parlament mit einer Botschaft vorgelegt werden. Erfordert die Umsetzung eines GA-Beschlusses eine Gesetzesänderung, so kann diese in den Genehmigungsbeschluss aufgenommen werden (Art 141a Abs 2 BV). Des weiteren können GA-Beschlüsse dann der parlamentarischen Genehmigung bedürfen, wenn sie weitreichende institutionelle Bestimmungen enthalten oder bestimmte Kontroll- und Sanktionsaufgaben auf EU-Organe übertragen. Das Gleiche gilt für GA-Beschlüsse, die den sachlichen Geltungsbereich des (Grund-)Abkommens ausdehnen, da dies im Normalfall ja einer Änderung des Abkommens gleichkommt.

Was die Publikation der Beschlüsse der GA betrifft, so bestimmt sich deren Veröffentlichung nach ihrem Inhalt. Eine generelle Veröffentlichungspflicht sieht einzig und allein das Luftverkehrsabkommen in seinem Art 22 Abs 3 explizit vor. Rechtsgrundlage für die amtliche Veröffentlichung ist das Publikationsgesetz (2004).[214] Die vollständige Liste der einschlägigen Erlässe, die aufgrund der Bilateralen I und II für die Schweiz von Relevanz sind, findet sich im elektronischen **Register zu den Bilateralen Abkommen**[215], das seine Rechtsgrundlage wiederum in Art 25 der Publikationsverordnung[216] hat. Unabhängig vom amtlichen Publikationsbegriff sind dort sämtliche Beschlüsse der GA der Bilateralen I und II, die auch im Amtsblatt der EU veröffentlicht werden, publiziert.

Um diese vielfältige und komplexe Zusammenarbeit von Bund und Kantonen zu verbessern, könnte eine **Rahmenvereinbarung Bund-Kantone** – die sich auf Art 55 BV und das Mitwirkungsgesetz (1999) stützen könnte – ins Auge gefasst werden, die sich dabei von derjenigen, die für die vorerwähnte Schengen/Dublin-Assoziierung gilt,[217] inspirieren lassen könnte.[218]

213 Solche GA-Beschlüsse unterstehen gem Art 141 Abs 1 lit d BV dem fakultativen Referendum.

214 Vgl FN 205.

215 <http://www.admin.ch/ch/d/eur/index.html> (01.12.2007).

216 SR 170.512.1.

217 Vgl vorstehend auf S 124 f, 132 f.

Nach diesem Exkurs über die äußerst komplexen Verfahren der Umsetzung der bilateralen Abkommen in der Schweiz ist nachstehend wieder auf die konkrete Fragestellung der Dienstleistungsaspekte in den Bilateralen II zurückzukommen.

3.3.8. Dienstleistungsaspekte in den Bilateralen II

Bei der Zusammenstellung der Dossiers für die Bilateralen II war das Thema Dienstleistungsliberalisierung *„weit unten auf der EU-Wunschliste"*.[219] Die GD Außenbeziehungen der Kommission war nämlich der Meinung, dass bei einem Dienstleistungsabkommen nur die Schweiz gewinnen würde. Der EU waren in diesem Zusammenhang, wenn überhaupt, nur zwei Punkte wichtig. Mit der Schweiz hätte ein Dienstleistungsabkommen überhaupt nur auf der Basis der Übernahme des gesamten „acquis communautaire" der EG abgeschlossen werden können, dh dass sie den gesamten Rechtsbestand im Bereich Dienstleistungen zu übernehmen gehabt hätte. Unter diesem „acquis communautaire" hätte die EG im weiteren Sinn auch das EG-Gesellschaftsrecht, das Wettbewerbsrecht sowie die Bestimmungen über die Geldwäscherei, den Insiderhandel, den Konsumentenschutz uam verstanden. Die Schweiz wiederum wusste zum einen nicht, wie weit dieser „acquis communautaire" überhaupt geht, zum anderen war sie aber auch nicht bereit, diesen auch nur in dem angedeuteten Umfang zu übernehmen.

Die von der EG zunächst vorgeschlagenen Themenbereiche waren Finanzdienstleistungen (Banken und Versicherungen), Börse/Effektenhandel, Netzwerk oder Service-Public-Dienstleistungen (Post, Telekom, Energie etc) uam. Nicht Verhandlungsgegenstand waren Dienstleistungen im Gesundheitsbereich und die freien Berufe – diese sollten erst später in der Debatte um die Dienstleistungs-Richtlinie eine Rolle spielen.[220]

Eine über das Personenfreizügigkeits-Abkommen hinausgehende Liberalisierung des Dienstleistungsverkehrs zwischen der Schweiz und der EG durch ein weiteres **bilaterales Abkommen**[221] könnte inhaltlich in zweierlei Hinsicht erfolgen, wobei beide Aspekte eng miteinander verbunden wären. Zum einen ginge es um die vollumfängliche Ausdehnung der sich aus Art 49 EGV ergebenden (primärrechtlichen) Dienstleistungsfreiheit auf das Verhältnis zur Schweiz und zum anderen auch um die (partielle) Übernahme der (sekundärrechtlichen) Dienstleis-

---

[218] Bericht des Bundesrates (FN 115) 41.

[219] *Nufer* (FN 80) 10.

[220] Vgl dazu vorstehend auf S 121 ff.

[221] Vgl dazu *Epiney/Meier/Mosters* (FN 16) 85.

tungs-Richtlinie 2006/123/EG als wichtiger Teil des materiellen „acquis communautaire" im Dienstleistungssektor.

In diesem Zusammenhang erheben sich in der Schweiz aber auch warnende Stimmen, vor allem aus der Wirtschaft, was eine eventuelle volle Übernahme der Dienstleistungsfreiheit in der EG durch die Schweiz betrifft. *„Nicht zuletzt auch auf Anraten der Wirtschaft wurde auf das Aushandeln eines Dienstleistungsdossiers im Rahmen der bilateralen Verhandlungen II mit der EU verzichtet. Die Schweizer Wirtschaft ist zweifelsohne an einem intensiven Dienstleistungsaustausch mit den Partnern in den EU-Mitgliedstaaten sehr interessiert [...] Hingegen konnte sich die Wirtschaft nicht mit den Vorgaben anfreunden, welche die EU für ein Dienstleistungsabkommen geliefert hat, nämlich die Übernahme des sehr weit definierten relevanten EU-Acquis durch die Schweiz. Das Beispiel der USA zeigt, dass ein einheitliches Gesellschaftsrecht keineswegs eine Vorbedingung für einen gut funktionierenden Dienstleistungsmarkt ist. Per Saldo wären deshalb entschlackte Mandate für ein neu auszuhandelndes Dienstleistungsabkommen erforderlich".*[222]

Sollten Verhandlungen über eine allgemeine Liberalisierung der Dienstleistungen auf der Basis des acquis communautaire aber scheitern, dann *„müssten wohl Verhandlungen über einzelne spezifische Teilbereiche der Dienstleistungsfreiheit – wie zB. Verkehr, Energie, Telekommunikation, Versicherungen etc. – aufgenommen werden".*[223]

Damit besteht im Dienstleistungsbereich zwischen der Schweiz und den EU-Mitgliedstaaten derzeit keine umfassende bilaterale Vertragsgrundlage, die über das GATS hinausgeht:[224] *„Die wichtigste Lücke ist zur Zeit jedoch das Fehlen einer allgemeinen bilateralen Vertragsgrundlage, die den Dienstleistungshandel der Schweiz mit der EU – zusätzlich zum GATS – regeln würde. Diese Lücke muss unbedingt geschlossen werden".*[225]

3.3.9. Bilaterale III?

Offensichtlich prüft die Schweiz bereits seit einiger Zeit, ob es Raum für neuerliche Verhandlungen mit der EU für den Abschluss weiterer Abkommen gibt – Raum für mögliche „Bilaterale III". Neben einem eventuellen bilateralen Abkommen über Dienstleistungsliberalisierung werden auch noch eine Reihe anderer Abkommen diskutiert bzw sind schon Gegenstand von Sondierungsgesprächen

---

[222] *Kündig*, Zunehmende Bedeutung der Dienstleistungen im internationalen Handel, in Die Volkswirtschaft. Das Magazin für Wirtschaftspolitik 6-2004, 26.

[223] *Breitenmoser* (FN 154) 37.

[224] Staatssekretariat für Wirtschaft (seco)/Direktion für Wirtschaftspolitik (Hrsg) (FN 82) 15.

[225] *Pauletto* (FN 82) 18.

mit der EG gewesen und betreffen folgende Bereiche: Elektrizitätsdurchfuhr durch die Schweiz, Teilnahme am Satellitennavigationssystem Galileo (GPS), Seuchenbekämpfung, gegenseitige Anerkennung des Qualitätssiegels „Appelations d´origine contrôlée"(AOC), Mitwirkung im Erasmus-Programm, Beteiligung an der Europäischen Agentur für Flugsicherheit (EASA),[226] Terrorismusbekämpfung sowie Mitwirkung an der Europäischen Verteidigungsagentur und an Europol.[227]

Seitens der Schweiz besteht allerdings nicht die Absicht, diese Bereiche im Sinne von „Bilateralen III" wieder zu einem einzigen juristisch relevanten „Paket" zu verknüpfen.

4. Dienstleistungsliberalisierung im GATS

Das Fehlen eines eigentlichen Dienstleistungsabkommens mit der EU ist eine Lücke in der Absicherung des Marktzutritts für Schweizer Anbieter im Ausland, die im Rahmen des GATS nicht geschlossen werden kann.[228] Damit muss abschließend auch noch ein Blick auf die universelle Dienstleistungsliberalisierung im Rahmen des GATS geworfen werden. Sowohl die Schweiz[229] als auch die EG[230] sind Vertragspartner dieses universellen Liberalisierungsübereinkommens für Dienstleistungen im Rahmen der WTO.[231] Dementsprechend unterliegen sie auch gegenseitig dem Prinzip der Meistbegünstigung, dh der Vereinfachung des Marktzugangs und der Nichtdiskriminierung von ausländischen Dienstleistungserbringern.

Gem Art I Abs 2 **GATS** kann der internationale Dienstleistungshandel in folgenden **vier Formen** erbracht werden:

---

226 An der EASA ist die Schweiz mittlerweile seit dem 1. Dezember 2006 beteiligt; vgl Beschluss Nr 3/2006 des Luftverkehrsausschusses Gemeinschaft/Schweiz vom 27. Oktober 2006 zur Änderung des Abkommens zwischen der Europäischen Gemeinschaft und der Schweizerischen Eidgenossenschaft über den Luftverkehr, ABl 2006 L 318 S 31.

227 *Tornay/Renfer/Auer,* Die Kantone zwischen Beitritt zur Europäischen Union und der Fortsetzung des bilateralen Weges, in Konferenz der Kantonsregierungen (Hrsg), Zwischen EU-Beitritt und bilateralem Weg: Überlegungen und Reformbedarf aus kantonaler Sicht (2006) 221.

228 Bundesrat der Schweizerischen Eidgenossenschaft (Hrsg), Bericht zur Aussenwirtschaftspolitik 2004 sowie Botschaften zu Wirtschaftsvereinbarungen vom 12. Januar 2005 (2005) 44.

229 Die Schweiz trat der WTO am 1. Juli 1995 bei.

230 Die EG trat der WTO am 1. Jänner 1995 bei.

231 Siehe *Hummer/Weiss,* Vom GATT '47 zur WTO '94 (1997) 1006 ff.

1. Zwischenstaatlicher Dienstleistungshandel über Kommunikationsnetze (*„cross border trade"*);
2. im Inland Ausländern gegenüber erbrachte Dienstleistungen (*„consumption abroad"*);
3. im Inland von der Niederlassung eines ausländischen Unternehmens geleistete Dienste (*„commercial presence"*) und
4. im Ausland vorübergehend von Erwerbstätigen geleistete Dienste (*„temporary presence of natural persons"*).

Demgegenüber kennen die Art 49 ff **EGV** folgende **vier Anwendungsfälle** der Dienstleistungsfreiheit:

1. **aktive** oder **positive** Dienstleistungsfreiheit;
2. **passive** oder **negative** Dienstleistungsfreiheit,
3. **personenunabhängige** Dienstleistungsfreiheit und
4. **auslandsbedingte** Dienstleistungsfreiheit.[232]

Die Liberalisierung im Rahmen des GATS umfasst zwar mehr Arten der Dienstleistungserbringung, geht aber viel weniger weit, als ein eventuelles bilaterales Abkommen zwischen der EG und der Schweiz – das sich wahrscheinlich auf den gesamten einschlägigen „acquis communautaire" beziehen müsste – bewirken würde. Der Grund dafür liegt einfach darin, dass das GATS sich bloß auf eine punktuelle Liberalisierung von Dienstleistungen beschränkt, die grundsätzlich durch sogenannte **„Positiv"-** und **„Negativ"-Listen** bewerkstelligt wird. Das *GATS* fußt dabei auf dem Modell sog **„Positiv-Listen"**, dh dass die Vertragspartner in einer Liste alle Zugeständnisse oder Garantien im Bereich des Marktzugangs nennen, die sie den anderen Partnern gewähren. Wird ein bestimmter Sektor oder Bereich nicht erwähnt, dann gilt der Grundsatz, dass für diesen Sektor oder Bereich eben keine Verpflichtung zur Marktöffnung besteht. Beim gegenteiligen Vorgehen, den sog **„Negativ-Listen"**, gilt wiederum der Grundsatz, dass der Marktzugang uneingeschränkt garantiert ist, außer für die in einer Liste aufgeführten Ausnahmen. Dies ist zB im Rahmen der *NAFTA*[233] der Fall.

Dementsprechend wird im GATS ein diskriminierungsfreier Marktzugang für ausländische Dienstleistungserbringer nur in den Sektoren gewährt, die explizit in einer („Positiv"-)Liste von Mitgliedstaaten eingetragen sind. Von den in diesem Zusammenhang im GATS erwähnten 160 Dienstleistungsarten werden im Schnitt

---

[232] Vgl *Schweitzer/Hummer/Obwexer*, Europarecht. Das Recht der Europäischen Union (2007) Rn 1507 f.

[233] North American Free Trade Agreement vom 1. April 1994.

aber nur 15% in diese Positivlisten aufgenommen.[234] Bei einem Dienstleistungsübereinkommen mit der EG würde der diskriminierungsfreie Marktzugang aber, wie vorstehend erwähnt, grundsätzlich für alle Branchen geregelt. Dies lässt sich sehr anschaulich bei den „Service-Public-Dienstleistungen" darstellen: Während im GATS die meisten Mitgliedstaaten die sog „Netzwerkdienstleistungen" vom sachlichen Anwendungsbereich ausnehmen, fallen diese in der EU grundsätzlich unter die Dienstleistungsfreiheit.

Was allerdings den **gegenwärtigen Rechtsbestand** an Dienstleistungsliberalisierung betrifft, so unterfallen nur kleine Teile des Personenfreizügigkeits-Abkommens dem GATS. Sowohl der freie Personenverkehr für unselbständige Personen mit dauerhaftem Aufenthalt als auch die dauerhafte Niederlassung selbständig Erwerbstätiger und der Aufenthalt zur Stellensuche sind nicht vom GATS erfasst. In den Regelungsbereich des GATS fallen aber die Bestimmungen des Art 5 Personenfreizügigkeits-Abkommens iVm Art 17 ff des Anhangs I zum Abkommen, die sich mit dem zeitlich beschränkten Einreise- und Aufenthaltsrecht von Dienstleistungserbringern befassen.[235] Denn aus Art I GATS geht hervor, dass dieses Abkommen auf Maßnahmen von Mitgliedern Anwendung findet, die den Handel mit Dienstleistungen beeinträchtigen, wobei sich der Begriff „**Handel**" auf die Erbringung einer (nicht-hoheitlichen) Dienstleistung aus dem Staatsgebiet eines Mitgliedstaats in das Gebiet eines anderen Mitgliedstaates bezieht. Nur selbständige Dienstleistungserbringer sind von dieser Regelung umfasst, nicht aber Arbeitskräfte, die in einem anderen Staat als ihren Heimatstaat nach einer dauerhaften Anstellung suchen.

Was nun die einschlägige „Positiv-Liste" der Schweiz betrifft, so hat die Schweiz den Aufenthalt natürlicher, aus anderen WTO-Staaten stammender Personen, die als Führungskräfte, Spezialisten, Dienstleistungsanbieter oder mit dem Aufbau einer Niederlassung beauftragte Personen zu qualifizieren sind, innerhalb zeitlicher Beschränkungen zugelassen.[236]

---

[234] *Senti,* WTO. Die heute geltende Welthandelsordnung (2005) 99.

[235] Vgl dazu vorstehend auf S 115 f.

[236] *GATS,* Switzerland - Schedule of Specific Commitments, GATS/SC/83 vom 15. 4. 1994, I. Horizontal commitments; vgl dazu *Weber/Skipsky,* Verhältnis Bilaterale Verträge zum EU-Recht und WTO-Recht, in Thürer/Weber/Zäch (Hrsg), Bilaterale Verträge Schweiz - EG. Ein Handbuch (2002) 82 f; für die am 9. April 2003 bei der WTO eingebrachten 140 Liberalisierungsvorschläge der Schweiz siehe *Senti,* Die Schweiz und die Welthandelsorganisation (WTO), in Senti/Ziegler (Hrsg), Die Schweiz und die internationalen Wirtschaftsorganisationen (2005) 67 f.

Dagegen räumt Art 5 des Personenfreizügigkeits-Abkommens iVm Art 17 ff des Anhang I natürlichen Personen und Gesellschaften aus der EU für Dienstleistungen jederlei Art ein kurzfristiges Aufenthaltsrecht ein, was dazu führt, dass diese Personen besser gestellt sind als solche aus den übrigen WTO-Mitgliedstaaten. Es stellt sich daher die Frage, ob solche Vorteile angesichts des in Art II GATS verankerten Meistbegünstigungsprinzips nicht auf alle WTO-Mitgliedstaten ausgedehnt werden müssen.

Von der in Art II Abs 2 GATS vorgesehenen Möglichkeit, Vorbehalte anzubringen und damit die Anwendung des Meistbegünstigungsprinzips punktuell auszuschalten, hat die Schweiz insofern Gebrauch gemacht, als sie (nur) die Erbringung von Dienstleistungen durch niedergelassene natürliche Personen von der Pflicht zur Meistbegünstigung ausgenommen hat.[237] Drittstaaten können sich daher auf eine Gleichbehandlung hinsichtlich der der EU in Art 5 des Personenfreizügigkeits-Abkommens iVm Art 17 ff des Anhang I eingeräumten Bevorzugung berufen, wenn die Dienstleistung durch eine juristische Person erbracht wird und/oder eine grenzüberschreitende Dienstleistungserbringung zur Diskussion steht.[238]

Die Auswirkungen und Konsequenzen der punktuellen Liberalisierung von Dienstleistungen im GATS auf der Basis von „Positiv-Listen“ sind nicht immer exakt abschätzbar. So belegen zwei Gutachten, die die Liberalisierung von Dienstleistungen im **Bildungsbereich** im Rahmen des GATS betreffen, dass bereits die in der Uruguay-Runde eingegangenen Liberalisierungsverpflichtungen höchst unsichere und letztlich auch unerwartete Folgen für das schweizerische Bildungswesen haben.[239]

5. Schlussbetrachtungen

Erst zehn Jahre nach der Vollendung des Binnenmarktes Ende 1992 entschloss sich die Kommission im Jahre 2002 dazu, dem Europäischen Parlament und dem Rat der EU eine Mitteilung über die ständigen Verletzungen der Dienstleistungsfreiheit im Binnenmarkt zukommen zu lassen. In der Folge legte sie Anfang 2004

---

237 *GATS*, Switzerland – Final List of Article II (MFN) Exemptions, GATS/EL/83 vom 15. 4. 1994, 5.

238 Regierungsrat des Kantons Zürich (Hrsg), Zürich und Europa (2006) 82.

239 Vgl *Krafft*, Geltungsbereich der von der Schweiz im Rahmen des GATS eingegangenen Verpflichtungen auf das Bildungssystem (2003); *Cottier/Breining-Kaufmann/Kennet*, Liberalisation of Higher Education Services in Switzerland: The impact of the General Agreement on Trade in Services (GATS) (2003).

mit der „Bolkestein"-Richtlinie ihren ersten Entwurf einer Dienstleistungs-Richtlinie vor, die – über die verästelte Judikatur des EuGH hinaus – sekundärrechtlich einen gesicherten Stand der Dienstleistungsliberalisierung im Binnenmarkt wiedergeben sollte. Neben dieser Ostentationsfunktion sollte durch die Richtlinie aber auch die Rechtssicherheit erhöht und die Rechtsdurchsetzung erleichtert werden.

Die Dienstleistungs-Richtlinie 2006/123/EG stellt, in Verbindung mit der vorerwähnten Richtlinie 2005/36/EG über die Anerkennung von Berufsqualifikationen, eine grundlegende sekundärrechtliche Ausgestaltung einer der volkswirtschaftlich wichtigsten Grundfreiheiten dar und verdient schon allein aus diesem Grund besondere Beachtung. Wenngleich sie im Zuge ihrer Beschlussfassung in ihrem ursprünglich sehr rigorosen Ansatz weitgehend „verwässert" wurde, enthält sie doch noch eine Reihe innovativer Ansätze, die den bisherigen Stand der Liberalisierung von Dienstleistungen entsprechend fortbilden. Ihre Umsetzung bedingt daher sowohl in den 27 EU-Mitgliedstaaten, aber auch in den Drittstaaten, die sie entsprechend übernehmen bzw autonom nachvollziehen werden, eine Reihe schwieriger Anpassungsprozesse.

Was die Übernahme der Dienstleistungs-Richtlinie im Fürstentum **Liechtenstein** betrifft, so bestehen (zumindest) seitens dieses EWR-Staates keine wie immer gearteten Bedenken hinsichtlich einer entsprechenden Zustimmung im Gemeinsamen EWR-Ausschuss.[240] Ist diese einmal erfolgt, dann wird Liechtenstein voraussichtlich nicht die ganze dafür vorgesehene Umsetzungsfrist bis zum 28. Dezember 2009 auszunützen, sondern wird die Richtlinie vollinhaltlich und ohne weitere Anpassungen gesetzlich bereits früher durchführen.

Was die Situation der **Schweiz** betrifft, so kommen für sie hinsichtlich einer weitergehenden Liberalisierung des Dienstleistungsverkehrs grundsätzlich drei Varianten in Betracht: (a) zum einen die Ausweitung des Art 5 Personenfreizügigkeits-Abkommen, (b) zum anderen der Abschluss eines weiteren bilateralen Abkommens sowie (c) drittens ein „autonomer Nachvollzug".

(a) Die zwar denkmögliche, konzeptiv und rechtstechnisch aber schwer zu bewerkstelligende Ausdehnung der Dienstleistungsbestimmungen im Personenfreizügigkeits-Abkommen, ist wohl die unwahrscheinlichste dieser Alternativen.
(b) Der Abschluss eines bilateralen Abkommens im Dienstleistungsbereich wiederum wurde zwar mehrfach gefordert, würde aber im Wesentlichen auf eine

[240] Vgl dazu vorstehend auf S 102.

materielle Übernahme des gesamten relevanten „acquis communautaire" hinauslaufen, was aber die Gegner einer so weitgehenden Liberalisierung und Öffnung des Schweizer Dienstleistungsmarktes auf den Plan rufen würde. Letztlich ist aber auch die Wissenschaft nicht überzeugt, dass es zum Abschluss meines solchen Abkommen komme muss: *„Aus den dargelegten Gründen sehe ich heute keinen Handlungsbedarf für neue Verhandlungen der Schweiz über ein Dienstleistungsabkommen mit der EU"*.[241]

(c) Bei der Alternative „autonomer Nachvollzug" könnte die Schweiz zwar das Liberalisierungsprogramm selektiver gestalten, würde aber damit bei der EG unter Umständen nicht den erwünschten Marktöffnungsaspekt erreichen.

In diesem Zusammenhang ist auch darauf hinzuweisen, dass das revidierte Binnenmarkt-Gesetz (BMG)[242] sich noch stärker als bisher an die Rechtslage in der EG angenähert hat und damit – im nationalen Rahmen – letztlich ähnliche Konsequenzen nach sich zieht, wie der Abschluss eines bilateralen Abkommens.

Sollte es im Zuge der Variante (b) in Verbindung mit weiteren Abkommen der Bilateralen III zum Abschluss mehrerer bilateraler Verträge kommen, so würden sich für die erleichterte Administrierung solcher **Bilateralen III** im Grunde zwei Alternativen anbieten: zum einen die Zusammenlegung aller „Gemischten Ausschüsse", die in den jeweiligen bilateralen Abkommen eingerichtet sind,[243] in einen **einzigen** „Gemischten Ausschuss" für alle bilateralen Ankommen[244] und zum anderen der Abschluss einer **Rahmenvereinbarung**,[245] die als einziger „Partnerschafts-Vertrag" [246] die bisherigen bilateralen Abkommen ersetzen und sogar noch

[241] *Nufer* (FN 80) 57.

[242] Vgl dazu *Rivière,* Un législateur déterminé à ouvrir le marché intérieur suisse – Réflexions su le projet de révision de la loi fédérale sur le marché intérieur, Schweizerisches Jahrbuch für Europarecht 2004/2005, 209 ff.

[243] Vgl dazu Bundesamt für Justiz/Integrationsbüro/Direktion für Völkerrecht (Hrsg), Aide-mémoire: Kompetenzen und Vorgehen für Beschlüsse der Gemischten Ausschüsse der sektoriellen Abkommen Schweiz – EG vom 21. Juni 1999, Revidierte Fassung, Bern 2. September 2002; die neueste Version dieses Aide-mémoire datiert vom 6. September 2007.

[244] Für die „Gemischten Ausschüsse" in den einzelnen bilateralen Abkommen siehe *Jaag,* Institutionen und Verfahren, in Thürer/Weber/Zäch (Hrsg), Bilaterale Verträge Schweiz – EG. Ein Handbuch (2002) 48 ff.

[245] Laut AM Micheline Calmy-Rey wird von Schweizer und EU-Experten an einer solchen Lösung bereits gearbeitet; Bilateraler Weg als gemeinsamer Nenner, NZZ vom 19. Dezember 2006, 16.

[246] Vgl *Tornay/Renfer/Auer* (FN 227) 222.

weiter ausgestalten könnte. Ein Nachteil letzterer Vorgangsweise könnte aber unter Umständen darin liegen, dass die bisher nur auf die Bilateralen I bezogene „Guillotine-Klausel"[247] dann auch auf die ebenfalls unter die Rahmenvereinbarung fallenden Bilateralen II erstreckt werden könnte.[248]

[247] Vgl dazu vorstehend auf S 126.

[248] Dieser „Verdacht" wird geäußert in der Studie des Regierungsrates des Kantons Zürich (FN 185) 190 f FN 39.

Harald Burmann

Die Dienstleistungsrichtlinie und ihre Auswirkungen auf die Rechtsanwaltschaft vornehmlich in Österreich

Geschätzte Damen und Herren![1]

Die Freiheit des Dienstleistungsverkehrs ist eine der vier Grundfreiheiten des EG-Vertrages, wie Sie alle wissen. Geregelt in den Art 49-55 ist sie als Auffangtatbestand konstruiert und gewährt das Recht

- der **aktiven Dienstleistungsfreiheit**, also der Möglichkeit für den Dienstleistungserbringer, sich vorübergehend in das Land des Dienstleistungsempfängers zu begeben und dort seine Dienstleistungen zu erbringen;
- der **passiven Dienstleistungsfreiheit**, wobei hier der Dienstleistungsempfänger den Ortswechsel vornimmt und sich in den anderen Mitgliedstaat begibt, in dem der Dienstleistungserbringer ansässig ist und die Dienstleistungen erbringt und schließlich
- der **Korrespondenzdienstleistung**, wo Dienstleistungserbringer und Dienstleistungsempfänger an ihren Orten im jeweiligen Mitgliedsstaat verbleiben, die Dienstleistung selbst aber die Grenze überschreitet, also in einer großen Anzahl der Fälle durch Korrespondenz.

Während nun die Freiheit des Warenverkehrs mittlerweile gut implementiert ist, stellte sich heraus, dass auf dem Dienstleistungssektor nach wie vor große Hindernisse bestehen. Die Bedeutung des Dienstleistungssektors für die einzelnen Volkswirtschaften hat in der Vergangenheit immer mehr zugenommen und geht man davon aus, dass dieses Wachstum auch in Zukunft anhalten wird. All dies war also der Grund dafür, mit einer Richtlinie ein Regelwerk zu schaffen, um hier den Impetus zu geben, dem tertiären Sektor die Möglichkeiten zu verschaffen, die ihm die Bestimmungen des EG-Vertrages auch einräumen.

---

1 Die Vortragsform wurde beibehalten.

Die Detailvorstellungen, wie dies am Besten zu bewerkstelligen wäre, sind, wie Sie ja alle verfolgen konnten, ziemlich unterschiedlich gewesen und so gab es eine entsprechend lange geführte Diskussion, deren Ergebnis die nun vorliegende Fassung der Richtlinie ist, wobei man davon wird ausgehen können, dass der Text in dieser Form letztlich auch vom Europäischen Parlament noch im November, spätestens aber im Dezember die Zustimmung erhält, nachdem er den Binnenmarktausschuss gerade anstandslos passiert hat.

Es wurden zwar und werden immer noch Abänderungswünsche herangetragen, gerade auch von Seiten der Anwaltschaft, aber ich gehe davon aus, dass diese ohne Erfolg bleiben werden.

Das Ziel meines Vortrags ist es, Ihnen die Auswirkungen des vorliegenden Textes der Dienstleistungsrichtlinie auf den Anwaltsberuf vornehmlich in Österreich darzustellen.

Ich werde mich daher zunächst kurz mit dem Begriff der Dienstleistung auseinandersetzen, werde dann eingehen auf die bereits berufsspezifisch für den Rechtsanwaltsberuf bestehenden Gemeinschaftsrechtsakte und deren innerstaatliche Umsetzung in Österreich. In diesem Zusammenhang werde ich auf die den Anwaltsberuf betreffenden Ausnahmen und Kollisionsregelungen der Dienstleistungsrichtlinie eingehen und dann anhand der wichtigsten Bestimmungen der Dienstleistungsrichtlinie untersuchen, inwieweit nun diese zur Anwendung kommen können oder von den bestehenden sektoralen Richtlinien verdrängt werden, um letztlich in einen zusammenfassenden Ausblick auf die Anforderungen für den Gesetzgeber im Bezug auf die Rechtsanwälte einzugehen.

Zuerst möchte ich mich mit dem **Begriff der Dienstleistung** befassen.

Art 4 der Richtlinie – wenn ich in Zukunft nur den jeweiligen Artikel zitiere, meine ich damit den vorliegenden Text der Dienstleistungsrichtlinie, bei anderen Rechtsakten werde ich dies jeweils dazu sagen – verweist zum Begriff der Dienstleistung auf die in Art 50 des EG-Vertrages erfasste selbständige Tätigkeit, die in der Regel gegen Entgelt erbracht wird. Die Merkmale der **Grenzüberschreitung**, der **Entgeltlichkeit**, dh der grundsätzlichen Verfolgung eines irgendwie gearteten Erwerbszweckes mit der betreffenden Tätigkeit, und der **Subsidiarität**, also dass es sich um Vorgänge handelt, die weder in den freien Waren- oder Kapitalverkehr noch unter die Personenfreizügigkeit fallen, müssen gegeben sein. In Art 50 Abs 2 des EG-Vertrages werden beispielhaft ua auch freiberufliche Tätigkeiten als Dienstleistungen angeführt.

Es kann kein Zweifel bestehen, dass rechtsanwaltliche Tätigkeit als Dienstleistung einzustufen ist, ob nun der Rechtsanwalt als Rechtsberater, Vertragsverfasser oder als Prozessbeistand tätig wird, um hier nur die klassischen Aufgabengebiete zu nennen. So ist es auch nicht weiter verwunderlich, wenn im Erwägungsgrund 33 der Richtlinie eben auch die Rechtsberatung als eine von dieser Richtlinie erfasste Dienstleistungstätigkeit erwähnt wird.

Nun ist es aber so, dass gerade für den Anwaltsberuf bereits Gemeinschaftsrechtsakte bestehen, die die grenzüberschreitende Tätigkeit, sowohl im Sinn der Dienstleistungsfreiheit als auch im Sinn der Niederlassungsfreiheit regeln.

Es sind dies

- die Richtlinie des Rates der Europäischen Gemeinschaften vom 22. März 1977 zur Erleichterung der tatsächlichen Ausübung des freien Dienstleistungsverkehrs der Rechtsanwälte 77/249/EWG;[2]
- die Richtlinie des Europäischen Parlaments und des Rates vom 16. Februar 1998 zur Erleichterung der ständigen Ausübung des Rechtsanwaltsberufes in einem anderen Mitgliedsstaat als in dem, in dem die Qualifikation erworben wurde 98/5/EG;[3]
- die Richtlinie des Rates der Europäischen Gemeinschaften vom 21. Dezember 1988 über eine allgemeine Regelung zur Anerkennung der Hochschuldiplome 89/48/EWG,[4] welche allerdings 2007 außer Kraft tritt und ersetzt wird durch
- die Richtlinie des Europäischen Parlaments und des Rates vom 7. September 2005 über die Anerkennung von Berufsqualifikationen 2005/36/EG.[5]

Die wichtigste Umsetzung dieser Vorschriften für Österreich erfolgte im Europäischen Rechtsanwaltsgesetz EuRAG, BGBl I 2001/98 in der derzeit geltenden Fassung BGBl I 2003/93.

Dieser Umstand, dass der zur Verfolgung des Zweckes der Dienstleistungsfreiheit (in der grenzüberschreitenden Tätigkeit der Rechtsanwälte) vorhandene Rechtsbestand der Gemeinschaft durchaus ausreichend und bereits in praxi bewährt sei, hat ja auch insbesondere die CCBE, den Rat der Anwaltschaften der Europäischen Gemeinschaften, dazu veranlasst, bei den Beratungen für die Dienstleistungsrichtlinie darauf zu drängen, den Anwaltsberuf generell von der Anwendbarkeit der Dienstleistungsrichtlinie auszunehmen. Diese Bemühungen waren (bislang und vermutlich auch in Zukunft) nicht erfolgreich, immerhin aber

2 ABl 1977 L 78 S 17, zuletzt geändert durch die Beitrittsakte 2003, ABl 2003 L 236 S 33.

3 ABl 1998 L 77 S 36, zuletzt geändert durch die Beitrittsakte 2003, ABl 2003 L 236 S 33.

4 ABl 1989 L 19 S 16, geändert durch RL 2001/19/EG, ABl 2001 L 206 S 1.

5 ABl 2005 L 55 S 22.

führten ua auch die Argumente des CCBE dazu, dass Kollisionsregeln aufgenommen wurden, die eben jenen Fall regeln sollen, wenn es bereits sektorale berufsspezifische Vorschriften in Richtlinien gibt.

So weist Erwägungsgrund 30 darauf hin, dass die gegenständliche Richtlinie den bereits bestehenden gemeinschaftsrechtlichen Besitzstand an Vorschriften für Dienstleistungstätigkeiten **ergänzt** und **vervollständigt**. Es wird auch eingeräumt, dass Kollisionen zwischen dieser Richtlinie und anderen Gemeinschaftsinstrumenten festgestellt wurden, und dies in der gegenwärtigen Richtlinie berücksichtigt wurde, ua in Ausnahmeregelungen. Dennoch, der Erwägungsgrund 30 weiter, bedarf es einer Regelung für verbleibende Fälle und Ausnahmefälle für den Fall, dass eine Bestimmung dieser Richtlinie mit einer Bestimmung eines anderen Gemeinschaftsrechtsinstrumentes kollidiert. Ob eine Kollision vorliegt, sollte in Übereinstimmung mit den Bestimmungen über die Niederlassungsfreiheit und den freien Dienstleistungsverkehr des EG-Vertrages festgestellt werden.

So bietet Art 2 Abs 2 eine Aufzählung jener Dienstleistungstätigkeiten, auf die diese Richtlinie keine Anwendung findet. Unter diesen Ausnahmen befindet sich auch die Tätigkeit von Notaren, die durch staatliche Stellen ernannt wurden. Nur zur Klarstellung: Die primärrechtlichen Regelungen über die Dienstleistungsfreiheit gelten auch für diese Berufsgruppe, wie man ja ganz aktuell aus der Einleitung des Vertragsverletzungsverfahrens gegen Österreich in diesem Zusammenhang ersehen kann.

Art 3 regelt das Verhältnis zu geltendem Gemeinschaftsrecht.

Abs 1 lautet: „*Widersprechen Bestimmungen dieser Richtlinie einer Bestimmung eines anderen Gemeinschaftsrechtsaktes, der spezifische Aspekte der Aufnahme oder Ausübung einer Dienstleistungstätigkeit in bestimmten Bereichen oder bestimmten Berufen regelt, so hat die Bestimmung des anderen Gemeinschaftsrechtsaktes Vorrang und findet auf die betreffenden Bereiche oder Berufe Anwendung.*" Dies gilt insb für die Richtlinie 2005/36/EG über die Anerkennung von Berufsqualifikationen und andere dort in Art 3 erwähnte Rechtsakte. Dabei jedoch nicht angeführt sind die Richtlinie 77/249/EWG betreffend die Erleichterung des freien Dienstleistungsverkehrs für Rechtsanwälte und die Richtlinie 98/5/EG, die sogenannte Niederlassungsrichtlinie, was aber vermutlich nicht weiter tragisch ist, da sich aus dem Wort „insbesondere" ja wohl ergibt, dass die Aufzählung des Abs 1 nicht taxativ ist.

Diese Bestimmung scheint mir nun der Angelpunkt zu sein, an dem die Betrachtungen der einzelnen Regelungen der Richtlinie jeweils im Vergleich mit den schon bestehenden berufsspezifischen Regelungen für Rechtsanwälte zu beurteilen sind.

Dabei ist bereits jetzt darauf hinzuweisen, dass es bei einzelnen Bestimmungen der Richtlinie noch ausdrückliche Ausnahmetatbestände gibt, wo also in unterschiedlich konkreter Art und Weise einzelne Regelungen für unanwendbar erklärt werden.

Ob dies unsere Aufgabe wesentlich erleichtert, möchte ich dahingestellt lassen.

Nun steht also der nationale Gesetzgeber, der Rechtsanwender, aber auch der einzelne Normunterworfene jeweils vor der Frage, ob eine konkrete Regelung der horizontalen Dienstleistungsrichtlinie zu unterwerfen ist oder etwa doch nicht, weil bereits in spezieller berufsspezifischer Form geregelt, dann letzterer zu unterwerfen ist und auch an dieser Richtlinie zu messen ist, jedenfalls aber immer an den einschlägigen Regelungen des EG-Vertrages zu messen sein wird. Es scheint sich mir hier ein weites Betätigungsfeld nicht nur für die Anwälte als Betroffene und Berater sowie Prozessbegleiter sondern auch für den EuGH aufzutun.

In diesem Zusammenhang erwähnt werden muss ein Bereich, der eine Einschränkung der Dienstleistungsfreiheit rechtfertigt, nämlich die sogenannten **„zwingenden Gründe des Allgemeininteresses"**. Die Ausgestaltung dieses Begriffs erfolgt in ständiger Rechtsprechung durch den EuGH, ausgehend von Art 43 und 49 des Vertrages, wobei dieser eine Beschränkung nur dann als gerechtfertigt ansieht, wenn sie **verhältnismäßig** ist, nicht über das **unbedingt erforderliche Maß** hinaus geht bzw nicht durch **weniger einschneidende Maßnahmen** ersetzt werden kann. Öffentliche Ordnung und öffentliche Sicherheit neben öffentlicher Gesundheit sind solche (ausdrücklich in Art 46 des EG-Vertrages genannten) Gründe, aber auch die Wahrung der ordnungsgemäßen Rechtspflege, Konsumentenschutz, Gläubigerschutz und ähnliches (in unserem Zusammenhang besonders interessierend) fallen unter diesen Begriff.

Dies wird im Erwägungsgrund 40 und in der Begriffsbestimmung in Art 4 Abs 8 auch dementsprechend ausgeführt.

Immerhin ist der Beruf des Rechtsanwaltes eingebunden in die Rechtspflege und wenn sich auch die österreichischen Rechtsanwälte (im Gegensatz zu Deutschland) nicht als Organ der Rechtspflege verstehen, so vertreten sie doch die Auffassung, einen wesentlichen Beitrag für ein geordnetes Rechtswesen zu leisten.

Kommen wir nun zu den einzelnen Maßnahmen, die die Richtlinie vorsieht und betrachten wir sie unter dem Blickwinkel des Anwaltsberufes.

Nachdem als einer der Gründe für die Behinderung der grenzüberschreitenden Dienstleistungstätigkeit die Komplexität, Langwierigkeit und mangelnde Rechtssicherheit des Verwaltungsverfahrens genannt wird (siehe Erwägungsgrund 43) widmet sich das Kapitel II der Verwaltungsvereinfachung. Es ist vorgesehen, dass die Mitgliedstaaten ihre Verfahren und Formalitäten für die Aufnahme und die Ausübung von Dienstleistungstätigkeiten im Hinblick auf deren Effizienz überprüfen und entsprechend den Vorgaben der Richtlinie vereinfachen.

Die Kommission wird ermächtigt, einheitliche Formblätter einzuführen, wobei das hiezu vorgesehene Verfahren jedoch das Problem in sich birgt, dass Repräsentanten der betreffenden Berufe daran nicht teilnehmen dürfen. Solche Formblätter können auch für den Rechtsanwaltsberuf erstellt werden unter Berücksichtigung der Bestimmungen der Richtlinie 98/5/EG, wobei letztere solche Formblätter nicht vorgesehen hat. Der CCBE hat jedoch derartige Formblätter bereits für die Abwicklung der Verfahren nach der bestehenden berufsspezifischen Richtlinie ausgearbeitet.

Weiters ist vorgesehen, dass prinzipiell normale unbeglaubigte Kopien und Übersetzungen für die vorzulegenden Bescheinigungen und Dokumente genügen müssen, außer es ist in anderen Gemeinschaftsrechtsakten dies anders vorgesehen, bzw aus dem Grund des Allgemeininteresses erforderlich, wobei auch für bestimmte namentlich angeführte Verfahren und Dokumente spezielle Regelungen vorziehen, so unter anderem, wenn die Richtlinie 98/5/EG (sogenannte Niederlassungsrichtlinie für Rechtsanwälte) zur Anwendung kommt. Damit ist meines Erachtens sichergestellt, dass für den Rechtsanwaltsberuf weiterhin Originaldokumente oder beglaubigte Kopien und beglaubigte Übersetzungen erforderlich sind. Dies ist gerade im Hinblick auf die notwendige Seriosität und Vertrauensbildung beim Anwaltsberuf wichtig.

Diese Ausnahmebestimmung des Abs 4 von Art 5 steht aber meines Erachtens allenfalls in Widerspruch mit Art 8, der zum Ziel hat, dass hinkünftig eine Verfahrensabwicklung rein auf elektronischer Basis erfolgen soll. Eine solche Verfahrensabwicklung ist – auch nach Ansicht der CCBE – beim Anwaltsberuf aus den erwähnten Gründen nicht wünschenswert. Fraglich ist, ob hier der Abs 2 des Art 8, der eine Ausnahme von elektronischen Verfahren ua für die *„physische Untersuchung der Eignung und persönlichen Zuverlässigkeit des Dienstleistungserbringers“* vorsieht, zum Tragen kommt.

Art 6 schafft nun etwas völlig Neues, was bisher in den Regelungen für den Anwaltsberuf noch nicht existierte, den sogenannten **einheitlichen Ansprechpartner** (Points of Single Contact PSC).

Die nunmehrige Formulierung, dass die Verfahren **über** (und nicht **bei**) solche einheitlichen Anspruchpartner abgewickelt werden **können**, stellt sicher, dass diese Ansprechpartner nicht identisch mit der Behörde sein müssen, sondern auch als Vermittler fungieren können. Klargestellt ist darüber hinaus auch, dass damit nicht in die nationalen Zuständigkeitsregelungen eingegriffen wird.

Welche Konsequenzen ergeben sich daraus für Österreich im Hinblick auf die grenzüberschreitende Ausübung des Anwaltsberufes?

Zunächst ist zu unterscheiden, ob der ausländische Kollege bloß grenzüberschreitend tätig wird, oder sich bereits in Österreich mit einer Kanzleiorganisation niederlassen will, zunächst auf Basis seiner Herkunftsbezeichnung oder etwa gleich einem österreichischen Anwalt als österreichischer Anwalt.

Bei bloß grenzüberschreitender Tätigkeit ist nach den bestehenden sektoralen Richtlinien und dem EuRAG kein Bewilligungsverfahren erforderlich. Der Anwalt wird einfach als so genannter dienstleistender europäischer Rechtsanwalt unter seiner heimatlichen Berufsbezeichnung und unter Angabe der Berufsorganisation, der er in seinem Heimatstaat angehört, tätig. Wenn diese Tätigkeit eine Vertretungstätigkeit vor Gericht oder Behörde darstellt, hat der betreffende Anwalt vor der erstmaligen Ausübung die zuständige Rechtsanwaltskammer zu verständigen. Diese Verständigung ist keine verfahrensrechtliche Zulassungsvoraussetzung, sie hat lediglich standesrechtlichen Hintergrund. Ein Verfahren ist daher nicht abzuwickeln, eine Eintragung in eine Liste der Rechtsanwälte erfolgt nicht. Die erwähnte Mitteilung an die Kammer von der Aufnahme seiner Tätigkeit wird man wohl als „Formalität" im Sinn des Art 6 ansehen müssen. Dass dann noch im EuRAG in Übereinstimmung mit der berufsspezifischen Richtlinie vorgesehen ist, dass der dienstleistende europäische Rechtsanwalt in gerichtlichen Verfahren, in denen Anwaltszwang oder Verteidigerpflicht herrscht, sich eines Einvernehmensanwaltes, also eines in die Liste der Rechtsanwälte einer österreichischen Rechtsanwaltskammer eingetragenen Rechtsanwaltes bedienen muss und dies dem Gericht bekannt geben muss bzw in Fällen, in denen er in einem Gerichts- oder Verwaltungsverfahren auftritt, einen inländischen Zustellungsbevollmächtigten namhaft machen muss, erscheint mir nicht als eine Formalität zur Frage der Aufnahme der Tätigkeit sondern betrifft jedes einzelne Verfahren, in dem er eben einschreitet.

Falls der ausländische Rechtsanwalt als so genannter **niedergelassener europäischer Anwalt** in Österreich tätig werden möchte, also dass er bereits eine Kanzleiorganisation in Österreich errichten möchte und dann unter seiner heimatlichen Berufsbezeichnung hier tätig sein kann, in diesem Fall hat er einen diesbezüglichen Antrag bei der zuständigen Rechtsanwaltskammer zu stellen und die in § 10 EuRAG geforderten Dokumente vorzulegen. Hier ist also ein förmliches Verfahren vorgesehen.

Die Notwendigkeit der Einrichtung von einheitlichen Ansprechpartnern ergibt sich damit sohin. Nach den Ausführungen bei Erwägungsgrund 48 kann die Zahl der einheitlichen Ansprechpartner von Mitgliedstaat zu Mitgliedstaat verschieden sein, je nach den regionalen oder lokalen Zuständigkeiten oder der betreffenden Tätigkeit. Es müsste daher möglich sein, dass jede der neun existierenden Rechtsanwaltskammern in Österreich als einheitlicher Ansprechpartner fungiert. Genauso wäre denkbar, dass der ÖRAK, also der Österreichische Rechtsanwaltskammertag, österreichweit als einziger koordinierender Ansprechpartner fungiert. Die einzelnen Verfahren sind dann ja bei der jeweils zuständigen Anwaltskammer durchzuführen. Entscheidungen darüber, wie dies letztlich in Österreich durchgeführt werden wird, sind noch nicht gefallen.

Die Informationsverpflichtung nach Art 7 lässt sich bei jeder Rechtsanwaltskammer oder auch beim ÖRAK problemlos über deren Websites erfüllen.

Die Art 9 bis 13 stellen Vorschriften für das jeweilige Genehmigungsverfahren auf unter der Kapitelüberschrift Niederlassungsfreiheit der Dienstleistungserbringer. In Art 9 Abs 3 ist der Vorrang von Genehmigungsregeln in anderen Gemeinschaftsrechtsakten festgehalten, was bei den Rechtsanwälten eben zum Tragen kommt. Die Genehmigungsregeln sind bereits durch die Diplomanerkennungsrichtlinie 89/48/EWG, die Niederlassungsrichtlinie 98/5/EG und Entscheidungen des EuGH ausgestaltet. Sie entsprechen den in Art 9, 10 und 11 aufgestellten Anforderungen. Art 12 (Auswahl zwischen mehreren Bewerbern) kommt beim Anwaltsberuf in Österreich nicht zum Tragen. Art 13 sieht vor, dass Anträge unverzüglich und in jedem Fall binnen einer vorab festgelegten und bekannt gemachten angemessenen Frist bearbeitet werden müssen und die Genehmigung als erteilt gilt, wenn bis dorthin keine andere Entscheidung getroffen wurde.

Eine derartige Fristenregelung und Genehmigungsautomatik sah die Richtlinie 98/5/EG nicht vor. Somit ein Aspekt, der dort nicht geregelt ist, sodass man sich die Frage stellen kann, ob hier zB die 6-monatige Entscheidungspflicht nach § 73 AVG diese Funktion übernehmen könnte. Sinnvoll und zweckmäßig wäre jedoch, hier den Ausnahmetatbestand *„zwingender Grund des Allgemeininteresses einschließlich berechtigten Interesses Dritter“* (soll heißen geordnete Rechtspflege und Schutz der Klienten) in Anspruch zu nehmen und eine Automatik der Genehmigung zu unterbinden.

Die in Art 14 als unzulässig definierten Anforderungen werden bereits durch die Niederlassungsrichtlinie 98/5/EG gewährleistet. Ich erlaube mir diesbezüglich auf die dortigen Art 1, 6, 10, 11 und 12 und die Entscheidungen des EuGH wie zB Reyners,[6] Klopp,[7] und Mauri[8] zu verweisen.

Lediglich Abs 8 des Art 14, der die Pflicht, bereits vorher während eines bestimmten Zeitraums in einem im Aufnahmestaat geführten Register eingetragen gewesen zu sein bzw vorher während einer bestimmten Zeit Tätigkeiten dort bereits ausgeübt zu haben, als unzulässig erklärt, ist mit den Vorschriften der Niederlassungsrichtlinie 98/5/EG und dem EuRAG hinsichtlich der Eintragungsfähigkeit als österreichischer Anwalt in Widerspruch. Es ist nämlich dort so geregelt, dass der ausländische Kollege sich als österreichischer Anwalt eintragen lassen kann, wenn er vorher als niedergelassener europäischer Anwalt unter seinem sogenannten *Hometitle* praktiziert hat, und zwar zumindest drei Jahre effektiv und regelmäßig bzw auch bei kürzerer Tätigkeit durch Nachweis seiner Fähigkeiten vermittels Ergänzungsprüfung. Hier scheint es mir aber zweifelsfrei so zu sein, dass die Niederlassungsrichtlinie 98/5/EG dieser Bestimmung der horizontalen Dienstleistungsrichtlinie vorgeht.

Art 15 sieht vor, dass die Mitgliedsstaaten ihre Rechtsordnungen im Hinblick auf bestimmte Mindestanforderungen überprüfen und entsprechend abändern im Sinne von

- Nichtdiskriminierung,
- Erforderlichkeit,
- Verhältnismäßigkeit.

Es sind dies:

- Mengenmäßige oder territoriale **Beschränkungen** (solche sind für den Rechtsanwaltsberuf in Österreich nicht existent und auch nicht vorgesehen);
- Verpflichtung des Dienstleistungserbringers **eine bestimmte Rechtsform** zu wählen (bei Rechtsanwälte in Österreich ist derzeit nicht jede Rechtsform erlaubt, jedoch besteht die Möglichkeit unter verschiedenen zu wählen, weshalb daher die aktuelle Rechtslage konform erscheint);
- Anforderungen im Hinblick auf Beteiligung am **Gesellschaftsvermögen**. (Hier sind standesrechtliche Vorschriften existent. Diese erscheinen mir gestützt auf zwingende Gründe des Allgemeininteresses auch gerechtfertigt zu sein. Es ist dies vor allem jene Regelung, die bezwecken soll, dass nur aktive Rechtsanwäl-

---

6 EuGH 21.06.1974, Rs C-2/74, Slg 1974, 631.
7 EuGH 12.07.1984, Rs C-107/83, Slg 1984, 2971.
8 EuGH 17.02.2005, Rs C-250/03, Slg 2005, I-1267.

te bei Gesellschaften vertretungsbefugt sind und außer solchen, emeritierten Rechtsanwälten, nahen Verwandten derselben oder verstorbener Rechtsanwälte und Stiftungen keine anwaltsfremden Personen beteiligt sein dürfen.)

- Anforderungen, die die Aufnahme der betreffenden Dienstleistungstätigkeit aufgrund ihrer Besonderheit bestimmten Dienstleistungserbringern **vorbehalten**. (Hier gehen die Niederlassungsrichtlinie 98/5/EG und die Berufsqualifikationsrichtlinie 2005/36/EG vor. Die Regelungen über einen Einvernehmensanwalt, über Anwaltszwang und Verteidigungspflicht sind daher zulässig.)
- Verbot, im Hoheitsgebiet mehrere **Niederlassungen** zu unterhalten. (Ein derartiges Verbot existiert nicht. Es können mehrere Niederlassungen von Anwälten bzw Anwaltsgesellschaften durchaus in Österreich existieren.)
- Anforderung **Mindestbeschäftigungszahl**. (Eine derartige Regelung existiert in Österreich nicht.)
- Beachtung von festgesetzten **Mindest- und/oder Höchstpreisen** durch den Dienstleistungserbringer. (Dieser Aspekt wird durch die Niederlassungsrichtlinie 98/5/EG nicht geregelt. Im Augenblick ist die Rechtslage so, dass es in Österreich eine gesetzliche Regelung für einen Teil des Anwaltshonorares im RATG gibt, welches im Zivilverfahren, im Privatanklageverfahren und für gewisse außergerichtliche Tätigkeiten gesetzlich geregelte Honorarsätze vorsieht. Daneben bestehen die vom Rechtsanwaltskammertag beschlossenen autonomen Honorarkriterien, die weder Mindest- noch Höchsttarif sind, aber zur Auslegung der Angemessenheit dienen sollen. Im Übrigen besteht in Österreich die Möglichkeit der freien Honorarvereinbarung.)

Verweisen möchte ich in diesem Zusammenhang auf das Arduino-Urteil des EuGH,[9] der unter bestimmten Aspekten Tarife für gerechtfertigt gehalten hat.

Das Wesen der Dienstleistungsrichtlinie ist es, dem Prinzip des freien Binnenmarktes auch für Dienstleistungen zum Durchbruch zu verhelfen. Aus diesem Grund kann man den Art 16, der die Regeln dafür aufstellt, als Herzstück der Richtlinie bezeichnen, um im gleichen Atemzug aber dazu zu sagen, dass dieser Art 16 auf rechtsanwaltliche Dienstleistungen nicht zur Anwendung kommt. Art 17 sieht nämlich dezidierte Ausnahmen von der Dienstleistungsfreiheit vor, nämlich

- in Abs 4 alle Angelegenheiten, die unter die Richtlinie 77/249/EWG des Rates vom 22. März 1977 zur Erleichterung der tatsächlichen Ausübung des freien Dienstleistungsverkehrs der Rechtsanwälte fallen;

[9] EuGH 19.02.2002, Rs C-35/99, Slg 2002, I-1529.

- in Abs 5 die gerichtliche Beitreibung der Forderungen;
- in Abs 6 Angelegenheiten, die unter Titel II der Richtlinie 2005/36/EG fallen, sowie Anforderungen im Mitgliedsstaat der Dienstleistungserbringung, die eine Tätigkeit den Angehörigen eines bestimmten Berufes vorbehalten (sog Vorbehaltsaufgaben).

Damit ist sichergestellt, dass Nichtqualifizierte die Ausschließlichkeitsstellung der Rechtsvertretung und Rechtsberatung nicht unterlaufen.

Die Art 19, 20 und 21 über die Rechte der Dienstleistungsempfänger stellen meines Erachtens für die österreichische Rechtslage im Bezug auf die Ausübung der Anwaltstätigkeit keinerlei besondere Problematik dar.

Das Kapitel 5 behandelt die Qualität der Dienstleistungen.

Art 22 sieht vor, dass die Dienstleistungserbringer den Dienstleistungsempfängern gegenüber verpflichtet sind, gewisse dort in Art 22 definierte Informationen zur Verfügung zu stellen. Dabei geht es um so Selbstverständlichkeiten wie Namen, Anschrift, Rechtsstatus und Rechtsform, Eintragung in Registern etc, die Umsatzsteueridentifikationsnummer und ähnliches. Spezifisch Rechtsanwälte betreffen wird auch die Vorschrift, den Berufsverband, also die jeweilige Kammer, der der Rechtsanwalt angehört, anzugeben sowie die Berufungsbezeichnung und den Mitgliedstaat, in dem sie verliehen wurde. Auch Angaben zur Versicherung, gemeint damit eine Berufshaftpflichtversicherung, sollen gegeben werden.

Es besteht dabei die Möglichkeit, dass diese Informationen nach Wahl des Dienstleistungserbringers von sich aus mitgeteilt werden, sonst am Ort der Leistungserbringung für den Dienstleistungsempfänger leicht zugänglich sind oder elektronisch übermittelt werden bzw in allen Informationsunterlagen enthalten sind.

Der Abs 3 des Art 22 sieht jedoch vor, dass auf Anfrage des Dienstleistungsempfängers weitere Zusatzinformationen mitzuteilen sind. Es wird also, wenn dies vom Dienstleistungsempfänger gewünscht wird, anzugeben sein, welche berufsrechtlichen Regeln für den Anwaltsberuf bestehen und wo diese eingesehen werden können; ebenso für nähere Einzelheiten eines etwa bestehenden außergerichtlichen Verfahrens der Streitbeilegung, was für anwaltliches Honorar denkbar wäre.

Alle diese Informationen können meiner Meinung nach aber dadurch geliefert werden, dass diese zB auf der Homepage des Anwaltes aufscheinen oder dort verlinkt sind.

Art 23 gibt die Möglichkeit, dass die Verpflichtung einer Berufshaftpflichtversicherung normiert werden kann, und zwar für solche Dienstleistungserbringer, deren Dienstleistungen ein unmittelbares und besonderes Risiko eben auch für die finanzielle Sicherheit des Dienstleistungsempfängers darstellen. Dies trifft für die Tätigkeit von Anwälten sicherlich zu.

Der *Code of Conduct* des CCBE sieht vor, dass der Anwalt verpflichtet ist, eine solche Berufshaftpflichtversicherung zu halten. In Österreich besteht eine solche Regelung gesetzlich derzeit schon und wird durchaus von den Anwälten und den Standesvertretern auch begrüßt. Eine Reaktion des Gesetzgebers erscheint mir daher hier nicht erforderlich zu sein.

Art 24 sieht vor, dass die Mitgliedstaaten sämtliche absoluten Verbote der kommerziellen Kommunikation für reglementierte Berufe aufheben. Allerdings sind hier die Kautelen eingebaut, dass die Werbung den Anforderungen der berufsrechtlichen Regeln für reglementierte Berufe entspricht, und insb die Unabhängigkeit, die Würde und die Integrität des Berufsstandes sowie die Wahrung des Berufsgeheimnisses gewährleisten soll.

Die Rechtslage in Österreich ist derzeit so, dass Werbung für den Anwalt erlaubt ist, wenn es auch in den vom ÖRAK erlassenen Richtlinien für Berufsausübung heißt (§ 45): *„Der Rechtsanwalt wirbt vornehmlich durch die Qualität seiner anwaltlichen Leistung"*, so ist Werbung doch ausdrücklich für zulässig erklärt, sofern sie *„wahr, sachlich, im Einklang mit Ehre und Ansehen des Standes, den Berufspflichten sowie der Funktion des Rechtsanwaltes im Rahmen der Rechtspflege ist"*.

Wenn es in der Richtlinie Berufsausübung weiter heißt, dass unzulässig insb Selbstanpreisung durch marktschreierische Werbung, vergleichende Werbung gegenüber Standesangehörigen, Mandatsakquisition unter Ausnützung einer Zwangssituation, Überlassung von Vollmachtsformularen an Dritte zwecks Weitergabe an einen unbestimmten Personenkreis, Nennung von Mandanten ohne deren Einwilligung, Anbieten oder Gewähren von Vorteilen für Mandatszuführungen und Bezugnahme auf Erfolgs- und Umsatzzahlen ist, so dienen diese Einschränkungen ohne Zweifel dazu, die Unabhängigkeit, Würde und Integrität des Berufsstandes als auch die Wahrung des Berufsgeheimnisses zu gewährleisten und können meines Erachtens nicht als diskriminierend oder unverhältnismäßig angesehen werden.

Ein weiteres Ziel der Dienstleistungsrichtlinie ist offenkundig die Forcierung der Möglichkeit von multidisziplinären Dienstleistungen. Erwägungsgrund 101 spricht davon, erwähnt aber auch – für uns Rechtsanwälte von Bedeutung –, dass es Grenzen für die Zulässigkeit solcher multidisziplinären Partnerschaften geben kann, die darin liegen, dass bei reglementierten Berufen die Unparteilichkeit und Unabhängigkeit sowie deren Integrität gewährleistet sein müssen.

So sieht denn auch Art 25 vor, dass multidisziplinäre Tätigkeiten nicht behindert werden dürfen. Allerdings besteht ua die Möglichkeit, für Angehörige reglementierter Berufe, soweit dies gerechtfertigt ist, um die Einhaltung der verschiedenen Standesregeln im Hinblick auf die Besonderheiten der jeweiligen Berufe sicherzustellen und soweit dies nötig ist, um ihre Unabhängigkeit und Unparteilichkeit zu gewährleisten, dass die gemeinschaftliche oder die partnerschaftliche Ausübung unterschiedlicher Tätigkeiten beschränkt werden kann bzw Dienstleistungserbringer verpflichtet werden, nur eine bestimmte Tätigkeit auszuüben.

Selbst dann, wenn multidisziplinäre Tätigkeiten für Angehörige reglementierter Berufe erlaubt sind, haben sich die Mitgliedstaaten zu verpflichten, dass sichergestellt ist, dass Interessenkonflikte und Unvereinbarkeiten zwischen bestimmten Tätigkeiten vermieden werden, dass die Unabhängigkeit und Unparteilichkeit, die bestimmte Tätigkeiten erfordern, gewährleistet sind und dass die Anforderungen der Standesregeln für die verschiedenen Tätigkeiten miteinander vereinbar sind, insb im Hinblick auf das Berufsgeheimnis.

Die Richtlinie bzw die Ausnahmen zu diesem Artikel übernehmen das Ergebnis der Rechtsprechung des EuGH im Fall Wouters.[10] In diesem aus dem Jahr 2002 stammenden Urteil beurteilt der EuGH eine von der niederländischen Rechtsanwaltskammer erlassene Verordnung, in welcher den Rechtsanwälten untersagt wurde, mit bestimmten Berufsgruppen Sozietäten einzugehen. Hier ging es darum, ob Rechtsanwälte und Wirtschaftsprüfer eine gemeinsame Sozietät unterhalten können, was in den Niederlanden nicht gestattet ist. Der EuGH hat diesen Sachverhalt unter wettbewerbsrechtlichen Gesichtspunkten geprüft, aber auch, ob damit eine unzulässige Beschränkung der Niederlassungsfreiheit und/oder Dienstleistungsfreiheit gegeben ist oder ob eine solche Beschränkung gegebenenfalls gerechtfertigt wäre. Kurz gesagt war das Ergebnis jenes, dass das Sozietätsverbot für wirksam gehalten wurde, da vernünftige Gründe, und zwar insb Unterschiede im Bereich der Verschwiegenheitsverpflichtungen zwischen Rechtsanwälten und Wirtschaftsprüfern, für dieses Verbot sprechen würden

Hinzuweisen ist in diesem Zusammenhang, dass die für diesen Aspekt wohl vorangehende berufsspezifische Richtlinie 98/5/EG (die sogenannte Niederlassungsrichtlinie für Rechtsanwälte) die Möglichkeit des Verbots für multidisziplinäre Partnerschaften anerkennt. Im Rahmen des dortigen Art 11, der die gemein-

10 EuGH 19.02.2002, Rs C-309/99, Slg 2002, I-1577.

same Ausübung des Rechtsanwaltsberufs regelt, wird dem Aufnahmestaat das Recht eingeräumt, multidisziplinäre Partnerschaften nicht zuzulassen.

In der Tat sieht das innerstaatliche österreichische Recht, also die Rechtsanwaltsordnung in § 21c ausgestaltet vor, dass Gesellschafter an Gesellschaften zur Ausübung der Rechtsanwaltschaft nur inländische Rechtsanwälte oder in Österreich niedergelassene europäische Rechtsanwälte sein dürfen oder nahe Verwandte derselben, also Ehegatten, Kinder, Witwen und Waisen, ehemalige Kanzleipartner und österreichische Privatstiftungen, die von den Gesellschaftern errichtet wurden. Eine multidisziplinäre Partnerschaft ist demnach in Österreich nicht gestattet. Das EuRAG nimmt daher darauf Bezug.

Nach österreichischer Auffassung ist eines der wesentlichen Hindernisse für die Zulassung multidisziplinärer Partnerschaften zum einen das strenge Verschwiegenheitsgebot für Rechtsanwälte und zum anderen das ebenfalls sehr strenge Verbot der Doppelvertretung. Beides dient dem Schutz des Klienten und soll es dem Rechtsanwalt ermöglichen, sich voll und ganz, unabhängig und ohne Vorbehalt für die Sache seines Klienten einzusetzen.

Mir erscheint die österreichische Rechtslage auch unter Berücksichtigung der neuen Dienstleistungsrichtlinie weiterhin im Hinblick auf das Europarecht rechtskonform zu sein. Allerdings darf man nicht übersehen, dass vor allem international ein großer Druck herrscht, solche multidisziplinären Partnerschaften zuzulassen, wobei vor allem Partnerschaften zwischen Rechtsanwälten und Wirtschaftstreuhändern hier eine Rolle spielen. Dieser Druck scheint mir weniger von den Anwälten als von den Wirtschaftstreuhändern zu kommen und vor allem ausgehend von solchen Ländern, in denen die Rechtsordnung keine derart strenge Verschwiegenheit für Rechtsanwälte vorsieht und auch die Doppelvertretung anders beurteilt wird. Es ist dies vor allem der angloamerikanische Rechtsbereich. Aber auch in Deutschland ist eine Sozietät zwischen Rechtsanwälten und Steuerberatern zulässig.

Schließlich noch einige Worte zum Kapitel VI „Verwaltungszusammenarbeit", insoweit als die Dienstleistungsrichtlinie hier Kontrollmechanismen vorsieht, da ja die österreichischen Rechtsanwaltskammern Körperschaften öffentlichen Rechts sind und im Rahmen der Selbstverwaltung der Rechtsanwälte auch hoheitliche Aufgaben zu erfüllen haben.

Dazu ist auszuführen, dass für den Berufstand der Rechtsanwälte die Richtlinie 77/249/EWG (Dienstleistungsrichtlinie für Rechtsanwälte) vorsieht, dass der Anwalt bei Ausübung seiner Tätigkeit im Aufnahmestaat auch den Standesregeln dieses Aufnahmestaats unterliegt und die zuständige Stelle des Aufnahmestaats entsprechend Kontrollmöglichkeiten hat. Die Niederlassungsrichtlinie 98/5/EG verweist ebenfalls darauf, dass der unter seiner ursprünglichen Berufsbezeichnung tätige Rechtsanwalt neben dem im Herkunftsstaat geltenden Berufs- und Standesregeln hinsichtlich aller Tätigkeiten, die er im Aufnahmestaat ausübt, den gleichen Berufs- und Standesregeln wie die Rechtsanwälte, die unter der jeweiligen Berufsbezeichnung des Aufnahmestaats praktizieren, unterliegt. Auch ist dort eine Zusammenarbeit zwischen den zuständigen Stellen des Aufnahme- und des Herkunftsstaates im Hinblick auf zu leistende Amtshilfe und gegenseitige Information vorgesehen.

Endlich zum Kapitel VII „Konvergenzprogramm" und dort zum Art 37, wo die Verpflichtung vorgesehen ist, in Zusammenarbeit mit der Kommission die Berufsverbände und Berufsorganisationen zu ermutigen, auf Gemeinschaftsebene im Einklang mit dem Gemeinschaftsrecht Verhaltenskodizes auszuarbeiten. Dazu ist zu sagen, dass die CCBE bereits seit längerer Zeit daran arbeitet, einen europaweit anwendbaren Verhaltenskodex (*Code of Conduct*) zu installieren. Ein Text dieser CCBE Standesregeln liegt vor und soll zunächst für die grenzüberschreitenden Tätigkeiten der Rechtsanwälte innerhalb der Europäischen Union und des Europäischen Wirtschaftsraums anwendbar werden. Es ist absehbar, dass die österreichischen Rechtsanwälte diesen Standeskodex im nächsten Jahr rezipieren werden.

Ich komme nun zum Ende meiner Übersicht und darf abschließend zusammenfassen, dass meiner Ansicht nach die nun vorliegende Dienstleistungsrichtlinie für den Beruf der Rechtsanwälte sowohl in Österreich als auch in Europa keine wesentlichen Änderungen bringen wird, wobei dies vor allem daran liegt, dass eben berufsspezifische Richtlinien bereits bestanden haben. Allenfalls können sich in der Zukunft Auffassungsunterschiede insofern ergeben, ob nun ein konkreter Sachverhalt bereits durch die berufsspezifischen Richtlinien geregelt ist oder einer Bestimmung der horizontalen Dienstleistungsrichtlinie zu unterstellen ist. Solche Diskussionen und Rechtsunsicherheiten wären vermieden worden, wenn der Rechtsanwaltsberuf zur Gänze von der horizontalen Richtlinie ausgenommen worden wäre.

Für den österreichischen Gesetzgeber ergibt sich im Hinblick auf Rechtsanwälte kein besonders großer Regelungsbedarf. Dieser wird vor allem darin bestehen, die einheitlichen Ansprechpartner zu installieren, wobei man wie ausgeführt auf die bestehenden neun Rechtsanwaltskammern zurückgreifen kann. Bei den Verfahrensbestimmungen sollte man unter Bezugnahme auf die Besonderheiten des Rechtsanwaltsberufs und die dort bestehenden Standesverpflichtungen von den möglichen Ausnahmen aus den zwingenden Gründen des Allgemeininteresses Gebrauch machen.

Andreas Gapp

Dienstleistungsrichtlinie und Finanzdienstleistungen

1. Einleitung
1.1. Die Ausnahmebestimmung gem Art 2 Z 2 lit b der Dienstleistungsrichtlinie
2. Die Bankenrichtlinie und die Richtlinie über Märkte für Finanzinstrumente
2.1. Bankenrichtlinie
2.2. Exkurs: aktive und passive DL-Freiheit sowie Werbung
2.3. Richtlinie über Märkte für Finanzinstrumente
3. Umsetzung in Österreich
4. Statistik
5. Schlussfazit

1. Einleitung

Beim Studium des gegenwärtigen gemeinsamen Standpunktes des Rates im Hinblick auf den Erlass einer Richtlinie des Europäischen Parlamentes und des Rates über die Dienstleistungen im Binnenmarkt[1], folglich als Dienstleistungsrichtlinie bezeichnet, ist meines Erachtens zunächst Augenmerk auf den ersten Erwägungsgrund zu legen. Darin kommt klar und deutlich zum Ausdruck, dass es Ziel sei, einen einheitlichen Binnenmarkt zu schaffen. „*Gemäß Artikel 14 Absatz 2 des Vertrages umfasst der Binnenmarkt einen Raum ohne Binnengrenzen, in dem der freie Verkehr von Dienstleistungen gewährleistet ist. Gemäß Artikel 43 des Vertrages wird die Niederlassungsfreiheit gewährleistet. Artikel 49 des Vertrages regelt den freien Dienstleistungsverkehr innerhalb der Gemeinschaft. Die Beseitigung der Beschränkung für die Entwicklung von Dienstleistungstätigkeiten zwischen Mitgliedsstaaten ist ein wichtiges Mittel für ein stärkeres Zusammenwachsen der Völker Europas und für die Förderung eines ausgewogenen und nachhaltigen wirtschaftlichen und sozialen Fortschritts.*“[2]

So erfreulich und begrüßenswert dieses Ziel auch ist, muss hinsichtlich des speziellen Themas der Finanzdienstleistungen jedoch mit Blick auf Art 2 Z 2 lit b

1 Interinstitutionelles Dossier COD 2004/0001; 17.07.2006 - 10003/06 - Compet 152; SOC 294; Justciv 141; Codec 569; OC 430.

2 1. Erwägungsgrund der Dienstleistungsrichtlinie.

der Dienstleistungsrichtlinie festgehalten werden, dass die Dienstleitungsrichtlinie für den Bereich der Finanzdienstleistungen nicht weiter einschlägig ist.

Im Rahmen dieser Arbeit wird daher zunächst die zitierte Ausnahmebestimmung näher betrachtet. In weiterer Folge wird auf die für Finanzdienstleistungen einschlägigen Rechtsquellen eingegangen und diese näher dargestellt. Dabei wird auch auf die Umsetzung in österreichisches nationales Recht nicht vergessen. Entsprechend dem Untertitel des dieser Untersuchung zu Grunde liegenden Symposiums wird versucht, die Frage, ob die Dienstleistungsfreiheit in Europa einen Segen oder Fluch darstellt, durch einen Blick in die Statistik zu beantworten.

1.1. Die Ausnahmebestimmung gem Art 2 Z 2 lit b der Dienstleistungsrichtlinie

Dieser Bestimmung zu Folge sind Finanzdienstleistungen vom Anwendungsbereich der Dienstleistungsrichtlinie ausgenommen. Es gibt jedoch keine klare Auskunft darüber, was unter dem Begriff der Finanzdienstleistungen zu verstehen ist. In einer demonstrativen Aufzählung werden nur bestimmte weitere Begrifflichkeiten angeführt, die jedenfalls als Finanzdienstleistungen gelten. Diese Begrifflichkeiten sind folgende:

- Bankdienstleistungen,
- Dienstleistungen im Zusammenhang mit einer Kreditgewährung,
- Dienstleistungen im Zusammenhang mit einer Versicherung und Rückversicherung,
- Dienstleistungen im Zusammenhang mit einer betrieblichen oder individuellen Altersvorsorge,
- Dienstleistungen im Zusammenhang mit Wertpapieren,
- Dienstleistungen im Zusammenhang mit Geldanlagen,
- Dienstleistungen im Zusammenhang mit Zahlungen,
- Dienstleistungen im Zusammenhang mit Anlageberatung und
- Dienstleistungen gem Anhang I der Richtlinie 2006/48/EG.

Interessant ist hier in diesem Zusammenhang, dass der Richtlinientext die Begrifflichkeit der Bankdienstleistungen expressis verbis erwähnt. Ein Heranziehen der für die Banken einschlägigen Richtlinie 2006/48/EG[3] – im Folgenden Bankenrichtlinie genannt – ist daher nahe liegend. Doch dabei beginnen im Grunde schon

[3] Richtlinie 2006/48/EG des Europäischen Parlaments und des Rates vom 14. Juni 2006 über die Aufnahme und Ausübung der Tätigkeit der Kreditinstitute, ABl 2006 L 177 S 1.

die Schwierigkeiten, denn die Bankenrichtlinie kennt den Begriff der Bankdienstleistungen als solchen nicht.

Gemäß Art 1 Z 1 der Bankenrichtlinie legt sie die Vorschriften für die Aufnahme und Ausübung der Tätigkeiten der Kreditinstitute fest (ohne den Begriff Bank zu verwenden). Als Kreditinstitute wiederum definiert Art 4 Z 1 der Bankenrichtlinie ein Unternehmen, dessen Tätigkeit darin besteht, Einlagen oder andere rückzahlbare Gelder des Publikums entgegen zu nehmen und Kredite für eigene Rechnung zu gewähren[4]. Bekanntlich erbringen die Kreditinstitute jedoch deutlich mehr Dienstleistungen, als die erwähnte Entgegennahme von Einlagen und anderen rückzahlbaren Geldern sowie der Gewährung von Krediten. Erst der Blick in den Anhang I der Bankenrichtlinie erlaubt den Rückschluss, dass auch die in diesem Anhang erwähnten Tätigkeiten von einem Kreditinstitut ausgeübt werden können. In diesem Anhang werden beispielsweise folgende Tätigkeiten angeführt:

- Dienstleistungen zur Durchführung des Zahlungsverkehrs,[5]
- Ausgabe und Verwaltung von Zahlungsmitteln (Kreditkarten, Reiseschecks und Bankschecks),[6]
- Handel für eigene Rechnung oder im Auftrag der Kundschaft: Geldmarktinstrumente (Schecks, Wechsel, Depositenzertifikate usw), Geldwechselgeschäfte, Termin-(„financial futures“) und Optionsgeschäfte, Wechselkurs- und Zinssatzinstrumente, sowie Wertpapiergeschäfte,[7]
- Portfolioverwaltung und -beratung.[8]

Die Bankenrichtlinie verzichtet jedoch im Zusammenhang mit der Normierung der Bedingungen für die Aufnahme der Tätigkeiten der Kreditinstitute auf eine ausdrückliche Bezugnahme auf andere Tätigkeiten als die Entgegennahme von Geld und die Kreditgewährung. Dies mag seine Ursache darin haben, dass speziell in der Entgegennahme von Geld und in der Kreditgewährung eine besonders schützenswerte Materie gesehen wird.

Dass die Kreditinstitute jedenfalls die im Anhang I der Bankenrichtlinie erwähnten Tätigkeiten auch erbringen können, ergibt sich auch aus Art 1 Abs 2 der

4 Auf die Berücksichtigung der E-Geld-Institute gem der Richtlinie 2000/46/EG (ABl 2000 L 175 S 39) wird in diesem Zusammenhang verzichtet.

5 Z 4 der Anlage I zur Richtlinie 2006/48/EG.

6 Z 5 der Anlage I zur Richtlinie 2006/48/EG.

7 Z 7 der Anlage I zur Richtlinie 2006/48/EG.

8 Z 11 der Anlage I zur Richtlinie 2006/48/EG.

Richtlinie 2004/39/EG[9] – im Folgenden als Richtlinie über Märkte für Finanzinstrumente bezeichnet.[10] Gemäß der zitierten Bestimmung werden nämlich Kreditinstitute von der Anwendung der Richtlinie über Märkte für Finanzdienstleistungen teilweise ausgenommen, wenn sie eine oder mehrere Wertpapierdienstleistungen erbringen und/oder Anlagetätigkeiten ausüben. Da die Richtlinie über Märkte für Finanzinstrumente die Wertpapierdienstleistungen bzw die Wertpapiernebendienstleistungen zum Teil überschneidend mit den Begrifflichkeiten der Anlage I der Bankenrichtlinie definiert,[11] setzt dies folglich voraus, dass die Berechtigung gem der Bankenrichtlinie bestehen muss.

Ungeachtet der Tatsache, dass die Bankenrichtlinie im Zusammenhang mit den Regelungen über die Bedingungen für die Aufnahme der Tätigkeit der Kreditinstitute durchaus deutlicher auf die Berechtigung zur Durchführung der Tätigkeiten gem Anlage I hätte eingehen können, gibt es jedoch nach wie vor keine Aussage darüber, was unter Bankdienstleistungen gem Art 2 Z 2 lit b der Dienstleitungsrichtlinie zu verstehen ist. Es stellt sich die Frage, ob die Bankenrichtlinie zu näheren Interpretation trotz der bisherigen Ausführungen herangezogen werden kann.

So ist zwar unbestritten, dass der Begriff „Bank" im allgemeinen Sprachgebrauch zum Teil synonym für den Begriff Kreditinstitut verwendet wird. Dies wird in kleinerem Umfang auch in Art 18 der Bankenrichtlinie deutlich, wenn auf die Verwendung der Worte „Bank" bzw „Sparkasse" kurz Bezug genommen wird. Dennoch ergeben sich Schwierigkeiten bei der Heranziehung der Bankenrichtlinie zur Interpretation des Begriffes der Bankdienstleistungen gem Art 2 Z 2 lit b der Dienstleistungsrichtlinie, da dem Begriff der Bankdienstleistungen in der Dienstleistungsrichtlinien in weiterer Folge die Begriffe „Dienstleistungen im Zusammenhang mit einer Kreditgewährung" etc und letztlich auch die „Dienstleistungen gem Anhang I der Richtlinie 2006/48/EG" gegenübergestellt werden. Da die dem Begriff der Bankdienstleistungen gegenübergestellten Dienstleistungen[12]

---

9 Richtlinie 2004/39/EG des Europäischen Parlaments und des Rates vom 21. April 2004 über Märkte für Finanzinstrumente, zur Änderung der Richtlinien 85/611/EWG und 93/6/EWG des Rates und der Richtlinie 2000/12/EG des Europäischen Parlaments und des Rates und zur Aufhebung der Richtlinie 93/22/EWG des Rates (ABl 2004 L 145 S 1).

10 Die Richtlinie über Märkte für Finanzinstrumente wird auch als MiFID (Markets in Financial Instruments Directive) bezeichnet.

11 Siehe Anhang I Abschnitt A und B der Richtlinie 2004/39/EG.

12 Diese sind: Dienstleistungen im Zusammenhang mit der Kreditgewährung, Versicherung und Rückversicherung, betrieblicher oder individueller Altersvorsorge, Wertpapieren, Geldanlagen, Zahlungen und Anlageberatung, einschließlich der in Anhang I der Bankenrichtlinie aufgeführten Dienstleistungen.

zum Großteil eben jene sind, die in der Bankenrichtlinie bereits erfasst werden, kann der Begriff der Bankendienstleistungen wohl letztlich nicht durch Zuhilfenahme der Bankenrichtlinie interpretiert werden. Dies wird umso deutlicher, wenn man berücksichtigt, dass der Begriff der Bankdienstleistungen in Art 2 Z 2 lit b der Dienstleistungsrichtlinie mit der Verknüpfung „und“ mit den erwähnten anderen Dienstleistungen verknüpft wurde.

Meines Erachtens wurde hier bewusst dieser nicht näher definierte Begriff der Bankdienstleistungen verwendet,[13] um als Auffangtatbestand für mögliche Dienstleistungen, welche eben nicht in der Bankenrichtlinie bzw Richtlinie über Märkte für Finanzinstrumente erfasst sind, zu fungieren. Dies würde letztlich auch mit dem Begriff der Finanzdienstleistung korrellieren, da auch dieser nicht näher definiert bzw nur allgemein verwendet wurde bzw wird.[14] Letztlich deckt sich das auch mit der Aussage in den Erwägungsgründen, wonach Finanzdienstleistungen eben generell aus dem Anwendungsbereich dieser Richtlinie ausgeschlossen sein sollten.[15] Dies würde auch erklären, dass die in Art 2 Z 2 lit b der Dienstleistungsrichtlinie erwähnten Dienstleistungen nicht exakt mit den Begrifflichkeiten der Bankenrichtlinie bzw der Richtlinie über Märkte für Finanzinstrumente übereinstimmen.[16] So bleibt die Dienstleitungsrichtlinie auch hinsichtlich möglicher Veränderungen im Rechtsbestand der EU entsprechend flexibel.

Wenn auch die Formulierung des Art 2 Z 2 lit b der Dienstleistungsrichtlinie speziell hinsichtlich der Erwähnung der bereits bestehenden *termini technici* und Rechtsgrundlagen präziser hätte sein können, so ist dennoch das Regelungssub-

---

Die genannten Dienstleistungen werden zum Teil in der Bankenrichtlinie bzw in der Richtlinie über Märkte für Finanzinstrumente näher ausgestaltet; zB Definition der Anlageberatung in Art 4 Abs 1 Z 4 der Richtlinie über Märkte für Finanzinstrumente.

13 Bisher findet sich der Begriff der Bankdienstleistung nur in der sog Richtlinie über den Fernabsatz von Finanzdienstleistungen (Richtlinie 2002/65/EG des Europäischen Parlamentes und des Rates vom 23. September 2002 über den Fernabsatz von Finanzdienstleistungen an Verbraucher und zur Änderung der Richtlinie 90/619/EWG des Rates und der Richtlinien 97/7/EG und 98/27/EG, ABl 2002 L 271 S 16), wo er ebenfalls nicht näher ausgestaltet wird.

14 Der Begriff der Finanzdienstleistung findet sich in den Dokumenten der EU vorwiegend im Zusammenhang mit dem Anhang IX des EWR-Abkommens (ABl 1994 L 1 S 3). Auch in der Richtlinie über den Fernabsatz von Finanzdienstleistungen kommt der Begriff der Finanzdienstleistungen vor, wobei dieser in Art 2 lit b dieser Richtlinie wiederum offen verwendet wird.

15 Erwägungsgrund 18 der Dienstleistungsrichtlinie.

16 Einzig die klare Bezugnahme zu den Tätigkeiten gem Anhang I der Richtlinie 2006/48/EG besteht, wobei diese mit dem Wort „einschließlich“ erfasst wird.

strat deutlich zu erkennen. So ist auch dem bereits erwähnten 18. Erwägungsgrund zu entnehmen, dass für den Regelungsbereich der Finanzdienstleistungen bereits besondere Gemeinschaftsrechtsvorschriften bestehen, womit jedenfalls die bereits erwähnte Bankenrichtlinie sowie die Richtlinie über Märkte für Finanzinstrumente gemeint sind. Insofern ist auch ein spezielles Eingehen auf die in der Dienstleistungsrichtlinie enthaltenen Verweise auf Versicherungsdienstleistungen nicht weiter erforderlich.

2. Die Bankenrichtlinie und die Richtlinie über Märkte für Finanzinstrumente

2.1. Bankenrichtlinie

Eingangs wurden die Ziele der Dienstleitungsrichtlinie, nämlich die Schaffung eines einheitlichen Binnenmarktes und die Beseitigung von Beschränkungen erwähnt. Im 18. Erwägungsgrund der Dienstleitungsrichtlinie ist in Replik auf diese Zieldefinition formuliert, dass die im Zusammenhang mit Finanzdienstleistungen bestehenden besonderen Gemeinschaftsrechtsvorschriften bereits darauf abzielen, einen wirklichen Binnenmarkt für Dienstleistungen zu schaffen. Dieses Ziel ist auch der neuen Bankenrichtlinie über die Aufnahme und Ausübung der Tätigkeit der Kreditinstitute zu entnehmen. Dort heißt es im 3. Erwägungsgrund, dass diese Richtlinie *„unter dem zweifachen Aspekt der Niederlassungsfreiheit und des freien Dienstleistungsverkehrs im Bankensektor das wesentliche Instrument für die Verwirklichung des Binnenmarktes"* ist.

Die erwähnte Bankenrichtlinie 2006/48/EG vom 14. Juni 2006 ist ab dem 1. Januar 2007 anzuwenden. Dies bedeutet aber nicht, dass die Verwirklichung des Binnenmarktes im Bereich der Kreditinstitute erst ab dem 1. Januar 2007 beginnen wird. Diese Bankenrichtlinie geht nämlich auf die Richtlinie zur Koordinierung der Rechts- und Verwaltungsvorschriften über die Aufnahme und Ausübung der Tätigkeit der Kreditinstitute aus dem Jahr 1989 zurück.[17] Die in der Bankenrichtlinie aus dem Jahr 1989 enthaltenen Bestimmungen über die freie Niederlassung und den freien Dienstleistungsverkehr finden sich letztlich auch in der derzeit geltenden Bankenrichtlinie 2000/12/EG aus dem Jahr 2000 wieder.[18] Durch die Umsetzung der Rahmenvereinbarung über die internationale Konvergenz der

[17] 2. Richtlinie 1989/646/EWG des Rates vom 15. Dezember 1989 zur Koordinierung der Rechts- und Verwaltungsvorschriften über die Aufnahme und Ausübung der Tätigkeit der Kreditinstitute ABl 1989 L 386 S 1.

[18] Richtlinie 2000/12/EG des Europäischen Parlamentes und des Rates vom 20. März 2000 über die Aufnahme und Ausübung der Tätigkeit der Kreditinstitute ABl 2000 L 126 S 1.

Kapitalmessung und Eigenkapitalanforderungen des Baseler Ausschusses für Bankenaufsicht vom 26. Juni 2004[19] und mehrfacher Änderung der Richtlinie 2000/12/EG[20] war eine gänzliche Neufassung der Bankenrichtlinie erforderlich.[21] Die weiteren Ausführungen beziehen sich auf die Richtlinie 2006/48/EG, die weiterhin gemeinhin als Bankenrichtlinie bezeichnet wird.

Die Bankenrichtlinie selbst enthält neben den Bestimmungen über den Anwendungsbereich und die Begriffsdefinitionen[22] als einen ersten zentralen Kern die Regelungen über die Bedingungen für die Aufnahme der Tätigkeit der Kreditinstitute und ihre Ausübung.[23] Demnach existieren in der EU bzw im EWR einheitliche Vorschriften für die Aufnahme und Ausübung der Tätigkeit der Kreditinstitute. Ein weiterer und im nachfolgenden hier dargestellter Regelungsbereich betrifft die Bestimmungen über die Niederlassungsfreiheit und den freien Dienstleistungsverkehr[24] gefolgt von den Regelungen über die Beziehung zu Drittländern.[25] Im Weiteren werden die Grundsätze und technischen Instrumente für die Bankenaufsicht und deren Offenlegung dargestellt.[26] Darin sind ua die Vorschriften von Basel II verarbeitet.

Wie bereits erwähnt, sind im gegenständlichen Kontext die Bestimmungen über die Niederlassungsfreiheit und den freien Dienstleistungsverkehr von besonderem Interesse.[27] Diese sind in den Art 23 ff der Bankenrichtlinie enthalten. Im Wesentlichen beschreibt bereits Art 23 die Vorgehensweise. Demnach haben

---

19 37. Erwägungsgrund Richtlinie 2006/48/EG.

20 1. Erwägungsgrund Richtlinie 2006/48/EG.

21 Zur Entwicklung der für die Kreditinstitute geltenden Rechtsvorschriften auf Ebene der Europäischen Union siehe *Bahl*, Rechtliche Voraussetzungen bei der Geschäftsausübung einer österreichischen Bank über die Grenze nach Deutschland bzw. in Deutschland (2005) 4 f.

22 Titel I, Art 1 bis 5 Richtlinie 2006/48/EG.

23 Titel II, Art 6 bis 22 Richtlinie 2006/48/EG.

24 Titel III, Art 23 bis 37 Richtlinie 2006/48/EG.

25 Titel IV, Art 38 bis 39 Richtlinie 2006/48/EG.

26 Titel V, Art 40 bis 149 Richtlinie 2006/48/EG. Der Vollständigkeit halber sei erwähnte, dass der Titel VI, Art 150 bis 151 Richtlinie 2006/48/EG, die Ausübungsbefugnisse und Titel VII, Art 152 bis 160 Richtlinie 2006/48/EG, die Übergangs- und Schlussbestimmungen enthält.

27 Auf die einschlägigen Bestimmungen über die Niederlassungsfreiheit und den freien Dienstleistungsverkehr betreffend der Finanzinstitute wird in diesem Zusammenhang nicht näher eingegangen (Art 24 Richtlinie 2006/48/EG). Siehe auch *Bahl*, Rechtliche Voraussetzungen bei der Geschäftsausübung einer österreichischen Bank über die Grenze nach Deutschland bzw. in Deutschland (2005) 6 und 12 ff.

Mitgliedstaaten vorzusehen, dass die im Anhang I aufgezählten Tätigkeiten sowohl über eine Zweigstelle als auch im freien Dienstleistungsverkehr in ihrem Hoheitsgebiet von einem Kreditinstitut ausgeübt werden können. Wesentlich ist, dass dieses Kreditinstitut im Herkunftsland entsprechend zugelassen ist und von der dortigen Behörde kontrolliert wird.

Im Weiteren wird die Vorgehensweise für die Ausübung des Niederlassungsrechtes genauer beschrieben.[28] So hat gem Art 35 Bankenrichtlinie ein Kreditinstitut, welches eine Zweigstelle in einem anderen Hoheitsgebiet errichten möchte, dies der zuständigen Behörde des Herkunftsmitgliedstaates mitzuteilen. Diese Mitteilung muss das Zielland, in dem die Zweigstelle errichtet werden soll, einen Geschäftsplan inklusive Organisationsstruktur, die Anschrift sowie den Namen der Person, die die Geschäftsführung der Zweigstelle übernehmen soll, enthalten. In weiterer Folge ist es Aufgabe der Behörde des Herkunftsmitgliedstaates, diese Mitteilung entgegen zu nehmen und zu prüfen. Nur wenn es Zweifel an der Angemessenheit der Verwaltungsstrukturen und der Finanzlage des betreffenden Kreditinstitutes gibt, kann die erforderliche Übermittlung an die Behörde des Ziellandes bzw Aufnahmestaates unterbleiben. Jedenfalls hat dies gem Art 25 Z 3 der Bankenrichtlinie binnen 3 Monaten zu erfolgen. Im Fall der Verweigerung der Übermittlung steht selbstverständlich der Rechtsweg offen.

Wurde vom Herkunftsmitgliedstaat die Mitteilung an den Aufnahmemitgliedstaat weiter geleitet, ist gem Art 26 Z 1 der Bankenrichtlinie die Behörde des Aufnahmemitgliedstaates am Zuge. Diese kann binnen zwei Monaten dem Kreditinstitut jedoch nur jene Bedingungen mitteilen, die einerseits zur Beaufsichtigung gem Abschnitt 5 – siehe in weiterer Folge – erforderlich sind. Andererseits können Bedingungen namhaft gemacht werden, die für die Ausübung dieser Tätigkeiten im Aufnahmemitgliedstaat aus Gründen des Allgemeininteresses gelten. Sollte sich jedenfalls die Behörde des zuständigen Aufnahmemitgliedstaates nicht binnen zwei Monaten äußern, kann das Kreditinstitut die Tätigkeit jedenfalls aufnehmen.

Hier ergibt sich eine gewisse Überschneidung der Bankenrichtlinie mit der Dienstleistungsrichtlinie. Denn auch in der Dienstleistungsrichtlinie wird mehrmals auf den Begriff des Allgemeininteresses abgestellt. Wie bereits aus der Dienstleitungsrichtlinie deutlich hervorgeht,[29] ist der Begriff des Allgemeininteresses von der Rechtsprechung entwickelt worden. Von besonderem Interesse ist hier auch die Mitteilung der Kommission zu Auslegungsfragen über den freien

28 Art 25 Richtlinie 2006/48/EG.

29 40. Erwägungsgrund der Dienstleistungsrichtlinie.

Dienstleistungsverkehr und das Allgemeininteresse in der zweiten Bankenrichtlinie, auf die hier jedoch nicht näher eingegangen wird.[30]

Einfacher ist hier das Verfahren für den Fall, dass ein Kreditinstitut seine Tätigkeiten im Wege des freien Dienstleistungsverkehrs ausüben möchte. Denn gem Art 28 der Bankenrichtlinie hat ein Kreditinstitut vor der erstmaligen Ausübung der Tätigkeit im Aufnahmemitgliedstaat dies der zuständigen Behörde des Herkunftsmitgliedstaates nur mitzuteilen, wobei auch anzugeben ist, welche Tätigkeiten gem Anhang I ausgeübt werden sollen.

> *„Das Verfahren vor Ausübung des freien Dienstleistungsverkehrs weicht daher insofern von der Regelung für Zweigniederlassungen ab, als […] für diesen zweiten Fall vorgesehen ist, dass der ‚Eingang einer Mitteilung' der zuständigen Behörde des Aufnahmemitgliedstaates oder die Tatsache, dass diese sich innerhalb von zwei Monaten nicht geäußert hat, die Voraussetzung für die Aufnahme der Tätigkeit durch die Zweigniederlassung ist. Dieses Dreiecksverhältnis ist für den freien Dienstleistungsverkehr nicht vorgesehen. Für diesen Bereich gilt eine flexiblere Regelung, die vom europäischen Gesetzgeber ausdrücklich gewollt war, um zu vermeiden, dass Hindernisse entstehen, die zuvor nicht vorhanden waren. Kreditinstitute sollten folglich ihre Tätigkeit im Rahmen des freien Dienstleistungsverkehrs aufnehmen können, sobald sie ihre Absicht ihrer eigenen Aufsichtsbehörde mitgeteilt haben. Diese wiederum hat die Mitteilung […] innerhalb eines Monats an die Aufsichtsbehörde des Aufnahmelands weiterzuleiten."*[31]

Nachdem die genannten Bestimmungen die Art und Weise, wie ein Kreditinstitut in einem anderen Mitgliedstaat seine Tätigkeiten aufnehmen kann, beschreiben, wird im Folgenden die Frage der Zuständigkeit der Aufsichtsbehörden erörtert. Dazu enthält bereits der eingangs erwähnte Art 23 der Bankenrichtlinie eine Auskunft. Dort wird bereits klar festgeschrieben, dass die zuständige Behörde des Herkunftsmitgliedstaates weiter die Kontrolle ausübt. Ebenfalls wird dies in Art 40 festgehalten: *„Die Bankenaufsicht über ein Kreditinstitut einschließlich der Tätigkeiten, die es gemäß den Artikel 23 und 24 ausübt, obliegt den zuständigen Behörden des Herkunftsmitgliedstaates; die Bestimmungen dieser Richtlinie, die eine Zuständigkeit der zuständigen Behörde des Aufnahmemitgliedstaates vorsehen, bleiben hiervon unbe-*

---

30 Mitteilung der Kommission zu Auslegungsfragen über den Dienstleistungsverkehr und das Allgemeininteresse in der Zweiten Bankenrichtlinie vom 20.06.1997, SEK(97) 1193 C4-0465/97. Dazu die Entschließung des Europäischen Parlaments zu der ersten Mitteilung der Kommission zu Auslegungsfragen über den freien Dienstleistungsverkehr und das Allgemeininteresse in der Zweiten Bankenrichtlinie (SEK[97] 1193 C4-0465/97), ABl 1998 C 167 S 27.

31 Mitteilung der Kommission zu Auslegungsfragen über den Dienstleistungsverkehr und das Allgemeininteresse in der Zweiten Bankenrichtlinie vom 20.06.1997, 16 (SEK[97] 1193 C4-0465/97).

rührt." Im Weiteren wird auch normiert, dass der Aufnahmemitgliedstaat eine Prüfung der Zweigniederlassung durch die zuständige Behörde des Herkunftsmitgliedstaates zu dulden hat.[32]

Dennoch erhält auch die Behörde des Aufnahmemitgliedstaates wie bereits kurz erwähnt einige sehr klar definierte Befugnisse, die in den Art 29 ff der Bankenrichtlinie abschließend geregelt sind. Dies ist zum einen die Berechtigung für statistische Zwecke von der Zweigstelle Berichte über die in ihrem Hoheitsgebiet getätigten Geschäfte zu verlangen. Die Behörde des Aufnahmemitgliedstaates kann zum anderen darüber hinaus für Zwecke der Überwachung der Liquidität[33] entsprechende Informationen verlangen.[34] Sollte die Behörde des Aufnahmemitgliedstaates feststellen, dass Bestimmungen dieser Richtlinie nicht eingehalten werden, so hat sie die zuständige Behörde des Herkunftsmitgliedstaates darüber zu unterrichten, welche die vorschriftwidrige Situation zu beenden hat.[35] Nur für den Fall, dass das Kreditinstitut trotz der vom Herkunftsmitgliedstaat getroffene Maßnahmen die Bestimmungen weiterhin verletzt, kann die Behörde des Aufnahmemitgliedstaates geeignete Maßnahmen ergreifen, um weitere Unregelmäßigkeiten zu verhindern oder zu ahnden.[36] Letztlich kann sie auch die Aufnahme neuer Geschäftstätigkeiten untersagen. Auch in dringenden Fällen können die zuständigen Behörden des Aufnahmemitgliedstaates entsprechende Sicherungsmaßnahmen ergreifen, die zum Schutz der Interessen der Anleger etc notwendig sind.[37] Unberührt bleibt die Zuständigkeit des Aufnahmemitgliedstaates hinsichtlich der gesetzlichen Bestimmungen, die er aus Gründen des Allgemeininteresses erlassen hat[38] sowie jene im Rahmen der übertragenen Befugnisse.[39]

---

32 Art 43 Richtlinie 2006/48/EG.
33 Art 41 Richtlinie 2006/48/EG.
34 Art 29 Abs 2 Richtlinie 2006/48/EG.
35 Art 30 Z 1 Richtlinie 2006/48/EG.
36 Art 30 Z 3 Richtlinie 2006/48/EG.
37 Art 33 Richtlinie 2006/48/EG.
38 Art 31 Richtlinie 2006/48/EG.
39 Art 34 Richtlinie 2006/48/EG.

2.2. Exkurs: aktive und passive DL-Freiheit sowie Werbung

> *„Bei der aktiven Dienstleistungsfreiheit überschreitet der Dienstleistungserbringer die Grenze zwischen zwei Mitgliedstaaten, um den Kunden aufzusuchen. Die passive Dienstleistungsfreiheit bedeutet, dass der Dienstleistungsempfänger seinen Herkunftsstaat verlässt, um im Aufnahmestaat eine Leistung in Anspruch zu nehmen."*[40]

Diese beiden Begriffe werden letztlich durch die sog Korrespondenzdienstleistungen vervollständigt. Das sind Leistungen, bei denen nur die Leistung die Grenze überschreitet und die Beteiligten in ihren jeweiligen Sitzstaaten verbleiben.

Vor dem Hintergrund dieser Differenzierung ist ersichtlich, dass die Regelungen in der Bankenrichtlinie ausschließlich den aktiven Dienstleistungsverkehr betreffen. Der passive Dienstleistungsverkehr ist letztlich grundsätzlich regelungsfrei und jederzeit zulässig.[41] Dies geht auch aus der Bestimmung des Art 37 der Bankenrichtlinie hervor, wonach Kreditinstitute nicht daran gehindert sind *„ihre Dienstleistungen über alle verfügbaren Kommunikationskanäle im Aufnahmemitgliedstaat anzubieten, vorbehaltlich etwaiger für Form und Inhalt dieser Werbung geltenden Bestimmungen, die aus Gründen des Allgemeininteresses gerechtfertigt sind"*. Auch die Kommission hat in der bereits erwähnten Mitteilung klar festgehalten, dass jede Form von Werbung frei ist und nicht unter die Anwendung der Bestimmungen über den freien Dienstleistungsverkehr fällt.[42] Wenn nun die zielgerichtete Werbung über alle verfügbaren Kommunikationskanäle grundsätzlich unreglementiert ist, kann der Schluss gezogen werden, dass auch sowohl der passive Dienstleistungsverkehr als auch der Korrespondenzdienstleistungsverkehr frei sind.

---

40 *Bahl,* Rechtliche Voraussetzungen bei der Geschäftsausübung einer österreichischen Bank über die Grenze nach Deutschland bzw. in Deutschland (2005) 13; *Hilgers,* Deutsche Erlaubnispflicht für grenzüberschreitend angebotene Dienstleistungen, ecolex 2004, 229 (231).

41 *Bahl,* Rechtliche Voraussetzungen bei der Geschäftsausübung einer österreichischen Bank über die Grenze nach Deutschland bzw. in Deutschland (2005) 13; *Ohler* in Derleder/Knops/Bamberger (Hrsg), Handbuch zum deutschen und europäischen Bankrecht (2004) § 63 Rn 5 zit in *Bahl,* Rechtliche Voraussetzungen bei der Geschäftsausübung einer österreichischen Bank über die Grenze nach Deutschland bzw. in Deutschland (2005) FN 74.

42 Mitteilung der Kommission zu Auslegungsfragen über den Dienstleistungsverkehr und das Allgemeininteresse in der Zweiten Bankenrichtlinie vom 20.06.1997, 3 (SEK[97] 1193 C4-0465/97). Siehe dazu aber auch die kontroverse Haltung der deutschen BaFin in *Hilgers,* Deutsche Erlaubnispflicht für grenzüberschreitend angebotene Dienstleistungen, ecolex 2004, 229. *W. Gapp/Gfall,* Grenzüberschreitende Bankgeschäfte ohne inländische Niederlassung - Internationale Anknüpfung und Konzessionspflicht, ecolex 2003, 244.

Interessant wird in diesem Zusammenhang sein, welche Auswirkungen der neue Art 37 der Bankenrichtlinie auf die Haltung der deutschen BaFin haben wird. Diese hat nämlich in einem Schreiben vom 12.04.2002[43] gegenüber einer Bank folgende Meinung vertreten: *„Diese Erlaubnispflicht besteht auch, wenn grenzüberschreitend Geschäfte mit Personen mit Wohnsitz oder ständigem Aufenthalt im Inland getätigt werden […].“* Im Merkblatt vom April 2005[44] hat die BaFin nochmals wie folgt ausgeführt: *„Von einem ‚Betreiben von Bankgeschäften oder Erbringen von Finanzdienstleistungen im Inland' gehe ich dabei nicht nur dann aus, wenn der Erbringer der Dienstleistung seinen Sitz oder gewöhnlichen Aufenthalt im Inland hat, sondern auch dann, wenn der Erbringer der Dienstleistung seinen Sitz oder gewöhnlichen Aufenthalt im Ausland hat und sich im Inland zielgerichtet an den Markt wendet, um gegenüber Unternehmen und/oder Personen, die ihren Sitz oder gewöhnlichen Aufenthalt im Inland haben, wiederholt und geschäftsmäßig Bankgeschäfte oder Finanzdienstleistungen anzubieten.“* Diese Meinung wird jedenfalls auf Grund der neuen Bestimmung des Art 37 der Bankenrichtlinie nicht auf Kreditinstitute aus dem EWR angewendet werden können, da sie im Widerspruch zum Recht, die Dienstleistungen über alle verfügbaren Kommunikationskanäle im Aufnahmenmitgliedstaat anzubieten, stünde.

2.3. Richtlinie über Märkte für Finanzinstrumente

Wie bereits erwähnt, existiert als zweite Rechtsgrundlage neben der Bankenrichtlinie die Richtlinie über Märkte für Finanzinstrumente. Derzeit ist aber noch die Richtlinie 93/22/EWG über Wertpapierdienstleistungen[45] in Kraft. Diese Richtlinie wird nunmehr durch die erwähnte Richtlinie über Märkte für Finanzinstrumente ersetzt. *„Die MiFID ist ein wesentlicher Punkt im Aktionsplan der Europäischen Kommission für Finanzdienstleistungen (FSAP Financial Service Action Plan). Ziele sind ein verbesserter Anlegerschutz, ein verstärkter Wettbewerb und die Harmonisierung des europäischen Finanzmarktes. Aufgrund starker struktureller Veränderungen in den Wertpapiermärkten Europas kann die Richtlinie als Antwort auf viele offene Fragen gesehen werden.“*[46] Die weiteren Ausführungen beziehen sich auf diese Richtlinie über Märkte für Finanzinstrumente.

---

43 GZ II 7 (118751) 100, <http://www.bafin.de/schreiben/92_2002/ba_120402.htm> (01.12.2007).

44 *Bafin*, Hinweise zur Erlaubnispflicht nach § 32 Abs 1 KWG in Verbindung mit § 1 Abs 1 und Abs 1a KWG von grenzüberschreitend betriebenen Bankgeschäften und/oder grenzüberschreitend erbrachten Finanzdienstleistungen (April 2005) – <http://www.bafin.de/merkblaetter/050400.htm> (01.12.2007).

45 Richtlinie 93/22/EWG des Rates vom 10. Mai 1993 über Wertpapierdienstleistungen, ABl 1993 L 141 S 27.

46 <http://de.wikipedia.org/wiki/MiFID> (01.12.2007).

Auch die Richtlinie über Märkte für Finanzinstrumente bezweckt die Schaffung und Förderung eines einheitlichen Binnenmarktes, was sie mit der Dienstleistungsrichtlinie verbindet. *„Folglich ist es erforderlich, eine Harmonisierung in dem Umfang vorzunehmen, der notwendig ist, um Anlegern ein hohes Schutzniveau zu bieten und Wertpapierfirmen das Erbringen von Dienstleistungen in der gesamten Gemeinschaft im Rahmen des Binnenmarkts auf der Grundlage der Herkunftslandaufsicht zu gestatten."*[47]

Die Richtlinie über Märkte für Finanzinstrumente regelt unter anderem die Tätigkeiten von Wertpapierfirmen.[48] Wertpapierfirmen sind Unternehmen, die im Rahmen ihrer üblichen beruflichen oder gewerblichen Tätigkeit gewerbsmäßig eine oder mehrere Wertpapierdienstleistungen für Dritte erbringen und/oder eine oder mehrere Anlagetätigkeiten ausüben.[49] Wertpapierdienstleistungen und Anlagetätigkeiten wiederum sind im Anhang I Abschnitt A der Richtlinie aufgezählt. Als Wertpapierdienstleistungen und Anlagetätigkeit werden dabei ua der Handel für eigene Rechnung,[50] die Portfolioverwaltung[51] sowie die Anlageberatung[52] verstanden.[53]

Die Richtlinie über Märkte für Finanzinstrumente enthält neben Begriffsbestimmungen und der Definition des Anwendungsbereiches[54] auch Bestimmungen über die Zulassungen von Wertpapierfirmen und Bedingungen für die Ausübung der Tätigkeit.[55] Somit existiert wie im Bereich der Bankenrichtlinie auch hier innerhalb der EU bzw des EWR ein einheitlicher Standard für die Zulassung von Wertpapierfirmen. In weiterer Folge sind die Bestimmungen für die geregelten Märkte

---

47 2. Erwägungsgrund der Richtlinie 2004/39/EG.

48 Auf die Bestimmungen über die geregelten Märkte wird im Rahmen dieses Beitrages nicht eingegangen.

49 Art 4 Abs 1 Z 1 der Richtlinie 2004/39/EG. Es sei auch erwähnt, dass es sich gem der leg cit um eine juristische Person handeln muss, wobei es eine Öffnungsklausel gibt. Im Rahmen dieses Beitrages wird aber nicht näher darauf eingegangen.

50 Anhang I Abschnitt A Nr 3 der Richtlinie 2004/39/EG.

51 Anhang I Abschnitt A Nr 4 der Richtlinie 2004/39/EG.

52 Anhang I Abschnitt A Nr 5 der Richtlinie 2004/39/EG.

53 Auch die Richtlinie 93/22/EWG hatte in Art 1 Z 1 und Z 2 vergleichbare Definitionen.

54 Titel I, Art 1 bis 4 der Richtlinie 2004/39/EG.

55 Titel II, Art 4 bis 35 der Richtlinie 2004/39/EG.

enthalten,[56] um im Anschluss die Bestimmungen für die zuständigen Behörden darzulegen.[57]

Die Regelung betreffend die Freiheit der Wertpapierdienstleistungstätigkeit und der Anlagetätigkeit sind im Art 31 der Richtlinie über Märkte für Finanzinstrumente geregelt, wobei der Regelungsinhalt im Großen und Ganzen mit jenem der Bankenrichtlinie vergleichbar ist.[58]

Hinsichtlich der Ausübung im Wege des freien Dienstleistungsverkehrs sei als Unterschied jedoch erwähnt, dass die Wertpapierfirma vor der erstmaligen Ausübung der freien Dienstleistungstätigkeit im Aufnahmemitgliedstaat der Behörde des Herkunftsmitgliedstaates nicht nur mitzuteilen hat, in welchem Mitgliedstaat sie die Tätigkeit auszuüben beabsichtigt, sondern auch einen Geschäftsplan beizulegen hat.[59] Aus dem Geschäftsplan haben insbesondere die beabsichtigten Wertpapierdienstleistungen und/oder Anlagetätigkeiten sowie Nebendienstleistungen hervorzugehen.[60]

Auch das Prozedere für den Fall der Errichtung einer Zweigniederlassung ist mit jenem der Bankenrichtlinie durchaus vergleichbar.[61]

Ebenso die Frage des Aufsichtsrechtes bzw der Aufsichtspflicht ist eindeutig parallel der Bankenrichtlinie normiert. Das bedeutet, dass die Behörde des Herkunftsmitgliedstaates auch für die Aufsicht der Zweigstelle zuständig ist. Auch die Richtlinie über Märkte für Finanzdienstleistungen erhält daher eine Regelung, wonach der Behörde des Herkunftsmitgliedstaates die Prüfung der Zweigstelle im Aufnahmemitgliedstaat möglich gemacht werden muss.[62] Darüber hinaus bleiben der Behörde des Aufnahmemitgliedstaates Informationsrechte im Zusammenhang mit statistischen Zwecken.[63] Auch bestehen die Befugnisse der Behörde des Aufnahmemitgliedstaates im Zusammenhang mit den klar ihr auf Grund der Richtlinie zugewiesenen Befugnissen.[64] Auch im Falle, dass die Wertpapierfirma trotz

---

56 Titel III, Art 36 bis 47 der Richtlinie 2004/39/EG.

57 Titel IV, Art 48 bis 63 der Richtlinie 2004/39/EG. Der Vollständigkeit halber sei erwähnte, dass der Titel V, Art 64 bis 73 die Schlussbestimmungen enthält.

58 Die Richtlinie 93/22/EWG hat Regelungen über die freie Niederlassung und den freien Dienstleistungsverkehr in Art 14 ff geregelt.

59 Art 31 Abs 2 der Richtlinie 2004/39/EG.

60 Art 31 Abs 2 lit b der Richtlinie 2004/39/EG.

61 Art 32 der Richtlinie 2004/39/EG.

62 Art 32 Abs 8 der Richtlinie 2004/39/EG.

63 Art 61 der Richtlinie 2004/39/EG.

64 Art 32 Abs 7 der Richtlinie 2004/39/EG.

Mitteilung an die Behörde des Herkunftsmitgliedstaates durch die Behörde des Aufnahmemitgliedstaates über einen Vorschriftenverstoß entweder die Anweisungen der Behörde des Herkunftsmitgliedstaates missachtet oder die Behörde des Herkunftsmitgliedstaates keine entsprechenden Handlungen setzt, stehen der Behörde des Aufnahmemitgliedstaates entsprechende Befugnisse zu [65]

3. Umsetzung in Österreich[66]

Die dargestellten Bestimmungen der Bankenrichtlinie wurden in Österreich im BWG umgesetzt. § 10 BWG enthält die Regelungen für den Fall, dass ein österreichisches Kreditinstitut in einem Mitgliedstaat über eine Zweigstelle oder im Wege des freien Dienstleistungsverkehrs tätig werden möchte. Der Regelungsinhalt orientiert sich klar am Richtlinientext. Beabsichtigen demgegenüber Kreditinstitute aus den Mitgliedstaaten in Österreich entsprechend tätig zu werden, ist § 9 BWG die entsprechende Rechtsgrundlage. Auch hier erfolgt eine klare Orientierung am Richtlinientext.

Für österreichische Wertpapierfirmen normiert § 21 WAG die entsprechende Anwendung des § 10 BWG. Für den Fall, dass ausländische Wertpapierfirmen aus Mitgliedstaaten in Österreich tätig werden möchten, findet sich die Rechtsgrundlage im § 9a BWG. Auch hier ist festzuhalten, dass eine klare Orientierung der Normen am Richtlinientext vorliegt.

Die aufsichtsrechtlichen Bestimmungen im Rahmen der Niederlassungs- und Dienstleistungsfreiheit sind einerseits in §§ 15 bis 18 BWG und andererseits im § 24a WAG enthalten.

Exkurs: Interessant ist, dass neben den beiden dargestellten und europarechtlich fundierten Kategorien des freien Dienstleistungsverkehrs und der Niederlassungsfreiheit aufgrund nationaler Rechtsvorschriften auch das Institut der Repräsentanz existiert. Gem § 2 Z 17 BWG handelt es sich bei einer Repräsentanz um eine Betriebsstelle, die einen rechtlich unselbständigen Teil eines nicht in Österreich zugelassenen Kreditinstituts bildet und keine Geschäfte gem § 1 Abs 1 BWG betreibt. So klar und eindeutig das Institut der Repräsentanz in Österreich positioniert ist, so ergeben sich doch in anderen Rechtsordnungen erhebliche Schwierigkeiten mit diesem Institut. So findet sich zB im deutschen KWG eine Regelung

---

65 Art 56 Abs 4 und Art 62 der Richtlinie 2004/39/EG.

66 Siehe dazu *Diwok/Göth*, Bankwesengesetz (2005) §§ 9 ff; *Fremuth/Laurer*, Bankwesengesetz (1995) §§ 9 ff.

über die Art und Weise der Errichtung einer Repräsentanz,[67] jedoch fehlt die Bestimmung darüber, was die Aufgaben und Befugnisse einer Repräsentanz sind.

4. Statistik

Wie aus dem Untertitel des dieser Untersuchung zu Grunde liegenden Symposiums zu entnehmen ist, stellt sich auch die Frage, ob die Dienstleistungsfreiheit einen Fluch oder einen Segen darstellt. Hinsichtlich der Dienstleistungs- und Niederlassungsfreiheit im Bereich der Finanzdienstleistungen sei versucht, diese Frage durch Überprüfung der Akzeptanz der Regelungen seitens der Marktteilnehmer zu beantworten. Dabei wird auf die statistischen Zahlen der Finanzmarktaufsicht zurückgegriffen.[68]

Vorausgeschickt ist, dass es in Österreich per 01.10.2006 gesamthaft 878 zugelassene Kreditinstitute gab bzw gibt.[69] Diese Zahl dient in weiterer Folge als Orientierungsgröße.

Mit Blick auf die in Österreich zugelassenen ausländischen Kreditinstitute, die vom Recht auf freien Dienstleistungsverkehr Gebrauch machen, ist festzustellen, dass 299 Kreditinstitute in Österreich auf diesem Wege tätig sind. Das sind knapp 34% der in Österreich zugelassenen Kreditinstitute.

Im Folgenden eine Darstellung, der zu entnehmen ist, wie viele Kreditinstitute pro Herkunftsmitgliedstaat im Wege des freien Dienstleistungsverkehrs in Österreich tätig sind:

67 § 53a KWG.

68 *FMA* (Hrsg), Liste der im Wege der Dienstleistungsfreiheit aus dem EWR tätigen Kreditinstitute – Stand 01.10.2006 – <http://www.fma.gv.at/cms/site//attachments/0/8/0/CH0217/CMS1139329335387/ewr-dl-art21_(geographisch).pdf> (01.12.2007).
FMA (Hrsg), Liste der im Wege der Niederlassungsfreiheit aus dem EWR tätigen Kreditinstitute – Stand 01.10.2006 – <http://www.fma.gv.at/cms/site//attachments/7/4/9/CH0217/CMS1139329304056/zn-liste_nl_(geogr).pdf> (01.12.2007).

69 *FMA* (Hrsg), Liste der zugelassenen Kreditinstitute – Stand 01.10.2006 – <http://www.fma.gv.at/cms/site//attachments/5/8/7/CH0217/CMS1139252919468/ki-liste.pdf> (01.12.2007).

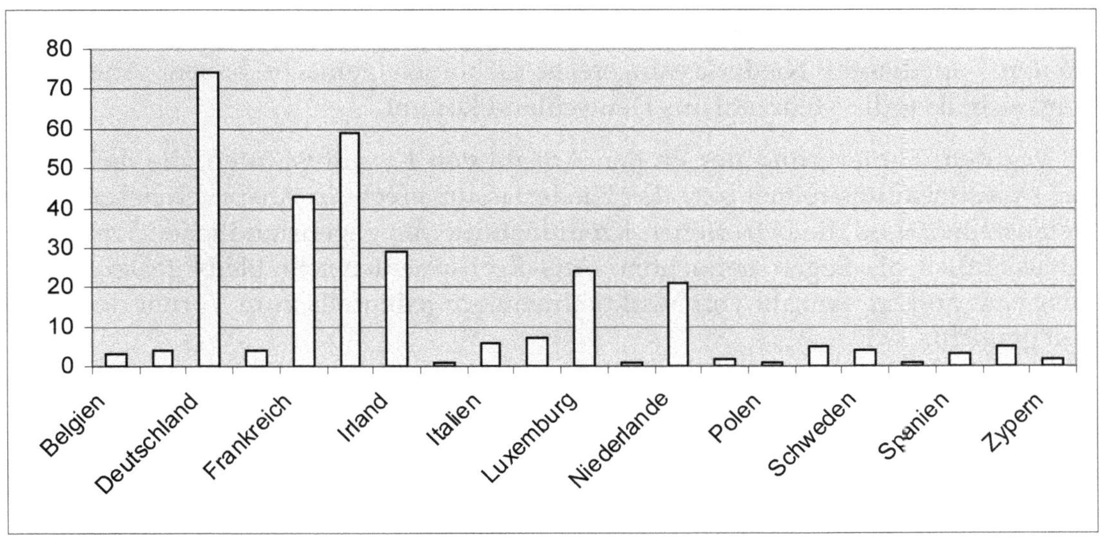

Die Grafik zweigt, dass der überwiegende Teil, nämlich 74, aus Deutschland kommen, gefolgt von 59 Instituten aus Großbritannien und 43 aus Frankreich. In Summe sind Kreditinstitute aus 21 Ländern in Österreich im Wege des freien Dienstleistungsverkehrs tätig.

Die nachfolgende Grafik zeigt, wie viele Kreditinstitute pro Herkunftsmitgliedstaat vom Niederlassungsrecht in Österreich Gebrauch gemacht haben:

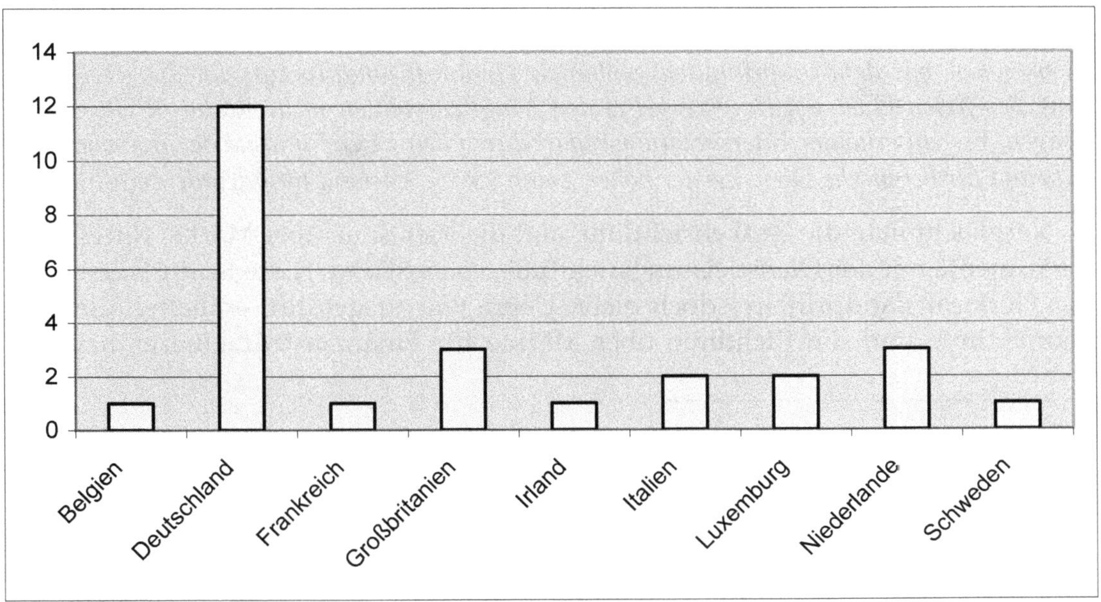

Der Grafik ist zu entnehmen, dass derzeit 26 Kreditinstitute aus den Mitgliedstaaten von diesem Niederlassungsrecht Gebrauch gemacht haben. Auch hier zeigt sich, dass die Mehrzahl aus Deutschland kommt.

Vor dem Hintergrund der großen Anzahl von Kreditinstituten, die das Recht auf Dienstleistungsfreiheit bzw das Niederlassungsrecht in Anspruch nehmen, ist festzustellen, dass die betroffenen Kreditinstitute die gegenständlichen Freiheiten offensichtlich als Segen betrachten. Aus Konsumentensicht bleibt festzuhalten, dass eine größere Anzahl von Marktteilnehmern jedenfalls zum Vorteil des Kunden gereicht.

5. Schlussfazit

Als Herkunftslandprinzip wird jenes Prinzip bzw jene Technik bezeichnet, bei der es genügt, dass die Regelungen im Herkunftsland entsprechend eingehalten werden, um in anderen Mitgliedstaaten tätig werden zu dürfen. Dabei wird das Herkunftslandprinzip durch die weiterhin aufrechte Kontrollbefugnis des Herkunftslands flankiert. Eine Kontrolle des Aufnahmemitgliedstaates ist damit entsprechend eingeengt.[70]

Vor diesem Hintergrund ist klar, dass die Konzepte der Bankenrichtlinie und der Richtlinie über Märkte für Finanzinstrumente klar dem Herkunftslandprinzip folgen. Die Frage der Anwendung des Herkunftslandsprinzips im Rahmen der Dienstleitungsrichtlinie war letztlich auch zentraler Streitpunkt.[71] Letztlich wurde das Herkunftslandsprinzip durch das Prinzip der Nichtbeschränkung ersetzt.[72] *„Verglichen mit dem ursprünglich geplanten Herkunftslandprinzip gibt die jetzige Lösung des freien Dienstleistungsverkehrs den Mitgliedsstaaten mehr Raum für Beschränkungen, besteht erhöhter Interpretationsbedarf durch den EuGH und ist der Informationsaufwand für heimische Dienstleister höher, wenn sie im Ausland tätig werden möchten."*[73]

Vergleicht man die Bankenrichtlinie und die Richtlinie über Märkte für Finanzinstrumente mit der Dienstleistungsrichtlinie, so verwundert die Kontroverse über das Herkunftslandprinzip jedoch nicht. Denn, wie ausgeführt, enthalten die Bankenrichtlinie und die Richtlinie über Märkte für Finanzinstrumente einheitliche

---

70 *Deutscher Gewerkschaftsbund* (Hrsg), Herkunftslandprinzip und „gegenseitige Anerkennung" in der Diskussion um die Dienstleistungsrichtlinie (Juni 2005), 2; Wikipedia – Herkunftslandprinzip, Stand 27. Juni 2006, 21:46 Uhr.

71 Wikipedia – Dienstleistungsrichtlinie, Stand 24. Oktober 2006, 23:44 Uhr.

72 Art 16 der Dienstleistungsrichtlinie. *WKÖ* (Hrsg), Die Dienstleistungsrichtlinie EU, Aktuell 07/2006, 11.

73 *WKÖ* (Hrsg), Die Dienstleistungsrichtlinie EU, Aktuell 07/2006, 11.

Voraussetzungen für die Aufnahme der entsprechenden Tätigkeit, während demgegenüber die Dienstleitungsrichtlinie entsprechende Regelungskonzepte missen lässt.

Letztlich ist der vorliegende Entwurf der Dienstleitungsrichtlinie sicherlich ein wichtiger Schritt in die richtige Richtung. Es muss jedoch festgehalten werden, dass für einen freien, transparenten und bürokratiefreien Binnenmarkt das Herkunftslandprinzip erforderlich und sinnvoll ist. Es bleibt daher abzuwarten, ob weitere Entwicklungsschritte, insbesondere die Vereinheitlichung der entsprechenden Tätigkeitsvoraussetzungen in den einzelnen Mitgliedstaaten, erfolgen werden.

Gottfried Call

Dienstleistungsrichtlinie und Immobilienwirtschaft I

1. Vorbemerkungen
2. Stellenwert des Immobilienwesens in der Dienstleistungsrichtlinie (DL-RL)
3. Ausnahmen in der DL-RL für das Internationale Privatrecht
4. Pflicht des DL-Erbringers zum Abschluss einer „angemessenen Berufshaftpflichtversicherung“ als Instrument des Verbraucherschutzes
5. Durch die DL-RL verstärkte Sanktionen gegen Gesetzesverstöße des DL-Erbringers
6. Schlussgedanken

1. Vorbemerkungen

Im Rahmen des an der Rechtswissenschaftlichen Fakultät betriebenen Forschungsschwerpunkts der Leopold-Franzens-Universität Innsbruck „Europäische Integration“ hat das wissenschaftliche Fach „Wohn- und Immobilienrecht“ von Anfang an einen nicht geringen Stellenwert eingenommen. Man denke etwa nur an die europarechtliche Dimension des Grundverkehrsrechts, des Raumordnungsrechts, des Vergaberechts im öffentlichen Bauwesen, des Wohnbauförderungsrechts, des Teilzeitnutzungsrechts/Timesharing, der Umsetzung der Richtlinie über die Gebäudeenergieeffizienz (Energieausweise für grundsätzlich alle Bauten) etc.[1]

Ausgangspunkt für die Dienstleistungsfreiheit und daher auch für die Dienstleistungsrichtlinie ist Art 50 EG-Vertrag.[2] Nach ständiger Rechtsprechung des EuGH[3] sind insbesondere gewerbliche Immobiliengeschäfte Dienstleistungen (DL), wobei die DL-Freiheit nur bei Grenzüberschreitung der Leistung hinzukommt.[4] Gleichsam Antipode zur DL-Freiheit ist der Verbraucherschutz[5] im ein-

1 Vgl jedoch Kapitel 6 Abs 5.

2 S statt aller *Lenz/Borchardt* (Hrsg), EU- und EG-Vertrag[4] (2006).

3 Nachweise bei *Lenz/Borchardt* (Hrsg), EU- und EG-Vertrag[4] (2006) Rz 11 zu Art 49/50.

4 Vgl *Lenz/Borchardt* (Hrsg), EU- und EG-Vertrag[4] (2006) Rz 14 zu Art 49/50.

zelnen Mitgliedstaat der EU, da er jene zum Schutz des einzelnen Konsumenten ja in gewissem Maße beschränkt.

Zunächst erscheint es angebracht, schlaglichtartig die volkswirtschaftlichen Dimensionen der österreichischen und europäischen Immobilienwirtschaft zu beleuchten. Die inländische nimmt in der volkswirtschaftlichen Gesamtrechnung - für manche überraschend - einen Spitzenplatz ein: entgegen verbreiteten Vorurteilen erbringt sie nämlich eine höhere Wertschöpfung als der österreichische Tourismus. Die Immobilienwirtschaft wies 2005 eine Wertschöpfung von 4,5 % des österreichischen Bruttonationalprodukts auf und liegt somit zwischen der Reparatur von Gebrauchsgegenständen (4,3 %) und dem gesamten Verkehr (4,8 %). In absoluten Zahlen erbrachte 2005 das gesamte Immobilienwesen in Österreich 20,26 Milliarden Euro, und dies mit steigender Tendenz.[6]

Laut einer Studie des dänischen Wirtschaftsforschungsinstituts *Copenhagen Economics*[7] über die denkbaren Auswirkungen der DL-Richtlinie könnten mit der Umsetzung durch die Mitgliedstaaten in der EU plus 0,6 % Wirtschaftswachstum oder in absoluten Zahlen 37 Milliarden Euro erzielt oder 600.000 Arbeitsplätze neu geschaffen werden.

In diesem Zusammenhang sind besonders die Immobilieninvestitionen österreichischer Unternehmen in Mittel- und Osteuropa zu nennen. Österreich ist derzeit in folgenden neuen Mitgliedstaaten zT größter Investor innerhalb der EU: Rumänien, Bulgarien, Polen, Tschechien, Slowakei, Ungarn, Slowenien und in den drei baltischen Staaten (Estland, Lettland, Litauen). Auch in Kroatien, der Ukraine, in Weißrussland und in Russland werden Immobilieninvestitionen, zT in großem Stil getätigt; erwähnt sei etwa Sotschi (aus Anlass der Olympischen Winterspiele 2014). Ein sichtbares Zeichen für dieses starke österreichische Engagement, also gleichsam ein Barometer, ist die Wiener Zeitschrift eastlex,[8] die sich regelmäßig auch mit Wohn- und Immobilienrecht in den mittel- und osteuropäischen Staaten beschäftigt.

---

5 Vgl *Lenz/Borchardt* (Hrsg), EU- und EG-Vertrag[4] (2006) Rz 25 zu Art 49/50.

6 Sämtliche Daten aus *Statistik Austria* (2006); s etwa auch *oV*, Gemeinsamer Blick in die Immobilienzukunft, Salzburger Nachrichten 23.09.2006, 33.

7 Vgl dazu *Karas*, Die Dienstleistungsrichtlinie. - Der nächste Schritt, (österr) Bau- und Bodenkorrespondenz 5/2006, 13.

8 Manz Verlag, seit 2003; die Zeitschrift erscheint vier Mal jährlich.

2. Stellenwert des Immobilienwesens in der Dienstleistungsrichtlinie (DL-RL)[9]

Ausgangspunkt ist die RL vom 07.09.2005 über die Anerkennung von Berufsqualifikationen.[10] In deren Anhang II. 4. („Technischer Bereich") werden für Österreich „Immobilienmakler, Immobilienverwalter, Bauträger, Bauorganisator, Baubetreuer", demnach allesamt Immobilientreuhänder genannt.[11]

Die Erwägung (33) der DL-RL erwähnt hingegen „Dienstleistungen des Immobilienwesens, wie die Tätigkeit des Immobilienmaklers". Diese Aufzählung ist mE aber zweifellos um die des Immobilienverwalters und Bauträgers im weiten Sinn zu ergänzen. Gemeint ist also der Immobilientreuhänder[12] schlechthin.

3. Ausnahmen in der DL-RL für das Internationale Privatrecht

Art 3 Abs 2 DL-RL schafft einen rechtlichen Vorbehalt sowohl für das Europäische Vertragsstatutübereinkommen (EVÜ I)[13] als auch für das Internationale Privatrecht, in concreto für das österreichische Gesetz über das Internationale Privatrecht (IPRG).[14] Während beim EVÜ I die Art 3 (freie Rechtswahl), 4 (Recht der „charakteristischen Leistung"; mangels Rechtswahl Recht der „engsten Bezie-

---

[9] RL 2006/123/EG des Europäischen Parlaments und des Rates vom 12.12.2006 über Dienstleistungen im Binnenmarkt, ABl 2006 L 376 S 36; vgl dazu *Buchinger/Michner/Müller*, Dienstleistungsrichtlinie. Handbuch (2007); *Obwexer*, RL über Dienstleistungen im Binnemarkt, ecolex 2007, 4; *Weinrauch/Linke*, Die Dienstleistungs-RL und ihre Auswirkungen auf das österreichische Gewerberecht, ecolex 2007, 13; *Urbantschitsch*, RL des EP und des Rates über die Dienstleistungen im Binnenmarkt, ecolex 2006, 1049; und etwa den Überblick: Das bringt uns die Dienstleistungsfreiheit, Die Presse 31.05.2006, 4. Zur längeren Entstehungsgeschichte der DL-RL s etwa *N. Maydell*, Vom Neuregelungsversuch der Dienstleistungserbringung im Binnenmarkt. – Eine Verknüpfung zwischen rechtspolitischem Anspruch und rechtsdogmatischer Wirklichkeit, JRP 2006, 122; *Urlesberger*, Europarecht: Das Neueste auf einen Blick, wbl 2006, 313; *oV*, EuZW 2006, 581 und 386; *Linse*, Dienstleistungsrichtlinie: Neuer Vorstoß zur Daseinsvorsorge, (österreichische) Gemeinde-Zeitung 10/2006, 47; und *oV*, Dienstleistungsrichtlinie unter Experten umstritten, EuZW 2006, 676.

[10] RL 2005/36/EG des Europäischen Parlaments und des Rates, ABl 2005 L 255 S 22. Zum Stellenwert dieser RL für Immobilientreuhänder vgl *Malloth*, „Zukunft gestalten" (Vortrag), ImmZ 2006, 333 (334).

[11] Vgl § 117 iVm § 94 Z 35 GewO 1994.

[12] Vgl § 117 iVm § 94 Z 35 GewO 1994.

[13] Übereinkommen über das auf vertragliche Schuldverhältnisse anzuwendende Recht vom 19.06.1980, BGBl III 1998/166 und 208 sowie 2005/5.

[14] BGBl 1978/304, zuletzt geändert durch BGBl I 2004/58.

hung") und 5 (Verbraucherverträge) einschlägig sind, fallen im IPRG die §§ 31 und 32 (Recht der belegenen Sache für Immobiliengeschäfte) unter diesen Vorbehalt der DL-RL.

4. Pflicht des DL-Erbringers zum Abschluss einer „angemessenen Berufshaftpflichtversicherung" als Instrument des Verbraucherschutzes

Das Kapitel 10. „Justiz" im österreichischen Regierungsprogramm für die XXIII. Gesetzgebungsperiode vom 12.1.2007[15] enthält eine „Versicherungspflicht für Immobilientreuhänder", wodurch die Umsetzung der DL-RL in diesem Punkt eines der Ziele der gegenwärtigen Bundesregierung ist.[16] Durch diese auch konsumentenschutzrechtliche Maßnahme wird die finanzielle Sicherheit des DL-Empfängers in der gesamten Immobilienwirtschaft entscheidend verbessert.[17] Das Instrument dient mE aber auch dazu, um Qualitätsdumping in der Branche weitgehend zu verhindern.

Ziel dieser obligatorischen Haftpflichtversicherung ist darüberhinaus die Schaffung von Mindeststandards der Rechtssicherheit in der Immobilienwirtschaft.[18]

---

15 S 148 Abs 3.

16 Für den Fachverband der Immobilientreuhänder in der WKÖ hat dessen Fachgruppenobmann *Malloth* den – dem einzelnen Immobilientreuhänder zwar empfohlenen, für ihn aber nicht verbindlichen – Rahmenvertrag mit zwei großen österreichischen Versicherungsgesellschaften am 08.05.2007 geschlossen (ImmZ 2007, 202): im versicherten Risiko ist derzeit allerdings nicht die Haftung für Vertrauensschäden (zB aus Veruntreuung) enthalten; für die Fachgruppe Oberösterreich vgl auch Salzburger Nachrichten 09.06.2007, 33. – Dem Vernehmen nach wird die nächste Novelle der GewO 1994 die Versicherungspflicht der Immobilientreuhänder gesetzlich verankern.

17 Der Vorbehalt des europarechtlichen und nationalen Verbraucherschutzrechts bezieht sich aus meiner Sicht aber keinesfalls nur auf die privatrechtlichen Konsumentenschutzbestimmungen, sondern schließt vielmehr – ebenso wie im Arbeitnehmerschutzrecht! – auch verwaltungsstrafrechtliche Sanktionen ein; s zB § 20 Abs 4, § 21 Abs 5 MRG, § 19 Abs 2 WGG, § 17 BTVG. Den besten Beweis für diese weite Auslegung der DL-RL liefert schon § 32 KSchG.

18 Vor allem die österreichischen Immobilienmakler versuchen in den letzten Jahren verstärkt, zB durch Einführung eines „Gütesiegels", ihr Berufsbild in der Öffentlichkeit zu verbessern: vgl dazu etwa *oV*, Gütesiegel, Salzburger Nachrichten 14.07.2007, 53; *oV*, Immobilienring IR ist größte österreichische Maklervereinigung, ImmZ 2007, 278; *Brichard*, Tatsächliche Dienstleistung der Makler und Verwalter ist weit besser als ihr Ruf, ImmZ 2006, 247; *E. Hagen*, Arbeitskreis „Immobilienmakler neu", ImmZ 2006, 246;

5. Durch die DL-RL verstärkte Sanktionen gegen Gesetzesverstöße des DL-Erbringers

Ein hoher Stellenwert kommt hier der Einbeziehung Europäischer Normen (EN) zu. So bezeichnet die Erwägung (102) der DL-RL derartige von den europäischen Normungsorganisationen sowie ua dem Europäischen Komitee für Normung (CEN) geschaffene Normen zu Recht als „Gütesiegel" der entsprechenden Dienstleistungen. Diese Normen dienen der Transparenz von durch den DL-Erbringer angebotenen Leistungen und der Information des DL-Empfängers, der somit die Qualität des Leistungspakets mit der/den EN vergleichen und bewerten kann.[19]

Um das Pfuschertum EU-weit wirksam bekämpfen zu können, bedarf es rechtswirksamer Instrumente zur raschen und effizienten Verwaltungsstrafvollstreckung durch sämtliche Mitgliedstaaten.

Diese beiden verstärkten Sanktionen bilden mE die Nagelprobe der DL-RL, also die Antwort auf die im gegenständlichen Symposium gestellte generelle Frage, ob diese RL „Segen oder Fluch" bedeutet.

6. Schlussgedanken

Die DL-RL ist im Amtsblatt der EU am 27.12.2006 kundgemacht worden und nach Art 45 am Tag danach in Kraft getreten. Art 44 Abs 1 sieht eine dreijährige Umsetzungsfrist bis 28.12.2009 vor.

Die Erwägung (6) der DL-RL gibt als Ziel den „wirklichen Binnenmarkt" für DL an, der somit „barrierefrei" werden soll. Freilich darf eine größere Zahl von Einschränkungen dieses Grundsatzes nicht übersehen werden. So gelten für Rechtsanwälte zwei eigene RL;[20] Art 17 Abs 12 DL-RL nimmt die DL-Freiheit für

---

Schreglmann, Kaufanreiz durch Garantie, Salzburger Nachrichten 24.06.2006, 33; *denselben*, Makler suchen neue Wege, Salzburger Nachrichten 20.05.2006, 33; *denselben*, Makeln im Franchising, Salzburger Nachrichten 14.01.2006, 33; und *oV*, USA setzen viel stärker auf Maklerleistungen, Salzburger Nachrichten 10.12.2005, 33.

19 Dem Vernehmen nach ist auf europäischer Ebene die EN über den Maklerberuf fertiggestellt.

20 1977/249/EG und 1998/5/EG; Österreich hat diese beiden RL im Bundesgesetz über den freien Dienstleistungsverkehr und die Niederlassung von europäischen Rechtsanwälten in Österreich BGBl I 2000/27, zuletzt geändert durch BGBl I 2005/164 (s auch die jüngste einschlägige Verordnung BGBl II 2007/24) umgesetzt; vgl dazu *oV*, Neues aus Brüssel, AnwBl 2007, 27.

Tätigkeiten der Notare aus, „falls diese gesetzlich vorgeschrieben sind";[21] nach der Erwägung (29) ist der Steuerbereich, also die Tätigkeit der Wirtschaftstreuhänder/ Steuerberater, und nach Erwägung (88) DL-RL schließlich jene Tätigkeit von der DL-Freiheit ausgenommen, „zB wenn Rechtsberatung nur von Juristen durchgeführt werden darf".[22] Die Summe dieser Ausnahmen schafft demnach ein nicht geringes Spannungsverhältnis zur Tätigkeit des Immobilientreuhänders (Maklers/Verwalters/Bauträgers), auf den der „barrierefreie" DL-Binnenmarkt der DL-RL anzuwenden ist.

Über diese persönlichen Einschränkungen hinaus entzieht die DL-RL aber auch sachliche Bereiche ihrem Anwendungsbereich: Die Erwägung (9) nimmt die Vorschriften des verwaltungsrechtlichen Bauwesens, der Raumordnung und der Stadtplanung aus; Art 1 Abs 3 lässt staatliche Beihilfen - hier zB die Instrumente der Wohnbauförderung und Wohnhaussanierung - unberührt; und die Erwägung (27) DL-RL klammert soziale Dienstleistungen ua im Bereich von Wohnungen - hier ist in erster Linie an das österreichische Wohnungsgemeinnützigkeitsrecht zu denken! - aus.

Zieht man ein Resümee der verschiedenen persönlichen und sachlichen Einschränkungen der DL-RL samt ihren Erwägungen, so wird klar, warum die Verhandlungen bis zur Endfassung der RL so langwierig und zäh gewesen sind. Die DL-Freiheit ist in der Immobilienwirtschaft zwar gewachsen; durch viele Kompromisse ist aber „die Suppe dünner" geblieben, als manche erwartet oder erhofft haben.

Welchen Einfluss wird nun die DL-RL auf das künftige Miet- und Wohnrecht innerhalb der EU ausüben? Auch wenn die DL-RL einen merklichen Schub in Richtung eines kompakteren Binnenmarkts und damit ein diesbezügliches Mehr an europäischer Integration bringt, wird diese Materie aus meiner Sicht selbst mittelfristig, also etwa in den nächsten fünf bis sieben Jahren, überwiegend und zumindest im Kern jeweils nationales Recht der einzelnen Mitgliedstaaten bleiben. Man muss nämlich zB wissen, dass das Wohn- und Immobilienwesen in der Brüsseler Verwaltungsstruktur derzeit nicht einmal über eine eigene Generaldi-

---

[21] Vgl im Vorfeld zum Plan einer generellen Einbeziehung der Tätigkeit der Notare kritisch *Merk*, EuZW 2006, 294.

[22] Zum in vielen Kompromissen entstandenen Verhältnis von Regel und Ausnahmen s etwa *Lemor*, Auswirkungen der Dienstleistungsrichtlinie auf ausgesuchte reglementierte Berufe, EuZW 2007, 135; *oV*, EU-Markt für Dienstleister nur halb offen, Tiroler Tageszeitung 16.11.2006, 10; und *oV*, Viele Ausnahmen von der Freiheit, Salzburger Nachrichten 30.05.2006, 13.

rektion verfügt. Trotz mannigfaltigen Lobbyings auf diesem Gebiet gibt es lediglich ein – unverbindliches, mehr oder minder regelmäßiges – Treffen der Wohnbauministerinnen/-minister sämtlicher Mitgliedstaaten als einzige Integrationsmaßnahme auf der Ebene gegenseitigen Erfahrungsaustausches. Daher überrascht es schließlich auch nicht, dass das Projekt eines einheitlichen oder auch nur harmonisierten Europäischen Privatrechts – übrigens ist ja nicht das gesamte Wohn- und Immobilienrecht privatrechtlich, sondern stellt vielmehr eine so genannte Querschnittsmaterie mit diversen öffentlich-rechtlichen Partien dar – klar längerfristig zu sehen ist.

Robert Moll

Dienstleistungsrichtlinie und Immobilienwirtschaft II

1. Einleitung
2. Verbot der Pflicht einer Mitgliedschaft in Berufsverbänden bzw Berufsvereinigungen – Ende der Pflichtmitgliedschaft in der Wirtschaftskammer?
3. Verbot von Mindest- bzw Höchstpreisen – die Immobilienmaklerverordnung auf dem Prüfstand
4. Zugang zum Immobilienmaklergewerbe

1. Einleitung

Für mich als Praktiker haben sich bei der Befassung mit der Dienstleistungsrichtlinie und mit der Berufsqualifikationsrichtlinie einige Fragen ergeben, mit denen ich mich nachfolgend auseinandersetzten möchte, die ich aber auch diesem Auditorium zur Diskussion vorlegen will.

2. Verbot der Pflicht einer Mitgliedschaft in Berufsverbänden bzw Berufsvereinigungen – Ende der Pflichtmitgliedschaft in der Wirtschaftskammer?

Als Obmann der Tiroler Fachgruppe der Immobilien- und Vermögenstreuhänder stellt sich für mich die Frage, ob die Dienstleistungsrichtlinie das Ende der Pflichtmitgliedschaft bei der Wirtschaftskammer einläutet. Sowohl die Art 14 Abs 2 und 16 Abs 2 lit b DL-RL sehen das Verbot der Registrierung bei Berufsverbänden oder -vereinigungen in mehr als einen Mitgliedstaat bzw überhaupt das Verbot der Pflicht einer Mitgliedschaft in einem Berufsverband oder -vereinigung vor. Ist mit dem Begriff *Mitgliedschaft in Berufsverbänden bzw -vereinigungen* auch die Pflichtmitgliedschaft in einer gesetzlichen Interessenvertretung, zugleich Körperschaft öffentlichen Rechtes wie in der Wirtschaftskammer mit ihren etwa 120 Fachgruppen pro Bundesland gemeint?

Auch in Art 6 der Berufsqualifikationsrichtlinie wird der ausländische Dienstleister vom Erfordernis der Mitgliedschaft in einer Berufsorganisation befreit. Sind ausländische Dienstleister aber – im Gegensatz zum inländischen Dienstleister –

davon befreit, wird auch vom Gleichheitsgrundsatz eine Pflichtmitgliedschaft für die inländischen Dienstleister wohl nicht mehr aufrecht zu erhalten sein.

3. Verbot von Mindest- bzw Höchstpreisen – die Immobilienmaklerverordnung auf dem Prüfstand

Gem Art 15 Abs 2 lit g DL-RL haben die Mitgliedstaaten zu prüfen, ob ihre Rechtsordnung die Ausübung einer Dienstleistung von der Beachtung von festgesetzten Mindest- oder Höchstpreisen abhängig macht.

Wie viele andere Berufsvereinigungen musste auch unser Fachverband seine Honorarrichtlinien zum 31.12.2005 widerrufen. Geblieben ist freilich die Immobilienmaklerverordnung, die auch als Verordnung außerhalb der Kompetenz unseres Fachverbandes liegt.

Die Immobilienmaklerverordnung wurde im Rahmen einer Verordnungsermächtigung zur GewO 1973 vom damaligen Handelsminister *Staribacher* erlassen. Sie setzt Höchstbeträge für Vermittlungsprovisionen fest, verbietet zB bei Vermittlungen vom Wohnungen die Überwälzung der Provision des Vermieters auf den Mieter, legt Schriftform für Vermittlungsaufträge fest und enthält darüber hinaus viele weitere Konsumentenschutzbestimmungen.

Die Immobilienmaklerverordnung ist also eine typische Konsumentenschutzverordnung, die im Jahr 1978 etwa zeitgleich zum KSchG entstand.

Nach Art 15 Abs 3 lit b DL-RL sind solche Höchstpreise nur bei Vorliegen eines zwingenden Grundes des allgemeinen Interesses gerechtfertigt. Gem Art 4 Abs 8 DL-RL schließt das allgemeine Interesse auch den Schutz der Verbraucher ein. Unter diesem Aspekt wird die Immobilienmaklerverordnung wohl gute Chancen haben, weiter zu bestehen und die Güterabwägung zwischen Verbraucherschutz und freien Wettbewerb für sich zu entscheiden.

4. Zugang zum Immobilienmaklergewerbe

Aus vorgenanntem ist auch ersichtlich, dass in Österreich der Konsumentenschutz bereits in den 70er- und 80er-Jahren des letzten Jahrhunderts eine wichtige Rolle gespielt hat, gerade im Bereich des Immobilienrechtes. Dabei denke ich gar nicht so sehr an das Mietengesetz 1922 samt den 3 Mieterschutzverordnungen aus dem 1. Weltkrieg - auch dieses war vor allem zum Schutz der Mieter, also vom Konsumenten, erlassen worden –, sondern an wesentlich jüngere Gesetze wie das WEG 1975, das MaklerG oder BTVG aus den 90er-Jahren des letzten Jahrhunderts.

Auf Grund dieser komplexen Gesetzesmaterie war es daher für unseren Berufsstand nicht nur ein Anliegen, sondern eine Notwendigkeit, die Berufsmitglieder – vor allem neu hinzu-kommende – umfassend aus- und weiterzubilden. Als Voraussetzung eines Gewerbeantrittes in Österreich ist daher nicht nur eine zweijährige Praxis, sondern auch die Ablegung einer sehr umfassenden Befähigungsprüfung notwendig. Wie umfassend diese Prüfung ist, geht allein daraus hervor, dass die Fachgruppe zur Vorbereitung auf diese Prüfung einen zweisemestrigen Kurs anbietet.

Auf Grund der Berufsqualifikationsrichtlinie ist aber zu befürchten, dass das hohe Ausbildungsniveau der Berufsangehörigen bald der Vergangenheit angehören werden wird. So gibt es zB in der Bundesrepublik Deutschland kein reglementiertes Gewerbe Immobilienmakler. Ohne jeden Nachweis einer Befähigung oder Praxis kann dort jeder das Immobilienmaklergewerbe anmelden, nach zweijähriger selbstständiger Tätigkeit sich auf Grund der Berufsqualifikationsrichtlinie in Österreich niederlassen bzw hier das Immobilienmaklergewerbe ausüben. Die Entwicklung freiwilliger europäischer Standards ist zwar auch in dieser Richtlinie angedacht, es ist aber derzeit überhaupt nicht absehbar, wann solche Standards verwirklicht werden. Bis dahin ist leider zu befürchten, dass das Ausbildungsniveau neuer Berufskollegen im Sinken sein wird, denn auch viele Österreicher – nicht nur Deutsche – werden wohl den Umweg über Deutschland einschlagen, dort das Gewerbe anmelden und zwei Jahre tätig werden, bevor sie ohne eine weitere Prüfung ablegen zu müssen nach Österreich zurückkommen.

Christian Mandl / Markus Stock

Die Dienstleistungsrichtlinie aus der Sicht der Wirtschaftskammer Österreich

1. Ökonomischer und rechtlicher Hintergrund
   1.1. Ökonomischer Hintergrund
   1.2. Rechtlicher Hintergrund
2. Inhalt der Dienstleistungsrichtlinie
   2.1. Gegenstand der Dienstleistungsrichtlinie
   2.2. Erfasste und ausgenommene Tätigkeiten
   2.3. Verhältnis zum übrigen Gemeinschaftsrecht
   2.4. Verwaltungsvereinfachung
   2.5. Niederlassungsfreiheit
   2.6. Freier Dienstleistungsverkehr
   2.7. Rechte der Dienstleistungsempfänger
   2.8. Verwaltungszusammenarbeit
3. Bewertung aus Sicht der Wirtschaftskammer Österreich
   3.1.1. Wahrung einer hohen Dienstleistungsqualität
   3.1.2. Einheitliche Ansprechpartner
   3.1.3. Herkunftslandprinzip versus Prinzip der Nichtbeschränkung
   3.1.4. Kontroll- und Sanktionsmöglichkeiten des Ziellandes
   3.1.5. Arbeitnehmerentsendung
4. Verfahrensstand und In-Kraft-Treten
   4.1.1. Bisherige Etappen
   4.1.2. Weiteres Procedere

Dienstleistungen sind das Herzstück moderner Volkswirtschaften.

Ein wettbewerbsfähiger Dienstleistungsmarkt ist entscheidend für Wirtschaftswachstum und die Beschäftigung. Mehr als zehn Jahre nach der angepeilten Vollendung des europäischen Binnenmarktes bestehen allerdings noch immer zahlreiche Hürden, speziell im Bereich der Dienstleistungen. Österreichische Dienstleistungsunternehmen, insbesondere KMU, sehen sich vielfach bürokratischen Barrieren und Diskriminierungen ausgesetzt, die sie daran hindern, ihre Leistungen in anderen EU-Ländern anzubieten und uneingeschränkt Nutzen aus dem Binnenmarkt zu ziehen.

Mit der Dienstleistungsrichtlinie wird der Versuch unternommen, einen funktionierenden Dienstleistungsbinnenmarkt zu schaffen. Trotz zahlreicher Änderungen gegenüber dem ursprünglichen Kommissionsvorschlag verspricht die Dienstleistungsrichtlinie eine substantielle Verbesserung des Status Quo, ohne dabei das Kind mit dem Bade auszuschütten.

1. Ökonomischer und rechtlicher Hintergrund

Die Dienstleistungsrichtlinie war wohl das am widersprüchlichsten diskutierte EU-Vorhaben der letzten Jahre. Gegner der Richtlinie befürchteten einen Angriff auf das europäische Gesellschafts- und Sozialmodell, während sich die Befürworter einen wichtigen Impuls für mehr Wachstum und Beschäftigung erhofften. Eine nähere Betrachtung zeigt, dass wirtschaftliche und rechtliche Gründe für die Schaffung der Dienstleistungsrichtlinie sprechen.

1.1. Ökonomischer Hintergrund

Der Dienstleistungssektor ist das Herzstück moderner Volkswirtschaften. In der Europäischen Union entfallen rund 70% des BIP und der Beschäftigung auf den Dienstleistungsbereich. Die AMS-Studie „Mittelfristige Beschäftigungsprognose für Österreich bis 2010" zeigt, dass in Österreich der Dienstleistungssektor mit einem Wachstum von jährlich 1,5% Triebfeder des Beschäftigungsanstiegs ist, wobei die Zunahme des Anteils unselbständiger Beschäftigung in Dienstleistungsberufen mit der Tendenz zu höher qualifizierten Berufen einhergeht. Ein funktionierender Dienstleistungsmarkt ist entscheidend für die Förderung des Wirtschaftswachstums und die Schaffung neuer Arbeitsplätze. Allein durch Öffnung des Warenmarktes sind nach Untersuchungen der EU binnen 10 Jahren über 2,5 Millionen neue Arbeitsplätze entstanden und ist das BIP der EU um 1,8 Prozentpunkte oder € 164,5 Mrd gestiegen.

Volkswirtschaftliches Ziel der Dienstleistungsrichtlinie ist es, durch Beseitigung ungerechtfertigter Hindernisse für grenzüberschreitende Dienstleistungen das derzeit ungenutzte Wachstums- und Beschäftigungspotential des Dienstleistungssektors auszuschöpfen. Gerade Klein- und Mittelbetriebe sollten von den geplanten Erleichterungen am meisten profitieren, weil Sie gewöhnlich nicht über Betriebsstätten im Ausland verfügen und der Verwaltungsaufwand für ein Tätigwerden im Ausland bei kleineren Aufträgen besonders nachteilig ins Gewicht fällt.

Laut einer Studie des dänischen Wirtschaftsforschungsinstituts Copenhagen Economics über die potenziellen Auswirkungen der geplanten Dienstleistungsrichtlinie vom Jänner 2005[1] würde diese zu

– 0,6% oder 37 Mrd Euro mehr Wirtschaftswachstum,

---

1 Die Studie findet sich im Internet unter <http://www.copenhageneconomics.com/Admin/Public/DWSDownload.aspx?File=%2fFiles%2fFiler%2fPublikationer%2ftrade4.pdf> (01.12.2007).

- 600.000 neuen Arbeitsplätzen,
- niedrigeren Preisen und
- mehr innergemeinschaftlichem Handel führen.

Die Ergebnisse dieser Untersuchung wurden im Wesentlichen in einer Anfang 2006 präsentierten, vom BMWA in Auftrag gegebenen Studie des Europainstituts der Wirtschaftuniversität Wien mit dem Titel „The European Single Market for Services in the context of the Lisbon Agenda: Macroeconomic Effects" bestätigt. Demnach könnte die Dienstleistungsrichtlinie zu 612.000 neuen Arbeitsplätzen in der EU-25 und rund 10.000 neuen Arbeitsplätzen in Österreich beitragen. Überhaupt würde Österreich neben Portugal, Dänemark, Griechenland und Italien überdurchschnittlich von der Dienstleistungsrichtlinie profitieren.[2]

Die genannten Studien beziehen sich zwar auf den ursprünglichen Vorschlag für die Dienstleistungsrichtlinie und berücksichtigen nicht die zwischenzeitlich vorgenommenen Änderungen. Die konkreten Zahlen können dadurch zwar in Zweifel gezogen werden, wohl aber nicht die Tendenz: ein funktionierender Dienstleistungsbinnenmarkt schafft Wirtschaftswachstum und Arbeitsplätze, Österreich profitiert überdurchschnittlich. Das liegt einerseits daran, dass Österreich schon relativ liberale Regelungen hat und es für ausländische Anbieter daher bereits derzeit einfach ist, in Österreich tätig zu werden. Der aus der Dienstleistungsrichtlinie resultierende Änderungsbedarf wird für Österreich nicht übermäßig groß eingeschätzt. Andererseits ist Österreich stark exportorientiert und Nettoexporteur von Dienstleistungen. 2004 belegte Österreich weltweit den 13. Rang beim Export marktfähiger Dienstleistungen. Im Jahr 2005 überstiegen Österreichs Dienstleistungsexporte die Importe um € 3,7 Mrd.

2 Die Studie findet sich im Internet unter <http://europa.eu.int/comm/internal_market/services/docs/services-dir/studies/deepening_lisbon_studies_bmwa_vienna_2006_en.pdf> (01.12.2007)

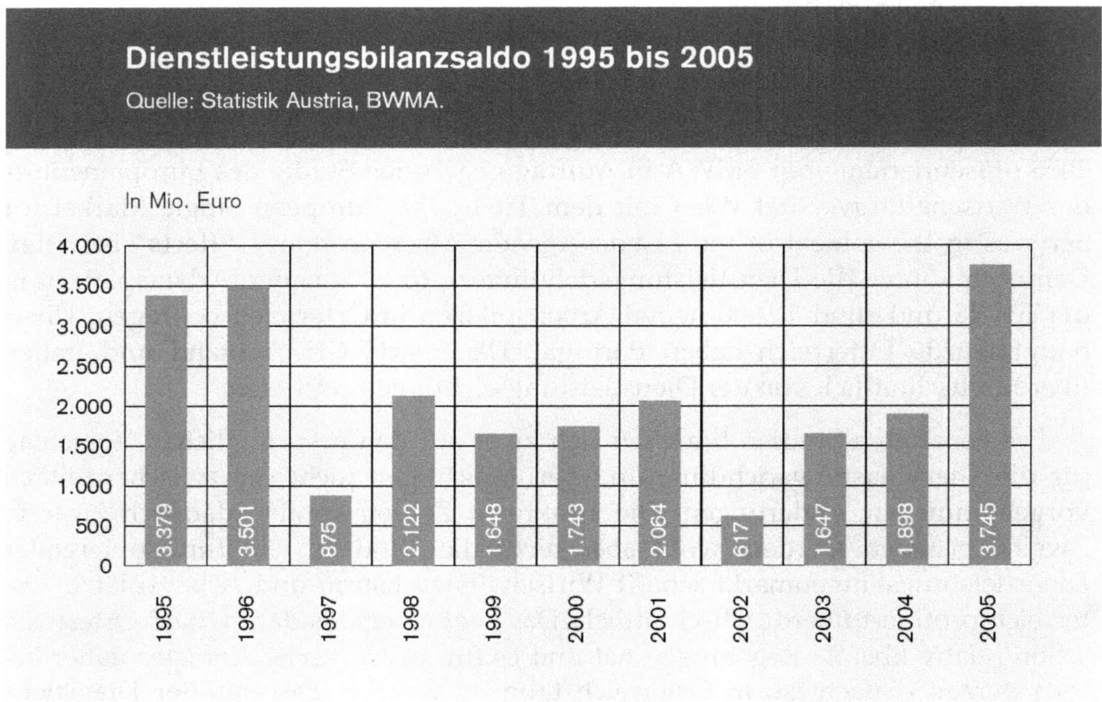

1.2. Rechtlicher Hintergrund

Mehr als zehn Jahre nach der für Anfang 1993 angepeilten Vollendung des Binnenmarktes werden die im EG-Vertrag enthaltenen Garantien für einen funktionierenden Dienstleistungsbinnenmarkt von den Mitgliedstaaten noch immer häufig missachtet. Österreichische Dienstleistungsunternehmen, insbesondere KMU, sehen sich regelmäßig Hürden ausgesetzt, die sie daran hindern, ihre Leistungen in anderen EU-Ländern anzubieten und uneingeschränkt Nutzen aus dem Binnenmarkt zu ziehen. Die bisherige Erfahrung zeigt, dass Vertragsverletzungsverfahren und EuGH-Rechtsprechung alleine nicht ausreichen, um die bestehende Kluft zwischen gemeinschaftsrechtlichen Garantien und deren Verletzung durch die Mitgliedstaaten zu schließen. In einer Union der 25 sind Vertragsverletzungsverfahren allein auf Grund der langen Verfahrensdauer kein adäquates Mittel zur Vollendung des Binnenmarktes. Zudem kann der EuGH keine notwendigen Begleitmaßnahmen (etwa im Bereich der Behördenkooperation) schaffen, die für ein reibungsloses Funktionieren des Dienstleistungsbinnenmarktes unverzichtbar sind. Ein allgemeingültiger Rechtsakt des europäischen Gesetzgebers, wie ihn die Dienstleistungsrichtlinie darstellt, erscheint daher notwendig, soll der im EG-Vertrag vorgesehene Dienstleistungsbinnenmarkt nicht bloß ein Lippenbekenntnis bleiben. Zudem wird die Rechtssicherheit erhöht und die Rechtsdurchsetzung erleichtert, wenn man sich auf eine für alle Mitgliedstaaten verbindliche Richtlinie berufen kann und nicht auf vage Prinzipien der Rechtsprechung angewiesen ist. Freilich wird auch nach Inkrafttreten der Dienstleistungsrichtlinie der EuGH eine wichtige Rolle spielen. Die vom Gerichtshof zu beantwortenden Zweifelsfälle werden gegenüber der jetzigen Situation allerdings reduziert, weil viele Grundsätze bereits in der Richtlinie verbindlich geregelt werden.

2. Inhalt der Dienstleistungsrichtlinie

2.1. Gegenstand der Dienstleistungsrichtlinie

Gegenstand der Dienstleistungsrichtlinie ist die Erleichterung der Niederlassungs- und Dienstleistungsfreiheit. Die Bestimmungen der Richtlinie finden allerdings nur insoweit Anwendung, als die betreffenden Tätigkeiten bereits dem Wettbewerb offen stehen. Die Mitgliedstaaten werden weder verpflichtet, **Dienstleistungen von allgemeinem wirtschaftlichem Interesse** (wirtschaftliche Tätigkeiten, die besonderen Gemeinwohlverpflichtungen unterliegen wie Energieversorgung, Verkehrsleistungen, Postdienste, Wasserversorgung, Abwasser- und Abfallbewirtschaftung) zu liberalisieren, noch öffentliche Einrichtungen zu privatisieren, noch Dienstleistungsmonopole abzuschaffen.

Arbeitsrechtliche Fragen sind nicht Gegenstand der Dienstleistungsrichtlinie. Gesetzliche oder vertragliche Bestimmungen über die Arbeits- und Beschäftigungsbedingungen, einschließlich Gesundheit und Sicherheit am Arbeitsplatz sowie die Beziehungen zwischen Arbeitgebern und Arbeitnehmern bleiben unangetastet. Das Recht Kollektivverträge auszuhandeln, abzuschließen und durchzusetzen wird nicht berührt. Ebenso wenig wird in die Sozialgesetzgebung der Mitgliedstaaten eingegriffen. Durch eine eigene Richtlinie, die so genannte Entsenderichtlinie wird vorgeschrieben, dass Dienstleistungserbringer nach Österreich entsendeten Arbeitnehmern die Arbeits- und Beschäftigungsbedingungen gewähren müssen, die in Österreich anwendbar sind. Das gilt für Höchstarbeitszeiten und Mindestruhezeiten, bezahlten Mindestjahresurlaub, Mindestlohnsätze einschließlich der Überstundensätze, Bedingungen für die Überlassung von Arbeitskräften, insbesondere durch Leiharbeitsunternehmen, Gesundheitsschutz, Sicherheit und Hygiene am Arbeitsplatz, Schutzmaßnahmen im Zusammenhang mit den Arbeits- und Beschäftigungsbedingungen von Schwangeren und Wöchnerinnen, Kindern und Jugendlichen, Gleichbehandlung von Männern und Frauen sowie andere Nichtdiskriminierungsbestimmungen.

Auch die Rechte von Arbeitnehmern, die in dem Mitgliedstaat eingestellt werden, in dem die Dienstleistung erbracht wird, bleiben unangetastet. So hat beispielsweise ein ausländischer Bauunternehmer, der in Österreich ein Haus baut und hierfür Arbeiter in Österreich anstellt, die österreichischen Arbeits- und Beschäftigungsbedingungen einzuhalten, insbesondere österreichischen Lohn zu bezahlen.

Für arbeitsrechtliche Sachverhalte, die eine Verbindung zum Recht verschiedener Mitgliedstaaten aufweisen und nicht von der Entsenderichtlinie umfasst sind (etwa Kündigungsschutz, Entgeltfortzahlung im Krankheitsfall), bedeutet die Dienstleistungsrichtlinie ebenfalls keinerlei Verschlechterung. Wie bisher kommen hier die Regelungen des Europäischen Vertragsübereinkommens (EVÜ oder Rom I) zur Anwendung. Für Arbeitnehmer, die mit „gewöhnlichem Arbeitsort" in Österreich für einen ausländischen Unternehmer tätig werden, findet österreichisches Arbeitsrecht Anwendung. Eine Rechtswahl in Bezug auf zwingende arbeitsrechtliche Normen ist ausgeschlossen.

Die Dienstleistungsrichtlinie greift auch nicht in das Recht der Mitgliedstaaten ein, das Bestehen eines Arbeitsverhältnisses zu bestimmen und insbesondere zwischen Selbständigen, Arbeitnehmern und Scheinselbständigen zu unterscheiden.

2.2. Erfasste und ausgenommene Tätigkeiten

Die erfassten Dienstleistungen (selbständige Tätigkeiten, die gegen Entgelt erbracht werden) umfassen ein weites Spektrum. In den Anwendungsbereich der Richtlinie fallen Dienstleistungen für Unternehmen (etwa Unternehmensberatung, Zertifizierungs- und Prüfungstätigkeiten, Anlagenverwaltung, Werbung), Dienstleistungen für Unternehmen und Verbraucher (Rechts-/Steuerberatung, Immobilienwesen, Baugewerbe, Handel, Veranstaltung von Messen, Vermietung von Kraftfahrzeugen, Reisebüros) sowie reine Verbraucherdienstleistungen (Fremdenführer, Freizeitparks). Dabei spielt es keine Rolle, ob die Tätigkeiten eine räumliche Nähe zwischen Dienstleistungserbringer und -empfänger oder den Ortswechsel eines der beiden erfordern oder ob Leistungen im Fernabsatz, beispielsweise über das Internet, erbracht werden.

Folgende Tätigkeiten sind vom Anwendungsbereich ausgenommen:

- nicht-wirtschaftliche Dienstleistungen von allgemeinem Interesse (Tätigkeiten, die vom Staat oder für den Staat ohne wirtschaftliche Gegenleistung ausgeübt werden, etwa nationales Bildungssystem oder Verwaltung des Systems der sozialen Sicherheit). Dienstleistungen von allgemeinem wirtschaftlichem Interesse fallen dagegen grundsätzlich in den Anwendungsbereich der Richtlinie, sind allerdings in einigen Teilbereichen ausgenommen (Evaluierungspflicht, freier Dienstleistungsverkehr).

- Finanzdienstleistungen (etwa Bankdienstleistungen, Dienstleistungen im Zusammenhang mit einer Kreditgewährung, Versicherung und Rückversicherung, betrieblicher oder individueller Altersversorgung, Wertpapieren, Geldanlagen, Zahlungen, Anlageberatung)
- Dienstleistungen und Netze der elektronischen Kommunikation sowie zugehörige Einrichtungen und Dienste in den durch das „Telekom-Paket" geregelten Bereichen
- Verkehrsdienstleistungen (einschließlich Personennahverkehr, Taxis, Krankenwagen, Hafendienste)
- Dienstleistungen von Leiharbeitsagenturen
- Gesundheitsdienstleistungen (Gesundheits- und pharmazeutische Dienstleistungen, die von Angehörigen eines reglementierten Berufs im Gesundheitswesen gegenüber Patienten erbracht werden, um deren Gesundheitszustand zu beurteilen, zu erhalten oder wiederherzustellen)
- audiovisuelle Dienste und Rundfunk
- Glücksspiele, die einen geldwerten Einsatz verlangen, einschließlich Lotterien, Glücksspiele in Spielkasinos und Wetten
- Ausübung öffentlicher Gewalt
- soziale Dienstleistungen im Zusammenhang mit Sozialwohnungen, Kinderbetreuung und Unterstützung von Familien und hilfsbedürftigen Personen, die vom Staat, staatlich beauftragten Dienstleistungserbringern oder durch als gemeinnützig anerkannte Einrichtungen erbracht werden
- private Sicherheitsdienste (spätestens vier Jahre nach Inkrafttreten der Richtlinie wird die Kommission die Möglichkeit eines Harmonisierungsrechtsaktes prüfen und zwar auch für die Beförderung von Geld und Wertgegenständen)
- Tätigkeiten von Notaren und Gerichtsvollziehern
- Steuerbereich

2.3. Verhältnis zum übrigen Gemeinschaftsrecht

Dienstleistungen sind bereits Gegenstand einer Vielzahl von Gemeinschaftsvorschriften. Die Dienstleistungsrichtlinie ergänzt und vervollständigt den bereits bestehenden Rechtsbestand. Sofern die Dienstleistungsrichtlinie einer spezifischeren Bestimmung eines anderen Gemeinschaftsrechtsaktes widerspricht, hat die Bestimmung des spezifischeren Rechtsaktes Vorrang. Insbesondere die Entsenderichtlinie, die Verordnung zur Koordinierung der Systeme der sozialen Sicherheit, die Fernseh- und Berufsanerkennungsrichtlinie werden durch die Dienstleistungsrichtlinie nicht beeinträchtigt. Durch den **Vorrang der Berufsanerkennungsrichtlinie** wird sichergestellt, dass sich im Hinblick auf die Überprüfung der fachlichen

Qualifikationen durch die Dienstleistungsrichtlinie nichts ändert und demgemäß Österreich auch nach Inkrafttreten der Dienstleistungsrichtlinie Folgendes verlangen kann:

- Dienstleistungserbringer aus anderen Mitgliedstaaten müssen sich vor der ersten Erbringung einer Dienstleistung und danach jährlich bei der Behörde melden. Diese kann das Vorhandensein des Berufsqualifikationsnachweises des Heimatstaates überprüfen.
- Bei reglementierten Berufen, die die öffentliche Gesundheit oder Sicherheit berühren, können vor der ersten Erbringung einer Dienstleistung auch die Berufsqualifikationen des Dienstleisters nachgeprüft werden. Dem Dienstleister kann der Erwerb fehlender Kenntnisse und Fähigkeiten aufgetragen werden (zB durch Ablegung einer Eignungsprüfung), falls die berufliche Qualifikation des Dienstleisters wesentlich von der in Österreich geforderten Ausbildung abweicht.

Die Dienstleistungsrichtlinie betrifft ebenfalls nicht die **Regeln des internationalen Privatrechts**, insbesondere die Regeln für vertragliche und außervertragliche Schuldverhältnisse. Vertragsbeziehungen zwischen dem Dienstleistungserbringer und dem Kunden werden daher durch die Dienstleistungsrichtlinie nicht berührt.

Auch das im Dienstleistungsbereich geltende **Übergangsregime** gegenüber den neuen mittel- und osteuropäischen EU-Staaten wird durch die Dienstleistungsrichtlinie nicht außer Kraft gesetzt.

2.4. Verwaltungsvereinfachung

Eine der grundlegenden Schwierigkeiten bei der Aufnahme und Ausübung von Dienstleistungstätigkeiten, insbesondere für KMU, besteht in der Komplexität, Langwierigkeit, mangelnden Transparenz und fehlenden Rechtssicherheit der Verwaltungsverfahren. Deshalb enthält die Dienstleistungsrichtlinie ein Kapitel über Verwaltungsvereinfachung, das zur Entbürokratisierung und zur Modernisierung nationaler Verwaltungen beitragen soll. Die vorgesehenen Maßnahmen zur Verwaltungsvereinfachung kommen sowohl Unternehmen zugute, die sich in einem anderen Mitgliedstaat dauerhaft niederlassen wollen, als auch Unternehmen die nur vorübergehend eine grenzüberschreitende Dienstleistung erbringen. Die Mitgliedstaaten werden angehalten, die geltenden Verfahren und Formalitäten zu vereinfachen. Außerdem wird die Einführung harmonisierter Formblätter in Aussicht gestellt, die Zeugnissen, Bescheinigungen oder sonstigen für die Niederlassung erforderlichen Dokumenten gleichwertig sind. Unabhängig von der Schaffung einheitlicher Formulare werden die Mitgliedstaaten verpflichtet, Dokumente eines anderen Mitgliedstaates anzuerkennen, die eine gleichwertige

Funktion wie eine verlangte Bescheinigung haben. Übersetzungen der erforderlichen Dokumente in die Amtssprache können zwar verlangt werden, beglaubigte Übersetzungen oder Originalunterlagen jedoch nur ausnahmsweise.

Die Mitgliedstaaten werden zudem verpflichtet, **einheitliche Ansprechpartner** zu schaffen, über die Dienstleistungserbringer alle erforderlichen Verfahren und Formalitäten einer Niederlassung oder Dienstleistung abwickeln können und die wichtige Informationen (etwa geltende Anforderungen, zuständige Behörden, Rechtsbehelfe) auch aus der Ferne und elektronisch leicht zugänglich machen müssen. Auskunfts- und Unterstützungsansuchen müssen von den einheitlichen Ansprechpartnern so schnell wie möglich beantwortet werden. Da die Mitgliedstaaten die einheitlichen Ansprechpartner mit der Abwicklung steuer- und arbeitsrechtlicher Formalitäten sowie der sich aus der Berufsanerkennungsrichtlinie ergebenden Formalitäten zwar betrauen können, dazu aber nicht verpflichtet sind, muss davon ausgegangen werden, dass das one stop shop-Prinzip nicht lückenlos verwirklicht wird. Den Mitgliedstaaten bleibt auch überlassen, ob die einheitlichen Ansprechpartner gleichzeitig zuständige Behörde sind, oder lediglich als Mittler zwischen dem Dienstleistungserbringer und den unmittelbar zuständigen Behörden fungieren.

Zur Erleichterung der grenzüberschreitenden Erledigung von Verwaltungsformalitäten verpflichtet die Dienstleistungsrichtlinie die Mitgliedstaaten außerdem zur Einrichtung eines Systems zur elektronischen Verfahrensabwicklung. Lediglich Verfahren und Formalitäten, die sich nicht aus der Ferne abwickeln lassen, müssen auch zukünftig im Staat der Dienstleistungserbringung erledigt werden.

2.5. Niederlassungsfreiheit

Das Kapitel Niederlassungsfreiheit soll es Unternehmern erleichtern, sich in einem anderen Mitgliedstaat niederzulassen. Unter einer Niederlassung versteht man die Ausübung einer wirtschaftlichen Tätigkeit durch den Dienstleistungserbringer auf unbestimmte Zeit mittels einer festen Infrastruktur. Demgegenüber sind Dienstleistungen, für die das Kapitel über den freien Dienstleistungsverkehr gilt, durch ihren vorübergehenden Charakter gekennzeichnet. Eine **Abgrenzung** zwischen **Dienstleistung und Niederlassung** ist nicht generell, sondern nur im Einzelfall möglich. Insbesondere gibt es keinen bestimmten Zeitpunkt, ab dem eine Dienstleistung zur Niederlassung wird. Der vorübergehende Charakter einer Dienstleistung ist nicht nur unter Berücksichtigung der Dauer der Leistung, sondern auch ihrer Häufigkeit, ihrer regelmäßigen Wiederkehr oder ihrer Kontinuität zu beurteilen. Vereinfacht kann man sagen, dass bei einer Dienstleistung eine

Leistung des Betriebs, bei einer Niederlassung der gesamte Betrieb in eine fremde Volkswirtschaft eingebracht wird.

Die Mitgliedstaaten können die Niederlassung eines ausländischen Unternehmers zwar weiterhin von einer Genehmigung abhängig machen, allerdings müssen die **Genehmigungsregelungen** nicht diskriminierend, durch zwingende Gründe des Allgemeininteresses gerechtfertigt und verhältnismäßig sein. Das Erfordernis einer Vorabgenehmigung ist demnach nur zulässig, wenn eine nachträgliche Kontrolle nicht wirksam wäre. Ihre Genehmigungsregelungen müssen die Mitgliedstaaten der Kommission gegenüber berichten und begründen. Die Voraussetzungen für die Erteilung einer Genehmigung müssen insbesondere im Voraus bekannt gemacht werden und unzweideutig, transparent und zugänglich sein. Unzulässig ist eine doppelte Anwendung gleichwertiger Anforderungen und Kontrollen. Dadurch werden die Mitgliedstaaten nicht gehindert, ihre eigenen Genehmigungsvoraussetzungen anzuwenden. Bei der Prüfung der Frage, ob diese Voraussetzungen erfüllt werden, ist jedoch gleichwertigen Voraussetzungen Rechnung zu tragen, die der Antragsteller bereits erfüllt hat. Die Dienstleistungsrichtlinie verpflichtet zur Neutralität und Transparenz bei der Auswahl zwischen mehreren Antragstellern, sofern die Zahl der Genehmigungen auf Grund der Knappheit natürlicher Ressourcen oder technischer Kapazitäten begrenzt ist. Solchermaßen erteilte Genehmigungen dürfen keine übermäßig lange Geltungsdauer besitzen, nicht automatisch verlängert werden und keine Begünstigungen des vormaligen Dienstleisters vorsehen. Genehmigungen dürfen nur ausnahmsweise befristet werden.

Genehmigungsverfahren müssen im Voraus bekannt und so ausgestaltet sein, dass eine objektive und unparteiische Behandlung der Anträge gewährleistet wird. Die Erbringung der Dienstleistung darf nicht in unangemessener Weise erschwert oder verzögert werden. Wird der Antrag nicht binnen der vorab bekanntzumachenden Frist beantwortet, gilt die Genehmigung grundsätzlich als erteilt. Sofern dies durch einen zwingenden Grund des Allgemeininteresses gerechtfertigt ist, können die Mitgliedstaaten allerdings ein von dieser Genehmigungsfiktion abweichendes Regime vorsehen.

Bestimmte **Anforderungen** an die Aufnahme oder Ausübung einer Dienstleistungstätigkeit werden für unzulässig erklärt

- diskriminierende Anforderungen wie etwa ein Staatsangehörigkeits- oder Wohnsitzerfordernis
- Verbot der Errichtung von Niederlassungen in mehr als einem Mitgliedstaat
- Verbot der Registrierung in mehr als einem Mitgliedstaat

- Beschränkungen der Wahlfreiheit des Dienstleistungserbringers zwischen einer Haupt- und einer Zweitniederlassung
- Bedingungen der Gegenseitigkeit in Bezug auf den Mitgliedstaat, in dem der Dienstleistungserbringer bereits eine Niederlassung unterhält
- wirtschaftliche Bedarfsprüfung
- Beteiligung von Konkurrenten an der Genehmigungserteilung
- Pflicht einer finanziellen Sicherheit oder Versicherung einer inländischen Einrichtung
- Pflicht, bereits vor der Niederlassung in Niederlassungsstaat registriert oder tätig gewesen zu sein.

Mengenmäßige oder territoriale Beschränkungen, die Verpflichtung zu einer bestimmten Rechtsform, Anforderungen betreffend Beteiligungen am Gesellschaftsvermögen, der nicht aus der beruflichen Qualifikation resultierende Vorbehalt einer Tätigkeit zugunsten bestimmter Dienstleistungserbringer, das Verbot mehrerer Niederlassungen in einem Staat, eine Mindestbeschäftigtenzahl, Mindest-/Höchstpreise sowie die Verpflichtung zusammen mit einer Dienstleistung auch andere Dienstleistungen zu erbringen, dürfen nur beibehalten werden, sofern sie nicht diskriminierend, durch einen zwingenden Grund des Allgemeininteresses gerechtfertigt und verhältnismäßig sind. Andernfalls müssen sie beseitigt oder geändert werden. Für Dienstleistungen von allgemeinem wirtschaftlichem Interesse gilt diese Evaluierungspflicht nur insoweit, als dadurch nicht die Erfüllung ihrer besonderen Aufgabe verhindert wird.

2.6. Freier Dienstleistungsverkehr

Dieses Kapitel gilt für vorübergehende grenzüberschreitende Tätigkeiten ohne Niederlassung. Das ursprünglich im Kommissionsvorschlag vorgesehene Herkunftslandprinzip wurde mittlerweile durch ein weitgehend an der EuGH-Judikatur orientiertes „**Prinzip der Nichtbeschränkung**" ersetzt, ohne jedoch ein „Ziellandprinzip" einzuführen. Der Mitgliedstaat der Dienstleistungserbringung muss die freie Aufnahme und Ausübung der Dienstleistung gewährleisten. Einschränkungen der Dienstleistungsfreiheit durch nationale Anforderungen sind nur in engen Grenzen zulässig und müssen nichtdiskriminierend, erforderlich (aus Gründen der öffentlichen Ordnung, öffentlichen Sicherheit, öffentlichen Gesundheit oder des Umweltschutzes) und zudem verhältnismäßig sein. Für **unzulässig** erklärt werden insbesondere

- eine Niederlassungs-, Genehmigungs-, Registrierungs- oder Mitgliedschaftspflicht bei einer Berufsvereinigung
- Verbot der Errichtung einer Infrastruktur (Geschäftsräume, Kanzlei etc)

- vertragliche Vereinbarungen zur Regelung der Beziehungen zwischen dem Dienstleistungserbringer und dem Dienstleistungsempfänger, die eine selbstständige Tätigkeit des Dienstleistungserbringers verhindern oder beschränken
- Pflicht, sich einen besonderen Ausweis für die Ausübung einer Dienstleistungstätigkeit ausstellen zu lassen
- Anforderungen betreffend die Verwendung von Ausrüstungsgegenständen, sofern diese Anforderungen nicht für den Schutz der Gesundheit und die Sicherheit am Arbeitsplatz notwendig sind. Der Begriff „Ausrüstungsgegenstände" bezieht sich auf Gegenstände, die für die Erbringung der Dienstleistung unerlässlich sind (etwa Werkzeuge). Nicht erfasst sind Gegenstände, die vom Dienstleistungserbringer an den -empfänger geliefert werden oder die - wie beispielsweise Baustoffe oder Ersatzteile - aufgrund der Dienstleistungstätigkeit Teil eines materiellen Gegenstands werden oder - wie beispielsweise Brennstoffe, Pestizide, oder Arzneimittel - im Zuge der Erbringung der Dienstleistung verbraucht oder vor Ort belassen werden.

Keine Anwendung finden diese Bestimmungen zur Dienstleistungsfreiheit auf Dienstleistungen von allgemeinem wirtschaftlichem Interesse (zB im Post-, Elektrizitäts-, Gassektor, Dienste der Wasserverteilung, -versorgung, Abwasserbewirtschaftung und Abfallbewirtschaftung) sowie auf Angelegenheiten, die unter die Entsende-, Datenschutz-, Rechtsanwalts- und Berufsanerkennungsrichtlinie fallen. Ausgenommen sind ferner die gerichtliche Beitreibung von Forderungen (spätestens vier Jahre nach In-Kraft-Treten der Richtlinie wird die Kommission die Möglichkeit eines Harmonisierungsrechtsaktes prüfen), Angelegenheiten der Verordnung zur Koordinierung der Systeme der sozialen Sicherheit, Verwaltungsformalitäten betreffend die Personenfreizügigkeit, Formalitäten für Drittstaatsangehörige, die Verbringung von Abfällen, Urheberrechte und verwandte Schutzrechte, Notariatsakte, Angelegenheiten betreffend die Prüfung des Jahresabschlusses und des konsolidierten Abschlusses, die Zulassung von in einem anderen Mitgliedstaat geleasten Fahrzeugen sowie die Bestimmungen betreffend vertragliche und außervertragliche Schuldverhältnisse, einschließlich der Form von Verträgen. Darüber hinaus erlaubt die Dienstleistungsrichtlinie den Mitgliedstaaten in bestimmten Ausnahmefällen und unter strengen verfahrensrechtlichen und materiellen Voraussetzungen **beschränkende Maßnahmen im Einzelfall** zu ergreifen, um die Sicherheit der Dienstleistungen zu gewährleisten. Derartige Maßnahmen sind nur zulässig, sofern noch keine Harmonisierungsmaßnahme auf Gemeinschaftsebene erlassen wurde und der Niederlassungsmitgliedstaat keine ausreichenden Maßnahmen ergriffen hat.

2.7. Rechte der Dienstleistungsempfänger

Die Dienstleistungsrichtlinie betrifft nicht nur den Abbau von Barrieren für Dienstleistungserbringer, sondern auch die Beseitigung von ungerechtfertigten Beschränkungen, denen Dienstleistungsempfänger (nicht nur Konsumenten) bei der Nutzung von ausländischen Dienstleistungen begegnen. Die Mitgliedstaaten dürfen an Dienstleistungsempfänger keine Anforderungen (zB Genehmigungs- oder Erklärungspflichten) stellen, wodurch die grenzüberschreitende Inanspruchnahme einer Dienstleistung beschränkt wird. Auch Diskriminierungen auf Grund der Staatsangehörigkeit oder des Wohnsitzes, etwa durch günstigere Bedingungen oder Preisvorteile, werden untersagt. Preisvorteile, die bestimmten Dienstleistungsempfängern vorbehalten werden, müssen auf berechtigten und objektiven Kriterien beruhen, wozu etwa entfernungsabhängige Zusatzkosten, technische Merkmale der Dienstleistung, saisonbedingte Unterschiede oder unterschiedliche Ferienzeiten zählen.

Zur Gewährleistung einer hohen Qualität der Dienstleistungen, insbesondere in Bezug auf Informations- und Transparenzerfordernisse, enthält die Richtlinie auch Vorschriften über **Informationen**, die der Dienstleistungserbringer dem Dienstleistungsempfänger – teils von sich aus, teils auf Anfrage – zur Verfügung zu stellen hat (etwa Kontaktdaten, Handelsregistereintragung, UID-Nummer, Allgemeine Geschäftsbedingungen, nachvertragliche Garantie, Preis, Hauptmerkmale der Dienstleistung, Berufshaftpflichtversicherung, berufsrechtliche Regelungen, multidisziplinäre Tätigkeiten, Verhaltenskodizes).

Die Mitgliedstaaten sind zwar nicht verpflichtet, können aber vorsehen, dass ein Marktteilnehmer, dessen Dienstleistungen ein unmittelbares und besonderes Risiko für die Gesundheit oder Sicherheit des Dienstleistungsempfängers oder eines Dritten oder für die finanzielle Sicherheit des Dienstleistungsempfängers darstellen, über eine angemessene **Berufshaftpflichtversicherung** oder eine andere gleichwertige Sicherheit verfügen muss.

Vorgesehen sind in der Dienstleistungsrichtlinie überdies die Beseitigung von Totalverboten der **kommerziellen Kommunikation** für reglementierte Berufe, Vorschriften betreffend **multidisziplinäre Tätigkeiten** (Beschränkungen nur sofern erforderlich zur Gewährleistung der Unparteilichkeit und Unabhängigkeit), **Streitbeilegung** (Dienstleistungserbringer sollen sich um zufrieden stellende Lösungen bemühen) sowie Maßnahmen der Dienstleistungserbringer zur freiwilligen **Qualitätssicherung** (zB Zertifizierung, Qualitätschartas, Information über Bedeutung von Gütesiegeln, Normen).

2.8. Verwaltungszusammenarbeit

Für ein reibungsloses Funktionieren des Binnenmarktes für Dienstleistungen ist eine Zusammenarbeit der Verwaltungen unerlässlich. Mangelnde Behördenkooperation führt nicht nur zu bürokratischen Doppelgleisigkeiten, sondern kann auch unfairen Wettbewerb fördern. Die Dienstleistungsrichtlinie enthält ein eigenes Kapitel über die Verwaltungszusammenarbeit, das die Mitgliedstaaten zur **Kooperation** verpflichtet und die jeweiligen **Zuständigkeiten** der Behörden bei grenzüberschreitenden Dienstleistungen abgrenzt. Dabei gilt der Grundsatz, dass jeder Mitgliedstaat für die Kontrolle seiner Vorschriften auf seinem Staatsgebiet zuständig ist. Damit bleiben österreichische Behörden zuständig, etwa die Einhaltung arbeitsrechtlicher Vorschriften und das Vorliegen erforderlicher Berufsqualifikationen durch ausländische Dienstleistungserbringer zu kontrollieren. Unter Kontrolle sind dabei nicht nur Tätigkeiten wie Überwachung und Faktenermittlung, sondern auch die Verhängung und Vollstreckung von Sanktionen sowie damit verbundene Folgemaßnahmen zu verstehen.

3. Bewertung aus Sicht der Wirtschaftskammer Österreich

Auch wenn in einigen Teilbereichen aus Sicht der WKÖ ein mutigerer Ansatz wünschenswert gewesen wäre, stellt der nunmehr vorliegende Text der Dienstleistungsrichtlinie einen ausgewogenen Kompromiss dar. Das Kernstück der Richtlinie, ein barrierefreier Dienstleistungsbinnenmarkt, wurde nicht aus den Augen verloren. Dass das Land, in dem eine Dienstleistung erbracht wird, weiterhin gerechtfertigte Schutzmaßnahmen etwa in punkto Umwelt-, Sicherheits-, Arbeitsrechts- und Sozialstandards ergreifen kann, wird von der WKÖ gutgeheißen, sofern solche Instrumente nicht zur Marktabschottung missbraucht werden: Dies hilft, Lohn-, Sozial- und Qualitätsdumping zu verhindern.

3.1.1. Wahrung einer hohen Dienstleistungsqualität

Im Interesse der Sicherung eines hohen Qualitätsniveaus ist die Klarstellung, dass die Berufsanerkennungsrichtlinie unberührt bleibt, zu begrüßen. Damit wird sichergestellt, dass sich durch die Dienstleistungsrichtlinie im Hinblick auf Überprüfung der fachlichen Qualifikation nichts ändert und das hohe Qualitätsniveau in Österreich erhalten bleibt.

3.1.2. Einheitliche Ansprechpartner

Die vorgesehene Schaffung einheitlicher Ansprechpartner und der Umstand, dass diese nicht nur Niederlassungswilligen, sondern auch vorübergehend grenzüberschreitend tätigen Dienstleistern zur Verfügung stehen sollen, verspricht gerade für KMU eine wesentliche Reduktion bürokratischer Anforderungen.

3.1.3. Herkunftslandprinzip versus Prinzip der Nichtbeschränkung

Verglichen mit dem ursprünglich geplanten Herkunftslandprinzip gibt die jetzige Lösung des freien Dienstleistungsverkehrs den Mitgliedstaaten mehr Raum für Beschränkungen, besteht erhöhter Interpretationsbedarf durch den EuGH und ist der Informationsaufwand für heimische Dienstleister höher, wenn sie im EU-Ausland tätig werden möchten. Die einheitlichen Ansprechpartner und der Screening-Mechanismus im Bereich des freien Dienstleistungsverkehrs (Mitgliedstaaten sind verpflichtet, spätestens zum Umsetzungszeitpunkt der Kommission ihre nationalen Beschränkungen zu berichten und zu begründen; nachträgliche Änderungen und neue Anforderungen müssen ebenfalls mitgeteilt und begründet werden) können diese Schwachpunkte aber zumindest teilweise ausgleichen. Gegenüber dem Ist-Zustand verspricht aber auch der jetzige Ansatz einen Fortschritt. Insbesondere der Screening-Mechanismus sollte es den Mitgliedstaaten künftig schwerer machen, nicht gerechtfertigte Beschränkungen der Dienstleistungsfreiheit zu verstecken.

3.1.4. Kontroll- und Sanktionsmöglichkeiten des Ziellandes

Ausreichende Kontroll- und Sanktionsmöglichkeiten des Ziellandes sind außerordentlich wichtig, um einen fairen Wettbewerb sicherzustellen und Gesetzesverstöße durch ausländische Dienstleistungserbringer hintan zu halten. Die gegenüber dem ursprünglichen Kommissionsvorschlag erfolgte Verstärkung der Kontrollmöglichkeiten des Ziellandes ist daher ausdrücklich zu begrüßen. Diese Möglichkeiten sind ein erster guter Ansatz, können allerdings nicht einen EU-weiten Verwaltungsvollstreckungsmechanismus ersetzen. Man denke etwa an Fälle, in denen der Gesetzesverstoß eines ausländischen Dienstleistungserbringers erst festgestellt wird, wenn der Dienstleister schon in sein Heimatland zurückgekehrt ist. Nur ein EU-weites Verwaltungsvollstreckungsinstrument kann in solchen Fällen eine wirksame Sanktionierung der Gesetzesverstöße ausländischer Dienstleistungserbringer sicherstellen. Ein solches Instrument sollte so rasch wie möglich geschaffen werden.

3.1.5. Arbeitnehmerentsendung

Im ursprünglichen Kommissionsvorschlag wurde auf Formalitäten im Rahmen der Arbeitnehmerentsendung eingegangen. Mittlerweile wurden diese Bestimmungen ersatzlos gestrichen. Allerdings hat die Kommission eigene Leitlinien betreffend die Arbeitnehmerentsendung im Rahmen der Dienstleistungserbringung vorgelegt, welche weitgehend an der EuGH-Judikatur orientiert sind. Eine klare legislative europäische Regelung, die eine vernünftige Balance zwischen verwaltungstechnischer Vereinfachung und ausreichenden Kontrollmöglichkeiten zur effizienten Bekämpfung von Schwarzarbeit gewährleistet, wäre diesen Leitlinien vorzuziehen gewesen.

4. Verfahrensstand und In-Kraft-Treten

Die Dienstleistungsrichtlinie befindet sich noch in legislativer Behandlung und wird voraussichtlich erst gegen Ende 2006 endgültig auf EU-Ebene verabschiedet werden. Anschließend muss die Richtlinie noch in innerstaatliches Recht umgesetzt werden. Das entsprechende österreichische Umsetzungsgesetz wird voraussichtlich Anfang 2010 in Kraft treten.

4.1.1. Bisherige Etappen

Der Kommissionsvorschlag zur Dienstleistungsrichtlinie wurde im Jänner 2004 veröffentlicht, woraufhin die Beratungen darüber anliefen. Die Dienstleistungsrichtlinie unterliegt dem so genannten Mitentscheidungsverfahren. Sie bedarf daher vor ihrem In-Kraft-Treten der Zustimmung sowohl des Europäischen Parlaments, als auch des Rates der EU, in dem die zuständigen Minister aller EU-Staaten vertreten sind.

Am 16.02.2006 hat das Europäische Parlament in erster Lesung über die Dienstleistungsrichtlinie abgestimmt. Dabei hat sich das Europaparlament mit 394 Pro-, 215 Gegenstimmen und 33 Enthaltungen deutlich für eine Regelung ausgesprochen, deren Kernstück ein barrierefreier Dienstleistungsbinnenmarkt bleibt: Der Mitgliedstaat, in dem die Dienstleistung erbracht wird, muss die freie Aufnahme und freie Ausübung von Dienstleistungstätigkeiten ermöglichen. Gleichzeitig kann das Land, in dem eine Dienstleistung erbracht wird, weiterhin gerechtfertigte Schutzregeln verlangen.

Die Europäische Kommission hat am 04.04.2006 einen geänderten Vorschlag vorgelegt, der sich weitgehend an den Forderungen des Europäischen Parlaments orientiert.

Am 29.05.2006 konnte unter österreichischer Präsidentschaft eine politische Einigung des Rates erzielt werden, welche am 24.07.2006 formell als Gemeinsamer Standpunkt des Rates angenommen wurde.

Das Plenum des Europäischen Parlaments hat am 15.11.2006 den Gemeinsamen Standpunkt des Rates ohne substanzielle Änderung bestätigt. Der Text wurde lediglich hinsichtlich prozeduraler Bestimmungen zum Komitologieverfahren an die zwischenzeitlich geänderte Rechtslage angepasst.

4.1.2. Weiteres Procedere

Auf Grund dieser technischen Änderungen muss sich noch einmal der Rat mit der Dienstleistungsrichtlinie beschäftigen. Geplant ist, die Richtlinie auf einem der nächsten Räte ohne weitere inhaltliche Diskussion endgültig zu verabschieden. Die Dienstleistungsrichtlinie wird damit voraussichtlich Anfang 2007 in Kraft treten und ist dann binnen drei Jahren von den Mitgliedstaaten umzusetzen. Mit In-Kraft-Treten des österreichischen Umsetzungsgesetzes ist daher voraussichtlich Anfang 2010 zu rechnen.

Johann Egger

Die Entsende-Richtlinie

1. Allgemeines
2. Die Entsende-Richtlinie
   2.1. Geltungsbereich
      2.1.1. Ausnahmemöglichkeiten
      2.1.2. Ausdehnungsmöglichkeiten
3. Leitlinien für die Entsendung von Arbeitnehmern
4. Umsetzung der Entsende-Richtlinie ins österreichische Recht
   4.1. Ansprüche gegen ausländische Arbeitgeber mit Sitz in einem EWR-Mitgliedstaat
   4.2. Grenzüberschreitende Überlassung
   4.3. Konzerninterne Überlassung
   4.4. Ansprüche gegen ausländische Arbeitgeber ohne Sitz in einem EWR-Mitgliedstaat
   4.5. Besonderheiten im Baugewerbe
   4.6. Beschäftigung von Drittstaatsangehörigen

1. Allgemeines

Arbeitsverhältnisse mit Auslandsberührung insbesondere Auslandsentsendungen gewinnen in einem immer größer werdenden Europäischen Wirtschaftsraum zunehmend an Bedeutung.[1] Arbeits- und sozialrechtliche Fragen standen

[1] Vgl dazu *Biagi*, The „posted workers" EU directive: from social dumping to social protectionism, in Blanpain (ed), Labour Law and Industrial Relations in the European Union (1998) 173; *Binder*, Die Arbeitnehmerentsendung aus EU-/EWR-Staaten nach Österreich unter besonderer Berücksichtigung eines möglichen Sozialdumpings, DRdA 1999, 1, 100; *ders*, Arbeitsvertragsrechts-Anpassungsgesetz (2001); *Birk*, Arbeitsverhältnisse mit Auslandsberührung in der Bauwirtschaft der BRD, in Köbele/Sahl (Hrsg), Die Zukunft der Sozialkassensysteme der Bauwirtschaft im Europäischen Binnenmarkt (1993) 143; *ders*, Entsende-Richtlinie und Konzern, ZIAS 1995, 481; *ders*, Der Richtlinienvorschlag zur Entsendung von Arbeitnehmern. Ein Mittel zur Abwehr von sozialem Dumping? EuZW 1993, 370; *Blanke*, Die Neufassung des Arbeitnehmer-Entsendegesetzes: Arbeitsmarktregulierung im Spannungsverhältnis von Dienstleistungsfreiheit, Arbeitnehmerschutz und Tarifautonomie, ArbuR 1999, 417; *Borgmann*, Die Entsendung von Arbeitnehmern in der Europäischen Gemeinschaft (2001); *Brinkmann*, Freizügigkeit und Entsendung von Arbeitnehmern nach der Entsenderichtlinie, in Hailbronner (Hrsg), 30 Jahre Freizügigkeit in Europa (1998) 133; *von Danwitz*, Die Rechtsprechung des EuGH zum Entsenderecht,

EuZW 2002, 237; *Däubler,* Die Entsenderichtlinie und ihre Umsetzung in das deutsche Recht, EuZW 1997, 613; *Eder,* Fallstudie: Entsenderichtlinie und AVRAG, in Falkner/Müller (Hrsg), Österreich im europäischen Mehrebenensystem (1998) 79; *Eichenhofer,* Arbeitsbedingungen bei Entsendung von Arbeitnehmern, ZIAS 1996, 55; *ders,* Dienstleistungsfreiheit und Mindestlohn, ZESAR 2007, 53; *Forgó,* Aktuelles zur „Entsenderichtlinie", ecolex 1996, 815; *Friedrich* in Fuchs/Marhold, Europäisches Arbeitsrecht[2] (2006) 312; *Fritzsche,* Die Vereinbarkeit des Arbeitnehmer-Entsendegesetzes sowie der erfassten Tarifverträge mit höherrangigem Recht (2001); *Gerauer* (Hrsg), Auslandseinsatz von Arbeitnehmern im Arbeits-, Sozialversicherungs- und Steuerrecht (2000); *Gerlach,* Praktisches zum Entsendungsrecht, ASok 1998, 269; *Görres,* Grenzüberschreitende Arbeitnehmerentsendung in der EU (2003); *Heuser/Heidenreich/Förster,* Auslandsentsendung und Beschäftigung ausländischer Arbeitnehmer (2004); *Holzer/Reissner,* Arbeitsvertragsrechts-Anpassungsgesetz[2] (2006); *Hoppe,* Die Entsendung von Arbeitnehmern ins Ausland. Kollisionsrechtliche Probleme und internationale Zuständigkeit (1999); *Kirschbaum,* Billig-Arbeitskräfte aus EU-Staaten? DRdA 1995, 533; *dies,* Grenzüberschreitende Dienstleistung unter Mitnahme eigener Arbeitskräfte, DRdA 1993, 74; *dies,* Handbuch zum internationalen Betriebsverfassungsrecht (1994) 86; *Körner,* EU-Dienstleistungsrichtlinie und Arbeitsrecht, NZA 2007, 233; *Lindner,* Arbeitnehmer-, Umwelt- und Verbraucherschutz sind in Gefahr, in Bsirske ua, Die EU-Dienstleistungsrichtlinie. Ein Anschlag auf das europäische Sozialmodell (2006) 67; *Lunk/Nehl,* „Export" deutschen Arbeitsschutzrechts? DB 2001, 1934; *Mayr,* Arbeitsrechtliche Fragestellungen bei der Entsendung von BauarbeiterInnen innerhalb der Europäischen Union an den Beispielen Österreich und Deutschland, in FS-Cerny (2001) 255; *Mitter,* Umsetzung der „Entsende-Richtlinie" in das österreichische Arbeitsrecht – Europarechtliche Rahmenbedingungen und Notwendigkeiten, DRdA 1998, 457; *Müller,* Die Entsendung von Arbeitnehmern in der Europäischen Union (1997); *Pflegerl,* Der Arbeitsvertrag für in die EU entsandte Arbeitskräfte[2] (1999); *Piffl-Pavelec,* Entsendung von Arbeitnehmern im Rahmen der Dienstleistungsfreiheit (Richtlinienentwurf), DRdA 1995, 292; *Plesterninks,* Entsenderegelungen nach nationalem und internationalem Recht (1998); *Pohl,* Grenzüberschreitender Einsatz von Personal und Führungskräften, NZA 1998, 735; *Rebhahn,* Entsendung von Arbeitnehmern in der EU – arbeitsrechtliche Fragen zum Gemeinschaftsrecht, DRdA 1999, 173; *Resch* (Hrsg), Arbeitnehmerentsendung. Arbeits- und sozialrechtliche Fragen (1999); *Rieble/Lessner,* Arbeitnehmer-Entsendegesetz, Nettolohnhaftung und EG-Vertrag, ZfA 2002, 29; *Runggaldier,* Eine Auslandsentsendung, DRdA 1992, 469; *ders,* Gleichbehandlung im Arbeits- und Sozialrecht, in Feik (Hrsg), Freizügigkeit der Arbeitnehmer in Österreich (1998) 57 (70 ff); *Runggaldier/Sacherer,* Arbeitsrechtliche Fragen im Zusammenhang mit grenzüberschreitendem Arbeitskräfteeinsatz am Beispiel des geplanten Brennerbasistunnelbaus, ZESAR 2005, 363; *Schrammel/Winkler,* Arbeits- und Sozialrecht der Europäischen Gemeinschaft (2002) 50; *Schrenk,* Arbeitsverträge mit Auslandsbezug, taxlex 2006, 551; *ders,* Entsendung von Arbeitnehmern, taxlex 2006, 553; *Sellin,* Arbeitnehmermobilität und Entsenderecht (2006) 235 ff; *Shubshizky* (Hrsg), Praxisleitfaden zum internationalen Personaleinsatz (2003); *Steck,* Geplante Entsende-Richtlinie nach Maast-

auch stets im Mittelpunkt der Diskussion um die so genannte **Dienstleistungsrichtlinie.**[2]

Auf EG-Ebene war schon das „Römer" **Übereinkommen über das auf vertragliche Schuldverhältnisse anzuwendende Recht** (EVÜ)[3] von besonderer Bedeutung. Dieses stellt einen völkerrechtlichen Vertrag dar.

Gem Art 20 EVÜ wird Rechtsakten des Gemeinschaftsrechts auch gegenüber dem vorliegenden „Römer" Abkommen der **Vorrang** eingeräumt. Ein diesbezüglicher Rechtsakt, der geänderte Vorschlag für eine **VO des Rates über das für Arbeitsverhältnisse innerhalb der Gemeinschaft anzuwendende Konfliktsrecht**[4] wurde aber nicht verabschiedet.

In Art 49 EGV wird der Grundsatz festgelegt, dass die Mitgliedstaaten den **freien Dienstleistungsverkehr** innerhalb der Gemeinschaft gewährleisten müssen. Zu dieser Grundfreiheit gehört das Recht, dass ein in einem Mitgliedstaat niedergelassener Dienstleistungserbringer vorübergehend Arbeitnehmer in einen anderen Mitgliedstaat **entsenden** kann, damit diese dort eine Dienstleistung erbringen. Als **Dienstleistungen** kommen gemäß Art 50 Abs 2 EGV dabei insbesondere **gewerbliche, kaufmännische, handwerkliche** und **freiberufliche** Tätigkeiten in Frage.

Aus der EuGH-Rechtsprechung ergibt sich, dass die **Dienstleistungsfreiheit** als Grundprinzip des EGV nur durch Regelungen **eingeschränkt** werden kann, die sich durch die in Art 46 EGV angeführten Gründe (**öffentliche Ordnung, Sicherheit** oder **Gesundheit**) und durch **zwingende Gründe des Allgemeininteres-**

---

richt ohne Rechtsgrundlage? EuZW 1994, 140; *Stoll*, Eingriffsnormen im Internationalen Privatrecht. Dargestellt am Beispiel des Arbeitsrechts (2002); *Urlesberger*, Die Entsende-Richtlinie der EG, SozSi 1996, 450; *Weinmeier*, Freizügigkeit und Sozialpolitik im EWR und ihre Umsetzung im österreichischen Recht (1994) 156; *Wiesehügel/Sahl* (Hrsg), Die Sozialkassen der Bauwirtschaft und die Entsendung innerhalb der Europäischen Union (1998); *Winkler*, Die Entsenderichtlinie und ihre Bedeutung für Österreich, in Tomandl (Hrsg), Der Einfluss europäischen Rechts auf das Arbeitsrecht (2001) 43; *Wolfsgruber*, Die grenzüberschreitende Entsendung von Arbeitnehmern (2001), *Zinger*, Die Internationalisierung der Belegschaften multinationaler Unternehmen mit Sitz in Deutschland (2002).

2 ABl 2006 L 376 S 36.

3 Konsolidierte Fassung ABl 1998 C 27 S 34; nähere Nachweise bei *Egger*, Das Arbeits- und Sozialrecht der EU und die österreichische Rechtsordnung (2006) 56.

4 KOM(1975) 653 endg. Siehe nun aber den Vorschlag für eine Rom I-Verordnung, KOM(2005) 650 endg.

ses (zB Arbeitnehmerschutz; Funktionsfähigkeit der Sozialversicherungssysteme) rechtfertigen lassen.

Unter anderem stellt der **soziale Schutz** der Arbeitnehmer einen zwingenden Grund des Allgemeininteresses dar.[5] Wird allerdings dem zwingenden Allgemeininteresse bereits durch Regelungen Genüge getan, denen der Dienstleistungserbringer in seinem Sitzstaat unterliegt, handelt es sich also um gleiche oder vergleichbare Bestimmungen, so ist eine zusätzliche Inanspruchnahme des Dienstleistenden im Aufnahmestaat ausgeschlossen.[6]

Die Mitgliedstaaten dürfen also überprüfen, dass der freie Dienstleistungsverkehr nicht missbraucht wird, zB dadurch, dass Arbeitnehmer aus Drittstaaten auf den Arbeitsmarkt des Aufnahmemitgliedstaats gebracht werden.[7] Der EuGH hat auch eingeräumt, dass **Kontrollmaßnahmen** zulässig sind, mit denen man überprüfen will, dass Anforderungen beachtet werden, die aus **zwingenden Gründen des Allgemeininteresses** gerechtfertigt sind. Diese Maßnahmen müssen sich jedoch in Übereinstimmung mit Art 49 EGV befinden und sie dürfen **keine ungerechtfertigten** und **unverhältnismäßigen Beschränkungen** des freien Dienstleistungsverkehrs darstellen. Diese Kontrollmaßnahmen müssen so beschaffen sein, dass die verfolgten Zielsetzungen erreicht werden, ohne dass die Dienstleistungsfreiheit beschränkt wird.[8] Dabei sind die Grundsätze der **Nichtdiskriminierung** und der **Verhältnismäßigkeit** zu beachten. Der Grundsatz der Verhältnismäßigkeit sagt aus, dass die Anwendung nationaler Regelungen eines Mitgliedstaats auf die in anderen Mitgliedstaaten niedergelassene Dienstleistenden einerseits geeignet sein muss, die Verwirklichung des mit ihnen verfolgten Zieles zu gewährleis-

---

5 Vgl EuGH, Rs C-279/80, Webb, Slg 1981, 3305, 3325 Rn 19; vb Rs C-369/96 und C-376/96, Arblade, Slg 1999, I-8453, 8514 Rn 36.

6 Vgl EuGH, Rs C-279/80, Webb, Slg 1981, 3305, 3325 Rn 17.

7 EuGH, Rs C-113/89, Rush Portuguesa, Slg 1990, I-1417, 1445 Rn 17; vb Rs C-369/96 und 376/96, Arblade ua, Slg 1999, I-8453.

8 Vgl EuGH, Rs C-445/03, Kommission/Luxemburg, Slg 2004, I-10.191; Rs C-244/04, Kommission/Deutschland, Slg 2006, I-885 = EuZW 2006, 145 = NZA 2006, 199 = ZESAR 2006, 460 (*Höller*); 21.09.2006, Rs C-168/04, Kommission/Österreich = DRdA 2007, 75 (*Wedl*) = WBl 2006, 466 (EU-Entsendebestätigung als unzulässiges Genehmigungserfordernis); vgl dazu *Birk*, Entsendung und Freizügigkeit – Die europarechtliche Stellung entsandter Arbeitnehmer zur Erfüllung von Aufträgen, in FS-Wissmann (2005) 523; *Leitner*, EuGH zur Entsendung von Drittstaatsangehörigen nach Deutschland, ASoK 2006, 122; *Thym*, Umfang nationaler Kontrollmöglichkeiten bei der Arbeitnehmerentsendung, NZA 2006, 713.

ten und andererseits nicht über das zur Zielerreichung notwendige Maß hinausgehen darf.[9]

2. Die Entsende-Richtlinie

Da nach wie vor große Unterschiede bezüglich der in den einzelnen Mitgliedstaaten bestehenden Sozialvorschriften und Kollektivverträge bestehen, müssen bis zur Angleichung der sozialen Rechte die Gesetze der Mitgliedstaaten **koordiniert** werden, um einen **Kernbestand zwingender arbeitsrechtlicher[10] Mindestschutzbestimmungen** festzulegen, welche im Gastland von Arbeitgebern zu gewähren sind, die Arbeitnehmer für eine **zeitlich begrenzte Arbeitsleistung** in das Hoheitsgebiet eines Mitgliedstaats zur Dienstleistungserbringung entsenden.[11] Mit der Festlegung von Mindestarbeits- und Beschäftigungsbedingungen sollen auch **Wettbewerbsverzerrungen** und die drohende Gefahr des Sozialdumpings vermieden werden.

Diesem entsprach der auf ex-Art 57 Abs 2 EGV[12] und Art 66 EGV[13] gestützte[14] Vorschlag für eine RL des Rates über die Entsendung von Arbeitnehmern im Rahmen der Erbringung von Dienstleistungen (Entsende-Richtlinie).[15] Dieser Richtlinienvorschlag war unmittelbar im Anschluss an das Urteil des EuGH in der Rs *Rush Portuguesa* ergangen, indem dieser den Mitgliedstaaten anheim gestellt hatte, ihre Rechtsvorschriften oder Kollektivverträge auf alle Personen auszudehnen, die in ihrem Hoheitsgebiet, wenn auch nur vorübergehend, beschäftigt sind

---

9 Vgl EuGH, vb Rs C-369/96 und C-376/96, Arblade, Slg 1999, I-8453, 8514 Rn 35.

10 Gem Art 14 Abs 1 lit a VO (EWG) Nr 1408/71 unterliegt ein entsandter Arbeitnehmer dann weiterhin den sozialversicherungsrechtlichen Vorschriften des Herkunftslandes, wenn die voraussichtliche Dauer der Entsendung zwölf Monate (nach Art 12 der noch nicht in Geltung befindlichen neuen VO (EG) Nr 883/2004: 24 Monate) nicht überschreitet. In diesem Zusammenhang ist auch auf Art 17 VO (EWG) Nr 1408/71 hinzuweisen, wonach der Arbeitgeber mit dem Sozialleistungsträger das Sozialstatut einvernehmlich festlegen kann, also Ausnahmen von den Art 13 bis 16 VO (EWG) Nr 1408/71. Dies betrifft zB Manager, die drei Jahre auf Auslandspraxis gehen wollen. Somit unterliegen diese **sozialversicherungsrechtlich** dem Recht des **entsendenden** Staates; im **Arbeitsrecht** kann das **Gegenteil** der Fall sein.

11 Vgl die Präambel zum Vorschlag für eine Entsende-RL, ABl 1993 C 187 S 7.

12 Nunmehr Art 47 EGV.

13 Nunmehr Art 55 EGV.

14 Die Rechtsgrundlage war nicht unumstritten; vgl dazu *Eichenhofer*, ZIAS 1996, 55 (74); *Koenigs*, Rechtsfragen des Arbeitnehmer-Entsendegesetzes und der EG-Entsenderichtlinie, DB 1997, 225 (227); *Müller*, Entsendung 32; *Steck*, EuZW 1994, 140.

15 ABl 1991 C 225 S 6; geändert ABl 1993 C 187 S 5.

und in dem bestärkt wurde, dass es das Gemeinschaftsrecht den Mitgliedstaaten nicht verbietet, die Beachtung dieser Regeln mit den geeigneten Mitteln durchzusetzen.[16]

Aber schon der Wirtschafts- und Sozialausschuss hatte in seiner Stellungnahme zum RL-Vorschlag sich mit etlichen Details nicht anfreunden können;[17] der Beschlussprozess zog sich länger hin. So wurde der RL-Vorschlag nach zweijähriger schwieriger Beratung von der Kommission geändert;[18] erst am 03.06.1996 wurde ein gemeinsamer Standpunkt vom Rat festgelegt;[19] die **RL 96/71/EG des Europäischen Parlaments und des Rates über die Entsendung von Arbeitnehmern im Rahmen der Erbringung von Dienstleistungen** selbst wurde dann am 16.12.1996 erlassen.[20]

Gemäß Art 17 Z 2 **RL 2006/123/EG des Europäischen Parlaments und des Rates v 12.12.2006 über Dienstleistungen im Binnenmarkt**[21] (Dienstleistungsrichtlinie) findet diese ua **keine Anwendung** auf die Angelegenheiten, die unter die RL 96/71/EG des Europäischen Parlaments und des Rates über die Entsendung von Arbeitnehmern im Rahmen der Erbringung von Dienstleistungen fallen.

Die **Dienstleistungsrichtlinie berührt** ja gemäß deren Art 1 Abs 6 **nicht** das **Arbeitsrecht**, dh gesetzliche oder vertragliche Bestimmungen über Arbeits- und Beschäftigungsbedingungen wie Höchstarbeits- und Mindestruhezeiten, bezahlten Mindestjahresurlaub, Mindestlohnsätze, Gesundheitsschutz, Sicherheit und Hygiene am Arbeitsplatz, die von den Mitgliedstaaten im Einklang mit dem Gemeinschaftsrecht angewandt werden, noch greift sie nach Art 1 Abs 7 in die gemäß nationalem Recht und nationalen Praktiken unter Wahrung des Gemeinschaftsrechts geregelten Beziehungen zwischen den Sozialpartnern ein, zB in das Recht, **Tarifverträge** auszuhandeln und abzuschließen, das **Streikrecht** und das Recht auf Arbeitskampfmaßnahmen, noch ist sie gemäß Art 2 Abs 2 lit e auf Dienstleistungen von **Leiharbeitsagenturen** anwendbar. Die Dienstleistungsrich-

---

16 EuGH, Rush Portuguesa, Rs C-113/89, Slg 1990, I-1417, 1445 Rn 18; vgl auch schon EuGH, vb Rs C-62/81 und C-63/81, Seco/EVI, Slg 1982, 223, 237 Rn 14; Rs C-43/93, Vander Elst, Slg 1994, 3803, 3826 Rn 23.

17 Siehe ABl 1992 C 49 S 41.

18 ABl 1993 C 187 S 5.

19 ABl 1996 C 220 S 1; vgl dazu *Forgó*, ecolex 1996, 815.

20 ABl 1997 L 18 S 1 idF Beitrittsvertrag ABl 2003 L 236.

21 ABl 2006 L 376 S 36.

tlinie berührt auch nicht die Rechtsvorschriften der Mitgliedstaaten über die **soziale Sicherheit**.[22]

Mit der Entsende-Richtlinie 96/71/EG will man ein Gleichgewicht herstellen zwischen dem Recht der Unternehmen, in Übereinstimmung mit Art 49 EGV grenzüberschreitende Dienstleistungen anzubieten, und andererseits den Rechten der Arbeitnehmer, die vorübergehend ins Ausland entsandt werden, um diese Dienstleistungen zu erbringen.

2.1. Geltungsbereich

Gemäß Art 1 Abs 1 gilt die RL für Unternehmen mit **Sitz** in einem **Mitgliedstaat**, die im Rahmen der länderübergreifenden Erbringung von Dienstleistungen Arbeitnehmer in das Hoheitsgebiet eines anderen Mitgliedstaats entsenden. Vom **räumlichen Geltungsbereich** erfasst sind also nur Entsendungen innerhalb der EU bzw des EWR und zwischen den Mitgliedstaaten der EU und der Schweiz, nicht aber die Entsendung von Arbeitnehmern aus einem Mitgliedstaat in einen Drittstaat oder aus einem Drittstaat in das Gebiet der EU. Bei einer Entsendung aus einem **Drittstaat** ist Art 1 Abs 4 RL zu beachten, nachdem Unternehmen mit Sitz in einem Nichtmitgliedstaat **keine günstigere Behandlung** zuteil werden darf als Unternehmen mit Sitz in einem Mitgliedstaat.[23]

Der **persönliche Geltungsbereich** der Richtlinie deckt drei Fälle der Entsendung ab: die (eigentliche) **Entsendung** von Arbeitnehmern in einen anderen Mitgliedstaat zur Dienstleistungserbringung (zB Liefer- und/oder Werkvertrag), die grenzüberschreitende Entsendung von Arbeitnehmern durch ein Leiharbeitsunternehmen (**grenzüberschreitende Leiharbeit**) und die Entsendung eines Arbeitnehmers innerhalb einer Unternehmensgruppe (**konzerninterne Arbeitnehmerüberlassung**).[24] In allen drei genannten Fällen bleibt das **Arbeitsverhältnis** zum entsendenden Unternehmen **bestehen**.

Während bei der **Entsendung** von Arbeitskräften ein Unternehmen bei der Ausführung eines Werk- oder Dienstleistungsvertrages eigene Arbeitskräfte **vorübergehend** (befristet) im Ausland einsetzt und die sichere Rückkehr ins Heimatland vorgesehen ist, liegt bei der **Arbeitskräfteüberlassung** die Dienstleistung des Unternehmens im **zur Verfügung stellen** von Arbeitnehmern.

---

22 Vgl Art 1 Abs 6 S 2 RL 2006/123/EG; vgl auch Erwägungsgrund 14 S 2.

23 Vgl aber § 7a AVRAG.

24 Vgl dazu *Birk*, ZIAS 1995, 481.

Vom Anwendungsbereich der Richtlinie ausdrücklich **ausgenommen** sind **Schiffsbesatzungen** von Unternehmen der Handelsmarine.[25] Nicht erfasst sind weiters **fahrendes** und **fliegendes Personal** von Transportunternehmen, die normalerweise im Hoheitsgebiet mindestens zweier Mitgliedstaaten tätig sind. Ebenso ausgenommen sind Arbeitnehmer von **Presse-, Rundfunk-, Fernsehunternehmen** oder Unternehmen für **kulturelle Veranstaltungen**, die bloß **vorübergehend** und im eigenen Namen in einem Gaststaat tätig werden.[26]

Im Sinne dieser Richtlinie gilt als **entsandter Arbeitnehmer** gemäß Art 2 Abs 1 jeder Arbeitnehmer, der während eines **begrenzten Zeitraums** seine Arbeitsleistung im Hoheitsgebiet eines anderen Mitgliedstaats als demjenigen erbringt, in dessen Hoheitsgebiet er normalerweise arbeitet. Für die Zwecke der Richtlinie wird der **Begriff** des **Arbeitnehmers** in dem Sinne verwendet, in dem er im Recht des Mitgliedstaats, in dessen Hoheitsgebiet der Arbeitnehmer entsandt wird (Gastland), gebraucht wird.[27]

Bezüglich des **sachlichen Geltungsbereichs** gibt es folgende zentrale Bestimmung: Gemäß Art 3 Abs 1 RL 96/71/EG werden die Mitgliedstaaten verpflichtet, dass **unabhängig** von dem auf das jeweilige Arbeitsverhältnis **anwendbaren Recht** ein Unternehmen (selbst aus Nicht-Mitgliedstaaten) dem Arbeitnehmer nicht die Arbeitsbedingungen versagt, die an dem Ort, an dem die Arbeitsleistung vorübergehend erbracht wird, für Tätigkeiten der gleichen Art gelten; vorausgesetzt, diese Bedingungen sind in den **Rechtsvorschriften** oder **kollektivvertraglichen Regelungen** des Aufnahmestaates enthalten und beziehen sich auf folgende **taxativ** aufgezählten Angelegenheiten:

- Höchstarbeitszeiten und Mindestruhezeiten;
- bezahlter Mindestjahresurlaub;
- Mindestlohnsätze einschließlich der Überstundensätze - dies gilt aber nicht für die zusätzlichen betrieblichen Altersversorgungssysteme;
- Bedingungen für die Überlassung von Arbeitskräften, insbesondere durch Leiharbeitsunternehmen;
- Sicherheit, Gesundheitsschutz und Hygiene am Arbeitsplatz;
- Mutterschutz, Kinder- und Jugendlichenschutz;
- Gleichbehandlung von Mann und Frau sowie andere Diskriminierungsverbote.

---

[25] Art 1 Abs 2 RL 96/71/EG.

[26] Vgl Protokoll über die 1948. Tagung des Rates (Arbeit und Soziales) vom 30.10.1996, 9916/96 ADD 1, 9 f.

[27] Art 2 Abs 2 RL 96/71/EG.

Der Begriff „**Mindestlohnsätze**" wird gemäß Art 3 Abs 1 UnterAbs 2 RL 96/71/EG für die Zwecke dieser Richtlinie durch die Rechtsvorschriften des Aufnahmestaats bestimmt. **Entsendungszulagen** sind gemäß Art 3 Abs 7 RL als Mindestlohn zu qualifizieren, soweit sie nicht den Charakter eines bloßen Aufwandersatzes wie zB Reise-, Unterbringungs- und Verpflegungskosten haben.

Die zwingende Anwendung von Arbeitsbedingungen, die sich in **Kollektivverträgen** befinden, wurde gemäß Art 3 Abs 1 zweiter Gedankenstrich RL 96/71/EG auf die Entsendung im Bereich des **Bausektors** eingeschränkt, der in einem **Anhang** zur Richtlinie **demonstrativ** aufgelistet ist.

Unter **Bauarbeiten** fallen alle Tätigkeiten, die der Errichtung, der Instandsetzung, der Instandhaltung, dem Umbau oder dem Abriss von Bauwerken dienen, insbesondere Aushub, Erdarbeiten, Bauarbeiten im engeren Sinne, Errichtung und Abbau von Fertigbauelementen, Einrichtung oder Ausstattung, Umbau, Renovierung, Reparatur, Abbauarbeiten, Abbrucharbeiten, Wartung, Instandhaltung (Maler- und Reinigungsarbeiten) und Sanierung.

Sind die gegenständlichen Arbeitsbedingungen allerdings in **Rechts-** oder **Verwaltungsvorschriften** (Gesetze, Verordnungen) geregelt, gelten sie in **allen Branchen**.

2.1.1. Ausnahmemöglichkeiten

In bestimmten Einzelfällen von **Erstmontage-** und/oder **Einbauarbeiten** bis zu 8 Tagen im Rahmen von Lieferverträgen sind die Bestimmungen über die **Mindestlohnsätze** und den bezahlten **Mindestjahresurlaub nicht anzuwenden** (**Montageprivileg**). Dies gilt **nicht** für die im Anhang aufgeführten **Bauarbeiten**.[28] Werden also Arbeiter aus dem Bausektor zum Zwecke von Erstmontage- oder Einbauarbeiten entsandt, so finden die Mindestlohn- und Urlaubsregelungen des Aufnahmestaates vom ersten Tag **uneingeschränkt** Anwendung.

Weitere Ausnahmemöglichkeiten bezüglich der Anwendung einzelner Mindestarbeits- und Beschäftigungsbedingungen sind in Art 3 Abs 3 bis 5 RL normiert. Gemäß Abs 3 können die Mitgliedstaaten beschließen, bei **kurzfristigen Entsendungen** unter einem Monat oder bei **geringfügigen Arbeiten** die Bestimmungen über die **Mindestlohnsätze** und den bezahlten **Mindestjahresurlaub nicht anzuwenden**; dies gilt aber **nicht** für die Fälle der **grenzüberschreitenden**

[28] Vgl Art 3 Abs 2 RL 96/71/EG, § 7a Abs 4 und § 7b Abs 2 AVRAG, der aber auch bei Reparaturarbeiten im Zusammenhang mit der Lieferung von Anlagen und Maschinen die Anwendung der österreichischen Entgelt- und Urlaubsregelungen ausschließt.

Leiharbeit. Bei der Berechnung der Entsendungsdauer wird die Dauer einer gegebenenfalls im Rahmen einer Entsendung von einem zu ersetzenden Arbeitnehmer bereits zurückgelegten Entsendungsdauer berücksichtigt.[29] Dadurch soll die Umgehung der Richtlinienbestimmungen durch **Kettenentsendungen** verhindert werden.

Die in Art 3 Abs 1 bis 6 RL 96/71/EG normierten Rechtsvorschriften hindern nicht daran, im Gastland für die Arbeitnehmer günstigere Beschäftigungs- und Arbeitsbedingungen anzuwenden, die sie aufgrund ihres Arbeitsvertragsstatuts haben (**Günstigkeitsprinzip**).[30]

2.1.2. Ausdehnungsmöglichkeiten

Gemäß Art 3 Abs 9 RL steht es den Mitgliedstaaten frei, die Gesamtheit der zum Schutz von Leiharbeitnehmern normierten nationalen Regelungen auch auf **grenzüberschreitend überlassene** Arbeitnehmer anzuwenden (Ausdehnung des sachlichen Geltungsbereichs).

Eine weitere Ausdehnungsmöglichkeit sieht Art 3 Abs 10 RL vor. Danach werden die Mitgliedstaaten ermächtigt, ihre Arbeits- und Beschäftigungsbedingungen über den harten Kern von Schutzbestimmungen des Art 3 Abs 1 UnterAbs 1 hinaus zur Anwendung zu bringen, soweit es sich um Vorschriften im Bereich der **öffentlichen Ordnung** handelt. Auch berührt die RL nicht das Recht der Mitgliedstaaten, die in Kollektivverträgen festgelegten Arbeits- und Beschäftigungsbedingungen unter Beachtung der Bestimmungen des EGV und der Antidiskriminierungsbestimmungen auch auf Entsendungen **außerhalb der Baubranche** zu erstrecken.

Art 4 der Entsende-Richtlinie sieht organisatorische Vorkehrungen vor, die es den entsendenden Unternehmen ermöglichen sollen, die Arbeitsbedingungen des Arbeitsorts in Erfahrung zu bringen (ua **Verbindungsbüros**; gegenseitige unentgeltliche **Amtshilfe**).

Art 6 RL 96/71/EG bietet einen **zusätzlichen Gerichtsstand**.[31] So kann zur Durchsetzung des Rechts auf die in Art 3 gewährleisteten Arbeitsbedingungen

---

29 Art 3 Abs 6 Unterabs 2 RL 96/71/EG.

30 Art 3 Abs 7 RL 96/71/EG; vgl dazu *Lunk/Nehl*, „Export" deutschen Arbeitsschutzrechts? DB 2001, 1934.

31 Zur Gerichtsstandsproblematik vgl *Kirschbaum*, DRdA 1995, 533 (540). Mit Novelle BGBl I 1999/120 hatte der österreichische Gesetzgeber durch den Wahlgerichtsstand des § 4 Abs 1 Z 1 lit e ASGG Art 6 der Entsende-RL umgesetzt.

Klage in dem Mitgliedstaat erhoben werden, in dessen Hoheitsgebiet der Arbeitnehmer entsandt ist oder war; dies berührt nicht die Möglichkeit, gegebenenfalls gemäß der geltenden **Brüsseler Verordnung (EG) Nr 44/2001 über die gerichtliche Zuständigkeit**[32] in einem anderen Staat Klage zu erheben (Gerichtsstand des gewöhnlichen Arbeitsorts).

In der Folge der Annahme einer legislativen Entschließung des Europäischen Parlaments vom 16.02.2006 zum **Richtlinienvorschlag des Europäischen Parlaments und des Rates über Dienstleistungen im Binnenmarkt**[33] hatte die Kommission einen abgeänderten Vorschlag vorgelegt, in dem die Art 24 und 25 des ursprünglichen Entwurfs nicht mehr enthalten waren, die spezielle Bestimmungen für die Entsendung von Arbeitnehmern enthielten. Mit diesen Artikeln gedachte die Kommission bestimmte mit der Entsendung von Arbeitnehmern bestehende administrative Anforderungen zu streichen. Mit deren Streichung gingen Maßnahmen zur Verstärkung der administrativen Zusammenarbeit der Mitgliedstaaten einher.

3. Leitlinien für die Entsendung von Arbeitnehmern

Im April 2006 hatte die Kommission es dann unternommen, hinsichtlich der in den oa Art 24 und 25 behandelten Verwaltungsverfahren in einer Mitteilung **Leitlinien für die Entsendung von Arbeitnehmern im Rahmen der Erbringung von Dienstleistungen** anzubieten,[34] um die Rechtslage bei der Entsendung von Arbeitnehmern im Einklang mit der Rechtsprechung des EuGH klarzustellen, wobei die Kommission in einer möglichst liberalen Auslegung der Entsende-Richtlinie an manchen Stellen über die Rechtsprechung des EuGH hinausgeht. In Zukunft soll vor allem unnötige Bürokratie abgebaut und Sozialdumping verhindert werden.

Die Mitteilung ist zwar **nicht rechtsverbindlich** (besser wäre eine RL-Änderung gewesen), versucht jedoch die Richtung anzugeben, unter der die Kommission in Zukunft gezielt gegen einzelne Mitgliedstaaten vorgehen wird, die gegen Wortlaut und Geist der Mitteilung verstoßen. Sie stellt klar, dass die Aufnahmemitgliedstaaten verpflichtet sind sicherzustellen, dass die von der RL 96/71/EG festgelegten Beschäftigungsbedingungen auf die in ihr Hoheitsgebiet entsandten Arbeitnehmer angewandt werden.

---

32 ABl 2001 L 12 S 1; nähere Nachweise bei *Egger*, Das Arbeits- und Sozialrecht der EU 55.

33 Siehe oben Pkt 2.

34 KOM(2006) 159 endg.

In der Mitteilung werden **Leitlinien** zu vier Maßnahmen aufgeführt; insbesondere betrifft dies folgende Feststellungen:

Ein Dienstleistungserbringer ist **nicht verpflichtet**, über einen **ständigen Vertreter** im Hoheitsgebiet des Aufnahmemitgliedstaats zu verfügen. Angesichts der Zielsetzung, die Kontrolle der Beschäftigungsbedingungen von Arbeitnehmern zu gewährleisten, wäre dies unverhältnismäßig und praktisch die Negation der Dienstleistungsfreiheit.[35] Die Bezeichnung eines der entsandten Arbeitnehmer, zB eines Vorarbeiters, der die Verbindung zwischen dem ausländischen Unternehmen und der zuständigen Aufsichtsbehörde wahrnimmt, müsste nach Ansicht der Kommission ausreichen.[36]

Der Aufnahmemitgliedstaat ist nur bei bestimmten Aktivitäten berechtigt, unabhängig von der Entsendungssituation eine **vorherige behördliche Genehmigung** oder **Meldung** zu verlangen, unter der Bedingung, dass diese sich mit zwingenden Gründen des Allgemeininteresses rechtfertigen lässt sowie mit dem Grundsatz der Verhältnismäßigkeit und mit den einschlägigen Vertragsbestimmungen zum freien Dienstleistungsverkehr vereinbar ist. Bei dieser Forderung müssen die bereits im Herkunftsstaat durchgeführten Kontrollen und Überprüfungen berücksichtigt werden.[37]

Mitgliedstaaten haben das Recht, eine **Erklärung** über die Entsendung von Arbeitnehmern vor der Aufnahme von Arbeiten zu verlangen, um **Kontrollen** in den Aufnahmeländern zu erleichtern und die Arbeitsaufsichtsbehörden dabei zu unterstützen, **Risikobewertungen** vorzunehmen. Diese Erklärung enthält **Angaben** über die entsandten **Arbeitnehmer** sowie **Dauer, Ort** und **Art der Dienstleistung**. Mit dieser Erklärung wird den Mitgliedstaaten ermöglicht, insbesondere über die Anwesenheit der entsandten Arbeitnehmer aus Drittstaaten in ihrem Hoheitsgebiet informiert zu sein, was gleichzeitig genauso wirksam wie eine vorherige Genehmigung ist, aber weniger einschneidend.[38] Die Mitgliedstaaten dürfen die Erklärungen nicht zu anderen als Informationszwecken benutzen, insbesondere nicht zum Zwecke der Kontrolle oder Registrierung der Dienstleistungsunternehmen, was einer Genehmigungsregelung entsprechen würde.[39]

---

35 Vgl EuGH, Rs C-279/00, Kommission/Italien, Slg 2002, I-1425, 1453 Rn 18.

36 KOM(2006) 159 endg 5.

37 Vgl EuGH, Rs C-43/93, Vander Elst, Slg 1994, I-3803, 3824 Rn 16.

38 Vgl EuGH, Rs C-244/04, Kommission/Deutschland, Slg 2006, I-885, 915 Rn 41 = EuZW 2006, 145 = NZA 2006, 199 = ZESAR 2006, 460 (*Höller*).

39 KOM(2006) 159 endg 6.

Die Dienstleistungserbringer müssen **Personalunterlagen** wie Arbeitszeitnachweise (Time-Sheets) oder Unterlagen über Gesundheits- und Sicherheitsbedingungen am Arbeitsplatz (Einsatzort) **bereithalten** und **aufbewahren**. Es ist jedoch nicht akzeptabel, dass der Aufnahmemitgliedstaat eine zweite Reihe von Unterlagen anfordert, wenn die Informationen, die in den gemäß der Regelung des Niederlassungsstaates angeforderten Unterlagen enthalten sind, insgesamt ausreichen, um die in dem Mitgliedstaat erforderlichen Kontrollen zu ermöglichen.[40] Desgleichen ist es auch nicht akzeptabel, dass Sozialversicherungsunterlagen angefordert werden, da diese im Herkunftsland gemäß der Wanderarbeitnehmerverordnung (EWG) Nr 1408/71 einem spezifischen Verfahren unterliegen.

Dem Aufnahmemitgliedstaat ist es ferner **nicht gestattet, administrative Formalitäten** (zB Arbeitserlaubnis) hinsichtlich der entsandten Arbeitnehmer aus Drittstaaten zu fordern oder **zusätzliche Auflagen** zu machen, wenn diese Arbeitnehmer von einem Dienstleistungserbringer mit Sitz in einem anderen Mitgliedstaat ordnungsgemäß und dauerhaft beschäftigt werden, unbeschadet des Rechts des Aufnahmemitgliedstaats zu überprüfen, ob diese Bedingungen in dem Niederlassungsmitgliedstaat erfüllt sind, in dem der Dienstleistungserbringer seinen Sitz hat.[41]

Ein weiterer Abschnitt der Mitteilung beschäftigt sich mit der **Zusammenarbeit im Informationsbereich** und der **Verbesserung der Überwachung**. Im Sinne von Art 4 Abs 3 RL 96/71/EG werden die Mitgliedstaaten aufgefordert, zusätzliche Anstrengungen zur Verbesserung und leichteren **Zugänglichkeit der Informationen** über die von den Dienstleistungserbringern zu beachtenden Beschäftigungsbedingungen sowie zur Sicherstellung zu unternehmen, dass ihre Verbindungsbüros in der Lage sind, ihre Aufgaben wirksam erfüllen.

Die nationalen Behörden der Herkunftsländer müssen **loyal** mit den Behörden in den Aufnahmemitgliedstaaten **zusammenarbeiten** und ihnen alle verlangten **Auskünfte** erteilen, damit sie in die Lage versetzt werden, ihre Kontrollpflichten zu erfüllen und gegen illegale Praktiken vorzugehen. Die **Verbindungsbüros** und die **Aufsichtsbehörden** müssen ausreichend mit **Ausrüstung** und **Personal** ausgestattet sein, damit sie auf alle Anfragen sachgemäß und rasch antworten können.

---

40 Vgl EuGH, vb Rs C-369/96 und C-376/96, Arblade ua, Slg 1999, I-8453, 8521 Rn 64.

41 Vgl EuGH, Rs C-43/93, Vander Elst, Slg 1994, I-3803; Rs C-445/03, Kommission/Luxemburg, Slg 2004, I-10.191.

Angemessene Maßnahmen müssen vorgesehen sein, um **Sanktionen** gegen ausländische Dienstleistungserbringer zu verhängen, wenn diese gegen Bestimmungen aus der Entsende-Richtlinie verstoßen. Um die Einhaltung der in dieser RL genannten Arbeits- und Beschäftigungsbedingungen zu gewährleisten, wird auch der Rahmenbeschluss 2005/214/JI des Rates vom 24.02.2005 über die Anwendung des Grundsatzes der gegenseitigen Anerkennung von Geldstrafen und Geldbußen[42] ein Instrument von großem Wert sein.[43]

4. Umsetzung der Entsende-Richtlinie ins österreichische Recht

Vorab kann gesagt werden, dass die Entsende-Richtlinie in weiten Bereichen im österreichischen Recht EG-konform umgesetzt worden ist, wenn auch - wie auch anderswo - einzelne inhaltliche Umsetzungsdefizite bemerkt werden müssen.[44]

§ 7 AVRAG[45] regelt schon seit 01.07.1993, also schon vor dem In-Kraft-Treten des EWR-Abkommens und soweit auch vor dem In-Kraft-Treten der Entsende-Richtlinie die **Ansprüche von Arbeitnehmern mit gewöhnlichem Arbeitsort in Österreich gegen ausländische Arbeitgeber ohne Sitz in Österreich**: Beschäftigt ein Arbeitgeber ohne Sitz in Österreich, der nicht Mitglied einer kollektivvertragsfähigen Körperschaft in Österreich ist, einen Arbeitnehmer mit gewöhnlichem Arbeitsort in Österreich, so hat dieser Arbeitnehmer zwingend Anspruch zumindest auf jenes gesetzliche, durch Verordnung festgelegte oder kollektivvertragliche **Entgelt** (auch Sonderzahlungen, Jubiläumsgelder, Provisionen, Prämien, Gewinn- und Mitarbeiterbeteiligungen, Überstundenvergütungen, Natural- und Sachbezü-

---

42 ABl 2005 L 76 S 16.

43 Siehe dazu den Bericht der Kommissionsdienststellen zur Durchführung der RL 96/71/EG über die Entsendung von Arbeitnehmern im Rahmen der Erbringung von Dienstleistungen, KOM(2006) 159 endg 31 f.

44 Vgl dazu *Binder*, Die Arbeitnehmerentsendung aus EU-/EWR-Staaten nach Österreich unter besonderer Berücksichtigung eines möglichen Sozialdumpings, DRdA 1999, 1 (5 ff); *Mayr*, Die Umsetzung der Entsenderichtlinie in das österreichische Arbeitsrecht, in Resch (Hrsg), Arbeitnehmerentsendung 33; *Mitter*, Umsetzung der „Entsende-Richtlinie" in das österreichische Arbeitsrecht, DRdA 1998, 457; *Wolfsgruber*, Die grenzüberschreitende Entsendung 75.

45 BGBl 1993/459 idF BGBl I 2006/36; vgl dazu *Binder*, AVRAG (2001); *Holzer/Friedrich*, Die Auslegung von § 7 AVRAG aus europarechtlicher Sicht. Kollektivvertragliche Pensionsregelungen als kollektivvertragliches Entgelt im Sinne des § 7 AVRAG? ASoK 2002, 252; *Holzer/Reissner*, AVRAG² 259 ff; *Kirschbaum*, DRdA 1995, 533.

ge), das am Arbeitsort vergleichbaren Arbeitnehmern von vergleichbaren Arbeitgebern gebührt,[46] jedoch keine Aufwandersätze und kein Krankenentgelt.

Entsandte Arbeitnehmer haben lediglich Anspruch auf den für die jeweilige Branche am jeweiligen Ort geltenden **kollektivvertraglichen Mindestlohn**, ein allfällig höheres ortsübliches Lohnniveau bleibt unberücksichtigt.

Eine weitere Anpassung an die Vorgaben der Entsende-Richtlinie brachte die Novelle BGBl I 1999/120. Um Art 3 der Entsende-Richtlinie zu entsprechen,[47] war eine Erweiterung der Ansprüche entsandter Arbeitnehmer auch auf die sonstigen Arbeits- und Beschäftigungsbedingungen, wie sie als Schutzbestimmungen in den einzelnen Gesetzen festgelegt sind, vorzunehmen. Viele **Schutzvorschriften** (Arbeitszeit, Arbeitsruhe; Arbeitskräfteüberlassung; Sicherheit, Gesundheitsschutz und Hygiene am Arbeitsplatz; Schutzmaßnahmen für Schwangere und Wöchnerinnen, Kinder und Jugendliche) gehören aber ja dem **öffentlichen Recht** an und sind als Eingriffsnormen gemäß Art 7 EVÜ kraft so genanntem **Territorialitätsprinzip**[48] sowieso ab dem ersten Tag der Beschäftigung in Österreich anwendbar; die **Gleichbehandlungsvorschriften** gelten allein schon kraft **Gemeinschaftsrecht**.

4.1. Ansprüche gegen ausländische Arbeitgeber mit Sitz in einem EWR-Mitgliedstaat

Hinsichtlich des bezahlten **Jahresmindesturlaubs** war in § 7b Abs 1 Z 2 AVRAG vor allem für jene Fälle Vorsorge zu treffen, in denen der Mindesturlaub in Österreich **höher** ist als im Heimatstaat. Nach Beendigung der Entsendung behält der Arbeitnehmer den der Dauer der Entsendung entsprechenden **aliquoten Teil** der Differenz zwischen dem nach österreichischem Recht höheren Urlaubsan-

---

46 Die Anwendung solcher Vorschriften kann sich jedoch als **unverhältnismäßig** erweisen, wenn es sich um Beschäftigte eines Unternehmens mit Sitz in einer grenznahen Region handelt, die einen Teil ihrer Arbeit in **Teilzeit** und für **kurze Zeiträume** im Hoheitsgebiet eines oder mehrerer anderer Mitgliedstaaten als desjenigen erbringen müssen, in dem das Unternehmen seinen Sitz hat; vgl EuGH, Rs C-165/98, Mazzcleni und Isa, Slg 2001, I-2189.

47 Zum gesamten Anpassungsbedarf und zur Umsetzung vgl *Binder*, DRdA 1999, 1, 100; *Blum*, Faire Wettbewerbsbedingung durch die Umsetzung der Entsenderichtlinie und Novellierung des Bundesvergabegesetzes, DRdA 1999, 412; *Mayr*, Einführung in das Recht der EG und Auswirkungen auf das österreichische Arbeitsrecht (1997) 202 (207); *Mitter*, Umsetzung der „Entsende-Richtlinie" in das österreichische Arbeitsrecht – Europarechtliche Rahmenbedingungen und Notwendigkeiten, DRdA 1998, 457.

48 Vgl dazu *Schwarz/Löschnigg*, Arbeitsrecht[10] (2003) 50, 791.

spruch und dem Urlaubsanspruch, der ihm nach den Vorschriften des Heimatstaates zusteht. Besteht hingegen im **Heimatstaat** aufgrund von gesetzlichen oder kollektivvertraglichen Bestimmungen ein höherer oder gleichwertiger Urlaubsanspruch, dann ist das Recht dieses Mitgliedstaates anzuwenden (**Günstigkeitsprinzip**). Während der ersten 6 Monate der Entsendung entsteht der Urlaubsanspruch aliquot, bei einer längeren Entsendung hat dann auch ein entsandter Arbeitnehmer vollen Anspruch auf Urlaub in der Höhe von 30 Werktagen.

Für entsandte **Bauarbeiter** gilt allerdings das Urlaubsrecht des Bauarbeiter-Urlaubs- und Abfertigungsgesetzes (BUAG).[49]

In § 7b Abs 1 Z 3 AVRAG ist normiert, dass neben den ohnehin als Eingriffsnormen geltenden Bestimmungen des AZG auch die aufgrund von Kollektivvertragsermächtigungen geschaffenen **kollektivvertraglichen Arbeitszeitregelungen** (Herabsetzung der Arbeitszeit sowie allfällige flexible Durchrechnungsmodelle) auf den entsandten Arbeitnehmer Anwendung finden sollen. Allerdings besteht keine Bindung an etwaige Betriebsvereinbarungen, die Arbeitszeitregelungen vorsehen.

Und § 7b Abs 1 Z 4 AVRAG enthält die Verpflichtung des Arbeitgebers oder des von ihm mit der Weisungsbefugnis gegenüber den entsandten Arbeitnehmern Beauftragten zur **Bereithaltung des Dienstzettels** am Ort des Arbeitseinsatzes, um dem entsandten Arbeitnehmer vor allem die gerichtliche Durchsetzung seiner Ansprüche in Österreich zu erleichtern.[50]

Ausländische Arbeitgeber haben die Beschäftigung von Arbeitnehmern, die zur Erbringung einer fortgesetzten Arbeitsleistung nach Österreich entsandt werden, spätestens eine Woche vor Arbeitsaufnahme der **Zentralen Koordinationsstelle für die Kontrolle der illegalen Ausländerbeschäftigung des Bundesministeriums für Finanzen** beim Zollamt Wien zu **melden** und eine **Abschrift** der Meldung dem vom Arbeitgeber Beauftragten auszuhändigen.

In **Katastrophenfällen**, bei **unaufschiebbaren Arbeiten** und bei **kurzfristig** zu erledigenden **Aufträgen** ist die Meldung **unverzüglich** vor Arbeitsaufnahme zu erstatten.

Die Zentrale Koordinationsstelle hat gemäß § 7b Abs 3 AVRAG eine **Abschrift** der Meldung an den zuständigen **Krankenversicherungsträger**, sofern es sich um

---

49 BGBl 1972/414 idF BGBl I 2005/104.

50 Vgl AB 1970 BlgNR 20. GP, 4.

Bauarbeiten handelt, der **Bauarbeiter-Urlaubs- und Abfertigungskasse** und an das zuständige **Verkehrs-** oder **Arbeitsinspektorat** zu übermitteln.

Neben der Verpflichtung zur Bereithaltung einer Abschrift der Meldung hat der Arbeitgeber, wenn für den entsandten Arbeitnehmer in Österreich **keine Sozialversicherungspflicht** besteht (Regelfall), **Unterlagen** über die Anmeldung des Arbeitnehmers zur Sozialversicherung (Dokument E 101) **bereitzuhalten**.

4.2. Grenzüberschreitende Überlassung

Entsprechend der Neukonzeption der Gliederung der österreichischen Entsenderegelungen sind in § 7b AVRAG nur noch Bestimmungen für aus EWR-Mitgliedstaaten **entsandte** Arbeitnehmer enthalten. Die korrespondierenden Regelungen für aus dem EWR-Bereich **überlassene** Arbeitnehmer finden sich im **Arbeitskräfteüberlassungsgesetz** (AÜG) in §§ 1 Abs 2 Z 5, 1 Abs 4, 10a, 12a, 13 Abs 6, 16a und 23 Abs 4.

Werden nun in der Praxis Arbeitskräfte aus einem EU-(EWR)-Staat vorübergehend nach Österreich überlassen, brauchen Überlasser aus Mitgliedstaaten gemäß § 16a AÜG zwar keine Einzelfallbewilligung nach § 16 Abs 4 AÜG mehr,[51] aber es besteht eine **Anzeigepflicht** gemäß § 17 Abs 2 AÜG an die zuständige Gewerbebehörde. Diese Anzeige hat Angaben über Name und Anschrift des Beschäftigers; Namen, Geburtsdaten und Sozialversicherungsnummern der überlassenen Arbeitskräfte; Beginn und voraussichtliche Dauer der Beschäftigung beim Beschäftiger; Höhe des den einzelnen Arbeitnehmern gebührenden Entgelts; Ort der Beschäftigung und Art der Tätigkeit und Verwendung der einzelnen Arbeitskräfte zu enthalten.[52]

Bei Bautätigkeiten besteht eine spezielle **Meldepflicht** der Gewerbebehörde an die zuständige Bauarbeiter-Urlaubs- und Abfertigungskasse. Die Überlasser müssen ferner die Schutzbestimmungen des AÜG[53] und des § 7 AVRAG beachten. Das bedeutet im Einzelnen, dass sich das Mindestentgelt für Überlassungsfälle aus EU/EWR-Staaten nach dem **Arbeitskräfteüberlassungs-Kollektivvertrag**[54] zu richten hat.

---

51 Vgl dazu *BMAS* 06.07.1994, 36.902/1-15/94, ARD 4583/15/94.

52 Vgl § 17 Abs 3 AÜG.

53 Insbesondere § 1 Abs 2 Z 5; § 1 Abs 4; § 6 Abs 2 und 4; § 8, § 10 Abs 1, 3 und 4; § 10a; § 11; § 12, § 12a; § 13 Abs 6; § 14; § 16a; § 17 Abs 2 AÜG; s auch *BMW* 05 07.1996, 10.101/164-Pr/10a/96 bezüglich Dumping-Angebote von Leiharbeitsfirmen aus dem EU-Raum, ARD 4780/31/96.

54 Vgl § 10 Abs 1 AÜG; vgl dazu *Schindler*, Arbeitskräfteüberlassungs-KollV 63.

Weitere **Sonderregelungen** bestehen bezüglich des Urlaubsanspruchs,[55] der Aufzeichnungs- und Übermittlungspflichten des Beschäftigers bezüglich bestimmter statistischer Daten,[56] der Anzeigepflicht des Überlassers[57] sowie der Überlassungen zwischen EWR-Konzernunternehmen.

4.3. Konzerninterne Überlassung

Gemäß § 1 Abs 2 Z 5 AÜG ist die **Überlassung** von Arbeitskräften **zwischen Konzernunternehmen** innerhalb eines Konzerns iSd § 15 AktG und des § 115 GmbH vom Geltungsbereich des AÜG ausgenommen (**Konzernprivileg**), sofern der Sitz und der Betriebsstandort beider Konzernunternehmen innerhalb des EWR liegt und die Überlassung nicht zum Betriebszweck des überlassenden Unternehmens gehört. Als solcher ist die Überlassung von Arbeitskräften insbesondere immer dann anzusehen, wenn wiederholt in größerem Umfang Arbeitskräfte überlassen werden, sofern dies nicht ausschließlich zum Zweck der Ausbildung des Führungskräftenachwuchses dient.[58] In einem solchen Fall sind dann auch konzerninterne Arbeitnehmerüberlassungen unter Art 1 Abs 3 lit c RL zu subsumieren und die Regelungen des AÜG uneingeschränkt zur Anwendung zu bringen.

Gemäß § 1 Abs 4 AÜG sind aber auch auf **konzerninterne Überlassungen** die §§ 10 Abs 1, 3, 4 (Ansprüche der Arbeitskraft bezüglich angemessenes, ortsübliches Entgelt, kollektivvertragliche Arbeitszeitregelungen) und 10a (Urlaubsregelung) zur Anwendung zu bringen, sofern die Überlassung nicht nur vorübergehend erfolgt.

Nach den Erläuterungen gilt die Ausnahmebestimmung des § 1 Abs 2 Z 5 AÜG nicht nur für Konzernunternehmen nach österreichischem Recht, sondern auch für solche nach dem Recht eines anderen Mitgliedstaates.

Behördenüberwachung und **strenge Strafbestimmungen** gemäß § 7b Abs 9 AVRAG sollen die Durchsetzbarkeit der Arbeitnehmeransprüche garantieren.

4.4. Ansprüche gegen ausländische Arbeitgeber ohne Sitz in einem EWR-Mitgliedstaat

Die Ansprüche der aus einem **Drittstaat** nach Österreich entsandten Arbeitnehmer werden in § 7a AVRAG geregelt. Die Regelungen des § 7 AVRAG gelten,

---

[55] Vgl § 10a AÜG.

[56] Vgl § 13 Abs 6 AÜG.

[57] Vgl § 17 Abs 2 AÜG.

[58] AB 1970 BlgNR 20. GP, 7.

unbeschadet des auf das Arbeitsverhältnis anzuwendenden Rechts, zwingend auch für einen Arbeitnehmer, der von einem Arbeitgeber ohne Sitz in einem Mitgliedstaat des EWR (Drittstaat) für Arbeiten im Rahmen einer **Arbeitskräfteüberlassung** oder zur **Erbringung einer fortgesetzten Arbeitsleistung** nach Österreich entsandt wird.[59] Dies gilt jedoch **nicht** für einen entsandten Arbeitnehmer, der bei **Montagearbeiten** und **Reparaturen** im Zusammenhang mit Lieferungen von **Anlagen** und **Maschinen** an einen Betrieb oder bei für die Inbetriebnahme solcher Anlagen und Maschinen nötigen Arbeiten, die von inländischen Arbeitnehmern nicht erbracht werden können, beschäftigt wird, wenn diese Arbeiten insgesamt in Österreich nicht länger als drei Monate dauern.[60] Dieses **Montageprivileg** gilt aber **nicht** für die **Baubranche**.

Die Regelungen des § 7a AVRAG sind nahezu identisch mit § 7b AVRAG, allerdings mit folgenden Abweichungen: Es besteht kein Anspruch des Arbeitnehmers auf **kollektivvertragliche Arbeitszeitregelungen**; § 7a Abs 2 AVRAG legt eine **Gesamtschuldnerhaftung**[61] des jeweiligen Arbeitgebers und dessen Auftraggebers als Unternehmer (österreichischer Generalunternehmer oder Beschäftiger) für Entgeltansprüche des Arbeitnehmers aus dem Drittstaatsbereich fest; es existiert **keine Informationspflicht** des entsendenden Arbeitgebers.

4.5. Besonderheiten im Baugewerbe

Bezüglich der **Zuschläge** nach dem Bauarbeiter-Urlaubs- und Abfertigungsgesetz (BUAG) ist die Judikatur des EuGH zu beachten. Er hatte nämlich in der Rs Guiot[62] entschieden, dass ex-Art 59 und 60 EGV[63] es einem Mitgliedstaat verbieten, ein Unternehmen, das in einem anderen Staat ansässig ist und vorübergehend Arbeiten im erstgenannten Staat ausführt, zu verpflichten, Arbeitgeberbeiträge für „Treuemarken" und „Schlechtwettermarken" für die Arbeitnehmer zu entrichten,

59 § 7a Abs 1 AVRAG.

60 Vgl § 7a Abs 4 AVRAG.

61 Zur gesamtschuldnerischen Haftung des Generalunternehmers in Bezug auf die Zahlung des Mindestlohnes durch seine Nachunternehmer vgl EuGH, Rs C-60/03, Wolff & Müller, Slg 2004, I-9553.

62 EuGH, Rs C-272/94, Guiot, Slg 1996, I-1905, 1923 Rn 22; vgl auch EuGH, vb Rs C-369/96 und C-376/96, Arblade ua, Slg 1999, I-8453 bezüglich Verpflichtungen in Bezug auf die Erstellung, Führung und Aufbewahrung von Personal- und Arbeitsunterlagen, Mindestvergütung im Baugewerbe und auf die Systeme von Schlechtwetter- und Treuemarken sowie die Mittel zur Überwachung der Beachtung dieser Verpflichtungen; vgl dazu Anm *Kienle/Koch*, Grenzüberschreitende Arbeitnehmerüberlassung – Probleme und Folgen, DB 2001, 922; *Urlesberger*, Was bringt uns die EntsendeRL Neues? ZAS 2000, 33.

63 Neue Nummerierung Art 49 und 50 EGV.

die mit der Durchführung dieser Arbeiten betraut waren, wenn dieses Unternehmen bereits vergleichbare Beiträge[64] für dieselben Arbeitnehmer und dieselben Beschäftigungszeiten in dem Staat, in dem es ansässig ist, zahlen muss; und wenn die Beiträge, die in dem Staat, in dem diese Leistung erbracht wird, entrichtet werden, für diese Arbeitnehmer keinen Anspruch auf einen sozialen Vorteil begründen.[65]

Die **Sozialpartner** des **Bausektors** auf europäischer Ebene FIEC (Verband der europäischen Bauwirtschaft) und FETBB (Europäische Föderation der Bau- und Holzarbeiter) hatten in Anbetracht der Tatsache, dass die Besonderheiten des Bausektors zur Einrichtung spezifischer sektorieller Sozialsysteme, insbesondere im Hinblick auf die Arbeitsbedingungen und die Vergütung der Arbeitnehmer geführt haben, deren Verwaltung Sozialkassen anvertraut ist, den Entwurf einer **gemeinsamen Stellungnahme** verabschiedet; nicht zuletzt deshalb, weil aus den **Erklärungen zum Ratsprotokoll** hervorgeht,[66] dass die Bestimmungen der RL 96/71/EG über die Mindestdauer des bezahlten Jahresurlaubs und über die Höhe des Mindestlohnes auch die Beiträge an die durch Kollektivverträge oder gesetzliche Bestimmungen geregelten nationalen **Systeme der Sozialkassen** sowie die **Leistungen** dieser Systeme abdecken, sofern diese nicht in den Geltungsbereich der sozialen Sicherheit (gesetzliche Sozialversicherung) fallen.

In dieser Vereinbarung wurde festgehalten, dass die korrekte Anwendung der RL 96/71/EG im Bausektor voraussetzt, dass gleichermaßen die **Kollektivverträge** und **Bestimmungen des Gastlandes** eingehalten werden, die die Anrechte der Arbeitnehmer im Hinblick auf die Gewährung finanzieller Vorteile, die sich direkt aus den Arbeitsbedingungen ergeben, regeln (Urlaub, Treueprämie, Schlechtwetter usw).

Auf europäischer Ebene sollten jedoch bestimmte **Koordinationsprinzipien** aufgestellt werden, die eine Garantie des Schutzes der entsandten Arbeitnehmer ermöglichen, ohne dass es für das Unternehmen, das seine Arbeitnehmer in das Hoheitsgebiet eines anderen Mitgliedstaates entsendet, zu Doppelzahlungen kommt.

---

64 Der EuGH hatte tatsächlich trotz aller Unterschiede in der Beitragserbringung und Leistungshöhe die belgischen und luxemburgischen Sozialkassenregelungen als gleichwertig angesehen.

65 Vgl schon EuGH, vb Rs C-62/81 und C-63/81, Seco/EVI, Slg 1982, 223, 237 Rn 15.

66 Vgl Aussage Nr 7 im Protokoll der Sitzung des Rates vom 24.09.1996, CODEC 550.

Sofern die angeführten Vorteile in Form von sektoriellen Sozialsystemen (Sozialkassen) gewährt werden, können die beschriebenen Koordinationsziele einmal erreicht werden, indem das **Prinzip der Beitragszahlung an die Sozialkasse des Empfängerlandes anerkannt** wird, und indem in Fällen, in denen den entsandten Arbeitnehmern aufgrund von Tarifverträgen oder von gesetzlichen Bestimmungen in ihrem Herkunftsland in allem Wesentlichen gleichwertige Leistungen gewährt werden, eine **Ausnahme von der Beitragszahlung** zugestanden wird.

Die auf diese Weise vorgeschlagene Koordinierung sollte durch von den Sozialpartnern des Bausektors der verschiedenen betroffenen Mitgliedstaaten vorbereitete **bilaterale Vereinbarungen** durchgeführt werden (**grenzüberschreitende Tarifverträge**). Solche Vereinbarungen, die in Anerkennung der Bestimmungen der Entsende-Richtlinie abzuschließen sind, müssen mindestens enthalten: Die **Anerkennung** der etwaigen **Vergleichbarkeit der Systeme** und der verbundenen Vorteile auf der Grundlage von Vergleichsmethoden, die vorher einvernehmlich bestimmt wurden; und die Bestimmung der **Modalitäten** zur **Vermeidung von Doppelzahlungen**.

Eine erste solche Vereinbarung wurde übrigens zwischen den belgischen und niederländischen Sozialpartnern des Bausektors unterzeichnet und war Diskussionsgegenstand im Rahmen einer eigenen Tagung betreffend die Entsende-Richtlinie, welche im November 1997 in Trier (Europäische Rechtsakademie) stattfand.

Zudem sollte darauf geachtet werden, dass die Unternehmen **Unterlagen**, die für die Durchführung der Kontrolle der Anwendung der Arbeitsbedingungen erforderlich sind, an dem Ort **aufbewahren**, an dem die **entsandten** Arbeitnehmer **tätig** sind.

Bezüglich der **Beitragspflicht ausländischer Unternehmen** zum **deutschen Urlaubskassenverfahren** hatte dann der EuGH[67] eine Reihe von Streitfragen behandelt, insbesondere betreffend die Urlaubsdauer, die Gewährung eines zusätzlichen Urlaubsgeldes, die Verpflichtung zur Auskunftserteilung an deutsche Behörden sowie die Anwendbarkeit von Inländer begünstigenden Ausnahmeklau-

[67] EuGH, vb Rs C-49/98, C-50/98, C-52/98 bis C-54/98 und C-68/98 bis C-71/98, Finalarte ua, Slg 2001, I-7831; vgl dazu *Leitner*, Beitragspflicht zur deutschen Urlaubs- und Lohnausgleichskasse, ASoK 2006, 248; *Preis/Temming*, Die Urlaubs- und Lohnausgleichskasse im Kontext des Gemeinschaftsrechts (2006); *Schlachter*, Grenzüberschreitende Dienstleistungen: Die Arbeitnehmerentsendung zwischen Dienstleistungsfreiheit und Verdrängungswettbewerb, NZA 2002, 1242.

seln. In weiteren einzelfallbezogenen Entscheidungen[68] prüfte er, ob die Festsetzung von **Mindestlöhnen** eine zulässige Beschränkung der Dienstleistungsfreiheit sei. Er ging dabei grundsätzlich davon aus, dass der Aufnahmemitgliedstaat mit der Anwendung seiner Regelung über den Mindestlohn (samt 13. und 14. Monatgehalt) auf Dienstleistende, die in einem anderen Mitgliedstaat ansässig sind, im **Allgemeininteresse** handelt, nämlich zum **Schutz der Arbeitnehmer**.[69]

In einer Novelle zum BUAG[70] erfolgte die **Umsetzung** der Entsende-Richtlinie 96/71/EG mit folgendem Hauptinhalt:

- **Einbeziehung** von **Bauarbeitern**, die vorübergehend von Arbeitgebern mit Sitz im Ausland nach Österreich **entsandt** oder **überlassen** werden, in das **Urlaubskassenverfahren** sowie die Setzung administrativer Begleitmaßnahmen;
- Verpflichtung dieser Arbeitgeber zur **Leistung von Lohnzuschlägen** wie Arbeitgeber mit Sitz in Österreich, allerdings Einbringung dieser Zuschläge auf gerichtlichem Weg (wegen der Vollstreckbarkeit im Ausland; anders im Inland: Einbringung im Verwaltungsweg);
- in Entsendefällen **Auszahlung des Urlaubsentgelts** direkt an den **Arbeitnehmer**;
- **Berücksichtigung** von **vergleichbaren Einrichtungen** im **Ausland** (**Anrechnung** und **Befreiung** von der Zuschlagspflicht, Ermächtigung zum Abschluss von **Vereinbarungen zur wechselseitigen Anerkennung**);
- **Informationspflichten** der jeweils bei Entsendung oder Überlassung involvierten Behörden gegenüber der BUAK und umgekehrt.

4.6. Beschäftigung von Drittstaatsangehörigen

Abschließend ist noch ein letztes Problem detaillierter zu behandeln. Bezüglich der Beschäftigung von **Drittstaatsangehörigen** hatte die Judikatur des EuGH strenge Vorgaben bezüglich der arbeitsmarktbehördlichen Bewilligungen geliefert:[71] Werden nämlich von einem in einem Mitgliedstaat ansässigen Unternehmen ordnungsgemäß (dh mit Arbeitserlaubnis) beschäftigte **drittstaatsangehörige**

68 EuGH, Rs C-164/99, Portugaia Construcoes, Slg 2002, I-787; Rs C-341/02, Kommission/Deutschland, Slg 2005, I-2733 = DB 2005, 948 = NZA 2005, 573; vgl dazu *Kort*, Die Bedeutung der europarechtlichen Grundfreiheiten für die Arbeitnehmerentsendung und die Arbeitnehmerüberlassung, NZA 2002, 1248.

69 EuGH, Rs C-164/99, Portugaia Construcoes, Slg 2002, I-787 Rn 22.

70 BGBl I 2005/104.

71 EuGH, Rs C-43/93, Vander Elst, Slg 1994, I-3803; vgl dazu *Runggaldier*, Die Entsendung von Arbeitnehmern aus Drittstaaten, in Wiesehügel/Sahl (Hrsg), Die Sozialkassen der Bauwirtschaft und die Entsendung innerhalb der Europäischen Union (1998) 126.

Stammarbeitnehmer in einen anderen Mitgliedstaat **vorübergehend** zur Erbringung von Dienstleistungen entsandt, darf für diese **keine zusätzliche Arbeitserlaubnis** gefordert werden, da dies der in Art 49 und 50 EGV garantierten Dienstleistungsfreiheit zuwiderliefe. Diese entsandten Arbeitnehmer kehren nämlich nach Erfüllung ihrer Aufgaben in ihr Herkunfts- oder Wohnsitzland zurück und verlangen nicht Zutritt zum Arbeitsmarkt des zweiten Staates.[72] Die österreichische Verwaltungspraxis sah in diesen Fällen nur die Erteilung einer **konstitutiven Entsendebewilligung** gemäß § 18 AuslBG vor; somit wurde der Verpflichtung, keine Arbeitserlaubnis verlangen zu dürfen, nicht Genüge getan.[73]

Die versuchte EG-konforme Neuregelung[74] in § 18 Abs 12 ff AuslBG[75] sah dann für die Beschäftigung von drittstaatsangehörigen Arbeitskräften im Rahmen der Dienstleistungsfreiheit anstelle der Entsendebewilligung ein bloßes **Anzeigeverfahren** bei der zuständigen regionalen Geschäftsstelle des Arbeitsmarktservice vor.

Nach einer erneuten Novellierung von § 18 Abs 12 AuslBG,[76] die angesichts der Strafbestimmungen des § 28 Abs 1 Z 4 und 5 AuslBG europarechtlich wieder untergraben wurde,[77] ist nunmehr für Ausländer, die von einem Arbeitgeber mit Betriebssitz in einem Mitgliedstaat der EU zur Erbringung einer vorübergehenden Dienstleistung in das Bundesgebiet entsandt werden, **keine Entsendebewilligung** erforderlich. Die beabsichtigte Entsendung ist jedoch vom Ausländer oder von dessen Arbeitgeber oder vom inländischen Auftraggeber des Arbeitgebers vor der Arbeitsaufnahme bei der regionalen Geschäftsstelle des AMS, in deren Sprengel die Arbeitsleistungen erbracht werden, **anzuzeigen**. Diese hat die Anzeige binnen zwei Wochen zu bestätigen (**EU-Entsendebestätigung** – bloß **deklarative Bedeutung**). Gemäß § 18 Abs 12 AuslBG ist diese auszustellen, wenn der Ausländer im

---

72 Vgl EuGH, Rs C-113/89, Rush Portugesa, Slg 1990, I-1417, 1444 Rn 15; vgl auch EuGH, Rs C-445/03, Kommission/Luxemburg, Slg 2004, I-10.191 = EuZW 2005, 90 = WBl 2004, 570.

73 Vgl RV 689 BlgNR 20. GP, 16; vgl dazu *Risak*, Die Entsendung von Drittstaatsangehörigen nach Österreich, ecolex 1997, 357.

74 *Schrammel*, Ausländerbeschäftigung, ecolex 1997, 724 führte zB an, dass die neu gefassten Strafbestimmungen des § 28 Abs 1 Z 5 und Z 6 AuslBG der EU-Entsendebestätigung praktisch wieder **konstitutiven Charakter** verleihen.

75 Bundesgesetz, mit dem das Ausländerbeschäftigungsgesetz und das Arbeitslosenversicherungsgesetz geändert werden, BGBl I 1997/78.

76 BGBl I 2005/101.

77 Vgl dazu *Fister*, EU-Entsendebestätigung und Dienstleistungsfreiheit, ASoK 2007, 9 (14).

Staat des Betriebssitzes **ordnungsgemäß**[78] und **dauerhaft**[79] seit **mindest einem Jahr** in einem direkten Arbeitsverhältnis zum entsendenden Arbeitgeber steht oder mit diesem einen **unbefristeten Arbeitsvertrag** abgeschlossen hat und über die entsprechenden **aufenthalts-** und **beschäftigungsrechtlichen Bewilligungen** des Entsendestaates für die Beschäftigung von Drittstaatsangehörigen verfügt und die **österreichischen Lohn-** und **Arbeitsbedingungen**, insbesondere gemäß § 7b Abs 1 und 2 AVRAG sowie die **sozialversicherungsrechtlichen Bestimmungen** eingehalten werden. Liegen die Voraussetzungen für die Erteilung einer EU-Entsendebestätigung nicht vor, unterliegt die Beschäftigung den sonstigen Bestimmungen des AuslBG.

Die EU-Entsendebestätigung ist für die Dauer von 6 Monaten auszustellen. Sie kann jeweils um 6 weitere Monate, längstens jedoch für die Dauer der vom Arbeitgeber zu erbringenden Dienstleistungen verlängert werden.[80] Bei der Ausstellung einer EU-Entsendebestätigung entfällt die Prüfung der Lage und Entwicklung des Arbeitsmarktes iSd § 4 Abs 1, 2 und 6 AuslBG.[81]

Im Zusammenhang mit der Umsetzung des Urteils in der Rs Vander Elst wird Dienst leistenden Unternehmen in § 2 Abs 3 lit b und d AuslBG **Arbeitgeberstellung** und damit das Recht eingeräumt, selbst Anträge zu stellen und **Partei** im Verfahren zu sein. Es wäre daher EG-rechtswidrig, die Arbeitgeberstellung dem österreichischen Vertragspartner zu übertragen.[82]

Die österreichischen Regelungen bezüglich der Entsendung von drittstaatsangehörigen Arbeitnehmern idF BGBl I 1997/78 erschienen in Brüssel von Anfang an nicht EU-konform.[83] In einem von der Kommission der EG gegen die Republik Österreich angestrengten Vertragsverletzungsverfahren hatte dann der EuGH folgendermaßen entschieden:[84]

---

78 ZB ist die Beschäftigung von Arbeitskräften, die aufgrund der von der BRD mit einer Reihe von osteuropäischen Ländern abgeschlossenen Werkvertragsabkommen tätig werden, ebenso wie die von überlassenen Arbeitskräften keine ordnungsgemäße Beschäftigung; vgl RV 689 BlgNR 20. GP, 16.

79 Daher wird zB die Entsendung von Saisonarbeitskräften nicht erfasst.

80 Vgl § 18 Abs 14 AuslBG.

81 Vgl § 18 Abs 15 AuslBG.

82 Vgl RV 689 BlgNR 20. GP, 11.

83 Vgl dazu auch *Wolfsgruber*, Die grenzüberschreitende Entsendung von Arbeitnehmern (2001) 72.

84 EuGH 21.09.2006, Rs C-168/04, Kommission/Österreich, WBl 2006, 466; vgl dazu *Fister*, EU-Entsendebestätigung und Dienstleistungsfreiheit, ASoK 2007, 9.

Die Republik Österreich hat gegen ihre Verpflichtungen aus Art 49 EGV verstoßen,

indem sie zum einen die Entsendung drittstaatsangehöriger Arbeitnehmer durch ein in einem anderen Mitgliedstaat ansässiges Unternehmen von der Einholung der „EU-Entsendebestätigung" nach § 18 Abs 12 bis 16 AuslBG abhängig macht, die nur erteilt wird, wenn erstens der betreffende Arbeitnehmer seit mindestens einem Jahr bei dem betreffenden Unternehmen beschäftigt ist oder mit diesem einen unbefristeten Arbeitsvertrag geschlossen hat und zweitens die Einhaltung der österreichischen Beschäftigungs- und Lohnbedingungen nachgewiesen wird,
und indem sie zum anderen in § 10 Abs 1 Z 3 FrG die automatische und ausnahmslose Versagung einer Einreise- oder Aufenthaltserlaubnis vorsieht, wodurch eine nachträgliche Legalisierung der Situation drittstaatsangehöriger Arbeitnehmer, der von einem in einem anderen Mitgliedstaat ansässigen Unternehmen rechtmäßig entsandt worden sind, aber ohne Sichtvermerk in das Staatsgebiet eingereist sind, nicht möglich ist.

Gustav Wachter

Dienstleistungsfreiheit und Arbeitsvertragsrecht

1. Geltendes Recht
  1.1. Europarecht
  1.2. Österreichisches Recht
    1.2.1. Einschlägige Bestimmungen des Internationalen Privatrechts
    1.2.2. Bestimmungen des österreichischen Arbeitsvertragsrechts
      1.2.2.1. §§ 7 ff AVRAG
        1.2.2.1.1. Ansprüche von Arbeitnehmern mit gewöhnlichem Arbeitsort in Österreich gegen ausländische Arbeitgeber ohne Sitz in Österreich
        1.2.2.1.2. Ansprüche gegen ausländische Arbeitgeber ohne Sitz in einem EWR-Mitgliedstaat
        1.2.2.1.3. Ansprüche gegen ausländische Arbeitgeber mit Sitz in einem EWR-Mitgliedstaat
      1.2.2.2. Haftung des Generalunternehmers
      1.2.2.3. § 10a AÜG
      1.2.2.4. §§ 33d BUAG
2. Die Dienstleistungs-RL
3. Das österreichische Arbeitsvertragsrecht nach der Verabschiedung der Dienstleistungs-RL
  3.1. Umsetzungsnotwendigkeiten?
  3.2. Freiwillige Änderungen?
Anhang

Vorbemerkung[1]

Meine sehr geehrten Damen und Herren,

Schon bei der gestrigen Eröffnung habe ich kurz die Entstehungsgeschichte der DL-RL umrissen und Äußerungen zum seinerzeitigen Kommissionsentwurf zitiert.[2] Am Vormittag haben wir bereits die Stellungnahmen der Sozialpartner zum letzten Stand des Vorschlages gehört.[3] Heute Nachmittag soll nun der Versuch un-

---

1 Im Rahmen dieses Beitrages wird die Referatsform weitgehend beibehalten. Es werden nur die nötigsten Fußnoten hinzugefügt und zusätzlich einige wenige Beiträge zitiert, die seit dem Symposium erschienen sind.

2 S dazu in diesem Band *Wachter*, Eröffnung des Symposiums „Die Dienstleistungs-Richtlinie. Dienstleistungsfreiheit in Europa – Segen oder Fluch?", 1 ff.

3 S dazu *Mandl*, Die Dienstleistungs-Richtlinie aus der Sicht der Wirtschaftskammer Österreich, hier 191 ff.

ternommen werden, die Auswirkungen der Dienstleistungsfreiheit bzw DL-RL auf Arbeitsrecht und Arbeitsbedingungen in Österreich etwas differenzierter zu untersuchen.

Zweck meines Beitrages ist es dabei, der Frage nachzugehen, wie es bei Anwendung der Dienstleistungsfreiheit und der Verabschiedung der DL-RL in der derzeit vorliegenden Form um das **Arbeitsvertrags**recht in Österreich steht.

- Dabei wird einerseits die bestehende Rechtslage zu beleuchten sein.
- Andererseits wird zu schauen sein, wo im aktuellen Entwurf der DL-RL die Interessen der Arbeitnehmer vorkommen.
- Und schließlich wird zu prüfen sein, ob im österreichischen Arbeitsvertragsrecht ein Änderungsbedarf besteht, wenn die DL-RL in der zuletzt bekannt gewordenen Fassung verabschiedet werden wird.

Nicht befassen werde ich mich mit möglichen Auswirkungen im Arbeitnehmerschutzrecht und im kollektiven Arbeitsrecht; dazu hat einerseits bereits Herr Kollege *Egger* im Rahmen seines Referates zum Thema Entsende-Richtlinie Einiges[4] gesagt; andererseits wird es dazu heute Nachmittag noch zwei gesonderte Referate der Kollegen *Burger*[5] und *Mair*[6] geben.

Ergänzend ist hier festzuhalten, dass alles, was im Referat auf dem Symposium gesagt wurde, nach wie vor seine Gültigkeit hat. Die durch den Rat am 11. Dezember 2006 verabschiedete und am 27.12.2006 im Amtsblatt veröffentlichte Endfassung der Richtlinie weist nämlich in den im vorliegenden Zusammenhang relevanten Punkten keine Änderungen gegenüber dem Gemeinsamen Standpunkt des Rates vom 24. Juli 2006 auf[7].

---

4 *Egger*, Die Entsende-Richtlinie, hier 209 ff.

5 *Burger*, Dienstleistungsfreiheit und Arbeitnehmerschutzrecht, hier 267 ff

6 *Mair*, Dienstleistungsfreiheit und kollektives Arbeitsrecht, hier 301 ff.

7 Einen kompakten Überblick über die DL-RL (Endfassung) hat unlängst *Obwexer*, RL über Dienstleistungen im Binnenmarkt, ecolex 2007, 4 ff vorgelegt; s dazu ferner *Eichenhofer*, Dienstleistungsfreiheit und Mindestlohn, ZESAR 2007, 53 ff; *Windisch-Graetz*, Auswirkungen der Dienstleistungs-Richtlinie auf das Arbeitsrecht, ecolex 207, 8 ff.

1. Geltendes Recht

Um den Einfluss der DL-RL auf das österreichische Arbeitsvertragsrecht einschätzen zu können, ist zweckmäßigerweise als erstes das derzeit geltende Recht zu beleuchten.

1.1. Europarecht

Zu den europarechtlichen Ausgangspunkten muss dabei nach den bereits gehörten Referaten nichts näheres mehr gesagt werden. Nicht einzugehen brauche ich zB auf die **primärrechtlichen Rahmenbedingungen**, insbesondere Art 39 EG über die **Arbeitnehmerfreizügigkeit**, Art 43, 48 EG über die **Niederlassungsfreiheit** und Art 49 EG über die **Dienstleistungsfreiheit**.[8] Diese sind bereits durch Herrn Kollegen *Obwexer* prägnant dargestellt worden.[9]

Des Weiteren ist es nicht notwendig, den wichtigen Eckpfeiler **Entsende-RL**[10] näher zu behandeln. Das hat bereits Herr Kollege *Egger* mit seinem Beitrag ausführlich besorgt.

---

8 S dazu insbesondere die Mitteilung der Kommission „Leitlinien für die Entsendung von Arbeitnehmern im Rahmen der Erbringung von Dienstleistungen" vom 04.04.2006 KOM(2006) 159 endg, 2: *„In Artikel 49 EG-Vertrag (im folgenden als ‚EG' bezeichnet) wird der Grundsatz festgelegt, dass die Mitgliedstaaten den freien Dienstleistungsverkehr innerhalb der Gemeinschaft gewährleisten müssen. Zu dieser Grundfreiheit gehört das Recht, dass ein in einem Mitgliedstaat niedergelassener Dienstleistungserbringer vorübergehend Arbeitnehmer in einen anderen Mitgliedstaat entsenden kann, damit diese dort eine Dienstleistung erbringen. Aus der Rechtsprechung ergibt sich, dass die Dienstleistungsfreiheit, ein Grundprinzip des Vertrages, nur durch Regelungen eingeschränkt werden kann, die sich durch die in Artikel 46 EG aufgeführten Gründe und durch zwingende Gründe des Allgemeininteresses rechtfertigen lassen, und dies unter Beachtung der Grundsätze der Nichtdiskriminierung und der Verhältnismäßigkeit"*.

9 S dazu *Obwexer*, Primärrechtliche Rahmenbedingungen für die Erbringung von Dienstleistungen im Binnenmarkt, hier 11 ff.

10 Zur Entsende-RL s ebenfalls die Mitteilung der Kommission „Leitlinien für die Entsendung von Arbeitnehmern im Rahmen der Erbringung von Dienstleistungen" vom 04.04.2006 KOM(2006) 159 endg, 2: *„Mit der Richtlinie 96/71/EG (im folgenden als ‚die Richtlinie' bezeichnet) werden die im Aufnahmeland gültigen verbindlichen Regelungen für entsandte Arbeitnehmer festgelegt, indem sie einen ‚Kernbestand' von Arbeits- und Beschäftigungsbedingungen festsetzt und diese für die Unternehmen verbindlich macht, die Arbeitnehmer in einen Mitgliedstaat entsenden, bei dem [es] sich nicht um den Staat handelt, in dessen Hoheitsgebiet diese Arbeitnehmer dauerhaft beschäftigt sind. Diese Richtlinien hat eine klare soziale Zielsetzung: den entsandten Arbeitnehmern bestimmte Schutzvorschriften des Gastlandes zu garantieren, die der Arbeitgeber während der Entsendung beachten muss. Sie betreffen insbesondere:*

- *Die Höchstarbeitszeiten und Mindestruhezeiten,*

1.2. Österreichisches Recht

Ich kann mich hier vielmehr auf das österreichische Recht beschränken. Hier geht es im Zusammenhang mit meinem Thema vornehmlich um folgende Fragestellungen:

- **Welches Arbeitsvertragsrecht ist anzuwenden**, wenn ausländische Unternehmen in Ausübung der EU-rechtlich abgesicherten Dienstleistungsfreiheit mit ihren Arbeitnehmern in Österreich Dienstleistungen erbringen: österreichisches oder ausländisches?
- Gibt es **Regelungen zur Gewährleistung gesetzlicher oder kollektivvertraglicher Mindestansprüche nach österreichischem Recht** für derartige Arbeitnehmer?
- Was gilt, wenn Arbeitskräfte durch ausländische Arbeitgeber im Rahmen einer **Arbeitskräfteüberlassung** nach Österreich entsandt werden?

1.2.1. Einschlägige Bestimmungen des Internationalen Privatrechts

Wenn ein Arbeitsverhältnis **Auslandsberührung** aufweist, ist durch den Juristen als erstes zu klären, welches Recht auf das Vertragsverhältnis anzuwenden ist. Die Frage, welches Vertragsrecht auf den Arbeitsvertrag von ausländischen Arbeitnehmern anzuwenden ist, die in Ausübung der Dienstleistungsfreiheit in Österreich tätig sind, ist eine des **Internationalen Privatrechts**. Die einschlägigen Be-

---

- *den bezahlten Mindestjahresurlaub,*
- *die Mindestlohnsätze,*
- *die Bedingungen für die Überlassung von Arbeitskräften, insbesondere durch Leiharbeitsunternehmen,*
- *die Sicherheit, den Gesundheitsschutz und die Hygiene am Arbeitsplatz,*
- *Schutzmaßnahmen im Zusammenhang mit den Arbeits- und Beschäftigungsbedingungen von Schwangeren und Wöchnerinnen, Kindern und Jugendlichen.*

Die Mitgliedstaaten sind rechtlich verpflichtet, die zur Einhaltung der Richtlinie erforderlichen Bestimmungen zu verabschieden, im Falle einer Nichteinhaltung dieser Bestimmungen angemessene Maßnahmen zu ergreifen und zu gewährleisten, dass die Arbeitnehmer und/oder ihre Vertreter angemessene Maßnahmen ergreifen können, um die Beachtung der in dieser Richtlinie festgelegten Verpflichtungen durchzusetzen, sowie für eine Zusammenarbeit der Behörden zu sorgen". Zur Entsende-RL s ferner insbesondere *Egger*, Das Arbeits- und Sozialrecht der EU und die österreichische Rechtsordnung[2] (2005) 357 ff mwA.

stimmungen finden sich vor allem in **Art 3 und Art 6 EVÜ**[11] (er an die Stelle des früheren § 44 IPRG[12] getreten ist[13]).[14]

Kompakt dargestellt ergibt sich aus Art 3 und 6 EVÜ Folgendes:

Es herrscht der Grundsatz der **Parteiautonomie**: Gemäß **Art 3 Abs 1 EVÜ** unterliegt ein Vertrag grundsätzlich dem von den Parteien gewählten Recht („**freie Rechtswahl**").[15] In **Art 3 Abs 3 EVÜ** werden **allgemeine Grenzen für die freie Rechtswahl** gezogen. Auf diese braucht nicht eingegangen zu werden, weil sie im Zusammenhang mit der hier behandelten Problematik nicht zum Tragen kommen.[16]

Für Arbeitsverträge sind in Art 6 EVÜ Sonderbestimmungen aufgestellt. Mit diesem – unter der Überschrift *„Arbeitsverträge und Arbeitsverhältnisse von Einzelpersonen"* stehenden – Artikel wird der Schutz des sozial und wirtschaftlich schwächeren Vertragspartners angestrebt.[17]

– **Art 6 Abs 1 EVÜ** normiert eine Sonderkollisionsregel für den Fall, dass die Parteien des Arbeitsvertrages eine Rechtswahl getroffen haben.

---

11 Übereinkommen über das auf vertragliche Schuldverhältnisse anzuwendende Recht, aufgelegt zur Unterzeichnung am 19. Juni 1980 in Rom (EVÜ), BGBl III 1998/166 idF III 1998/208. Zur Umsetzung des EVÜ in Österreich s statt aller *Verschraegen*, Rummel[3] (2004) Vor Art 1 EVÜ Rn 3 ff.

12 Zu § 44 IPRG s grundlegend insb *Schwimann*, Neues Arbeitskollisionsrecht in Österreich, DRdA 1981, 281 ff; *Schwimann/Schlemmer*, Österreichisches Arbeitskollisionsrecht, DRdA 1984, 201 ff; *Schwimann*, Zur Lage des österreichischen Internationalen Arbeitsrechts, ZAS 1992, 1 ff.

13 Da die Bestimmungen des Art 6 EVÜ inhaltlich weitgehend § 44 IPRG entsprechen, kann nach wie vor mit Nutzen auf Rechtsprechung und Lehre zu § 44 IPRG zurückgegriffen werden.

14 Einen kompakten Überblick zum EVÜ bieten zB *Helmberg*, Das neue IPR der Schuldverträge, WBl 1998, 465 ff, *Ofner*, Neuregelung des Internationalen Vertragsrechts; Römisches Schuldvertragsübereinkommen, RdW 1999, 2 ff.

15 Die entsprechende Parteienabsicht ist nach den §§ 914, 915 ABGB zu ermitteln; s zB OGH 11.08.2006, 9 ObA 90/06k.

16 Wenn ausländische Arbeitnehmer aufgrund der Ausübung der Dienstleistungsfreiheit durch einen ausländischen Unternehmer in Österreich tätig sind, ist auf jeden Fall so viel Auslandsberührung des Sachverhalts gegeben, dass die Anwendung von Art 3 Abs 3 EVÜ ausgeschlossen ist.

17 S zB *Rudisch*, EVÜ Kommentar (1999) 154 f; *Verschraegen*, Rummel[3] (2004), Art 6 EVÜ Rn 1, jeweils mwA.

– **Art 6 Abs 2 EVÜ** normiert Sonderbestimmungen für den Fall, dass mangels einer Rechtswahl die objektive Anknüpfung des Art 4 EVÜ zum Tragen käme.

Gemäß **Art 6 Abs 1 EVÜ** darf (ungeachtet des Art 3) in Arbeitsverträgen und Arbeitsverhältnissen[18] die Rechtswahl der Parteien nicht dazu führen, dass dem Arbeitnehmer der Schutz entzogen wird, der ihm durch die zwingenden Bestimmungen des Rechts gewährt wird, das nach (Art 6) Abs 2 EVÜ mangels einer Rechtswahl anzuwenden wäre. Mit Art 6 Abs 1 EVÜ wird die Möglichkeit der Rechtswahl begrenzt. Der Schutz, der dem Arbeitnehmer durch die **zwingenden Bestimmungen des gesetzlich berufenen Arbeitsvertragsstatuts** gewährt wird, darf dem Arbeitnehmer durch die Rechtswahl nicht entzogen werden.[19] Die Rechtswahl steht also unter einem **Günstigkeitsvorbehalt**;[20] sie ist nur insoweit wirksam, als dem Arbeitnehmer dadurch nicht der zwingende Mindestschutz nach dem gesetzlich berufenen Recht entzogen würde.[21]

Wenn die Arbeitsvertragsparteien **keine (wirksame) Rechtswahl getroffen** haben, ist eine **objektive Anknüpfung** vorzunehmen. Gemäß **Art 6 Abs 2 EVÜ** sind mangels einer Rechtswahl (nach Art 3) auf Arbeitsverträge und Arbeitsverhältnisse anzuwenden:

1. das Recht des Staates, in dem der Arbeitnehmer in Erfüllung des Vertrages **gewöhnlich seine Arbeit verrichtet,**[22] selbst wenn er vorübergehend in einen anderen Staat entsandt ist, oder
2. das Recht des Staates, in dem sich die **Niederlassung befindet, die den Arbeitnehmer eingestellt hat**, sofern dieser sein **Arbeit gewöhnlich nicht in ein**

[18] Mit der für den Arbeitsrechtler auf den ersten Blick etwas verwunderlichen ausdrücklichen Anführung der „Arbeitsverhältnisse" neben den „Arbeitsverträgen" soll nach dem Schrifttum klargestellt werden, dass Art 6 sämtliche Formen von Arbeitsbeziehungen erfasst, also sowohl rechtlich wirksame Arbeitsverträge als auch nichtige, aber durchgeführte Verträge und „faktische Arbeitsverhältnisse"; s *Rudisch*, EVÜ Kommentar (1999) Rz 8 zu Art 6 mwA; *Verschraegen*, Rummel[3] (2004), Art 6 EVÜ Rn 9.

[19] S zB *Verschraegen*, Rummel[3] (2004), Art 6 EVÜ Rn 17.

[20] Nicht einhellig wird die Frage beantwortet, wie der Günstigkeitsvergleich vorzunehmen ist (zum Meinungsspektrum s zB OGH 18.04.2002, 8 ObA 40/02v). Die hL vertritt den Gruppenvergleich (und nicht die Rosinentheorie); s dazu zB *Verschraegen*, Rummel[3] (2004), Art 6 EVÜ Rn 20 mwA.

[21] S *Verschraegen*, Rummel[3] (2004), Art 6 EVÜ Rn 19.

[22] Unter dem gewöhnlichen Arbeitsort ist der Ort zu verstehen, *„an dem der Arbeitnehmer die mit seinem Arbeitgeber vereinbarte Tätigkeit tatsächlich ausübt"* bzw *„an dem die Tätigkeit ihr zeitliches und inhaltliches Schwergewicht hat"*; s zB *Verschraegen*, Rummel[3] (2004), Art 6 EVÜ Rn 20 mwA.

und demselben Staat verrichtet, es sei denn, dass sich aus der Gesamtheit der Umstände ergibt, dass der Arbeitsvertrag oder das Arbeitsverhältnis engere Verbindungen zu einem anderen Staat aufweist; in diesem Fall ist das Recht dieses anderen Staates anzuwenden.

Art 6 Abs 2 EVÜ enthält also **zwei verschiedene Anknüpfungsalternativen**:

Gemäß der Regelanknüpfung von Art 6 Abs 2 **lit a** EVÜ ist maßgeblich das am **gewöhnlichen Arbeitsort des Arbeitnehmers**[23] geltende Recht (**„Recht des Arbeitsortes"**). Am gewöhnlichen Arbeitsort und an der Anknüpfung an diesen ändert sich auch dann nichts, wenn der Arbeitnehmer **vorübergehend in einen anderen Staat entsandt** ist. Diese Regel wird einen großen Teil jener Fälle abdecken, in denen ein ausländischer Arbeitgeber mit seinen Arbeitnehmern in Österreich Dienstleistungen erbringt. Bei diesen Arbeitnehmern bleibt es also in Anwendung von Art 6 Abs 2 lit a EVÜ auch während ihres vorübergehenden Einsatzes in Österreich bei der Anwendung des **Arbeitsvertragsrechts ihres Herkunftslandes**. Auf österreichisches Arbeitsvertragsrecht können sich diese Arbeitnehmer nicht berufen. Die aus dem Ausland zur Dienstleistungserbringung nach Österreich entsandten Arbeitnehmer **bringen also sozusagen das Arbeitsvertragsrecht ihres Herkunftslandes nach Österreich mit**. Es gilt insoweit das im Zuge der Debatten um die DL-RL so heftig umkämpfte „Herkunftslandprinzip". Entsprechendes gilt selbstverständlich **auch in die umgekehrte Richtung**: Bei Arbeitnehmern, die durch ihren österreichischen Arbeitgeber vorübergehend zur Dienstleistungserbringung ins Ausland entsandt werden, bleibt es bei der Anwendung der österreichischen arbeitsvertragsrechtlichen Standards. Diese österreichischen Arbeitnehmer nehmen ihr heimisches Arbeitsvertragsrecht ins Ausland mit.

Bei der Regelanknüpfung gemäß Art 6 Abs 2 **lit b** EVÜ wird auf das **Recht des Staates** abgestellt, **in dem sich die Niederlassung befindet**, die den Arbeitnehmer eingestellt hat (**„Recht der einstellenden Niederlassung"**).[24] Diese Anknüpfung kommt zum Tragen, wenn der Arbeitnehmer seine **Arbeit gewöhnlich nicht in ein und demselben Staat verrichtet**. Unter diese Bestimmung wird in der Praxis ein weiterer erheblicher Teil der Fälle zu subsumieren sein, in denen ausländische Unternehmer Arbeitnehmer zur Dienstleistungserbringung nach Österreich entsenden. Vor allem bei der zunehmenden Zahl wirklich international tätiger Unternehmen wird der gewöhnliche Arbeitsort häufig nicht in einem einzigen Staat gelegen sein. Diese Arbeitnehmer bringen dann das Recht der einstellenden Nie-

23 S zB *Verschraegen*, Rummel[3] (2004), Art 6 EVÜ Rn 25 mwA.

24 Vgl dazu zB *Blefgen*, Die Anknüpfung an die einstellende Niederlassung des Arbeitgebers im Internationalen Arbeitsvertragsrecht, Dissertation Hamburg (2006).

derlassung nach Österreich mit. Und Entsprechendes gilt auch in die umgekehrte Richtung.

Von den beiden dargestellten Regelanknüpfungen ist gemäß Art 6 Abs 2 **lit b letzter Satzteil EVÜ dann abzuweichen**, wenn sich aus der Gesamtheit der Umstände ergibt, dass der Arbeitsvertrag oder das Arbeitsverhältnis engere Verbindungen zu einem anderen Staat aufweist; in diesem Fall ist das Recht des anderen Staates anzuwenden. (**„Ausweichklausel"**). Die bei einer Gesamtbetrachtung **engere Verbindung mit dem Recht eines anderen Staates** führt zur Anknüpfung an das Recht dieses anderen Staates.[25]

Wendet man diese Bestimmungen des Internationalen Privatrechts auf Fälle an, in denen ausländische Arbeitgeber mit ihren Arbeitnehmern in Österreich Dienstleistungen im Sinne der Dienstleistungsfreiheit erbringen, wird sich in der Praxis in den meisten Fällen ergeben, dass auf die Arbeitnehmer auch während ihrer Tätigkeit in Österreich **ausländisches, und nicht österreichisches Arbeitsvertragsrecht anzuwenden** ist. In vielen Fällen wird nämlich der **gewöhnliche Arbeitsort** der Arbeitnehmer trotz ihrer vorübergehenden Entsendung nach Österreich nach wie vor im Ausland liegen; es wird daher weiterhin das entsprechende ausländische Arbeitsvertragsrecht auf den Arbeitnehmer anzuwenden sein. In anderen Fällen wird der **gewöhnliche Arbeitsort in mehreren Staaten** liegen und es damit zur Anknüpfung an die **einstellende Niederlassung** kommen, die häufig ebenfalls im Ausland gelegen sein wird, usw. Vor allem aber kann ein Arbeitgeber, der über Niederlassungen in mehreren Staaten verfügt, ungehindert darüber entscheiden, durch welche seiner Niederlassungen ein Arbeitnehmer eingestellt wird. Dementsprechend wird auch die **Beschränkung der Rechtswahl gemäß Art 6 Abs 1 EVÜ nicht allzu oft zum Tragen kommen**; es wird zumeist bei der Anwendung des ausländischen Rechts bleiben, selbst wenn es für den Arbeitnehmer deutlich schlechter ist als das österreichische Arbeitsvertragsrecht.

Etwas Anderes gilt in dem Fall, der in Diskussionen verschiedentlich als besonders problematisch angesprochen wird, nämlich jenem, dass ein **ausländisches Unternehmen Arbeitskräfte ausschließlich zu dem Zweck einstellt, um sie zur Erbringung von Dienstleistungen in Österreich arbeiten zu lassen**. In diesem Fall ist der durch das IPR gewährte Schutz am relativ größten: Hier ist der **gewöhnliche Arbeitsort** nämlich in Österreich gelegen. Und damit kommt mangels Rechtswahl österreichisches Arbeitsvertragsrecht auf die betreffenden Arbeitnehmer zur Anwendung. Und wenn ein ausländisches Recht gewählt worden ist, führt die Beschränkung der Rechtswahl durch Art 6 Abs 1 EVÜ dazu, dass auf

---

[25] S dazu zB *Verschraegen*, Rummel[3] (2004), Art 6 EVÜ Rn 30 mwA.

den Arbeitsvertrag jedenfalls die zwingenden Bestimmungen des österreichischen Rechts anzuwenden sind.

Des Weiteren kann man bereits mit den Mitteln des IPR folgenden verschiedentlich diskutierten Fall in den Griff bekommen: Ein österreichisches Unternehmen stellt einen österreichischen Arbeitnehmer mit Wohnsitz in Österreich nicht in Österreich ein, sondern über eine im Ausland gelegene Niederlassung, vereinbart mit ihm wechselnde Arbeitsorte in verschiedenen Staaten und entsendet ihn nach Österreich. In einem solchen Fall (der doch sehr nach einer gezielten Vermeidung des österreichischen Rechts ausschaut) sollte die Anwendung der **Ausweichklausel** des Art 6 Abs 2 lit b letzter Satzteil EVÜ zur Anwendung des österreichischen Arbeitsvertragsrechts auf das betreffende Arbeitsverhältnis führen.

Gleichwohl ist insgesamt zu konstatieren: Es ist für einen rechtlich einigermaßen bewanderten bzw beratenen Unternehmer mit Sitz im Ausland nicht allzu schwierig, die Dinge so zu gestalten, dass gemäß Art 6 EVÜ das ausländische Arbeitsvertragsrecht gilt, wenn er seine Arbeitnehmer in Ausübung der Dienstleistungsfreiheit zeitweise in Österreich einsetzt. Der Arbeitgeber hat nämlich in aller Regel bei allen im Zusammenhang mit Art 6 EVÜ entscheidenden Punkten den **dominierenden Einfluss**:

- bei der **Rechtswahl**,
- bei der **Festlegung des gewöhnlichen Arbeitsortes**[26]
- und bei der **Entscheidung, welche Niederlassung den Arbeitnehmer einstellt**.[27]

Es ist daher für den Arbeitgeber relativ leicht, durch vollkommen legale Praktiken zu bewerkstelligen, dass im Ergebnis gemäß Art 6 EVÜ **das durch den Arbeitgeber gewünschte Arbeitsvertragsrecht zur Anwendung kommt**. Eine den gebotenen Schutz der Arbeitnehmer gewährende Abhilfe bietet Art 6 EVÜ allenfalls in besonders krassen oder dilettantisch angelegten Fällen. § 6 EVÜ ist daher realistisch betrachtet **kein ausreichendes Instrument zur Abwehr von Lohn- und Sozialdumping in Österreich**.

Schließlich findet sich im EVÜ noch **Art 7**.[28] Er lässt **Eingriffsnormen**[29] zu, also **zwingende Bestimmungen eines Staates, die ohne Rücksicht darauf anzuwen-**

---

26 In diesem Punkt herrscht völlige, durch keinerlei Vorschriften eingeschränkte, Vertragsfreiheit.

27 Diesbezüglich ist der Arbeitgeber völlig autonom; der Arbeitgeber kann die Entscheidung auch ausschließlich danach treffen, welches für ihn hinsichtlich des anwendbaren Arbeitsvertragsrechts die günstigsten Rechtsfolgen sind.

den sind, welchem Recht der Vertrag unterliegt. Als Eingriffsnormen in diesem Sinne werden primär die **öffentlich-rechtlichen Vorschriften des Arbeitnehmerschutzrechtes** qualifiziert. Welche Bestimmungen des österreichischen **Arbeitsvertragsrechtes** als Eingriffsnormen einzuordnen sind, ist nicht ausreichend geklärt. Ein **nennenswerter gesicherter arbeitsvertragsrechtlicher Standard** kann bis dato aus Art 7 EVÜ bislang nicht gewonnen werden.[30]

1.2.2. Bestimmungen des österreichischen Arbeitsvertragsrechts

Angesichts des desillusionierenden Zwischenbefundes zum IPR ist zu prüfen, ob es andere Vorschriften gibt, die geeignet sind, negative Einflüsse auf die vertragsrechtlichen Arbeitsbedingungen in Österreich zu verhindern oder zumindest einzuschränken. Das europäische Recht lässt derartige Schutzbestimmungen nicht nur zu. Die durch Herrn Kollegen *Egger* bereits behandelte Entsende-RL **verpflichtet** die Mitgliedstaaten vielmehr, auf diversen in der RL aufgezählten arbeitsrechtlichen Gebieten für einen entsprechenden **Mindestschutz** zu sorgen[31]. Ein „harter **Kern**" **arbeitsrechtlicher Bestimmungen** des jeweiligen Mitgliedstaats muss auch für Arbeitnehmer gelten, die als entsandte Arbeitnehmer oder aus dem Ausland überlassene Arbeitskräfte in diesem Mitgliedstaat arbeiten. Unter den erwähnten „**Kernbestimmungen**" befinden sich auch etliche, die systematisch zum **Arbeitsvertragsrecht** zu zählen sind, nämlich:

- **bezahlter Mindestjahresurlaub**,
- **Mindestlohnsätze einschließlich der Überstundensätze**,
- **Bedingungen für die Überlassung von Arbeitskräften**, insbesondere durch Leiharbeitsunternehmen und
- **Gleichbehandlung von Männern und Frauen** sowie **andere Nichtdiskriminierungsbestimmungen**.

---

28 Zu diesem s insbesondere *Verschraegen*, Rummel[3] (2004), Art 7 EVÜ Rn 1 ff.

29 Zu den Eingriffsnomen im Arbeitsrecht s grundlegend *Schwimann*, Grenzüberschreitender Wechsel des Beschäftigungsortes und arbeitsrechtliche Eingriffsnomen, WBl 1994, 218 ff.

30 Auch *Schrenk*, taxlex 2006, 551, meint, welche Normen zB in Österreich Eingriffsnormen sind, ist umstritten und lässt sich nur über die Zielsetzung der jeweiligen Bestimmungen lösen; in der Folge zählt er eine gewisse Anzahl von Regelungen auf, die nach hM (für die er allerdings keine Belegstellen angibt) als Eingriffsnormen zu qualifizieren seien.

31 S Art 3 Entsende-RL.

Darüber hinaus ist in Art 3 Abs 7 Satz 1 der Entsende-RL ausdrücklich normiert, dass Art 3 Abs 1 bis 6 Entsende-RL der Anwendung von für die Arbeitnehmer günstigeren Beschäftigungs- und Arbeitsbedingungen nicht entgegenstehen („**Günstigkeitsprinzip**").

In Österreich sind zur Vermeidung von Lohn- und Sozialdumping insbesondere folgende **arbeitsvertragsrechtlichen Bestimmungen** geschaffen worden:

- **§§ 7 ff AVRAG**,
- **§ 10a AÜG**,
- **§§ 33d ff BUAG**.

Zusätzlich wurde mit der Schaffung des **Wahlgerichtsstandes** gemäß § 4 Abs 1 Z 1 lit e ASGG Art 6 Entsende-RL umgesetzt.

Darüber hinaus gilt zur **Arbeitskräfteüberlassung** das, was *Egger* in seinem Standardwerk[32] ausführt: „*Werden [...] Arbeitskräfte aus einem EU (EWR)-Staat nach Österreich überlassen, brauchen Überlasser aus Mitgliedstaaten zwar keine Einzelfallbewilligung nach § 16 Abs 4 AÜG mehr, aber doch eine gewerberechtliche Gleichstellungsbewilligung und müssen die Schutzbestimmungen des AÜG und des § 7 AVRAG beachten. Eine Beschäftigungsbewilligung nach AuslBG ist aber nicht erforderlich, soweit die Arbeitnehmer im Mitgliedstaat des Arbeitgebers ordnungsgemäß und dauerhaft beschäftigt sind*".

1.2.2.1. §§ 7 ff AVRAG

Lassen sie mich zunächst auf die **§§ 7 ff AVRAG**[33] eingehen. Aus Zeitgründen kann ich das allerdings nur in den Grundzügen tun. Die nicht wenigen Zweifelsfragen im Zusammenhang mit diesen Bestimmungen können nicht angegangen werden.

32 *Egger*, Das Arbeits- und Sozialrecht der EU und die österreichische Rechtsordnung² (2005) 381 mwA.

33 Zu diesen s insb *Holzer/Reissner*, Arbeitsvertragsrechts-Anpassungsgesetz² (2006) 259 ff.

1.2.2.1.1. Ansprüche von Arbeitnehmern mit gewöhnlichem Arbeitsort in Österreich gegen ausländische Arbeitgeber ohne Sitz in Österreich

§ 7 AVRAG[34] regelt Ansprüche von Arbeitnehmern **mit gewöhnlichem Arbeitsort in Österreich** gegen **ausländische Arbeitgeber ohne Sitz in Österreich**, und zwar folgendermaßen:

„Beschäftigt ein Arbeitgeber ohne Sitz in Österreich, der nicht Mitglied einer kollektivvertragsfähigen Körperschaft ist, einen Arbeitnehmer mit gewöhnlichem Arbeitsort in Österreich, so hat dieser Arbeitnehmer zwingend Anspruch zumindest auf jenes gesetzliche, durch Verordnung festgelegte oder kollektivvertragliche Entgelt, das am Arbeitsort vergleichbaren Arbeitnehmern von vergleichbaren Arbeitgebern gebührt."

§ 7 AVRAG hat - wie der OGH jüngst zutreffend festgehalten hat[35] - den Zweck, die Gefahr eines Sozialdumpings hintan zu halten. Mindestens das in Österreich **durch Gesetz, Verordnung oder Kollektivvertrag** für vergleichbare Arbeitnehmer von vergleichbaren Arbeitgebern gebührende **Entgelt** steht dem Arbeitnehmer **mit gewöhnlichem Arbeitsort in Österreich**[36] aufgrund der zwingenden[37] gesetzlichen Bestimmung des § 7 AVRAG auf jeden Fall zu.[38] Der gewöhnliche Arbeitsort eines Arbeitnehmers in Österreich führt also gemäß § 7 AVRAG jedenfalls dazu, dass der Arbeitnehmer gegen seinen ausländischen Arbeitgeber ohne Sitz in Österreich (der nicht Mitglieder einer kollektivvertragsfähigen Körperschaft ist) von Gesetzes wegen mindestens einen Entgeltanspruch in der in Österreich durch Gesetz, Verordnung oder Kollektivvertrag festgelegt Höhe hat. Praktisch kommt § 7 AVRAG allerdings bei der in Anwendung der Dienstleistungsfreiheit erfolgenden Dienstleistungserbringung nicht allzu oft zur Anwen-

---

[34] Zu § 7 AVRAG s zB *Holzer/Friedrich*, Die Auslegung von § 7 AVRAG aus europarechtlicher Sicht, ASok 2002, 252 ff.

[35] OGH 12.07.2006, 9 ObA 103/05, ecolex 2006, 1024 f, mwN.

[36] Unzutreffend *Verschraegen*, Rummel[3] (2004), Art 6 EVÜ Rn 16, die den Anspruch gemäß § 7 AVRAG *„unabhängig davon, ob der gewöhnliche Arbeitsort in Österreich liegt"* einräumen möchte. Damit ist der insoweit eindeutige Wortlaut von § 7 AVRAG aber klar verlassen.

[37] Dass es sich um einen (relativ) zwingenden Anspruch handelt, ergibt sich bereits aus dem Wortlaut von § 7 AVRAG selbst, zusätzlich aus § 16 AVRAG.

[38] Sehr richtig hält der OGH, 9 ObA 103/05w, im Übrigen fest, dass Anknüpfungspunkt für den Anspruch des Arbeitnehmer hier nicht der Kollektivvertrag selbst ist, sondern die gesetzliche Norm des § 7 AVRAG, die einen sonst anzuwendenden Kollektivvertrag lediglich als Maßstab für den zu sichernden Mindeststandard annimmt.

dung. In diesen Fällen ist nämlich – wie bereits ausgeführt – der „gewöhnliche Arbeitsort" nur selten in Österreich gelegen.

1.2.2.1.2. Ansprüche gegen ausländische Arbeitgeber ohne Sitz in einem EWR-Mitgliedstaat

§ 7a AVRAG regelt Ansprüche gegen **ausländische Arbeitgeber ohne Sitz in einem EWR-Mitgliedstaat**.

§ 7a Abs 1 AVRAG bestimmt, dass der soeben behandelte § 7 [unbeschadet des auf das Arbeitsverhältnis anzuwendenden Rechts] auch für einen Arbeitnehmer gilt, der von einem **Arbeitgeber ohne Sitz in einem Mitgliedstaat des EWR für Arbeiten im Rahmen einer Arbeitskräfteüberlassung oder zur Erbringung einer fortgesetzten Arbeitsleistung nach Österreich entsandt** wird. Hier wird also **nicht mehr an den gewöhnlichen Arbeitsort in Österreich** angeknüpft; es genügt vielmehr eine **Entsendung** nach Österreich für einen der genannten Zwecke.

§ 7a Abs 2 AVRAG normiert **für den Arbeitgeber und dessen Auftraggeber** als Unternehmer eine **Haftung als Gesamtschuldner** für die Entgeltansprüche des Arbeitnehmers nach § 7a Abs 1 AVRAG.

Und § 7a Abs 3 AVRAG sichert den entsandten Arbeitnehmern **aliquote Urlaubsansprüche** nach österreichischem Recht.

Auf weitere Einzelheiten – insbesondere die Ausnahmen nach § 7a Abs 4 AVRAG – braucht hier nicht eingegangen werden. Sie wurden bereits durch Kollegen *Egger* dargestellt.

Zusammenfassend kann konstatiert werden: Gegen ausländische Arbeitgeber ohne Sitz in einem EWR-Mitgliedstaat bestehen schon bei bloßer **Entsendung** im Rahmen einer Arbeitskräfteüberlassung oder zur Erbringung einer fortgesetzten Arbeitsleistung nach Österreich – abgesehen von einigen wenigen Ausnahmen – folgende Mindestansprüche:

- **Entgelt** gemäß von § 7 AVRAG;
- **aliquoter Mindesturlaub**;
- **Gesamthaftung des Auftraggebers für die Entgeltansprüche**.

1.2.2.1.3. Ansprüche gegen ausländische Arbeitgeber mit Sitz in einem EWR-Mitgliedstaat

§ 7b AVRAG regelt Ansprüche gegen **ausländische Arbeitgeber mit Sitz in einem EWR-Mitgliedstaat**. Arbeitnehmern, die von einem Arbeitgeber mit Sitz in einem anderen Mitgliedstaat des EWR als Österreich zur Erbringung einer fortgesetzten Arbeitsleistung nach Österreich **entsandt** werden, haben (unbeschadet des auf das Arbeitsverhältnis anzuwendenden Rechts) gemäß § 7b Abs 1 AVRAG für die Dauer der Entsendung **zwingend bestimmte Ansprüche**, und zwar

- zumindest auf das zuvor bereits behandelte **Entgelt**,
- auf **aliquoten bezahlten Urlaub** nach österreichischem Recht,
- die Einhaltung der **kollektivvertraglich festgelegten Arbeitszeitregelungen**
- die Bereithaltung eines **Dienstzettels**.

§ 7b Abs 2 AVRAG enthält gewisse Ausnahmeregelungen („Montageprivileg").

Die weiteren Absätze von § 7b AVRAG enthalten umfangreiche **Melde- und Dokumentationspflichten** usw, auf die hier nicht näher einzugehen ist.

1.2.2.2. Haftung des Generalunternehmers

§ 7c AVRAG schließlich normiert unter bestimmten Voraussetzungen eine Haftung des Generalunternehmers als **Bürge bzw Ausfallsbürge** für die Mindestentgeltansprüche der durch Subunternehmer eingesetzten Arbeitnehmer. Auf Einzelheiten ist hier nicht einzugehen.

1.2.2.3. § 10a AÜG

§ 10a AÜG betrifft den **Urlaubsanspruch bei grenzüberschreitender Arbeitskräfteüberlassung**. Für diesen Fall wird der aus dem Ausland überlassenen Arbeitskraft (unbeschadet des auf das Arbeitsverhältnis anzuwendenden Rechts) für die Dauer der Überlassung zwingend Anspruch auf **bezahlten Urlaub nach dem UrlG** eingeräumt, sofern das Urlaubsausmaß nach den Rechtsvorschriften des Heimatstaates geringer ist.[39]

1.2.2.4. §§ 33d BUAG

Ausgenommen von der Urlaubsregelung gemäß § 7b AVRAG sind Arbeitnehmer, die dem Bauarbeiter-Urlaubs- und Abfertigungsgesetz unterliegen. Für diese Personen sind in den §§ 33d ff BUAG Sonderbestimmungen getroffen. Sie gewährleisten den erfassten Arbeitnehmern ebenfalls einen zwingenden Anspruch auf **bezahlten Urlaub nach dem BUAG**[40]. Ich kann darauf hier nicht näher eingehen.

---

[39] Zu weiteren Einzelheiten s § 10a AÜG.

[40] Zu Einzelheiten s §§ 33d ff BUAG.

2. Die Dienstleistungs-RL

Nach diesem Überblick über das geltende österreichische Recht ist der vorliegende **Entwurf der DL-RL** näher zu betrachten und zu prüfen, welche Regelungen sich dort finden, die für das Arbeitsvertragsrecht in Österreich von Bedeutung sind.

Mit dem **ursprünglichen RL-Vorschlag** von Anfang 2004[41] hat die Kommission augenscheinlich **in allererster Linie rein ökonomische Interessen** verfolgt.

- Es sollte der Binnenmarkt für Dienstleistungen vollendet werden.
- Hindernisse für die Dienstleistungsfreiheit und für den freien Dienstleistungsverkehr sollten beseitigt werden.

Als zentrales Mittel sollte das **Herkunftslandprinzip** eingesetzt werden, das gemeiniglich als das „Herzstück" des RL-Vorschlages bezeichnet wurde. Hingegen war der Kommission der **Schutz der Arbeitnehmer, die Vermeidung von Lohn- und Sozialdumping, die Erhaltung der sozialen Standards in jenen Mitgliedstaaten, die über höhere Standards verfügen**, usw sichtlich kein Anliegen.[42] Das unvermeidliche Ergebnis wäre in Europa ein **Wettlauf um die niedrigsten Standards** gewesen, das berüchtigte **„race to the bottom"**. Die Kommission hat es augenscheinlich zumindest billigend in Kauf genommen, dass die **Arbeits- und Lebensbedingungen der Arbeitnehmer** in einer Reihe von Mitgliedstaaten durch die ungezügelte Konkurrenz aus Niedriglohnländern massiv **unter Druck geraten** würden.

Demgegenüber wird in der **Fassung des Gemeinsamen Standpunktes des Rates**[43] (zumindest verbal) folgenden Dingen ein relativ hoher Stellenwert beigemessen:

- der Förderung eines hohen Maßes an sozialem Schutz,
- der Wahrung sozialer Rechte,
- der Einhaltung des Arbeitsrechts,
- der Verbesserung der Lebens- und Arbeitsbedingungen,
- den Arbeits- und Beschäftigungsbedingungen,

---

41 Vom 25.02.2004, KOM(2004) 2 endg/2.

42 Ein mangelndes Gleichgewicht zwischen der Verwirklichung eine einheitlichen Binnenmarktes und den sozialen Belangen bzw dem Arbeitnehmerschutz konstatiert auch *Egger*, Das Arbeits- und Sozialrecht der EU und die österreichische Rechtsordnung[2] (2005) 367.

43 Gemeinsamer Standpunkt des Rates, DG C 1, 10003/4/06 REV 4

- dem Schutz der Arbeitnehmer,
- dem Nichtberühren der Arbeits- und Beschäftigungsbedingungen gemäß der Entsende-RL
- den Regeln des IPR usw.

Diese Dinge kommen in einer Reihe von Passagen der DL-RL vor[44].

Schon in **Erwägungsgrund (1)** heißt es zB ab Satz 5:

„Die Beseitigung der Beschränkungen für die Entwicklung von Dienstleistungstätigkeiten zwischen den Mitgliedstaaten ist ein wichtiges Mittel für ein stärkeres Zusammenwachsen der Völker Europas und für die Förderung eines ausgewogenen und nachhaltigen wirtschaftlichen und sozialen Fortschritts. Bei der Beseitigung solcher Beschränkungen muss unbedingt gewährleistet werden, dass die Entfaltung von Dienstleistungstätigkeiten zur Verwirklichung der in Artikel 2 des Vertrags verankerten Aufgaben beiträgt, in der gesamten Gemeinschaft eine harmonische, ausgewogene und nachhaltige Entwicklung des Wirtschaftslebens, ein hohes Beschäftigungsniveau und ein hohes Maß an sozialem Schutz, die Gleichstellung von Männern und Frauen, ein nachhaltiges, nichtinflationäres Wachstum, einen hohen Grad von Wettbewerbsfähigkeit und Konvergenz der Wirtschaftsleistungen, ein hohes Maß an Umweltschutz und Verbesserung der Umweltqualität, die Hebung der Lebenshaltung und der Lebensqualität, den wirtschaftlichen und sozialen Zusammenhalt und die Solidarität zwischen den Mitgliedstaaten zu fördern."

In **Erwägungsgrund (4)** wird ua ausgeführt:

„Es ist deshalb wichtig, bei der Schaffung eines Binnenmarktes für Dienstleistungen auf Ausgewogenheit zwischen Marktöffnung und dem Erhalt öffentlicher Dienstleistungen sowie der Wahrung sozialer Rechte und der Rechte der Verbraucher zu achten."

In **Erwägungsgrund (7)** kann man lesen:

„Die Richtlinie berücksichtigt auch andere Gemeinwohlinteressen, einschließlich des Schutzes der Umwelt, der öffentlichen Sicherheit und der öffentlichen Gesundheit sowie der Einhaltung des Arbeitsrechts".

Erwägungsgrund (13) lautet:

„Es ist gleichermaßen wichtig, dass diese Richtlinie uneingeschränkt die Gemeinschaftsinitiativen aufgrund des Artikels 137 des Vertrags zur Verwirklichung der Ziele des Artikels 136 des Vertrags zur Förderung der Beschäftigung und Verbesserung der Lebens- und Arbeitsbedingungen beachtet."

Und **Erwägungsgrund (14)** hält fest:

---

[44] Ergänzung: Das hier zur DL-RL idF des Gemeinsamen Standpunktes des Rates Ausgeführte gilt vollinhaltlich auch zu der mittlerweile im Amtsblatt (ABl 2006 L 376 S 36) veröffentlichten Endfassung.

„Diese Richtlinie berührt weder Arbeits- und Beschäftigungsbedingungen wie Höchstarbeits- und Mindestruhezeiten, bezahlten Mindestjahresurlaub, Mindestlohnsätze, Gesundheitsschutz, Sicherheit und Hygiene am Arbeitsplatz, die von den Mitgliedstaaten im Einklang mit dem Gemeinschaftsrecht angewandt werden, noch greift sie in die gemäß nationalem Recht und nationalen Praktiken unter Wahrung des Gemeinschaftsrechts geregelten Beziehungen zwischen den Sozialpartnern ein, z. B. in das Recht, Tarifverträge auszuhandeln und abzuschließen, das Streikrecht und das Recht auf Arbeitskampfmaßnahmen, noch ist sie auf Dienstleistungen von Leiharbeitsagenturen anwendbar. Diese Richtlinie berührt nicht die Rechtsvorschriften der Mitgliedstaaten über die soziale Sicherheit."

Erwägungsgrund (15) lautet:

„Diese Richtlinie wahrt die Ausübung der in den Mitgliedstaaten geltenden Grundrechte, wie sie in der Charta der Grundrechte der Europäischen Union und den zugehörigen Erläuterungen anerkannt werden, und bringt sie mit den in den Artikeln 43 und 49 des Vertrags festgelegten Grundfreiheiten in Einklang. Zu diesen Grundrechten gehört das Recht auf Arbeitskampfmaßnahmen gemäß nationalem Recht und nationalen Praktiken unter Wahrung des Gemeinschaftsrechts."

In **Erwägungsgrund (47)** wird ua ausgeführt:

„Um die Verwaltungsabläufe zu vereinfachen, sollten nicht generelle formale Anforderungen vorgesehen werden, wie etwa die Vorlage von Originaldokumenten, beglaubigten Kopien oder beglaubigten Übersetzungen, es sei denn, dies ist objektiv durch einen zwingenden Grund des Allgemeininteresses gerechtfertigt, wie etwa durch den Schutz der Arbeitnehmer, die öffentliche Gesundheit, den Schutz der Umwelt oder den Schutz der Verbraucher."

Erwägungsgrund (86) lautet:

„Diese Richtlinie sollte nicht die Arbeits- und Beschäftigungsbedingungen berühren, die gemäß der Richtlinie 96/71/EG des Europäischen Parlaments und des Rates vom 16. Dezember 1996 über die Entsendung von Arbeitnehmern im Rahmen der Erbringung von Dienstleistungen für Arbeitnehmer gelten, die für die Erbringung von Dienstleistungen in das Hoheitsgebiet eines anderen Mitgliedstaates entsandt werden. In diesen Fällen sieht die Richtlinie 96/71/EG vor, dass die Dienstleistungserbringer in den im Einzelnen aufgeführten Bereichen die in dem Mitgliedstaat, in dem die Dienstleistung erbracht wird, geltenden Arbeits- und Beschäftigungsbedingungen einhalten müssen. Dabei handelt es sich um folgende Bereiche: Höchstarbeitszeiten und Mindestruhezeiten, bezahlter Mindestjahresurlaub, Mindestlohnsätze einschließlich der Überstundensätze, die Bedingungen für die Überlassung von Arbeitskräften, insbesondere Schutz der von Leiharbeitsunternehmen zur Verfügung gestellten Arbeitskräfte, Gesundheitsschutz, Sicherheit und Hygiene am Arbeitsplatz, Schutzmaßnahmen im Zusammenhang mit den Arbeits- und Beschäftigungsbedingungen von Schwangeren und Wöchnerinnen, Kindern und Jugendlichen, Gleichbehandlung von Männern und Frauen sowie andere Nichtdiskriminierungsbestimmungen. Dies betrifft nicht nur die gesetzlich festgelegten Arbeits- und Beschäftigungsbedingungen, sondern auch die in allgemein verbindlich erklärten oder im Sinne der Richtlinie 96/71/EG de facto allgemein verbindlichen Tarifverträgen oder Schiedssprüchen festgelegten Bedingungen. Außerdem sollte diese Richtlinie die Mitgliedstaaten nicht daran hindern, Arbeits- und Beschäftigungsbedin-

gungen für andere als die in Artikel 3 Absatz 1 der Richtlinie 96/71/EG aufgeführten Aspekte aus Gründen der öffentlichen Ordnung vorzuschreiben."

In **Erwägungsgrund (87)** wird ausgeführt:

"Diese Richtlinie sollte ebenso wenig die Arbeits- und Beschäftigungsbedingungen in Fällen betreffen, in denen der für die Erbringung einer grenzüberschreitenden Dienstleistung beschäftigte Arbeitnehmer in dem Mitgliedstaat, in dem die Dienstleistung erbracht wird, eingestellt wird. Außerdem sollte diese Richtlinie nicht das Recht der Mitgliedstaaten, in denen die Dienstleistung erbracht wird, berühren, das Bestehen eines Arbeitsverhältnisses zu bestimmen und den Unterschied zwischen Selbstständigen und abhängig beschäftigten Personen, einschließlich so genannter Scheinselbstständiger, festzulegen. In diesem Zusammenhang sollte das wesentliche Merkmal eines Arbeitsverhältnisses im Sinne des Artikels 39 des Vertrags die Tatsache sein, dass jemand während einer bestimmten Zeit für einen anderen nach dessen Weisung Leistungen erbringt, für die er als Gegenleistung eine Vergütung erhält; jedwede Tätigkeit einer Person außerhalb eines Unterordnungsverhältnisses muss als selbstständige Beschäftigung im Sinne der Artikel 43 und 49 des Vertrags angesehen werden."

Und in **Erwägungsgrund (90)** wird ausgeführt:

„Vertragsbeziehungen zwischen dem Dienstleistungserbringer und dem Kunden sowie zwischen Arbeitgeber und Arbeitnehmer sollten nicht unter diese Richtlinie fallen. Die Festlegung des auf vertragliche oder außervertragliche Schuldverhältnisse des Dienstleistungserbringers anzuwendenden Rechts sollte durch die Regeln des internationalen Privatrechts erfolgen."

Im **Text der RL** sind deutlich weniger einschlägige Passagen zu finden. Es finden sich dort bloß noch folgende Normen:

Art 1 Abs 6 trifft folgende Ausnahmeregelung:

„Diese Richtlinie berührt nicht das Arbeitsrecht, d.h. gesetzliche oder vertragliche Bestimmungen über Arbeits- und Beschäftigungsbedingungen, einschließlich des Gesundheitsschutzes und der Sicherheit am Arbeitsplatz und über die Beziehungen zwischen Arbeitgebern und Arbeitnehmern, die von den Mitgliedstaaten gemäß nationalem Recht unter Wahrung des Gemeinschaftsrechts angewandt werden. In gleicher Weise berührt die Richtlinie auch nicht die Rechtsvorschriften der Mitgliedstaaten über die soziale Sicherheit."

In **Art 1 Abs 7** wird normiert:

„Diese Richtlinie berührt nicht die Ausübung der in den Mitgliedstaaten und durch das Gemeinschaftsrecht anerkannten Grundrechte. Sie berührt auch nicht das Recht, gemäß nationalem Recht und nationalen Praktiken unter Wahrung des Gemeinschaftsrechts Tarifverträge auszuhandeln, abzuschließen und durchzusetzen sowie Arbeitskampfmaßnahmen zu ergreifen."

In **Art 2 Z 2 lit e** der RL wird bestimmt, dass die RL auf folgende Tätigkeiten keine Anwendung findet:

„Dienstleistungen von Leiharbeitsagenturen".

Von Bedeutung ist auch **Art 3**, in welchem das Verhältnis zu geltendem Gemeinschaftsrecht geregelt wird.

In **Abs 1** wird normiert:

„Widersprechen Bestimmungen dieser Richtlinie einer Bestimmung eines anderen Gemeinschaftsrechtsaktes, der spezifische Aspekte der Aufnahme oder Ausübung einer Dienstleistungstätigkeit in bestimmten Bereichen oder bestimmten Berufen regelt, so hat die Bestimmung des anderen Gemeinschaftsrechtsaktes Vorrang und findet auf die betreffenden Bereiche oder Berufe Anwendung. Dies gilt insbesondere für:

a) die Richtlinie 96/71/EG;

[…]"

Und in **Abs 2** findet sich folgende Norm:

„Diese Richtlinie betrifft nicht die Regeln des internationalen Privatrechts, insbesondere die Regeln des auf vertragliche und außervertragliche Schuldverhältnisse anzuwendenden Rechts, einschließlich der Bestimmungen, die sicherstellen, dass die Verbraucher durch die im Verbraucherrecht ihres Mitgliedstaats niedergelegten Verbraucherschutzregeln geschützt sind".

Und schließlich enthält **Art 4** eine Liste von Begriffsbestimmungen, also Legaldefinitionen. Und nach **Z 8** sind:

",zwingende Gründe des Allgemeininteresses' Gründe, die der Gerichtshof in ständiger Rechtsprechung als solche anerkannt hat, und schließen folgende Gründe ein: öffentliche Ordnung; öffentliche Sicherheit; Sicherheit der Bevölkerung; öffentliche Gesundheit; Erhaltung des finanziellen Gleichgewichts der Systeme der sozialen Sicherung; Schutz der Verbraucher, der Dienstleistungsempfänger und der Arbeitnehmer; Lauterkeit des Handelsverkehrs; Betrugsbekämpfung; Schutz der Umwelt und der städtischen Umwelt; Tierschutz; geistiges Eigentum; Erhaltung des nationalen historischen und künstlerischen Erbes; Ziele der Sozialpolitik und Ziele der Kulturpolitik".

Lässt man die zitierten Passagen aus den Erwägungsgründen Revue passieren, könnte man glauben, die EU habe ihre Haltung gegenüber dem Kommissionsvorschlag von Anfang 2004 grundlegend geändert, es ginge ihr jetzt nicht mehr in erster Linie um wirtschaftliche Zielsetzungen, sondern es hätten nunmehr auch die Schutzinteressen der Arbeitnehmer einen angemessenen Stellenwert erlangt. Liest man allerdings den Entwurf genauer durch und schaut man vor allem, was schlussendlich Eingang in den **eigentlichen Normtext der RL** gefunden hat, fällt die **Diskrepanz** zwischen den zahlreichen verbalen Bekundungen in den Erwägungsgründen einerseits und dem eigentlichen Normtext andererseits auf. Dazu kommt, dass die Textierung in einer Reihe von Fällen die nötige Eindeutigkeit und Klarheit vermissen lässt.[45]

In Normtext der DL-RL finden sich nämlich – soweit ersichtlich – **keine Bestimmungen**,

- **die den sozialen Schutz der Arbeitnehmer gegenüber dem status quo erhöhen**
- **bzw über das geltende Recht hinaus zur Vermeidung von Sozialdumping und Erhaltung der Sozialstandards in jenen Mitgliedstaaten beitragen würden, die über höhere Standards verfügen**,

und das obwohl das Gefährdungspotenzial für die Arbeitnehmer in den Mitgliedstaaten mit überdurchschnittlichen Standards offenkundig umso größer wird als der freie Dienstleistungsverkehr tatsächlich realisiert wird und damit eine Erhöhung des Schutzes sachlich geboten wäre.

Das einzige, was die DL-RL in der jetzt vorliegenden Fassung macht, ist, im Bereich des Arbeitsvertragsrechts, des Arbeitnehmerschutzrechts, aber auch des kollektiven Arbeitsrechts **keine Verschlechterungen** gegenüber der bestehenden Rechtslage vorzunehmen. Dies wird vornehmlich über ein paar **Ausnahmeregelungen** bzw eine Regel über den **Anwendungsvorrang** bewerkstelligt.

Der bereits zitierte **Art 1 Abs 6 Satz 1** normiert:

> *„Diese Richtlinie berührt nicht das Arbeitsrecht, d.h. gesetzliche oder vertragliche Bestimmungen über Arbeits- und Beschäftigungsbedingungen, einschließlich des Gesundheitsschutzes und der Sicherheit am Arbeitsplatz und über die Beziehungen zwischen Arbeitgebern und Arbeitnehmern, die von den Mitgliedstaaten gemäß nationalem Recht unter Wahrung des Gemeinschaftsrechts angewandt werden."*

Art 1 Abs 7 (der nicht das Arbeitsvertragsrecht betrifft, sondern das kollektive Arbeitsrecht) normiert:

> *„Diese Richtlinie berührt nicht die Ausübung der in den Mitgliedstaaten und durch das Gemeinschaftsrecht anerkannten Grundrechte. Sie berührt auch nicht das Recht, gemäß nationalem Recht und nationalen Praktiken unter Wahrung des Gemeinschaftsrechts Tarifverträge auszuhandeln, abzuschließen und durchzusetzen sowie Arbeitskampfmaßnahmen zu ergreifen."*

In **Art 2 Abs 2 lit e** wird bestimmt, dass die RL auf die *„Dienstleistungen von Leiharbeitsagenturen"* keine Anwendung findet.

---

[45] Beispiele etwa bei *Körner*, EU-Dienstleistungsrichtlinie und Arbeitsrecht, NZA 2007, 233 ff passim.

Art 3 Abs 1 lit a räumt der RL 96/71/EG, also der Entsende-RL, den Vorrang vor der DL-RL ein.

Art 3 Abs 2 bestimmt, dass die RL nicht die Regeln des Internationalen Privatrechts betrifft.

Und in **Art 16 Abs 4** wird schließlich normiert:

„Der Mitgliedstaat, in den sich der Dienstleistungserbringer begibt, ist nicht daran gehindert, unter Beachtung des Absatzes 1 Anforderungen in Bezug auf die Erbringung von Dienstleistungen zu stellen, die aus Gründen der öffentlichen Ordnung, der öffentlichen Sicherheit, der öffentlichen Gesundheit oder des Schutzes der Umwelt gerechtfertigt sind. Dieser Mitgliedstaat ist ferner nicht daran gehindert, im Einklang mit dem Gemeinschaftsrecht seine Bestimmungen über Beschäftigungsbedingungen, einschließlich derjenigen in Tarifverträgen, anzuwenden."

Insgesamt wird mit diesen relativ wenigen Bestimmungen des Normtextes des nunmehrigen Entwurfes der RL[46] nur der juristische **status quo aufrechterhalten** bzw **den Mitgliedstaaten die Möglichkeit gewahrt, den innerstaatlichen juristischen status quo, soweit er in Einklang mit dem Gemeinschaftsrecht ist, beizubehalten.** Das geltende Recht gewährt allerdings, was das Arbeitsvertragsrecht anlangt, **keinen besonders weit reichenden sozialen Schutz**. Das gilt – wie im ersten Teil des Referates gezeigt worden ist – für das IPR ebenso wie für die Umsetzungsbestimmungen zur Entsende-RL im AVRAG.

Wenn in den Erwägungsgründen zur jetzt vorliegenden Fassung der DL-RL an verschiedenen Stellen von der Förderung eines hohem Maßes an sozialem Schutz, von der Wahrung sozialer Rechte, von der Einhaltung des Arbeitsrechts, der Verbesserung der Lebens- und Arbeitsbedingungen usw die Rede ist, sind das Absichtserklärungen, denen im Text der DL-RL keine entsprechenden Taten folgen. Per saldo werden von der DL-RL in der Realität eher gegenteilige Wirkungen ausgehen, zumindest in jenen Mitgliedstaaten, in denen ein höheres Maß an sozialem Schutz existiert und die über überdurchschnittliche Arbeits- und Beschäftigungsbedingungen verfügen. Die DL-RL liefert bis zu einem gewissen Grad weiterhin Anreize für das berüchtigte **„race to the bottom"**, also den Wettlauf um die niedrigsten arbeitsrechtlichen Standards.[47] Es ist allerdings zuzugestehen, dass diese Anreize nach der nunmehr vorliegenden Fassung der DL-RL[48] deutlich geringer sind als nach dem Kommissionsentwurf von Anfang 2004.

---

46 Ergänzung: und auch nach der schlussendlich publizierten Endfassung.

47 S dazu zB *Gagawzuk*, Die Dienstleistungsrichtlinie, DRdA 2005, 293 f.

48 Ergänzung: und auch nach der Endfassung.

3. Das österreichische Arbeitsvertragsrecht nach der Verabschiedung der Dienstleistungs-RL

Am Schluss meines Referates möchte ich noch kurz der Frage nachgehen, ob sich **im österreichischen Arbeitsvertragrecht ein Änderungsbedarf** ergeben wird, wenn die DL-RL in der zuletzt bekannt gewordenen Fassung verabschiedet werden wird, was ja aller Voraussicht nach schon nächste Woche der Fall sein wird.[49]

3.1. Umsetzungsnotwendigkeiten?

Grundsätzlich wird die verabschiedete RL in den Mitgliedstaaten - wie bereits mehrfach gesagt - binnen drei Jahren in innerstaatliches Recht umzusetzen sein.[50] Im österreichischen Arbeitsvertragsrecht werden aus dieser Umsetzungspflicht - soweit ich sehe - **keinerlei Änderungsnotwendigkeiten** resultieren. Das hat seinen Grund darin, dass die DL-RL keine Bestimmungen zum Schutze der in einem anderen Mitgliedstaat im Zuge der Dienstleistungserbringung tätigen Arbeitnehmer enthält und auch keine Regelungen zum Schutz der Arbeitnehmer in den Empfängerländern vor dem aus dem verstärkten Wettbewerb auf ihre Arbeits- und Beschäftigungsbedingungen ausgehenden Druck. Es wurde insoweit lediglich der status quo beibehalten[51]. Zur Weiterführung des status quo bedarf es aber in Österreich keiner Gesetzesänderungen im Arbeitsvertragsrecht.

3.2. Freiwillige Änderungen?

Für eine Reihe von Dingen, die im Zuge der Debatten um die DL-RL als Gefährdung der österreichischen Sozialstandards empfunden worden sind, trifft das geltende Recht - wie bereits ausgeführt - keine (ausreichenden oder hinreichend gesicherten) Vorkehrungen. Das geltende Recht garantiert den im Zuge einer Dienstleistungserbringung nach Österreich entsandten Arbeitnehmern zB

- keine Entgeltfortzahlung im Krankheitsfalle,
- keine Entgeltfortzahlung bei Dienstverhinderung aus anderen die Person des Arbeitnehmers betreffenden Gründen,
- keine Anwendung der Haftungsbeschränkungen nach dem DHG,

---

49 Ergänzung: Diese Einschätzung hat sich mittlerweile bestätigt.

50 Ergänzung: Gemäß Art 44 Abs 1 der DL-RL setzen die Mitgliedstaaten die erforderlichen Rechts- und Verwaltungsvorschriften in Kraft, die erforderlich sind, um dieser Richtlinie bis spätestens ab dem 28. Dezember 2009 nachzukommen.

51 Indem in der DL-RL ausdrücklich festgehalten ist, dass diese nicht die Regeln des internationalen Privatrechts betrifft, die Entsende-RL den Vorrang vor der DL-RL genießt usw.

- keinen Schutz gegen Kautionsstellungen,
- keinen Schutz gegen überschießende Vertragsklauseln wie zB Konkurrenzklausel, Ausbildungskostenrückersatz, Verfallsklauseln uä,
- keinen Schutz gegen eine zu lange Probezeit,
- keinen Schutz gegen aus österreichischer Sicht unzulässige Kettenarbeitsverhältnisse,
- keinen besonderen Kündigungs- und Entlassungsschutz
- usw.

Dazu kommt, dass selbst dort, wo die nach Österreich entsandten Arbeitnehmer Ansprüche nach österreichischem Recht haben (zB im Entgeltbereich), die Durchsetzung dieser Ansprüche in der Praxis sehr schwierig sein kann.

In dieser Situation ist es mE geboten, künftig auch darüber nachzudenken, was der österreichische Gesetzgeber von sich aus tun kann, um dem aus der Dienstleistungsfreiheit resultierenden faktischen Druck auf die in Österreich bestehenden Sozialstandards entgegenzuwirken. Darüber hinaus werden Überlegungen anzustellen sein, inwieweit durch Auslegung des geltenden Rechts ein höherer Schutz für die Arbeitnehmer erreicht werden kann. Grundsätzlich müssten daran nicht nur die Arbeitnehmer und ihre Interessenvertretungen interessiert sein, sondern auch viele kleinere und mittlere Unternehmen, die sich ohne solche zusätzliche Schutzmaßnahmen der massiven Konkurrenz ausländischer Unternehmen ausgesetzt sind, die uU mit wesentlich geringeren Lohnnebenkosten arbeiten können als die österreichischen.

Es wird jeweils sorgfältig auszuloten sein, wie weit der Spielraum für einschlägige Aktivitäten des österreichischen Gesetzgebers in dem durch die europarechtlichen Vorgaben abgesteckten Rahmen jeweils ist. Es ist allerdings davon auszugehen, dass Brüssel mit Argusaugen darüber wachen wird, dass hier nicht zu weit gegangen wird. Ich zitiere hier lediglich das, was die Kommission den Mitgliedstaaten in den „**Leitlinien für die Entsendung von Arbeitnehmern im Rahmen der Erbringung von Dienstleistungen**" vom 04.04.2006[52] bereits im allerersten Absatz mit auf den Weg gegeben hat. Dort heißt es:

„In Artikel 49 EG-Vertrag (im folgenden als ‚EG' bezeichnet) wird der Grundsatz festgelegt, dass die Mitgliedstaaten den freien Dienstleistungsverkehr innerhalb der Gemeinschaft gewährleisten müssen. Zu dieser Grundfreiheit gehört das Recht, dass ein in einem Mitgliedstaat niedergelassener Dienstleistungserbringer vorübergehend Arbeitnehmer in einen anderen Mitgliedstaat entsenden kann, damit diese dort eine Dienstleis-

[52] KOM(2006) 159 endg.

tung erbringen. Aus der Rechtsprechung ergibt sich, dass die Dienstleistungsfreiheit, ein Grundprinzip des Vertrages, nur durch Regelungen eingeschränkt werden kann, die sich durch die in Artikel 46 EG aufgeführten Gründe und durch zwingende Gründe des Allgemeininteresses rechtfertigen lassen, und dies unter Beachtung der Grundsätze der Nichtdiskriminierung und der Verhältnismäßigkeit". Es wird also jeweils sorgfältig zu prüfen sein, ob sich die Maßnahmen des österreichischen Gesetzgebers durch **zwingende Gründe des Allgemeininteresses** rechtfertigen lassen. Und es werden die Grundsätze der **Nichtdiskriminierung** und der **Verhältnismäßigkeit** zu beachten sein. Und über allem hängt stets das Damoklesschwert der Einleitung eines **Vertragsverletzungsverfahrens** durch die Kommission gegen die Republik Österreich. Die allfällige Einleitung solcher Verfahren und deren Verlauf und Ausgang werden dann eine **natürliche Nagelprobe** darstellen, wie ernst es der EU mit den erwähnten verbalen Bekundungen in den Erwägungsgründen der DL-RL ist. Es wird sich dann alsbald zeigen, ob es sich um **rein verbale Beteuerungen zur Beruhigung der EU-Bürger** handelt oder ob die Ausführungen in den Erwägungsgründen als **Hilfsmittel bei der teleologischen Interpretation des EU-Rechts**, bei der **Konkretisierung von Generalklauseln**, bei der **Abwägung zwischen gegenläufigen Interessen** usw herangezogen werden

ME sollte in Österreich künftig namentlich darüber nachgedacht werden, ob nicht verschiedene bei uns selbstverständliche vertragsrechtliche Standards ausdrücklich zur **Eingriffsnorm** iS von Art 7 EVÜ gemacht bzw ob nicht die **§§ 7 ff AVRAG** erweitert werden können, um österreichische Arbeitsbedingungen auch auf Arbeitnehmer zu erstrecken, die in Ausübung der Dienstleistungsfreiheit vorübergehend zur Arbeitsleistung nach Österreich entsandt werden. Dass derartige gesetzgeberische Maßnahmen zulässig sind, ist aus Art 16 Abs 3 Satz 2 DL-RL abzuleiten. Dies wird zB auch durch *Eichenhofer*[53] so gesehen, der überzeugend ausführt: *„Für Unternehmen der Bauwirtschaft und der Gebäudereinigung sieht die Entsende-Richtlinie RL 96/61/EG vor, dass bei Wahrnehmung der Dienstleistungsfreiheit die in einen anderen Mitgliedstaat entsandten Arbeitnehmern deren Arbeits- und Beschäftigungsbedingungen nach den im Staat der Arbeitsausübung durch staatliche oder allgemeinverbindlich erklärte tarifliche Regelungen geltenden Höchst-Arbeitszeiten, Mindestlohn-Bedingungen, Mindesturlaub und Leiharbeitsbedingungen zuzüglich Jugend- und Mutterschutz sowie die Gleichberechtigung von Männern und Frauen grundsätzlich unabhängig von dem auf das Arbeitsverhältnis ansonsten anwendbaren Recht zu richten hätten. Der europäische Gesetzgeber könnte diese Regelungen entsprechend auf andere Arbeitsleistungen im Rahmen der Dienstleistungerbringung erstrecken, sieht jedoch davon ab. Allerdings lässt Art. 16 Nr. 3 Satz 2 RL dieses Recht für die Mitgliedstaaten zu. Ein*

53 ZESAR 2007, 56.

jeder Staat ‚ist ferner nicht daran gehindert, im Einklang mit dem Gemeinschaftsrecht stehende Bestimmungen über Beschäftigungsbedingungen, einschließlich derjenigen in Tarifverträgen, anzuwenden'. Der europäische Gesetzgeber beabsichtigt nicht, über die auf Bauarbeiten und Gebäudereinigung beschränkte RL 96/71/EG hinaus weitergehende einvernehmliche[54] *Regelungen zum Arbeitsschutz zu treffen. Die Mitgliedstaaten dürfen jedoch Regeln solchen Inhalts für die in ihrem Staat Beschäftigten vorsehen".*

54 Richtig wohl „einheitliche".

Anhang:

Art 3, 4, 6 und 7 EVÜ:

Artikel 3 Freie Rechtswahl

(1) Der Vertrag unterliegt dem von den Parteien gewählten Recht. Die Rechtswahl muß ausdrücklich sein oder sich mit hinreichender Sicherheit aus den Bestimmungen des Vertrages oder aus den Umständen des Falles ergeben. Die Parteien können die Rechtswahl für ihren ganzen Vertrag oder nur für einen Teil desselben treffen.

(2) Die Parteien können jederzeit vereinbaren, daß der Vertrag nach einem anderen Recht zu beurteilen ist als dem, das zuvor entweder auf Grund einer früheren Rechtswahl nach diesem Artikel oder auf Grund anderer Vorschriften dieses Übereinkommens für ihn maßgebend war. Die Formgültigkeit des Vertrages im Sinne des Artikels 9 und Rechte Dritter werden durch eine nach Vertragsabschluß erfolgende Änderung der Bestimmung des anzuwendenden Rechts nicht berührt.

(3) Sind alle anderen Teile des Sachverhalts im Zeitpunkt der Rechtswahl in ein und demselben Staat belegen, so kann die Wahl eines ausländischen Rechts durch die Parteien – sei sie durch die Vereinbarung der Zuständigkeit eines ausländischen Gerichtes ergänzt oder nicht – die Bestimmungen nicht berühren, von denen nach dem Recht jenes Staates durch Vertrag nicht abgewichen werden kann und die nachstehend „zwingende Bestimmungen" genannt werden.

(4) Auf das Zustandekommen und die Wirksamkeit der Einigung der Parteien über das anzuwendende Recht sind die Artikel 8, 9 und 11 anzuwenden.

Artikel 4 Mangels Rechtswahl anzuwendendes Recht

(1) Soweit das auf den Vertrag anzuwendende Recht nicht nach Artikel 3 vereinbart worden ist, unterliegt der Vertrag dem Recht des Staates, mit dem er die engsten Verbindungen aufweist. Läßt sich jedoch ein Teil des Vertrages von dem Rest des Vertrages trennen und weist dieser Teil eine engere Verbindung mit einem anderen Staat auf, so kann auf ihn ausnahmsweise das Recht dieses anderen Staates angewendet werden.

(2) Vorbehaltlich des Absatzes 5 wird vermutet, daß der Vertrag die engsten Verbindungen mit dem Staat aufweist, in dem die Partei, welche die charakteristische Leistung zu erbringen hat, im Zeitpunkt des Vertragsabschlusses ihren gewöhnlichen Aufenthalt oder, wenn es sich um eine Gesellschaft, einen Verein oder eine juristische Person handelt, ihre Hauptverwaltung hat. Ist der Vertrag jedoch in Ausübung einer beruflichen oder gewerblichen Tätigkeit dieser Partei geschlossen worden, so wird vermutet, daß er die engsten Verbindungen zu dem Staat aufweist, in dem sich deren Hauptniederlassung befindet oder in dem, wenn die Leistung nach dem Vertrag von einer anderen als der Hauptniederlassung zu erbringen ist, sich die andere Niederlassung befindet.

(3) Ungeachtet des Absatzes 2 wird, soweit der Vertrag ein dingliches Recht an einem Grundstück oder ein Recht zur Nutzung eines Grundstücks zum Gegenstand hat, vermutet, daß der Vertrag die engsten Verbindungen zu dem Staat aufweist, in dem das Grundstück belegen ist.

(4) Die Vermutung nach Absatz 2 gilt nicht für Güterbeförderungsverträge. Bei diesen Verträgen wird vermutet, dass sie mit dem Staat die engsten Verbindungen aufweisen, in dem der Beförderer im Zeitpunkt des Vertragsabschlusses seine Hauptniederlassung hat, sofern sich in diesem Staat auch der Verladeort oder der Entladeort oder die Hauptniederlassung des Absenders befindet. Als Güterbeförderungsverträge gelten für die Anwendung dieses Absatzes auch Charterverträge für eine einzige Reise und andere Verträge, die in der Hauptsache der Güterbeförderung dienen.

(5) Absatz 2 ist nicht anzuwenden, wenn sich die charakteristische Leistung nicht bestimmen läßt. Die Vermutungen nach den Absätzen 2, 3 und 4 gelten nicht, wenn sich aus der Gesamtheit der Umstände ergibt, daß der Vertrag engere Verbindungen mit einem anderen Staat aufweist.

Artikel 6
Arbeitsverträge und Arbeitsverhältnisse von Einzelpersonen

(1) Ungeachtet des Artikels 3 darf in Arbeitsverträgen und Arbeitsverhältnissen die Rechtswahl der Parteien nicht dazu führen, daß dem Arbeitnehmer der Schutz entzogen wird, der ihm durch die zwingenden Bestimmungen des Rechts gewährt wird, das nach Absatz 2 mangels einer Rechtswahl anzuwenden wäre.

(2) Abweichend von Artikel 4 sind mangels einer Rechtswahl nach Artikel 3 auf Arbeitsverträge und Arbeitsverhältnisse anzuwenden:

a) das Recht des Staates, in dem der Arbeitnehmer in Erfüllung des Vertrages gewöhnlich seine Arbeit verrichtet, selbst wenn er vorübergehend in einen anderen Staat entsandt ist, oder

b) das Recht des Staates, in dem sich die Niederlassung befindet, die den Arbeitnehmer eingestellt hat, sofern dieser seine Arbeit gewöhnlich nicht in ein und demselben Staat verrichtet, es sei denn, daß sich aus der Gesamtheit der Umstände ergibt, dass der Arbeitsvertrag oder das Arbeitsverhältnis engere Verbindungen zu einem anderen Staat aufweist; in diesem Fall ist das Recht dieses anderen Staates anzuwenden.

Artikel 7
Zwingende Vorschriften

(1) Bei Anwendung des Rechts eines bestimmten Staates auf Grund dieses Übereinkommens kann den zwingenden Bestimmungen des Rechts eines anderen Staates, mit dem der Sachverhalt eine enge Verbindung aufweist, Wirkung verliehen werden, soweit diese Bestimmungen nach dem Recht des letztgenannten Staates ohne Rücksicht darauf anzuwenden sind, welchem Recht der Vertrag unterliegt. Bei der Entscheidung, ob diesen zwingenden Bestimmungen Wirkung zu verleihen ist, sind ihre Natur und ihr Gegenstand sowie die Folgen zu berücksichtigen, die sich aus ihrer Anwendung oder ihrer Nichtanwendung ergeben würden.

(2) Dieses Übereinkommen berührt nicht die Anwendung der nach dem Recht des Staates des angerufenen Gerichtes geltenden Bestimmungen, die ohne Rücksicht auf das auf den Vertrag anzuwendende Recht den Sachverhalt zwingend regeln.

§§ 7, 7a, 7b und 7c AVRAG:

Ansprüche von Arbeitnehmern mit gewöhnlichem Arbeitsort in Österreich gegen ausländische Arbeitgeber ohne Sitz in Österreich

§ 7. Beschäftigt ein Arbeitgeber ohne Sitz in Österreich, der nicht Mitglied einer kollektivvertragsfähigen Körperschaft in Österreich ist, einen Arbeitnehmer mit gewöhnlichem Arbeitsort in Österreich, so hat dieser Arbeitnehmer zwingend Anspruch zumindest auf jenes gesetzliche, durch Verordnung festgelegte oder kollektivvertragliche Entgelt, das am Arbeitsort vergleichbaren Arbeitnehmern von vergleichbaren Arbeitgebern gebührt.

Ansprüche gegen ausländische Arbeitgeber ohne Sitz in einem EWR-Mitgliedstaat

§ 7a. (1) § 7 gilt, unbeschadet des auf das Arbeitsverhältnis anzuwendenden Rechts, zwingend auch für einen Arbeitnehmer, der von einem Arbeitgeber ohne Sitz in einem Mitgliedstaat des Europäischen Wirtschaftsraumes für Arbeiten im Rahmen einer Arbeitskräfteüberlassung oder zur Erbringung einer fortgesetzten Arbeitsleistung nach Österreich entsandt wird.

(2) Der Arbeitgeber nach Abs 1 und dessen Auftraggeber als Unternehmer haften als Gesamtschuldner für die sich nach Abs 1 ergebenden Entgeltansprüche des Arbeitnehmers.

(3) Ein entsandter Arbeitnehmer eines im Abs 1 bezeichneten Arbeitgebers hat unbeschadet des auf das Arbeitsverhältnis anzuwendenden Rechts für die Dauer der Entsendung zwingend Anspruch auf bezahlten Urlaub nach § 2 des Urlaubsgesetzes (UrlG), BGBl Nr 390/1976, sofern das Urlaubsausmaß nach den Rechtsvorschriften des Heimatstaates geringer ist; nach Beendigung der Entsendung behält dieser Arbeitnehmer den der Dauer der Entsendung entsprechenden aliquoten Teil der Differenz zwischen dem nach österreichischem Recht höheren Urlaubsanspruch und dem Urlaubsanspruch, der ihm nach den Rechtsvorschriften des Heimatstaates zusteht. Ausgenommen von dieser Urlaubsregelung sind Arbeitnehmer, für die die Urlaubsregelung des Bauarbeiter-Urlaubs- und Abfertigungsgesetzes (BUAG), BGBl Nr 414/1972, gilt.

(4) Für einen entsandten Arbeitnehmer, der bei Montagearbeiten und Reparaturen im Zusammenhang mit Lieferungen von Anlagen und Maschinen an einen Betrieb oder bei für die Inbetriebnahme solcher Anlagen und Maschinen nötigen Arbeiten, die von inländischen Arbeitnehmern nicht erbracht werden können, beschäftigt wird, gilt

1. Abs 1 nicht, wenn es sich um kollektivvertragliches Entgelt im Sinne des Abs 1 handelt und diese Arbeiten in Österreich insgesamt nicht länger als drei Monate dauern;
2. Abs 3 nicht, wenn diese Arbeiten in Österreich insgesamt nicht länger als acht Tage dauern.

Für Arbeitnehmer, die mit Bauarbeiten, die der Errichtung, der Instandsetzung, der Instandhaltung, dem Umbau oder dem Abriß von Bauwerken dienen, insbesondere mit Aushub, Erdarbeiten, Bauarbeiten im engeren Sinne, Errichtung und Abbau von Fertigbauelementen, Einrichtung oder Ausstattung, Umbau, Renovierung, Reparatur, Abbauarbeiten, Abbrucharbeiten, Wartung, Instandhaltung (Maler- und Reinigungsarbeiten), Sanierung, Reparaturen und Installationen an Anlagen in Kraftwerken beschäftigt sind, gelten die Abs 1 und 3 jedenfalls ab dem ersten Tag der Beschäftigung in Österreich.

Ansprüche gegen ausländische Arbeitgeber mit Sitz in einem EWR-Mitgliedstaat

§ 7b. (1) Ein Arbeitnehmer, der von einem Arbeitgeber mit Sitz in einem anderen Mitgliedstaat des Europäischen Wirtschaftsraumes als Österreich zur Erbringung einer fortgesetzten Arbeitsleistung nach Österreich entsandt wird, hat unbeschadet des auf das Arbeitsverhältnis anzuwendenden Rechts für die Dauer der Entsendung zwingend Anspruch auf

1. zumindest jenes gesetzliche, durch Verordnung festgelegte oder kollektivvertragliche Entgelt, das am Arbeitsort vergleichbaren Arbeitnehmern von vergleichbaren Arbeitgebern gebührt;
2. bezahlten Urlaub nach § 2 UrlG, sofern das Urlaubsausmaß nach den Rechtsvorschriften des Heimatstaates geringer ist; nach Beendigung der Entsendung behält dieser Arbeitnehmer den der Dauer der Entsendung entsprechenden aliquoten Teil der Differenz zwischen dem nach österreichischem Recht höheren Urlaubsanspruch und dem Urlaubsanspruch, der ihm nach den Rechtsvorschriften des Heimatstaates zusteht; ausgenommen von dieser Urlaubsregelung sind Arbeitnehmer, für die die Urlaubsregelung des BUAG gilt;
3. die Einhaltung der kollektivvertraglich festgelegten Arbeitszeitregelungen;
4. Bereithaltung der Aufzeichnung im Sinne der Richtlinie des Rates über die Pflicht des Arbeitgebers zur Unterrichtung des Arbeitnehmers über die für seinen Arbeitsvertrag oder sein Arbeitsverhältnis geltenden Bedingungen (91/533/EWG) in Österreich durch den Arbeitgeber oder den mit der Ausübung des Weisungsrechts des Arbeitgebers gegenüber den entsandten Arbeitnehmern Beauftragen.

(2) Für einen entsandten Arbeitnehmer, der bei Montagearbeiten und Reparaturen im Zusammenhang mit Lieferungen von Anlagen und Maschinen an einen Betrieb oder bei für die Inbetriebnahme solcher Anlagen und Maschinen nötigen Arbeiten, die von inländischen Arbeitnehmern nicht erbracht werden können, beschäftigt wird, gilt

1. Abs 1 Z 1 nicht, wenn es sich um kollektivvertragliches Entgelt im Sinne des Abs 1 Z 1 handelt und diese Arbeiten in Österreich insgesamt nicht länger als drei Monate dauern;
2. Abs 1 Z 2 nicht, wenn diese Arbeiten in Österreich insgesamt nicht länger als acht Tage dauern.

Für Arbeitnehmer, die mit Bauarbeiten, die der Errichtung, der Instandsetzung, der Instandhaltung, dem Umbau oder dem Abriß von Bauwerken dienen, insbesondere mit Aushub, Erdarbeiten, Bauarbeiten im engeren Sinne, Errichtung und Abbau von Fertigbauelementen, Einrichtung oder Ausstattung, Umbau, Renovierung, Reparatur, Abbauarbeiten, Abbrucharbeiten, Wartung, Instandhaltung (Maler- und Reinigungsarbeiten), Sanierung, Reparaturen und Installationen an Anlagen in Kraftwerken beschäftigt sind, gilt Abs 1 jedenfalls ab dem ersten Tag der Beschäftigung in Österreich.

(3) Arbeitgeber im Sinne des Abs 1 haben die Beschäftigung von Arbeitnehmern, die zur Erbringung einer fortgesetzten Arbeitsleistung nach Österreich entsandt werden, spätestens eine Woche vor Arbeitsaufnahme der Zentralen Koordinationsstelle für die Kontrolle der illegalen Beschäftigung nach dem Ausländerbeschäftigungsgesetz und dem Arbeitsvertragsrechts-Anpassungsgesetz des Bundesministeriums für Finanzen zu melden und eine Abschrift der Meldung dem im Abs 1 Z 4 bezeichneten Beauftragten, sofern nur ein Arbeitnehmer entsandt wird, diesem auszuhändigen. In Katastrophenfällen, bei unaufschiebbaren Arbeiten und bei kurzfristig zu erledigenden Aufträgen ist die Meldung unverzüglich vor Arbeitsaufnahme zu erstatten. Hat der Arbeitgeber dem Beauftragten oder dem Arbeitnehmer vor Arbeitsaufnahme keine Abschrift der Meldung ausgehändigt, so hat der Beauftragte oder der Arbeitnehmer eine Meldung nach dem ersten Satz und Abs 4 unverzüglich mit der Arbeitsaufnahme zu erstatten. Die Zentrale Koordinationsstelle für die Kontrolle der illegalen Beschäftigung nach dem Ausländerbeschäftigungsgesetz und dem Arbeitsvertragsrechts-Anpassungsgesetz des Bundesministeriums für Finanzen hat eine Abschrift der Meldung

1. an den zuständigen Krankenversicherungsträger (§§ 26 und 30 ASVG),
2. sofern es sich um Bautätigkeiten handelt, der Bauarbeiter-Urlaubs- und Abfertigungskasse,
3. sofern es sich um Tätigkeiten handelt, die in den Wirkungsbereich der Verkehrs-Arbeitsinspektion gemäß § 1 des Bundesgesetzes über die Verkehrs-Arbeitsinspektion (VAIG), BGBl Nr 650/1994, fallen, an das zuständige Verkehrs-Arbeitsinspektorat
4. an das zuständige Arbeitsinspektorat

zu übermitteln. Der in Abs 1 Z 4 bezeichnete Beauftragte oder der Arbeitnehmer gilt als Zustellungsbevollmächtigter im Sinne des § 8a des Zustellgesetzes, BGBl Nr 200/1982, unabhängig davon, ob dieser einen Hauptwohnsitz im Inland hat, soweit eine Zustellung von Schriftstücken im Sinne des § 1 Abs 1 des Zustellgesetzes an Arbeitgeber im Sinne des ersten Satzes im Inland oder mangels entsprechender Übereinkommen mit anderen Mitgliedstaaten im Ausland nicht vorgenommen werden kann.

(4) Die Meldung nach Abs 3 hat folgende Angaben zu enthalten:

1. Name und Anschrift des Arbeitgebers,
2. Name des im Abs 1 Z 4 bezeichneten Beauftragten,
3. Name und Anschrift des inländischen Auftraggebers (Generalunternehmers),

4. die Namen, Geburtsdaten und Sozialversicherungsnummern der nach Österreich entsandten Arbeitnehmer,
5. Beginn und voraussichtliche Dauer der Beschäftigung in Österreich,
6. die Höhe des dem einzelnen Arbeitnehmer gebührenden Entgelts,
7. Ort der Beschäftigung in Österreich (auch andere Einsatzorte in Österreich),
8. sofern es sich um Bauarbeiten im Sinne des Abs 2 letzter Satz handelt, die Art der Tätigkeit und Verwendung des Arbeitnehmers.

(5) Arbeitgeber im Sinne des Abs 1 oder in Abs 1 Z 4 bezeichnete Beauftragte oder der Arbeitnehmer (Abs 3) haben, sofern für den entsandten Arbeitnehmer in Österreich keine Sozialversicherungspflicht besteht, Unterlagen über die Anmeldung des Arbeitnehmers zur Sozialversicherung [Sozialversicherungsdokument E 101 nach der Verordnung (EWG) Nr 1408/71] sowie eine Abschrift der Meldung gemäß den Abs 3 und 4 am Arbeits(Einsatz)ort im Inland bereitzuhalten.

(6) Die Organe der Abgabenbehörden sind berechtigt, die Arbeitsstelle zu betreten, das Bereithalten der Unterlagen nach Abs 5 zu überwachen sowie Abschriften von diesen Unterlagen anzufertigen. Bei innerhalb eines Arbeitstages wechselnden Arbeits(Einsatz)orten sind die erforderlichen Unterlagen am ersten Arbeits(Einsatz)ort bereitzuhalten. Erfolgt eine Kontrolle an einem der anderen Arbeits(Einsatz) orte, sind die Unterlagen binnen 24 Stunden dem Kontrollorgan nachweislich zu übermitteln.

(7) Die Behörden haben nach Maßgabe der datenschutzrechtlichen Vorschriften auch mit Behörden anderer Mitgliedstaaten des Europäischen Wirtschaftsraumes, die für die Kontrolle der Einhaltung arbeits- und sozialrechtlicher Vorschriften oder für die Bekämpfung illegaler Erwerbstätigkeit zuständig sind oder Auskünfte geben können, ob ein Arbeitgeber die Arbeitsbedingungen nach Abs 1 einhält, zusammenzuarbeiten sowie Auskünfte bei begründeten Anfragen von Behörden anderer Mitgliedstaaten zu geben. Die Gewährung von Amtshilfe an diese Behörden ist von Stempel- und sonstigen Gebühren befreit.

(8) Die Kollektivvertragsparteien haben die von ihnen abgeschlossenen Kollektivverträge in geeigneter Form zugänglich zu machen. Sofern es sich um Bautätigkeiten handelt, wird die Informations- und Auskunftstätigkeit nach Maßgabe des BUAG von der Bauarbeiter-Urlaubs- und Abfertigungskasse wahrgenommen.

(9) Wer als Arbeitgeber oder als in Abs 1 Z 4 bezeichneter Beauftragter oder Arbeitnehmer (Abs 3)

1. die Meldung nach Abs 3 nicht rechtzeitig erstattet oder
2. die erforderlichen Unterlagen entgegen Abs 5 nicht bereithält,

begeht eine Verwaltungsübertretung und ist von der Bezirksverwaltungsbehörde mit Geldstrafe von bis zu 726 Euro, im Wiederholungsfall von 360 Euro bis zu 1 450 Euro zu bestrafen.

Haftung des Generalunternehmers

§ 7c. (1) Generalunternehmer ist, wer im Rahmen seiner Unternehmertätigkeit die Erbringung zumindest eines Teiles einer auf Grund eines Auftrages geschuldeten Leistung an einen anderen Unternehmer (Subunternehmer), ausgenommen Arbeitgeber nach § 7a, weitergibt.

(2) Hat der Generalunternehmer einen Auftrag oder einen Teil eines Auftrages in einer nach den Bestimmungen des Bundesvergabegesetzes 1997, BGBl I Nr 56/1997, oder anderen gleichartigen Rechtsvorschriften unzulässigen Weise oder entgegen vertraglichen Vereinbarungen weitergegeben, so haftet er nach § 1355 ABGB als Bürge für Ansprüche auf das gesetzliche, durch Verordnung festgelegte oder kollektivvertragliche Entgelt der vom Subunternehmer zur Leistungserbringung eingesetzten Arbeitnehmer, das diesen während ihrer Tätigkeit im Rahmen der vereinbarten Leistungserbringung gebührt. Dasselbe gilt, wenn ein Subunternehmer einen Auftrag oder einen Teil eines Auftrages unzulässigerweise weitergibt.

(3) Der Generalunternehmer haftet nach § 1356 ABGB als Ausfallsbürge für Ansprüche auf das gesetzliche, durch Verordnung festgelegte oder kollektivvertragliche Entgelt der vom Subunternehmer zur Erbringung von Leistungen auf Baustellen im Sinne des § 2 Abs 3 ASchG eingesetzten Arbeitnehmer, das diesen während ihrer Tätigkeit im Rahmen der vereinbarten Leistungserbringung gebührt. Hat der Arbeitnehmer Entgeltansprüche im Sinne des ersten Satzes gegenüber dem Arbeitgeber nicht innerhalb von sechs Monaten ab dem Ende der Leistungserbringung gerichtlich geltend gemacht, so kann der Generalunternehmer nicht mehr als Ausfallsbürge in Anspruch genommen werden.

(4) Abs 3 gilt nicht, wenn der Generalunternehmer bereits nach Abs 2 haftet.

(5) Bei Insolvenz des Subunternehmers entfällt die Haftung des Generalunternehmers gemäß Abs 3.

§ 10a AÜG:

Urlaubsanspruch bei grenzüberschreitender Überlassung

§ 10a. Eine Arbeitskraft, die aus dem Ausland nach Österreich überlassen wird, hat unbeschadet des auf das Arbeitsverhältnis anzuwendenden Rechts für die Dauer der Überlassung zwingend Anspruch auf bezahlten Urlaub nach § 2 des Urlaubsgesetzes (UrlG), BGBl Nr 390/1976, sofern das Urlaubsausmaß nach den Rechtsvorschriften des Heimatstaates geringer ist. Nach Beendigung der Überlassung behält diese Arbeitskraft den der Dauer der Überlassung entsprechenden aliquoten Teil der Differenz zwischen dem nach österreichischem Recht höheren Urlaubsanspruch und dem Urlaubsanspruch, der ihr nach den Rechtsvorschriften des Heimatstaates zusteht. Ausgenommen von dieser Urlaubsregelung sind Arbeitnehmer, für die die Urlaubsregelung des Bauarbeiter-Urlaubs- und Abfertigungsgesetzes (BUAG), BGBl Nr 412/1972, gilt.

Florian Burger

Dienstleistungsfreiheit und Arbeitnehmerschutzrecht

1. Einleitung
2. Die europäische Dimension des Arbeitnehmerschutzes
3. Art 95 EG
4. Art 137 EG
5. Internationales Kollisionsrecht
6. Zusammenfassung

1. Einleitung

Als Arbeitnehmerschutzrecht (im engeren Sinn) bezeichnet man die Summe jener öffentlich-rechtlicher Normen,[1] die dem Schutz des Lebens, der Gesundheit und der Sittlichkeit im Zusammenhang mit der Erbringung der Arbeitsleistung dienen.[2] Dabei handelt es sich in erster Linie um Verpflichtungen, die der Arbeitgeber gegenüber dem mit *imperium* ausgestatteten Staat erfüllen muss, wobei nicht übersehen werden sollte, dass auch der Arbeitnehmer mitunter zum Arbeitnehmerschutz verpflichtet ist.[3]

Das Arbeitnehmerschutzrecht kann in den technischen und den sozialen Arbeitnehmerschutz unterteilt werden.[4]

Der **technische Arbeitnehmerschutz** umfasst Bestimmungen zur Gewährleistung von Sicherheit und Gesundheitsschutz für die Arbeitnehmer in Bezug auf al-

---

1 Zur (versuchten) scharfen Abgrenzung nach der Rechtsnatur vgl schon *Kaskel*, Die rechtliche Natur des Arbeitsschutzes, in FS Brunner (1914) 163 (172).

2 *Löschnigg*, Arbeitsrecht[10] (2003) 791; *Szymanski*, Arbeitnehmerschutz und EG-Recht, in Runggaldier (Hrsg), Österreichisches Arbeitsrecht und das Recht der EG (1990) 303.

3 Vgl § 130 Abs 4 ASchG; *Andexlinger*, Verantwortung von Arbeitnehmern für den Arbeitnehmerschutz, ecolex 1994, 185; *Resch*, Zur Rechtsstellung der Arbeitnehmer nach dem ArbeitnehmerInnenschutzgesetz, in Tomandl (Hrsg), Rechtsfragen des technischen Arbeitnehmerschutzes (1997) 1 (19 f).

4 So zB *Wank*, Technischer Arbeitsschutz in der EU im Überblick, in Oetker/Preis (Hrsg), EAS B 6000 Rn 2.

le Aspekte, die die Arbeit betreffen.[5] Beim technischen Arbeitnehmerschutz geht es somit um die Schaffung einer Arbeitsumgebung, in der die Arbeitnehmer sicher ihre Arbeitsleistung erbringen können. Ansatzpunkte sind daher etwa Regelungen für Arbeitsstätten und Baustellen, Gefahrstoffe und Gefahrguttransport, Geräte- und Anlagensicherheit.

Der **soziale Arbeitnehmerschutz** wiederum lässt sich in den Verwendungsschutz und in den **Arbeitszeitschutz** aufteilen. Der **Verwendungsschutz** ist auf den Schutz bestimmter, besonders schutzwürdiger Arbeitnehmergruppen gerichtet wie etwa Kinder und Jugendliche sowie werdende Mütter und junge Väter. Eine scharfe Trennung zwischen Verwendungs- und Arbeitszeitschutz ist jedoch in Schnittbereichen, wie etwa bei arbeitszeitrechtlichen Vorschriften für Jugendliche, nicht sinnvoll möglich.[6]

Nach dem Ansatzpunkt des Schutzbereiches wird der Arbeitnehmerschutz auf zwei Ebenen verwirklicht:[7]

Zum einen bezieht sich der Arbeitnehmerschutz auf das **betriebliche Geschehen**. Zu diesem Bereich gehören alle Maßnahmen, die auf die Sicherheit und den Gesundheitsschutz des Arbeitnehmers unmittelbar bei der Erbringung seiner Arbeitsleistung zielen, so etwa die Handhabung und der Einsatz von Arbeitsmaschinen und -geräten, die Gestaltung und Einrichtung der Arbeitsstätten, Arbeitsplätzen und Arbeitsverfahren oder um die Unterrichtung und Unterweisung der Arbeitnehmer. Die **Adressaten** der Vorschriften dieses betrieblichen Arbeitnehmerschutzes sind **Arbeitgeber** wie **Arbeitnehmer**.

Zum anderen kann die Sicherheit und der Gesundheitsschutz der Arbeitnehmer schon im **Vorfeld** des betrieblichen Arbeitnehmerschutzes erhöht werden, in dem Vorschriften über sicherheitstechnische Anforderungen an Geräte, Maschinen und Anlagen erlassen werden. Mit Hilfe dieses vorbeugenden bzw vorgreifenden Arbeitnehmerschutzes wird bereits bei der Herstellung, Vermarktung oder Verpackung von technischen Erzeugnissen, chemischen Stoffen und Zubereitun-

---

5 *Löschnigg*, Arbeitsrecht[10] (2003) 792.

6 *Löschnigg*, Arbeitsrecht[10] (2003) 841.

7 Vgl zB *Streffer*, Freier Warenverkehr und Arbeitsschutz im europäischen Recht, FS Wlotzke (1996) 769 f; *Szymanski*, Arbeitnehmerschutz und EG-Recht, in Runggaldier (Hrsg), Österreichisches Arbeitsrecht und das Recht der EG (1990) 303 (304 f); *Wlotzke*, Zur stufenweisen Neuordnung des Arbeitsschutzrechts, in FS Kehrmann (1997) 141 (142); *ders*, Technischer Arbeitsschutz im Spannungsverhältnis von Arbeits- und Wirtschaftsrecht, RdA 1992, 85 (86).

gen auch der Arbeitnehmerschutz verbessert. Die **Adressaten** der Vorschriften aus dieser Ebene sind **Hersteller, Importeure** und auch **Händler**.[8]

Diese Differenzierung zwischen betrieblichen und vorgreifenden Arbeitnehmerschutz liegt auch dem europäischen Arbeitnehmerschutz zugrunde.

2. Die europäische Dimension des Arbeitnehmerschutzes

In den Anfängen der Europäischen Gemeinschaften handelte es sich nur um **Wirtschaftsgemeinschaften**, in denen das Arbeitsrecht einschließlich des Arbeitnehmerschutzrechts kaum eine Rolle spielte. Trotzdem erkannten schon recht früh die Europäischen Gemeinschaften, dass eine gesunde und sichere Arbeitsumgebung und Arbeitsorganisation Leistungsfaktoren für Wirtschaft und Unternehmen sind, wobei die Beziehungen zwischen Gesundheit am Arbeitsplatz und Wettbewerbsfähigkeit äußerst komplex sind. Bereits 1951 begann die EGKS in ihrem Zuständigkeitsbereich damit, sich um eine Verbesserung der Sicherheit der Arbeitnehmer zu kümmern.[9] So wurde etwa aus Anlass des Grubenbrandes in der Kohlenzeche in Marcinelle (Belgien) 1956, bei dem 264 Bergleute den Tod fanden, 1957 der Ständige Ausschuss für die Betriebssicherheit und den Gesundheitsschutz im Steinkohlenbergbau gegründet,[10] dessen Tätigkeitsbereich 1974 auf alle anderen mineralgewinnenden Industriezweige ausgedehnt wurde[11] und heute noch tätig ist.

Es fehlten jedoch spezielle Rechtsgrundlagen für den Erlass von Rechtsvorschriften im EWG-Vertrag auf dem Gebiet des Arbeitnehmerschutzes. Die Europäische Wirtschaftsgemeinschaft war auf eine Integration der Wirtschaft und des Wirtschaftsrechts angelegt, nicht aber auf eine Integration des Arbeitsrechts, weswegen der EWG-Vertrag **keine** spezielle auf das Arbeitsrecht zugeschnittene **Norm** enthielt.[12] Wollte man sich auf den Vertrag stützen, konnten für arbeitsrech-

---

8 Vgl dazu etwa *Koll*, Arbeitsschutz im europäischen Binnenmarkt, DB 1989, 1234 (1238).

9 Mitteilung der Kommission vom 11. März 2002 – Gemeinschaftsstrategie für Gesundheit und Sicherheit am Arbeitsplatz (2002-2006), KOM(2002) 118 endg, 3.

10 Entscheidung des EGKS-Ministerrates vom 9. Juli 1957 betreffend das Mandat und die Geschäftsordnung des Ständigen Ausschusses für die Betriebssicherheit im Steinkohlenbergbau, ABl 1957 Nr 28 S 487.

11 Beschluss des Rates 74/326/EWG vom 27. Juni 1974 über die Erstreckung der Zuständigkeit des Ständigen Ausschusses für die Betriebssicherheit und den Gesundheitsschutz im Steinkohlenbergbau auf alle mineralgewinnende Betriebe, ABl 1974 L 185 S 18.

12 *Wank/Börgmann*, Deutsches und europäisches Arbeitsschutzrecht (1992) 81.

tliche Regelungen nur die allgemeinen Rechtsgrundlagen in **Art 100 und 235 EGV** (nunmehr Art 94 und 308 EG) herangezogen werden.[13]

Zwar wurde mit der Pariser Gipfelkonferenz vom 19. und 20. Oktober 1972 und dem **Sozialpolitischen Aktionsprogramm 1974**[14] die Sozialpolitik als eigenständiger, autonomer Bereich des Gemeinschaftsrechts politisch anerkannt,[15] an den fehlenden Rechtsgrundlagen des EWG-Vertrages änderte dies jedoch nichts. Für die sozialpolitische Entwicklung zwischen 1972 und 1986 fällt auf, dass zwar weitreichende sozialpolitische Ziele gesetzt wurden, die Zahl der verbindlichen Rechtsakte zur Umsetzung dieser Ziele jedoch **gering** waren. Dies lag aber nicht an mangelnden Kompetenznormen im EWG-Vertrag, weil Art 100 und 235 EWGV recht weit ausgelegt wurden.

Das damalige Harmonisierungskonzept versuchte den Bereich des technischen Arbeitnehmerschutzes detailliert zu regeln. Dieser Strategie war kein Erfolg beschieden; es erwies sich als überaus schwierig, die Harmonisierung auf diesem Wege zügig voranzubringen.[16] Die notwendige Kurskorrektur erfolgte 1985 mit der Einführung der **„Neuen Konzeption" („New Approach")**,[17] welche an die Niederspannungs-RL anknüpfte, die wiederum das deutsche Gerätesicherheitsgesetz zum Vorbild hatte.[18] Nach dem Verfahren der Neuen Konzeption wird der

---

13 *Wank/Börgmann*, Deutsches und europäisches Arbeitsschutzrecht (1992) 81.

14 Entschließung des Rates vom 21. Jänner 1974 über ein sozialpolitisches Aktionsprogramm, ABl 1974 C 13 S 1.

15 *Steinmeyer* in Hanau/Steinmeyer/Wank, Handbuch des europäischen Arbeits- und Sozialrechts (2002) § 11 Rz 14.

16 *Kaufmann*, Neuordnung des Rechts der technischen Anlagensicherheit im Hinblick auf den Europäischen Binnenmarkt, DB 1994, 1033; *Sehmsdorf*, Europäischer Arbeitsschutz und seine Umsetzung in das deutsche Arbeitsschutzsystem (1995) 70; *Wlotzke*, EG-Binnenmarkt und Arbeitsrechtsordnung – Eine Orientierung, NZA 1990, 417 (418).

17 Entschließung des Rates vom 7. Mai 1985 über eine neue Konzeption auf dem Gebiet der technischen Harmonisierung und der Normung 85/C 136/01, ABl 1985 C 136 S 1. Vorstufen waren die Richtlinie 83/189/EWG über ein Informationsverfahren auf dem Gebiet der Normen und technischen Vorschriften, ABl 1983 L 109 S 8, und die Stärkung europäischer Normungsinstitute durch die Schlussfolgerungen des Rates vom 16. Juli 1984 zur Normung, ABl 1985 C 136 S 1 (Anhang I). Vgl zur Entstehung der Neuen Konzeption *Bücker/Feldhoff/Kohte*, Vom Arbeitsschutz zur Arbeitsumwelt (1994) Rn 425 ff. Diese „Neue Konzeption" darf nicht mit der „Neuen Strategie" verwechselt werden; vgl dazu *Wagner*, Das Konzept der Mindestharmonisierung (2001) 154 f.

18 *Lindl*, Arbeitsschutzrecht (1992) 50; *Mosler*, Die Gemeinschaftsmaßnahmen zur Verbesserung des Gesundheitsschutzes und der Sicherheit von Arbeitnehmern und ihre Bedeu-

Anspruch einer detaillierten Regelung innerhalb der Rechtsvorschrift aufgegeben; die Rechtsvorschriften sollen lediglich ausschließlich abstrakte, grundlegende Sicherheitsanforderungen enthalten, die in der Folge von europäischen Normungsorganisationen (**CEN**[19]/**CENELEC**[20]/**ETSI**[21]) näher ausgestaltet werden sollen. Weil die Ausarbeitung der Normen durch privatrechtliche Organisationen[22] erfolgt (wenn auch mit Normungsmandat der Europäischen Kommission), können den Normen selbst keine unmittelbare Rechtsverbindlichkeit zukommen.[23] Es gilt aber die **(widerlegbare) Vermutung, dass bei Erfüllung dieser Normen gleichzeitig auch die rechtsverbindlichen, allgemein formulierten Sicherheitsanforderungen erfüllt werden.**[24] Werden die Normen nicht erfüllt, so ist dies an sich noch nicht unzulässig; der Produzent muss aber dann nachweisen, dass die verbindlichen Sicherheitsanforderungen trotzdem erfüllt sind.[25] Damit wird eine Flexibilisierung erreicht, die zu einer **rascheren Umsetzung** sozialpolitischer Ziele in rechtsverbindliche Akte führt. **Kritisiert** wird jedoch, dass ein Großteil der notwendigen Normen noch nicht realisiert wurde.[26] Die Gesamtzahl von Normen, die

tung für das österreichische Arbeitsrecht, in Koppensteiner (Hrsg), Österreichisches und europäisches Wirtschaftsprivatrecht 5 (1997) 223 (313 f).

19 Comité Européen de Normalisation; 1961 in Paris gegründetes Normungskomitee für alle Branchen mit Ausnahme der Elektrotechnik und Telekommunikation. Für Österreich ist das Österreichische Normungsinstitut Mitglied.

20 Comité Européen de Normalisation Électrotechnique; 1973 gegründetes Normungskomitee für den Bereich der Elektrotechnik. Für Österreich ist der Österreichische Verband für Elektrotechnik Mitglied.

21 European Telecommunications Standards Institute; 1988 gegründetes Europäisches Institut für Telekommunikationsnormen. Für Österreich sind neben dem zuständigen Bundesministerium, dem Fachverband der Elektro- und Elektronikindustrie, dem Forschungszentrum Telekommunikation Wien und der Österreichischen Fernmeldetechnischen Entwicklungs- und Förderungsgesellschaft noch sechs weitere österreichische Unternehmen Mitglied.

22 CEN und CENELEC sind gemeinnützige Organisationen belgischen Rechts.

23 S zB *Koll*, Arbeitsschutz im europäischen Binnenmarkt, DB 1989, 1234 (1239).

24 Vgl zB Art 7 Abs 2 RL 2006/42/EG. *Becker*, Harmonisierte Normen und Konformitätsbewertungsverfahren – Elemente der Neuen Konzeption, in FS Wlotzke (1996) 445 (446); *Kollmer*, Richtlinien zur Geräte- und Anlagensicherheit, in Oetker/Preis (Hrsg), EAS, B 6300 Rn 74; *Steinmeyer* in Hanau/Steinmeyer/Wank, Handbuch des europäischen Arbeits- und Sozialrechts (2002) § 11 Rz 32.

25 *Lindl*, Arbeitsschutzrecht (1992) 54.

26 *Bücker/Feldhoff/Kohte*, Vom Arbeitsschutz zur Arbeitsumwelt (1994) Rn 443; *Kollmer*, Richtlinien zur Geräte- und Anlagensicherheit, in Oetker/Preis (Hrsg), EAS, B 6300 Rn 18;

für die vorhandenen Richtlinien erforderlich sind, wird immerhin auf etwa 10.000 geschätzt.[27] In den Bereichen, die zwar von den Richtlinien neuer Konzeption erfasst sind, für die jedoch **noch keine harmonisierte Norm**[28] kundgemacht wurde, müssen **lediglich die allgemeinen Anforderungen** der Richtlinien erfüllt werden.

Die zweite wesentliche Kurskorrektur für die Verwirklichung sozialpolitischer Ziele erfolgte durch die **Einheitliche Europäische Akte**. Art 100 EGV erforderte zur Verabschiedung von verbindlichen Rechtsakten **Einstimmigkeit**. Unter den Mitgliedstaaten war aber der erforderliche Konsens jedoch nur in punktuellen Bereichen zu erzielen.[29] Der am 01.07.1987 durch die EEA eingefügte **Art 100a EGV** (nunmehr **Art 95 EG**) führte zur Abkehr vom bislang geltenden Prinzip der Einstimmigkeit hin zum **Prinzip der qualifizierten Mehrheit** bei Abstimmungen über Maßnahmen zur Verwirklichung eines gemeinsamen Binnenmarkts.[30]

Die zweite, aus der Sicht des Arbeitnehmerschutzes wichtige Neuerung infolge der EEA ist die Ergänzung des EG-Vertrages durch **Art 118a EGV** (nunmehr Art 137 EG). Damit gab es erstmalig eine ausdrückliche Rechtsetzungskompetenz des Rates auf dem Gebiet des Arbeitnehmerschutzes.

3. Art 95 EG

Art 95 EG wurde als Art 100a durch die EEA zusammen mit Art 14 (ex-Art 8a) in den EG-Vertrag aufgenommen und durch die Verträge von Maastricht und Amsterdam, durch letzteren in stark erweiterter Form, übernommen.[31] Art 95 EG sieht eine Kompetenzgrundlage für den Rat vor, abweichend von Art 94 EG **Maßnahmen zur Angleichung der Rechts- und Verwaltungsvorschriften der Mitgliedstaaten zu erlassen, welche die Errichtung und das Funktionieren des Bin-**

Lindl, Arbeitsschutzrecht (1992) 55 f; *Wlotzke*, Technischer Arbeitsschutz im Spannungsverhältnis von Arbeits- und Wirtschaftsrecht, RdA 1992, 85 (90).

27 Vgl *Becker*, Harmonisierte Normen und Konformitätsbewertungsverfahren – Elemente der Neuen Konzeption, in FS Wlotzke (1996) 445 (449).

28 Eine harmonisierte Norm liegt erst dann vor, wenn CEN bzw CENELEC ein Mandat zur Erlassung der Norm von der Kommission erhalten haben und nach der Verabschiedung der Norm im Amtsblatt der Europäischen Union veröffentlicht wurde; vgl *Becker*, Harmonisierte Normen und Konformitätsbewertungsverfahren – Elemente der Neuen Konzeption, in FS Wlotzke (1996) 445 (453).

29 *Steinmeyer* in Hanau/Steinmeyer/Wank, Handbuch des europäischen Arbeits- und Sozialrechts (2002) § 11 Rz 26.

30 Vgl *Kaufmann*, Neuordnung des Rechts der technischen Anlagensicherheit im Hinblick auf den Europäischen Binnenmarkt, DB 1994, 1033.

31 *Pipkorn/Bardenhewer-Rating/Taschner* in von der Groeben/Schwarze[6] (2003) Art 95 Rn 1.

nenmarktes zum Gegenstand haben. Anders als nach Art 94 EG beschließt der Rat nicht einstimmig und ist auch nicht auf die Erlassung von Richtlinien beschränkt.

Art 95 EG ist daher **keine spezielle Vorschrift** zur Erlassung von Bestimmungen im Bereich des **Arbeitnehmerschutzes** – Bestimmungen über die Freizügigkeit und die **Bestimmungen über die Rechte und Interessen der Arbeitnehmer sind nach Art 95 Abs 2 EG sogar ausgenommen.** Eine Ermächtigung für den Erlass von **Vorschriften über den betrieblichen Gesundheits- und Gefahrenschutz lässt sich aus Art 95 EG nicht ableiten.**[32] Trotzdem ist Art 95 EG für den Arbeitnehmerschutz bedeutsam:

Zum Arbeitnehmerschutz gehören alle Maßnahmen, deren Ziel Sicherheit und Gesundheitsschutz bei der Arbeit einschließlich ihrer menschengerechten Gestaltung ist. Daher sind für den Arbeitnehmerschutz alle Rechtsvorschriften der Europäischen Union von Bedeutung, die diesem Schutzziel entsprechen, auch wenn sie vorrangig auf ein anderes Ziel wie den freien Warenverkehr im europäischen Binnenmarkt ausgerichtet sind oder neben dem Arbeitnehmerschutz auch noch anderen Zielen wie Verbraucher- oder Umweltschutz dienen.[33] Art 95 EG ist zwar eine Binnenmarktvorschrift, die den Schutz der Arbeitnehmer nicht unmittelbar im Auge hat, doch kann die Harmonisierungsmaßnahme nach Art 95 EG mittelbar Arbeitnehmer schützen. Nationale Vorschriften, die den freien Warenverkehr behindern können, sind nämlich nicht nur Zollbestimmungen oder mengenmäßige Einfuhrbeschränkungen, sondern auch einzelstaatliche Vorschriften über sicherheitstechnische Anforderungen an Geräte, Maschinen und Anlagen sowie über das In-Verkehr-Bringen und die Verwendung gefährlicher chemischer Stoffe.[34]

Wenn somit eine Maßnahme nach Art 95 EG zB die Sicherheitsvorschriften der Mitgliedstaaten für Werkzeuge auf einem gleichen Niveau standardisiert, dann kommt diese Harmonisierung nicht nur der Allgemeinheit zugute, sondern freilich mittelbar auch dem Arbeitnehmer, der mit diesen Werkzeugen seine Arbeitsleistung erbringt – **was der Allgemeinheit gut tut, tut auch dem Arbeitnehmer**

---

32 *Kollmer*, Richtlinien zur Geräte- und Anlagensicherheit, in Oetker/Preis (Hrsg), EAS, B 6300 Rn 9; *Wank/Börgmann*, Deutsches und europäisches Arbeitsschutzrecht (1992) 82; *Wlotzke*, Technischer Arbeitsschutz im Spannungsverhältnis von Arbeits- und Wirtschaftsrecht, RdA 1992, 85 (87).

33 *Streffer*, Freier Warenverkehr und Arbeitsschutz im europäischen Recht, in FS Wlotzke (1996) 769.

34 *Wank*, Technischer Arbeitsschutz in der EU im Überblick, in Oetker/Preis (Hrsg), EAS, B 6000 Rn 13; *Wank/Börgmann*, Deutsches und europäisches Arbeitsschutzrecht (1992) 82.

gut. Zum technischen Arbeitnehmerschutz gehört eben nicht nur der klassische Kernbereich des Arbeitsschutzes innerhalb der Betriebe, sondern betrifft auch Regelungen und Anforderungen, die bereits bei der Herstellung und Vermarktung von technischen Erzeugnissen und Gefahrstoffen zu beachten sind (vorgreifender Arbeitsschutz im Sinne eines vorbeugenden Gefahrenschutzes). Dabei sind etwa Vorschriften, die Anforderungen an die sicherheitstechnische Konstruktion von technischen Arbeitsmitteln oder an die Einstufung, Verpackung und Kennzeichnung von Gefahrstoffen enthalten, zu nennen.[35]

Im harmonisierten Bereich – also jenem Bereich, der vom Anwendungsbereich einer Maßnahme nach Art 95 EG bereits erfasst ist – darf kein Mitgliedstaat zusätzliche strengere Anforderungen für das In-Verkehr-Bringen der Produkte stellen.[36]

Bis heute sind **zahlreiche Richtlinien** gemäß Art 95 EG (und insbesondere vor In-Kraft-Treten der EEA gemäß dem damaligen Art 100 EGV, nunmehr Art 94 EG) erlassen worden, die neben der Sicherung des freien Warenverkehrs auch für den technischen Arbeitnehmerschutz praktisch bedeutsam sind. Vor allem betreffen diese Binnenmarkt-Richtlinien **gefährliche Stoffe und Zubereitungen, Maschinen, Schutzausrüstungen und -systeme sowie Betriebsmittel**.[37]

Als die wohl wichtigste Binnenmarkt-Richtlinie zählt die (neu kodifizierte) „Maschinen-Richtlinie" 2006/42/EG.[38] Danach müssen Hersteller von Maschinen vor dem In-Verkehr-Bringen und/oder der Inbetriebnahme einer Maschine sicherstellen, dass die Maschinen für sie geltende grundlegende Sicherheits- und Gesundheitsschutzanforderungen erfüllen.[39] Diese grundlegenden Anforderungen sind im Anhang der Maschinen-Richtlinie angeführt. Dabei folgt die Richtlinie der Neuen Konzeption: In ihrem Anhang I sind diese Sicherheits- und Gesundheitsschutzanforderungen allgemein formuliert; ihre nähere Ausgestaltung obliegt den Europäischen Normungsinstituten CEN und CENELEC. Ist eine Maschine nach einer harmonisierten Norm hergestellt worden, so wird davon ausgegangen,

---

35 *Wank*, Technischer Arbeitsschutz in der EU im Überblick, in Oetker/Preis (Hrsg), EAS, B 6000 Rn 4.

36 Vgl etwa EuGH 22.05.2003, Rs C-103/01, Kommission/Deutschland, Slg 2003, I-5369 = ZER 2004/146, 23.

37 *Wank*, Technischer Arbeitsschutz in der EU im Überblick, Oetker/Preis (Hrsg), EAS, B 6000 Rn 45.

38 Richtlinie 2006/42/EG des Europäischen Parlaments und des Rates vom 17. Mai 2006 über Maschinen und zur Änderung der Richtlinie 95/16/EG, ABl 2006 L 157 S 24.

39 Art 5 Abs 1 lit a RL 2006/42/EG.

dass sie den von dieser harmonisierten Norm erfassten grundlegenden Sicherheits- und Gesundheitsschutzanforderungen entspricht.[40]

Eine weitere wichtige Richtlinie, die der Neuen Konzeption folgt, ist die „PSA-Richtlinie" 89/686/EWG.[41] Ihr Zweck ist es, die Bestimmungen für Sicherheit und Gesundheit von persönlichen Schutzausrüstungen (PSA) anzugleichen. Damit wird auch ein wesentlicher Beitrag zur Schaffung sicherer Bedingungen am Arbeitsplatz geleistet, mag die Richtlinie vordergründig der Verwirklichung des Binnenmarktes durch die Beseitigung von Behinderungen des Handels mit persönlichen Schutzausrüstungen dienen.

Schon früh wurden im Bereich des Gefahrstoffrechts Richtlinien gestützt auf Art 100 EGV erlassen. Als Grundsteine sind hier die „Stoff-Richtlinie" 67/548/EWG[42], welche die Einstufung, Verpackung und Kennzeichnung gefährlicher Stoffe regelt, und die Richtlinie 76/769/EWG,[43] welche das In-Verkehr-Bringen und die Verwendung gewisser gefährlicher Stoffe und Zubereitungen beschränkt, zu nennen. Bereits am Umfang der Richtlinie 67/548/EWG in ihrer Stammfassung, die aus bloß 11 Artikel besteht, deren Anhänge sich aber auf 96 Seiten erstrecken, lässt sich noch die alte Konzeption der Detailtreue erahnen. Nicht nur, dass die Richtlinie 67/548/EWG mittlerweile durch 40 weitere Richtlinien und die Richtlinie 76/769/EWG durch 45 weitere Richtlinien abgeändert wurden, sie wurden auch durch andere Richtlinien thematisch ergänzt. Hier können im Bereich der gefährlichen Zubereitung die Richtlinie 1999/45/EG[44] und

40 Art 7 Abs 2 RL 2006/42/EG.

41 Richtlinie 89/686/EWG des Rates vom 21. Dezember 1989 zur Angleichung der Rechtsvorschriften der Mitgliedstaaten für persönliche Schutzausrüstungen, ABl 1989 L 399 S 18.

42 Richtlinie 67/548/EWG des Rates vom 27. Juni 1967 zur Angleichung der Rechts- und Verwaltungsvorschriften für die Einstufung, Verpackung und Kennzeichnung gefährlicher Stoffe, ABl 1967 Nr. 196 S 1.

43 Richtlinie 76/769/EWG des Rates vom 27. Juli 1976 zur Angleichung der Rechts- und Verwaltungsvorschriften der Mitgliedstaaten für Beschränkungen des Inverkehrbringens und der Verwendung gewisser gefährlicher Stoffe und Zubereitungen, ABl 1976 L 262 S 201.

44 Richtlinie 1999/45/EG des Europäischen Parlaments und des Rates vom 31. Mai 1999 zur Angleichung der Rechts- und Verwaltungsvorschriften der Mitgliedstaaten für die Einstufung, Verpackung und Kennzeichnung gefährlicher Zubereitungen, ABl 1999 L 200 S 1.

Richtlinie 91/155/EWG („EG-Sicherheitsdatenblätter")[45], im Bereich der Beherrschung der Gefahren bei schweren Unfällen die Störfall-Richtlinie – auch nach ihrem Anlassfall als „Seveso-Richtlinie" bezeichnet – 96/82/EG[46], im Bereich der „Grundsätze der Guten Laborpraxis" die Richtlinien 2004/9/EG[47] und 2004/10/EG[48] genannt werden. Als Ergänzung zur Stoff-Richtlinie dienen weiters die Richtlinien 93/67/EWG[49] und 2000/21/EG[50]. Im Bereich der Beschränkungen der Verwendung gewisser gefährlicher Stoffe wird neben der Richtlinie 91/157/EG,[51] der „Altfahrzeug-Richtlinie" 2000/53/EG, [52] der „RoHS-Richtlinie" 2002/95/EG[53] und der „WEEE-Richtlinie" 2002/96/EG[54] auch gerne auf das Rechtsinstrument der Verordnung[55] zurückgegriffen.

---

45 Richtlinie 91/155/EWG der Kommission vom 5. März 1991 zur Festlegung der Einzelheiten eines besonderen Informationssystems für gefährliche Zubereitungen gemäß Artikel 10 der Richtlinie 88/379/EWG des Rates, ABl 1991 L 76 S 35.

46 Richtlinie 96/82/EG des Rates vom 9. Dezember 1996 zur Beherrschung der Gefahren bei schweren Unfällen mit gefährlichen Stoffen, ABl 1997 L 10 S 13.

47 Richtlinie 2004/9/EG des Europäischen Parlaments und des Rates vom 11. Februar 2004 über die Inspektion und Überprüfung der Guten Laborpraxis (GLP) (kodifizierte Fassung), ABl 2004 L 50 S 28.

48 Richtlinie 2004/10/EG des Europäischen Parlaments und des Rates vom 11. Februar 2004 zur Angleichung der Rechts- und Verwaltungsvorschriften für die Anwendung der Grundsätze der Guten Laborpraxis und zur Kontrolle ihrer Anwendung bei Versuchen mit chemischen Stoffen (kodifizierte Fassung), ABl 2004 L 50 S 44.

49 Richtlinie 93/67/EWG der Kommission vom 20. Juli 1993 zur Festlegung von Grundsätzen für die Bewertung der Risiken für Mensch und Umwelt von gemäß der Richtlinie 67/548/EWG des Rates notifizierten Stoffen, ABl 1993 L 227 S 9.

50 Richtlinie 2000/21/EG der Kommission vom 25. April 2000 über das Verzeichnis der gemeinschaftlichen Rechtsakte gemäß Artikel 13 Absatz 1 fünfter Gedankenstrich der Richtlinie 67/548/EWG des Rates, ABl 2000 L 103 S 70.

51 Richtlinie 91/157/EWG des Rates vom 18. März 1991 über gefährliche Stoffe enthaltende Batterien und Akkumulatoren, ABl 1991 L 78 S 38.

52 Richtlinie 2000/53/EG des Europäischen Parlaments und des Rates vom 18. September 2000 über Altfahrzeuge, ABl 2000 L 269 S 34.

53 Richtlinie 2002/95/EG des Europäischen Parlaments und des Rates vom 27. Januar 2003 zur Beschränkung der Verwendung bestimmter gefährlicher Stoffe in Elektro- und Elektronikgeräten, ABl 2003 L 37 S 19.

54 Richtlinie 2002/96/EG des Europäischen Parlaments und des Rates vom 27. Januar 2003 über Elektro- und Elektronik-Altgeräte, ABl 2003 L 37 S 24.

55 Vgl die Verordnung (EWG) 3677/1990 des Rates vom 13. Dezember 1990 über Maßnahmen gegen die Abzweigung bestimmter Stoffe zur unerlaubten Herstellung von Suchtstoffen und psychotropen Stoffen, ABl 1990 L 357 S 1; die Verordnung (EG) 1334/2000

Freilich gibt es noch weitere zahlreiche Richtlinien, die die Sicherheit von Geräten betreffen und damit indirekt auch dem Schutz des Arbeitnehmers dienen. Die verschiedenen Richtlinien betreffen beispielsweise Niederspannungsgeräte,[56] Bauprodukte,[57] Gasverbrauchseinrichtungen,[58] medizinisch-technische Geräte,[59] Medizinprodukte,[60] Kraftfahrzeuge,[61] Aufzüge und Hebevorrichtungen,[62] Druckbehälter,[63] land- und forstwirtschaftliche Maschinen,[64] Spielzeuge,[65] Geräte und Schutzsysteme zur Verwendung in explosionsgefährdeten Bereichen,[66] Telekommunikations- und Funkanlagen,[67] nichtselbsttätige Waagen,[68] Explosionsstoffe,[69] Schiffsausrüstungen[70] und schwimmfähige Freizeitartikel.[71] Weitere Richtlinien, die sich mittelbar auch auf die Sicherheit der Arbeitnehmer auswirken, finden sich in den großen Bereichen des Umweltschutzes, der Lebensmittelhygiene und der Gefahrguttransporte.

---

des Rates vom 22. Juli 2000 über eine Gemeinschaftsregelung für die Kontrolle der Ausfuhr von Gütern und Technologien mit doppeltem Verwendungszweck, ABl 2000 L 159 S 1; die Verordnung (EG) 2037/2000 des Europäischen Parlaments und des Rates vom 29. Juni 2000 über Stoffe, die zum Abbau der Ozonschicht führen, ABl 2000 L 244 S 1; die Verordnung (EG) 304/2003 des Europäischen Parlaments und des Rates vom 28. Januar 2003 über die Ausfuhr und Einfuhr gefährlicher Chemikalien, ABl 2003 L 63 S 1; die Verordnung (EG) 782/2003 des Europäischen Parlaments und des Rates vom 14. April 2003 über das Verbot zinnorganischer Verbindungen auf Schiffen, ABl 2003 L 115 S 1; die Verordnung (EG) 850/2004 des Europäischen Parlaments und des Rates vom 29. April 2004 über persistente organische Schadstoffe und zur Änderung der Richtlinie 79/117/EWG, ABl 2004 L 158 S 7.

56 RL 73/23/EWG.

57 RL 89/106/EWG.

58 RL 90/396/EWG.

59 RL 84/539/EWG, RL 90/385/EWG, RL 98/79/EG.

60 RL 93/42/EWG.

61 RL 2001/85/EG, RL 70/156/EWG, RL 2005/64/EG, RL 98/91/EG, RL 70/157/EWG, RL 70/220/EWG, RL 2005/55/EG, RL 97/68/EG, RL 2000/53/EG.

62 RL 2000/9/EG, RL 73/361/EG, RL 95/167/EG.

63 RL 76/767/EWG, RL 87/404/EWG, RL 84/525/EWG, RL 84/526/EWG, RL 84/527/EWG, RL 75/324/EWG, RL 97/23/EG, RL 1999/36/EG.

64 RL 89/173/EWG, RL 2000/25/EG, RL 2003/37/EG.

65 RL 88/378/EWG.

66 RL 94/9/EG.

67 RL 1999/5/EG.

68 RL 90/384/EWG.

69 RL 93/15/EWG.

70 RL 96/98/EG.

71 RL 2005/323/EG.

Freilich besteht ein **Spannungsverhältnis** zwischen der **Vereinheitlichung und Herstellung eines freien Warenverkehrs** und der sich daraus ergebenden Gefahr eines **Absinkens des Schutzniveaus der Mitgliedstaaten**, die in ihrem nationalen Recht ein höheres Niveau festgelegt haben.[72] Als Maßstab regelt Art 95 Abs 3 EG die Verpflichtung der Kommission, in ihren Vorschlägen „**von einem hohen Schutzniveau**" auszugehen. Die Maßnahmen nach Art 95 EG brauchen somit nicht dem höchsten, bereits in einem Mitgliedstaat bestehenden Schutzniveau zu entsprechen,[73] dürfen aber auch nicht als kleinster gemeinsamer Nenner aufgefasst werden, sondern müssen unter Berücksichtigung der wirtschaftlichen Vertretbarkeit für ökonomisch schwächere Staaten über dem gemeinschaftlichen Durchschnitt liegen.[74] Damit wird ein **Kompromiss** zwischen jenen Mitgliedstaaten erzielt, die zum Ausbau ihres Schutzniveaus gedrängt werden, und jenen, für die ein Abbau eines hohen Schutzniveaus politisch noch vertretbar ist. Die Kommission darf jedoch in ihrem Vorschlag keine neuen Sicherheitsmaßnahmen vorschlagen, die in noch keinem Mitgliedstaat verwirklicht worden sind – Art 95 EG zielt lediglich auf eine Harmonisierung ab. Die weitere Verpflichtung der Kommission, wonach gem Art 95 Abs 3 EG *„insbesondere alle auf wissenschaftliche Ergebnisse gestützten neuen Entwicklungen"* zu berücksichtigen sind, verdeutlicht, dass das Schutzniveau dynamisch wachsen soll – die Kommission hat auch in jenen Bereichen, in denen Maßnahmen bereits erlassen wurden, dahingehend zu analysieren, ob neue technische Entwicklungen eine Verbesserung des rechtsverbindlichen Arbeitsschutzes erzwingen. Dies möchte auch Art 95 Abs 7 EG erreichen, der die Kommission die Pflicht auflegt, unverzüglich die Änderung einer Harmonisierungsmaßnahme zu prüfen, wenn ein Mitgliedstaat berechtigt bei seinen strengeren nationalen Schutzbestimmungen bleiben möchte.[75] Weil aber die Kommission alleine kaum in der Lage ist, alle neu auftretenden Probleme im Binnenmarkt zu ergründen, lastet Art 95 Abs 8 EG auch den Mitgliedstaaten die Bürde auf, die Kommission über auftretende Gesundheitsprobleme in Bereichen, in denen eine Harmonisierungsmaßnahme bereits erlassen wurde, in Kenntnis zu setzen. Mit diesen beiden Revisionsklauseln soll ein permanenter kooperativer Lern-, Korrek-

---

72 *Kollmer*, Richtlinien zur Geräte- und Anlagensicherheit, in Oetker/Preis (Hrsg), EAS, B 6300 Rn 11.

73 *Wank*, Technischer Arbeitsschutz in der EU im Überblick, in Oetker/Preis (Hrsg), EAS, B 6000 Rn 16; ihm folgend *Beglinger*, Die Harmonisierungsbestrebungen der EG auf dem Gebiet des technischen Arbeitsschutzes (1991) 9.

74 So *Kahl* in Calliess/Ruffert[3] (2007) Art 95 Rn 27.

75 Zu dieser Möglichkeit vgl weiter unten.

tur- und Optimierungsprozess begründet werden[76] („**Schutzverstärkungsspirale**“[77]).

Die Einführung des Prinzips der qualifizierten Mehrheit bei Entscheidungen über die Rechtsangleichung im Rahmen des Art 95 EG führte auch zur Einführung eines „**Ausscherrechts**“[78] der Mitgliedstaaten („Opting out“, „nationaler Alleingang“), um ihnen bei auftretenden schwerwiegenden Problemen, die aus der Rechtsangleichung entstehen, eine **Ausstiegsmöglichkeit** zu eröffnen, wenn eine Liberalisierung durch grenzüberschreitende Marktintegration durch die Europäische Gemeinschaft die Souveränitätsinteressen eines einzelnen Mitgliedstaates auf abweichende strengere nationale Regelungen im Interesse eines strengeren Rechtsgüterschutzes als zu erdrückend empfunden werden.[79] Damit soll ein verstärkter Schutz bestimmter besonders wesentlicher Interessen sichergestellt und Bedenken einiger Staaten[80] entkräftet werden, die in den Verhandlungen über die EEA Befürchtungen geäußert haben, dass eine durch Mehrheitsbeschluss erlassene Harmonisierungsmaßnahme gegebenenfalls zu einer Verringerung des Schutzes führen kann, der auf nationaler Ebene bisher gewährleistet gewesen sei.[81] Mit dem Vertrag von Amsterdam wurde klargestellt, dass das Abstimmungsverhalten eines Mitgliedstaates und das Abstimmungsergebnis im Rat keine Bedeutung für die Geltendmachung des Ausscherrechts hat.[82]

Ein Opting-out ist jedoch nur bei einer **Abweichung „nach oben“** zu einem höheren Schutzniveau zulässig.[83]

---

76 *Kahl* in Calliess/Ruffert³ (2007) Art 95 Rn 31.

77 *Albin/Bär*, Nationale Alleingänge nach dem Vertrag von Amsterdam, NuR 1999, 185 (191).

78 *Kollmer*, Richtlinien zur Geräte- und Anlagensicherheit, in Oetker/Preis (Hrsg), EAS, B 6300 Rn 12.

79 EuGH 17.05.1994, C-41/93, Frankreich/Kommission, Slg 1994, I-1829; vgl auch *Tietje* in Grabitz/Hilf, Das Recht der Europäischen Union, Art 95 Rn 95.

80 Nach *Balze*, Die sozialpolitischen Kompetenzen der Europäischen Union (1994) 122 mwN Vereinigtes Königreich und Dänemark; nach *Pipkorn/Bardenhewer-Rating/Taschner* in von der Groeben/Schwarze⁶ (2003) Art 95 Rn 86 Vereinigtes Königreich und Irland.

81 Schlussantrag GA *Tesauro* 26.01.1994, C-41/93, Frankreich/Kommission, Slg 1994, I-1829 Rz 4 mwN.

82 Vgl dazu *Kahl* in Calliess/Ruffert³ (2007) Art 95 Rn 44; *Tietje* in Grabitz/Hilf, Das Recht der Europäischen Union, Art 95 Rn 101.

83 *Kahl* in Calliess/Ruffert³ (2007) Art 95 Rn 42; *Pipkorn/Bardenhewer-Rating/Taschner* in von der Groeben/Schwarze⁶ (2003) Art 95 Rn 117; *Tietje* in Grabitz/Hilf, Das Recht der Europäischen Union, Art 95 Rn 102.

Freilich können Mitgliedstaaten nur unter **bestimmten Voraussetzungen** von ihrem Ausscherrecht Gebrauch machen. So muss der Mitgliedstaat, der vom gemeinschaftsrechtlich harmonisierten Rechtsstand abweichen möchte, seine nationalen Bestimmungen sowie seine Gründe für ihre Beibehaltung der **Kommission mitteilen**. Als **hinreichende Gründe** kommen gemäß dem Wortlaut des Art 95 Abs 4 EG nur jene des Art 30 (insb **Schutz der Gesundheit und des Lebens**) sowie der **Schutz der Arbeitsumwelt** oder den Umweltschutz in Frage, soweit diese gerechtfertigt sind. Als **gerechtfertigt** können nur solche nationalen Regelungen angesehen werden, die den Anforderungen des vom EuGH bei Prüfung der Rechtfertigung von Beschränkungen des Handelsverkehrs angelegten Maßstab der Verhältnismäßigkeit entsprechen. Die Maßnahme muss also zum Schutz der erwähnten Rechtsgüter **geeignet** und **notwendig** sein und darf nicht das zum Schutz dieses Rechtsgutes **erforderliche Maß** überschreiten. Sie darf zudem das Funktionieren des Binnenmarktes nur so wenig wie möglich stören.[84] Nicht endgültig geklärt ist einerseits die **genaue Reichweite der Verhältnismäßigkeitsprüfung**,[85] andererseits die **Reichweite der schutzwürdigen Rechtsgüter**, deretwegen die Mitgliedstaaten von Maßnahmen nach Art 95 Abs 1 EG abweichen können.[86]

Die Rechtfertigung des Alleinganges nach Art 95 Abs 4 EG ist nicht völlig dem freien Ermessen der Mitgliedstaaten überlassen, sondern **unterliegt der Kontrolle der Kommission** und des EuGH. Binnen sechs Monate nach Mitteilung an die Kommission – eine Verlängerung ist bei schwierigen Sachverhalten und bei Fehlen einer Gefahr für die menschliche Gesundheit möglich – hat die Kommission die Genehmigung oder die Ablehnung zum nationalen Alleingang zu beschließen. Einer **Genehmigung kommt konstitutive Wirkung** zu.[87] Im Falle einer **Ablehnung** darf der Mitgliedstaat kein von der Harmonisierungsmaßnahme abweichendes innerstaatliches Recht zur Anwendung bringen.[88] Dem Mitgliedstaat ver-

---

84 *Pipkorn/Bardenhewer-Rating/Taschner* in von der Groeben/Schwarze[6] (2003) Art 95 Rn 119. Vgl auch vgl *Tietje* in Grabitz/Hilf, Das Recht der Europäischen Union, Art 95 Rn 114. Dieses mit dem Vertrag von Amsterdam zusätzlich eingefügte Erfordernis kritisch betrachtend etwa *Kahl* in Calliess/Ruffert[3] (2007) Art 95 Rn 49: *„überflüssig, zu eng und – der gewählten absoluten Formulierung – sachlich verfehlt"*.

85 *Pipkorn/Bardenhewer-Rating/Taschner* in von der Groeben/Schwarze[6] (2003) Art 95 Rn 119.

86 Vgl zB *Pipkorn/Bardenhewer-Rating/Taschner* in von der Groeben/Schwarze[6] (2003) Art 95 Rn 114.

87 EuGH 17.05.1994, Rs C-41/93, Frankreich/Kommission, Slg 1994 I-1829 = ÖZW 1994, 118 = RdU 1995, 28; *Kahl* in Calliess/Ruffert[3] (2007) Art 95 Rn 61; *Pipkorn/Bardenhewer-Rating/Taschner* in von der Groeben/Schwarze[6] (2003) Art 95 Rn 132; *Tietje* in Grabitz/Hilf, Das Recht der Europäischen Union, Art 95 Rn 153.

88 Art 249 Abs 3 EG.

bleibt hingegen die Möglichkeit, die ablehnende Entscheidung der Kommission nach Art 230 Abs 1 EG anzufechten.

Ein Ausscherrecht besteht nicht nur bei der Beibehaltung von nationalen Rechtsvorschriften, die bereits bei „Erlass der Rechtsvorschrift" existierten, sondern auch bei Einführung neuer einzelstaatlicher Vorschriften (Art 95 Abs 5 EG). Im Vergleich zu Art 95 Abs 4 EG ist der Kreis der schutzwürdigen Rechtsgüter begrenzt. Hierin zeigt sich deutlich die Intention, die Möglichkeit der nachträglichen Abweichung von Harmonisierungsmaßnahmen im Interesse der Rechtseinheit und Funktionsfähigkeit des Binnenmarktes zu begrenzen.[89]

Obwohl die Möglichkeit zur Beibehaltung bzw Einführung strengerer Schutzbestimmungen als gemeinschaftsrechtliche Harmonisierungsmaßnahmen vorsehen auf den ersten Blick für Mitgliedstaaten bedeutend aussehen mag und dazu beitragen könnte, einzelne Richtlinien „aufzuweichen", hat das **Ausscherrecht in seinen Anfängen praktisch keine tragende Bedeutung** erlangt.[90] Bis Ende 1998 kam es lediglich zu **11 Verfahren**, in denen sich Mitgliedstaaten zum Opting-out entschieden haben. Als ein Grund wird die **unscharfe redaktionelle Ausgestaltung** der Ursprungsfassung, die – offenbar wegen der politischen Brisanz – auf der abschließenden Konferenz der Staats- und Regierungschefs im Dezember 1985 von diesen selbst erarbeitet wurde, genannt.[91] Zwar hat der Vertrag von Amsterdam die Ursprungsfassung, die durch die EEA im EG-Vertrag verankert wurde, neu formuliert, wobei im Wesentlichen Klarstellungen und Präzisierungen der Anwendungsvoraussetzungen angestrebt waren, doch erscheint fraglich, ob dadurch bisherige Probleme tatsächlich gelöst werden. Bemängelt wird, dass die Neuformulierung an Übersichtlichkeit nicht gewonnen habe und in Einzelbereichen Übersetzungsprobleme sowie sonstige Unklarheiten im Wortlaut zeige.[92] Andererseits werden die Möglichkeiten, die das Ausscherrecht bietet, diesem Rechtsinstrument eine immer größere Bedeutung zukommen.[93]

---

89 *Tietje* in Grabitz/Hilf, Das Recht der Europäischen Union, Art 95 Rn 128.

90 Vgl dazu *Kahl* in Calliess/Ruffert[3] (2007) Art 95 Rn 68 f.

91 *Kahl* in Calliess/Ruffert[3] (2007) Art 95 Rn 3: *„[...] was zu sprachlicher Inkonsistenz und mangelnde Präzision geführt hatte"*; *Pipkorn/Bardenhewer-Rating/Taschner* in von der Groeben/Schwarze[6] (2003) Art 95 Rn 87: *„gewisse redaktionelle Ungereimtheiten und Missverständnisse"*; *Tietje* in Grabitz/Hilf, Das Recht der Europäischen Union, Art 95 Rn 89: *„kein Glanzstück von Vertragsgestaltung"*.

92 *Albin/Bär*, Nationale Alleingänge nach dem Vertrag von Amsterdam, NuR 1999, 185 (187 f); *Tietje* in Grabitz/Hilf, Das Recht der Europäischen Union, Art 95 Rn 91.

93 So *Pipkorn/Bardenhewer-Rating/Taschner* in von der Groeben/Schwarze[6] (2003) Art 95 Rn 92.

4. Art 137 EG

Mit der Aufnahme des Art 118a in den EG-Vertrag durch die EEA wurde **erstmals eine ausdrückliche Kompetenz** für gemeinschaftsrechtliche Bestimmungen über die Verbesserung zum Schutz der Gesundheit und der Sicherheit der Arbeitnehmer eingeräumt.[94] Die vor Einfügung des Art 118a EGV erlassenen Richtlinien im Bereich des Arbeitnehmerschutzes stützten sich auf Art 100 und Art 235 EGV, wobei diese sehr weit ausgelegt wurden.[95] Art 137 EG übernimmt durch die Amsterdamer Neufassung des EG-Vertrages[96] weitgehend Art 2 Maastrichter Abkommen über die Sozialpolitik,[97] das gleichzeitig aufgehoben wurde,[98] womit das Europa der zwei Geschwindigkeiten im Bereich der Sozialpolitik durch die Reintegration des Vereinigten Königreiches wieder zusammengefügt wurde.[99] Die Befugnisse des bis dahin geltenden Art 118a EGV wurden nicht angetastet, haben aber durch die Aufnahme des Sozialabkommens in den Text des Art 137 EG eine erhebliche Ausweitung erfahren; die bereits aufgrund des Sozialabkommens verabschiedeten Rechtsakte behalten weiterhin ihre Geltung.[100] So kann der Rat nicht nur Richtlinien im ursprünglich durch Art 118a EGV umfassten Bereich der **„Verbesserung insbesondere der Arbeitsumwelt zum Schutz der Gesundheit und der Sicherheit der Arbeitnehmer“** erlassen, sondern etwa auch auf den Gebieten der **Arbeitsbedingungen**, der **sozialen Sicherheit und des sozialen Schutzes der Arbeitnehmer**. Ziel des Art 137 EG ist es auch, die in diesem Bereich bestehenden Bedingungen bei gleichzeitigem Fortschritt zu harmonisieren.[101]

---

94 *Steinmeyer* in Hanau/Steinmeyer/Wank, Handbuch des europäischen Arbeits- und Sozialrechts (2002) § 11 Rn 39. Vgl zur Entstehungsgeschichte auch *Balze,* Die sozialpolitischen Kompetenzen der Europäischen Union (1994) 68 ff.

95 *Wank/Börgmann*, Deutsches und europäisches Arbeitsschutzrecht (1992) 84.

96 Art 2 Z 22 Vertrag von Amsterdam zur Änderung des Vertrags über die Europäische Union, der Verträge zur Gründung der Europäischen Gemeinschaften sowie einiger damit zusammenhängender Rechtsakte, ABl 1997 C 340 S 1.

97 Abkommen zwischen den Mitgliedstaaten der Europäische Gemeinschaft mit Ausnahme des Vereinigten Königreichs Großbritannien und Nordirland über Sozialpolitik, ABl 1992 C 191 S 91.

98 Art 2 Z 58 Vertrag von Amsterdam zur Änderung des Vertrags über die Europäische Union, der Verträge zur Gründung der Europäischen Gemeinschaften sowie einiger damit zusammenhängender Rechtsakte, ABl 1997 C 340 S 1.

99 Vgl dazu zB *Steinmeyer* in Hanau/Steinmeyer/Wank, Handbuch des europäischen Arbeits- und Sozialrechts (2002) § 11 Rn 67 ff.

100 *Krimphove*, Europäisches Arbeitsrecht[2] (2001) Rn 61.

101 *Streffer*, Freier Warenverkehr und Arbeitsschutz im europäischen Recht, FS Wlotzke (1996) 769 (775).

Schon seit dem In-Kraft-Treten des Art 118a EGV bestehen Unklarheiten über seinen Anwendungsbereich. So war etwa der Bedeutungsgehalt des aus dem skandinavischen Bereich stammenden Begriffes der „Arbeitsumwelt"[102] Gegenstand intensiver Debatten,[103] auf die hier deshalb nicht weiter einzugehen ist, weil nach einhelliger Auffassung jedenfalls der **technische Arbeitnehmerschutz vom Anwendungsbereich mitumfasst** ist.[104]

Ähnlich wie Art 95 EG liegt die Bedeutung des Art 137 EG nicht bei der Kompetenzbegründung in der Sozialpolitik, weil hier ohnehin der frühere Art 100 EGV weit ausgelegt wurde, sondern in der Abrückung vom Prinzip der Einstimmigkeit, weil die auf Art 137 EG basierenden Richtlinien mit qualifizierter Mehrheit im Rat erlassen werden können.[105] Dies führte auch zu einer regen Gesetzgebungstätigkeit,[106] die die Mitgliedstaaten als den wesentlichen Gesetzgeber im Bereich des Arbeitnehmerschutzes abgelöst hat.[107] Die Vielzahl der Richtlinien einschließlich jener nach Art 95 EG verdeutlicht, dass heute von einem umfassenden

---

102 Vgl zu den frühen nationalen „Arbeitsumweltgesetzen" Dänemarks, Norwegens und Schwedens etwa *Birk*, Die Rahmenrichtlinie über die Sicherheit und den Gesundheitsschutz am Arbeitsplatz – Umorientierung des Arbeitsschutzes und bisherige Umsetzung in den Mitgliedstaaten der Europäischen Union, FS Wlotzke (1996) 645 (651 ff); *Bücker/Feldhoff/Kohte*, Vom Arbeitsschutz zur Arbeitsumwelt (1994) Rn 225 ff.

103 Vgl nur die Zusammenfassungen in *Balze*, Die sozialpolitischen Kompetenzen der Europäischen Union (1994) 87 ff und 167 ff; *Brandes*, System des europäischen Arbeitsschutzrechtes (1999) 36 ff; *Steinmeyer* in Hanau/Steinmeyer/Wank, Handbuch des europäischen Arbeits- und Sozialrechts (2002) § 12 Rn 46 ff; *Wank*, Technischer Arbeitsschutz in der EU im Überblick, in Oetker/Preis (Hrsg), EAS, B 6000 Rn 8 und 9; *Wank/Börgmann*, Deutsches und europäisches Arbeitsschutzrecht (1992) 84 ff.

104 Vgl *Birk*, Die Gesetzgebungszuständigkeit der Europäischen Gemeinschaft im Arbeitsrecht, RdA 1992, 68 (71); *Bücker/Feldhoff/Kohte*, Vom Arbeitsschutz zur Arbeitsumwelt (1994) Rn 243; *Langenfeld* in Grabitz/Hilf, Das Recht der Europäischen Union, Art 137 Rn 10 ff; *Mosler*, Die Gemeinschaftsmaßnahmen zur Verbesserung des Gesundheitsschutzes und der Sicherheit von Arbeitnehmern und ihre Bedeutung für das österreichische Arbeitsrecht, in Koppensteiner (Hrsg), Österreichisches und europäisches Wirtschaftsprivatrecht 5 (1997) 223 (243 ff); *Wagner*, Das Konzept der Mindestharmonisierung (2001) 74.

105 Vgl *Balze*, Die sozialpolitischen Kompetenzen der Europäischen Union (1994) 73.

106 Nach *Langenfeld* in Grabitz/Hilf, Das Recht der Europäischen Union, Art 137 Rn 10, ist das Gebiet der Arbeitssicherheit jenes Gebiet, *„in dem die Gemeinschaft die bisher umfangreichste Gesetzgebungstätigkeit entfaltet hat"*.

107 *Steinmeyer* in Hanau/Steinmeyer/Wank, Handbuch des europäischen Arbeits- und Sozialrechts (2002) § 11 Rn 41.

Rechtsbestand im Bereich des Arbeitnehmerschutzes ausgegangen werden kann.[108]

Den gemeinschaftsrechtlichen Vorgaben zum betrieblichen Arbeitnehmerschutz nach Art 137 EG liegt ein geschlossenes Konzept zugrunde. Basis ist die **Arbeitsschutz-Rahmenrichtlinie 89/391/EWG**,[109] die auf Grund ihrer Bedeutung im Bereich des europäischen Arbeitnehmerschutzrechts in der deutschen Literatur gerne als „Grundgesetz" bezeichnet wird.[110] Diese Rahmenrichtlinie legt für alle Beschäftigungsbereiche Grundpflichten der Arbeitgeber fest und stellt damit gemeinschaftsrechtlich Mindestanforderungen an den betrieblichen Arbeitnehmerschutz. Als **Generalverpflichtung des Arbeitgebers** bestimmt Art 5 Abs 1 seine Sorge für die Sicherheit und Gesundheit seiner Arbeitnehmer in Bezug auf alle Aspekte, die die Arbeit betreffen. Im Rahmen seiner Verpflichtungen trifft der Arbeitgeber die für die Sicherheit und den Gesundheitsschutz der Arbeitnehmer erforderlichen Maßnahmen, einschließlich der Maßnahmen zur Verhütung berufsbedingter Gefahren, zur Information und zur Unterweisung sowie der Bereitstellung einer geeigneten Organisation und der erforderlichen Mittel.[111] Adressat der Rahmenrichtlinie ist aber nicht nur der Arbeitgeber, sondern hinsichtlich einiger

---

[108] Vgl auch *Birk*, MünchArbR[2] (2000) § 19 Rn 396; nach *Krebber* in Calliess/Ruffert[3] (2007) Art 137 Rn 23 könne man *„beim Arbeitsschutz nahezu von einem vollständigen europarechtlichen Rechtssystem sprechen"*.

[109] Richtlinie 89/391/EWG des Rates vom 12. Juni 1989 über die Durchführung von Maßnahmen zur Verbesserung der Sicherheit und des Gesundheitsschutzes der Arbeitnehmer bei der Arbeit, ABl 1989 L 183 S 1.

[110] ZB *Birk*, Die Rahmenrichtlinie über die Sicherheit und den Gesundheitsschutz am Arbeitsplatz - Umorientierung des Arbeitsschutzes und bisherige Umsetzung in den Mitgliedstaaten der Europäischen Union, FS Wlotzke (1996) 645; *Kohte*, Arbeitsschutzrecht im Wandel - Strukturen und Erfahrungen, JBArbR 2000, 21 (26); *Kollmer*, Europäisches Gefahrstoffrecht, in Oetker/Preis (Hrsg), EAS, B 6400 Rn 40; *Mosler*, Die Gemeinschaftsmaßnahmen zur Verbesserung des Gesundheitsschutzes und der Sicherheit von Arbeitnehmern und ihre Bedeutung für das österreichische Arbeitsrecht, in Koppensteiner (Hrsg), Österreichisches und europäisches Wirtschaftsprivatrecht 5 (1997) 223 (263); *Sehmsdorf*, Europäischer Arbeitsschutz und seine Umsetzung in das deutsche Arbeitsschutzsystem (1995) 88; *Streffer*, Freier Warenverkehr und Arbeitsschutz im europäischen Recht, FS Wlotzke (1996) 769 (777); *Wlotzke*, Technischer Arbeitsschutz im Spannungsverhältnis von Arbeits- und Wirtschaftsrecht, RdA 1992, 85 (91).

[111] Art 6 Abs 1 Rahmenrichtlinie 89/391/EWG.

Aspekte auch der Arbeitnehmer[112] wie auch die Mitgliedstaaten selbst, die insbesondere zu einer angemessenen Kontrolle und Überwachung verpflichtet sind.[113]

Als wichtige Neuerungen der Rahmenrichtlinie 89/391/EWG können stichwortartig genannt werden:[114]

- einheitliche Geltung für alle Beschäftigten einschließlich jener im öffentlichen Dienst,[115]
- Erweiterung des Arbeitnehmerschutzansatzes durch die Einbeziehung „Faktor Mensch" (= menschengerechte Gestaltung der Arbeit),
- Pflicht des Arbeitgebers, die mit der Arbeit verbundenen Gefährdungen seiner Arbeitnehmer zu beurteilen und zu dokumentieren, um zu ermitteln, welche Schutzmaßnahmen erforderlich sind.

Als Rahmenrichtlinie wird sie durch später erlassene Einzelrichtlinien konkretisiert und ergänzt, die insgesamt ein Normenwerk von beachtlichem Umfang bilden;[116] europäisches Arbeitsrecht ist daher zum größten Teil Arbeitnehmerschutz-

---

112 Vgl *Birk*, MünchArbR² (2000) § 19 Rn 418 ff; *Hanau*, Arbeitsvertragliche Konsequenzen des Arbeitsschutzes, in FS Wlotzke (1996) 37 (40); *Mosler*, Die Gemeinschaftsmaßnahmen zur Verbesserung des Gesundheitsschutzes und der Sicherheit von Arbeitnehmern und ihre Bedeutung für das österreichische Arbeitsrecht, in Koppensteiner (Hrsg), Österreichisches und europäisches Wirtschaftsprivatrecht 5 (1997) 223 (278 ff); *Wlotzke*, Technischer Arbeitsschutz im Spannungsverhältnis von Arbeits- und Wirtschaftsrecht, RdA 1992, 85 (91).

113 Art 4 Abs 2 Rahmenrichtlinie 89/391/EWG.

114 Nach *Wlotzke*, Zur stufenweisen Neuordnung des Arbeitsschutzrechts, in FS Kehrmann (1997) 141 (148).

115 Vgl dazu allgemein *Fröhlich*, Die Bedeutung des EU-Rechts für den öffentlichen Dienst, in Tomandl (Hrsg), Der Einfluß europäischen Rechts auf das Arbeitsrecht (2001) 89 (108); *H. Mayer*, Der Arbeitnehmerschutz im öffentlichen Dienst, in Tomandl (Hrsg) Rechtsfragen des technischen Arbeitnehmerschutzes (1997) 75 ff; *Mosler*, Die Gemeinschaftsmaßnahmen zur Verbesserung des Gesundheitsschutzes und der Sicherheit von Arbeitnehmern und ihre Bedeutung für das österreichische Arbeitsrecht, in Koppensteiner (Hrsg), Österreichisches und europäisches Wirtschaftsprivatrecht 5 (1997) 223 (327); *Stärker*, Arbeitnehmerschutz im öffentlichen Dienst, ecolex 1998, 723.

116 *Birk*, Die Rahmenrichtlinie über die Sicherheit und den Gesundheitsschutz am Arbeitsplatz – Umorientierung des Arbeitsschutzes und bisherige Umsetzung in den Mitgliedstaaten der Europäischen Union, FS Wlotzke (1996) 645: „corpus Europaeicum".

recht.[117] Mittlerweile werden 19 Einzelrichtlinien gezählt, die folgende Teilaspekte des Arbeitnehmerschutzes näher regeln:[118]

1. Einzelrichtlinie: Arbeitsstätten,[119]
2. Einzelrichtlinie: Arbeitsmittel,[120]
3. Einzelrichtlinie: persönliche Schutzausrüstung,[121]
4. Einzelrichtlinie: manuelle Handhabung von Lasten,[122]
5. Einzelrichtlinie: Arbeit an Bildschirmgeräten,[123]
6. Einzelrichtlinie: Karzinogene oder Mutagene,[124]
7. Einzelrichtlinie: biologische Arbeitsstoffe,[125]

---

[117] So *Birk*, Die Rahmenrichtlinie über die Sicherheit und den Gesundheitsschutz am Arbeitsplatz - Umorientierung des Arbeitsschutzes und bisherige Umsetzung in den Mitgliedstaaten der Europäischen Union, FS Wlotzke (1996) 645 (667).

[118] Die Zählung der Einzelrichtlinien erfolgt chronologisch der Stammfassung. Neukodifikationen beeinflussen diese Zählung nicht, weshalb auch später erlassene Richtlinien eine niedrige Ordnungsnummer haben können.

[119] Richtlinie 89/654/EWG des Rates vom 30. November 1989 über Mindestvorschriften für Sicherheit und Gesundheitsschutz in Arbeitsstätten, ABl 1989 L 393 S 1.

[120] Richtlinie 89/655/EWG des Rates vom 30. November 1989 über Mindestvorschriften für Sicherheit und Gesundheitsschutz bei Benutzung von Arbeitsmitteln durch Arbeitnehmer bei der Arbeit, ABl 1989 L 393 S 13.

[121] Richtlinie 89/656/EWG des Rates vom 30. November 1989 über Mindestvorschriften für Sicherheit und Gesundheitsschutz bei Benutzung persönlicher Schutzausrüstungen durch Arbeitnehmer bei der Arbeit, ABl 1989 L 393 S 18. Während diese Richtlinie die Verwendung persönlicher Schutzausrüstungen regelt, bestimmt die „PSA-Richtlinie" 89/686/EWG, welche sich auf Art 95 EG stützt, die grundlegenden Gesundheits- und Sicherheitsanforderungen an persönlichen Schutzausrüstungen. Dem Arbeitnehmerschutz kommen freilich beide Richtlinien zugute.

[122] Richtlinie 90/269/EWG des Rates vom 29. Mai 1990 über die Mindestvorschriften bezüglich der Sicherheit und des Gesundheitsschutzes bei der manuellen Handhabung von Lasten, die für die Arbeitnehmer insbesondere eine Gefährdung der Lendenwirbelsäule mit sich bringt, ABl 1990 L 156 S 9.

[123] Richtlinie 90/270/EWG des Rates vom 29. Mai 1990 über die Mindestvorschriften bezüglich der Sicherheit und des Gesundheitsschutzes bei der Arbeit an Bildschirmgeräten, ABl 1990 L 156 S 14.

[124] Richtlinie 2004/37/EG des Europäischen Parlaments und des Rates vom 29. April 2004 über den Schutz der Arbeitnehmer gegen Gefährdung durch Karzinogene oder Mutagene bei der Arbeit, ABl 2004 L 158 S 50.

[125] Richtlinie 2000/54/EG des Europäischen Parlaments und des Rates vom 18. September 2000 über den Schutz der Arbeitnehmer gegen Gefährdung durch biologische Arbeitsstoffe bei der Arbeit, ABl 2000 L 262 S 21.

8. Einzelrichtlinie: zeitlich ortsveränderliche Baustellen,[126]
9. Einzelrichtlinie: Kennzeichnungen am Arbeitsplatz,[127]
10. Einzelrichtlinie: schwangere Arbeitnehmerinnen,[128]
11. Einzelrichtlinie: Betriebe, in denen durch Bohrungen Mineralien gewonnen werden,[129]
12. Einzelrichtlinie: übertägige oder untertägige mineralgewinnende Betriebe,[130]
13. Einzelrichtlinie: Arbeit an Bord von Fischereifahrzeugen,[131]
14. Einzelrichtlinie: chemische Arbeitsstoffe,[132]
15. Einzelrichtlinie: Gefährdung durch explosionsfähige Atmosphären,[133]
16. Einzelrichtlinie: Vibrationen,[134]
17. Einzelrichtlinie: Lärm,[135]

---

[126] Richtlinie 92/57/EWG des Rates vom 24. Juni 1992 über die auf zeitlich begrenzte ortsveränderliche Baustellen anzuwendenden Mindestvorschriften für die Sicherheit und den Gesundheitsschutz, ABl 1992 L 245 S 6.

[127] Richtlinie 92/58/EWG des Rates vom 24. Juni 1992 über Mindestvorschriften für die Sicherheits- und/oder Gesundheitsschutzkennzeichnung am Arbeitsplatz, ABl 1992 L 245 S 23.

[128] Richtlinie 92/85/EWG des Rates vom 19. Oktober 1992 über die Durchführung von Maßnahmen zur Verbesserung der Sicherheit und des Gesundheitsschutzes von schwangeren Arbeitnehmerinnen, Wöchnerinnen und stillenden Arbeitnehmerinnen am Arbeitsplatz, ABl 1992 L 348 S 1.

[129] Richtlinie 92/91/EWG des Rates vom 3. November 1992 über Mindestvorschriften zur Verbesserung der Sicherheit und des Gesundheitsschutzes der Arbeitnehmer in den Betrieben, in denen durch Bohrungen Mineralien gewonnen werden, ABl 1992 L 348 S 9.

[130] Richtlinie 92/104/EWG des Rates vom 3. Dezember 1992 über Mindestvorschriften zur Verbesserung der Sicherheit und des Gesundheitsschutzes der Arbeitnehmer in übertägigen oder untertägigen mineralgewinnenden Betrieben, ABl 1992 L 404 S 10.

[131] Richtlinie 93/103/EWG des Rates vom 23. November 1993 über Mindestvorschriften für Sicherheit und Gesundheitsschutz bei der Arbeit an Bord von Fischereifahrzeugen, ABl 1993 L 307 S 1.

[132] Richtlinie 98/24/EG des Rates vom 7. April 1998 zum Schutz von Gesundheit und Sicherheit der Arbeitnehmer vor der Gefährdung durch chemische Arbeitsstoffe bei der Arbeit, ABl 1998 L 131 S 11.

[133] Richtlinie 1999/92/EG des Europäischen Parlaments und des Rates vom 16. Dezember 1999 über Mindestvorschriften zur Verbesserung des Gesundheitsschutzes und der Sicherheit der Arbeitnehmer, die durch explosionsfähige Atmosphären gefährdet werden können, ABl 1999 L 23 S 57.

[134] Richtlinie 2002/44/EG des Europäischen Parlaments und des Rates vom 25. Juni 2002 über Mindestvorschriften zum Schutz von Sicherheit und Gesundheit der Arbeitnehmer vor der Gefährdung durch physikalische Einwirkungen, ABl 2002 L 177 S 13.

18. Einzelrichtlinie: elektromagnetische Felder,[136]
19. Einzelrichtlinie: künstliche optische Strahlung.[137]

Neben dem technischen Arbeitnehmerschutz bildet Art 137 EG auch die Basis für Richtlinien im Bereich des sozialen Arbeitnehmerschutzes: Grundlage des gemeinschaftsrechtlichen Arbeitszeitschutzes ist die (neu kodifizierte) **Arbeitszeit-Richtlinie** 2003/88/EG.[138] Für den Verwendungsschutz maßgebend ist neben der 10. Einzelrichtlinie die Richtlinie 94/33/EG,[139] die **Kinderarbeit** weitgehend verbietet und Jugendlichen in ihren Arbeitsverhältnissen besonders schützt.

Anders als bei Maßnahmen nach Art 95 EG stellen Richtlinien nach Art 137 EG lediglich **Mindestvorschriften** dar.[140] Die Mitgliedstaaten können daher ohne ein vorhergehendes Meldeverfahren, wie es etwa für nationale Alleingänge bei Binnenmarkt-Richtlinien gemäß Art 95 Abs 4 ff EG vorgesehen ist, strengere Schutzmaßnahmen beibehalten oder erlassen. **Strengere Schutzvorschriften** dürfen jedoch nur soweit erlassen werden, wie sie **mit dem EG-Vertrag vereinbar** sind.[141]

---

135 Richtlinie 2003/10/EG des Europäischen Parlaments und des Rates vom 6. Februar 2003 über Mindestvorschriften zum Schutz von Sicherheit und Gesundheit der Arbeitnehmer vor der Gefährdung durch physikalische Einwirkungen, ABl 2003 L 42 S 38.

136 Richtlinie 2004/40/EG des Europäischen Parlaments und des Rates vom 29. April 2004 über Mindestvorschriften zum Schutz von Sicherheit und Gesundheit der Arbeitnehmer vor der Gefährdung durch physikalische Einwirkungen, ABl 2004 L 159 S 1.

137 Richtlinie 2006/25/EG des Europäischen Parlaments und des Rates vom 5. April 2006 über Mindestvorschriften zum Schutz von Sicherheit und Gesundheit der Arbeitnehmer vor der Gefährdung durch physikalische Einwirkungen, ABl 2006 L 114 S 38.

138 Richtlinie 2003/88/EG des Europäischen Parlaments und des Rates über bestimmte Aspekte der Arbeitszeitgestaltung, ABl 2003 L 299 S 9.

139 Richtlinie 94/33/EG des Rates über den Jugendarbeitsschutz, ABl 1994 L 216 S 12.

140 Vgl etwa *Beglinger*, Die Harmonisierungsbestrebungen der EG auf dem Gebiet des technischen Arbeitsschutzes (1991) 11; *Birk*, Die Gesetzgebungszuständigkeit der Europäischen Gemeinschaft im Arbeitsrecht, RdA 1992, 68 (73); *Gröss*, Arbeitnehmerschutz in der EU – EuGH bestätigt strengere Regelungen der Mitgliedstaaten, ASoK 2000, 17; *Krebber* in Calliess/Ruffert[3] (2007) Art 137 Rn 29; *Koll*, Arbeitsschutz im europäischen Binnenmarkt, DB 1989, 1234 (1239); *Mosler*, Die Gemeinschaftsmaßnahmen zur Verbesserung des Gesundheitsschutzes und der Sicherheit von Arbeitnehmern und ihre Bedeutung für das österreichische Arbeitsrecht, in Koppensteiner (Hrsg), Österreichisches und europäisches Wirtschaftsprivatrecht 5 (1997) 223 (230, 247, 263); *Szymanski*, Arbeitnehmerschutz und EG-Recht, in Runggaldier (Hrsg), Österreichisches Arbeitsrecht und das Recht der EG (1990) 303 (307); *Wagner*, Das Konzept der Mindestharmonisierung (2001) 69 ff.

141 Art 137 Abs 4 Spiegelstrich 2 EG; vgl dazu eingehend *Wagner*, Das Konzept der Mindestharmonisierung (2001) 137 ff.

Dies bedeutet, dass die allgemeinen Bestimmungen des EG-Vertrages, insb das **Diskriminierungsverbot**, beachtet werden müssen und die Ausübung der durch den EG-Vertrag gewährleisteten **Grundfreiheiten** nicht beeinträchtigt werden darf.[142] Damit ändert Art 137 EG nicht den Prüfungsmaßstab der Grundfreiheiten, sondern hebt lediglich die Sperrwirkung einer gemeinschaftsrechtlichen sekundärrechtlichen Regelung auf.[143] So dürfen etwa aus Gründen des Arbeitnehmerschutzes keine Einfuhrbeschränkungen entgegen Art 28 EG getroffen werden, es sei denn, diese sind gemäß Art 30 EG und der Cassis-de-Dijon-Rechtsprechung[144] des EuGH gerechtfertigt.[145]

Im Hinblick auf die **Dienstleistungsfreiheit** sind personen- und unternehmensbezogene Beschränkungen in Form strengerer Schutzvorschriften dann zulässig, wenn sie aus einem **zwingenden Grund des Allgemeininteresses**, worunter auch der **soziale Schutz der Arbeitnehmer** fällt,[146] **notwendig** sind und sie zur

---

142 Dazu *Käppler*, Beschränkungen der Dienstleistungsfreiheit durch das Arbeitnehmerentsenderecht und das sozialpolitische Prinzip der Mindestharmonisierung in Art 137 EG, in FS Schwerdtner (2003) 751 (763 ff); *Högl* in von der Groeben/Schwarze[6] (2003) Art 137 Rn 55; *C. Müller*, International zwingende Normen des deutschen Arbeitsrechts (2005) 185 f; *Wagner*, Das Konzept der Mindestharmonisierung (2001) 140 f. Vgl EuGH 17.12.1998, Rs C-2/97, IP/Borsana, Slg 1998, I-8597 und 25.10.2001, Rs C-49/98 ua, Finalarte, Slg 2001, I-7831.

143 Vgl dazu *Randelzhofer/Forsthoff* in Grabitz/Hilf, Das Recht der Europäischen Union, Vor Art 39-55 EGV Rn 152.

144 EuGH 20.02.1979, Rs 120/78, Rewe-Zentral-AG/Bundesmonopolverwaltung für Branntwein, Slg 1979, 649.

145 *Balze*, Die sozialpolitischen Kompetenzen der Europäischen Union (1994) 110; *Langenfeld* in Grabitz/Hilf, Das Recht der Europäischen Union, Art 137 Rn 17; *Streffer*, Freier Warenverkehr und Arbeitsschutz im europäischen Recht, FS Wlotzke (1996) 769 (775). Vgl auch *Mosler*, Die Gemeinschaftsmaßnahmen zur Verbesserung des Gesundheitsschutzes und der Sicherheit von Arbeitnehmern und ihre Bedeutung für das österreichische Arbeitsrecht, in Koppensteiner (Hrsg), Österreichisches und europäisches Wirtschaftsprivatrecht 5 (1997) 223 (247) und *Wank*, Technischer Arbeitsschutz in der EU im Überblick, in Oetker/Preis (Hrsg), EAS, B 6000 Rn 11.

146 Vgl zB EuGH 17.12.1981, Rs 279/80, Webb, Slg 1981, 3305; 25.07.1991, Rs C-288/89, Slg 1991 I-4007; 28.03.1996, Rs C-272/94, Guiot und Climatec, Slg 1996 I-1905 = WBl 1996, 279 = ecolex 1996, 876 = ZER 1996/59 = ARD 4785/58/96 = infas 1996, 123 E 17 = ZAS 1996, 137; 25.10.2001, Rs C-49/98 ua, Finalarte, Slg 2001 I-7831 = EuZW 2001, 759 = WBl 2002/5, 28 = ecolex 2002, 310 = ZASB 2002, 16 = ZER 2002/251, 57 = ARD 5362/11/2002. Vgl *Badura*, Verfassungsfragen der Entsendung ausländischer Arbeitnehmer nach Deutschland, in FS Söllner (2000) 111 (121); *von Danwitz*, Die Rechtsprechung des EuGH zum Entsenderecht, EuZW 2002, 237 (242); *Eichenhofer*, Dienstleistungsfreiheit und Ar-

Verwirklichung des mit ihnen verfolgten Ziels **geeignet** und **erforderlich** (verhältnismäßig) sind.[147] Hier ist auch das Verbot der Doppelbelastung zu beachten, weshalb zu prüfen ist, ob dem Allgemeininteresse nicht bereits durch die Rechtsvorschriften jenes Staates, in dem der Leistungserbringer ansässig ist, Rechnung getragen wird.[148] Für produktbezogene Beschränkungen gilt nichts anderes als für personenbezogene. Insbesondere der rechtmäßige Inhalt einer Dienstleistung im Herkunftsstaat muss berücksichtigt werden. Der Frage, ob solche Beschränkungen im jeweiligen Mitgliedstaat durch unterschiedlich ausgebildete Allgemeininteressen gerechtfertigt sein können, kommt daher besondere Bedeutung zu.[149] Nach *Lorenz/Wannöffel*[150] sei der Vergleich der konkreten Schutzzwecke im Herkunfts- und Empfangsstaat entscheidend und ob deren Umsetzung im Empfangsstaat für die Arbeitnehmer günstiger sei. Die genauen Grenzen der Zulässigkeit für die Mitgliedstaaten, weitergehende Anforderungen zum Schutz der Arbeitnehmer gegenüber den allgemeinen Bestimmungen des EG-Vertrages aufzustellen, erscheinen jedoch **nicht abschließend geklärt**.[151]

Die leichtere Möglichkeit zum nationalen Alleingang macht eine **Abgrenzung zwischen den Kompetenzen nach Art 137 EG und Art 95 EG** notwendig, obgleich dieser im EG-Vertrag selbst nicht klar geregelt ist.[152] Für die Abgrenzung maßgebend ist der wesentliche Regelungsgegenstand: Ist dieser auf die Beseitigung von Hindernissen gerichtet, die die Verwirklichung des Binnenmarktes beeinträchtigen, so ist eine gemeinschaftliche Maßnahme, die auf die Beseitigung dieser Hindernisse zielt, auf Art 95 EG zu stützen, auch wenn von den beabsichtigten Regelungen Auswirkungen auf die Arbeitsumwelt ausgehen. Verfolgt der wesentliche Regelungsgegenstand hingegen auf ein über den Zweck des Art 95 EG hinausgehendes Ziel im Bereich des Arbeitnehmerschutzes, so schafft Art 137

beitnehmerschutz, JZ 2007, 425 (427); *C. Müller*, International zwingende Normen des deutschen Arbeitsrechts (2005) 205. Kritisch *Franzen*, Kurzzeitige Arbeitnehmerentsendung und Dienstleistungsfreiheit, IPRax 2002, 186 (189).

147 Vgl statt vieler *Tiedje/Troberg* in von der Groeben/Schwarze[6] (2003) Art 49 EG Rn 73.

148 Vgl wiederum statt vieler *C. Müller*, International zwingende Normen des deutschen Arbeitsrechts (2005) 206; *Tiedje/Troberg* in von der Groeben/Schwarze[6] (2003) Art 49 EG Rn 77 ff.

149 *Tiedje/Troberg* in von der Groeben/Schwarze[6] (2003) Art 49 EG Rn 97.

150 *Lorenz/Wannöffel*, EU-Rahmenrichtlinie: Dienstleistungen im Binnenmarkt (2005) 29.

151 So etwa *C. Müller*, International zwingende Normen des deutschen Arbeitsrechts (2005) 184.

152 *Streffer*, Freier Warenverkehr und Arbeitsschutz im europäischen Recht, FS Wlotzke (1996) 769 (776.)

EG die Kompetenzgrundlage, mögen damit auch Rückwirkungen auf die Herstellung des Binnenmarktes einhergehen.[153]

5. Internationales Kollisionsrecht

Auf Grund der zunehmenden Internationalisierung der Wirtschaft, die durch die Verwirklichung des Binnenmarktes zumindest für den europäischen Raum gefördert werden soll, stellt der Einsatz von Arbeitskräften im Ausland keinen Ausnahmefall mehr dar. In multinationalen Unternehmen ist die Bereitschaft des Arbeitnehmers zur Erbringung seiner Arbeitsleistung im Ausland auch bei untergeordneten Mitarbeitern zur teilweise unabdingbaren Voraussetzung geworden.[154] Damit stellt sich den Arbeitgebern wie auch den Arbeitnehmern zunehmend die Frage, welche Rechtsordnung zur Anwendung gelangt, weil mit unterschiedlichen Rechtsordnungen, die nicht restlos harmonisiert sind, auch unterschiedliche Rechte und Pflichten einhergehen. Diese rechtliche Zuordnung zu einer Rechtsordnung, mit dem sich das Kollisionsrecht beschäftigt, ist freilich auch für Fragen im Bereich des Arbeitnehmerschutzes relevant.

Wie eingangs schon dargestellt, besteht das Arbeitnehmerschutzrecht aus öffentlich-rechtlichen Normen. Das **öffentliche Arbeitsrecht** gilt dabei nur in den **Grenzen des normsetzenden Staates.**[155] Damit orientiert sich der räumliche Geltungs- und Anwendungsbereich des Arbeitnehmerschutzrechtes nach dem **Territorialitätsprinzip.**[156] In der Rechtsordnung kommt dies etwa in **§ 130 Abs 7 ASchG** zum Ausdruck, wonach Verwaltungsübertretungen nach dem ASchG, die nicht im Inland begangen wurden, an jenem Ort als begangen gelten, an dem sie festgestellt wurden. Hintergrund dieser Bestimmung ist einerseits § 2 Abs 1 VStG, der als Generalnorm festlegt, dass nur im Inland begangene Verwaltungsübertre-

---

153 *Langenfeld* in Grabitz/Hilf, Das Recht der Europäischen Union, Art 137 Rn 16; *Högl* in von der Groeben/Schwarze[6] (2003) Art 137 Rn 14; vgl *Mosler,* Die Gemeinschaftsmaßnahmen zur Verbesserung des Gesundheitsschutzes und der Sicherheit von Arbeitnehmern und ihre Bedeutung für das österreichische Arbeitsrecht, in Koppensteiner (Hrsg), Österreichisches und europäisches Wirtschaftsprivatrecht 5 (1997) 223 (254 f); *Wagner,* Das Konzept der Mindestharmonisierung (2001) 79 f;.

154 *Wank* in Hanau/Steinmeyer/Wank, Handbuch des europäischen Arbeits- und Sozialrechts (2002) § 31 Rn 2.

155 *Schwimann,* Grenzüberschreitender Wechsel des Beschäftigungsortes und arbeitsrechtliche Eingriffsnormen, WBl 1994, 217 (218).

156 Vgl zB *Löschnigg,* Arbeitsrecht[10] (2003) 791; *Martiny,* MünchBGB X[4] (2006) Art 30 EGBGB Rn 106; *C. Müller,* International zwingende Normen des deutschen Arbeitsrechts (2005) 331; *G. Müller,* Die rechtliche Bedeutung abhängiger fremdbestimmter Arbeit bei Berührungen mit Deutschland und Italien, RdA 1973, 137 (140, 143).

tungen nach dem VStG strafbar sind. Andererseits ist bei Übertretung von Arbeitnehmerschutzvorschriften nach der stRsp des VwGH grundsätzlich der Ort des Unternehmenssitzes der Tatort.[157] Ziel des § 130 Abs 7 ASchG ist nun, ausländische Unternehmer, die keinen Sitz in Österreich haben, trotzdem zur verwaltungsstrafrechtlichen Verantwortung ziehen zu können. Dies impliziert aber, dass auch die materiellen Bestimmungen des ASchG, deren Übertretung mit verwaltungsstrafrechtlichen Sanktionen belegt sind, von ausländischen Arbeitgebern einzuhalten sind.[158]

Der EG-Vertrag vermag das Territorialitätsprinzip nicht zu vereiteln, solange sichergestellt ist, dass die inländischen Vorschriften nicht den Regelungen des EG-Vertrages entgegenstehen. Weil die **Grundfreiheiten** im grenzüberschreitenden Verkehr weiterhin sichergestellt bleiben müssen, ist auch das Internationale Privatrecht unmittelbar von den Grundfreiheiten betroffen.[159]

Zu beachten ist, dass im Bereich des Arbeitnehmerschutzrechts auf einen breiten gemeinschaftsrechtlichen Rechtsbestand zurückgegriffen werden kann. Was nationale Regelungen in Umsetzung zu den Binnenmarkt-Richtlinien gem **Art 95 EG** betrifft, dürfen die Mitgliedstaaten ohnehin keine strengeren Bestimmungen vorschreiben, als die Binnenmarkt-Richtlinien als Standard vorsehen. Weil daher der ausländische Arbeitgeber auch in seinem Niederlassungsstaat dem gleichen Schutzniveau unterworfen ist, wird er in Erfüllung der einzelstaatlichen Schutzvorschriften des Empfangsstaates weder diskriminiert noch beschränkt. Sollte der Empfangsstaat vom Ausscherrecht nach Art 95 Abs 4 bis 7 EG Gebrauch machen, so ist dies ohnehin nur zulässig, wenn die Kommission diesen nationalen Alleingang vorab gebilligt hat, was wiederum voraussetzt, dass der Alleingang weder ein Mittel zur willkürlichen Diskriminierung noch eine verschleierte Beschränkung des Handels zwischen den Mitgliedstaaten darstellt und auch nicht das Funktionieren des Binnenmarktes verhindert.

Bei der Umsetzung der Richtlinien, die sich auf **Art 137 EG** stützen, wird durch strengere Schutzmaßnahmen das Territorialitätsprinzip dann nicht durchbrochen, wenn die strengeren Schutzmaßnahmen mit dem EG-Vertrag vereinbar, somit also zulässig sind und ein ausländischer Leistungserbringer sich ihnen unterwerfen muss.

---

[157] Vgl etwa jüngst VwGH 23.05.2006, 2005/02/0248, ARD 5724/9/2006.

[158] Vgl *Schramhauser/Heider*, ArbeitnehmerInnenschutzgesetz[4] (2002) § 130 Erl 3.

[159] Vgl dazu etwa *C. Müller*, International zwingende Normen des deutschen Arbeitsrechts (2005) 188.

Obgleich der öffentlich-rechtliche Arbeitnehmerschutz von einem faktischen Beschäftigungsverhältnis ausgeht,[160] kennt er auch **privatrechtliche Auswirkungen** auf das Arbeitsverhältnis. Insbesondere über die Generalklausel der arbeitsvertraglich statuierten **Fürsorgepflicht** erhält die Pflicht des Arbeitgebers zur Einhaltung des öffentlich-rechtlichen Arbeitnehmerschutzes eine arbeitsvertragliche Komponente, indem der Arbeitgeber sich zur Einhaltung dieser Pflichten auch vertraglich gegenüber seinem Arbeitnehmer verpflichtet. Gerade der Arbeitnehmerschutz ist von dieser Gemengelage, von dieser Durchwachsung des privaten mit öffentlichem Recht gekennzeichnet[161] – öffentliches und privates Recht liegen als Schranken der sozialen Übermacht des Arbeitgebers *„zwar unterscheidbar, aber unscheidbar"* zusammen.[162] Auch dem Bereich des privatrechtlichen Arbeitnehmerschutzes im weitesten Sinne sind die deliktischen Schadenersatzansprüche und Unterlassungsansprüche des Arbeitnehmers gegenüber dem Arbeitgeber zuordenbar.[163]

Es bleibt die Frage zu beantworten, ob der Arbeitgeber sich diesen arbeitsvertraglichen Schutzpflichten entziehen kann, wenn das Arbeitsvertragsstatut nicht auf das Recht jenes Landes verweist, in dem vorübergehend die Leistung vom Arbeitnehmer erbracht wird. Zwar besteht gem Art 3 EVÜ auch für Arbeitsverträge die Möglichkeit der freien Rechtswahl, doch schreibt **Art 7 Abs 2 EVÜ** vor, dass jene Bestimmungen, **die ohne Rücksicht auf das Arbeitsvertragsstatut den Sachverhalt zwingend regeln, unberührt bleiben** und daher jedenfalls gelten. Bei diesen Bestimmungen handelt es sich um staatliche Lenkungsvorschriften mit Zwangscharakter, die **im öffentlichen Interesse erlassen** wurden und auf das **Arbeitsverhältnis einwirken**. Sie werden daher als „**Eingriffsnormen**" bezeichnet. Für sie kennzeichnend ist nicht nur ihre **ordnungspolitische Bedeutung**, durch die sie sich von herkömmlichen zwingenden Vorschriften unterscheiden, sondern auch ihr **internationaler Geltungswille** – sie möchten „von sich aus" jedenfalls auch auf Arbeitsverhältnisse angewendet werden, bei denen das Arbeitsvertragsstatut vom Inland abweicht. Normen, die Gefahren bzw Unfälle verhindern sollen, und Vorschriften, die dem Schutz von Jugendlichen, Frauen bzw Müttern dienen, kommt am Arbeitsort kraft **eigenen Anwendungswillen** unbe-

---

160 *Löschnigg*, Arbeitsrecht[10] (2003) 791.

161 Vgl dazu zB umfassend *Schwarz*, Öffentliches und privates Recht in der arbeitsrechtlichen Systembildung (1973) 33 ff.

162 *Radbruch*, Rechtsphilosophie (1957) 228.

163 So zB *Kollmer*, Richtlinien der EG zur Geräte- und Anlagensicherheit, in Oetker/Preis (Hrsg), EAS B 6300 Rn 116.

schränkte Geltung zu.[164] Zu den Eingriffsnormen zählen daher ua Bestimmungen des Arbeitszeit-, Gefahren-, Jugendlichen-, Frauen- und Mutterschutzes, Behinderten- und Gesundheitsschutzes sowie Feiertags- und Arbeitsruhebestimmungen wie überhaupt Arbeitnehmergesundheitsschutzvorschriften.[165] Ob diese Eingriffsnormen privatrechtlicher oder öffentlich-rechtlicher Natur sind, ist dabei unbedeutend. Es spricht keineswegs gegen den Eingriffscharakter, wenn Arbeitnehmerschutzbestimmungen Ausdruck der Fürsorgepflicht des Arbeitgebers sind, weil das entscheidende Zuweisungskriterium nicht die Zugehörigkeit zum privaten oder öffentlichen Recht ist, sondern das Vorhandensein eines qualifizierten ordnungspolitischen Regelungszweckes.[166]

Die meisten Eingriffsnormen im Bereich des Arbeitnehmerschutzes gelten als **Mindestvorschriften**. Es ist daher ohne weiteres zulässig, wenn Arbeitnehmer und Arbeitgeber zu Gunsten des Arbeitnehmers einen **höheren Arbeitnehmerschutz vereinbaren**. In diesem Zusammenhang stellt sich die Frage, ob das **ausländische Arbeitsvertragsstatut Vorrang** genießt, wenn es einen höheren Arbeitnehmerschutz kennt als die inländische Eingriffsnorm. Das Verhältnis des frei vereinbarten Arbeitsvertragsstatut nach Art 3 EVÜ bzw des anzuwendenden Rechts nach Art 6 EVÜ zu den Eingriffsnormen nach Art 7 Abs 2 EVÜ ist nicht restlos geklärt,[167] doch ist die Anwendung der höheren ausländischen Schutzbestimmungen zu bejahen:[168] Die Eingriffsnormen müssen **neben** dem Arbeitsvertragsstatut berücksichtigt werden,[169] weil gem Art 7 Abs 2 EVÜ das Arbeitsver-

---

164 *Schwimann/Schlemmer*, Österreichisches Arbeitskollisionsrecht, DRdA 1984, 201 (206).

165 Vgl *Eichenhofer*, Arbeitsbedingungen bei Entsendung von Arbeitnehmern, ZIAS 1996, 55 (70); *ders*, Dienstleistungsfreiheit und Arbeitnehmerschutz, JZ 2007, 425 (429); *Martiny*, MünchBGB X[4] (2006) Art 30 EGBGB Rn 127; *Schwimann*, Neues Arbeitskollisionsrecht in Österreich, DRdA 1981, 281 (285 f); *ders*, Zur Lage des österreichischen Internationalen Arbeitsrechts, ZAS 1992, 1 (6); *ders*, Grenzüberschreitender Wechsel des Beschäftigungsortes und arbeitsrechtliche Eingriffsnormen, WBl 1994, 217 (220); *Verschraegen*, Rummel[3] (2004) Art 6 EVÜ Rn 37; *Wolfsgruber*, Zeller Kommentar (2006) Art 6 EVÜ Rn 33.

166 *Schwimann*, Grenzüberschreitender Wechsel des Beschäftigungsortes und arbeitsrechtliche Eingriffsnormen, WBl 1994, 217 (222).

167 Vgl dazu eingehend für die deutschen Bestimmungen der §§ 30 und 34 EGBGB *C. Müller*, International zwingende Normen des deutschen Arbeitsrechts (2005) 94 ff, oder zur Reichweite des Art 7 Abs 2 EVÜ *Junker*, Empfiehlt es sich, Art. 7 EVÜ zu revidieren oder aufgrund der bisherigen Erfahrungen zu präzisieren? IPRax 2000, 65 (67 f).

168 *Schwimann*, Grenzüberschreitender Wechsel des Beschäftigungsortes und arbeitsrechtliche Eingriffsnormen, WBl 1994, 217 (225); *Schwimann/Schlemmer*, Österreichisches Arbeitskollisionsrecht, DRdA 1984, 201 (206).

169 *Schwimann/Schlemmer*, Österreichisches Arbeitskollisionsrecht, DRdA 1984, 201 (205).

tragsstatut die inländische Eingriffsnorm lediglich nicht berührt. Rechtlich existent sind beide Regelungsbereiche. Ist die Eingriffsnorm aber bloß einseitig zwingend, dann lässt sie selbst als Mindeststandard einen höheren Schutzstandard zu. Deshalb wird die Eingriffsnorm von der für den Arbeitnehmer günstigeren Schutzbestimmung des Arbeitsvertragsstatuts überdeckt.[170] Dabei ist es gleichgültig, ob die höhere Schutznorm kraft Vereinbarung zwischen den Arbeitsvertragsparteien oder unmittelbar kraft zur Anwendung gelangenden ausländischen Rechts die Eingriffsnorm überbietet. Diese Verdrängung gilt jedoch **nur privatrechtlich** zwischen Arbeitgeber und Arbeitnehmer; keine österreichische Verwaltungsbehörde muss auch die Einhaltung dieser weitergehenden ausländischen Schutzvorschriften überwachen.[171] Ob der Arbeitgeber auch arbeitsvertraglich zur Einhaltung von öffentlich-rechtlichen Arbeitnehmerschutzbestimmungen verpflichtet ist, ist autonom nach dem zutreffenden Arbeitsvertragsstatut zu beurteilen;[172] an dieser Beurteilung vermag Art 7 Abs 2 EVÜ nichts zu ändern. Ist die Eingriffsnorm hingegen **zweiseitig zwingend**, so ist eine Abweichung durch ein anderes Arbeitsvertragsstatut auch zugunsten des Arbeitnehmers nicht möglich;[173] es gilt ausschließlich die Eingriffsnorm.

Die Anwendung der günstigeren Bestimmungen jener Rechtsordnung, die anzuwenden ist, wenn zwischen den Arbeitsvertragsparteien keine Rechtswahl getroffen wurde, kann jedoch durch eine Rechtswahl dem Arbeitnehmer auch nicht entzogen werden. Dies garantiert **Art 6 Abs 1 EVÜ**. Die Rechtswahlfreiheit ist

---

170 Ebenso *Schaub*, Globalisierung des Arbeitsrechts, in FS Söllner (2000) 997 (1007); *Stoll*, Eingriffsnormen im Internationalen Privatrecht (2002) 65, 202. Vgl auch *Birk*, MünchArbR[2] (2000) § 19 Rn 165.

171 *Schwimann/Schlemmer*, Österreichisches Arbeitskollisionsrecht, DRdA 1984, 201 (206). Vgl zum Problemkreis der Theorie der einseitigen Kollisionsnorm im Öffentlichen Recht zB *Ohler*, Internationales Verwaltungsrecht – ein Kollisionsrecht eigener Art? in Leible/Ruffert (Hrsg), Völkerrecht und IPR (2006) 131 (143 ff).

172 Nach österreichischem Recht stellen insb § 1157 ABGB und § 18 AngG das Einfallstor dar; vgl etwa *Floretta/Spielbüchler/Strasser*, Arbeitsrecht I[4] (1998) 331; *Löschnigg*, Arbeitsrecht[10] (2003) 332 f; *Martinek/Schwarz/Schwarz*, AngG[7] (1991) § 18 Erl 1; *Pfeil* in Schwimann, ABGB[3] V (2006) § 1157 Rn 3; *Resch*, Zur Rechtsstellung der Arbeitnehmer nach dem ArbeitnehmerInnenschutzgesetz, in Tomandl (Hrsg) Rechtsfragen des technischen Arbeitnehmerschutzes (1997) 1 (4 ff).

173 Vgl *Stoll*, Eingriffsnormen im Internationalen Privatrecht (2002) 65; ebenso hinsichtlich des Verhältnisses von Art 34 EGBGB zu Art 30 EGBGB *Schlachter*, Grenzüberschreitende Arbeitsverhältnisse, NZA 2000, 57 (61).

damit nicht geeignet, das Arbeitsverhältnis aus teuren nationalen Arbeitnehmerschutzbestimmungen herauszunehmen.[174]

Bei der Beurteilung, ob eine Eingriffsnorm nach Art 7 Abs 2 EVÜ oder die günstigere Norm des Arbeitsvertragsstatuts anzuwenden ist, darf **Art 20 EVÜ** nicht übersehen werden, wonach Kollisionsregelungen, die im Gemeinschaftsrecht oder zwecks dessen Umsetzung im innerstaatlichen Recht verankert sind, Vorrang genießen. Somit ist eine Eingriffsnorm dann nicht anzuwenden, wenn ihre Anwendung dem Recht der EU – sei es Primärrecht oder Sekundärrecht[175] – widersprechen würde.[176]

Zu nennen ist hier die **Entsende-Richtlinie** 96/71/EG.[177] Nach Art 3 Abs 1 Entsende-Richtlinie haben die Mitgliedstaaten dafür zu sorgen, dass bestimmte Arbeits- und Beschäftigungsbedingungen des Mitgliedstaates, in dessen Hoheitsgebiet die Arbeitsleistung vorübergehend erbracht wird, jedenfalls den von der Entsende-Richtlinie erfassten Arbeitnehmern garantiert sind – unabhängig von dem auf das jeweilige Arbeitsverhältnis anwendbare Recht. Unter diesen garantierten Arbeits- und Beschäftigungsbedingungen fallen neben Höchstarbeits- und Mindestruhezeiten[178] Sicherheit, Gesundheitsschutz und Hygiene am Arbeitsplatz[179] sowie Schutzmaßnahmen im Zusammenhang mit den Arbeits- und Beschäftigungsbedingungen von Schwangeren und Wöchnerinnen, Kindern und Jugendlichen.[180] Sollte jedoch das auf das jeweilige Arbeitsverhältnis anzuwendende Recht für die Arbeitnehmer günstigere Arbeits- und Beschäftigungsbedingungen vorsehen, so steht die **Entsende-Richtlinie der Anwendung dieser günstigeren**

---

174 Vgl *Schlachter*, Grenzüberschreitende Arbeitsverhältnisse, NZA 2000, 57 (58 und 60).

175 Beim Sekundärrecht entsteht dann ein Problem, wenn eine Richtlinie nicht rechtzeitig in das innerstaatliche Recht umgesetzt wurde. Es ist zweifelhaft, dass die nicht umgesetzte Richtlinie die bestehende Eingriffsnorm zu verdrängen vermag (vgl dazu etwa *Iversen* in Brödermann/Iversen, Europäisches Gemeinschaftsrecht und IPR [1994] Rn 990; *Stoll*, Eingriffsnormen im Internationalen Privatrecht [2002] 144 ff), es sei denn, die Eingriffsnorm verstößt gegen allgemeine Grundsätze (vgl EuGH 22.11.2005, Rs C-144/04, Mangold/Helm, WBl 2006/11, 31 = ARD 5667/4/2006 = ecolex 2006, 343 = ZAS 2006/35, 236 = ZER 2006/419, 150).

176 S etwa *Stoll*, Eingriffsnormen im Internationalen Privatrecht (2002) 74.

177 Richtlinie 96/71/EG des Europäischen Parlaments und des Rates vom 16. Dezember 1996 über die Entsendung von Arbeitnehmern im Rahmen der Erbringung von Dienstleistungen, ABl 1997 L 18 S 1.

178 Art 3 Abs 1 lit a Entsende-Richtlinie.

179 Art 3 Abs 1 lit e Entsende-Richtlinie.

180 Art 3 Abs 1 lit f Entsende-Richtlinie.

Bedingungen nicht entgegen.[181] Weil ohnehin anzunehmen ist, dass die genannten Arbeits- und Beschäftigungsbedingungen Eingriffsnormen darstellen, welche gemäß Art 7 EVÜ dem Territorialitätsprinzip unterliegen, schafft die Entsende-Richtlinie im Ergebnis keine abweichenden Bestimmungen.

In diesem Zusammenhang ist auch zu prüfen, inwiefern die vor kurzem erlassene **Dienstleistungsrichtlinie**[182] in dieses Gefüge eingreift. **Art 1 Abs 6** DL-RL möchte das **Arbeitsrecht**, dh *„gesetzliche oder vertragliche Bestimmungen über Arbeits- und Beschäftigungsbedingungen, einschließlich des Gesundheitsschutzes und der Sicherheit am Arbeitsplatz und über die Beziehungen zwischen Arbeitgebern und Arbeitnehmern, die von den Mitgliedstaaten gemäß nationalem Recht unter Wahrung des Gemeinschaftsrechts angewandt werden"*, unberührt lassen. Damit berührt die DL-RL keine Arbeitnehmerschutzbestimmungen wie etwa Höchstarbeits- und Mindestruhezeiten, bezahlten Mindestjahresurlaub, Gesundheitsschutz, Sicherheit und Hygiene am Arbeitsplatz, die von den Mitgliedstaaten im Einklang mit dem Gemeinschaftsrecht angewandt werden.[183] Erwägungsgrund 13 DL-RL unterstreicht, dass die Gemeinschaftsinitiativen auf Grund des **Art 137 EG** durch die DL-RL **uneingeschränkt beachtet** werden. In diesem Sinne ist wohl auch **Art 16 Abs 3** DL-RL zu verstehen, wonach Mitgliedstaaten generell nicht daran gehindert werden, im Einklang mit dem Gemeinschaftsrecht seine Bestimmungen über **Beschäftigungsbedingungen anzuwenden**. Der Erwägungsgrund 82 DL-RL unterstreicht, dass dabei die Rechts- und Verwaltungsvorschriften aus Gründen des Schutzes der Arbeitnehmer gerechtfertigt, nicht diskriminierend, erforderlich und verhältnismäßig sein sowie mit sonstigen einschlägigen Rechtsvorschriften der Gemeinschaft in Einklang stehen sollten.

---

181 Art 3 Abs 7 Entsende-Richtlinie.

182 Richtlinie 2006/123/EG des Europäischen Parlaments und des Rates vom 12. Dezember 2006 über Dienstleistungen im Binnenmarkt, ABl 2006 L 376 S 36. Vgl seit Beschluss der Richtlinie zB *Koberski*, Die Dienstleistungsrichtlinie – Vollendung des Binnenmarktes für Dienstleistungen? in FS Richardi (2007) 1051; *Körner*, EU-Dienstleistungsrichtlinie und Arbeitsrecht, NZA 2007, 233; *Obwexer*, RL über Dienstleistungen im Binnenmarkt, ecolex 2007, 4; *Urbantschitsch*, RL des EP und des Rates über Dienstleistungen im Binnenmarkt, ecolex 2006, 1049; *Windisch-Graetz*, Auswirkungen der Dienstleistungs-Richtlinie auf das Arbeitsrecht, ecolex 2007, 8; *Windoffer*, Die Implementierung einheitlicher Ansprechpartner nach der EU-Dienstleistungsrichtlinie – Problemfelder und Anpassungsbedarf im nationalen Recht, NVwZ 2007, 495.

183 Erwägungsgrund 14 DL-RL. Zum verschwommenen „Vorbehalt des Gemeinschaftsrechts".

Die für den vorbeugenden Arbeitnehmerschutz relevanten **Binnenmarkt-Richtlinien** gemäß Art 95 EG bleiben allein deshalb von der DL-RL unberührt, weil die DL-RL **nicht den freien Warenverkehr**, sondern die Dienstleistungs- und Niederlassungsfreiheit betrifft.[184] Hinsichtlich der Anforderungen betreffend die Verwendung von Ausrüstungsgegenständen und Materialien, die integraler Bestandteil einer Dienstleistung sind und damit vom Anwendungsbereich der Dienstleistungsfreiheit umfasst werden, dürfen die Mitgliedstaaten die Dienstleistungsfreiheit eines in einem anderen Mitgliedstaat niedergelassenen Dienstleistungserbringers nicht einschränken, es sei denn, diese Anforderungen sind für den Schutz der Gesundheit und die Sicherheit am Arbeitsplatz notwendig.[185] Dies hat etwa zur Folge, dass aus Gründen des Arbeitnehmerschutzes auf den niedergelassenen Dienstleistungserbringer dann strengere Schutzvorschriften, als es die Binnenmarkt-Richtlinien vorsehen, anzuwenden sind, wenn sie im Rahmen des Ausscherrechts gemäß Art 95 Abs 4 bis 7 EG zulässigerweise von einem Mitgliedstaat erlassen wurden. Erwägungsgrund 81 DL-RL stellt dabei klar, dass es sich bei diesen Ausrüstungsgegenständen nicht um materielle Gegenstände handelt, die beim Dienstleistungsempfänger verbraucht oder vor Ort belassen werden, weil solche Gegenstände Teil des freien Warenverkehrs sind.

Weiters möchte die DL-RL den **vorhandenen gemeinschaftsrechtlichen Besitzstand lediglich ergänzen und vervollständigen**, nicht aber ersetzen. Aus diesem Grund tritt die DL-RL nicht nur im Verhältnis zur Entsende-Richtlinie 96/71/EG in den Hintergrund,[186] sondern generell dann, wenn die DL-RL mit einem anderen Gemeinschaftsrechtsakt, der spezifische Aspekte der Aufnahme oder Ausübung einer Dienstleistungstätigkeit in bestimmten Bereichen oder bestimmten Berufen regelt, kollidiert.[187] Ob eine Kollision vorliegt, sollte freilich in Übereinstimmung mit dem EG-Vertrag festgestellt werden, wie Erwägungsgrund 30 DL-RL unterstreicht.

Schließlich wird die Festlegung des auf vertragliche oder außervertragliche Schuldverhältnisse anzuwendenden Rechts durch die **Regeln des internationalen Privatrechts** durch die DL-RL **nicht berührt.**[188] **Art 17 Abs 15** DL-RL garantiert auch, dass Bestimmungen betreffend vertragliche und außervertragliche Schuldverhältnisse, einschließlich der Form von Verträgen, die nach den Vorschriften des

[184] Vgl ebenso Erwägungsgrund 76 DL-RL.

[185] Art 16 Abs 2 lit f DL-RL.

[186] Art 17 Abs 2 DL-RL nimmt Angelegenheiten der Entsenderichtlinie überhaupt vom Anwendungsbereich des Art 16 DL-RL aus.

[187] Art 3 Abs 1 DL-RL.

[188] Art 3 Abs 2 DL-RL; Erwägungsgrund 90 DL-RL.

Internationalen Privatrechts festgelegt werden, vom Anwendungsbereich des Art 16 DL-RL ausgeschlossen sind. Damit werden kollisionsrechtliche Fragen unverändert nach dem EVÜ und dem übrigen Gemeinschaftsrecht zu beantworten sein.

6. Zusammenfassung

Das Arbeitnehmerschutzrecht hat - sowohl in Form des vorbeugenden als auch des betrieblichen Arbeitnehmerschutzes - eine weit gefestigte Basis im Gemeinschaftsrecht, das vor allem mit der Neuregelung der Art 95 und 137 EG durch die Einheitliche Europäische Akte an praktischer Bedeutung gewonnen hat, indem einerseits von Einstimmigkeitsprinzip zum Prinzip der qualifizierten Mehrheit gewechselt und andererseits die Detailregelungen auf die Europäischen Normungsinstitute abgewälzt („new approach") wurden. Art 95 EG kennt die Möglichkeit, zur Erlassung eines höheren Schutzstandards von den Binnenmarkt-Richtlinien abzuweichen, wobei dieses Ausscherrecht den Mitgliedstaaten nur in Abstimmung mit der Europäischen Kommission, welche die Abweichung vorab auf die Vereinbarkeit mit den Grundfreiheiten prüft, zusteht. Im Bereich der auf Art 137 EG erlassenen Richtlinien, wobei die maßgebende Rahmenrichtlinie 89/391/EWG von mittlerweile 19 Einzelrichtlinien begleitet wird, gilt ohnehin der Grundsatz, dass die Mitgliedstaaten strengere Schutzvorschriften erlassen dürfen, soweit sie mit dem EG-Vertrag, insb mit den Grundfreiheiten, vereinbar sind.

Bei der konkreten Frage, welche nationalen Arbeitnehmerschutzbestimmungen auf ein Arbeitsverhältnis anzuwenden sind, ist grundsätzlich zwischen öffentlich-rechtlichen und privatrechtlichen Schutzbestimmungen zu unterscheiden. Während öffentlich-rechtliche Vorschriften jedenfalls nach dem Territorialitätsprinzip Gültigkeit erlangen (für im Inland tätige Arbeitnehmer gelten ab dem ersten Tag inländische öffentlich-rechtliche Schutzvorschriften), ist die Frage nach den anzuwendenden privatrechtlichen Normen auf Basis des EVÜ zu lösen. Für Eingriffsnormen - zu denen jedenfalls auch Arbeitnehmerschutzvorschriften zu zählen sind - ist nach Art 7 Abs 2 EVÜ ebenfalls das Territorialitätsprinzip anzuwenden. Sollte das in Ermangelung einer Rechtswahl zwischen den Arbeitsvertragsparteien anzuwendende Recht gemäß Art 6 Abs 2 EVÜ, welches - soweit keine engere Verbindung zu einem anderen Staat besteht - am gewöhnlichen Arbeitsort bzw am Ort der Niederlassung anknüpft, eine für den Arbeitnehmer günstigere Regelung vorsehen, so ist privatrechtlich diese anzuwenden (Günstigkeitsprinzip). Diese günstigere Regelung kann auch durch eine geschickte Rechtswahl dem Arbeitnehmer gem Art 6 Abs 1 EVÜ nicht genommen werden. Auch die gem Art 20 EVÜ vorrangig anzuwendende Entsende-Richtlinie gelangt für Arbeitsverhältnisse, die ihrem Wirkungsbereich unterliegen, zum gleichen Ergebnis. Die DL-RL nimmt den Arbeitnehmerschutz weitgehend aus und ist daher für diesen Bereich materiell nicht spürbar.

Andreas Mair

Das kollektive Arbeitsrecht im Kontext von Dienstleistungsfreiheit und Dienstleistungsrichtlinie – dargestellt unter besonderer Berücksichtigung des Kollektivvertragsrechts –

1. Einleitung
   1.1. Grundlegung
   1.2. Der Stellenwert des kollektiven Arbeitsrechts im Gemeinschaftsrecht
2. Dienstleistungsfreiheit, Dienstleistungsrichtlinie und kollektives Arbeitsrecht
   2.1. Ausgangsposition
   2.2. Das Zusammenspiel von Internationalem Privatrecht und Dienstleistungsfreiheit im Entsendefall
   2.3. Die Entsenderichtlinie als Konkretisierung des Internationalen Privatrechts
   2.4. Die Dienstleistungsrichtlinie als Korrektur der Entsenderichtlinie und des EVÜ?
      2.4.1. Dienstleistungsfreiheit und nationale Arbeitsrechtsordnungen
      2.4.2. Der umfassende Liberalisierungs (Deregulierungs-)ansatz des ursprünglichen Entwurfs einer Dienstleistungsrichtlinie
      2.4.3. Der Neuansatz auf Basis der Endfassung der Dienstleistungsrichtlinie als Rückkehr zum EVÜ
3. Schlussbemerkungen

1. Einleitung[1]

1.1. Grundlegung

Das kollektive Arbeitsrecht ist wohl dasjenige Teilgebiet des Arbeitsrechts, das am stärksten von nationalen Eigenarten und Traditionen geprägt ist.[2] Die – aus

1 Für die äußerst hilfreiche Unterstützung in Zuge der Vorbereitung danke ich Frau *Stud-Ass Mag.ª Désirée Prantl* sehr herzlich.

2 Vgl *Stoffels*, Die Betriebsverfassung unter dem Einfluss des Europarechts, in Söllner/Gitter/Waltermann/Giesen/Ricken (Hrsg), Gedächtnisschrift für Meinhard Heinze (2005) 885 f; *Wißmann*, Arbeitsrecht und Europarecht, RdA 1999, 152 (158); *Heinze*, Europarecht im Spannungsverhältnis zum nationalen Arbeitsrecht – Von formaler Verdichtung zur

europäischer Sicht - strukturelle Heterogenität jenes Rechtsgebietes, das als Regelungssystem die Beziehungen zwischen Arbeitgebern und Arbeitnehmern und ihren Verbänden insofern gestaltet, als die Arbeitnehmer ihre Interessen gemeinsam, im Kollektiv, wahrnehmen bzw im Kollektiv von Maßnahmen des Arbeitgebers betroffen werden,[3] wirkt sich in spezieller Weise nicht nur dann spürbar aus, wenn man sich mit dem möglichen Einwirkungspotenzial der Dienstleistungsfreiheit und der DL-RL auf das jeweilige nationale kollektive Arbeitsrecht beschäftigt, sondern auch dann, wenn vorweg die Frage nach der Existenz[4] bzw nach der Konstituierung[5] eines übergeordneten „europäischen kollektiven Arbeitsrechts"[6] gestellt wird. Wer dabei die Beteiligung von Arbeitgebervertretern an betrieblichen Arbeitnehmervertretungen als Fremdkörper gegenüber der Konstruktion der Betriebsräte in Österreich und Deutschland empfindet,[7] wer die Normwirkung von Kollektivverträgen im Vereinigten Königreich vermisst,[8] wer den geringen

offenen Arbeitsrechtsordnung -, ZfA 1992, 331 (351); *Hanau*, Neues im Europäischen Arbeitsrecht, in Kissel (Hrsg), Das Arbeitsrecht der Gegenwart 28 (1991) 89 (101 f); *Schregle*, Überlegungen zur internationalen Vergleichung im Arbeitsrecht, in Gamillscheg/de Givry/Hepple/Verdier (Hrsg), In Memoriam Sir Otto Kahn-Freund (1980) 675 (679).

3 Zum Begriff des kollektiven Arbeitsrechts vgl nur *Gamillscheg*, Kollektives Arbeitsrecht I (1997) 1.

4 Die Existenzfrage bejahend *Birk*, Europäisches kollektives Arbeitsrecht - insbesondere der Europäische Betriebsrat, in Grundmann (Hrsg), Systembildung und Systemlücken in Kerngebieten des Europäischen Privatrechts (2000) 387 (389).

5 So etwa von *Fuchs*, Die Bilanz des Europäischen Arbeitsrechts, ZESAR 2004, 5 (9 ff).

6 S dazu die Kategorisierung des europäischen kollektiven Arbeitsrechts von *Krimphove* in ein Europäisches Koalitionsrecht, Europäisches Tarifvertragsrecht, Europäisches Arbeitskampfrecht, Europäisches Betriebsverfassungsrecht und in ein Europäisches Mitbestimmungsrecht: *Krimphove*, Europäisches Arbeitsrecht[2] (2001) Rn 586.

7 So aber die Konstruktion des Betriebsrates in Belgien, vgl *Matray/Hübinger*, Arbeitsrecht in Belgien, in Henssler/Braun (Hrsg), Arbeitsrecht in Europa (2003) Rn 175; *Blanpain*, Belgium, in ders (Hrsg), International Encyclopaedia for Labour Law and Industrial Relations Vol III 243 f; vgl weiters die Konstruktion des *comité d' entreprise* in Frankreich: s dazu *Körner*, Das andere Modell: Die französische Betriebsverfassung, NZA 2001, 429 (431).

8 *Rebhahn*, Zum Wirkungsbereich von Kollektivvereinbarungen des Arbeitslebens in den Rechtsordnungen der EU-Staaten, in FS Krejci II (2001) 1637 (1640); *Rojot*, The Right to Bargain Collectively: an International Perspective on its Extent and Relevance, IJCLLIR 2004, 513 (515); *Schiek*, Autonomous Collective Agreements as a Regulatory Device in European Labour Law: How to read Article 139 EC, Industrial Law Journal 2005, 23 (32) und ausführlicher: *Deinert*, Kollektive Regelungsinstrumente des englischen Arbeitsrechts im europäischen Vergleich, ZfA 1999, 361 (381 ff) und *ders*, Der Europäische Kol-

Verrechtlichungsgrad kollektiver Konfliktaustragung[9] als Manko sieht, der findet darin nicht nur die Vielfalt an möglichen Ausgestaltungen kollektiver Arbeitsbeziehungen bestätigt,[10] sondern ist gleichzeitig mit den strukturellen Schwierigkeiten konfrontiert, einen gemeinsamen europäischen Nenner im Bereich der *industrial relations* zu finden. Diese Beobachtung findet auch im positiven Gemeinschaftsrecht ihren Widerhall. Während im Individualarbeitsrecht[11] vereinzelte,[12] im Arbeitsschutzrecht[13] wesentliche[14] Harmonisierungsschritte gesetzt wurden, bleibt der Grad an Vereinheitlichung im kollektiven Arbeitsrecht deutlich dahinter zurück. Es ist in diesem Zusammenhang der EGV selbst, der einer Harmonisierung des kollektiven Arbeitsrechts Grenzen setzt. Primärrechtlich ausgedrückt wird diese Selbstbeschränkung durch Art 137 Abs 5 EG, der neben dem Arbeitsentgelt für die Kernbereiche des kollektiven Arbeitsrechts, das Koalitionsrecht sowie das Streik- und Aussperrungsrecht, eine Regelungssperre etabliert.[15] Die

---

lektivvertrag (1999) 383 ff. Rechtsvergleichend zur Wirkung von Kollektivvereinbarungen *Rebhahn*, Collective Labour Law in Europe in a Comparative Perspective (Part I). Collective Agreements, Settlement of Disputes and Workers Representation, IJCLLIR 2003, 271 (277 ff); *ders*, Das Kollektive Arbeitsrecht im Rechtsvergleich, NZA 2001, 763 (764).

9 Vgl im Gegensatz dazu die Regelungen des Trade Union and Labour Relations (Consolidation) Act 1992 (TULR[C]A 1992) Section 237 f und Section 246, dort mit einer gesetzlichen Streikdefinition; dazu *Harth/Taggart*, Arbeitsrecht in Großbritannien, in Henssler/ Braun (Hrsg), Arbeitsrecht in Europa (2003) Rn 92 ff; *Rebhahn* in FS Krejci II (2001) 1639; *ders*, NZA 2001, 768; vgl auch die Regelungen im schwedischen Medbestämmandelag (Mitbestimmungsgesetz) §§ 41 ff mit einer dort gesetzlich angeordneten Friedenspflicht, vgl dazu *Heilmann*, Schwedisches Arbeitsrecht, AuA 1993, 206 (209).

10 Einen rechtsvergleichenden Überblick hierzu bietet *Rebhahn*, IJCLLIR 2003, 271 ff und IJCLLIR 2004, 107 ff sowie *ders*, NZA 2001, 763 ff; aus globaler Perspektive vgl etwa *Schregle*, Comparative industrial relations: pitfalls and potential, International Labour Review 1981, 15 ff.

11 Etwa: NachweisRL 91/533/EWG, MassenentlassungsRL 98/59/EG, BefristungsRL 1999/70/EG, BetriebsübergangsRL 2001/23/EG, InsolvenzschutzRL 80/987/EWG oder die jüngsten GleichbehandlungsRL 2000/43/EG und 2000/78/EG.

12 Vgl *Fuchs*, ZESAR 2004, 111 (112).

13 Etwa Arbeitsschutz-RahmenRL 89/391/EWG; ArbeitszeitRL 93/104/EG; MutterschutzRL 92/85/EG; GefahrstoffRL 98/24/EG.

14 *Fuchs*, ZESAR 2004, 119.

15 S dazu insb *Novitz*, The European Union and International Labour Standards: The Dynamics of Dialogue between the EU and the ILO, in Alston (Hrsg), Labour Rights as

bisherigen bescheidenen[16] Ansätze[17] einer Harmonisierung erschüttern diesen Befund nicht. Trotz einer als notwendig erachteten stärkeren Europäisierung kollektiver Arbeitsbeziehungen[18] ist diese primärrechtlich proklamierte Zurückhaltung aus europäischer Sicht konsequent, als zu groß erweisen sich die Unterschiede zwischen den Mitgliedstaaten in diesem sensiblen Bereich, sowohl in den tatsächlichen Voraussetzungen als auch in den rechtlichen Gegebenheiten.[19]

1.2. Der Stellenwert des kollektiven Arbeitsrechts im Gemeinschaftsrecht

Trotz obiger Feststellung blendet das Gemeinschaftsrecht Aspekte kollektiver Arbeitsbeziehungen nicht vollständig von seinem Regelungsanspruch aus. Art 137 Abs 1 lit e und f EG verschaffen der Gemeinschaft die Kompetenz, auf dem Gebiet der Unterrichtung und Anhörung der Arbeitnehmer sowie im Bereich der Vertretung und kollektiven Wahrnehmung der Arbeitgeber- und Arbeitnehmerinteressen Mindestvorschriften durch RL zu erlassen. Auf dieser Basis[20] beruhen die RL über den Europäischen Betriebsrat[21] und die RL zur Festlegung eines allgemeinen Rahmens für die Unterrichtung und Anhörung der Arbeitnehmer in der EG[22]. Ergänzend hinzu tritt die RL zur Ergänzung des Statuts der Europäischen Gesellschaft hinsichtlich der Beteiligung der Arbeitnehmer,[23] die allerdings auf Art 308 EG gestützt wurde. Unter der Überschrift „Dialog zwischen den Sozialpartnern"

Human Rights (2005) 214 (218), die in diesem Zusammenhang angesichts der Divergenz in den Mitgliedstaaten auf den Grundsatz der Subsidiariät verweist.

16 *Egger*, Das Arbeits- und Sozialrecht der EU und die österreichische Rechtsordnung[2] (2005) 531; *Fuchs*, ZESAR 2004, 118; *Steinmeyer* in Hanau/Steinmeyer/Wank, Handbuch des europäischen Arbeits- und Sozialrechts (2002) § 12 Rn 22; *Wißmann*, RdA 1999, 154; optimistischer *Fuchs/Marhold*, Europäisches Arbeitsrecht[2] (2006) 11. Ein erster Schritt hin zu einer Harmonisierung wird immerhin in der RL über den Europäischen Betriebsrat, RL 94/957/EG, gesehen: vgl *Steinmeyer* in Hanau/Steinmeyer/Wank, Handbuch des europäischen Arbeits- und Sozialrechts (2002) § 12 Rn 22; *Schiek*, Europäische Betriebsvereinbarungen, RdA 2001, 218 (230).

17 Dazu unter P 1.2.

18 So *Wißmann*, RdA 1999, 158.

19 Vgl *Fuchs/Marhold*, Europäisches Arbeitsrecht[2] (2006) 11; *Krimphove*, Europäisches Arbeitsrecht[2] (2001) Rn 587 ff.

20 Bzw der gleichlautenden Vorgängerregelung in Art 2 des Protokolls und Abkommens über die Sozialpolitik vom 07.02.1992.

21 RL 94/45/EG, ABl 1994 L 254 S 64.

22 RL 2002/14/EG, ABl 2002 L 80 S 29.

23 RL 2001/86/EG, ABl 2001 L 294 S 22.

errichtet Art 139 EG die Grundlage eines derzeit erst in Ansätzen erkennbaren europäischen Kollektivvertrags- und Sozialpartnerrechts. Abs 1 ermöglicht es den europäischen Sozialpartnern, die Ergebnisse ihres Dialogprozesses in Vereinbarungen zu fassen.[24] Abs 2 wiederum etabliert ein spezielles Rechtserzeugungsverfahren, wonach der Rat auf Vorschlag der Kommission die zwischen den Sozialpartnern getroffenen Vereinbarungen in verbindliche Rechtssatzformen[25] gießen kann.[26] Art 140 EG macht es letztlich der Kommission zur Aufgabe, die Zusammenarbeit zwischen den Mitgliedstaaten auf dem Gebiet des Koalitionsrechts und der Kollektivverhandlungen - va durch Untersuchungen, Stellungnahmen und die Vorbereitung von Beratungen - zu fördern.[27] Sekundärrechtlich statuiert Art 8 der VO 1612/68/EWG[28] ein Gleichbehandlungsgebot für Wanderarbeitnehmer im Zusammenhang mit der Zugehörigkeit zu Gewerkschaften und der Ausübung gewerkschaftlicher Rechte. Art 2 der VO 2679/98/EG über das Funktionieren des Binnenmarktes im Zusammenhang mit dem freien Warenverkehr zwischen den Mitgliedstaaten[29] verbietet es, dass die Auslegung dieser VO in irgendeiner Weise

---

24 Stichwort: „Europäischer Kollektivvertrag". Dazu umfassend *Deinert*, Der Europäische Kollektivvertrag (1999) und jüngst krit *Hornung-Draus*, Zur Diskussion über einen EU-Rahmen für transnationale Kollektivverhandlungen, EuroAS 2006, 142 ff.

25 Art 139 Abs 2 Satz 1 EG spricht von einem Beschluss des Rates. Dem Rat wird damit hauptsächlich eine Wahlmöglichkeit zwischen RL und VO eingeräumt: so *Fuchs/Marhold*, Europäisches Arbeitsrecht[2] (2006) 207 in Anschluss an *Konzen*, Der europäische Einfluß auf das deutsche Arbeitsrecht nach dem Vertrag über die Europäische Union, EuZW 1995, 39 (48); ebenso *Däubler*, Europäische Tarifverträge nach Maastricht, EuZW 1992, 329 (334); teilweise abweichend *Lange* in von der *Groeben/Schwarze* (Hrsg), Kommentar zum EU-/EG-Vertrag III[6] (2003) Art 139 Rn 54 ff. Zum Debattenstand: *Deinert*, Der Europäische Kollektivvertrag (1999) 202 ff.

26 Daneben eröffnet Art 139 Abs 2 EG noch die Variante, die Sozialpartnervereinbarungen entsprechend den jeweiligen Verfahren und Gepflogenheiten der Sozialpartner und der Mitgliedstaaten durchzuführen.

27 *Davies*, Should the EU Have the Power to Set Minimum Standards for Collective Labour Rights in the Member States? in Alston (Hrsg), Labour Rights as Human Rights (2005) 177 (198), sieht Art 140 EG als Ausdruck eines zunehmenden Trends hin zum Einsatz von „soft law" im Bereich der Sozialpolitik. Vgl dazu weiterführend *Hepple*, Labour Laws and Global Trade (2005) 225 ff; *Ashiagbor*, Soft Harmonisation: The „Open Method of Coordination" in the European Employment Strategy, European Public Law 2004, 305 ff.

28 ABl 1968 L 257 S 2.

29 ABl 1998 L 337 S 8.

die Ausübung der in den Mitgliedstaaten anerkannten Grundrechte, einschließlich des Rechts oder der Freiheit zum Streik, beeinträchtigt.

Flankiert werden diese „Fragmente" eines europäischen kollektiven Arbeitsrechts durch diverse themenspezifische Grundrechtsverbürgungen, die in den im Laufe der Zeit verabschiedeten programmatischen, rechtlich aber unverbindlichen Erklärungen und Deklarationen Aufnahme fanden. So enthält die Gemeinschaftscharta der Sozialen Grundrechte der Arbeitnehmer[30] in Z 11 bis 13 die Garantie der positiven Koalitionsfreiheit, weiters das Recht, Tarifverträge auszuhandeln und abzuschließen und schließlich das Recht, bei Interessenkonflikten Kollektivmaßnahmen zu ergreifen, wobei auch das Streikrecht mitgarantiert wird. Die Charta der Grundrechte der Europäischen Union[31] beschäftigt sich zum einen in Art 12 mit der allgemeinen Versammlungs- und Vereinigungsfreiheit, um dann zum anderen unter der Kapitelüberschrift „Solidarität" in Art 27 f das Recht auf Unterrichtung und Anhörung der Arbeitnehmer im Unternehmen und das Recht auf Kollektivverhandlungen und Kollektivmaßnahmen zu statuieren.

Auf der anderen Seite enthält die Grundrechte-Charta in Art 15 Abs 2 für die Unionsbürger auch die Garantie, in jedem Mitgliedstaat Arbeit zu suchen, zu arbeiten, sich niederzulassen oder eben ganz speziell Dienstleistungen zu erbringen. Damit ist der für die Themenstellung maßgebliche Spannungsbogen beschrieben, denn sowohl die vorhin skizzierten Fragmente eines europäischen kollektiven Arbeitsrechts als auch die primär- und grundrechtlich[32] garantierte Dienstleistungsfreiheit treffen in vielen Mitgliedstaaten auf ein differenziert ausgestaltetes und fein austariertes System kollektiver Arbeitsbeziehungen. Dabei gibt es Fälle, in denen das Gemeinschaftsrecht auf die Unterstützung durch das nationale kollektive Arbeitsrecht angewiesen ist.[33] Daneben gibt es aber auch Situationen, in denen sich Gemeinschaftsrecht und nationales kollektives Arbeitsrecht konfrontativ gegenüberstehen. Um sich somit der Frage nach dem Einwirkungspotenzial von Dienstleistungsfreiheit und DL-RL auf das nationale kollektive Arbeitsrecht sinnvoll nähern zu können, ist es zunächst notwendig, den Blick auf den gegenwärtigen Status quo zu lenken.

---

30 KOM(89) 248 endg.

31 ABl 2000 C 364 S 1.

32 Dazu *Blanke* in Tettinger/Stern (Hrsg), Kölner Gemeinschaftskommentar zur Europäischen Grundrechte-Charta (2006) Art 15 Rn 49 ff; *Rengeling/Szczekalla,* Grundrechte in der Europäischen Union (2004) § 3 Rn 139, sprechen von einer partiellen Vergrundrechtlichung der Grundfreiheiten durch die Grundrechte-Charta.

33 Vgl etwa Art 139 Abs 2 Fall 1 EG.

2. Dienstleistungsfreiheit, Dienstleistungsrichtlinie und kollektives Arbeitsrecht

2.1. Ausgangsposition

Die Dienstleistungsfreiheit als fundamentaler Grundsatz des EGV[34] verlangt nicht nur den Abbau jedweder Form von Ungleichbehandlungen zwischen inländischen und ausländischen Dienstleistungserbringern (Diskriminierungsverbot), sondern geht in ihrer Reichweite signifikant darüber hinaus. Seit der Leitentscheidung *van Binsbergen* untersagt Art 49 EG zudem, nationale Regelungen aufrechtzuerhalten, die geeignet sind, in anderer Weise *„die Tätigkeiten des Leistenden zu behindern oder zu unterbinden"*.[35] Die Ausrichtung der Dienstleistungsfreiheit vom reinen Diskriminierungsverbot hin zum umfassenden Beschränkungsverbot war damit vollzogen.[36] Sachlich erfasst der Schutzbereich der Dienstleistungsfreiheit neben der aktiven und passiven Dienstleistungsfreiheit sowie der Freiheit zur Erbringung von Korrespondenzdienstleistungen in spezieller Weise auch die Möglichkeit, im Rahmen von grenzüberschreitenden Dienstleistungserbringungen Arbeitnehmer in andere Mitgliedstaaten zu entsenden. Die Entsendefreiheit ist damit

[34] So die Diktion des EuGH in stRsp seit EuGH 17.12.1981, Rs 279/80, Webb, Slg 1981, 3305, zuletzt etwa EuGH 25.10.2001, C-49/98 ua, Finalarte, Slg 2001, I-7831 = ZASB 2002, 16 = wbl 2002/5, 28 = EuZW 2001, 759 (*Bayreuther*) = SAE 2002, 77 (*Fuchs*) = ZER 2002/251 = ARD 5362/11/2002; EuGH 15.3.2001, C-165/98, Mazzoleni, Slg 2001, I-2189 = wbl 2001/147, 223 = ZER 2001/74 = ELR 2001, 134 (*Mayr*); EuGH 23.11.1999, verb Rs 369/96 und 376/96, Arblade, Slg 1999, I-8453 = ZEuP 2001, 358 (*Krebber*) = EuZW 2000, 85.

[35] EuGH 03.12.1974, Rs 33/74, van Binsbergen, Slg 1974, 1299. Modifiziert wurde diese Formel in der E *Guiot*, sodass die heute in stRsp verwendete Formulierung des Beschränkungsverbotes lautet: *„Es ist daran zu erinnern, daß Art 59 des Vertrages [jetzt Art 49 EG] nicht nur die Beseitigung jeder Diskriminierung des in einem anderen Mitgliedstaat ansässigen Dienstleistenden aufgrund seiner Staatsangehörigkeit, sondern auch die Aufhebung aller Beschränkungen – selbst wenn sie unterschiedslos für einheimische Dienstleistende wie für Dienstleistende anderer Mitgliedstaaten gelten – verlangt, wenn sie geeignet sind, die Tätigkeit des Dienstleistenden, der in einem anderen Mitgliedstaat ansässig ist und dort rechtmäßig ähnliche Dienstleistungen erbringt, zu unterbinden, zu behindern oder weniger attraktiv zu machen"*: EuGH 28.03.1996, C-272/94, Guiot, Slg 1996, I-1905 = EuZW 1996, 399.

[36] Einen Überblick hierzu bei *Pache*, Dienstleistungsfreiheit, in Ehlers (Hrsg), Europäische Grundrechte und Grundfreiheiten[2] (2005) § 11 Rn 50 ff; *Tiedje/Troberg* in von der Groeben/Schwarze (Hrsg), Kommentar zum EU-/EG-Vertrag I[6] (2003) Art 49 Rn 62 ff.

Teil der Dienstleistungsfreiheit,[37] genauer: die Entsendung von Arbeitnehmern realisiert in diesem speziellen Fall die Dienstleistungsfreiheit des Unternehmers.[38] Damit bildet die Entsendung von Arbeitnehmern den für die vorliegende Themenstellung entscheidenden Schnittpunkt zwischen Dienstleistungsfreiheit und nationaler Arbeitsrechtsordnung. Denn als echte Marktfreiheit[39] ermöglicht es Art 49 EG dem Unternehmer, seine eigenen Arbeitnehmer zur Erbringung der Dienstleistung in einen anderen Mitgliedstaat mitzubringen und zwar ohne Rücksicht auf deren Staatsangehörigkeit.[40] Diese durch das Gemeinschaftsrecht garantierte betriebswirtschaftliche Handlungsmöglichkeit wird ergänzt durch die Vorgabe des EVÜ[41], wonach auf das Arbeitsverhältnis eines entsandten Arbeitnehmers weiterhin das Recht des gewöhnlichen Arbeitsortes und damit in vorliegender Konstellation das Recht des Entsendestaates anwendbar bleibt (Art 6 Abs 2 lit a EVÜ). Vergegenwärtigt man sich aber das Ausmaß der Unterschiede zwischen den EU-Mitgliedstaaten in der Regelungs- und Schutzdichte für das Arbeitsrecht im Allgemeinen[42] und für das kollektive Arbeitsrecht im Besonderen[43],

---

[37] Grundlegend EuGH 03.02.1982, Rs 62/81, Seco, Slg 1982, 223; vgl weiters *Birk*, Entsendung und Freizügigkeit – Die europarechtliche Stellung entsandter Arbeitnehmer zur Erfüllung von Aufträgen –, in FS Wißmann (2005) 523; *Junker*, Arbeitnehmerentsendung aus deutscher und europäischer Sicht, JZ 2005, 481 (482); *Fuchs*, ZESAR 2004, 113; *Hanau* in Hanau/Steinmeyer/Wank, Handbuch des europäischen Arbeits- und Sozialrechts (2002) § 15 Rn 421 ff; *Feuerborn* in Oetker/Preis (Hrsg), EAS, B 2500 Rn 52 ff.

[38] *Birk* in FS Wißmann 526.

[39] *Fuchs/Reichold*, Tarifvertragsrecht[2] (2006) Rn 287; *Fuchs*, Anm zu EuGH 25.10.2001, C 49/98 ua, Finalarte, SAE 2002, 83 (84).

[40] Leitentscheidungen dazu: EuGH 27.03.1990, C-113/89, Rush Portuguesa, Slg 1990, I-1417 und EuGH 09.08.1994, C-43/93, Vander Elst, Slg 1994, I-3803 = EuZW 1994, 600 (*Khan*).

[41] Übereinkommen über das auf vertragliche Schuldverhältnisse anzuwendende Recht („Rom I"), BGBl III 1998/166; vgl dazu die Kundmachung in BGBl III 1998/208.

[42] *Lambrich*, Harmonisierung oder Konkurrenz der europäischen Arbeitsrechtsordnungen? – Der Vorschlag für eine Richtlinie über Dienstleistungen im Binnenmarkt, EWS 2005, 251 (252); *Kort*, Zwischen Marktmacht und Regulierung: Wohin steuert das europäische Arbeitsrecht? JZ 2004, 267 (276). S dazu die Länderstudien in *Henssler/Braun* (Hrsg), Arbeitsrecht in Europa (2003) und kompilierend *Hainz/Tinhofer* (Hrsg), Arbeits- und Sozialrecht in Mittel- und Osteuropa (2004); *Kronke*, Regulierungen auf dem Arbeitsmarkt. Kernbereiche des Arbeitsrechts im internationalen Vergleich (1990); *Bratt*, Labour Relations in 17 Countries (1982); *Dungl/Lamel*, Arbeits- und sozialrechtliche Regelungen im internationalen Vergleich (1981); speziell für das Kündigungsschutzrecht instruktiv: *Rebhahn*, Der Kündigungsschutz des Arbeitnehmers in den Staaten der EU, ZfA 2003, 163 ff; *Tödtmann/Schauer*, Die Kündigung des Arbeitsverhältnisses – Ein Überblick über

so wird das Konfliktpotenzial dieses Zusammenspiels von europäischen Gemeinschaftsrecht und Internationalem Privatrecht in Bezug auf das kollektive Arbeitsrecht deutlich sichtbar. Der portugiesische Bauunternehmer, der in Österreich die Ausführung eines Bauauftrags übernimmt, ist nicht nur berechtigt, hierzu seine eigenen Arbeitskräfte mitzubringen, sondern genießt aufgrund der vorhin beschriebenen Situation grundsätzlich das Privileg, von den österreichischen Lohnverpflichtungen und damit vom österreichischen Kollektivvertrag[44] unbehelligt zu bleiben. Würde hier nicht die EntsendeRL konkretisierend eingreifen, so bliebe für den portugiesischen Unternehmer wegen des Zusammenwirkens von Dienstleistungsfreiheit und Internationalem Privatrecht allein die Rechtsordnung seines Niederlassungsstaates maßgebend.[45] Oder mit anderen Worten: Nimmt man das EVÜ in seinem Zusammenwirken mit der Grundfreiheit des Art 49 EG zum Maßstab, so ist das heftig bekämpfte Herkunftslandprinzip aus dem ursprünglichen Richtlinienvorschlag der Kommission[46] im Entsendefall bereits europäische Rechtswirklichkeit.[47]

---

die Rechtslage in Deutschland, anderen europäischen Ländern und den USA, NZA 2003, 1187 ff.

43 S dazu *Rebhahn*, IJCLLIR 2003, 271 ff und IJCLLIR 2004, 107 ff sowie *ders*, NZA 2001, 763 ff; weiters *Deinert*, Der europäische Kollektivvertrag (1999) 289 ff; *Traxler*, Entwicklungstendenzen in den Arbeitsbeziehungen Westeuropas – Auf dem Weg zur Konvergenz? in *Mesch* (Hrsg), Sozialpartnerschaft und Arbeitsbeziehungen in Europa (1995) 161 ff.

44 Vgl *Schlachter*, Grenzüberschreitende Dienstleistungen: Die Arbeitnehmerentsendung zwischen Dienstleistungsfreiheit und Verdrängungswettbewerb, NZA 2002, 1242 (1243); *Mayr*, Die Umsetzung der Entsenderichtlinie in das österreichische Recht, in Resch (Hrsg), Arbeitnehmerentsendung (1998) 33 (47).

45 *Schlachter*, NZA 2002, 1243 f; *Hanau* in Hanau/Steinmeyer/Wank, Handbuch des europäischen Arbeits- und Sozialrechts (2002) § 15 Rn 467; *Deinert*, Arbeitnehmerentsendung im Rahmen der Erbringung von Dienstleistungen innerhalb der Europäischen Union, RdA 1996, 339 (341). Allgemeiner zur Problematik allein auf Basis des EVÜ s *Runggaldier*, Grundzüge des europäischen Arbeitsrechts und des europäischen Sozialrechts (2004) 84.

46 *Kommission der Europäischen Gemeinschaften*, Vorschlag für eine Richtlinie des Europäischen Parlaments und des Rates über Dienstleistungen im Binnenmarkt, KOM(2004) 2 endg. Der maßgebliche Art 16 Abs 1 lautet(e): *„Die Mitgliedstaaten tragen dafür Sorge, dass Dienstleistungserbringer lediglich den Bestimmungen ihres Herkunftsmitgliedstaates unterfallen, die vom koordinierten Bereich erfasst sind"*. Zum Herkunftslandprinzip des urspr Kommissionsvorschlages s *Bauer*, Die geplante RL über Dienstleistungen im Binnen-

2.2. Das Zusammenspiel von Internationalem Privatrecht und Dienstleistungsfreiheit im Entsendefall

Im Entsendefall kommt es aus der Sicht des Internationalen Privatrechts zum Konflikt zweier Rechtsordnungen.[48] Einerseits ist das Recht des Staates angesprochen, in dem der entsandte Arbeitnehmer im Regelfall seine Arbeitsleistung erbringt und andererseits das Recht des Staates, in dem der Arbeitnehmer während des Entsendevorganges vorübergehend tätig ist.[49] Zur Lösung dieses Konflikts bieten sich dementsprechend zwei Modelle an: Zum einen das Herkunftslandprinzip, das das Recht des Entsendestaates zur Anwendung beruft. Zum anderen das Arbeitsortprinzip, welches das Recht am Ort der tatsächlichen Leistungserbringung während des Entsendevorganges für maßgeblich erklärt.[50] Das EVÜ entscheidet sich nun – sofern privatautonom keine Rechtswahl zwischen den Parteien

markt, in Karollus M./Köck/Stadlmeier (Hrsg), Gegenwärtiger Stand und zukünftige Entwicklungen des EU-Binnenmarktes. Tagungsband des 5. Österreichischen Europarechtstages 2005 (2006) 3 (11 ff); *Struycken*, Herkunftslandprinzip und Dienstleistungsrichtlinie, in Reichelt (Hrsg), Das Herkunftslandprinzip im Europäischen Gemeinschaftsrecht (2006) 35 ff und *Karas*, Das Herkunftslandprinzip in der Dienstleistungsrichtlinie, in Reichelt (Hrsg), Das Herkunftslandprinzip im Europäischen Gemeinschaftsrecht (2006) 101 ff.

47 Vgl *Körner*, EU-Dienstleistungsrichtlinie und Arbeitsrecht, NZA 2007, 233; *Graue*, Die geplante Richtlinie über Dienstleistungen im Binnenmarkt und das Europäische Arbeitsrecht, EuroAS 2005, 126 (127); *Lambrich*, EWS 2005, 254; *Runggaldier/Sacherer*, Arbeitsrechtliche Fragen im Zusammenhang mit grenzüberschreitendem Arbeitskräfteeinsatz am Beispiel des geplanten Brennerbasistunnelbaus, ZESAR 2005, 363 (368); *Krebber*, Die Anwendung des eigenen Arbeitsrechts auf vorübergehend aus einem anderen Mitgliedstaat entsandte Arbeitnehmer – Europa- und kollisionsrechtliche Gedanken, ZEuP 2001, 365 (375). Durch diese spezielle Regelung des EVÜ für den Entsendefall soll der unerwünschte Wechsel des Arbeitsvertragsstatuts bei zeitlich befristetem Einsatz in einem anderen Staat als dem des gewöhnlichen Arbeitsortes unterbunden werden.

48 Zur Frage der Auslandsberührung s nur *Schlachter*, Grenzüberschreitende Arbeitsverhältnisse, NZA 2000, 57 (58); *Rebhahn*, Österreichisches Arbeitsrecht bei Sachverhalten mit Auslandsberührung, in FS Strasser (1983) 59 f.

49 *Houwerzijl*, Towards a More Effective Posting Directive, in Blanpain (Hrsg), Freedom of Services in the European Union. Labour and Social Security Law: The Bolkenstein Initiative (2006) 179 (183).

50 *Rebhahn*, Entsendung von Arbeitnehmern in der EU – arbeitsrechtliche Fragen zum Gemeinschaftsrecht, DRdA 1999, 173 (174).

getroffen sein sollte – in Art 6 Abs 2 lit a für das Herkunftslandprinzip[51] und erlaubt damit dem ausländischen Dienstleistungserbringer, abgesehen von den vereinzelt zu beachtenden Eingriffsnormen des Beschäftigungsstaates, die Dienstleistungserbringung mit Hilfe seiner Arbeitnehmer in einen anderen Mitgliedstaat zu den Bedingungen seiner (Arbeits-)Rechtsordnung durchführen zu können.

Für den Bereich des kollektiven Arbeitsrechts lassen sich auf dieser Grundlage vorläufig folgende Konsequenzen ausmachen: Für den Regelungskomplex des Betriebsverfassungsrechts wird in der Dogmatik überwiegend[52] das sog „Territorialitätsprinzip" vertreten,[53] wonach vom Geltungsbereich des Betriebsverfassungsrechts alle im Inland liegenden Betriebe – und zwar ohne Rücksicht auf das Arbeitsvertragsstatut der einzelnen Belegschaftsmitglieder –[54] erfasst sind. Inländische Betriebe eines ausländischen Dienstleistungserbringers unterfallen daher

---

51 Art 6 Abs 2 lit a EVÜ: *„Abweichend von Artikel 4 sind mangels einer Rechtswahl nach Artikel 3 auf Arbeitsverträge und Arbeitsverhältnisse anzuwenden: das Recht des Staates, in dem der Arbeitnehmer in Erfüllung des Vertrages gewöhnlich seine Arbeit verrichtet, selbst wenn er vorübergehend in einen anderen Staat entsandt ist"*.

52 Abweichender Ansatz von *Kirschbaum*, Handbuch zum internationalen Betriebsverfassungsrecht (1994) 102 ff.

53 *Windisch-Graetz* in Neumayr/Reissner (Hrsg), ZellKomm (2006) § 33 ArbVG Rn 4; *Gahleitner* in Cerny/Gahleitner/Kundtner/Preiss/Schneller, Arbeitsverfassungsrecht II³ (2004) § 33 Erl 1; *Schlachter*, NZA 2000, 63; *Schaub*, Globalisierung des Arbeitsrechts, in FS Söllner (2000) 997 (1011 f); *Mayer*, Betriebsverfassungs- und tarifvertragsrechtliche Fragen bei grenzüberschreitenden Personaleinsätzen, BB 1999, 842 (846); *ders*, Betriebsverfassungs- und tarifvertragsrechtliche Fragen bei grenzüberschreitendem Arbeitsverhältnis, in Kaufmann/Kessler/von Maydell (Hrsg), Arbeits- und Sozialrecht bei grenzüberschreitenden Sachverhalten (1998) 177 (185 f); *Rebhahn*, Kündigungs- und Entlassungsschutz im Internationalen Privatrecht, RdW 1996, 68 (69); *ders* in FS Strasser (1983) 75; *Junker*, Internationales Arbeitsrecht im Konzern (1992) 367 ff. OGH 26.03.1997, 9 ObA 88/97z, Arb 11.590 = DRdA 1997, 405 = DRdA 1998/16, 183 (*Hoyer*) = ZASB 1997, 33 = wbl 1997, 389 = ecolex 1997, 796 = ASoK 1997, 405 = infas 1997 A 87 = ARD 4858/29/97; *Kirschbaum*, Handbuch zum internationalen Betriebsverfassungsrecht (1994) 84 ff, spricht vom „Territorialprinzip"; ebenso *Strasser/Jabornegg*, Arbeitsrecht II⁴ (2001) 266.

54 *Franzen*, Internationales Arbeitsrecht, in Oehmann/Dieterich/Neef/Schwab (Hrsg), AR-Blattei SD 920 Rn 190; *Junker*, Internationales Arbeitsrecht im Konzern (1992) 443 f: *„Die Betriebsverfassung ist jedoch generell – gleichgültig, ob sie durch Gesetz oder durch Tarifvertrag geregelt wird – ohne Rücksicht auf das Arbeitsstatut der einzelnen Betriebsangehörigen anwendbar"*.

dem österreichischen Betriebsverfassungsrecht.[55] Damit kann beispielsweise für alle im Inland gelegenen Betriebe ein Betriebsrat gewählt werden und zwar unabhängig davon, ob der Betrieb selber zu einem österreichischen oder zu einem ausländischen Unternehmen gehört.[56] Im Hinblick auf das Betriebsverfassungsrecht sind aber die Berührungspunkte im Entsendefall gering. Zum einen bilden entsandte Arbeitnehmer idR keinen eigenständigen Betrieb iSv § 34 ArbVG, da es an der fortgesetzten Tätigkeitsverfolgung fehlt.[57] Auch verfügt der ausländische Dienstleistungserbringer regelmäßig über keinen inländischen Betrieb.[58] Sollte es sich um einen längeren Entsendevorgang handeln, der mit einer organisatorischen Eingliederung in einen anderen inländischen Betrieb verbunden ist,[59] wäre eine Einbeziehung entsandter Arbeitnehmer in die heimische Betriebsverfassung denkbar,[60] da die Frage nach der Zugehörigkeit eines entsandten Arbeitnehmers zu einem inländischen Betrieb keine Frage des Internationalen Arbeitsrechts ist, sondern vielmehr eine solche der Interpretation des § 36 Abs 1 ArbVG.[61] Es

---

55 *Kirschbaum*, Das kollektive Arbeitsrecht Österreichs unter den Bedingungen des EG-Binnenmarktes, in Runggaldier (Hrsg), Österreichisches Arbeitsrecht und das Recht der EG (1990) 335 (348).

56 *Schlachter*, NZA 2000, 64.

57 *Lorenz*, EU-Dienstleistungsrichtlinie und gesetzlicher Mindestlohn - rechtliche Bewertungen und mögliche Schlussfolgerungen, ArbuR 2006, 91 (94); *Lorenz/Wannöffel*, EU-Rahmenrichtlinie: Dienstleistungen im Binnenmarkt (2005) 44, abrufbar unter: <http://rubigm.ruhr-uni-bochum.de/grafik/eu-rahmenrichtlinie.pdf> (01.12.2007); vgl weiters *Wank*, Die Entwicklung der Dienstleistungs- und Niederlassungsfreiheit in der EU - Die Rechtslage in Deutschland. Teil 1: Ausländische Arbeitnehmer in Deutschland, NZA-Beilage 2/2005, 88 (94); s zu der mit § 34 ArbVG vergleichbaren deutschen Betriebsdefinition: *Richardi* in *ders* (Hrsg), BetrVG[10] (2006) § 1 Rn 16 ff; *von Hoyningen-Huene*, Betriebsverfassungsrecht[5] (2002) 26.

58 *Wank*, NZA-Beilage 2/2005, 94.

59 Dies stellt allerdings die Ausnahme dar: *Lorenz*, ArbuR 2006, 93; *Lorenz/Wannöffel*, EU-Rahmenrichtlinie: Dienstleistungen im Binnenmarkt (2005) 44; vgl weiters *Thüsing*, Rechtsfragen grenzüberschreitender Arbeitsverhältnisse - Grundlagen und Neuigkeiten im Internationalen Arbeitsrecht, NZA 2003, 1303 (1310).

60 Vgl auch *Binder*, AVRAG (2001) § 7b Rn 17; aA *Urlesberger*, Was bringt uns die EntsendeRL Neues? ZAS 2000, 33 (36), der aus einem Umkehrschluss zu Art 3 Abs 1 EntsendeRL ableitet, dass Unterrichtungs- und Mitbestimmungsrechte des Empfangsstaates nicht auf entsandte Arbeitnehmer anwendbar sein sollen.

61 *Schwimann/Schlemmer*, Österreichisches Arbeitskollisionsrecht, DRdA 1984, 201 (207); *Strasser* in Floretta/Strasser, ArbVG-Handkommentar (1975) 197; vgl zur gleichen Situation in Deutschland *Gaul*, Betriebsverfassungsrechtliche Aspekte einer Entsendung von Arbeitnehmern ins Ausland, BB 1990, 697 (699).

kommt damit auf die organisatorische und soziologische Zuordenbarkeit der entsandten Arbeitnehmer zum heimischen Betrieb an.[62] Hier liegt insofern eine Parallelziehung zur Situation überlassener Arbeitnehmer im Beschäftigerbetrieb nahe, wo deren Status als Arbeitnehmer iSd § 36 Abs 1 ArbVG im Beschäftigerbetrieb bei einer Einsatzdauer von mindestens 6 Monaten von Lehre[63] und Rechtsprechung[64] bejaht wird.[65]

Gravierender sind die Auswirkungen des Zusammenspiels von Internationalem Privatrecht und Dienstleistungsfreiheit im Bereich der kollektivvertraglichen Regelung der Arbeitsbedingungen, dies vor allem vor dem Hintergrund, dass Löhne zumeist durch kollektive sozialpartnerschaftliche Normsetzung geregelt werden. Da die Einholung einer Genehmigung im Empfangsstaat als Beschränkung der Dienstleistungsfreiheit gilt,[66] benötigt der ausländische Unternehmer – anders als sein österreichischer Konkurrent – keine inländische Gewerbeberechtigung, um seine Leistung in Österreich erbringen zu können.[67] Daraus folgt, dass ausländische Dienstleistungserbringer in Österreich nicht der Wirtschaftskammer

---

62 Statt vieler: *Windisch-Graetz* in Neumayr/Reissner (Hrsg), ZellKomm (2006) § 36 ArbVG Rn 4.

63 Vgl nur *Schwarz* in Sacherer/Schwarz, Arbeitskräfteüberlassungsgesetz (2006) 315 ff.

64 OGH 13.02.1991, 9 ObA 22/91, Arb 10.908 = DRdA 1991/42, 352 (*Geppert*) = ZASB 1991, 9 = wbl 1991, 200 = ecolex 1991, 413 = infas 1991 A 74; OGH 15.07.1987, 9 ObA 63/87, DRdA 1988, 54.

65 Vgl auch *Gerlach*, Praktisches zum Entsendungsrecht, ASoK 1998, 269 (271).

66 EuGH 19.01.2006, C-244/04, Kommission/Deutschland, wbl 2006/74 = NJW 2006, 1499 = NZA 2006, 199 = ZESAR 2006, 460 (*Höller*) = EuZW 2006, 145 = DB 2006, 222 = DVBl 2006, 364 = AuA 2006, 301 (*Klaes*) = JuS 2006, 548 (*Streinz*); EuGH 21.10.2004, C-445/03, Kommission/Luxemburg, Slg 2004, I-10191 = wbl 2004/291, 570 = ELR 2004, 461 (*Lettner*); EuGH 07.10.2004, C-189/03, Kommission/Niederlande, Slg 2004, I-9289; *Schliesky*, Die Bedeutung der geplanten EU-Dienstleistungsrichtlinie für die Kammern, in *Kluth* (Hrsg), Jahrbuch des Kammer- und Berufsrechts 2004 (2005) 33 (40); ausdrücklich Art 16 Abs 2 lit b DL-RL.

67 *Potacs*, Gewerberecht, in Holoubek/Potacs (Hrsg), Handbuch des öffentlichen Wirtschaftsrechts I (2002) 5 (73); *Mayr* in Resch (Hrsg), Arbeitnehmerentsendung (1998) 42, 47; *Schwarz B.*, Länderbericht Österreich, in Blanpain (Hrsg), XV World Congress of Labour Law and Social Security II International Collective Bargaining (1998) 83 (88); vgl dazu auch § 373g GewO 1994: dazu *Handig*, Der freie Dienstleistungsverkehr und seine Auswirkungen in der GewO 1994, RdW 2002/391, 395 (397 f) und ausführlich *Winkler R.*,Die Ausübung gewerblicher Tätigkeiten durch EWR-Unternehmer in Österreich, ZfV 2004, 437 ff.

angehören[68] und somit - mangels Kollektivvertragsangehörigkeit[69] - auch nicht vom österreichischen Kollektivvertragssystem erfasst werden.[70] Damit richten sich typischerweise kollektivvertraglich geregelte Arbeitsbedingungen, wie va Löhne, grundsätzlich nach den Vorgaben des Herkunftsstaates.

2.3. Die Entsenderichtlinie als Konkretisierung des Internationalen Privatrechts

Dass dadurch jene Länder mit hohen Arbeits- und Sozialstandards unter massiven Druck gesetzt werden, liegt auf der Hand.[71] Va Deutschland sah sich in den 90er Jahren des vergangenen Jahrhunderts mit der enormen Zunahme von Arbeitskräften aus Niedriglohnländern konfrontiert[72] und war daher gezwungen,

---

68 § 2 Abs 2 WKG 1998.

69 § 8 Z 1 ArbVG.

70 OGH 12.07.2006, 9 ObA 103/05w, DRdA 2007, 62 = wbl 2007/34, 86 = ecolex 2006/451, 1024 = infas 2007 A 3; OGH 20.10.2004, 8 ObA 88/04f, DRdA 2005, 183 = ZAS-Judikatur 2005/55, 75 = ZAS 2005/46, 274 (*Winkler*) = wbl 2005/123, 228 = ZfRV 2005/6 = RdW 2005/272, 236 = ecolex 2005, 146 = ASoK 2005, 146 = infas 2005 A 16 = ARD 5560/8/2005; OLG Wien 28.07.1999, 7 Ra 66/99y, ARD 5065/8/99; ASG Wien 28.04.2000, 27 Cga 89/99a, ARD 5170/3/2000; *Freudhofmeier*, Mobile Arbeitnehmer im Arbeitsrecht, ecolex 2006, 180 (181); *ders* in Endfellner/Exel/Freudhofmeier/Kopecek, Personalentsendung kompakt. Arbeitsrecht - Steuerrecht - Sozialversicherung (2006) 21; *Wank*, NZA-Beilage 2/2005, 94; *Binder*, AVRAG (2001) § 7 Rn 1; *Kirschbaum*, Billig-Arbeitskräfte aus EU-Staaten, DRdA 1995, 533 (535); vgl auch *Wolfsgruber* in Neumayr/Reissner (Hrsg), ZellKomm (2006) § 7 AVRAG Rn 2.

71 Stichwort „Sozialdumping": dazu *Hanau* in Hanau/Steinmeyer/Wank, Handbuch des europäischen Arbeits- und Sozialrechts (2002) § 15 Rn 464; *Eichenhofer*, Arbeitsbedingungen bei Entsendung von Arbeitnehmern, ZIAS 1996, 55 (56 f); *Kirschbaum*, Grenzüberschreitende Dienstleistung unter Mitnahme eigener Arbeitskräfte, DRdA 1993, 74 (75); relativierend *Steinmeyer*, Sozialdumping in Europa - Perspektiven einer arbeits- und sozialrechtlichen Rechtsprechung -, DVBl 1995, 962: *„Die Diskussion über das Sozialdumping wird häufig sehr pauschal und vereinfachend geführt"*.

72 *Koberski/Asshoff/Hold*, Arbeitnehmer-Entsendegesetz[2] (2002) Einleitung Rn 2 ff; *Däubler*, Ein Antidumping-Gesetz für die Bauwirtschaft, DB 1995, 726. Für das Jahr 2003 wurde für Deutschland eine Zahl von 105.000 entsandten Arbeitnehmern registriert, für Österreich eine Zahl von 3.550 entsandten Arbeitskräften für das Jahr 2002: Angaben nach *Kommission der Europäischen Gemeinschaften*, Bericht der Kommissionsdienststellen zur Durchführung der Richtlinie 96/71/EG über die Entsendung von Arbeitnehmern im Rahmen der Erbringung von Dienstleistungen, KOM(2006) 159 endg.

auf nationaler Ebene dieser Entwicklung korrigierend entgegen zu steuern.[73] Nach weiteren nationalen Alleingängen[74] reagierte auch die EG mit dem Erlass der EntsendeRL[75]. Mit ihrem vorgeblich dem Schutz der entsandten Arbeitnehmer dienenden,[76] tatsächlich aber protektionistischen[77] Ansatz verfolgt die RL das Ziel, die durch das Kollisionsrecht gegebene Freiheit zur Auswahl bzw zur Mitnahme einer für den Unternehmer günstigeren (weil billigeren) Arbeitsrechtsordnung durch die Normierung von zwingend im Empfangsstaat zu gewährenden Mindestarbeitsbedingungen[78] zu beschränken.[79] Aus der Sicht des Internationalen Privatrechts werden die in Art 3 Abs 1 EntsendeRL aufgezählten Mindestarbeitsbedingungen des Empfangsstaates als Eingriffsnormen iSv Art 7 Abs 2 EVÜ konkretisiert[80] und verdrängen daher in weiterer Folge als nationale Eingriffsnor-

---

73 Durch das Gesetz über zwingende Bestimmungen bei grenzüberschreitenden Dienstleistungen, Arbeitnehmer-Entsendegesetz vom 26.02.1996, dBGBl I 1996, 227.

74 Etwa Österreich mit § 7 AVRAG idF BGBl 1993/459; weiters Belgien und Frankreich: *Franzen*, Arbeitskollisionsrecht und sekundäres Gemeinschaftsrecht: Die EG-Entsende-Richtlinie, ZEuP 1997, 1055 (1056).

75 RL 96/71/EG des Europäischen Parlaments und des Rates vom 16. Dezember 1996 über die Entsendung von Arbeitnehmern im Rahmen der Erbringung von Dienstleistungen, ABl 1997 L 18 S 1.

76 So der Erwägungsgrund Nr 13; Zu den Zielen der EntsendeRL zuletzt *Kröll*, Dienstleistungsrichtlinie, Arbeitsrecht und Entsendebestimmungen, JRP 2006, 134; *Friedrich* in Fuchs/Marhold, Europäisches Arbeitsrecht[2] (2006) 314.

77 Im Sinne einer Abschottung der nationalen Arbeitsmärkte vor „Billigkonkurrenz“: krit daher *Buchner*, Neue Akzente im europäischen Arbeitsrecht - eine Wegweisung zur Steigerung der Wettbewerbsfähigkeit, in FS Deutscher Anwaltsverein (2006) 1169 (1178); *Rieble/Lessner*, Arbeitnehmer-Entsendegesetz, Nettolohnhaftung und EG-Vertrag, ZfA 2002, 29 (50); *Reichold*, Arbeitsrechtsstandards als „Aufenthaltsmodalitäten“ - Personenverkehrsfreiheiten zwischen „Bosman“-Urteil und Entsende-Richtlinie, ZEuP 1998, 434 (454); aA in der Bewertung *Neal*, The Country of Origin Principle and Labour Law in the Framework of the European Social Model, in Blanpain (Hrsg), Freedom of Services in the European Union. Labour and Social Security Law: The Bolkenstein Initiative (2006) 51 (67), der die EntsendeRL als deutlichsten Ausdruck eines „anti-social dumping model“ sieht; ähnlich *von Danwitz*, Die Rechtsprechung des EuGH zum Entsenderecht - Bausteine für eine Wirtschafts- und Sozialverfassung der EU, EuZW 2002, 237 (239).

78 Art 3 Abs 1 EntsendeRL.

79 *Feuerborn* in Oetker/Preis (Hrsg), EAS, B 2500 Rn 112.

80 *Martiny* in Rebmann/Säcker/Rixecker (Hrsg), MünchKommBGB X[4] (2006) Art 30 EGBGB Rn 5, 116; *Verschraegen* in Rummel (Hrsg), ABGB II[3] (2004) Art 6 Rn 40; *Ganglberger*, Der Übergang vom IPRG zum EVÜ bei Arbeitsverhältnissen mit Auslandsbezug

men[81] das (gewählte und das objektive) Arbeitsvertragsstatut.[82] Die nach den Bedingungen des Empfangsstaates zu garantierenden Kernarbeitsbedingungen können sich gem der EntsendeRL entweder aus Rechts- oder Verwaltungsvorschriften oder aus für allgemeinverbindlich erklärten Tarifverträgen[83] ergeben. Bei der letztgenannten Rechtsquelle enthält die EntsendeRL zwar eine Beschränkung auf den Bausektor,[84] jedoch erlaubt Art 3 Abs 10 EntsendeRL den Mitgliedstaaten, die Einhaltung von Arbeits- und Beschäftigungsbedingungen aus Kollektivverträgen auch außerhalb des Bausektors den ausländischen Dienstleistungserbringern vorzuschreiben. Damit knüpft die EntsendeRL erkennbar an die Rechtsprechung des EuGH an, wonach es gemeinschaftsrechtlich zulässig ist, dass die Mitgliedstaaten die von den nationalen Sozialpartnern abgeschlossenen Kollektivverträge auf alle Personen erstrecken, die in ihrem Hoheitsgebiet eine unselbständige Erwerbstä-

---

(2001) 149 f; *Rebhahn*, DRdA 1999, 177; *Birk*, Arbeitsrecht und internationales Privatrecht, RdA 1999, 13 (17); *ders*, Die Regelung der internationalen Zuständigkeit in der Entsenderichtlinie, in *Wiesehügel/Sahl* (Hrsg), Die Sozialkassen der Bauwirtschaft und die Entsendung innerhalb der Europäischen Union (1998) 111; *Junker*, Neuere Entwicklungen im Internationalen Arbeitsrecht, RdA 1998, 42 (45); *Franzen*, ZEuP 1997, 1065 f, 1073 f; *Borgmann*, Kollisionsrechtliche Aspekte des Arbeitnehmer-Entsendegesetzes, IPRax 1996, 315 (318); *Kommission der Europäischen Gemeinschaften*, Grünbuch über die Umwandlung des Übereinkommens von Rom aus dem Jahr 1980 über das auf vertragliche Schuldverhältnisse anzuwendende Recht in ein Gemeinschaftsinstrument sowie über seine Aktualisierung, KOM(2002) 654 endg 43. Vereinzelt wird die kollisionsrechtliche Einordnung als Eingriffsnorm abgelehnt und allein auf Art 20 EVÜ rekurriert: etwa *Winkler von Mohrenfels* in Oetker/Preis (Hrsg), EAS, B 3000 Rn 108. Diese Frage offen lassend *Friedrich* in Fuchs/Marhold, Europäisches Arbeitsrecht[2] (2006) 318.

81 *Feuerborn* in Oetker/Preis (Hrsg), EAS, B 2500 Rn 112; *Winkler von Mohrenfels* in Oetker/Preis (Hrsg), EAS, B 3000 Rn 103 mwN.

82 Zur Wirkung von Eingriffsnormen s OGH 19.10.2006, 3 Ob 24/06k, ZfRV-LS 2006/36; OGH 12.05.2005, 2 Ob 24/05a, ZfRV 2005/25 = RdW 2005/787, 711 = ecolex 2005/400, 841 = ARD 5628/10/2005; OGH 19.11.1986, 8 Ob 575/86, MietSlg 38.734 = wbl 1987, 94 = EvBl 1987/145, 534 = IPRax 1988, 240; *Martiny* in Rebmann/Säcker/Rixecker (Hrsg), MünchKommBGB X[4] (2006) Art 30 EGBGB Rn 113; *Wolfsgruber* in Neumayr/Reissner (Hrsg), ZellKomm (2006) Art 6 EVÜ Rn 34; *Verschraegen* in Rummel (Hrsg), ABGB II[3] (2004) Art 6 EVÜ Rn 36; *Schwimann*, Zur Lage des österreichischen Internationalen Arbeitsrechts, ZAS 1992, 1 (7).

83 In Österreich werden darunter die von der Wirtschaftskammer abgeschlossenen Kollektivverträge verstanden: dazu *Friedrich* in Fuchs/Marhold, Europäisches Arbeitsrecht[2] (2006) 316 FN 1260; *Rebhahn*, DRdA 1999, 177.

84 Vgl nur *Däubler*, Die Entsende-Richtlinie und ihre Umsetzung in das deutsche Recht, EuZW 1997, 613 (614).

tigkeit ausüben.[85] Diese zunächst als *obiter dictum*[86] formulierte Ermächtigung[87] für die Mitgliedstaaten hat im Verlauf der weiteren Rechtsprechungsentwicklung zwei zusätzliche Präzisierungen erfahren. Zum einen verlangte der EuGH in der E *Arblade*[88], dass die diesbezüglichen Bestimmungen für den ausländischen Dienstleistungserbringer hinreichend genau und zugänglich sein müssen,[89] zum anderen schränkte der Gerichtshof in der E *Kommission* gegen *Luxemburg*[90] die Erstreckungsermächtigung auf jene Fälle ein, in denen die entsandten Arbeitnehmer nicht ohnehin durch entsprechende oder im wesentlichen vergleichbare Verpflichtungen, denen der ausländische Dienstleistungserbringer im Entsendestaat unterliegt, geschützt sind.

Die österreichische Umsetzung der EntsendeRL[91] in § 7b AVRAG greift die Ermächtigung der EntsendeRL auf und erstreckt in Abs 1 va das heimische kollektivvertragliche Lohnniveau[92] sowie die kollektivvertraglich festgelegten Arbeits-

---

85 StRsp seit EuGH 03.02.1982, Rs 62/81, Seco, Slg 1982, 223; zuletzt EuGH 21.09.2006, C-168/04, Kommission/Österreich, DRdA 2007, 75 (*Wedl*). Nun auch verankert in Art 16 Abs 3 Satz 2 DL-RL.

86 So etwa *Khan*, Anm zu EuGH 09.08.1994, C-43/93, Vander Elst, EuZW 1994, 602; *Koenigs*, Lohngleichheit am Bau? - Zu einem Arbeitnehmer-Entsendegesetz, DB 1995, 1710; *Selmayr*, Die gemeinschaftsrechtliche Entsendefreiheit und das deutsche Entsendegesetz, ZfA 1996, 615 (648).

87 *Von Danwitz*, Das neugefaßte Arbeitnehmer-Entsendegesetz auf dem Prüfstand: Europa- und verfassungsrechtliche Schranken einer Neuorientierung im Arbeitsrecht, RdA 1999, 322 (324), spricht von einer ausdrücklich konzedierten Befugnis.

88 EuGH 23.11.1999, C-369/96 ua, Arblade, Slg 1999, I-8453 = ZEuP 2001, 358 (*Krebber*) = EuZW 2000, 85.

89 Vgl § 7b Abs 8 AVRAG.

90 EuGH 21.10.2004, C-445/03, Kommission/Luxemburg, Slg 2004, I-10191 = wbl 2004/291, 570 = ELR 2004, 461 (*Lettner*); ebenso EuGH 19.01.2006, C-244/04, Kommission/Deutschland, wbl 2006/74 = NJW 2006, 1499 = NZA 2006, 199 = ZESAR 2006, 460 (*Höller*) = EuZW 2006, 145 = DB 2006, 222 = DVBl 2006, 364 = AuA 2006, 301 (*Klaes*) = JuS 2006, 548 (*Streinz*); EuGH 21.09.2006, C-168/04, Kommission/Österreich, DRdA 2007, 75 (*Wedl*).

91 Dazu *Winkler*, Die Entsenderichtlinie und ihre Bedeutung für Österreich, in Tomandl (Hrsg), Der Einfluß europäischen Rechts auf das Arbeitsrecht (2001) 43 ff; *Binder*, Die Arbeitnehmerentsendung aus EU-/EWR-Staaten nach Österreich unter besonderer Berücksichtigung eines möglichen Sozialdumpings, DRdA 1999, 1 ff und DRdA 1999, 100 ff; *Mayr* in Resch (Hrsg), Arbeitnehmerentsendung (1998) 33 ff.

92 § 7b Abs 1 Z 1 AVRAG.

zeitregelungen[93] auf entsandte Arbeitnehmer. Letztere Anordnung ist aus europarechtlicher Sicht insofern problematisch, als Art 3 Abs 1 lit a EntsendeRL nur von Höchstarbeitszeiten und Mindestruhezeiten, nicht aber vom gesamten Arbeitszeitregime des Empfangsstaates spricht, sodass sich die von *Runggaldier/Sacherer* bereits vorgetragenen Bedenken entsprechend verstärken.[94]

Damit lässt sich die rechtliche Situation aufgrund von Internationalem Privatrecht, Dienstleistungsfreiheit und EntsendeRL in deren Einwirkung speziell auf das nationale Kollektivvertragsrecht wie folgt zusammenfassen: Der ausländische Dienstleistungserbringer unterliegt im Regelfall an sich nicht dem österreichischen Kollektivvertrag, da keine Wirtschaftskammerzugehörigkeit und damit keine Kollektivvertragsangehörigkeit besteht. Die EntsendeRL und in deren Umsetzung § 7b Abs 1 AVRAG erstrecken aber bestimmte kollektivvertragliche Regelungsinhalte auf jene Arbeitnehmer, denen sich der ausländische Dienstleistungserbringer zur Leistungserbringung im Inland bedient. Dadurch, dass vereinzelte Kollektivvertragsnormen zu Eingriffsnormen iSv Art 7 Abs 2 EVÜ erklärt werden,[95] wird zumindest eine teilweise Integration des ausländischen Dienstleistungserbringers in das Geflecht kollektiv geregelter Arbeitsbedingungen erreicht; man könnte insofern auch von einer partiellen „Außenseiterwirkung" auf Seiten des ausländischen Arbeitgebers sprechen. Damit wird zumindest eine teilweise Immunisierung der österreichischen Kollektivvertragsordnung vor den Einflüssen niedrigerer ausländischer Arbeitsrechtsstandards erreicht.

2.4. Die Dienstleistungsrichtlinie als Korrektur der Entsenderichtlinie und des EVÜ?

2.4.1. Dienstleistungsfreiheit und nationale Arbeitsrechtsordnungen

Der vom EuGH weit gefasste Beschränkungstatbestand wirft im vorliegenden Zusammenhang die Frage auf, ob auch die Anwendung nationaler (gesetzlicher wie kollektivvertraglicher) Arbeitsrechtsnormen geeignet ist, die Erbringung von Dienstleistungen durch ausländische Unternehmer zu unterbinden, zu behindern

93 § 7b Abs 1 Z 3 AVRAG.

94 *Runggaldier/Sacherer*, ZESAR 2005, 371.

95 BAG 09.07.2003, 10 AZR 593/02, BB 2004, 1337; *Martiny* in Rebmann/Säcker/Rixecker (Hrsg), MünchKommBGB X[4] (2006) Art 30 EGBGB Rn 152 mwN; *Hanau* in Hanau/Steinmeyer/Wank, Handbuch des europäischen Arbeits- und Sozialrechts (2002) § 15 Rn 470; *Deinert*, RdA 1996, 348.

oder weniger attraktiv zu machen. Die fast schon uferlos anmutende Weite[96] dieser Formel legt eine bejahende Antwort nahe. In der Tat sieht der EuGH in der Anwendung nationaler Regelungen des Empfangsstaates, die dem ausländischen Dienstleistungserbringer zusätzliche administrative und wirtschaftliche Kosten bzw Belastungen verursachen, eine (rechtfertigungsbedürftige) Beschränkung der Dienstleistungsfreiheit.[97] Dementsprechend kann auch die Feststellung wenig überraschen, dass die Erstreckung nationaler Arbeitsrechtsnormen auf ausländische Dienstleistungserbringer deren Freiheit zur grenzüberschreitenden Dienstleistungserbringung beschränken kann.[98]

Vor diesem Hintergrund richtet sich das Interesse insofern wiederum auf das Internationale Privatrecht, als die rechtstechnische Umsetzung der Vorgaben der EntsendeRL in Gestalt von nationalen Eingriffsnormen sich grundsätzlich an den Vorgaben der gemeinschaftsrechtlichen Grundfreiheiten und damit auch am

---

96 Daher krit *Jarass*, Elemente einer Dogmatik der Grundfreiheiten, EuR 1995, 202 (217 f); vgl auch *Eilmansberger*, Zur Reichweite der Grundfreiheiten des Binnenmarktes, JBl 1999, 345 und JBl 1999, 434 (441 f), der dieser Formel zu Recht „enormes Potential" bescheinigt; ähnlich auch *Kort*, Die Bedeutung der europarechtlichen Grundfreiheiten für die Arbeitnehmerentsendung und die Arbeitnehmerüberlassung, NZA 2002, 1248 (1250). Überhaupt ist die Reichweite des Beschränkungsverbotes umstritten, vgl dazu die Nachweise bei *Albath/Giesler*, Das Herkunftslandprinzip in der Dienstleistungsrichtlinie – eine Kodifizierung der Rechtsprechung? EuZW 2006, 38 (39).

97 EuGH 12.10.2004, C-60/03, Wolff & Müller, ELR 2004, 465 (*Lettner*); EuGH 24.01.2002, C-164/99, Portugaia Construcoes, Slg 2002, I-787 = ZASB 2002, 40 = ZER 2002/22 = BB 2002, 624 (*Bayreuther*) = DB 2002, 430 = ARD 5295/5/2002; EuGH 25.10.2001, C-49/98 ua, Finalarte, Slg 2001, I-7831 = ZASB 2002, 16 = wbl 2002/5, 28 = EuZW 2001, 759 (*Bayreuther*) = SAE 2002, 77 (*Fuchs*) = ZER 2002/251 = ARD 5362/11/2002; in diese Richtung bereits EuGH 15.03.2001, C-165/98, Mazzoleni, Slg 2001, I-2189 = wbl 2001/147, 223 = ZER 2001/74 = ELR 2001, 134 (*Mayr*), dort hinsichtlich der Anwendung von Mindestlohnvorschriften.

98 *Kugelmann*, Die Dienstleistungs-Richtlinie der EG zwischen der Liberalisierung von Wachstumsmärkten und europäischem Sozialmodell, EuZW 2005, 327 (329 f); *Franzen*, Kurzzeitige Arbeitnehmerentsendung und Dienstleistungsfreiheit, IPRax 2002, 186 (187); vgl auch *Bruun*, The Proposed Directive on Services and Labour Law, in Blanpain (Hrsg), Freedom of Services in the European Union. Labour and Social Security Law: The Bolkenstein Initiative (2006) 19 (33 f); *Möstl*, Wirtschaftsüberwachung von Dienstleistungen im Binnenmarkt – Grundsätzliche Überlegungen aus Anlass der Pläne für eine EU-Dienstleistungsrichtlinie, DÖV 2006, 281 (287 FN 43); *Birk*, RdA 1999, 17; aA *Feuerborn* in Oetker/Preis (Hrsg), EAS, B 2500 Rn 72.

Maßstab der Dienstleistungsfreiheit messen lassen muss.[99] Denn auch Eingriffsnormen können sehr wohl gegen die Grundfreiheiten verstoßen.[100] Als Konsens galt aber bisher, dass die nationalen Umsetzungsbestimmungen der EntsendeRL die Dienstleistungsfreiheit nicht verletzen.[101] In Frage gestellt wurde dieser Konsens jedoch schlagartig mit der Veröffentlichung eines Vorschlags der Kommission für eine RL über Dienstleistungen im Binnenmarkt.

2.4.2. Der umfassende Liberalisierungs(Deregulierungs-)ansatz des ursprünglichen Entwurfs einer Dienstleistungsrichtlinie

Blickt man ganz grundsätzlich auf das Verhältnis zwischen dem Gemeinschaftsrecht und dem Bereich der kollektiven Arbeitsbeziehungen, so ergibt sich ein zwiespältiges Bild. Während einerseits die Bedeutung der sozialpartnerschaftlichen Mitwirkung im Rahmen des Sozialen Dialogs – sowohl auf nationaler als auch auf europäischer Ebene – von der Kommission hervorgestrichen wird,[102] wird andererseits genau dieser autonome Interaktionsprozess, der sich va in Ge-

---

99 *Müller C.*, International zwingende Normen des deutschen Arbeitsrechts (2005) 172, 188; *Fetsch*, Eingriffsnormen und EG-Vertrag (2002) 125 ff; *Fuchs*, SAE 2002, 83; *Ganglberger*, Der Übergang vom IPRG zum EVÜ bei Arbeitsverhältnissen mit Auslandsbezug (2001) 168; *Rebhahn*, DRdA 1999, 183; in Bezug auf die Niederlassungsfreiheit *Bitter*, Niederlassungsfreiheit für Kapitalgesellschaften in Europa: Gläubigerschutz in Gefahr? in Tietze/McGuire/Bendel/Kähler/Nickel/Reich/Sachse/Wehling (Hrsg), Europäisches Privatrecht – über die Verknüpfung von nationalem und Gemeinschaftsrecht. Jahrbuch Junger Zivilrechtswissenschaftler 2004 (2005) 299 (310 f); teilweise aA *Lorenz/Wannöffel*, EU-Rahmenrichtlinie: Dienstleistungen im Binnenmarkt (2005) 38 f. Bestätigt wird die Mehrheitsauffassung der Literatur nun durch den Erwägungsgrund Nr 13 zum Vorschlag für eine VO über das auf vertragliche Schuldverhältnisse anzuwendende Recht (Rom I), KOM(2005) 650 endg: *„Die Anwendung dieser Vorschriften [gemeint sind Eingriffsnormen] muss im Einklang mit dem EG-Vertrag erfolgen"*. Eine Darstellung des Konflikts zwischen Internationalem Privatrecht und den Grundfreiheiten des EGV gibt *Roth*, Die Freiheiten des EG-Vertrages und das nationale Privatrecht – Zur Entwicklung internationaler Sachnormen für europäische Sachverhalte, ZEuP 1994, 5 ff und *ders*, Der Einfluß des Europäischen Gemeinschaftsrechts auf das Internationale Privatrecht, RabelsZ 1991, 623 (645 ff).

100 *Runggaldier/Sacherer*, ZESAR 2005, 368; *Birk*, RdA 1999, 17; *Borgmann*, IPRax 1996, 318.

101 *Birk*, RdA 1999, 17 mwN; *Hanau* in Hanau/Steinmeyer/Wank, Handbuch des europäischen Arbeits- und Sozialrechts (2002) § 15 Rn 472 ff.

102 *Kommission der Europäischen Gemeinschaften*, Partnerschaft für den Wandel in einem erweiterten Europa – Verbesserung des Beitrags des europäischen sozialen Dialogs, KOM(2004) 557 endg.

stalt von Kollektivvereinbarungen materialisiert, als Behinderung der grenzüberschreitenden Dienstleistungsfreiheit angeprangert.[103] Daran anknüpfend hätte das Herkunftslandprinzip des ursprünglichen Richtlinienvorschlags (Art 16)[104] den Druck auf die gewachsenen Strukturen im Bereich des kollektiven Arbeitsrechts wohl entscheidend verstärkt.[105] Dies obwohl der Richtlinienvorschlag selbst rein arbeitsrechtliche Fragen unberührt lassen[106] und die Angelegenheiten, die unter die EntsendeRL fallen, vom Herkunftslandprinzip ausnehmen wollte.[107] Dieser als unklar kritisierte[108] Abgrenzungsversuch im Richtlinienentwurf hat dazu geführt, dass die Implikationen der DL-RL auf das Arbeitsrecht im Allgemeinen und auf das kollektive Arbeitsrecht im Besonderen sehr kontrovers diskutiert wurden.[109] Insbesondere wurde die Befürchtung artikuliert, dass aus dem Zusammenspiel von Herkunftslandprinzip und der Ausnahmebestimmung zugunsten der Angelegenheiten der EntsendeRL sich weite Teile des Arbeitsvertragsrechts ieS, der Be-

---

103 So *Kommission der Europäischen Gemeinschaften*, Bericht der Kommission an den Rat und das Europäische Parlament über den Stand des Binnenmarkts für Dienstleistungen vom 30.7.2002, KOM(2002) 441 endg, worauf der Kommissionsvorschlag für eine DL-RL basiert; s dazu auch *Passchier*, The Point of View of the ETUC, in Blanpain (Hrsg), Freedom of Services in the European Union. Labour and Social Security Law: The Bolkenstein Initiative (2006) 141 (148).

104 *Kommission der Europäischen Gemeinschaften*, Vorschlag für eine Richtlinie des Europäischen Parlaments und des Rates über Dienstleistungen im Binnenmarkt, KOM(2004) 2 endg.

105 *Passchier* in Blanpain (Hrsg), Freedom of Services in the European Union. Labour and Social Security Law: The Bolkenstein Initiative (2006) 145.

106 So der Erwägungsgrund Nr 58.

107 Art 17 Z 5 des Entwurfs einer DL-RL; zu den Auswirkungen: *Colucci*, Surveillance and Control of Labour Standards at EU Level, in Blanpain (Hrsg), Freedom of Services in the European Union. Labour and Social Security Law: The Bolkenstein Initiative (2006) 115 (125 f); *Lorenz/Wannöffel*, EU-Rahmenrichtlinie: Dienstleistungen im Binnenmarkt (2005) 19.

108 *Passchier* in Blanpain (Hrsg), Freedom of Services in the European Union. Labour and Social Security Law: The Bolkenstein Initiative (2006) 146; *Gagawczuk*, Die Dienstleistungsrichtlinie, DRdA 2005, 293; *Lorenz/Wannöffel*, EU-Rahmenrichtlinie: Dienstleistungen im Binnenmarkt (2005) 19.

109 Vgl dazu stellvertretend auf der einen Seite: *Leitner*, EU-Dienstleistungsfreiheit und Arbeitnehmerentsendung, ASoK 2005, 129 (131); auf der anderen Seite *Passchier* in Blanpain (Hrsg), Freedom of Services in the European Union. Labour and Social Security Law: The Bolkenstein Initiative (2006) 143; *Gagawczuk*, DRdA 2005, 293.

reich der Entgeltfortzahlung, arbeitszeitrechtliche Normierungen abseits von Höchstarbeitszeiten und Mindestruhezeiten, das Beendigungsrecht sowie das kollektive Arbeitsrecht entsprechend dem Herkunftslandprinzip nach dem Recht des ausländischen Dienstleistungserbringer richten würden.[110] Betroffen davon wären nicht in erster Linie die entsandten Arbeitnehmer gewesen – hier hätte wegen der Ausnahmebestimmung zugunsten der Angelegenheiten der EntsendeRL vom Herkunftslandprinzip der Vorschlag einer DL-RL keine Änderung zur bislang gegebenen Rechtslage gebracht – betroffen wären vielmehr jene Arbeitnehmer gewesen, die der ausländische Dienstleistungserbringer im Empfangsstaat zur Dienstleistungserbringung neu[111] beschäftigt.[112] Diese sind nämlich nicht entsandt, da der von EntsendeRL abgedeckte Begriff der Entsendung voraussetzt, dass der Arbeitnehmer während eines begrenzten Zeitraums seine Arbeitsleistung im Hoheitsgebiet eines anderen Mitgliedstaates als demjenigen erbringt, in dessen Hoheitsgebiet er normalerweise arbeitet.[113] Ebenso wären vom Herkunftslandprinzip jene Arbeitnehmer betroffen gewesen, bei denen die Zeitdauer des Auslandseinsatzes den kurzfristigen Charakter einer Entsendung überschritten hätte, die also insofern „dauerhaft entsandt“ sind.[114] Mangels Rechtswahl wäre in bei-

---

[110] *Gagawczuk*, DRdA 2005, 293.

[111] Auch dies ist von der Dienstleistungsfreiheit abgedeckt: vgl dazu OLG Wien 28.7.1999, 7 Ra 66/99y, ARD 5065/8/99; *Binder*, AVRAG (2001) § 7 Rn 1.

[112] *Gagawczuk*, Die Dienstleistungsrichtlinie aus der Perspektive des Arbeitsrechts, in *Arbeiterkammer Wien* (Hrsg), Märkte – Wettbewerb – Regulierung. Wettbewerbsbericht der AK 2005 Teil 1 (2005) 27 (28), abrufbar unter: <http://wien.arbeiterkammer.at/pictures/d27/Wettbewerbsbericht_2005_.pdf> (01.12.2007); *ders*, DRdA 2005, 294; vgl auch *Gekiere*, The Proposal of the European Commission for a Directive on Services in the Internal Market: An Overview of its Main Features and Critical Reflections, in Blanpain (Hrsg), Freedom of Services in the European Union. Labour and Social Security Law: The Bolkenstein Initiative (2006) 3 (16 f); *Bruun* in Blanpain (Hrsg), Freedom of Services in the European Union. Labour and Social Security Law: The Bolkenstein Initiative (2006) 25; *Passchier* in Blanpain (Hrsg), Freedom of Services in the European Union. Labour and Social Security Law: The Bolkenstein Initiative (2006) 149 f; *Lambrich*, EWS 2005, 255.

[113] Art 2 Abs 1 EntsendeRL; näher dazu *Binder*, AVRAG (2001) § 7b Rn 5.

[114] *Gekiere* in Blanpain (Hrsg), Freedom of Services in the European Union. Labour and Social Security Law: The Bolkenstein Initiative (2006) 16; *Passchier* in *Blanpain* (Hrsg), Freedom of Services in the European Union. Labour and Social Security Law: The Bolkenstein Initiative (2006) 149. Zur Abgrenzung bzw zum Begriff „vorübergehend“ *Wank* in Hanau/Steinmeyer/Wank, Handbuch des europäischen Arbeits- und Sozialrecht (2002) § 31 Rn 88 ff; *Junker*, Arbeitsrecht im grenzüberschreitenden Konzern – Die kollisionsrechtliche Problematik, ZIAS 1995, 564 (586): Gegenteil von „vorübergehend“ ist „endgültig“.

den Fällen gemäß EVÜ auf das Arbeitsverhältnis das Recht des gewöhnlichen Arbeitsortes - also die Rechtsordnung des Empfangsstaates - anzuwenden. Aber selbst dann, wenn zwischen den Parteien eine Rechtswahl getroffen wäre, wäre es zufolge der Schutzregelung des Art 6 Abs 1 EVÜ nicht möglich, den zur Dienstleistungserbringung im Empfangsstaat eingestellten Arbeitnehmer bzw den für einen längeren Zeitraum im Empfangsstaat tätigen (ursprünglich entsandten) Arbeitnehmer den zwingenden Schutz dieser Rechtsordnung zu entziehen. Zu diesem zwingenden Schutz zählt auch der durch Kollektivvertrag etablierte Mindeststandard.[115] Versteht man nun das im ursprünglichen Kommissionsvorschlag normierte Herkunftslandprinzip als Kollisionsnorm,[116] so hätte das Herkunftslandprinzip die kollisionsrechtlichen Anordnungen des Art 6 Abs 1 und 2 lit a EVÜ überlagert und damit der Rechtsordnung des ausländischen Dienstleistungserbringers in dieser Konstellation zum Durchbruch verholfen.[117] Damit wäre die

---

115 *Winkler von Mohrenfels* in Oetker/Preis (Hrsg), EAS, B 3000 Rn 51; *Thüsing/Müller*, Geklärtes und Ungeklärtes im Internationalen Tarifrecht, BB 2004, 1333; *Ganglberger*, Der Übergang vom IPRG zum EVÜ bei Arbeitsverhältnissen mit Auslandsbezug (2001) 47; *Schlachter*, NZA 2000, 60 f; *Schaub* in FS Söllner 1003; aA OGH 12.07.2006, 9 ObA 103/05w, DRdA 2007, 62 = wbl 2007/34, 86 = ecolex 2006/451, 1024 = infas 2007 A 3.

116 *Lambrich*, EWS 2005, 257; *Kluth/Rieger*, EU-Dienstleistungsrichtlinie und Herkunftslandprinzip. Überblick und systematische Verortung im Gemeinschaftsrecht (2005) 5, abrufbar unter <http://www.kammerrecht.de/aktuelles/downloads/0503.pdf> (01.12.2007); *Schlachter*, Der Kommissionsentwurf für eine Richtlinie über Dienstleistungen im Binnenmarkt, GPR 2004, 245 (246); *Mankowski*, Wider ein Herkunftslandprinzip für Dienstleistungen im Binnenmarkt, IPRax 2004, 385 (386, 390); *Basedow*, Dienstleistungsrichtlinie, Herkunftslandprinzip und Internationales Privatrecht, EuZW 2004, 423 f; vgl weiters *Grundmann*, Herkunftslandprinzip und Europäisches Vertragsrecht - Einige Leitlinien -, in Reichelt (Hrsg), Das Herkunftslandprinzip im Europäischen Gemeinschaftsrecht (2006) 15.

117 Vgl auch *Lorenz*, ArbuR 2006, 93; *Bruun* in Blanpain (Hrsg), Freedom of Services in the European Union. Labour and Social Security Law: The Bolkenstein Initiative (2006) 25; *Kluth/Rieger*, EU-Dienstleistungsrichtlinie und Herkunftslandprinzip. Überblick und systematische Verortung im Gemeinschaftsrecht (2005) 5; aA *Kröll*, JRP 2006, 134 ff, der aus Art 16 Abs 1 iVm Art 4 Z 9 des Richtlinienvorschlages ableitet, dass die Verträge zwischen dem ausländischen Dienstleistungserbringer und den zur Erfüllung des Dienstleistungsauftrages eingesetzten Arbeitnehmern nicht in den koordinierten Bereich und damit auch nicht unter die Geltung des Herkunftslandprinzips fallen würden; in Anschluss an *Kröll* auch *Windisch-Graetz*, Auswirkungen der Dienstleistungs-Richtlinie auf das Arbeitsrecht, ecolex 2007, 8 (9 f). Dagegen lässt sich einwenden, dass Art 16 Abs 3 lit e des Richtlinienvorschlages es dem Empfangsstaat ausdrücklich untersagt, vom

Einhaltung des durch die EntsendeRL partiell vorgeschriebenen kollektivvertraglichen Mindeststandards[118] ebenso ausgeschlossen gewesen wie die Möglichkeit, Betriebsräte nach österreichischem ArbVG zu errichten.[119] Gegolten hätte damit in dieser Konstellation das kollektive Arbeitsrecht der Rechtsordnung des ausländischen Dienstleistungserbringers.[120]

2.4.3. Der Neuansatz auf Basis der Endfassung der Dienstleistungsrichtlinie als Rückkehr zum EVÜ

Die nach heftiger Debatte erarbeitete und am 12. Dezember 2006 verabschiedete Endfassung der DL-RL[121] versucht, die Kritik am ursprünglichen Kommissionsvorschlag zu entschärfen, indem bereits in den Erwägungsgründen die beson-

---

Dienstleistungserbringer die für die Erbringung einer Dienstleistung geltenden Anforderungen des Empfangsstaates zu erfüllen, wobei unter „Anforderungen" gem Art 4 Z 7 des Richtlinienvorschlages insbesondere Bedingungen und Beschränkungen verstanden werden, die von Berufsorganisationen in Ausübung ihrer Rechtsautonomie erlassen wurden, sodass darin dennoch eine Überlagerung des von *Kröll* favorisierten Bestimmungslandprinzips durch das Herkunftslandprinzip gesehen werden könnte. Zum anderen ist auch der Begriff „koordinierte Bereich" alles andere als klar gefasst und zudem auch umfassend zu verstehen: s dazu bereits den Erwägungsgrund Nr 21 des urspr Richtlinienvorschlags und weiters *Albath/Giesler*, EuZW 2006, 40; *Schlachter*, GPR 2004, 245; *Schliesky* in Kluth (Hrsg), Jahrbuch des Kammer- und Berufsrechts 2004 (2005) 45: „*Unter ‚koordiniertem Bereich' ist dabei die Gesamtheit der für die Aufnahme von Dienstleistungstätigkeiten oder ihrer Ausübung geltenden Anforderungen zu verstehen*". Auf dieser Grundlage wäre eine Subsumtion der vertraglichen Beziehungen zwischen Arbeitnehmern und Arbeitgebern unter dem Begriff „koordinierter Bereich" durchaus denkbar. S im Gegensatz dazu jetzt den Erwägungsgrund Nr 90 DL-RL: „*Vertragsbeziehungen [...] zwischen Arbeitgeber und Arbeitnehmer sollten nicht unter diese Richtlinie fallen*".

[118] Vgl auch *Bruun* in Blanpain (Hrsg), Freedom of Services in the European Union. Labour and Social Security Law: The Bolkenstein Initiative (2006) 30 f.

[119] *Gagawczuk* in Arbeiterkammer Wien (Hrsg), Märkte – Wettbewerb – Regulierung. Wettbewerbsbericht der AK 2005 Teil 1 (2005) 28; *Bruun* sieht in einem solchen Ergebnis einen Verstoß gegen das Gleichbehandlungsgebot des Art 39 EG (iVm Art 7 der VO 1612/68/EWG): *Bruun* in Blanpain (Hrsg), Freedom of Services in the European Union. Labour and Social Security Law: The Bolkenstein Initiative (2006) 21. *Lorenz*, Rechtliche Aspekte des Entwurfs einer Dienstleistungs-Richtlinie, Der Personalrat 2005, 432 (437), wiederum möchte allerdings in Bezug auf das Betriebsverfassungsrecht dem Territorialitätsprinzip den Vorrang gegenüber dem Herkunftslandprinzip einräumen.

[120] Vgl *Lorenz*, Der Personalrat 2005, 437.

[121] RL 2006/123/EG des Europäischen Parlaments und des Rates vom 12. Dezember 2006 über Dienstleistungen im Binnenmarkt, ABl 2006 L 376 S 36.

dere Rolle des nationalen kollektiven Arbeitsrechts betont wird.[122] So soll die DL-RL weder in die national geregelten Sozialpartnerbeziehungen noch in das Recht eingreifen, Kollektivverträge auszuhandeln und abzuschließen. Auch das Recht, kollektive Kampfmaßnahmen zu ergreifen, soll von der DL-RL nicht in Frage gestellt werden.[123] Der Erwägungsgrund Nr 15 nimmt hierzu ausdrücklich Bezug auf die in den Mitgliedstaaten geltenden Grundrechte und deren (supranationale) Kodifizierung in der Grundrechte-Charta und erwähnt explizit das Recht auf Arbeitskampfmaßnahmen gemäß nationalem Recht und nationalen Gepflogenheiten unter Wahrung des Gemeinschaftsrechts. Dementsprechend nimmt Art 1 Abs 6 DL-RL den Regelungskomplex des Arbeitsrechts vom Anwendungsbereich der RL aus; dies gilt insbesondere für die gesetzlichen oder vertraglichen Regelungen über die Beziehungen zwischen Arbeitnehmern und Arbeitgebern. Art 1 Abs 7 DL-RL normiert ausdrücklich, dass die RL nicht das Recht berührt, gemäß nationalem Recht und nationalen Praktiken unter Wahrung des Gemeinschaftsrechts Tarifverträge auszuhandeln, abzuschließen und durchzusetzen sowie Arbeitskampfmaßnahmen zu ergreifen.[124] Zudem zählen gem Art 4 Z 7 DL-RL die von den Sozialpartnern in Kollektivverträgen normierten Regeln nicht zu den etwa von Art 16 DL-RL ins Visier genommenen „Anforderungen"; kollektivvertragliche Normen brauchen daher nicht dem von Art 16 DL-RL geforderten Rechtfertigungstest unterzogen werden.[125] Überhaupt sollen die Vertragsbeziehungen zwischen Arbeitgebern und Arbeitnehmern nicht unter die DL-RL fallen.[126]

---

[122] *Lorenz*, ArbuR 2006, 93, spricht von einer „neuen Sensibilität" gegenüber dem kollektiven Arbeitsrecht.

[123] Erwägungsgrund Nr 14 DL-RL.

[124] Noch deutlicher formulieren die Änderungsanträge Nr 60 und 61 in der Stellungnahme des Ausschusses für Beschäftigung und soziale Angelegenheiten des Europäischen Parlaments. Nr 60: *„Diese Richtlinie findet keine Anwendung auf den Bereich des Arbeitsrechts, einschließlich Tarifverhandlungen und Arbeitskampfmaßnahmen […]"*. Nr 61 mit der Überschrift „Schutz von arbeitsrechtlichen Grundrechten" lautet: *„Diese Richtlinie darf nicht so ausgelegt werden, dass sie in irgendeiner Weise die Ausübung der in den Mitgliedstaaten anerkannten Grundrechte, einschließlich des Rechts oder der Freiheit zum Streik, beeinträchtigt […]"*: *Europäisches Parlament*, Stellungnahme des Ausschusses für Beschäftigung und soziale Angelegenheiten für den Ausschuss für Binnenmarkt und Verbraucherschutz zu dem Vorschlag für eine Richtlinie des Europäischen Parlaments und des Rates über Dienstleistungen im Binnenmarkt vom 19.07.2005.

[125] Vgl *Lorenz*, ArbuR 2006, 93; vorsichtiger *Körner*, NZA 2007, 235.

[126] So der Erwägungsgrund Nr 90 DL-RL.

Damit wird die Akzentverschiebung gegenüber dem ursprünglichen Kommissionsvorschlag dann besonders deutlich, wenn man die Situation der im Empfangsstaat neu eingestellten Arbeitnehmer bzw der „dauerhaft entsandten" Arbeitnehmer in die Betrachtung einbezieht. Die Aufgabe des (kollisionsrechtlich aufzufassenden) Herkunftslandprinzips bewirkt nämlich im Vergleich zum ursprünglichen Kommissionsvorschlag die Rückkehr zu der kraft EVÜ geltenden Rechtslage.[127] Das bedeutet für diese Arbeitnehmergruppe die Geltung der Rechtsordnung des Empfangsstaates (über den Anknüpfungspunkt „gewöhnlicher Arbeitsort" gem Art 6 Abs 2 lit a EVÜ) bzw bei Vereinbarung einer fremden Rechtsordnung das Eingreifen der Schutzregelung des Art 6 Abs 1 EVÜ, die solchen Arbeitnehmern die Anwendung des zwingenden Schutzstandards des Beschäftigungsstaates sichert.

Damit ergeben sich auf Basis der Endfassung der DL-RL folgende Konsequenzen für das nationale kollektive Arbeitsrecht: Handelt es sich in Ausübung der Dienstleistungsfreiheit um eine Entsendung von Arbeitnehmern iSd EntsendeRL, so bleiben kollektivvertragliche Normen hinsichtlich Entgelt sowie Höchstarbeitszeit und Mindestruheregelungen weiterhin auf entsandte Arbeitnehmer anwendbar,[128] andere kollektivvertragliche Inhalte außerhalb des Rahmens von Art 3 Abs 1 EntsendeRL sind wie bisher nicht auf entsandte Arbeitnehmer anwendbar. Für „dauerhaft entsandte" Arbeitnehmer und neu im Beschäftigungsstaat eingestellte Arbeitnehmer eines ausländischen Dienstleistungserbringers gelten – im Gegensatz zum ursprünglichen Kommissionsvorschlag – die Kollisionsregeln des EVÜ[129] und darauf aufbauend entweder das Recht des gewöhnlichen Arbeitsortes (= Recht des Beschäftigungsstaates) bzw bei getroffener Rechtswahl dennoch der zwingende Mindestschutzstandard des Beschäftigungsstaates. Wird objektiv österreichisches Recht als für das Arbeitsverhältnis maßgeblich berufen – dies entweder über das Recht des gewöhnlichen Arbeitsortes oder bei anders lautender Rechtswahl über den zwingenden, nicht abwählbaren Mindestschutzstandard des Beschäftigungsstaates –, so kann an sich auch der Kollektivvertrag Bestandteil des

---

[127] Art 3 Abs 2 DL-RL: *„Diese Richtlinie betrifft nicht die Regeln des internationalen Privatrechts, insbesondere die Regeln des auf vertragliche und außervertragliche Schuldverhältnisse anzuwendenden Rechts […]"*. Vgl auch den Erwägungsgrund Nr 87 DL-RL: *„Diese Richtlinie sollte ebenso wenig die Arbeits- und Beschäftigungsbedingungen in Fällen betreffen, in denen der für die Erbringung einer grenzüberschreitenden Dienstleistung beschäftigte Arbeitnehmer in dem Mitgliedstaat, in dem die Dienstleistung erbracht wird, eingestellt wird"*; vgl weiters *Lorenz*, ArbuR 2006, 93.

[128] Vorrangregelung für die EntsendeRL in Art 3 Abs 1 lit a DL-RL.

[129] Art 3 Abs 2 DL-RL.

Arbeitsvertragsstatuts sein.[130] Diese Aussage steht allerdings unter dem rechtlichen Vorbehalt, dass österreichische Kollektivverträge nur dann normativ gelten, wenn die Parteien des Arbeitsvertrages kollektivvertragsangehörig sind.[131] Dasselbe gilt für den Fall, dass der Kollektivvertrag als Bestandteil der nicht abwählbaren „zwingenden Bestimmungen" iSv Art 6 Abs 1 EVÜ Relevanz erlangen soll. Auch hier ist Anwendungsvoraussetzung, dass die Parteien des Arbeitsvertrages in Österreich kollektivvertragsangehörig sind.[132] Dies erklärt sich daraus, dass die Frage der Normwirkung eines Kollektivvertrages keine Frage ist, die vom Arbeitsvertragsstatut beantwortet wird, sondern eine Frage, deren Antwort getrennt davon im Tarif-(Kollektiv)vertragsstatut zu suchen ist.[133] Das Kollektivvertragsstatut beschäftigt sich dabei mit der Frage, nach welcher Rechtsordnung die Kollektivvertragsunterworfenheit („für wen gelten die Bestimmungen des Kollektivvertrages?"), die Wirkung des Kollektivvertrages („auf welche Weise wirkt der

130 OGH 15.03.2000, 9 ObA 74/00y, infas 2000 A 82; OGH 23.12.1998, 9 ObA 252/98v, SVSlg 44.761 = DRdA 2000/2, 33 (*Müller*) = ARD 5006/10/99; OGH 02.09.1998, 9 ObA 189/98d, Arb 11.773 = DRdA 1999, 68 = ZAS 1999/4, 47 (*John-Rummelhardt*) = wbl 1999/81, 126 = ASoK 1999, 109 = infas 1999 A 22 = ARD 4696/18/99; OGH 08.04.1992, 9 ObA 61/92, Arb 11.035 = DRdA 1992, 383 = DRdA 1993/1, 21 (*Rebhahn*) = ZASB 1992, 17 = EvBl 1992/191, 835 = wbl 1992, 331 = ZfRV 1993/30 = ecolex 1992, 578 = infas 1992 A 135 = ARD 4384/11/92; aA OLG Wien 17.12.1996, 9 Ra 311/96p, ARD 4829/13/97. *Hanau* in Hanau/Steinmeyer/Wank, Handbuch des europäischen Arbeits- und Sozialrechts (2002) § 15 Rn 466; *Ganglberger*, Der Übergang vom IPRG zum EVÜ bei Arbeitsverhältnissen mit Auslandsbezug (2001) 14 f; *Egger*, Rechtsprobleme bei grenzüberschreitenden Arbeitsverhältnissen, DRdA 1999, 150 (152); *Schwimann*, ZAS 1992, 2, 5; *Runggaldier*, Eine Auslandsentsendung, DRdA 1992, 469 (476); *Rebhahn* in FS Strasser (1983) 74 f. Für den Kollektivvertrag als Bestandteil der „zwingenden Bestimmungen" der Rechtsordnung des Beschäftigungsstaates s FN 115; *Holzer/Friedrich*, Die Auslegung von § 7 AVRAG aus europarechtlicher Sicht, ASoK 2002, 252 (254 f), wollen den von einer freiwilligen Interessenvertretung auf Arbeitgeberseite abgeschlossenen Kollektivvertrag diese Wirkung allerdings nicht zuerkennen.

131 §§ 8, 12 ArbVG; vgl auch *Schaub* in FS Söllner 1009 f.

132 *Martiny* in Rebmann/Säcker/Rixecker (Hrsg), MünchKommBGB X[4] (2006) Art 30 EGBGB Rn 36; *Hergenröder*, Europäisches und Internationales Tarifvertragsrecht, in Dieterich/Neef/Schwab (Hrsg), AR-Blattei SD 1550.15 Rn 45; *Winkler von Mohrenfels* in Oetker/Preis (Hrsg), EAS, B 3000 Rn 51; *Wank* in Hanau/Steinmeyer/Wank, Handbuch des europäischen Arbeits- und Sozialrechts (2002) Rn 66 mwN; *Schaub* in FS Söllner 1003; *Demarne*, Anwendung nationaler Tarifverträge bei grenzüberschreitenden Arbeitsverhältnissen (1999) 247.

133 Vgl *Junker*, Internationales Arbeitsrecht im Konzern (1992) 442.

Kollektivvertrag auf die Arbeitsverhältnisse ein?") und die Kollektivvertragsfähigkeit („wer kann überhaupt Kollektivverträge abschließen?") zu beurteilen ist.[134] Die Bestimmung des Kollektivvertragsstatuts erfolgt dabei nicht nach Art 6 EVÜ, da diese Norm nur von Arbeitsverträgen und Arbeitsverhältnissen nicht aber von kollektiven (normativ wirkenden) Vertragswerken spricht.[135] Nach überwiegender Auffassung erfolgt die Bestimmung des Kollektivvertragsstatuts unter entsprechender Anwendung von Art 4 Abs 1 EVÜ (Schwerpunkt des Vertragsverhältnisses) nach dem Schwerpunkt der durch den Kollektivvertrag geregelten Arbeitsverhältnisse.[136] Dh, prinzipieller Ansatzpunkt ist das Arbeitsverhältnis, allerdings folgt daraus nicht die notwendige Gleichsetzung von Arbeitsvertragsstatut und Kollektivvertragsstatut,[137] sondern es wird zur Ermittlung des Kollektivvertragsstatuts danach gefragt, ob ausgehend vom sachlichen Vollzug der Arbeit diese *„im örtlichen Anwendungsbereich des Tarifvertrages für längere Zeit ausgeführt werden soll, ob das Arbeitsverhältnis seinen Schwerpunkt in diesem Gebiet hat, gleichgültig, welches Recht auf dieses im einzelnen Anwendung findet. Der Schwerpunkt des Arbeitsverhältnisses wird am gewöhnlichen Arbeitsort zu fixieren sein [...]"*.[138] Unter der Annahme, dass das Kollektivvertragsstatut auf das österreichische Recht verweist, käme an sich auch die Außenseiterwirkung des § 12 ArbVG in Betracht, um die im Rahmen der Dienstleistungsfreiheit im Inland dauerhaft eingesetzten Arbeitnehmer eines ausländischen Arbeitgebers von österreichischen Kollektivverträgen zu erfassen. Allerdings scheitert die Erfassung über die Außenseiterwirkung daran, dass der ausländische Arbeitgeber in Österreich idR nicht kollektiv-

---

134 *Schlachter*, NZA 2000, 64.

135 Vgl *Martiny* in Rebmann/Säcker/Rixecker (Hrsg), MünchKommBGB X⁴ (2006) Art 30 EGBGB Rn 137 mwN; *Hergenröder* in Dieterich/Neef/Schwab (Hrsg), AR-Blattei SD 1550.15 Rn 41; *Junker*, Internationales Arbeitsrecht im Konzern (1992) 417 mwN.

136 *Fuchs/Reichold*, Tarifvvertragsrecht² (2006) Rn 274; *Schlachter*, NZA 2000, 64; *Demarne*, Anwendung nationaler Tarifverträge bei grenzüberschreitenden Arbeitsverhältnissen (1999) 196; teilweise aA *Thüsing* in Wiedemann (Hrsg), TVG⁷ (2007) § 1 Rn 106; zum Meinungsstand s *Hergenröder* in Dieterich/Neef/Schwab (Hrsg), AR-Blattei SD 1550.15 Rn 50 ff.

137 Mit anderen Worten bedeutet dies, dass das Arbeitsvertragsstatut maßgeblicher Bestimmungsfaktor für das Kollektivvertragsstatut ist: Diesen Standpunkt vertritt insbesondere *Junker*, Internationales Arbeitsrecht im Konzern (1992) 435.

138 *Birk*, Tarifverträge über Sozialleistungen in rechtsvergleichender und internationalrechtlicher Sicht, VSSR 1977, 1 (22); vgl ebenso *Eichenhofer*, Sozialrechtliche Folgen ausländischer Arbeitskämpfe, NZA-Beilage 2/2006, 69 (70).

vertragsangehörig ist.[139] Für das Eingreifen der Außenseiterwirkung ist aber die Kollektivvertragsangehörigkeit des Arbeitgebers zwingende Voraussetzung.[140] Allerdings existiert mit § 7 AVRAG eine Norm, die genau diese Lücke schließen möchte. Danach hat ein Arbeitnehmer eines Arbeitgebers ohne Sitz in Österreich, der seinen gewöhnlichen Arbeitsort in Österreich hat, einen zwingenden Anspruch auf das durch Gesetz oder eben durch Kollektivvertrag festgelegte Entgelt, das am Arbeitsort vergleichbaren Arbeitnehmern von vergleichbaren Arbeitgebern gebührt, dies obwohl der Arbeitgeber selber nicht Mitglied einer kollektivvertragsfähigen Körperschaft in Österreich ist. Diese dem Schutz des heimischen Lohnniveaus dienende Vorschrift[141] ersetzt damit auf Arbeitgeberseite die Kollektivvertragsbindung und wirkt damit wie die staatliche Garantie eines Mindestlohnanspruches auf Basis des österreichischen Kollektivvertrages für diese spezielle Gruppe von Arbeitnehmern.[142]

3. Schlussbemerkungen

Damit lässt sich abschließend folgendes Fazit ziehen: Die Dienstleistungsfreiheit in ihrem Zusammenwirken mit dem Internationalem Privatrecht bedeutet für das nationale kollektive Arbeitsrecht zweifelsohne eine Herausforderung. Denn der im Rahmen der Dienstleistungsfreiheit im Zusammenspiel mit dem im EVÜ verankerten Herkunftslandprinzip an sich mögliche Einsatz von Arbeitnehmern außerhalb der gewachsenen Strukturen kollektiver Arbeitsbeziehungen im Beschäftigungsstaat greift tief in das ausdifferenzierte Regelungssystem des sozialen Interessenausgleichs zwischen den Akteuren des Arbeitslebens ein. Die Entsende-RL als Einschränkung der Dienstleistungsfreiheit[143] trägt aber der notwendigen

---

[139] Die Arbeitnehmer stehen überdies zum inländischen kollektivvertragsangehörigen Auftraggeber des ausländischen Dienstleistungserbringers in keiner arbeitsvertraglichen Beziehung: *Wank*, NZA-Beilage 2/2005, 94; *Binder*, AVRAG (2001) § 7a Rn 9.

[140] AA *Rebhahn* in FS Strasser (1983) 74, der über eine kollisionsrechtliche Deutung von § 8 AuslBG die Außenseiterwirkung auch dann eingreifen lassen will, wenn der ausländische Arbeitgeber in Österreich nicht kollektivvertragsgebunden ist; dagegen *Schwimann*, ZAS 1992, 8.

[141] Vgl VwGH 15.10.2003, 2000/08/0003, DRdA 2004, 172 = ÖJZ-VwGH (A) 2005/165, 770 = ARD 5468/14/2004; *Wolfsgruber* in Neumayr/Reissner (Hrsg), ZellKomm (2006) § 7 AVRAG Rn 1.

[142] Vgl auch *Mitter*, Umsetzung der „Entsende-Richtlinie" in das österreichische Arbeitsrecht - Europarechtliche Rahmenbedingungen und Notwendigkeiten, DRdA 1998, 457 (462).

[143] So *Birk*, Neuere Entwicklungen des europäischen Arbeitsrechts, DRdA 2002, 455 (457).

Kombination von Gewährleistung der grenzüberschreitenden Dienstleistungsfreiheit und der Beachtung sozialer Mindeststandards[144] im Empfangsstaat der Dienstleistung jedenfalls insofern Rechnung, als dadurch zumindest eine teilweise Integration des ausländischen Dienstleistungserbringers in das System kollektiv geregelter Arbeitsbedingungen sichergestellt wird. Die Endfassung der DL-RL respektiert die besondere Bedeutung des nationalen kollektiven Arbeitsrechts und verändert die durch EntsendeRL und EVÜ geschaffene Situation im Falle der Dienstleistungserbringung mit eigenen Arbeitskräften nicht. Damit bleibt für den Bereich des kollektiven Arbeitsrechts im Falle der grenzüberschreitenden Dienstleistungserbringung die schwierige Gemengelage von Europarecht, Internationalem Privatrecht und nationalem Recht weiterhin erhalten.[145]

---

[144] Vgl *Säcker*, Ein neuer Anlauf zur Reform des Arbeitsrechts und der Arbeitsgerichtsbarkeit? ZfA 2006, 99 (103, 115).

[145] Vgl auch *Weiss*, The Implications of the Services Directive on Labour Law – A German Perspective, in *Blanpain* (Hrsg), Freedom of Services in the European Union. Labour and Social Security Law: The Bolkenstein Initiative (2006) 77 f: „*The most important implication of the new approach seems to be that labour law should not be affected by the Directive but left to the rules in the treaty and in secondary European Community law*".

Anhang 1

Vorschlag für eine RICHTLINIE DES EUROPÄISCHEN PARLAMENTS UND DES RATES vom […] über Dienstleistungen im Binnenmarkt (Text von Bedeutung für den EWR)

DAS EUROPÄISCHE PARLAMENT UND DER RAT DER EUROPÄISCHEN UNION –

gestützt auf den Vertrag zur Gründung der Europäischen Gemeinschaft, insbesondere auf Artikel 47 Absatz 2 Satz 1 und 3, und Artikel 55, Artikel 71 und Artikel 80 Absatz 2,

auf Vorschlag der Kommission[1],

nach Stellungnahme des Europäischen Wirtschafts- und Sozialausschusses[2],

nach Stellungnahme des Ausschusses der Regionen[3],

gemäß dem Verfahren des Artikels 251 EG-Vertrag[4],

in Erwägung nachstehender Gründe:

(1) Ziel der Europäischen Union ist es, eine immer engere Zusammengehörigkeit der Staaten und Völker in Europa zu erreichen und den wirtschaftlichen und sozialen Fortschritt zu sichern. Gemäß Artikel 14 Absatz 2 EG-Vertrag umfasst der Binnenmarkt einen Raum ohne Binnengrenzen, in dem der freie Verkehr von Dienstleistungen und die Niederlassungsfreiheit gewährleistet sind. Die Beseitigung der Schranken für die Entwicklung grenzüberschreitender Dienstleistungstätigkeiten zwischen den Mitgliedstaaten ist ein wichtiges Mittel für ein stärkeres Zusammenwachsen der Völker Europas und die Förderung eines ausgewogenen und nachhaltigen wirtschaftlichen und sozialen Fortschritts.

(2) In ihrem Bericht über den „Stand des Binnenmarktes für Dienstleistungen"[5] führt die Kommission eine Vielzahl von Hindernissen auf, die die Entwicklung grenzüberschreitender Dienstleistungstätig-

1 ABl. C […] vom […], S. […].
2 ABl. C […] vom […], S. […].
3 ABl. C […] vom […], S. […].
4 ABl. C […] vom […], S. […].

5 KOM(2002) 441 endgültig.

keiten zwischen den Mitgliedstaaten behindern oder bremsen; besonders hart treffen sie die im Dienstleistungsgewerbe vorherrschenden kleinen und mittleren Unternehmen (KMU). Der Bericht kommt zu dem Ergebnis, dass ein Jahrzehnt nachdem der Binnenmarkt hätte vollendet sein sollen, noch immer eine breite Kluft besteht zwischen der Vision einer wirtschaftlich integrierten Europäischen Union und der Wirklichkeit, die die europäischen Bürger und Dienstleistungserbringer erleben. Die Hindernisse betreffen eine große Bandbreite von Dienstleistungstätigkeiten und sämtliche Phasen der Dienstleistungserbringung, und sie weisen zahlreiche Gemeinsamkeiten auf; so sind sie häufig auf schwerfällige Verwaltungsverfahren, die Rechtsunsicherheit, mit denen grenzüberschreitende Tätigkeiten behaftet sind, oder auf das fehlende gegenseitige Vertrauen zwischen den Mitgliedstaaten zurückzuführen.

(3) Die Dienstleistungen sind zwar der Motor des Wirtschaftswachstums und tragen in den meisten Mitgliedstaaten 70 % zu BIP und Beschäftigung bei, aber die Fragmentierung des Binnenmarktes beeinträchtigt die europäische Wirtschaft insgesamt, insbesondere die Wettbewerbsfähigkeit von KMU, und sie behindert den Zugang der Verbraucher zu einer größeren Auswahl an Dienstleistungen zu konkurrenzfähigen Preisen. Das Europäische Parlament und der Rat haben betont, dass die Beseitigung rechtlicher Schranken, die einen wirklichen Binnenmarkt verhindern, eine der vorrangigen Aufgaben sein muss, wenn das vom Europäischen Rat in Lissabon vorgegebene Ziel erreicht und die Europäische Union bis zum Jahre 2010 zum wettbewerbsfähigsten und dynamischsten wissensbasierten Wirtschaftsraum der Welt werden soll. Die Beseitigung dieser Hindernisse ist für die wirtschaftliche Erholung in Europa, insbesondere für Investitionen und Beschäftigung, unerlässlich.

(4) Demzufolge ist angezeigt, die Hindernisse für die Niederlassungsfreiheit von Dienstleistungserbringern in den Mitgliedstaaten und für den freien Dienstleistungsverkehr zwischen Mitgliedstaaten zu beseitigen und den Dienstleistungserbringern und -empfängern die Rechtssicherheit zu verschaffen, die sie für die wirksame Wahrnehmung dieser beiden Grundfreiheiten des EG-Vertrags benötigen. Da die Beschränkungen im Binnenmarkt für Dienstleistungen sowohl die Dienstleistungserbringer, die sich in einem anderen Mitgliedstaat niederlassen möchten, als auch diejenigen beeinträchtigen, die in einem anderen Mitgliedstaat Leistungen erbringen, ohne dort eine Niederlassung zu errichten, ist es angebracht, den Dienstleistungserbringern zu ermöglichen, ihre Tätigkeiten im Binnenmarkt dadurch zu entwickeln, dass sie entweder eine Niederlassung in einem anderen Mitgliedstaat errichten oder die Dienstleistungsfreiheit nutzen. Die Dienstleistungserbringer müssen die Möglichkeit haben, zwischen diesen beiden Freiheiten zu wählen und sich für diejenige zu entscheiden, die ihrer Geschäftsstra-

tegie für die einzelnen Mitgliedstaaten am besten gerecht wird.

(5) Allein durch die direkte Anwendung der Artikel 43 und 49 EG-Vertrag können diese Schranken jedoch nicht beseitigt werden, weil – insbesondere nach den Erweiterungen die Handhabung von Fall zu Fall im Rahmen von Vertragsverletzungsverfahren sowohl für die nationalen als auch für die gemeinschaftlichen Organe äußerst kompliziert wäre; außerdem können zahlreiche Hindernisse nur im Wege der vorherigen Koordinierung der einzelstaatlichen Regelungen beseitigt werden, die nicht zuletzt auch für eine bessere Zusammenarbeit der Verwaltungen erforderlich ist. Wie vom Europäischen Parlament und vom Rat anerkannt wurde, ermöglicht ein gemeinschaftliches Rechtsinstrument die Schaffung eines wirklichen Binnenmarktes für Dienstleistungen.

(6) Mit dieser Richtlinie wird ein allgemeiner Rechtsrahmen geschaffen, der einem breiten Spektrum von Dienstleistungen zugute kommt und gleichzeitig die Besonderheiten einzelner Tätigkeiten und Berufe und ihre Reglementierung berücksichtigt. Grundlage dieses Rechtsrahmens ist ein selektiver und dynamischer Ansatz, mit dem zunächst die leicht zu beseitigenden Schranken entfernt werden sollen; hinsichtlich der übrigen wird ein Evaluierungsprozess eingeleitet, der Überprüfungen, Konsultationen und ergänzende Harmonisierung bei besonderen Fragen umfasst, um so schrittweise und koordiniert eine Modernisierung der nationalen Regelungen für den Dienstleistungssektor zu erreichen, wie sie für die Schaffung eines wirklichen Binnenmarktes für Dienstleistungen bis zum Jahr 2010 unerlässlich ist. Es ist angezeigt, eine ausgewogene Kombination aus gezielter Harmonisierung, Verwaltungszusammenarbeit, Anwendung des Herkunftslandprinzips und Förderung der Erarbeitung von Verhaltenskodizes für bestimmte Bereiche vorzusehen. Diese Koordinierung der einzelstaatlichen Rechtsvorschriften muss zu einer gesteigerten rechtlichen Integration auf Gemeinschaftsebene und zu einem hohen Niveau des Schutzes von Gemeinwohlinteressen, insbesondere im Hinblick auf den Schutz der Verbraucher führen, wie es für die Bildung eines gegenseitigen Vertrauens zwischen den Mitgliedstaaten unerlässlich ist.

(7) Die wichtige Rolle der Standesorganisationen und Berufsverbände und -kammern bei der Regulierung von Dienstleistungstätigkeiten und der Erarbeitung von Berufsregeln sollte anerkannt werden.

(8) Die Richtlinie steht im Einklang mit den anderen derzeitigen Gemeinschaftsinitiativen für den Dienstleistungssektor, insbesondere mit denjenigen, die die Wettbewerbsfähigkeit der Unternehmensdienstleistungen, die Sicherheit von Dienstleistungen[1] und die Arbeiten zur Mobilität von Patien-

1 KOM(2003) 313 endgültig (ABl. C 299 vom 10.12.2003, S. 1).

ten bzw. die Entwicklung der medizinischen Versorgung in der Gemeinschaft betreffen. Gleichermaßen steht sie im Einklang mit den derzeitigen Initiativen im Bereich des Binnenmarktes, wie etwa dem Vorschlag für eine Verordnung des Europäischen Parlaments und des Rates über die Verkaufsförderung im Binnenmarkt[1] oder denjenigen im Bereich des Verbraucherschutzes wie dem Vorschlag für eine Richtlinie über unlautere Geschäftspraktiken[2] und dem Vorschlag für eine Verordnung des Europäischen Parlaments und des Rates über die Zusammenarbeit zwischen den für die Durchsetzung der Verbraucherschutzgesetze zuständigen nationalen Behörden („Verordnung über die Zusammenarbeit im Verbraucherschutz“)[3].

(9) Finanzdienstleistungen sind aus dem Anwendungsbereich der Richtlinie ausgeschlossen, da diese Tätigkeiten derzeit Gegenstand eines besonderen Aktionsplans sind, der wie die vorliegende Richtlinie darauf abzielt, einen wirklichen Binnenmarkt für Dienstleistungen zu schaffen. Diese Dienstleistungen werden in der Richtlinie 2002/65/EG des Europäischen Parlaments und des Rates vom 23. September 2002 über den Fernabsatz von Finanzdienstleistungen an Verbraucher und zur Änderung der Richtlinie 90/619/EWG des Rates und der Richtlinien 97/7/EG und 98/27/EG[4] definiert. Eine Finanzdienstleistung im Sinne der genannten Richtlinie ist jede Bankdienstleistung sowie jede Dienstleistung im Zusammenhang mit einer Kreditgewährung, Versicherung, Altersversorgung von Einzelpersonen, Geldanlage oder Zahlung.

(10) Angesichts der Annahme einer Reihe von Rechtsakten über die Dienste und Netze der elektronischen Kommunikationen, sowie über die damit zusammenhängenden Ressourcen und Dienste, die, insbesondere durch die Abschaffung der Mehrzahl der einzelnen Genehmigungsverfahren, einen Rechtsrahmen für die Erleichterung des Zugangs zu diesen Tätigkeiten im Binnenmarkt geschaffen hat, sind die durch diese Rechtsakte erfassten Fragen vom Anwendungsbereich der vorliegenden Richtlinie auszunehmen.

(11) Angesichts der Tatsache, dass der EG-Vertrag besondere Rechtsgrundlagen im Bereich der Steuern enthält und der in diesem Bereich bereits angenommenen Gemeinschaftsrechtsakte ist der Bereich der Steuern aus dem Anwendungsbereich der vorliegenden Richtlinie auszunehmen, allerdings mit Ausnahme der Bestimmungen über die unzulässigen Anforderungen und über den freien Dienstleistungsverkehr. Die Harmonisierung im Bereich der Steuern ist vor allem durch die Richtlinie 77/388/EWG des Rates

[1] KOM(2002) 585 endgültig.

[2] KOM(2003) 356 endgültig.

[3] KOM(2003) 443 endgültig.

[4] ABl. L 271 vom 9.10.2002, S. 16.

vom 17. Mai 1977 zur Harmonisierung der Rechtsvorschriften der Mitgliedstaaten über die Umsatzsteuern – Gemeinsames Mehrwertsteuersystem: einheitliche steuerpflichtige Bemessungsgrundlage[1], die Richtlinie 90/434/EWG des Rates vom 23. Juli 1990 über das gemeinsame Steuersystem für Fusionen, Spaltungen, die Einbringung von Unternehmensteilen und den Austausch von Anteilen, die Gesellschaften verschiedener Mitgliedstaaten betreffen[2], die Richtlinie 90/435/EWG des Rates vom 23. Juli 1990 über das gemeinsame Steuersystem der Mutter- und Tochtergesellschaften verschiedener Mitgliedstaaten[3], die Richtlinie 2003/49/EG des Rates vom 3. Juni 2003 über eine gemeinsame Steuerregelung für Zahlungen von Zinsen und Lizenzgebühren zwischen verbundenen Unternehmen verschiedener Mitgliedstaaten[4] verwirklicht worden. Diese Richtlinie zielt dementsprechend nicht darauf ab, neue Steuervorschriften oder -systeme einzuführen. Sie soll lediglich, im Einklang mit der Rechtsprechung des Gerichtshofs der Europäischen Gemeinschaften zu den Artikeln 43 und 49 EG-Vertrag, Beschränkungen der Niederlassungsfreiheit und des freien Dienstleistungsverkehrs beseitigen, von denen einige steuerlicher Art sind, insbesondere diskriminierende Regelungen. Harmonisierte Vorschriften auf Gemeinschaftsebene im Bereich der Mehrwertsteuer sehen vor, dass Dienstleistungserbringer, die grenzüberschreitend tätig sind, auch anderen Verpflichtungen als solchen aus ihrem Herkunftsstaat unterworfen werden können. Nichtsdestotrotz ist es wünschenswert, ein System eines einheitlichen Ansprechpartners für die genannten Dienstleister zu errichten, damit deren sämtliche Verpflichtungen über ein einziges elektronisches Portal der Finanzverwaltung ihres Herkunftsstaates abgewickelt werden können.

(12) Angesichts der Tatsache, dass die Dienstleistungen auf dem Gebiet des Verkehrs bereits Gegenstand einer Reihe von besonderen Gemeinschaftsrechtsakten sind, sind die Dienstleistungen im Verkehr insoweit vom Anwendungsbereich der vorliegenden Richtlinie auszunehmen, als sie durch andere, auf Artikel 71 oder Artikel 80 Absatz 2 EG-Vertrag gestützte Gemeinschaftsrechtsakte erfasst sind. Demgegenüber findet die vorliegende Richtlinie Anwendung auf die Dienstleistungen, die nicht durch besondere Rechtsakte auf dem Gebiet des Verkehrs erfasst sind, wie etwa die Geldtransporte und die Beförderung Verstorbener.

(13) Dienstleistungstätigkeiten sind bereits Gegenstand einer Vielzahl von Gemeinschaftsvorschriften, betreffend beispielsweise die reglementierten Berufe, die Postdienste, das Fernsehen, die Dienste der Informationsgesellschaft oder Reise-

1 ABl. L 145 vom 13.6.1977, S. 1, zuletzt geändert durch Richtlinie 2003/92/EG (ABl. L 260 vom 11.10.2003, S. 8).

2 ABl. L 225 vom 20.8.1990, S. 1.

3 ABl. L 225 vom 20.8.1990, S. 6.

4 ABl. L 157 vom 26.6.2003, S. 49.

dienstleistungen wie etwa Pauschalreisen. Außerdem fallen Dienstleistungen auch unter andere Rechtsakte, die nicht auf bestimmte Dienstleistungsbereiche zielen, wie die Vorschriften über den Verbraucherschutz. Diese Richtlinie ergänzt diesen gemeinschaftsrechtlichen Besitzstand, um ihn zu vervollständigen. Fällt eine Dienstleistungstätigkeit bereits unter einen oder mehrere Gemeinschaftsrechtsakte, so sind diese zusammen mit dieser Richtlinie anwendbar; die Anforderungen ergänzen sich gegenseitig. Die Vereinbarkeit und die Kohärenz der Richtlinie mit anderen Gemeinschaftsrechtsakten sollte durch Ausnahmeregelungen und andere einschlägige Bestimmungen der Richtlinie sichergestellt werden.

(14) Der Begriff der Dienstleistung umfasst einen weiten Bereich wirtschaftlicher Tätigkeiten, der einer ständigen Weiterentwicklung unterworfen ist; dazu zählen Dienstleistungen für Unternehmen wie Unternehmensberatung, Zertifizierungs- und Prüfungs- oder Wartungstätigkeiten, die Unterhaltung und die Bewachung von Büroräumen, Werbung, Personalagenturen einschließlich Zeitarbeitsvermittlungen oder auch die Dienste von Handelsvertretern. Der Begriff der Dienstleistung umfasst ferner solche, die sowohl für Unternehmen als auch für Verbraucher angeboten werden, wie Rechts und Steuerberatung, Dienstleistungen des Immobilienwesens, wie die Tätigkeit der Immobilienmakler, Dienstleistungen des Baugewerbes und der Architekten oder auch Handel, die Veranstaltung von Messen, die Vermietung von Kraftfahrzeugen, Dienste von Reisebüros, Sicherheitsdienste. Der Begriff der Dienstleistung umfasst schließlich solche für Verbraucher, beispielsweise im Bereich des Fremdenverkehrs, einschließlich Leistungen von Fremdenführern, audiovisuelle Dienste, Dienstleistungen im Freizeitbereich, Sportzentren und Freizeitparks, Gesundheitsdienstleistungen und damit zusammenhängende Dienste, oder häusliche Dienste wie die Pflege älterer Menschen. Hierbei handelt es sich sowohl um Tätigkeiten, die die räumliche Nähe zwischen Dienstleistungserbringer und Dienstleistungsempfänger oder aber auch den Ortswechsel des einen oder anderen erfordern, als auch um Leistungen, die im Fernabsatz, beispielsweise über das Internet, erbracht werden können.

(15) Nach der Rechtsprechung des Gerichtshofs zu Artikel 49 ff. EG-Vertrag sind Dienstleistungen alle wirtschaftlichen Tätigkeiten, die in der Regel gegen Entgelt erbracht werden, ohne dass die Dienstleistung von demjenigen bezahlt werden muss, dem sie zugute kommt, und unabhängig davon, wie die wirtschaftliche Gegenleistung, die das Entgelt darstellt, finanziert wird. Folglich ist eine Dienstleistung jegliche Leistung, mit der der Erbringer am Wirtschaftsleben teilnimmt, ungeachtet seines rechtlichen Status, des Tätigkeitszwecks und des betreffenden Tätigkeitsbereichs.

(16) Das Merkmal der Entgeltlichkeit ist nicht gegeben bei Tätigkeiten, die der Staat ohne wirtschaftliche

Gegenleistung in Erfüllung seiner sozialen, kulturellen, bildungspolitischen und rechtlichen Verpflichtungen ausübt. Diese Tätigkeiten fallen nicht unter die Definition des Artikels 50 EG-Vertrag und werden somit nicht vom Anwendungsbereich der vorliegenden Richtlinie erfasst.

(17) Die vorliegende Richtlinie betrifft nicht die Anwendung der Artikel 28, 29 und 30 EG-Vertrag über den freien Warenverkehr. Bei den nach dem in der Richtlinie vorgesehenen Herkunftslandprinzip unzulässigen Beschränkungen handelt es sich um Anforderungen für die Aufnahme und Ausübung von Dienstleistungstätigkeiten, nicht um Anforderungen, die sich auf Waren als solche beziehen.

(18) Unter den Begriff des Dienstleistungserbringers fallen alle natürlichen Personen mit der Staatsangehörigkeit eines Mitgliedstaats und alle juristischen Personen, die eine Dienstleistungstätigkeit ausüben, entweder unter Inanspruchnahme der Niederlassungsfreiheit oder des freien Dienstleistungsverkehrs. Der Begriff des Dienstleistungserbringers betrifft deshalb nicht nur die Fälle, in denen die Leistung grenzüberschreitend im Rahmen des freien Dienstleistungsverkehrs erbracht wird, sondern auch die Fälle, in denen ein Marktteilnehmer in einem anderen Mitgliedstaat eine Niederlassung errichtet, um dort Dienstleistungen zu erbringen. Im übrigen erfasst der Begriff des Dienstleistungserbringers nicht den Fall der Zweigniederlassung einer Gesellschaft aus einem Drittland in einem Mitgliedstaat, denn die Niederlassungs- und Dienstleistungsfreiheit finden gemäß Artikel 48 EG-Vertrag nur Anwendung auf Gesellschaften, die nach den Rechtsvorschriften eines Mitgliedstaates gegründet wurden und ihren satzungsmäßigen Sitz, ihre Hauptverwaltung oder ihre Hauptniederlassung innerhalb der Gemeinschaft haben.

(19) Begibt sich ein Marktteilnehmer in einen anderen Mitgliedstaat, um dort eine Dienstleistungstätigkeit auszuüben, muss zwischen Sachverhalten, die unter die Niederlassungsfreiheit und solchen, die unter die Dienstleistungsfreiheit fallen, unterschieden werden, je nachdem, ob es sich um eine vorübergehende Tätigkeit handelt oder nicht. Nach der Rechtsprechung des Gerichtshofs ist der vorübergehende Charakter einer Dienstleistung nicht nur unter Berücksichtigung der Dauer der Leistung, sondern auch ihrer Häufigkeit, ihrer regelmäßigen Wiederkehr oder ihrer Kontinuität zu beurteilen. Der vorübergehende Charakter der Dienstleistung sollte nicht die Möglichkeit für den Dienstleistungserbringer ausschließen, sich im Bestimmungsmitgliedstaat mit einer bestimmten Infrastruktur (wobei es sich auch um ein Büro, eine Kanzlei oder eine Praxis handeln kann) auszustatten, soweit diese für die Erbringung der betreffenden Leistung erforderlich ist.

(20) Der Begriff der Genehmigungserfordernisse umfasst insbesondere Verwaltungsverfahren, in denen Genehmigungen, Lizenzen, Zulas-

sungen oder Konzessionen erteilt werden, wie auch die Verpflichtung zur Eintragung bei einer Berufskammer oder in einem Berufsregister, einer Berufsrolle oder einer Datenbank, die Zulassung durch eine Einrichtung oder den Besitz eines Gewerbescheins, falls diese Voraussetzung dafür sind, eine Tätigkeit ausüben zu können. Die Erteilung einer Genehmigung kann nicht nur durch eine förmliche Entscheidung erfolgen, sondern auch durch eine stillschweigende Entscheidung, beispielsweise, wenn die zuständige Stelle nicht reagiert oder der Antragsteller die Empfangsbestätigung einer Erklärung abwarten muss, um eine Tätigkeit aufnehmen oder sie rechtmäßig ausüben zu können.

(21) Der Begriff des koordinierten Bereichs umfasst alle Anforderungen, die für die Aufnahme und die Ausübung von Dienstleistungstätigkeiten gelten, insbesondere diejenigen, die in den Rechts und Verwaltungsvorschriften der Mitgliedstaaten vorgesehen sind, unabhängig davon, ob sie zu einem gemeinschaftsweit harmonisierten Bereich gehören, ob sie allgemeiner oder besonderer Natur sind und ungeachtet des Rechtsgebiets, dem sie nach innerstaatlichem Recht zugeordnet werden.

(22) Eine der grundlegenden Schwierigkeiten bei der Aufnahme und Ausübung von Dienstleistungstätigkeiten, insbesondere für KMU, besteht in der Komplexität, Langwierigkeit und mangelnden Rechtssicherheit der Verwaltungsverfahren. Deshalb sind, nach dem Vorbild einiger Initiativen zur Modernisierung und Verbesserung der Verwaltungspraxis auf Gemeinschaftsebene und in den Mitgliedstaaten, Grundsätze für die Verwaltungsvereinfachung aufzustellen. Hierzu dienen insbesondere die koordinierte gemeinschaftsweite Einführung eines Systems einheitlicher Ansprechpartner, die Beschränkung der Pflicht zur Vorabgenehmigung auf die Fälle, in denen sie unerlässlich ist, und die Einführung des Grundsatzes, wonach eine Genehmigung nach Ablauf einer bestimmten Frist als stillschweigend erteilt gilt. Eine solche Modernisierung soll – bei gleichzeitiger Sicherstellung größtmöglicher Transparenz und ständiger Aktualisierung der Informationen über die Marktteilnehmer – die Verzögerungen, die Kosten und die abschreckende Wirkung beseitigen, die beispielsweise durch überflüssige oder zu komplexe und kostspielige Formalitäten, Mehrfachanforderungen, überzogene Formerfordernisse für Unterlagen, einen zu weiten Ermessensspielraum der zuständigen Stellen, vage oder überlange Fristen, die Befristung von Genehmigungen oder unverhältnismäßige Gebühren und Sanktionen verursacht werden. Die betreffenden Verwaltungspraktiken schrecken ganz besonders Dienstleistungserbringer ab, die in anderen Mitgliedstaaten tätig sein wollen und erfordern deshalb eine koordinierte Modernisierung in einem auf 25 Mitgliedstaaten erweiterten Binnenmarkt.

(23) Um die Aufnahme und Ausübung von Dienstleistungstätigkeiten auf dem Binnenmarkt zu erleichtern, ist das Ziel der Verwaltungsverein-

fachung für alle Mitgliedstaaten festzulegen und sind Bestimmungen über die einheitlichen Ansprechpartner, das Recht auf Information, die elektronische Abwicklung von Verfahren und die für Genehmigungserfordernisse geltenden Grundsätze vorzusehen. Weitere Maßnahmen auf nationaler Ebene zur Verwirklichung dieses Zieles könnten in der Verringerung der Verfahren und Formalitäten für Dienstleistungstätigkeiten bestehen; dabei wäre zu prüfen, welche dieser Verfahren und Formalitäten für den Schutz des Allgemeininteresses unerlässlich und nach Zweck und Inhalt nicht überflüssige Mehrfachanforderungen sind.

(24) Um die Verwaltungsabläufe zu vereinfachen, ist es angezeigt, nicht in genereller Weise formale Anforderungen vorzusehen, wie etwa beglaubigte Übersetzungen, es sei denn dies ist objektiv durch ein zwingendes Erfordernis des Allgemeininteresses gerechtfertigt, wie etwa durch den Schutz der Arbeitnehmer. Es ist weiterhin angebracht, dass eine Genehmigung grundsätzlich die Aufnahme und Ausübung einer Dienstleistungstätigkeit im gesamten Staatsgebiet ermöglicht, es sei denn, dass eine Genehmigung für jede einzelne Niederlassung, beispielsweise für jede Verkaufsstätte großer Einkaufszentren, objektiv durch ein zwingendes Erfordernis des Allgemeininteresses, wie etwa des Schutzes der städtischen Umwelt, gerechtfertigt ist.

(25) Es ist angebracht, einen einheitlichen Ansprechpartner vorzusehen, der es ermöglicht, dass jeder Dienstleistungserbringer über eine Kontaktstelle bzw. -person verfügt, bei der alle Verfahren und Formalitäten abgewickelt werden können. Die Zahl der einheitlichen Ansprechpartner kann von Mitgliedstaat zu Mitgliedstaat verschieden sein, abhängig von regionalen oder lokalen Zuständigkeiten oder den betreffenden Dienstleistungen. Die Bestimmung dieser einheitlichen Ansprechpartner lässt die Aufteilung der Zuständigkeiten zwischen den betroffenen Behörden und Stellen in den nationalen Systemen unberührt. Sind mehrere Stellen auf regionaler oder lokaler Ebene zuständig, kann eine von ihnen die Rolle des einheitlichen Ansprechpartners wahrnehmen und sich anschließend mit den anderen Stellen abstimmen. Die einheitlichen Ansprechpartner können nicht nur bei Verwaltungsbehörden angesiedelt werden, sondern auch bei Berufs-, Handels oder Handwerkskammern, Standesorganisationen oder privaten Einrichtungen, denen die Mitgliedstaaten diese Aufgabe übertragen. Den einheitlichen Ansprechpartnern kommt eine wichtige Unterstützerfunktion gegenüber dem Dienstleistungserbringer zu, entweder als Stelle, die unmittelbar für die Genehmigung der Aufnahme einer Dienstleistungstätigkeit zuständig ist, oder als Mittler zwischen dem Dienstleistungserbringer und den unmittelbar zuständigen Stellen. In ihrer Empfehlung vom 22. April 1997 zur Verbesserung und Vereinfachung

des Umfelds von Unternehmensgründungen[1] hatte die Kommission die Mitgliedstaaten bereits aufgefordert, einheitliche Ansprechpartner zur Erleichterung der Formalitäten zu benennen.

(26) Die Einrichtung eines Systems zur elektronischen Abwicklung von Verfahren und Formalitäten in einer angemessen nahen Zukunft ist unerlässlich für die Verwaltungsvereinfachung im Bereich der Dienstleistungstätigkeiten, was sowohl den Dienstleistungserbringern und -empfängern als auch den zuständigen Stellen zugute kommen wird. Die Erfüllung einer solchen Verpflichtung, ein bestimmtes Ergebnis zu erzielen, kann die Anpassung innerstaatlicher Rechtsvorschriften sowie anderer für den Dienstleistungssektor geltender Vorschriften erfordern. Das Erfordernis, die Verfahren und Formalitäten auch im Fernweg abwickeln zu können, verlangt von den Mitgliedstaaten insbesondere, eine grenzüberschreitende Abwicklung zu ermöglichen. Die Pflicht, das genannte Ergebnis zu erreichen, zielt nicht auf Verfahren oder Formalitäten, die sich naturgemäß nicht entmaterialisieren lassen.

(27) Die Möglichkeit zur Aufnahme einer Dienstleistungstätigkeit darf lediglich von einer Genehmigung der zuständigen Stelle abhängen, wenn dies nicht diskriminierend, notwendig und verhältnismäßig ist. Demnach ist ein Genehmigungserfordernis insbesondere nur zulässig, wenn eine nachträgliche Kontrolle nicht gleich wirksam wäre, weil Mängel der betreffenden Dienstleistung später nicht festgestellt werden können, und weil mit dem Verzicht auf eine Vorabkontrolle Risiken und Gefahren verbunden wären. Diese Bestimmungen der Richtlinie können nicht Genehmigungserfordernisse rechtfertigen, die im Übrigen durch andere Gemeinschaftsrechtsakte untersagt sind, wie durch die Richtlinie 1999/93/EG des Europäischen Parlaments und des Rates vom 13. Dezember 1999 über gemeinschaftliche Rahmenbedingungen für elektronische Signaturen[2] oder durch die Richtlinie 2000/31/EG des Europäischen Parlaments und des Rates vom 8. Juni 2000 über bestimmte rechtliche Aspekte der Dienste der Informationsgesellschaft, insbesondere des elektronischen Geschäftsverkehrs, im Binnenmarkt („Richtlinie über den elektronischen Geschäftsverkehr“)[3]. Anhand der Ergebnisses der gegenseitigen Evaluierung wird auf Gemeinschaftsebene ermittelt werden können, für welche Arten von Tätigkeiten die Genehmigungserfordernisse abgeschafft werden sollten.

(28) Ist die Zahl der verfügbaren Genehmigungen für eine bestimmte Tätigkeit limitiert, aufgrund der Begrenztheit der natürlichen Ressourcen oder der technischen Ka-

1 ABl. L 145 vom 5.6.1997, S. 29.

2 ABl. L 13 vom 19.1.2000, S. 12.

3 ABl. L 178 vom 17.7.2000, S. 1.

pazitäten, zum Beispiel bei der Vergabe analoger Radiofrequenzen oder beim Betrieb eines Wasserkraftwerkes – ist ein Verfahren für die Auswahl zwischen mehreren Antragstellern vorzusehen, um mit Hilfe des freien Wettbewerbs höchstmögliche Qualität und optimale Angebotsbedingungen im Interesse der Dienstleistungsempfänger zu erzielen. Ein solches Verfahren muss Garantien für Transparenz und Neutralität bieten und gewährleisten, dass erteilte Genehmigungen keine übermäßig lange Geltungsdauer besitzen, nicht automatisch verlängert werden und keinerlei Begünstigungen des jeweiligen Genehmigungsinhabers vorsehen. Insbesondere muss die Geltungsdauer der Genehmigung so bemessen sein, dass sie den freien Wettbewerb nicht über das für die Amortisierung der Investitionen und die Erwirtschaftung einer angemessenen Investitionsrendite notwendige Maß hinaus einschränkt oder begrenzt. Die Fälle, in denen die Zahl der verfügbaren Genehmigungen aus anderen Gründen limitiert ist, als aufgrund der Begrenztheit der natürlichen Ressourcen oder der technischen Kapazitäten, sind in jedem Fall den weiteren Vorschriften der vorliegenden Richtlinie im Hinblick auf die Genehmigungserfordernisse unterworfen.

(29) Die zwingenden Erfordernisse des Allgemeininteresses, auf die sich einige rechtsvereinheitlichende Bestimmungen der vorliegenden Richtlinie beziehen, sind solche, die von der Rechtsprechung des Gerichtshofes zu den Artikeln 43 und 49 EG-Vertrag anerkannt sind, insbesondere der Verbraucherschutz, der Schutz der Dienstleistungsempfänger, der Arbeitnehmer oder der städtischen Umwelt.

(30) Wenn ein wirklicher Binnenmarkt für Dienstleistungen geschaffen werden soll, müssen die in den Rechtsvorschriften bestimmter Mitgliedstaaten noch enthaltenen Beschränkungen der Niederlassungsfreiheit und des freien Dienstleistungsverkehrs, die mit Artikel 43 bzw. 49 EG-Vertrag unvereinbar sind, beseitigt werden. Die unzulässigen Beschränkungen beeinträchtigen den Binnenmarkt für Dienstleistungen erheblich und müssen unverzüglich systematisch abgebaut werden.

(31) Nach der Rechtsprechung des Gerichtshofs beinhaltet die Niederlassungsfreiheit insbesondere den Grundsatz der Gleichbehandlung, der nicht nur jede auf der Staatsangehörigkeit eines Mitgliedstaates beruhende Diskriminierung verbietet, sondern auch indirekte Diskriminierung aufgrund anderer Unterscheidungsmerkmale, die faktisch zum gleichen Ergebnis führen. So darf die Aufnahme oder Ausübung einer Dienstleistungstätigkeit in einem Mitgliedstaat als Haupt oder Nebentätigkeit nicht Kriterien wie dem Ort der Niederlassung, dem Wohnsitz oder Aufenthaltsort oder dem Standort der überwiegenden Tätigkeit unterworfen sein. Ebenso wenig darf ein Mitgliedstaat die Rechts oder Parteifähigkeit von Gesellschaften beschränken, die nach dem Recht eines anderen Mitgliedstaates, auf dessen Hoheitsgebiet sie ihre

Hauptniederlassung haben, gegründet sind. Desgleichen darf ein Mitgliedstaat keinerlei Begünstigungen im Falle einer besonderen Bindung eines Dienstleistungserbringers zur nationalen oder regionalen Wirtschaft und Gesellschaft vorsehen und auch die Fähigkeit des Dienstleistungserbringers, Rechte und Güter zu erwerben, zu nutzen oder zu übertragen, seinen Zugang zu Finanzierungen und Geschäftsräumen nicht aufgrund seines Niederlassungsortes beschränken, soweit diese Möglichkeiten für die Aufnahme und tatsächliche Ausübung seiner Dienstleistungstätigkeit von Nutzen sind.

(32) Das Verbot von Überprüfungen eines wirtschaftlichen Bedarfs als Vorbedingung für die Erteilung einer Genehmigung bezieht sich auf wirtschaftliche Erwägungen als solche und nicht auf andere Anforderungen, die objektiv durch zwingende Erfordernisse des Allgemeininteresses gerechtfertigt sind, wie etwa den Schutz der städtischen Umwelt. Dieses Verbot betrifft nicht die für das Wettbewerbsrecht zuständigen Stellen in der Ausübung ihrer Zuständigkeiten.

(33) Zwecks Koordinierung der Modernisierung der einzelstaatlichen Vorschriften zur Anpassung an die Erfordernisse des Binnenmarktes ist es angezeigt, bestimmte nichtdiskriminierende innerstaatliche Anforderungen, die ihrer Art nach die Aufnahme oder Ausübung einer Tätigkeit im Zuge der Niederlassungsfreiheit maßgeblich einschränken oder sogar verhindern können, zu überprüfen. Die Mitgliedstaaten müssen sich während der Frist für die Richtlinienumsetzung davon überzeugen, ob solche Anforderungen notwendig sind und dem Erfordernis der Verhältnismäßigkeit genügen, und sie gegebenenfalls beseitigen oder ändern. Im übrigen müssen diese Anforderungen in jedem Fall mit dem gemeinschaftlichen Wettbewerbsrecht vereinbar sein.

(34) Zu den zu prüfenden Anforderungen gehören nationale Regelungen, die aus nicht mit der beruflichen Qualifikation zusammenhängenden Gründen den Zugang zu Tätigkeiten wie Glückspielveranstaltungen bestimmten Dienstleistern vorbehalten. Außerdem müssen Anforderungen wie die Weiterverbreitungspflicht („must carry“) für Kabelnetzbetreiber geprüft werden. Diese verpflichten die Mittler, Zugang zu bestimmten Diensten einzelner Dienstleistungserbringer zu gewähren und schränken damit deren Wahlfreiheit sowie die Zugangsmöglichkeiten für Rundfunkprogramme und die Auswahlmöglichkeiten des Endkunden zu Rundfunkprogrammen ein.

(35) Die Bestimmungen dieser Richtlinie über die Niederlassungsfreiheit sollten insoweit Anwendung finden als die betreffenden Tätigkeiten dem Wettbewerb offen stehen und verpflichten daher die Mitgliedstaaten nicht, bestehende Monopole, insbesondere bei den Lotterien, abzuschaffen oder bestimmte Sektoren zu privatisieren.

(36) Die Tatsache, dass diese Richtlinie eine Reihe von Anforderungen festlegt, die die Mitgliedstaaten wäh-

rend der Umsetzungsfrist beseitigen oder prüfen müssen, lässt die Möglichkeit der Einleitung von Vertragsverletzungsverfahren gegen einen Mitgliedstaat wegen eines Verstoßes gegen Artikel 43 oder 49 EG-Vertrag unberührt.

(37) Um die Verwirklichung des freien Dienstleistungsverkehrs sicherzustellen und dafür zu sorgen, dass Dienstleistungsempfänger und -erbringer gemeinschaftsweit ohne Rücksicht auf die Binnengrenzen Dienstleistungen in Anspruch nehmen beziehungsweise erbringen können, ist es angebracht, dass ein Dienstleistungserbringer grundsätzlich nur den Gesetzen des Landes unterliegt, in dem er niedergelassen ist. Dieser Grundsatz ist unerlässlich, um Dienstleistungserbringer, vor allem die KMU, in die Lage zu versetzen, die Chancen des Binnenmarktes mit umfassender Rechtssicherheit zu nutzen. Auf diese Weise erleichtert das Herkunftslandprinzip in Kombination mit den Maßnahmen der Rechtsvereinheitlichung und der gegenseitigen Unterstützung den freien Dienstleistungsverkehr und ermöglicht den Dienstleistungsempfängern Zugang zu einer größeren Auswahl hochwertiger Dienstleistungen aus anderen Mitgliedstaaten. Flankiert werden muss diese Regelung von Maßnahmen zur Unterstützung der Dienstleistungsempfänger, in erster Linie durch Information über die Gesetze der anderen Mitgliedstaaten, sowie durch die Harmonisierung der Vorschriften über die Transparenz der Dienstleistungstätigkeiten.

(38) Ferner muss gewährleistet sein, dass die Kontrolle der Dienstleistungstätigkeiten an der Quelle erfolgt, d. h. durch die zuständigen Stellen des Mitgliedstaates, in dem der Dienstleistungserbringer niedergelassen ist. Die zuständigen Stellen des Herkunftsmitgliedstaates sind am besten in der Lage, den Dienstleistungserbringer effizient und dauerhaft zu kontrollieren und dabei nicht nur den Schutz der Dienstleistungsempfänger ihres Landes, sondern auch der aus anderen Mitgliedstaaten zu gewährleisten. Diese gemeinschaftsweite Verantwortung des Herkunftsmitgliedstaates für die Überwachung der Tätigkeiten der Dienstleistungserbringer unabhängig vom Bestimmungsort der Dienstleistung ist klar herausgestellt, um gegenseitiges Vertrauen der Mitgliedstaaten bei der Regelung der Dienstleistungstätigkeiten herzustellen. Die Bestimmung der gerichtlichen Zuständigkeit ist nicht Gegenstand dieser Richtlinie sondern der Verordnung (EG) Nr. 44/2001 des Rates vom 22. Dezember 2000 über die gerichtliche Zuständigkeit und die Anerkennung und Vollstreckung von Entscheidungen in Zivil- und Handelssachen[1] oder weiterer Gemeinschaftsrechtsakte wie etwa der Richtlinie 96/71/EG des Europäischen Parlaments und des Rates vom 16. Dezember 1996 über die Entsendung von Arbeit-

[1] ABl. L 12 vom 16.1.2001, S. 1; Verordnung zuletzt geändert durch die Akte über den Beitritt 2003.

nehmern im Rahmen der Erbringung von Dienstleistungen[1].

(39) Ergänzend zum Grundsatz der Anwendbarkeit des Rechts des Herkunftsmitgliedstaates und der Kontrolle durch den Herkunftsmitgliedstaat ist festzulegen, dass die Mitgliedstaaten die Erbringung von Dienstleistungen aus anderen Mitgliedstaaten nicht beschränken dürfen.

(40) Es ist angebracht, allgemeine oder vorübergehende Ausnahmen von der Anwendung des Rechts des Herkunftslandes vorzusehen. Diese Regelungen sind notwendig, um dem Ausmaß der Rechtsvereinheitlichung im Binnenmarkt beziehungsweise bestimmten Gemeinschaftsrechtsakten im Bereich der Dienstleistungen Rechnung zu tragen, nach denen ein Dienstleistungserbringer einem anderen Recht als dem des Herkunftsmitgliedstaates unterliegt. Darüber hinaus können in bestimmten Ausnahmefällen und unter strengen materiellen und verfahrensrechtlichen Voraussetzungen gegenüber einem Dienstleistungserbringer Maßnahmen im Einzelfall ergriffen werden. Um KMU die Rechtssicherheit zu garantieren, die notwendig ist, um sie zu veranlassen, ihre Dienste auch in anderen Mitgliedstaaten anzubieten, müssen diese Ausnahmen auf das absolut Notwendige beschränkt sein. Insbesondere können diese Ausnahmen nur aus Gründen der Sicherheit der Dienstleistungen, der Ausübung eines Berufes des Gesundheitswesens oder zum Schutze der öffentlichen Ordnung im Hinblick auf den Schutz von Minderjährigen, und insoweit angewendet werden, als die einzelstaatlichen Rechtsvorschriften nicht harmonisiert sind. Des Weiteren muss eine Beschränkung der Dienstleistungsfreiheit im Einklang mit den Grundrechten stehen, die gemäß ständiger Rechtsprechung des Gerichtshofes integraler Bestandteil der im gemeinschaftlichen Rechtssystem anerkannten Rechtsgrundsätze sind.

(41) Für die Fälle, in denen sich der Dienstleistungserbringer für seine Tätigkeit in einen anderen Mitgliedstaat als seinen Herkunftsmitgliedstaat begibt, ist eine gegenseitige Unterstützung dieser beiden Staaten vorzusehen. Im Rahmen dieser Unterstützung kann der Bestimmungsmitgliedstaat im Auftrag des Herkunftsmitgliedstaats Überprüfungen, Kontrollen und Untersuchungen durchführen oder aber, wenn es lediglich um die Sachverhaltsfeststellung geht, von sich aus tätig werden. Bei der Arbeitnehmerentsendung kann der Entsendestaat gegenüber dem in einem anderen Mitgliedstaat niedergelassenen Dienstleistungserbringer Maßnahmen ergreifen, die die Einhaltung der Beschäftigungs- und Arbeitsbedingungen gewährleisten sollen, die aufgrund der Richtlinie 96/71/EG anwendbar sind.

(42) Vom Herkunftslandprinzip sollte abgewichen werden bei Dienstleistungen, die in dem Mitgliedstaat, in den sich der Dienstleistungser-

[1] ABl. L 18 vom 21.1.1997, S. 1.

bringer begibt, einem generellen Verbot unterliegen, wenn dieses Verbot durch Gründe der öffentlichen Ordnung, Sicherheit oder Gesundheit objektiv gerechtfertigt ist. Diese Ausnahme vom Herkunftslandprinzip gilt nicht für einzelstaatliche Regelungen, die kein generelles Tätigkeitsverbot beinhalten, sondern die Ausübung dieser Tätigkeit einem oder mehreren bestimmten Marktteilnehmern vorbehalten oder die eine Tätigkeit von einer Zulassung abhängig machen. Sobald ein Mitgliedstaat eine Tätigkeit zulässt, diese jedoch bestimmten Marktteilnehmern vorbehält, unterliegt diese Tätigkeit nicht mehr einem generellen Verbot und ist daher nicht mehr als mit der öffentlichen Ordnung, Sicherheit oder Gesundheit unvereinbar anzusehen. Folglich wäre es nicht gerechtfertigt, eine solche Tätigkeit dem allgemeinen System der Richtlinie zu entziehen.

(43) Das Herkunftslandprinzip sollte nicht für spezifische Anforderungen im Hinblick auf die besonderen Merkmale des Ortes der Dienstleistungserbringung gelten, deren Erfüllung unerlässlich ist für die Aufrechterhaltung der öffentlichen Ordnung und Sicherheit und für den Schutz der öffentlichen Gesundheit und der Umwelt. Diese Ausnahme gilt insbesondere für Genehmigungen für die Sperrung oder Benutzung öffentlicher Verkehrswege, für Anforderungen für die Organisation öffentlicher Veranstaltungen oder für Sicherheitsanforderungen auf Baustellen.

(44) Der Ausschluss des Herkunftslandprinzips für die Zulassung von Kraftfahrzeugen, die nicht in dem Staat geleast wurden, in dem sie genutzt werden, ergibt sich aus der Rechtsprechung des Gerichtshofs, der festgestellt hat, dass ein Mitgliedstaat Fahrzeuge, die auf seinem Hoheitsgebiet genutzt werden, einer solchen Anforderung unterwerfen kann, sofern sie das Erfordernis der Verhältnismäßigkeit erfüllt. Dieser Ausschluss betrifft nicht die gelegentliche oder vorübergehende Anmietung.

(45) Auf Gemeinschaftsebene gibt es eine gewisse Anzahl von Richtlinien betreffend Verbraucherverträge. Allerdings beruhen diese Richtlinien auf einem Ansatz der Mindestharmonisierung. Um soweit wie möglich die Unterschiede zwischen den Verbraucherschutzregelungen in der Union zu verringern, die zum Nachteil der Verbraucher und der Unternehmen zu einer Zersplitterung des Binnenmarktes führen, hat die Kommission in ihrer Mitteilung zur verbraucherpolitischen Strategie 2002-2006[1] angekündigt, dass eine der Prioritäten für die Kommission darin bestünde, eine vollständige Harmonisierung vorzuschlagen. Darüber hinaus hat sie in ihrem Aktionsplan „Ein kohärenteres europäisches Vertragsrecht"[2] auf die Notwendigkeit einer größeren Kohärenz des europäischen Rechts der Verbraucher hingewiesen, die insbesondere eine Überprüfung des bestehenden Rechts der Verbraucherverträge beinhalte, um übrig

---

1 ABl. C 137 vom 8.6.2002, S. 2.

2 ABl. C 63 vom 15.3.2003, S. 1.

gebliebene Unstimmigkeiten zu beseitigen, Lücken zu füllen und die Gesetzgebung zu vereinfachen.

(46) Es ist zweckmäßig, das Herkunftslandprinzip im Bereich der Verbraucherverträge, die sich auf die Erbringung von Dienstleistungen beziehen, nur in dem Maße anzuwenden, in dem Gemeinschaftsrichtlinien eine vollständige Harmonisierung vorsehen, da in diesen Fällen das Niveau des Verbraucherschutzes gleichwertig ist. Die Ausnahme vom Herkunftslandprinzip für die außervertragliche Haftung des Dienstleistungserbringers im Falle eines im Rahmen seiner Tätigkeit eingetretenen Unfalls gegenüber einer Person in dem Mitgliedstaat, in den sich der Dienstleistungserbringer zwecks Erbringung seiner Dienstleistung begibt, bezieht sich auf körperliche oder materielle Schäden, die eine Person durch einen Unfall erleidet.

(47) Den Mitgliedstaaten sollte die Möglichkeit gelassen werden, ausnahmsweise und aus bestimmten Gründe wie etwa die Sicherheit der Dienstleistungen in Abweichung vom Herkunftslandprinzip Maßnahmen in Einzelfällen gegenüber einem Diensterbringer zu ergreifen, der in einem anderen Mitgliedstaat niedergelassen ist. Eine solche Möglichkeit kann nur beim Fehlen einer gemeinschaftlichen Rechtsvereinheitlichung genutzt werden. Im Übrigen bedeutet diese Möglichkeit nicht, dass restriktive Maßnahmen ergriffen werden können in Bereichen, in denen andere Richtlinien Ausnahmen vom freien Dienstleistungsverkehr untersagen, wie die Richtlinie 99/93/EG oder die Richtlinie 98/84/EG des Europäischen Parlaments und des Rates vom 20. November 1998 über den rechtlichen Schutz von zugangskontrollierten Diensten und Zugangskontrolldiensten[1], oder dass in anderen Richtlinien vorgesehene Ausnahmeregelungen erweitert oder begrenzt werden können, wie die der Richtlinie 89/552/EWG des Rates vom 3. Oktober 1989 zur Koordinierung bestimmter Rechts- und Verwaltungsvorschriften der Mitgliedstaaten über die Ausübung der Fernsehtätigkeit[2] oder die der Richtlinie 2000/31/EG.

(48) Dieser Richtlinie entgegenstehende Beschränkungen des freien Dienstleistungsverkehrs können sich nicht nur aus Maßnahmen gegenüber den Dienstleistungserbringern, sondern auch aus vielfältigen Behinderungen ergeben, die die Empfänger und insbesondere die Verbraucher bei der Nutzung der Dienstleistungen behindern. Diese Richtlinie enthält Beispiele für bestimmte Arten von Beschränkungen gegenüber einem Dienstleistungsempfänger, der eine Dienstleistung in Anspruch nehmen möchte, die von einem in einem anderen Mitgliedstaat niedergelassenen Dienstleistungserbringer angeboten wird.

---

1 ABl. L 320 vom 28.11.1998, S. 54.

2 ABl. L 298 vom 17.10.1989, S. 23; Richtlinie geändert durch die Richtlinie 97/36/EG des Europäischen Parlaments und des Rates (ABl. L 202 vom 30.7.1997, S. 60).

(49) Gemäß den Vorschriften des EG-Vertrags über den freien Dienstleistungsverkehr in der Auslegung des Gerichtshofs sind Diskriminierungen des Dienstleistungsempfängers aufgrund seiner Staatsangehörigkeit, seines Wohnsitzlandes oder seines Wohnortes verboten. Dabei kann es sich insbesondere um eine Verpflichtung handeln, die lediglich Staatsangehörige eines anderen Mitgliedstaats betrifft und etwa darin besteht, Originalunterlagen, beglaubigte Kopien, einen Staatsangehörigkeitsnachweis oder amtlich beglaubigte Übersetzungen von Unterlagen vorzulegen, um in den Genuss bestimmter Dienstleistungen oder Preisvorteile zu kommen. Gleichwohl verhindert das Verbot diskriminierender Anforderungen nicht, dass bestimmte Preisvorteile bestimmten Dienstleistungsempfängern vorbehalten sind; allerdings müssen diese auf berechtigten, objektiven Kriterien fußen, wie beispielsweise der unmittelbaren Verknüpfung mit den von diesen Empfängern gezahlten Beiträgen.

(50) Die Schaffung eines echten Raums ohne Binnengrenzen setzt voraus, dass die Bürger der Gemeinschaft nicht aufgrund ihrer Staatsangehörigkeit oder ihres Wohnsitzes daran gehindert werden, eine technisch auf dem Markt verfügbare Dienstleistung in Anspruch zu nehmen bzw. anderen Bedingungen oder Preisen unterworfen werden. Durch das Fortbestehen solcher Diskriminierungen gegenüber den Dienstleistungsempfängern wird das Fehlen eines wirklichen Binnenmarktes für Dienstleistungen für den Bürger der Gemeinschaft deutlich spürbar und ganz allgemein das Zusammenwachsen der europäischen Völker beeinträchtigt. Dieses Diskriminierungsverbot im Binnenmarkt beinhaltet, dass in allgemeinen Geschäftsbedingungen, die der Dienstleistungserbringer bekannt gemacht hat, einem Dienstleistungsempfänger, insbesondere einem Verbraucher, der Zugriff auf allgemein angebotene Dienstleistungen nicht aufgrund seiner Staatsangehörigkeit oder seines Wohnsitzes verwehrt oder erschwert werden darf. Hiervon unberührt bleibt die Möglichkeit, in allgemeinen Geschäftsbedingungen für eine Dienstleistung unterschiedliche Preise oder Bedingungen festzulegen, die unmittelbar durch objektive Faktoren gerechtfertigt sind, wie beispielsweise entfernungsabhängige Zusatzkosten, technische Merkmale der Dienstleistung, unterschiedliche Marktbedingungen oder zusätzliche Risiken, die damit verbunden sind, dass sich die rechtlichen Rahmenbedingen von denen des Herkunftsstaates unterscheiden.

(51) Im Sinne der vom Gerichtshof aufgestellten Grundsätze zum freien Dienstleistungsverkehr sollte sowohl den Patienten, die als Dienstleistungsempfänger den freien Dienstleistungsverkehr nutzen, als auch den Angehörigen der Berufe im Gesundheitsbereich und den Verantwortlichen der Sozialversicherung im Bereich der Erstattung von Behandlungskosten größere Rechtssicherheit geboten werden, ohne dass das finanzielle Gleichgewicht der Systeme der sozialen

Sicherheit der Mitgliedstaaten beeinträchtigt wird.

(52) Die Verordnung (EWG) Nr. 1408/71 des Rates vom 14. Juni 1971 zur Anwendung der Systeme der sozialen Sicherheit auf Arbeitnehmer und deren Familien, die innerhalb der Gemeinschaft zu- und abwandern[1], insbesondere die Bestimmungen über die Zugehörigkeit zu einem System der sozialen Sicherheit, finden auf Arbeitnehmer und Selbständige, die eine Dienstleistung erbringen oder daran mitwirken, voll Anwendung.

(53) Artikel 22 der Verordnung (EWG) Nr. 1408/71, der die Genehmigung für die Kostenübernahme für Krankheitsbehandlungen in einem anderen Mitgliedstaat betrifft, trägt, wie der Gerichtshof unterstrichen hat, zur Erleichterung der Freizügigkeit für Patienten und der grenzüberschreitenden Erbringung von Gesundheitsdiensten bei. Diese Bestimmung gewährleistet, dass die Versicherten, die über eine Genehmigung verfügen, unter genauso günstigen Bedingungen für eine Kostenerstattung Zugang zu Behandlungen in anderen Mitgliedstaaten haben wie die Sozialversicherten, die den Regeln dieses Staates unterliegen. Sie gewährt den Sozialversicherten somit Rechte, die sie anderenfalls nicht hätten und stellt sich so als eine Ausübungsmodalität des freien Dienstleistungsverkehrs dar. Demgegenüber soll diese Bestimmung nicht die Frage einer Erstattung der durch die Behandlung in einem anderen Mitgliedstaat verursachten Kosten, auch ohne vorherige Genehmigung, nach den Sätzen des Staates der Versicherungszugehörigkeit regeln und steht somit einer solchen auch nicht entgegen.

(54) Im Hinblick auf die Entwicklung der Rechtsprechung des Gerichtshofs im Bereich des freien Dienstleistungsverkehrs muss die Anforderung einer vorherigen Genehmigung für die Erstattung der Kosten durch das System der sozialen Sicherheit eines Mitgliedstaats für in einem anderen Mitgliedstaat außerhalb eines Krankenhauses erfolgende Behandlungen abgeschafft werden und die Mitgliedstaaten müssen ihr Recht dementsprechend anpassen. Soweit die Kostenerstattung für diese Behandlungen im Krankenversicherungssystem des Staates der Versicherungszugehörigkeit Deckungsgrenzen unterworfen ist, bedeutet diese Abschaffung keine schwerwiegende Störung des finanziellen Gleichgewichts der Systeme der sozialen Sicherheit. Gemäß der Rechtsprechung des Gerichtshofs bleiben die Bedingungen, denen die Mitgliedstaaten in ihrem Hoheitsgebiet die Gewährung von außerhalb eines Krankenhauses erfolgenden Behandlungen unterwerfen, auch bei in einem anderen Mitgliedstaat erbrachten Behandlungen anwendbar soweit sie mit dem Gemeinschaftsrecht vereinbar sind. Gleichermaßen und in Übereinstimmung mit der Rechtsprechung des Gerichtshofs müssen die Genehmi-

[1] ABl. L 149 vom 5.7.1971, S. 2; Verordnung zuletzt geändert durch die Akte über den Beitritt 2003.

gungserfordernisse für die Kostenerstattung für in einem anderen Mitgliedstaat erbrachte Krankheitsbehandlungen die Bestimmungen dieser Richtlinie über die Erteilung von Genehmigungen und die Genehmigungsverfahren einhalten.

(55) Gemäß der Rechtsprechung des Gerichtshofs im Bereich des freien Dienstleistungsverkehrs erscheint eine Regelung der Vorabgenehmigung der Kostenübernahme für eine Krankenhausversorgung, die in einem anderen Mitgliedstaat durchgeführt wird, gerechtfertigt, da die Zahl der Krankenanstalten, ihre geografische Verteilung, ihr Ausbau und die Einrichtungen, über die sie verfügen, oder auch die Art der medizinischen Leistungen, die sie anbieten können, planbar sein müssen. Eine derartige Planung bezweckt, in jedem Mitgliedstaat ein ausgewogenes, ausreichend zugängliches Angebot qualitativ hochwertiger Krankenhausversorgung sicherzustellen; zum anderen soll sie dazu beitragen, die Kosten beherrschbar zu machen und, soweit wie möglich, jede Verschwendung finanzieller, technischer und menschlicher Ressourcen zu verhindern. Gemäß der Rechtsprechung des Gerichtshofs ist der Begriff der Krankenhausversorgung objektiv auszulegen und die Regelung zur Vorabgenehmigung muss in einem angemessenen Verhältnis zu dem mit ihr verfolgten Ziel des Allgemeininteresses stehen.

(56) Artikel 22 der Verordnung (EWG) Nr. 1408/71 bestimmt die Voraussetzungen, unter denen die zuständige nationale Stelle die auf der Grundlage dieses Artikels beantragte Genehmigung nicht verweigern darf. Die Mitgliedstaaten dürfen die Genehmigung nicht verweigern, wenn die Krankenhausbehandlungen – für den Fall, dass sie im Versicherungsmitgliedstaat durchgeführt werden würden – vom dortigen Sozialversicherungssystem gedeckt wären und wenn eine identische Behandlung oder eine gleichermaßen wirkungsvolle Behandlung im Versicherungsmitgliedstaat nicht binnen einer angemessenen Frist und unter den im dortigen System der sozialen Sicherheit vorgesehenen Bedingungen erfolgen kann. Gemäß der Rechtsprechung des Gerichtshofs muss die Frage der angemessenen Frist mit Blick auf die gesamten Umstände des Einzelfalles und unter angemessener Berücksichtigung nicht nur des Gesundheitszustands des Patienten zum Zeitpunkt der Einreichung des Genehmigungsantrags, sondern ebenfalls seiner Vorgeschichte und des voraussichtlichen Krankheitsverlaufs erfolgen.

(57) Der von den Systemen der sozialen Sicherheit der Mitgliedstaaten gewährte Erstattungsbetrag für Behandlungen, die in einem anderen Mitgliedstaat durchgeführt werden, darf nicht niedriger sein, als der in ihrem System der sozialen Sicherheit vorgesehene Erstattungsbetrag für Behandlungen, die auf ihrem Hoheitsgebiet erfolgen. In Übereinstimmung mit der Rechtsprechung des Gerichthofs im Bereich des freien Dienstleistungsverkehrs hat – auch bei Fehlen einer Genehmigung – die Erstattung

von Kosten für Behandlungen außerhalb eines Krankenhauses nach den Sätzen des Mitgliedstaats der Versicherungszugehörigkeit keine erheblichen Auswirkungen auf die Finanzierung seines Systems der sozialen Sicherheit. In den Fällen, in denen eine Genehmigung im Rahmen des Artikels 22 der Verordnung (EWG) Nr. 1408/71 erteilt wurde, erfolgt die Kostenerstattung nach den Sätzen des Staates, in dem die Behandlung erfolgt ist. Wenn die Deckung allerdings niedriger ist als diejenige, die der Patient erhalten hätte, wenn die gleiche Behandlung im Mitgliedstaat seiner Versicherungszugehörigkeit erfolgt wäre, muss der Mitgliedstaat seiner Versicherungszugehörigkeit die Erstattung bis zur Höhe des Satzes ergänzen, der in diesem Fall angewendet worden wäre.

(58) Zur Erleichterung des freien Dienstleistungsverkehrs sollte bei der Entsendung von Arbeitnehmern im Rahmen der Erbringung von Dienstleistungen in einem anderen als dem Herkunftsmitgliedstaat die Rollen und Aufgabenverteilung zwischen Herkunfts- und Entsendemitgliedstaat klargestellt werden. Die vorliegende Richtlinie lässt rein arbeitsrechtliche Fragen unberührt. Die Aufgabenverteilung und die Festlegung der Form der Zusammenarbeit zwischen Herkunftsmitgliedstaat und Entsendemitgliedstaat erleichtert die Wahrnehmung der Dienstleistungsfreiheit vor allem durch die Abschaffung einiger unverhältnismäßiger Verwaltungsverfahren und die Verbesserung der Überprüfung der Einhaltung der Beschäftigungs- und Arbeitsbedingungen gemäß der Richtlinie 96/71/EG.

(59) Um diskriminierende oder unverhältnismäßige Verwaltungsformalitäten zu vermeiden, die vor allem auf KMU abschreckend wirken, sollte dem Entsendemitgliedstaat untersagt werden, die Entsendung von der Erfüllung bestimmter Anforderungen abhängig zu machen, wie beispielsweise der Verpflichtung, bei den Behörden des Entsendemitgliedstaats eine Genehmigung zu beantragen. Die Anforderung, die Dienstleistungserbringung vorher bei den Behörden des Entsendemitgliedstaats anzuzeigen, sollte ebenfalls untersagt werden. Eine solche Anforderung muss jedoch bis zum 31. Dezember 2008 aufrechterhalten werden können soweit die Tätigkeiten im Bausektor betroffen sind, die im Anhang der Richtlinie 96/71/EG aufgeführt sind. In Bezug darauf ist die Verbesserung der Zusammenarbeit zwischen den Mitgliedstaaten mit dem Ziel, die Kontrollen zu erleichtern, Gegenstand von Arbeiten der Expertengruppe der Mitgliedstaaten zur Umsetzung der Richtlinie 96/71/EG. Im Übrigen sollte der Entsendemitgliedstaat gemäß der in der Richtlinie festgeschriebenen Dienstleistungsfreiheit gegenüber dem in einem anderen Mitgliedstaat niedergelassenen Dienstleistungserbringer keine restriktiven Maßnahmen ergreifen dürfen, die sich auf andere als die der Richtlinie 96/71/EG festgelegten Beschäftigungs- und Arbeitsbedingungen beziehen.

(60) Die Dienstleistungsfreiheit beinhaltet das Recht des Dienstleis-

tungserbringers, seine Arbeitnehmer zu entsenden, auch wenn es sich dabei um Personen handelt, die nicht Bürger der Gemeinschaft sondern Drittstaatsangehörige sind und die sich im Herkunftsmitgliedstaat rechtmäßig aufhalten und einer ordnungsgemäßen Beschäftigung nachgehen. Es ist vorzusehen, dass der Herkunftsmitgliedstaat dafür Sorge tragen muss, dass der entsandte Drittstaatsangehörige die in seinen Rechtsvorschriften festgelegten Voraussetzungen bezüglich des Wohnsitzes und einer ordnungsgemäßen Beschäftigung, einschließlich betreffend die Sozialversicherung, erfüllt. Im Gegenzug sollte der Entsendemitgliedstaat gemäß der in der Richtlinie festgeschriebenen Dienstleistungsfreiheit den Arbeitnehmer oder den Dienstleistungserbringer keinen Präventivkontrollen unterwerfen dürfen, insbesondere nicht Einreise- oder Aufenthaltstitel außer in bestimmten Fällen -, oder Arbeitsgenehmigungen verlangen, oder keine Anforderungen stellen, wie die nach einem unbefristeten Arbeitsvertrag oder einer vorherigen Beschäftigung im Herkunftsmitgliedstaat des Dienstleistungserbringers.

(61) Nach Annahme der Verordnung (EG) Nr. 859/2003 des Rates vom 14. Mai 2003 zur Ausdehnung der Bestimmungen der Verordnung (EWG) Nr. 1408/71 und der Verordnung (EWG) Nr. 574/72 auf Drittstaatsangehörige, die ausschließlich aufgrund ihrer Staatsangehörigkeit nicht bereits unter diese Bestimmungen fallen[1], sind Drittstaatsangehörige durch das aufgrund der Verordnung (EWG) Nr. 1408/71 bestehende System der Zusammenarbeit bezüglich der Anwendung der Systeme der sozialen Sicherheit auf Arbeitnehmer und die Mitglieder ihrer Familien, die innerhalb der Gemeinschaft zu- und abwandern, abgedeckt, nach dem grundsätzlich die Regeln des Staates der Versicherungszugehörigkeit des Arbeitnehmers Anwendung finden.

(62) Bei den Möglichkeiten, die der Dienstleistungserbringer hat, um die bereitzustellenden Informationen dem Dienstleistungsempfänger leicht zugänglich zu machen, sollte die Angabe seiner elektronischen Adresse einschließlich seiner Website vorgesehen werden. Im Übrigen sollte die Verpflichtung der Dienstleistungserbringer, in den ausführlichen Informationsunterlagen über ihre Tätigkeit bestimmte Angaben zu machen, nicht für die allgemeine kommerzielle Kommunikation wie beispielsweise die Werbung gelten, sondern vielmehr für Broschüren, die detaillierte Angaben über die angebotenen Dienstleistungen enthalten, einschließlich der Dokumente auf einer Website.

(63) Jeder Dienstleistungserbringer, dessen Dienstleistungen ein besonderes Gesundheits- oder Sicherheitsrisiko oder ein besonderes finanzielles Risiko für den Dienst-

1 ABl. L 124 vom 20.5.2003, S. 1.

leistungsempfänger darstellen, sollte über eine angemessene Berufshaftpflichtversicherung oder eine gleichwertige oder vergleichbare Sicherheit verfügen, was insbesondere bedeutet, dass er für die Erbringung der Dienstleistung außer im Herkunftsmitgliedstaat auch in einem oder mehreren anderen Mitgliedstaaten angemessen versichert ist.

(64) Die Totalverbote kommerzieller Kommunikation für reglementierte Berufe sollten beseitigt werden, wobei nicht Verbote gemeint sind, die sich auf den Inhalt der kommerziellen Kommunikation beziehen, sondern solche, die diese allgemein für ganze Berufsgruppen im Hinblick auf eine oder mehrere Formen der kommerziellen Kommunikation untersagen, beispielsweise ein Verbot von Werbung in einem bestimmten oder in einer Reihe von Medien. Was den Inhalt und die Art und Weise der kommerziellen Kommunikation betrifft, sollten die Angehörigen der reglementierten Berufe aufgefordert werden, unter Beachtung des Gemeinschaftsrechts gemeinschaftsweite Verhaltenskodizes zu erarbeiten.

(65) Um die Transparenz zu erhöhen und sicher zu stellen, dass Bewertungen der Qualität der angebotenen und erbrachten Dienstleistungen sich auf vergleichbare Kriterien stützen, ist es wichtig, dass die Informationen über die Bedeutung der Gütesiegel und sonstigen Kennzeichnungen der Dienstleistungen leicht zugänglich sind. Eine solche Transparenzpflicht ist in Bereichen wie dem Fremdenverkehr, namentlich im Hotelgewerbe mit seinen weit verbreiteten Klassifizierungssystemen, besonders wichtig. Im übrigen ist zu untersuchen, in welchem Maß europäische Normung von Nutzen sein kann, um die Vergleichbarkeit und die Qualität der Dienstleistungen zu erleichtern. Europäische Normen werden von den europäischen Normungsorganisationen CEN, CENELEC und ETSI erarbeitet. Soweit erforderlich, kann die Kommission gemäß den in der Richtlinie 98/34/EG des Europäischen Parlaments und des Rates vom 22. Juni 1998 über ein Informationsverfahren auf dem Gebiet der Normen und technischen Vorschriften[1] vorgesehenen Verfahren einen Auftrag zur Erarbeitung besonderer europäischer Normen erteilen.

(66) Die Entwicklung eines Netzes der für den Verbraucherschutz zuständigen Behörden der Mitgliedstaaten, die Gegenstand des Vorschlags für eine Verordnung über die Zusammenarbeit auf dem Gebiet des Verbraucherschutzes ist, ergänzt die in dieser Richtlinie vorgesehene Zusammenarbeit. Die Anwendung der Rechtsvorschriften über den Verbraucherschutz in grenzüberschreitenden Fällen, insbesondere im Hinblick auf die Entwicklung neuer Marketing- und Vertriebspraktiken, ebenso wie die Notwendigkeit bestimmte Hindernisse für die Zusammenarbeit in

1 ABl. L 204 vom 21.7.1998, S. 37; Richtlinie zuletzt geändert durch die Akte über den Beitritt 2003.

diesem Bereich zu beseitigen, erfordern ein erhöhtes Maß an Zusammenarbeit zwischen den Mitgliedstaaten. Insbesondere ist es in diesem Bereich erforderlich sicherzustellen, dass die Mitgliedstaaten von Marktteilnehmern in ihrem Hoheitsgebiet die Beendigung rechtswidriger Praktiken fordern, die auf Verbraucher in anderen Mitgliedstaaten abzielen.

(67) Es ist vorzusehen, dass die Mitgliedstaaten in Zusammenarbeit mit der Kommission die Interessenträger ermutigen, gemeinschaftsweite Verhaltenskodizes auszuarbeiten, die, unter Berücksichtigung der Besonderheiten jedes Berufs, insbesondere die Dienstleistungsqualität verbessern sollen. Die Verhaltenskodizes müssen mit dem Gemeinschaftsrecht, vor allem mit dem Wettbewerbsrecht vereinbar sein.

(68) Diese Richtlinie trifft keinerlei Festlegungen im Hinblick auf zukünftige Initiativen gesetzgeberischer oder nicht-gesetzgeberischer Art auf dem Gebiet des Verbraucherschutzes.

(69) Das Ausbleiben einer Reaktion der Kommission innerhalb der Frist von sechs Monaten im Rahmen des in dieser Richtlinie vorgesehenen Verfahrens der gegenseitigen Evaluierung berührt nicht die Frage der Vereinbarkeit mit dem Gemeinschaftsrecht von einzelstaatlichen Anforderungen, die Gegenstand der Berichte der Mitgliedstaaten sind.

(70) Die Richtlinie 98/27/EG des Europäischen Parlaments und des Rates vom 19. Mai 1998 über Unterlassungsklagen zum Schutz der Verbraucherinteressen[1] gleicht die Rechts- und Verwaltungsvorschriften der Mitgliedstaaten über Unterlassungsklagen zum Schutz der Kollektivinteressen der Verbraucher an, die unter in ihrem Anhang aufgeführte Richtlinien fallen. Um Unterlassungsklagen bei einem die Kollektivinteressen der Verbraucher beeinträchtigenden Verstoß gegen die vorliegende Richtlinie zu ermöglichen, sollte der Anhang der Richtlinie 98/27/EG entsprechend geändert werden.

(71) Da die Ziele der beabsichtigten Maßnahme – nämlich die Beseitigung von Hindernissen für die Niederlassungsfreiheit der Dienstleistungserbringer in den Mitgliedstaaten und für den freien Dienstleistungsverkehr zwischen den Mitgliedstaaten – auf Ebene der Mitgliedstaaten nicht ausreichend erreicht werden können und daher wegen der beträchtlichen Ausmaße der Maßnahme besser auf Gemeinschaftsebene zu erreichen sind, kann die Gemeinschaft im Einklang mit dem in Artikel 5 EG-Vertrag niedergelegten Subsidiaritätsprinzip tätig werden. Entsprechend dem in demselben Artikel genannten Verhältnismäßigkeitsprinzip geht diese Richtlinie nicht über das für die Erreichung dieser Ziele erforderliche Maß hinaus.

1 ABl. L 166 vom 11.6.1998, S. 51; Richtlinie zuletzt geändert durch die Richtlinie 2002/65/EG des Europäischen Parlaments und des Rates (ABl. L 271 vom 9.10.2002, S. 16).

(72) Die vorliegende Richtlinie steht im Einklang mit den Grundrechten und befolgt insbesondere die Grundsätze, die in der Charta der Grundrechte der Europäischen Union, vor allem in den Artikel 8, 15, 21 und 47, anerkannt sind.

(73) Die zur Durchführung dieser Richtlinie erforderlichen Maßnahmen sollten gemäß dem Beschluss 1999/468/EG des Rates vom 28. Juni 1999 zur Festlegung der Modalitäten für die Ausübung der der Kommission übertragenen Durchführungsbefugnisse[1] erlassen werden –

HABEN FOLGENDE RICHTLINIE ERLASSEN:

KAPITEL I
ALLGEMEINE BESTIMMUNGEN

Artikel 1
Gegenstand

Diese Richtlinie stellt allgemeine Bestimmungen auf, die die Wahrnehmung der Niederlassungsfreiheit durch Dienstleistungserbringer sowie den freien Dienstleistungsverkehr erleichtern sollen.

Artikel 2
Anwendungsbereich

1. Diese Richtlinie gilt für Dienstleistungen, die von einem in einem Mitgliedstaat niedergelassenen Dienstleistungserbringer angeboten werden.

2. Die Richtlinie findet keine Anwendung auf folgende Tätigkeiten:

a) die in Artikel 2 Buchstabe b) der Richtlinie 2002/65/EG genannten Finanzdienstleistungen;

b) Dienstleistungen und Netze der elektronischen Kommunikation sowie zugehörige Einrichtungen und Dienste in den Bereichen, die in den Richtlinien 2002/19/EG[2], 2002/20/EG[3], 2002/21/EG[4], 2002/22/EG[5] und 2002/58/EG[6] des Europäischen Parlaments und des Rates geregelt sind;

c) die Dienstleistungen auf dem Gebiet des Verkehrs soweit sie durch andere, auf Artikel 71 oder Artikel 80 Absatz 2 EG-Vertrag gestützte Gemeinschaftsrechtsakt geregelt sind.

3. Die Richtlinie gilt nicht für das Steuerwesen, mit Ausnahme der Artikel 14 und 16 soweit die dort aufgeführten Beschränkungen nicht von einem Gemeinschaftsrechtsakt zur Steuerharmonisierung erfasst sind.

Artikel 3
Verhältnis zum geltenden Gemeinschaftsrecht

Die Mitgliedstaaten setzen die Bestimmungen dieser Richtlinie in Übereinstimmung mit den Bestimmungen des EG-Vertrags über die Niederlassungs- und die Dienstleistungsfreiheit um.

Diese Richtlinie schließt die Anwendung der Bestimmungen anderer Gemeinschaftsrechtsakte auf die von ihnen erfassten Dienstleistungen nicht aus.

---

1 ABl. L 184 vom 17.7.1999, S. 23.

2 ABl. L 108 vom 24.4.2002, S. 7.
3 ABl. L 108 vom 24.4.2002, S. 21.
4 ABl. L 108 vom 24.4.2002, S. 33.
5 ABl. L 108 vom 24.04.2002, S. 51.
6 ABl. L 201 vom 31.7.2002, S. 37.

Artikel 4
Begriffsbestimmungen

Im Sinne dieser Richtlinie bezeichnet der Ausdruck:

1) „Dienstleistung" jede von Artikel 50 EG-Vertrag erfasste selbstständige wirtschaftliche Tätigkeit, bei der einer Leistung eine wirtschaftliche Gegenleistung gegenübersteht;

2) „Dienstleistungserbringer" jede natürliche Person mit der Staatsangehörigkeit eines Mitgliedstaates und jede juristische Person, die eine Dienstleistung anbietet oder erbringt;

3) „Dienstleistungsempfänger" jede natürliche oder juristische Person, die für berufliche oder andere Zwecke eine Dienstleistung in Anspruch nimmt oder in Anspruch nehmen möchte;

4) „Herkunftsmitgliedstaat" der Mitgliedstaat, auf dessen Hoheitsgebiet der Dienstleistungserbringer seine Niederlassung hat;

5) „Niederlassung" die tatsächliche Ausübung einer von Artikel 43 EG-Vertrag erfassten wirtschaftlichen Tätigkeit mittels einer festen Einrichtung auf unbestimmte Zeit;

6) „Genehmigungsregelung" jedes Verfahren, das einen Dienstleistungserbringer bzw. -empfänger verpflichtet, bei einer zuständigen Stelle eine förmliche, stillschweigende oder sonstige Entscheidung über die Aufnahme und Ausübung bzw. die Inanspruchnahme einer Dienstleistung zu erwirken;

7) „Anforderungen" alle Bestimmungen wie Auflagen, Verbote, Bedingungen oder Beschränkungen, die in den Rechts oder Verwaltungsvorschriften der Mitgliedstaaten festgelegt sind oder sich aus der Rechtsprechung, der Verwaltungspraxis, den Standesregeln oder den kollektiven Regeln ergeben, die von Berufskammern, verbänden oder sonstigen Berufsorganisationen in Ausübung ihrer Rechtsautonomie erlassen wurden;

8) „zuständige Stelle" jedes Organ und jede Instanz, das/die in einem Mitgliedstaat eine Kontroll- oder Regulierungsfunktion für Dienstleistungstätigkeiten innehat, insbesondere Verwaltungsbehörden, Berufskammern und -verbände oder sonstige Berufsorganisationen, die im Rahmen ihrer Rechtsautonomie die Aufnahme einer Dienstleistungstätigkeit oder ihre Ausübung kollektiv regeln;

9) „koordinierter Bereich" die Gesamtheit der für die Aufnahme von Dienstleistungstätigkeiten oder ihre Ausübung geltenden Anforderungen;

10) „Krankenhausversorgung" die medizinischen Behandlungen, die nur innerhalb einer medizinischen Einrichtung erbracht werden können und für die grundsätzlich eine stationäre Aufnahme der Person, die diese Behandlung erhält, erforderlich ist. Die Zielsetzung, die Organisation, und die Art der Finanzierung der medizinischen Einrichtung sind für die Einordnung der betreffenden Behandlung unerheblich;

11) „Entsendemitgliedstaat" der Mitgliedstaat, in den ein Dienstleistungserbringer einen Arbeitnehmer zur dortigen Erbringung von Dienstleistungen entsendet;

12) „ordnungsgemäße Beschäftigung" die unselbstständige Tätigkeit eines Arbeitnehmers im Einklang mit den innerstaatlichen Vorschriften des Her-

kunftsmitgliedstaates des Dienstleistungserbringers;

13) „reglementierter Beruf" eine berufliche Tätigkeit oder eine Gesamtheit beruflicher Tätigkeiten deren Aufnahme, Ausübung oder Ausübungsweise direkt oder indirekt in Rechts- und Verwaltungsvorschriften vom Besitz bestimmter beruflicher Qualifikationen abhängig gemacht werden;

14) „kommerzielle Kommunikation" alle Formen der Kommunikation, die der unmittelbaren oder mittelbaren Förderung des Absatzes von Waren und Dienstleistungen oder des Erscheinungsbildes eines Unternehmens, einer Organisation oder einer natürlichen Person dienen, die eine Tätigkeit in Handel, Gewerbe oder Handwerk oder einen reglementierten Beruf ausübt. Die folgenden Angaben stellen als solche keine Form der kommerziellen Kommunikation dar:

   a) Angaben, die direkten Zugang zur Tätigkeit des Unternehmens bzw. der Organisation oder Person ermöglichen, wie insbesondere ein Domain-Name oder eine Adresse der elektronischen Post,

   b) Angaben in Bezug auf Waren und Dienstleistungen oder das Erscheinungsbild eines Unternehmens, einer Organisation oder Person, die unabhängig und insbesondere ohne finanzielle Gegenleistung gemacht werden.

KAPITEL II
NIEDERLASSUNGSFREIHEIT DER DIENSTLEISTUNGSERBRINGER

ABSCHNITT 1
VERWALTUNGSVEREINFACHUNG

Artikel 5
Vereinfachung der Verfahren

1. Die Mitgliedstaaten vereinfachen die für die Aufnahme und die Ausübung einer Dienstleistungstätigkeit geltenden Verfahren und Formalitäten.

2. Für den Fall, dass die Mitgliedstaaten von einem Dienstleistungserbringer oder -empfänger ein Zeugnis, eine Bescheinigung oder ein sonstiges Dokument zum Nachweis der Erfüllung einer Anforderung verlangen, erkennen die Mitgliedstaaten alle Dokumente eines anderen Mitgliedstaates an, die eine gleichwertige Funktion haben oder aus denen hervorgeht, dass die betreffende Anforderung erfüllt ist. Die Mitgliedstaaten verlangen nicht, dass Dokumente eines anderen Mitgliedstaates im Original, in beglaubigter Abschrift oder in beglaubigter Übersetzung vorgelegt werden, außer in den Fällen, in denen dies in anderen Gemeinschaftsrechtsakten vorgesehen ist, oder wenn zwingende Gründe des Allgemeininteresses dies objektiv erfordern.

3. Absatz 2 gilt nicht für Dokumente im Sinne von Artikel 46 der Richtlinie .../.../EG des Europäischen Parlaments und

des Rates[1] und Artikel 45 Absatz 3 der Richtlinie .../.../EG des Europäischen Parlaments und des Rates[2].

Artikel 6
Einheitliche Ansprechpartner

Die Mitgliedstaaten tragen dafür Sorge, dass Dienstleistungserbringern spätestens am 31. Dezember 2008 Kontaktstellen, so genannte „einheitliche Ansprechpartner", zur Verfügung stehen, bei denen sie folgende Verfahren und Formalitäten abwickeln können:

a) alle Verfahren und Formalitäten, die für die Aufnahme ihrer Dienstleistungstätigkeiten erforderlich sind, insbesondere Erklärungen, Anmeldungen oder die Beantragung von Genehmigungen bei den zuständigen Stellen, einschließlich der Beantragung der Eintragung in Register, Berufsrollen oder Datenbanken oder bei Berufsorganisationen;

b) die Beantragung der für die Ausübung ihrer Dienstleistungstätigkeit erforderlichen Genehmigungen.

Artikel 7
Recht auf Information

1. Die Mitgliedstaaten tragen dafür Sorge, dass folgende Informationen für Dienstleistungserbringer und -empfänger über die einheitlichen Ansprechpartner leicht zugänglich sind:

a) die Anforderungen, die für auf ihrem Hoheitsgebiet niedergelassene Dienstleistungserbringer gelten, insbesondere bezüglich der Verfahren und Formalitäten für die Aufnahme und Ausübung einer Dienstleistungstätigkeit;

b) Angaben über die zuständigen Stellen, einschließlich der für die Ausübung von Dienstleistungstätigkeiten zuständigen Aufsichtsbehörden, um eine direkte Kontaktaufnahme mit diesen zu ermöglichen;

c) Mittel und Bedingungen für den Zugang zu öffentlichen Registern und Datenbanken betreffend Dienstleistungserbringer und Dienstleistungen;

d) Rechtsbehelfe im Falle von Streitigkeiten zwischen zuständigen Stellen und Dienstleistungserbringern oder -empfängern, zwischen Dienstleistungserbringern und -empfängern oder zwischen Dienstleistungserbringern;

e) Angaben zu sonstigen Verbänden oder anderen Organisationen, die ohne eine zuständige Stelle zu sein, Dienstleistungserbringer oder -empfänger beraten und unterstützen.

2. Die Mitgliedstaaten tragen dafür Sorge, dass die Dienstleistungserbringer und -empfänger von den zuständigen Stellen auf Anfrage Informationen über die allgemeine Auslegung und Anwendung der maßgeblichen Anforderungen gemäß Absatz 1 Buchstabe a) erhalten können.

3. Die Mitgliedstaaten tragen dafür Sorge, dass die Informationen gemäß den

[1] [Vorschlag für eine Richtlinie des Europäischen Parlaments und des Rates über die Anerkennung von Berufsqualifikationen.]

[2] [Vorschlag für eine Richtlinie des Europäischen Parlaments und des Rates über die Koordinierung der Verfahren zur Vergabe öffentlicher Lieferaufträge, Dienstleistungsaufträge und Bauaufträge.]

Absätzen 1 und 2 klar und eindeutig, im Fernweg und elektronisch leicht zugänglich und auf dem neuesten Stand sind.

4. Die Mitgliedstaaten vergewissern sich, dass die einheitlichen Ansprechpartner und die zuständigen Stellen alle Auskunfts- und Unterstützungsersuchen gemäß den Absätzen 1 und 2 unverzüglich beantworten, und den Betroffenen unverzüglich davon in Kenntnis setzen, wenn sein Ersuchen fehlerhaft oder unbegründet ist.

5. Die Mitgliedstaaten setzen die Absätze 1 bis 4 spätestens bis zum 31. Dezember 2008 um.

6. Die Mitgliedstaaten und die Kommission ergreifen begleitende Maßnahmen, um die Bereitschaft der einheitlichen Ansprechpartner zu fördern, die Informationen gemäß den Absätzen 1 und 2 auch in anderen Gemeinschaftssprachen bereitzustellen.

Artikel 8
Elektronische Verfahrensabwicklung

1. Die Mitgliedstaaten tragen dafür Sorge, dass spätestens am 31. Dezember 2008 alle Verfahren und Formalitäten, die die Aufnahme oder die Ausübung einer Dienstleistungstätigkeit betreffen, problemlos im Fernweg und elektronisch bei dem betreffenden einheitlichen Ansprechpartner oder bei der zuständigen Stelle abgewickelt werden können.

2. Absatz 1 betrifft nicht die Kontrolle des Ortes der Dienstleistungserbringung oder die Überprüfung der vom Dienstleistungserbringer verwendeten Ausrüstung oder die physische Untersuchung der Geeignetheit des Dienstleistungserbringers.

3. Die Kommission erlässt gemäß dem in Artikel 42 Absatz 2 genannten Verfahren Durchführungsbestimmungen zu Absatz 1, um die Interoperabilität und die Nutzung der elektronischen Verfahren zwischen den Mitgliedstaaten zu erleichtern.

ABSCHNITT 2
GENEHMIGUNGEN

Artikel 9
Genehmigungsregelungen

1. Die Mitgliedstaaten dürfen die Aufnahme und die Ausübung einer Dienstleistungstätigkeit nur dann Genehmigungsregelungen unterwerfen, wenn folgende Voraussetzungen erfüllt sind:

a) die Genehmigungsregelungen sind im Hinblick auf den betreffenden Dienstleistungserbringer nicht diskriminierend;

b) die Genehmigungsregelungen sind durch zwingende Erfordernisse des Allgemeininteresses objektiv gerechtfertigt;

c) das angestrebte Ziel kann nicht durch ein milderes Mittel erreicht werden, insbesondere weil eine nachträgliche Kontrolle zu spät erfolgen würde, um wirksam zu sein.

2. In dem in Artikel 41 vorgesehenen Bericht benennen die Mitgliedstaaten die in ihrer jeweiligen Rechtsordnung vorgesehenen Genehmigungsregelungen und begründen dabei die Vereinbarkeit mit Absatz 1.

3. Dieser Abschnitt gilt nicht für Genehmigungsregelungen, die durch andere Gemeinschaftsrechtsakte festgesetzt oder zugelassen sind.

Artikel 10
Voraussetzungen für die Erteilung der Genehmigung

1. Die Genehmigungsregelungen müssen auf Kriterien beruhen, die dem Ermessen der zuständigen Behörden Grenzen setzen, um eine willkürliche oder missbräuchliche Ausübung zu verhindern.

2. Die Kriterien gemäß Absatz 1 müssen:

a) diskriminierungsfrei sein;

b) objektiv durch ein zwingendes Erfordernis des Allgemeininteresses gerechtfertigt sein;

c) verhältnismäßig im Hinblick auf das in Buchstabe b) genannte zwingende Erfordernis des Allgemeininteresses sein;

d) präzise und eindeutig sein;

e) objektiv sein;

f) im Voraus bekannt gemacht werden.

3. Die Voraussetzungen für die Genehmigung einer neuen Niederlassung dürfen nicht zu einer doppelten Anwendung von gleichwertigen oder aufgrund ihrer Zielsetzung im Wesentlichen vergleichbaren Anforderungen und Kontrollen führen, denen der Dienstleistungserbringer bereits in einem anderen oder im selben Mitgliedstaat unterworfen war. Die in Artikel 35 genannten Kontaktstellen und der Dienstleistungserbringer unterstützen die zuständige Stelle, indem sie die notwendigen Informationen über diese Anforderungen übermitteln.

4. Die Genehmigung muss dem Dienstleistungserbringer die Aufnahme oder Ausübung der Dienstleistungstätigkeit auf dem gesamten Hoheitsgebiet des betreffenden Mitgliedstaates erlauben, einschließlich der Einrichtung von Agenturen, Zweigniederlassungen, Tochtergesellschaften oder Geschäftsstellen, sofern nicht zwingende Erfordernisse des Allgemeininteresses objektiv eine Genehmigung für jede einzelne Betriebsstätte rechtfertigen.

5. Die Genehmigung muss erteilt werden, sobald eine Prüfung der Genehmigungsvoraussetzungen ergibt, dass diese erfüllt sind.

6. Die etwaige Versagung einer Genehmigung oder andere Entscheidungen der zuständigen Behörden sowie der Widerruf einer Genehmigung müssen begründet werden, insbesondere im Hinblick auf die Bestimmungen des vorliegenden Artikels, und es müssen Rechtsmittel dagegen eingelegt werden können.

Artikel 11
Geltungsdauer der Genehmigung

1. Die dem Dienstleistungserbringer erteilte Genehmigung darf nicht befristet sein, außer in folgenden Fällen:

a) die Genehmigung wird automatisch verlängert,

b) die Zahl der erteilbaren Genehmigungen ist begrenzt,

c) eine Befristung ist objektiv durch zwingende Erfordernisse des Allgemeininteresses gerechtfertigt.

2. Absatz 1 betrifft nicht die Höchstfrist, die einem Dienstleistungserbringer nach Genehmigungserteilung für die tatsächliche Aufnahme seiner Tätigkeit eingeräumt wird.

3. Die Mitgliedstaaten verpflichten den Dienstleistungserbringer, die betreffenden einheitlichen Ansprechpartner gemäß Artikel 6 über alle wesentlichen Änderungen seiner Situation zu infor-

mieren, die die Effizienz der Aufsicht durch die zuständige Behörde betreffen, insbesondere die Schaffung von Tochterunternehmen mit Tätigkeiten, die der Genehmigungsregelung unterworfen sind, oder die dazu führen, dass die Voraussetzungen für die Erteilung der Genehmigung nicht mehr erfüllt sind, oder die die Genauigkeit der einem Dienstleistungsempfänger zur Verfügung stehenden Informationen beeinträchtigen.

Artikel 12
Wahl zwischen mehreren Antragstellern

1. Ist die Zahl der für eine Dienstleistungstätigkeit erteilbaren Genehmigungen auf Grund der Knappheit der natürlichen Ressourcen oder der verfügbaren technischen Kapazitäten begrenzt, wenden die Mitgliedstaaten ein neutrales und transparentes Verfahren zur Auswahl der Antragsteller an und machen insbesondere die Eröffnung des Verfahrens angemessen bekannt.

2. In den Fällen des Absatzes 1 muss die Genehmigung mit einer angemessenen Befristung versehen sein und darf weder automatisch verlängert werden noch irgendeine andere Begünstigung für den jeweiligen Genehmigungsinhaber oder Personen, die in besonderer Beziehung zu ihm stehen, vorsehen.

Artikel 13
Genehmigungsverfahren

1. Genehmigungsverfahren und -formalitäten müssen klar, im Voraus bekannt, und so ausgestaltet sein, dass sicher gestellt ist, dass Anträge objektiv und unparteiisch behandelt werden.

2. Die Genehmigungsverfahren und -formalitäten dürfen weder abschreckend wirken, noch die Erbringung der Dienstleistung unangemessen hinaus erschweren oder verzögern. Sie müssen leicht zugänglich sein und eventuelle Kosten für den Antragsteller müssen in einem angemessenen Verhältnis zu den Kosten des Genehmigungsverfahrens stehen.

3. Die Genehmigungsverfahren und -formalitäten müssen sicherstellen, dass Anträge unverzüglich und in jedem Fall binnen einer vorab festgelegten und bekannt gemachten angemessenen Frist für die Beantwortung bearbeitet werden.

4. Wenn der Antrag nicht binnen der in Absatz 3 genannten Frist beantwortet wird, muss die Genehmigung als erteilt gelten. Jedoch kann für bestimmte Tätigkeiten eine andere Regelung vorgesehen werden, wenn dies durch ein zwingendes Erfordernis des Allgemeininteresses objektiv gerechtfertigt ist.

5. Für jeden Genehmigungsantrag wird unverzüglich eine Empfangsbestätigung übermittelt, die folgende Angaben enthalten muss:

a) die Antwortfrist gemäß Absatz 3;

b) die Rechtsbehelfe;

c) den Hinweis, dass die Genehmigung als erteilt gilt, wenn der Antrag nicht binnen der vorgesehenen Frist beantwortet wird.

6. Im Falle eines unvollständigen Antrages oder der Ablehnung eines Antrages wegen Nichtbeachtung der Verfahren oder Formalitäten, müssen die Antragsteller unverzüglich über nachzureichende Unterlagen informiert werden.

ABSCHNITT 3
UNZULÄSSIGE ODER ZU PRÜFENDE ANFORDERUNGEN

Artikel 14
Unzulässige Anforderungen

Die Mitgliedstaaten dürfen die Aufnahme oder Ausübung einer Dienstleistungstätigkeit auf ihrem Hoheitsgebiet nicht von Anforderungen folgender Art abhängig machen:

1) diskriminierenden Anforderungen, die direkt oder indirekt auf der Staatsangehörigkeit oder, für Unternehmen, dem Sitz beruhen, insbesondere:

   a) einem Staatsangehörigkeitserfordernis für den Dienstleistungserbringer, seine Beschäftigten, die Gesellschafter oder die Mitglieder der Geschäftsführung und der Kontrollorgane;

   b) einer Residenzpflicht des Dienstleistungserbringers, seiner Beschäftigten, der Gesellschafter oder der Mitglieder der Geschäftsführung und der Kontrollorgane im betreffenden Hoheitsgebiet;

2) einem Verbot der Errichtung von Niederlassungen in mehreren Mitgliedstaaten oder der Eintragung in Register oder der Registrierung bei Standesorganisationen in mehreren Mitgliedstaaten;

3) Beschränkungen der Wahlfreiheit des Dienstleistungserbringers zwischen einer Hauptniederlassung und einer Zweitniederlassung, insbesondere der Verpflichtung für den Dienstleistungserbringer, seine Hauptniederlassung auf ihrem Hoheitsgebiet zu unterhalten, oder Beschränkungen der Wahlfreiheit für eine Niederlassung in Form einer Agentur, einer Zweigstelle oder einer Tochtergesellschaft;

4) Bedingungen der Gegenseitigkeit in Bezug auf den Mitgliedstaat, in dem der Dienstleistungserbringer bereits eine Niederlassung unterhält mit Ausnahme solcher, die durch Gemeinschaftsrechtsakte im Bereich der Energie vorgesehen sind;

5) einer wirtschaftlichen Überprüfung im Einzelfall, bei der die Genehmigung vom Nachweis eines wirtschaftlichen Bedarfs oder einer Nachfrage im Markt abhängig gemacht wird, die tatsächlichen oder möglichen wirtschaftlichen Auswirkungen der Tätigkeit beurteilt werden, oder ihre Eignung für die Verwirklichung wirtschaftlicher, von der zuständigen Stelle festgelegten Programmziele bewertet wird;

6) der direkten oder indirekten Beteiligung von Wettbewerbern an der Erteilung von Genehmigungen oder anderen Entscheidungen der zuständigen Stellen, auch nicht in Beratungsgremien, mit Ausnahme der Standesorganisationen und Berufsverbände, -kammern oder -organisationen, die als zuständige Stelle fungieren;

7) der Pflicht, eine finanzielle Sicherheit zu stellen oder sich daran zu beteiligen oder eine Versicherung bei einem Dienstleistungserbringer oder einer Einrichtung, die auf ihrem Hoheitsgebiet niedergelassen sind, abzuschließen;

8) der Pflicht, während eines bestimmten Zeitraums in den auf ihrem Hoheitsgebiet geführten Registern eingetragen gewesen zu sein oder die

Tätigkeit während eines bestimmten Zeitraums auf ihrem Hoheitsgebiet ausgeübt zu haben.

Artikel 15
Zu prüfende Anforderungen

1. Die Mitgliedstaaten prüfen, ob ihre Rechtsordnungen die in Absatz 2 aufgeführten Anforderungen vorsehen, und sorgen dafür, dass diese Anforderungen die Bedingungen gemäß Absatz 3 erfüllen. Die Mitgliedstaaten ändern ihre Rechts- oder Verwaltungsvorschriften so, dass sie diese Bedingungen erfüllen.

2. Die Mitgliedstaaten prüfen, ob ihre Rechtsordnung die Aufnahme oder Ausübung einer Dienstleistungstätigkeit folgenden nicht-diskriminierenden Anforderungen unterwirft:

a) mengenmäßigen oder territorialen Beschränkungen, insbesondere in Form von Beschränkungen im Hinblick auf die Bevölkerungszahl oder bestimmte Mindestentfernungen zwischen Dienstleistungserbringern;

b) Anforderungen, die vom Dienstleistungserbringer eine bestimmte Rechtsform verlangen, namentlich das Erfordernis eine juristische Person, eine Personengesellschaft, eine Gesellschaft ohne Erwerbszweck oder eine Gesellschaft, deren Anteilseigner ausschließlich natürliche Personen sind, zu sein;

c) Anforderungen im Hinblick auf die Beteiligungen am Gesellschaftsvermögen, insbesondere eine Mindestkapitalausstattung für bestimmte Tätigkeiten oder den Besitz besonderer Berufsqualifikationen für die Anteilseigner oder das Führungspersonal bestimmter Unternehmen;

d) Anforderungen, die die Aufnahme der betreffenden Dienstleistungstätigkeit aufgrund ihrer Besonderheiten bestimmten Dienstleistungserbringern vorbehalten, mit Ausnahme der Anforderungen an die Berufsqualifikation oder solchen, die in anderen Gemeinschaftsrechtsakten vorgesehen sind;

e) dem Verbot, auf ein und demselben Hoheitsgebiet mehrere Niederlassungen zu unterhalten;

f) Anforderungen, die eine Mindestbeschäftigtenzahl verlangen;

g) der Beachtung von festgesetzten Mindest und/oder Höchstpreisen durch den Dienstleistungserbringer;

h) Verboten und Verpflichtungen im Hinblick auf Verkäufe unter dem Einstandspreis und Sonderverkäufe;

i) Anforderungen, die einen Dienstleistungserbringer, der als Vermittler fungiert, verpflichten, Zugang zu bestimmten, von anderen Dienstleistungserbringern erbrachten Dienstleistungen zu gewähren;

j) Pflichten für die Dienstleistungserbringer, zusammen mit ihrer Dienstleistung bestimmte andere Dienstleistungen zu erbringen.

3. Die Mitgliedstaaten prüfen, ob die Anforderungen gemäß Absatz 2 die folgenden Bedingungen erfüllen:

a) Diskriminierungsfreiheit: die Anforderungen stellen weder eine direkte noch eine indirekte Diskriminierung auf Grund der Staatsangehörigkeit oder, bei Gesellschaften, aufgrund des Sitzes dar;

b) Erforderlichkeit: die Anforderungen sind objektiv durch ein zwingendes

Erfordernis des Allgemeininteresses gerechtfertigt;

c) Verhältnismäßigkeit: die Anforderungen gewährleisten die Verwirklichung des mit ihnen verfolgten Ziels und gehen nicht über das hinaus, was zur Erreichung dieses Ziels erforderlich ist, und das gleiche Ziel ließe sich nicht mit weniger einschneidenden Maßnahmen erreichen.

4. Im Bericht für die gegenseitige Evaluierung gemäß Artikel 41 geben die Mitgliedstaaten an:

a) welche Anforderungen sie beabsichtigen beizubehalten und warum sie der Auffassung sind, dass diese die Bedingungen des Absatzes 3 erfüllen;

b) welche Anforderungen sie beseitigt oder gelockert haben.

5. Mit dem Inkrafttreten der vorliegenden Richtlinie dürfen die Mitgliedstaaten neue Anforderungen der in Absatz 2 genannten Art nur einführen, sofern diese die in Absatz 3 aufgeführten Bedingungen erfüllen und durch geänderte Umstände begründet sind.

6. Die Mitgliedstaaten teilen neue Rechts- und Verwaltungsvorschriften, die in Absatz 5 genannte Anforderungen vorsehen, sowie deren Begründung im Entwurfsstadium der Kommission mit. Die Kommission bringt den anderen Mitgliedstaaten diese Vorschriften zur Kenntnis. Die Mitteilung hindert die Mitgliedstaaten nicht daran die betreffenden Anforderungen zu erlassen.

Binnen drei Monaten nach der Mitteilung prüft die Kommission die Vereinbarkeit dieser neuen Vorschriften mit dem Gemeinschaftsrecht und entscheidet gegebenenfalls, den betroffenen Mitgliedstaat aufzufordern, diese nicht zu erlassen oder zu beseitigen.

KAPITEL III
FREIER DIENSTLEISTUNGSVERKEHR

ABSCHNITT 1
HERKUNFTSLANDPRINZIP UND AUSNAHMEN

Artikel 16
Herkunftslandprinzip

1. Die Mitgliedstaaten tragen dafür Sorge, dass Dienstleistungserbringer lediglich den Bestimmungen ihres Herkunftsmitgliedstaates unterfallen, die vom koordinierten Bereich erfasst sind.

Unter Unterabsatz 1 fallen die nationalen Bestimmungen betreffend die Aufnahme und die Ausübung der Dienstleistung, die insbesondere das Verhalten der Dienstleistungserbringer, die Qualität oder den Inhalt der Dienstleistung, die Werbung, die Verträge und die Haftung der Dienstleistungserbringer regeln.

2. Der Herkunftsmitgliedstaat ist dafür verantwortlich, den Dienstleistungserbringer und die von ihm erbrachten Dienstleistungen zu kontrollieren, auch wenn er diese in einem anderen Mitgliedstaat erbringt.

3. Die Mitgliedstaaten dürfen den freien Verkehr von Dienstleistungen, die von einem in einem anderen Mitgliedstaat niedergelassenen Dienstleistungserbringer angeboten werden, nicht aus Gründen einschränken, die in den koordinierten Bereich fallen, insbesondere nicht, indem sie diesen folgenden Anforderungen unterwerfen:

a) der Pflicht, auf ihrem Hoheitsgebiet eine Niederlassung zu unterhalten;

b) der Pflicht, bei ihren zuständigen Stellen eine Erklärung oder Meldung abzugeben oder eine Genehmigung zu beantragen; dies gilt auch für die Verpflichtung zur Eintragung in ein Register oder die Mitgliedschaft in einer Standesorganisation auf ihrem Hoheitsgebiet;

c) der Pflicht, auf ihrem Hoheitsgebiet eine Anschrift oder eine Vertretung zu haben oder eine dort zugelassene Person als Zustellungsbevollmächtigten zu wählen;

d) dem Verbot, auf ihrem Hoheitsgebiet eine bestimmte Infrastruktur zu errichten, einschließlich Geschäftsräumen, einer Kanzlei oder einer Praxis, die zur Erbringung der betreffenden Leistungen erforderlich ist;

e) der Pflicht, die auf ihrem Hoheitsgebiet für die Erbringung einer Dienstleistung geltenden Anforderungen zu erfüllen;

f) der Anwendung bestimmter vertraglicher Beziehungen zur Regelung der Beziehungen zwischen dem Dienstleistungserbringer und dem Dienstleistungsempfänger, welche eine selbstständige Tätigkeit des Dienstleistungserbringers verhindert oder beschränkt;

g) der Pflicht, sich von ihren zuständigen Stellen einen besonderen Ausweis für die Ausübung einer Dienstleistungstätigkeit ausstellen zu lassen;

h) Anforderungen betreffend die Verwendung von Ausrüstungsgegenständen, die integraler Bestandteil der Dienstleistung sind;

i) der Beschränkung des freien Verkehrs der in Artikel 20, Artikel 23 Absatz 1 Unterabsatz 1 und Artikel 25 Absatz 1 genannten Dienstleistungen.

Artikel 17
Allgemeine Ausnahmen vom Herkunftslandprinzip

Artikel 16 findet keine Anwendung auf

1) die von Artikel 2 Nummer 1) der Richtlinie 97/76/EG des Europäischen Parlaments und des Rates[1] erfassten Postdienste;

2) die von Artikel 2 Nummer 5) der Richtlinie 2003/54/EG des Europäischen Parlaments und des Rates[2] erfassten Dienste der Elektrizitätsversorgung;

3) die von Artikel 2 Nummer 5 der Richtlinie 2003/55/EG des Europäischen Parlaments und des Rates[3] erfassten Dienste der Gasversorgung;

4) die Dienste der Wasserversorgung;

5) die Angelegenheiten, die unter die Richtlinie 96/71/EG fallen;

6) die Angelegenheiten, die unter die Richtlinie 95/46/EG des Europäischen Parlaments und des Rates[4] fallen;

7) die Angelegenheiten, die unter die Richtlinie 77/249/EWG des Rates[5] fallen;

---

1 ABl. L 15 vom 21.1.1998, S. 14.
2 ABl. L 176 vom 15.7.2003, S. 37.
3 ABl. L 176 vom 15.7.2003, S. 57.
4 ABl. L 281 vom 28.11.1995, S. 1.
5 ABl. L 78 vom 26.3.1977, S. 17.

8) die Bestimmungen des Artikels [...] der Richtlinie .../.../EG des Europäischen Parlaments und des Rates [zur Anerkennung der Berufsqualifikationen];

9) die Bestimmungen der Verordnung (EWG) Nr. 1408/71, die das anwendbare Recht festlegen;

10) die Bestimmungen der Richtlinie .../.../EG des Europäischen Parlaments und des Rates [zum Recht der Unionsbürger und ihrer Familienangehörigen auf freie Einreise und Aufenthalt im Hoheitsgebiet der Mitgliedstaaten, zur Änderung der Verordnung (EWG) Nr. 1612/68 und zur Aufhebung der Richtlinien 64/221/EWG, 68/360/EWG, 72/194/EWG, 73/148/EWG, 75/34/EWG, 75/35/EWG, 90/364/EWG, 90/365/EWG und 93/96/EWG], die Verwaltungsformalitäten vorsehen, welche die Begünstigten bei den zuständigen Behörden des Aufnahmemitgliedstaats erfüllen müssen;

11) die vom Entsendestaat unter den Bedingungen des Artikels 25 Absatz 2 auferlegte Verpflichtung, ein Visum für einen kurzzeitigen Aufenthalt zu besitzen;

12) die in Artikel 3 und 4 der Verordnung (EWG) Nr. 259/93 des Rates[1] vorgesehenen Genehmigungserfordernisse;

13) die Urheberrechte, die verwandten Schutzrechte und die Rechte im Sinne der Richtlinie 87/54/EWG des Rates[2] und der Richtlinie 96/9/EG des Europäischen Parlaments und des Rates[3] sowie die Rechte an gewerblichem Eigentum;

14) die Rechtsakte, für die die Mitwirkung eines Notars gesetzlich vorgeschrieben ist;

15) die gesetzlich vorgeschriebene Buchprüfung;

16) die Dienstleistungen, die in dem Mitgliedstaat, in den sich der Dienstleistungserbringer zwecks Erbringung seiner Dienstleistung begibt, unter ein generelles Verbot fallen, das aus Gründen der öffentlichen Ordnung, Sicherheit oder Gesundheit gerechtfertigt ist;

17) die spezifischen Anforderungen in dem Mitgliedstaat, in den sich der Dienstleistungserbringer zwecks Erbringung seiner Dienstleistung begibt, die unmittelbar mit den besonderen Merkmalen des Ortes der Dienstleistungserbringung verknüpft sind, und deren Beachtung unerlässlich ist zur Aufrechterhaltung der öffentlichen Ordnung oder Sicherheit oder zum Schutz der öffentlichen Gesundheit oder der Umwelt;

18) die Genehmigungsregelung bezüglich der Kostenerstattung für die Krankenhausversorgung;

19) die Zulassung von Fahrzeugen, die in einem anderen Mitgliedstaat geleast wurden;

20) die Freiheit der Rechtswahl für Parteien eines Vertrages;

21) die von Verbrauchern geschlossen Verträge, die die Erbringung von Dienstleistungen zum Gegenstand

---

1 ABl. L 30 vom 6.2.1993, S. 1.

2 ABl. L 24 vom 27.1.1987, S. 36.

3 ABl. L 77 vom 27.3.1996, S. 20.

haben, sofern die auf diese anwendbaren Bestimmungen auf Gemeinschaftsebene nicht vollständig harmonisiert sind;

22) die formale Gültigkeit von Verträgen, die Rechte an Immobilien begründen oder übertragen, sofern diese Verträge nach dem Recht des Mitgliedstaates, in dem sich die Immobilie befindet, zwingenden Formvorschriften, unterliegen;

23) die außervertragliche Haftung des Dienstleistungserbringers im Falle eines im Rahmen seiner Tätigkeit eingetretenen Unfalls gegenüber einer Person in dem Mitgliedstaat, in den sich der Dienstleistungserbringer zwecks Erbringung seiner Dienstleistung begibt.

Artikel 18
Vorübergehende Ausnahmen vom Herkunftslandprinzip

1. Artikel 16 findet während eines Übergangszeitraums keine Anwendung auf:

a) die Modalitäten zur Durchführung von Geldtransporten;

b) Gewinnspiele, die einen geldwerten Einsatz bei Glücksspielen verlangen, einschließlich Lotterien und Wetten;

c) die Aufnahme von Tätigkeiten zur gerichtlichen Beitreibung von Forderungen.

2. Mit Inkrafttreten der in Artikel 40 Absatz 1 genannten Rechtsakte finden die Ausnahmen des Absatzes 1 Buchstabe a) und c) des vorliegenden Artikels keine Anwendung mehr und jedenfalls nicht über den 1. Januar 2010 hinaus.

3. Mit Inkrafttreten des in Artikel 40 Absatz 1 Buchstabe b) genannten Rechtsaktes findet die Ausnahme des Absatzes 1 Buchstabe b) des vorliegenden Artikels keine Anwendung mehr.

Artikel 19
Ausnahmen vom Herkunftslandprinzip im Einzelfall

1. Die Mitgliedstaaten können abweichend von Artikel 16 ausnahmsweise hinsichtlich eines in einem anderen Mitgliedstaat niedergelassenen Dienstleistungserbringers Maßnahmen ergreifen, die sich auf einen der folgenden Bereiche beziehen:

a) die Sicherheit der Dienstleistungen, einschließlich der mit der öffentlichen Gesundheit zusammenhängenden Aspekte;

b) die Ausübung einer Tätigkeit im Gesundheitswesen;

c) den Schutz der öffentlichen Ordnung, insbesondere die mit dem Schutz Minderjähriger zusammenhängenden Aspekte.

2. Die in Absatz 1 genannten Maßnahmen können nur unter Einhaltung des Verfahrens der gegenseitigen Unterstützung nach Artikel 37 und unter folgenden Voraussetzungen ergriffen werden:

a) die innerstaatlichen Rechtsvorschriften, aufgrund derer die Maßnahme getroffen wird, waren nicht Gegenstand einer Harmonisierung auf Gemeinschaftsebene in den in Absatz 1 genannten Bereichen;

b) die Maßnahme bewirkt für den Dienstleistungserbringer einen größeren Schutz als diejenigen, die der Herkunftsmitgliedstaat aufgrund seiner innerstaatlichen Vorschriften ergreifen würde;

c) der Herkunftsmitgliedstaat hat keine beziehungsweise hat im Hinblick auf Artikel 37 Absatz 2 unzureichende Maßnahmen ergriffen;

d) die Maßnahme muss verhältnismäßig sein.

3. Die Absätze 1 und 2 berühren nicht die in den Gemeinschaftsrechtsakten festgelegten Bestimmungen zur Gewährleistung der Dienstleistungsfreiheit oder zur Gewährung von Ausnahmen von dieser Freiheit.

ABSCHNITT 2 RECHTE DER DIENSTLEISTUNGSEMPFÄNGER

Artikel 20 Unzulässige Beschränkungen

Die Mitgliedstaaten dürfen an den Dienstleistungsempfänger keine Anforderungen stellen, die die Inanspruchnahme einer von einem in einem anderen Mitgliedstaat niedergelassenen Dienstleistungserbringer angebotenen Dienstleistung beschränken; dies gilt insbesondere für folgende Anforderungen:

a) die Pflicht, bei den zuständigen Stellen eine Genehmigung einzuholen oder diesen gegenüber eine Erklärung abzugeben;

b) die Beschränkung der Möglichkeit zum Steuerabzug oder zur Erlangung finanzieller Beihilfen bedingt durch den Ort der Dienstleistungserbringung oder die Tatsache, dass der Dienstleistungserbringer in einem anderen Mitgliedstaat niedergelassen ist;

c) die Erhebung diskriminierender oder unverhältnismäßiger Abgaben auf Geräte, die der Dienstleistungsempfänger benötigt, um eine Dienstleistung im Fernabsatz aus einem anderen Mitgliedstaat in Anspruch nehmen zu können.

Artikel 21 Diskriminierungsverbot

1. Die Mitgliedstaaten tragen dafür Sorge, dass dem Dienstleistungsempfänger keine diskriminierenden Anforderungen auferlegt werden, die auf dessen Staatsangehörigkeit oder Wohnsitz beruhen.

2. Die Mitgliedstaaten tragen dafür Sorge, dass die allgemeinen Bedingungen zum Zugang zu einer Dienstleistung, die der Dienstleistungserbringer bekannt gemacht hat, keine auf der Staatsangehörigkeit oder dem Wohnsitz des Dienstleistungsempfängers beruhenden diskriminierenden Bestimmungen enthalten; dies berührt nicht die die Möglichkeit, Unterschiede bei den Zugangsbedingungen vorzusehen, die durch objektive Kriterien gerechtfertigt sind.

Artikel 22 Unterstützung der Dienstleistungsempfänger

1. Die Mitgliedstaaten tragen dafür Sorge, dass die Dienstleistungsempfänger in ihrem Wohnsitzland folgende Informationen erhalten:

a) Informationen über die in den anderen Mitgliedstaaten geltenden Anforderungen bezüglich der Aufnahme und der Ausübung von Dienstleistungstätigkeiten, vor allem solche über den Verbraucherschutz;

b) Informationen über die bei Streitfällen zwischen Dienstleistungserbringer und -empfänger zur Verfügung stehenden Rechtsbehelfe;

c) Angaben zur Erreichbarkeit der Verbände und Organisationen, die den Dienstleistungserbringer oder den -empfänger beraten und unterstützen können, einschließlich im Hinblick auf die europäischen Verbraucherberatungsstellen und die Zentren des europäischen Netzes für die außergerichtliche Streitbeilegung.

2. Die Mitgliedstaaten können die in Absatz 1 genannte Aufgabe den einheitlichen Ansprechpartnern oder jeder anderen Einrichtung, wie beispielsweise den europäischen Verbraucherberatungsstellen, den Zentren des europäischen Netzes für die außergerichtliche Streitbeilegung, den Verbraucherverbänden oder den Euro Info Zentren übertragen.

Spätestens zu dem in Artikel 45 genannten Zeitpunkt teilen die Mitgliedstaaten die Angaben zur Erreichbarkeit der benannten Einrichtungen der Kommission mit. Die Kommission leitet sie an die anderen Mitgliedstaaten weiter.

3. Um die in Absatz 1 genannten Informationen bereitstellen zu können, wendet sich die vom Dienstleistungsempfänger angerufene Stelle an die zuständige Stelle des betreffenden anderen Mitgliedstaates. Letzterer übermittelt die angeforderten Informationen unverzüglich. Die Mitgliedstaaten sorgen dafür, dass sich diese Stellen gegenseitig unterstützen und effizient zusammenarbeiten.

4. Die Kommission erlässt nach dem in Artikel 42 Absatz 2 genannten Verfahren Durchführungsbestimmungen für die Absätze 1, 2 und 3 des vorliegenden Artikels, die die technischen Modalitäten des Austauschs von Informationen zwischen den Einrichtungen der unterschiedlichen Mitgliedstaaten und insbesondere hinsichtlich der Interoperabilität klarstellen.

Artikel 23
Erstattung von Behandlungskosten

1. Die Mitgliedstaaten dürfen die Kostenerstattung für außerhalb eines Krankenhauses erfolgte Behandlungen nicht an die Erteilung einer Genehmigung knüpfen, sofern die Kosten für diese Behandlung, wenn sie auf ihrem Hoheitsgebiet durchgeführt worden wäre, im Rahmen ihres Systems der sozialen Sicherheit erstattet würden;

Auf Patienten, die in einem anderen Mitgliedstaat Behandlung außerhalb des Krankenhauses erhalten haben, können die Bedingungen und Verfahren angewendet werden, denen die Mitgliedstaaten in ihrem Hoheitsgebiet die Gewährung von außerhalb eines Krankenhauses erfolgenden Behandlungen unterwerfen, wie insbesondere die Anforderung, vor der Behandlung durch eine Spezialarzt einen Arzt für Allgemeinmedizin zu konsultieren oder die Modalitäten der Kostenübernahme für bestimmte Zahnbehandlungen.

2. Die Mitgliedstaaten tragen dafür Sorge, dass die Genehmigung für die Kostenübernahme für eine Krankenhausversorgung in einem anderen Mitgliedstaat durch ihr System der sozialen Sicherheit nicht verweigert wird, sofern diese Behandlungen zu denen gehören, die in den Rechtsvorschriften des Mitgliedstaat der Versicherungszugehörigkeit vorgesehen sind, und sofern sie nicht in einem in Anbetracht des derzeitigen Gesundheitszustands des Patienten und des voraussichtlichen Verlaufs der Krankheit medizinisch angemessenen Zeitraum erbracht werden können.

3. Die Mitgliedstaaten tragen dafür Sorge, dass der von ihrem System der sozialen Sicherheit gewährte Erstattungsbetrag für Behandlungen in einem anderen

Mitgliedstaat nicht niedriger ist als der, den ihre Sozialversicherung für ähnliche Behandlungen vorsieht, die auf ihrem Hoheitsgebiet durchgeführt werden.

4. Die Mitgliedstaaten tragen dafür Sorge, dass ihre Genehmigungsregelungen für die Kostenerstattung für in einem anderen Mitgliedstaat erfolgte Behandlungen mit den Artikeln 9, 10, 11 und 13 vereinbar sind.

ABSCHNITT 3 ENTSENDUNG VON ARBEITNEHMERN

Artikel 24 Besondere Bestimmungen über die Entsendung von Arbeitnehmern

1. Entsendet ein Dienstleistungserbringer einen Arbeitnehmer in das Hoheitsgebiet eines anderen Mitgliedstaates, um dort eine Dienstleistung zu erbringen, führt der Entsendemitgliedstaat die Überprüfungen, Kontrollen und Untersuchungen durch, die notwendig sind, um die Einhaltung der Beschäftigungs- und Arbeitsbedingungen, die aufgrund der Richtlinie 96/71/EG gelten, sicher zu stellen, und ergreift unter Beachtung des Gemeinschaftsrechts Maßnahmen gegenüber dem Dienstleistungserbringer, der diese nicht einhält.

Jedoch darf der Entsendemitgliedstaat dem Dienstleistungserbringer oder dem von ihm entsandten Arbeitnehmer im Hinblick auf die in Artikel 17 Nummer 5) genannten Punkte die folgenden Pflichten nicht auferlegen:

a) die Pflicht, bei den zuständigen Stellen eine Genehmigung zu beantragen, sich dort eintragen zu lassen oder vergleichbaren Erfordernissen nachzukommen;

b) die Pflicht, eine Erklärung abzugeben, außer Erklärungen bezüglich einer im Anhang der Richtlinie 96/71/EG genannten Tätigkeiten, die bis zum 31. Dezember 2008 aufrechterhalten werden können;

c) die Pflicht, einen Vertreter auf seinem Hoheitsgebiet zu bestellen;

d) die Pflicht, auf seinem Hoheitsgebiet oder unter den dort geltenden Bedingungen Sozialversicherungsunterlagen vorzuhalten oder aufzubewahren.

2. In den in Absatz 1 genannten Fällen ist es Aufgabe des Herkunftsmitgliedstaates dafür zu sorgen, dass der Dienstleistungserbringer die erforderlichen Maßnahmen ergreift, um den zuständigen Stellen des Herkunftsmitgliedstaates und des Entsendemitgliedstaates bis zu zwei Jahre nach Beendigung der Entsendung die folgenden Angaben machen zu können:

a) die Identität des entsandten Arbeitnehmers;

b) die Art der ihm übertragenen Aufgaben;

c) die Anschrift des Dienstleistungsempfängers;

d) den Ort der Entsendung;

e) Beginn und Ende der Entsendung;

f) die für den entsandten Arbeitnehmer geltenden Beschäftigungs- und Arbeitsbedingungen.

In den in Absatz 1 genannten Fällen unterstützt der Herkunftsmitgliedstaat den Entsendemitgliedstaat dabei, die Einhaltung der gemäß der Richtlinie 96/71/EG geltenden Beschäftigungs- und Arbeitsbedingungen sicherzustellen, und dem Entsendemitgliedstaat von sich aus die in Unterabsatz 1 genannten Angaben zu liefern, wenn er konkrete Hinweise auf mögliche Verstöße des Dienstleistungserbringers gegen die Beschäftigungs- und Arbeitsbedingungen hat.

Artikel 25
Entsendung von Drittstaatsangehörigen

1. Entsendet ein Dienstleistungserbringer einen Arbeitnehmer, der Angehöriger eines Drittstaates ist, auf das Hoheitsgebiet eines anderen Mitgliedstaates, um dort eine Dienstleistung zu erbringen, darf der Entsendemitgliedstaat vorbehaltlich der in Absatz 2 geregelten Ausnahmen vom Dienstleistungserbringer oder vom entsandten Arbeitnehmer nicht verlangen, einen Einreise-, Ausreise- oder Aufenthaltstitel oder eine Arbeitserlaubnis vorzulegen, oder andere gleichwertige Bedingungen zu erfüllen.

2. Absatz 1 berührt nicht die Möglichkeit für die Mitgliedstaaten, eine Visumspflicht für kurze Aufenthalte für Angehörige der Drittstaaten vorzusehen, die nicht dem in Artikel 21 des Übereinkommens zur Durchführung des Übereinkommens von Schengen vorgesehenen System der gegenseitigen Gleichwertigkeit unterfallen.

3. In dem in Absatz 1 genannten Fall ist es Aufgabe des Herkunftsmitgliedstaats dafür zu sorgen, dass der Dienstleistungserbringer den Arbeitnehmer nur entsendet, wenn dieser sich rechtmäßig auf dessen Hoheitsgebiet aufhält und auf dort einer ordnungsgemäßen Beschäftigung nachgeht.

Der Herkunftsmitgliedstaat sieht die Entsendung zur Erbringung einer Dienstleistung in einem anderen Mitgliedstaat nicht als Unterbrechung des Aufenthalts oder der Tätigkeit des entsandten Arbeitnehmers an und gewährt dem entsandten Arbeitnehmer gemäß den einzelstaatlichen Vorschriften die Wiedereinreise auf sein Hoheitsgebiet.

Der Herkunftsmitgliedstaat übermittelt auf Ersuchen des Entsendemitgliedstaates, diesem unverzüglich die Informationen und Garantien bezüglich der Einhaltung der in Unterabsatz 1 genannten Bestimmungen und verhängt angemessene Sanktionen, sollten diese Bestimmungen nicht eingehalten werden.

KAPITEL IV
QUALITÄT DER DIENSTLEISTUNGEN

Artikel 26
Informationen über die Dienstleistungserbringer und deren Dienstleistungen

1. Die Mitgliedstaaten tragen dafür Sorge, dass die Dienstleistungserbringer den Dienstleistungsempfängern folgende Informationen zur Verfügung stellen:

a) ihren Namen, die geographische Anschrift, unter der der Dienstleistungserbringer niedergelassen ist, und Angaben, die, gegebenenfalls auf elektronischem Weg, eine schnelle Kontaktaufnahme und eine direkte Kommunikation mit ihnen ermöglichen;

b) falls der Dienstleistungserbringer in ein Handelsregister oder ein vergleichbares öffentliches Register eingetragen ist, die Nummer der Eintragung oder gleichwertige in diesem Register verwendete Kennung;

c) falls die Tätigkeit einer Genehmigungsregelung unterliegt, die Angaben zur zuständigen Stelle oder zum einheitlichen Ansprechpartner;

d) falls der Dienstleistungserbringer eine Tätigkeit ausübt, die der Mehrwertsteuer unterliegt, die Identifikationsnummer gemäß Artikel 22 Absatz 1 der Richtlinie 77/388/EWG;

e) bei den reglementierten Berufen den Berufsverband, die Kammer oder eine ähnliche Einrichtung, dem oder der der Dienstleistungserbringer angehört, und die Berufsbezeichnung und den Mitgliedstaat, in dem sie verliehen wurde;

f) die allgemeinen Geschäftsbedingungen und die Generalklauseln, für den Fall, dass der Dienstleistungserbringer solche verwendet;

g) die Vertragsklauseln über das auf den Vertrag anwendbare Recht und/oder den Gerichtsstand.

2. Die Mitgliedstaaten tragen dafür Sorge, dass die Informationen gemäß Absatz 1 nach Wahl des Dienstleistungserbringers:

a) vom Dienstleistungserbringer aus eigener Initiative mitgeteilt werden;

b) für den Dienstleistungsempfänger am Ort der Leistungserbringung oder des Vertragsabschlusses leicht zugänglich sind;

c) für den Dienstleistungsempfänger elektronisch über eine vom Dienstleistungserbringer angegebene Adresse leicht zugänglich sind;

d) in allen von den Dienstleistungserbringern den Dienstleistungsempfängern zur Verfügung gestellten ausführlichen Informationsunterlagen über die angebotene Dienstleistung enthalten sind.

3. Die Mitgliedstaaten tragen dafür Sorge, dass die Dienstleistungserbringer den Dienstleistungsempfängern auf Anfrage folgende Zusatzinformationen mitteilen:

a) die Hauptmerkmale der Dienstleistung;

b) den Preis der Dienstleistung oder, wenn kein genauer Preis angegeben werden kann, die Vorgehensweise zur Berechnung des Preises, die es dem Dienstleistungsempfänger ermöglicht, den Preis zu überprüfen, oder einen hinreichend ausführlichen Kostenvoranschlag;

c) den Rechtsstatus und die Rechtsform des Dienstleistungserbringers;

d) bei reglementierten Berufen einen Verweis auf die im Herkunftsmitgliedstaat geltenden berufsrechtlichen Regeln und wie diese zugänglich sind.

4. Die Mitgliedstaaten tragen dafür Sorge, dass die Informationen, die der Dienstleistungserbringer gemäß diesem Kapitel zur Verfügung stellen oder mitteilen muss, klar und eindeutig sind und rechtzeitig vor Abschluss des Vertrages oder, wenn kein schriftlicher Vertrag geschlossen wird, vor Erbringung der Dienstleistungen bereitgestellt werden.

5. Die Informationspflichten gemäß diesem Kapitel ergänzen die bereits im Gemeinschaftsrecht vorgesehenen Informationspflichten und hindern die Mitgliedstaaten nicht daran, zusätzliche Informationspflichten für Dienstleistungserbringer, die auf ihrem Hoheitsgebiet niedergelassen sind, vorzuschreiben.

6. Die Kommission kann nach dem in Artikel 42 Absatz 2 genannten Verfahren den Inhalt der in den Absätzen 1 und 3 des vorliegenden Artikels genannten Informationen entsprechend den Besonderheiten bestimmter Tätigkeiten präzisie-

ren und die Modalitäten der praktischen Durchführung der Bestimmungen von Absatz 2 präzisieren.

Artikel 27

Berufshaftpflichtversicherungen und Sicherheiten

1. Die Mitgliedstaaten tragen dafür Sorge, dass die Dienstleistungserbringer, deren Dienstleistungen ein besonderes Gesundheits- oder Sicherheitsrisiko oder ein besonderes finanzielles Risiko für den Dienstleistungsempfänger darstellen, durch eine der Art und dem Umfang des Risikos angemessene Berufshaftpflichtversicherung oder durch eine gleichwertige oder aufgrund ihrer Zweckbestimmung im Wesentlichen vergleichbare Entschädigungsregelung oder Sicherheit gedeckt sind.

2. Die Mitgliedstaaten tragen dafür Sorge, dass die Dienstleistungserbringer den Dienstleistungsempfänger auf Anfrage über die Versicherungen oder die Sicherheiten gemäß Absatz 1 informieren, insbesondere über den Namen und die Anschrift des Versicherers oder Sicherungsgebers und den räumlichen Geltungsbereich.

3. Wenn ein Dienstleistungserbringer sich auf ihrem Hoheitsgebiet niederlässt, verlangen die Mitgliedstaaten keine Berufshaftpflichtversicherung und keine finanzielle Sicherheit, wenn er bereits durch eine gleichwertige oder aufgrund ihrer Zweckbestimmung im Wesentlichen vergleichbare Sicherheit in einem anderen Mitgliedstaat, in dem er bereits eine Niederlassung unterhält, abgedeckt ist.

Besteht nur eine teilweise Gleichwertigkeit, können die Mitgliedstaaten eine zusätzliche Sicherheit verlangen, um die nicht gedeckten Risiken abzusichern.

4. Die Absätze 1, 2 und 3 berühren nicht die in anderen Gemeinschaftsrechtsakten vorgesehenen Berufshaftpflichtversicherungen oder Sicherheiten.

5. Im Rahmen der Durchführung von Absatz 1 kann die Kommission nach dem in Artikel 42 Absatz 2 genannten Verfahren Dienstleistungen benennen, die die in Absatz 1 genannten Eigenschaften aufweisen, sowie gemeinsame Kriterien festlegen, nach denen festgestellt wird, ob eine Versicherung oder Sicherheit im Hinblick auf die Art und den Umfang des Risikos angemessen ist.

Artikel 28

Nachvertragliche Garantie und Gewährleistung

1. Die Mitgliedstaaten tragen dafür Sorge, dass die Dienstleistungserbringer die Dienstleistungsempfänger auf Anfrage darüber informieren, inwiefern Garantie- oder Gewährleistungsvorschriften bestehen oder nicht, was diese beinhalten und welches die wesentlichen Voraussetzungen für deren Inanspruchnahme sind, insbesondere für welchen Zeitraum und welchen räumlichen Geltungsbereich diese Anwendung finden.

2. Die Mitgliedstaaten tragen dafür Sorge, dass die Informationen gemäß Absatz 1 in allen ausführlichen Informationsunterlagen der Dienstleistungserbringer über ihre Tätigkeit enthalten sind.

3. Die Absätze 1 und 2 berühren nicht die in anderen Gemeinschaftsrechtsakten vorgesehenen nachvertraglichen Garantie- und Gewährleistungsregelungen.

Artikel 29
Kommerzielle Kommunikationen in den reglementierten Berufen

1. Die Mitgliedstaaten heben Totalverbote der kommerziellen Kommunikation für reglementierte Berufe auf.

2. Die Mitgliedstaaten tragen dafür Sorge, dass die kommerziellen Kommunikationen durch Angehörige reglementierter Berufe die Anforderungen der Standesregeln erfüllen, die je nach Beruf insbesondere die Unabhängigkeit, die Würde und die Integrität des Berufsstandes sowie die Wahrung des Berufsgeheimnisses gewährleisten sollen, vorausgesetzt, diese Regeln sind mit dem Gemeinschaftsrecht vereinbar.

Artikel 30
Multidisziplinäre Tätigkeiten

1. Die Mitgliedstaaten tragen dafür Sorge, dass die Dienstleistungserbringer keinen Anforderungen unterworfen werden, die sie verpflichten, ausschließlich eine bestimmte Tätigkeit auszuüben, oder die die gemeinschaftliche oder partnerschaftliche Ausübung unterschiedlicher Tätigkeiten beschränken.

Abweichend von Unterabsatz 1 können folgende Dienstleistungserbringer solchen Anforderungen unterworfen werden:

a) Angehörige reglementierter Berufe, wenn es erforderlich ist, um die Einhaltung der verschiedenen Standesregeln im Hinblick auf die Besonderheiten der jeweiligen Berufe sicherzustellen;

b) Dienstleistungserbringer, die Dienstleistungen auf dem Gebiet der Zertifizierung, der Akkreditierung, der technischen Überwachung oder des Versuchs oder Prüfwesens erbringen, wenn es zur Gewährleistung ihrer Unabhängigkeit und Unparteilichkeit erforderlich ist.

2. Wenn multidisziplinäre Tätigkeiten erlaubt sind, tragen die Mitgliedstaaten dafür Sorge, dass:

a) Interessenkonflikte und Unvereinbarkeiten zwischen bestimmten Tätigkeiten vermieden werden;

b) die Unabhängigkeit und Unparteilichkeit, die bestimmte Tätigkeiten erfordern, gewährleistet sind;

c) die Anforderungen der Standesregeln für die verschiedenen Tätigkeiten miteinander vereinbar sind, insbesondere im Hinblick auf das Berufsgeheimnis.

3. Die Mitgliedstaaten tragen dafür Sorge, dass die Dienstleistungserbringer die Dienstleistungsempfänger auf Anfrage über ihre multidisziplinären Tätigkeiten und Partnerschaften informieren sowie über die Maßnahmen, die sie ergriffen haben, um Interessenkonflikte zu vermeiden. Diese Informationen müssen in allen ausführlichen Informationsunterlagen der Dienstleistungserbringer über ihre Tätigkeit enthalten sein.

4. In dem in Artikel 41 vorgesehenen Bericht führen die Mitgliedstaaten die Dienstleistungserbringer auf, die den Anforderungen gemäß Absatz 1 unterworfen sind, ferner den Inhalt dieser Anforderungen und die Gründe, aus denen sie diese für gerechtfertigt halten.

Artikel 31
Maßnahmen zur Qualitätssicherung

1. Die Mitgliedstaaten ergreifen in Zusammenarbeit mit der Kommission begleitende Maßnahmen, um die Dienst-

leistungserbringer zu ermutigen, freiwillig die Qualität der Dienstleistungen zu sichern, insbesondere:

a) ihre Tätigkeiten zertifizieren oder von unabhängigen Einrichtungen bewerten zu lassen, oder

b) eigene Qualitätssicherungssysteme beispielsweise im Rahmen so genannter Qualitätscharten zu erarbeiten oder auf Gemeinschaftsebene erarbeitete Charten oder Gütesiegel von Berufsorganisationen zu übernehmen.

2. Die Mitgliedstaaten tragen dafür Sorge, dass die Informationen über die Bedeutung und die Voraussetzungen zur Verleihung der Gütesiegel und sonstigen Qualitätskennzeichnungen für die Dienstleistungsempfänger und -erbringer leicht zugänglich sind.

3. Die Mitgliedstaaten ergreifen in Zusammenarbeit mit der Kommission begleitende Maßnahmen, um die Standesorganisationen und die Handels und Handwerkskammern der Mitgliedstaaten zu ermutigen, auf gemeinschaftlicher Ebene zusammenzuarbeiten, um die Dienstleistungsqualität zu fördern, insbesondere indem sie die Einschätzung der Kompetenz der Dienstleistungserbringer erleichtern.

4. Die Mitgliedstaaten in Zusammenarbeit mit der Kommission ergreifen begleitende Maßnahmen, um eine unabhängige Bewertung über Qualität und Mängel von Dienstleistungen zu fördern, insbesondere vergleichende Versuchs- und Prüfverfahren auf Gemeinschaftsebene und die Veröffentlichung ihrer Ergebnisse.

5. Die Mitgliedstaaten und die Kommission fördern die Entwicklung von freiwilligen europäischen Standards, um die Vereinbarkeit zwischen von Dienstleistungserbringern aus verschiedenen Mitgliedstaaten erbrachten Dienstleistungen, die Information der Dienstleistungsempfänger und die Qualität der Dienstleistungen zu verbessern.

Artikel 32
Streitbeilegung

1. Die Mitgliedstaaten ergreifen die erforderlichen allgemeinen Maßnahmen, damit die Dienstleistungserbringer eine Postanschrift, eine Faxnummer oder eine Adresse der elektronischen Post angeben, an die alle Dienstleistungsempfänger, auch diejenigen, die in einem anderen Mitgliedstaat ansässig sind, direkt eine Beschwerde oder eine Bitte um Information über die angebotene Dienstleistung richten können.

2. Die Mitgliedstaaten ergreifen die erforderlichen allgemeinen Maßnahmen, damit die Dienstleistungserbringer die in Absatz 1 genannten Beschwerden unverzüglich beantworten und sich umgehend um geeignete Lösungen bemühen.

3. Die Mitgliedstaaten ergreifen die erforderlichen allgemeinen Maßnahmen, damit die Dienstleistungserbringer verpflichtet werden nachzuweisen, dass sie die in dieser Richtlinie vorgesehenen Informationspflichten erfüllen und ihre Informationen zutreffend sind.

4. In Fällen, in denen eine finanzielle Sicherheit für die Vollstreckung einer Gerichtsentscheidung notwendig ist, erkennen die Mitgliedstaaten gleichwertige Sicherheiten an, die bei in einem anderen Mitgliedstaat niedergelassenen Dienstleistungserbringern oder Einrichtungen hinterlegt wurden.

5. Die Mitgliedstaaten ergreifen die erforderlichen allgemeinen Maßnahmen,

damit die Dienstleistungserbringer, die Verhaltenskodizes unterworfen sind oder Berufsverbänden oder -organisationen angehören, welche außergerichtliche Verfahren der Streitbeilegung vorsehen, die Dienstleistungsempfänger davon in Kenntnis setzen und in allen ausführlichen Informationsunterlagen über ihre Tätigkeit darauf hinweisen; dabei ist ferner anzugeben, wie ausführliche Informationen über dieses Streitbeilegungsverfahren und die Bedingungen für seine Inanspruchnahme erlangt werden können.

Artikel 33
Informationen über die Zuverlässigkeit der Dienstleistungserbringer

1. Auf Ersuchen einer zuständigen Stelle eines anderen Mitgliedstaates übermitteln die Mitgliedstaaten Informationen über Vorstrafen und sonstige Sanktionen, Verwaltungs- oder Disziplinarmaßnahmen und Entscheidungen wegen betrügerischen Konkurses, die von ihren zuständigen Stellen gegen einen Dienstleistungserbringer verhängt wurden und seine Fähigkeit zur Berufsausübung oder seine berufliche Zuverlässigkeit in Frage stellen.

2. Der Mitgliedstaat, der die Informationen gemäß Absatz 1 übermittelt, muss gleichzeitig angeben, ob es sich um eine endgültige Entscheidung handelt oder ob Rechtsbehelfe dagegen eingelegt wurden und wann über diesen entschieden wird.

Darüber hinaus muss er angeben aufgrund welcher innerstaatlichen Vorschriften der Dienstleistungserbringer verurteilt oder bestraft wurde.

3. Bei der Anwendung von Absatz 1 müssen die Rechte verurteilter oder bestrafter Personen in dem betreffenden Mitgliedstaat beachtet werden, insbesondere die Rechte auf Schutz personenbezogener Daten.

KAPITEL V
KONTROLLE

Artikel 34
Wirksamkeit der Kontrolle

1. Die Mitgliedstaaten stellen sicher, dass die in ihren innerstaatlichen Rechtsvorschriften vorgesehenen Befugnisse zur Überwachung und Kontrolle des Dienstleistungserbringers hinsichtlich der betroffenen Tätigkeiten auch in dem Fall ausgeübt werden, wenn die Dienstleistung in einem anderen Mitgliedstaat erbracht wird.

2. Die Mitgliedstaaten tragen dafür Sorge, dass die Dienstleistungserbringer ihren zuständigen Stellen alle Informationen zur Verfügung stellen, die für die Kontrolle ihrer Tätigkeiten erforderlich sind.

Artikel 35
Gegenseitige Unterstützung

1. Unter Beachtung von Artikel 16 unterstützen die Mitgliedstaaten einander gegenseitig und ergreifen alle Maßnahmen, die für eine wirksame Zusammenarbeit bei der Kontrolle der Dienstleistungserbringer und ihrer Dienstleistungen erforderlich sind.

2. Für die Zwecke von Absatz 1 benennen die Mitgliedstaaten eine oder mehrere Kontaktstellen und teilen die Bezeichnung(en), die Anschrift(en) und die Erreichbarkeit dieser Stelle(n) den übrigen Mitgliedstaaten und der Kommission mit.

3. Die Mitgliedstaaten übermitteln unverzüglich auf elektronischem Weg die von anderen Mitgliedstaaten oder der

Kommission angeforderten Informationen.

Sobald die Mitgliedstaaten Kenntnis von einem rechtswidrigen Verhalten eines Dienstleistungserbringers, das in einem Mitgliedstaat einen schweren Schaden verursachen könnte, oder genaue Hinweise darauf erhalten, unterrichten sie unverzüglich den Herkunftsmitgliedstaat.

Sobald die Mitgliedstaaten Kenntnis von einem offensichtlich rechtswidrigen Verhalten eines möglicherweise in anderen Mitgliedstaaten tätigen Dienstleistungserbringers, von dem eine ernste Gefahr für die Gesundheit oder die Sicherheit von Personen ausgehen kann, oder genaue Hinweise darauf erhalten, unterrichten sie unverzüglich alle anderen Mitgliedstaaten sowie die Kommission.

4. Der Herkunftsmitgliedstaat übermittelt die von einem anderen Mitgliedstaat angeforderten Informationen über Dienstleistungserbringer, die auf seinem Hoheitsgebiet niedergelassen sind, insbesondere bestätigt er, dass sie auf seinem Hoheitsgebiet niedergelassen und dort rechtmäßig tätig sind.

Er nimmt die von einem anderen Mitgliedstaat erbetenen Überprüfungen, Untersuchungen und Ermittlungen vor und informiert diesen über die Ergebnisse und, gegebenenfalls, die veranlassten Maßnahmen.

5. Treten Schwierigkeiten bei der Beantwortung einer Anfrage auf, informieren die Mitgliedstaaten umgehend den anfragenden Mitgliedstaat, um eine gemeinsame Lösung zu finden.

6. Die Mitgliedstaaten tragen dafür Sorge, dass die Register, in die die Dienstleistungserbringer eingetragen sind und die von den zuständigen Stellen auf ihrem Hoheitsgebiet eingesehen werden können, unter denselben Bedingungen auch für die entsprechenden zuständigen Stellen der anderen Mitgliedstaaten einsehbar sind.

Artikel 36
Gegenseitige Unterstützung im Fall eines Ortswechsels des Dienstleisters

1. Begibt sich ein Dienstleistungserbringer zwecks Ausübung seiner Tätigkeit in einen Mitgliedstaat, in dem er keine Niederlassung hat, wirken die zuständigen Stellen dieses Mitgliedstaates in den unter Artikel 16 fallenden Bereichen gemäß Absatz 2 des vorliegenden Artikels an der Kontrolle des Dienstleistungserbringers mit.

2. Auf Ersuchen des Herkunftsmitgliedstaates nehmen die in Absatz 1 genannten zuständigen Stellen vor Ort die Überprüfungen, Untersuchungen und Ermittlungen vor, die notwendig sind, um die Wirksamkeit der Kontrolle des Herkunftsmitgliedstaats sicherzustellen. Sie werden im Rahmen der Zuständigkeiten tätig, die sie in ihrem Mitgliedstaat besitzen.

Von Amts wegen können diese zuständigen Stellen Überprüfungen, Untersuchungen und Ermittlungen vor Ort vornehmen, sofern sie die folgenden Voraussetzungen erfüllen:

a) sie bestehen nur in der Feststellung des Sachverhalts und ziehen keine anderen Maßnahmen gegen den Dienstleistungserbringer nach sich; ausgenommen sind Maßnahmen im Einzelfall gemäß Artikel 19;

b) sie sind diskriminierungsfrei und nicht dadurch begründet, dass der Dienstleistungserbringer seine Niederlassung in einem anderen Mitgliedstaat hat;

c) sie sind objektiv durch einen zwingenden Grund des Allgemeininteresses gerechtfertigt und im Verhältnis zu dem damit verfolgten Zweck angemessen.

Artikel 37
Gegenseitige Unterstützung bei Ausnahmen vom Herkunftslandprinzip im Einzelfall

1. Beabsichtigt ein Mitgliedstaat, eine Maßnahme im Einzelfall gemäß Artikel 19 zu ergreifen, ist unbeschadet der gerichtlichen Verfahren die in den Absätzen 2 bis 6 des vorliegenden Artikels festgelegte Vorgehensweise einzuhalten.

2. Der in Absatz 1 genannte Mitgliedstaat ersucht den Herkunftsmitgliedstaat, Maßnahmen gegen den betreffenden Dienstleistungserbringer zu ergreifen und übermittelt alle zweckdienlichen Informationen über die in Frage stehende Dienstleistung und den jeweiligen Sachverhalt.

Der Herkunftsmitgliedstaat stellt unverzüglich fest, ob der Dienstleistungserbringer seine Tätigkeit rechtmäßig ausübt und überprüft den Sachverhalt, der Anlass des Ersuchens ist. Er teilt dem ersuchenden Mitgliedstaat unverzüglich mit, welche Maßnahmen getroffen wurden oder beabsichtigt sind oder aus welchen Gründen keine Maßnahmen getroffen wurden.

3. Nachdem eine Mitteilung der Angaben gemäß Absatz 2 Unterabsatz 2 durch den Herkunftsmitgliedstaat erfolgt ist, unterrichtet der ersuchende Mitgliedstaat die Kommission und den Herkunftsmitgliedstaat über die von ihm beabsichtigten Maßnahmen, wobei er mitteilt:

a) aus welchen Gründen er die vom Herkunftsmitgliedstaat getroffenen oder beabsichtigten Maßnahmen für unzureichend hält;

b) warum er der Auffassung ist, dass die von ihm beabsichtigten Maßnahmen die Voraussetzungen des Artikels 19 erfüllen.

4. Maßnahmen im Einzelfall können frühestens fünfzehn Arbeitstage nach der Mitteilung gemäß Absatz 3 getroffen werden.

5. Unbeschadet der Möglichkeit des Mitgliedstaates, nach Ablauf der Frist gemäß Absatz 4 die betreffenden Maßnahmen zu ergreifen, muss die Kommission unverzüglich prüfen, ob die mitgeteilten Maßnahmen mit dem Gemeinschaftsrecht vereinbar sind.

Kommt die Kommission zu dem Ergebnis, dass dies nicht der Fall ist, entscheidet sie, den betreffenden Mitgliedstaat aufzufordern, von den beabsichtigten Maßnahmen Abstand zu nehmen oder sie unverzüglich aufzuheben.

6. In dringenden Fällen kann der Mitgliedstaat, der beabsichtigt, eine Maßnahme zu ergreifen, von den Absätzen 3 und 4 abweichen. In diesem Fall sind die Maßnahmen unverzüglich unter Begründung der Dringlichkeit der Kommission und dem Herkunftsmitgliedstaat mitzuteilen.

Artikel 38
Durchführungsmaßnahmen

Die Kommission erlässt nach dem in Artikel 42 Absatz 2 genannten Verfahren die zur Durchführung dieses Kapitels notwendigen Maßnahmen, zur Festlegung der in Artikel 35 und 37 genannten Fristen und zu den Modalitäten der praktischen Durchführung des Informationsaustausches auf elektronischem Wege zwischen den Kontaktstellen, insbesondere Bestimmungen über die Interoperabilität der Informationssysteme.

KAPITEL VI
KONVERGENZPROGRAMM

Artikel 39
Verhaltenskodizes auf Gemeinschaftsebene

1. Die Mitgliedstaaten ergreifen in Zusammenarbeit mit der Kommission begleitende Maßnahmen, um die Ausarbeitung gemeinschaftsrechtskonformer Verhaltenskodizes auf Gemeinschaftsebene zu fördern, die insbesondere folgende Fragen regeln sollen:

a) den Inhalt und die Modalitäten kommerzieller Kommunikation von Angehörigen der reglementierten Berufe unter Berücksichtigung der Besonderheiten des jeweiligen Berufs;

b) die Standesregeln der reglementierten Berufe, die, unter Berücksichtigung der Besonderheiten des jeweiligen Berufs, vor allem die Unabhängigkeit, Unparteilichkeit und die Wahrung des Berufsgeheimnisses gewährleisten sollen;

c) die Voraussetzungen für die Ausübung der Tätigkeiten von Immobilienmaklern.

2. Die Mitgliedstaaten tragen dafür Sorge, dass die in Absatz 1 genannten Verhaltenskodizes im Fernweg und elektronisch zugänglich sind und der Kommission übermittelt werden.

3. Die Mitgliedstaaten tragen dafür Sorge, dass der Dienstleistungserbringer auf Anfrage des Dienstleistungsempfängers oder in allen ausführlichen Informationsunterlagen über seine Tätigkeit den für ihn geltenden Verhaltenskodex und die Adresse nennt, unter der dieser Kodex elektronisch abgerufen werden kann, sowie die Sprachen, in denen er vorliegt.

4. Die Mitgliedstaaten ergreifen begleitende Maßnahmen, um die Standesorganisationen und die Berufsverbänden, -kammern und -organisationen zu ermutigen, die auf Gemeinschaftsebene verabschiedeten Verhaltenskodizes auf nationaler Ebene anzuwenden.

Artikel 40
Ergänzende Harmonisierung

1. Spätestens bis zum [1 Jahr nach Inkrafttreten der Richtlinie] prüft die Kommission die Möglichkeit, Vorschläge für harmonisierende Rechtsakte zu folgenden Punkten vorzulegen:

a) die Modalitäten zur Durchführung von Geldtransporten;

b) Gewinnspiele, die einen geldwerten Einsatz bei Glücksspielen verlangen, einschließlich Lotterien und Wetten im Lichte eines Berichtes der Kommission und einer breiten Konsultation der interessierten Kreise;

c) die Aufnahme von Tätigkeiten zur gerichtlichen Beitreibung von Forderungen.

2. Die Kommission prüft die Notwendigkeit ergänzender Initiativen oder von Vorschlägen für Rechtsakte im Interesse eines reibungslosen Funktionierens des Binnenmarktes für Dienstleistungen, insbesondere zu:

a) den Fragen, die Gegenstand von Maßnahmen im Einzelfall waren, die die Notwendigkeit einer Harmonisierung auf Gemeinschaftsebene aufgezeigt haben;

b) den in Artikel 39 genannten Fragen, für die vor Ablauf der Umsetzungsfrist keine Verhaltenskodizes erarbeitet werden konnten, oder bei denen die Verhaltenskodizes das reibungslose Funktionieren des Binnenmarktes nicht garantieren konnten;

c) den Fragen, die bei der in Artikel 41 vorgesehenen gegenseitigen Evaluierung aufgeworfen werden;

d) dem Schutz der Verbraucher und grenzüberschreitenden Verträgen.

Artikel 41
Gegenseitige Evaluierung

1. Spätestens am [Datum der Umsetzung] legen die Mitgliedstaaten der Kommission einen Bericht vor, der die folgenden Angaben enthält:

a) Informationen gemäß Artikel 9 Absatz 2 über Genehmigungsregelungen;

b) Informationen gemäß Artikel 15 Absatz 4 über die zu prüfenden Anforderungen;

c) Informationen gemäß Artikel 30 Absatz 4 über die multidisziplinären Tätigkeiten.

2. Die Kommission leitet die in Absatz 1 genannten Berichte an die anderen Mitgliedstaaten weiter, die binnen sechs Monaten zu jedem dieser Berichte Stellung nehmen. Gleichzeitig konsultiert die Kommission die betroffenen Interessengruppen zu diesen Berichten.

3. Die Kommission legt die Berichte und Anmerkungen der Mitgliedstaaten dem in Artikel 42 Absatz 1 genannten Ausschuss vor, der dazu Stellung nehmen kann.

4. Spätestens am 31. Dezember 2008 legt die Kommission dem Europäischen Parlament und dem Rat einen Bericht vor, in dem sie die in den Absätzen 2 und 3 genannten Stellungnahmen zusammenfasst und gegebenenfalls Vorschläge für ergänzende Initiativen unterbreitet.

Artikel 42
Ausschuss

1. Die Kommission wird unterstützt von einem Ausschuss unter Vorsitz der Kommission, der sich aus Vertretern der Mitgliedstaaten zusammensetzt (nachfolgend „Ausschuss").

2. Wird auf diesen Absatz Bezug genommen, so gelten die Artikel 3 und 7 des Beschlusses 1999/468/EG unter Beachtung von dessen Artikel 8.

3. Der Ausschuss gibt sich eine Geschäftsordnung.

Artikel 43
Bericht

Nach dem in Artikel 41 Absatz 4 genannten zusammenfassenden Bericht legt die Kommission alle 3 Jahre dem Europäischen Parlament und dem Rat einen Bericht über die Anwendung dieser Richtlinie vor und unterbreitet gegebenenfalls Vorschläge für ihre Anpassung.

Artikel 44
Änderung der Richtlinie 1998/27/EG

In Ziffer 1 des Anhangs der Richtlinie 1998/27/EG wird folgende Nummer angefügt:

„13. Richtlinie .../.../EG des Europäischen Parlaments und des Rates vom ... über Dienstleistungen im Binnenmarkt (ABl. L ... vom ..., S. ...)."

KAPITEL VII
SCHLUSSBESTIMMUNGEN

Artikel 45

1. Die Mitgliedstaaten setzen die Rechts- und Verwaltungsvorschriften in Kraft, die erforderlich sind, um dieser Richtlinie bis zum [2 Jahre nach Verabschiedung] nachzukommen. Sie übermitteln der Kommission unverzüglich den Text dieser Vorschriften und fügen eine Tabelle bei, aus der ersichtlich wird, welche dieser Bestimmungen denen der Richtlinie entsprechen.

Bei Erlass dieser Vorschriften nehmen die Mitgliedstaaten in diesen Vorschriften selbst oder durch einen Hinweis bei der amtlichen Veröffentlichung auf diese Richtlinie Bezug. Die Mitgliedstaaten regeln die Einzelheiten dieser Bezugnahme.

2. Die Mitgliedstaaten teilen der Kommission den Wortlaut der wichtigsten innerstaatlichen Rechtsvorschriften mit, die sie auf dem unter diese Richtlinie fallenden Gebiet erlassen.

Artikel 46

Diese Richtlinie tritt am Tag nach ihrer Veröffentlichung im Amtsblatt der Europäischen Union in Kraft.

Artikel 47

Diese Richtlinie ist an die Mitgliedstaaten gerichtet.

Geschehen zu Brüssel am [...]

Im Namen des Europäischen Parlaments	*Im Namen des Rates*
Der Präsident	*Der Präsident*
[...]	*[...]*

Anhang 2

RICHTLINIE 2006/123/EG DES EUROPÄISCHEN PARLAMENTS UND DES RATES vom 12. Dezember 2006 über Dienstleistungen im Binnenmarkt

DAS EUROPÄISCHE PARLAMENT UND DER RAT DER EUROPÄISCHEN UNION –

gestützt auf den Vertrag zur Gründung der Europäischen Gemeinschaft, insbesondere auf Artikel 47 Absatz 2 Sätze 1 und 3 und Artikel 55,

auf Vorschlag der Kommission,

nach Stellungnahme des Europäischen Wirtschafts- und Sozialausschusses(1),

nach Stellungnahme des Ausschusses der Regionen(2),

gemäß dem Verfahren des Artikels 251 des Vertrags(3),

in Erwägung nachstehender Gründe:

(1) Ziel der Europäischen Gemeinschaft ist es, eine immer engere Zusammengehörigkeit der Staaten und Völker Europas zu erreichen und den wirtschaftlichen und sozialen Fortschritt zu sichern. Gemäß Artikel 14 Absatz 2 des Vertrags umfasst der Binnenmarkt einen Raum ohne Binnengrenzen, in dem der freie Verkehr von Dienstleistungen gewährleistet ist. Gemäß Artikel 43 des Vertrags wird die Niederlassungsfreiheit gewährleistet. Artikel 49 des Vertrags regelt den freien Dienstleistungsverkehr innerhalb der Gemeinschaft. Die Beseitigung der Beschränkungen für die Entwicklung von Dienstleistungstätigkeiten zwischen den Mitgliedstaaten ist ein wichtiges Mittel für ein stärkeres Zusammenwachsen der Völker Europas und für die Förderung eines ausgewogenen und nachhaltigen wirtschaftlichen und sozialen Fortschritts. Bei der Beseitigung solcher Beschränkungen muss unbedingt gewährleistet werden, dass die Entfaltung von Dienstleistungstätigkeiten zur Verwirklichung der in Artikel 2 des Vertrags verankerten Aufgaben beiträgt, in der gesamten Gemeinschaft eine

---

(1) ABl. C 221 vom 8.9.2005, S. 113.

(2) ABl. C 43 vom 18.2.2005, S. 18.

(3) Stellungnahme des Europäischen Parlaments vom 16. Februar 2006 (noch nicht im Amtsblatt veröffentlicht), Gemeinsamer Standpunkt des Rates vom 24. Juli 2006 (ABl. C 270 E vom 7.11.2006, S. 1) und Standpunkt des Europäischen Parlaments vom 15. November 2006. Beschluss des Rates vom 11. Dezember 2006.

harmonische, ausgewogene und nachhaltige Entwicklung des Wirtschaftslebens, ein hohes Beschäftigungsniveau und ein hohes Maß an sozialem Schutz, die Gleichstellung von Männern und Frauen, ein nachhaltiges, nichtinflationäres Wachstum, einen hohen Grad von Wettbewerbsfähigkeit und Konvergenz der Wirtschaftsleistungen, ein hohes Maß an Umweltschutz und Verbesserung der Umweltqualität, die Hebung der Lebenshaltung und der Lebensqualität, den wirtschaftlichen und sozialen Zusammenhalt und die Solidarität zwischen den Mitgliedstaaten zu fördern.

(2) Ein wettbewerbsfähiger Dienstleistungsmarkt ist für die Förderung des Wirtschaftswachstums und die Schaffung von Arbeitsplätzen in der Europäischen Union wesentlich. Gegenwärtig hindert eine große Anzahl von Beschränkungen im Binnenmarkt Dienstleistungserbringer, insbesondere kleine und mittlere Unternehmen (KMU), daran, über ihre nationalen Grenzen hinauszuwachsen und uneingeschränkt Nutzen aus dem Binnenmarkt zu ziehen. Dies schwächt die globale Wettbewerbsfähigkeit der Dienstleistungserbringer aus der Europäischen Union. Ein freier Markt, der die Mitgliedstaaten zwingt, Beschränkungen im grenzüberschreitenden Dienstleistungsverkehr abzubauen, bei gleichzeitiger größerer Transparenz und besserer Information der Verbraucher, würde für die Verbraucher größere Auswahl und bessere Dienstleistungen zu niedrigeren Preisen bedeuten.

(3) In ihrem Bericht über den „Stand des Binnenmarktes für Dienstleistungen" führt die Kommission eine Vielzahl von Hindernissen auf, die die Entwicklung grenzüberschreitender Dienstleistungstätigkeiten zwischen den Mitgliedstaaten behindern oder bremsen, insbesondere diejenigen von KMU, die im Dienstleistungsgewerbe vorherrschend sind. Der Bericht kommt zu dem Ergebnis, dass ein Jahrzehnt nach der beabsichtigten Vollendung des Binnenmarktes noch immer eine breite Kluft zwischen der Vision einer wirtschaftlich integrierten Europäischen Union und der Wirklichkeit besteht, die die europäischen Bürger und Dienstleistungserbringer erleben. Die Beschränkungen betreffen eine große Bandbreite von Dienstleistungstätigkeiten und sämtliche Phasen der Dienstleistungserbringung und weisen zahlreiche Gemeinsamkeiten auf; so sind sie häufig auf schwerfällige Verwaltungsverfahren, die Rechtsunsicherheit, mit denen grenzüberschreitende Tätigkeiten behaftet sind, oder auf das fehlende gegenseitige Vertrauen zwischen den Mitgliedstaaten zurückzuführen.

(4) Die Dienstleistungen sind zwar der Motor des Wirtschaftswachstums und tragen in den meisten Mitgliedstaaten 70 % zu BIP und Beschäftigung bei, aber die Fragmentierung des Binnenmarktes beeinträchtigt die europäische Wirtschaft insgesamt, insbesondere die Wettbewerbsfähigkeit von KMU und die Zu- und Abwanderung von Arbeitskräften, und behindert den Zugang der Verbraucher zu einer größeren Auswahl an Dienstleistungen zu

konkurrenzfähigen Preisen. Es ist wichtig darauf hinzuweisen, dass die Dienstleistungsbranche ein Schlüsselsektor insbesondere für die Beschäftigung von Frauen ist und dass sie deshalb großen Nutzen von den neuen Möglichkeiten, die von der Vollendung des Binnenmarktes für Dienstleistungen geboten werden, zu erwarten haben. Das Europäische Parlament und der Rat haben betont, dass die Beseitigung rechtlicher Beschränkungen, die einen wirklichen Binnenmarkt verhindern, eine der vorrangigen Aufgaben zur Erreichung des vom Europäischen Rat in Lissabon vom 23. und 24. März 2000 vorgegebenen Ziels ist, die Beschäftigungslage und den sozialen Zusammenhalt zu verbessern und zu einem nachhaltigen Wirtschaftswachstum zu gelangen, um die Europäische Union bis zum Jahre 2010 zum wettbewerbsfähigsten und dynamischsten wissensbasierten Wirtschaftsraum der Welt mit mehr und besseren Arbeitsplätzen zu machen. Die Beseitigung dieser Beschränkungen bei gleichzeitiger Gewährleistung eines fortschrittlichen europäischen Gesellschaftsmodells ist somit eine Grundvoraussetzung für die Überwindung der Schwierigkeiten bei der Umsetzung der Lissabon-Strategie und für die wirtschaftliche Erholung in Europa, insbesondere für Investitionen und Beschäftigung. Es ist deshalb wichtig, bei der Schaffung eines Binnenmarktes für Dienstleistungen auf Ausgewogenheit zwischen Marktöffnung und dem Erhalt öffentlicher Dienstleistungen sowie der Wahrung sozialer Rechte und der Rechte der Verbraucher zu achten.

(5) Es ist deshalb erforderlich, die Beschränkungen der Niederlassungsfreiheit von Dienstleistungserbringern in den Mitgliedstaaten und des freien Dienstleistungsverkehrs zwischen Mitgliedstaaten zu beseitigen und den Dienstleistungsempfängern und -erbringern die Rechtssicherheit zu garantieren, die sie für die wirksame Wahrnehmung dieser beiden Grundfreiheiten des Vertrags benötigen. Da die Beschränkungen im Binnenmarkt für Dienstleistungen sowohl die Dienstleistungserbringer beeinträchtigen, die sich in einem anderen Mitgliedstaat niederlassen möchten, als auch diejenigen, die in einem anderen Mitgliedstaat Dienstleistungen erbringen, ohne dort niedergelassen zu sein, ist es erforderlich, den Dienstleistungserbringern zu ermöglichen, ihre Dienstleistungstätigkeiten im Binnenmarkt dadurch zu entwickeln, dass sie sich entweder in einem anderen Mitgliedstaat niederlassen oder den freien Dienstleistungsverkehr nutzen. Die Dienstleistungserbringer sollten zwischen diesen beiden Freiheiten wählen und sich für diejenige entscheiden können, die ihrer Geschäftsstrategie für die einzelnen Mitgliedstaaten am besten gerecht wird.

(6) Diese Beschränkungen können nicht allein durch die direkte Anwendung der Artikel 43 und 49 des Vertrags beseitigt werden, weil – insbesondere nach der Erweiterung – die Handhabung von Fall zu Fall im Rahmen von Vertragsverletzungsverfahren sowohl für

die nationalen als auch für die gemeinschaftlichen Organe äußerst kompliziert wäre; außerdem können zahlreiche Beschränkungen nur im Wege der vorherigen Koordinierung der nationalen Regelungen beseitigt werden, einschließlich der Einführung einer Verwaltungszusammenarbeit. Wie vom Europäischen Parlament und vom Rat anerkannt wurde, ermöglicht ein gemeinschaftliches Rechtsinstrument die Schaffung eines wirklichen Binnenmarktes für Dienstleistungen.

(7) Mit dieser Richtlinie wird ein allgemeiner Rechtsrahmen geschaffen, der einem breiten Spektrum von Dienstleistungen zugute kommt und gleichzeitig die Besonderheiten einzelner Tätigkeiten und Berufe und ihre Reglementierung berücksichtigt. Grundlage dieses Rechtsrahmens ist ein dynamischer und selektiver Ansatz, der vorrangig die leicht zu beseitigenden Beschränkungen beseitigt; hinsichtlich der übrigen wird ein Prozess der Evaluierung, Konsultation und ergänzenden Harmonisierung bei besonderen Fragen eingeleitet, um so schrittweise und koordiniert eine Modernisierung der nationalen Regelungen für Dienstleistungstätigkeiten zu erreichen, wie sie für die Schaffung eines wirklichen Binnenmarktes für Dienstleistungen bis zum Jahr 2010 unerlässlich ist. Es ist angezeigt, bei den Maßnahmen eine ausgewogene Kombination aus gezielter Harmonisierung, Verwaltungszusammenarbeit, den Bestimmungen über die Dienstleistungsfreiheit und der Förderung der Erarbeitung von Verhaltenskodizes für bestimmte Bereiche vorzusehen. Diese Koordinierung der nationalen Rechtsvorschriften sollte ein hohes Maß an rechtlicher Integration auf Gemeinschaftsebene und ein hohes Niveau des Schutzes von Gemeinwohlinteressen, insbesondere den Schutz der Verbraucher, sicherstellen, wie es für die Schaffung von Vertrauen zwischen den Mitgliedstaaten unerlässlich ist. Die Richtlinie berücksichtigt auch andere Gemeinwohlinteressen, einschließlich des Schutzes der Umwelt, der öffentlichen Sicherheit und der öffentlichen Gesundheit sowie der Einhaltung des Arbeitsrechts.

(8) Die Bestimmungen dieser Richtlinie über die Niederlassungsfreiheit und die Dienstleistungsfreiheit sollten nur insoweit Anwendung finden, als die betreffenden Tätigkeiten dem Wettbewerb offen stehen, so dass sie die Mitgliedstaaten weder verpflichten, Dienstleistungen von allgemeinem wirtschaftlichem Interesse zu liberalisieren, noch öffentliche Einrichtungen, die solche Dienstleistungen anbieten, zu privatisieren, noch bestehende Monopole für andere Tätigkeiten oder bestimmte Vertriebsdienste abzuschaffen.

(9) Diese Richtlinie findet nur auf die Anforderungen für die Aufnahme oder Ausübung einer Dienstleistungstätigkeit Anwendung. Sie findet somit keine Anwendung auf Anforderungen wie Straßenverkehrsvorschriften, Vorschriften bezüglich der Stadtentwicklung oder Bodennutzung, der Stadtplanung und der Raumordnung, Baunormen sowie verwaltungsrechtliche

Sanktionen, die wegen der Nichteinhaltung solcher Vorschriften verhängt werden, die nicht die Dienstleistungstätigkeit als solche regeln oder betreffen, sondern von Dienstleistungserbringern im Zuge der Ausübung ihrer Wirtschaftstätigkeit genauso beachtet werden müssen wie von Privatpersonen.

(10) Diese Richtlinie betrifft nicht die Anforderungen für den Zugang bestimmter Dienstleistungsanbieter zu öffentlichen Mitteln. Zu diesen Anforderungen gehören insbesondere Anforderungen, die Bedingungen vorsehen, unter denen Dienstleistungserbringer Anspruch auf öffentliche Mittel haben, einschließlich spezifischer Vertragsbedingungen und vor allem Qualitätsnormen, die erfüllt werden müssen, um öffentliche Gelder erhalten zu können, z. B. für soziale Dienstleistungen.

(11) Diese Richtlinie greift nicht in die Maßnahmen ein, die die Mitgliedstaaten im Einklang mit dem Gemeinschaftsrecht treffen, um die kulturelle und sprachliche Vielfalt sowie den Medienpluralismus zu schützen oder zu fördern; dies gilt auch für deren Finanzierung. Diese Richtlinie hindert die Mitgliedstaaten nicht daran, ihre Grundregeln und Prinzipien für die Pressefreiheit und die Freiheit der Meinungsäußerung anzuwenden. Diese Richtlinie berührt nicht die Rechtsvorschriften der Mitgliedstaaten, die Diskriminierungen aus Gründen der Staatsangehörigkeit oder aus Gründen wie den in Artikel 13 des Vertrags genannten verbieten.

(12) Ziel dieser Richtlinie ist die Schaffung eines Rechtsrahmens, der die Niederlassungsfreiheit und den freien Dienstleistungsverkehr zwischen den Mitgliedstaaten garantiert, wobei sie weder zu einer Harmonisierung des Strafrechts führt noch in dieses eingreift. Ein Mitgliedstaat sollte die Dienstleistungsfreiheit jedoch nicht unter Umgehung der Vorschriften dieser Richtlinie durch Anwendung von Strafrechtsbestimmungen einschränken, die die Aufnahme oder Ausübung einer Dienstleistungstätigkeit gezielt regeln oder beeinflussen.

(13) Es ist gleichermaßen wichtig, dass diese Richtlinie uneingeschränkt die Gemeinschaftsinitiativen aufgrund des Artikels 137 des Vertrags zur Verwirklichung der Ziele des Artikels 136 des Vertrags zur Förderung der Beschäftigung und Verbesserung der Lebens- und Arbeitsbedingungen beachtet.

(14) Diese Richtlinie berührt weder Arbeits- und Beschäftigungsbedingungen wie Höchstarbeits- und Mindestruhezeiten, bezahlten Mindestjahresurlaub, Mindestlohnsätze, Gesundheitsschutz, Sicherheit und Hygiene am Arbeitsplatz, die von den Mitgliedstaaten im Einklang mit dem Gemeinschaftsrecht angewandt werden, noch greift sie in die gemäß nationalem Recht und nationalen Praktiken unter Wahrung des Gemeinschaftsrechts geregelten Beziehungen zwischen den Sozialpartnern ein, z. B. in das Recht, Tarifverträge auszuhandeln und abzuschließen, das Streikrecht und das Recht auf Arbeitskampfmaßnahmen, noch ist sie auf

Dienstleistungen von Leiharbeitsagenturen anwendbar. Diese Richtlinie berührt nicht die Rechtsvorschriften der Mitgliedstaaten über die soziale Sicherheit.

(15) Diese Richtlinie wahrt die Ausübung der in den Mitgliedstaaten geltenden Grundrechte, wie sie in der Charta der Grundrechte der Europäischen Union und den zugehörigen Erläuterungen anerkannt werden, und bringt sie mit den in den Artikeln 43 und 49 des Vertrags festgelegten Grundfreiheiten in Einklang. Zu diesen Grundrechten gehört das Recht auf Arbeitskampfmaßnahmen gemäß nationalem Recht und nationalen Praktiken unter Wahrung des Gemeinschaftsrechts.

(16) Diese Richtlinie betrifft ausschließlich Dienstleistungserbringer, die in einem Mitgliedstaat niedergelassen sind und regelt keine externen Aspekte. Sie betrifft nicht Verhandlungen innerhalb internationaler Organisationen über den Handel mit Dienstleistungen, insbesondere im Rahmen des Allgemeinen Abkommens über den Handel mit Dienstleistungen (GATS).

(17) Diese Richtlinie gilt nur für Dienstleistungen, die für eine wirtschaftliche Gegenleistung erbracht werden. Dienstleistungen von allgemeinem Interesse fallen nicht unter die Begriffsbestimmung des Artikels 50 des Vertrags und somit nicht in den Anwendungsbereich dieser Richtlinie. Dienstleistungen von allgemeinem wirtschaftlichem Interesse sind Dienstleistungen, die für eine wirtschaftliche Gegenleistung erbracht werden, und fallen deshalb in den Anwendungsbereich dieser Richtlinie. Gleichwohl sind bestimmte Dienstleistungen von allgemeinem wirtschaftlichem Interesse, wie solche, die gegebenenfalls im Verkehrsbereich erbracht werden, vom Anwendungsbereich dieser Richtlinie ausgenommen und für einige andere Dienstleistungen von allgemeinem wirtschaftlichem Interesse, wie solche, die gegebenenfalls im Bereich der Postdienste erbracht werden, gelten Ausnahmen von den Bestimmungen dieser Richtlinie über die Dienstleistungsfreiheit. Diese Richtlinie regelt nicht die Finanzierung von Dienstleistungen von allgemeinem wirtschaftlichem Interesse und gilt auch nicht für die von den Mitgliedstaaten insbesondere auf sozialem Gebiet im Einklang mit den gemeinschaftlichen Wettbewerbsvorschriften gewährten Beihilfen. Diese Richtlinie betrifft nicht die Folgemaßnahmen zum Weißbuch der Kommission zu Dienstleistungen von allgemeinem Interesse.

(18) Finanzdienstleistungen sollten aus dem Anwendungsbereich dieser Richtlinie ausgeschlossen sein, da diese Tätigkeiten Gegenstand besonderer Gemeinschaftsrechtsvorschriften sind, die wie die vorliegende Richtlinie darauf abzielen, einen wirklichen Binnenmarkt für Dienstleistungen zu schaffen. Folglich sollte dieser Ausschluss für alle Finanzdienstleistungen wie Bankdienstleistungen, Kreditgewährung, Versicherung, einschließlich Rückversicherung, betriebliche oder individuelle Altersversorgung, Wertpapiere, Geldan-

lagen, Zahlungen und Anlageberatung, einschließlich der in Anhang I der Richtlinie 2006/48/EG des Europäischen Parlaments und des Rates vom 14. Juni 2006 über die Aufnahme und Ausübung der Tätigkeit der Kreditinstitute([1]) aufgeführten Dienstleistungen gelten.

(19) Angesichts der im Jahr 2002 erfolgten Verabschiedung einer Reihe von Rechtsakten über die Netze und Dienste der elektronischen Kommunikation sowie über die damit zusammenhängenden Ressourcen und Dienste, die insbesondere durch die Abschaffung der Mehrzahl der Einzelgenehmigungsverfahren einen Rechtsrahmen für die Erleichterung des Zugangs zu diesen Tätigkeiten im Binnenmarkt geschaffen hat, müssen die durch diese Rechtsakte geregelten Fragen vom Anwendungsbereich der vorliegenden Richtlinie ausgenommen werden.

(20) Die Ausnahmen vom Anwendungsbereich der vorliegenden Richtlinie hinsichtlich Angelegenheiten der elektronischen Kommunikationsdienste im Sinne der Richtlinie 2002/19/EG des Europäischen Parlaments und des Rates vom 7. März 2002 über den Zugang zu elektronischen Kommunikationsnetzen und zugehörigen Einrichtungen sowie deren Zusammenschaltung (Zugangsrichtlinie)([2]), der Richtlinie 2002/20/EG des Europäischen Parlaments und des Rates vom 7. März 2002 über die Genehmigung elektronischer Kommunikationsnetze und -dienste (Genehmigungsrichtlinie)([3]), der Richtlinie 2002/21/EG des Europäischen Parlaments und des Rates vom 7. März 2002 über einen gemeinsamen Rechtsrahmen für elektronische Kommunikationsnetze und -dienste (Rahmenrichtlinie)([4]), der Richtlinie 2002/22/EG des Europäischen Parlaments und des Rates vom 7. März 2002 über den Universaldienst und Nutzerrechte bei elektronischen Kommunikationsnetzen und -diensten (Universaldienstrichtlinie)([5]) und der Richtlinie 2002/58/EG des Europäischen Parlaments und des Rates vom 12. Juli 2002 über die Verarbeitung personenbezogener Daten und den Schutz der Privatsphäre in der elektronischen Kommunikation (Datenschutzrichtlinie für elektronische Kommunikation)([6]) sollten nicht nur für Fragen gelten, die spezifisch in den genannten Richtlinien geregelt sind, sondern auch für Bereiche, bei denen die Richtlinien den Mitgliedstaaten ausdrücklich die Möglichkeit belassen, bestimmte Maßnahmen auf nationaler Ebene zu erlassen.

(21) Verkehrsdienstleistungen, einschließlich des Personennahverkehrs, Taxis und Krankenwagen sowie Hafendienste, sollten vom

(1) ABl. L 177 vom 30.6.2006, S. 1.

(2) ABl. L 108 vom 24.4.2002, S. 7.

(3) ABl. L 108 vom 24.4.2002, S. 21.

(4) ABl. L 108 vom 24.4.2002, S. 33.

(5) ABl. L 108 vom 24.4.2002, S. 51.

(6) ABl. L 201 vom 31.7.2002, S. 37. Geändert durch die Richtlinie 2006/24/EG (ABl. L 105 vom 13.4.2006, S. 54).

Anwendungsbereich dieser Richtlinie ausgenommen sein.

(22) Der Ausschluss des Gesundheitswesens vom Anwendungsbereich dieser Richtlinie sollte Gesundheits- und pharmazeutische Dienstleistungen umfassen, die von Angehörigen eines Berufs im Gesundheitswesen gegenüber Patienten erbracht werden, um deren Gesundheitszustand zu beurteilen, zu erhalten oder wiederherzustellen, wenn diese Tätigkeiten in dem Mitgliedstaat, in dem die Dienstleistungen erbracht werden, einem reglementierten Gesundheitsberuf vorbehalten sind.

(23) Diese Richtlinie betrifft nicht die Kostenerstattung für eine Gesundheitsdienstleistung, die in einem anderen Mitgliedstaat als demjenigen, in dem der Empfänger der Behandlungsleistung seinen Wohnsitz hat, erbracht wurde. Mit dieser Frage hat sich der Gerichtshof mehrfach befasst, wobei der Gerichtshof die Rechte der Patienten anerkannt hat. Es ist wichtig, dieses Thema, soweit es nicht bereits von der Verordnung (EWG) Nr. 1408/71 des Rates vom 14. Juni 1971 zur Anwendung der Systeme der sozialen Sicherheit auf Arbeitnehmer und deren Familien, die innerhalb der Gemeinschaft zu- und abwandern(1), erfasst ist, in einem anderen Rechtsakt der Gemeinschaft zu behandeln, um mehr Rechtssicherheit und -klarheit zu erreichen.

(24) Audiovisuelle Dienste, auch in Kinos, sollten unabhängig von der Art ihrer Ausstrahlung ebenfalls vom Anwendungsbereich dieser Richtlinie ausgenommen sein. Ebenso wenig sollte diese Richtlinie für Beihilfen gelten, die von den Mitgliedstaaten im audiovisuellen Sektor gewährt werden und die unter die gemeinschaftlichen Wettbewerbsvorschriften fallen.

(25) Glücksspiele einschließlich Lotterien und Wetten sollten aufgrund der spezifischen Natur dieser Tätigkeiten, die von Seiten der Mitgliedstaaten Politikansätze zum Schutz der öffentlichen Ordnung und zum Schutz der Verbraucher bedingen, vom Anwendungsbereich dieser Richtlinie ausgenommen sein.

(26) Diese Richtlinie lässt die Anwendung des Artikels 45 des Vertrags unberührt.

(27) Diese Richtlinie sollte keine sozialen Dienstleistungen im Bereich Wohnung, Kinderbetreuung und Unterstützung von hilfsbedürftigen Familien und Personen erfassen, die vom Staat selbst – auf nationaler, regionaler oder lokaler Ebene –, durch von ihm beauftragte Dienstleistungserbringer oder durch von ihm anerkannte gemeinnützige Einrichtungen erbracht werden, um Menschen zu unterstützen, die aufgrund ihres unzureichenden Familieneinkommens oder des völligen oder teilweisen Verlustes ihrer Selbstständigkeit

(1) ABl. L 149 vom 5.7.1971, S. 2. Zuletzt geändert durch die Verordnung (EG) Nr. 629/2006 des Europäischen Parlaments und des Rates (ABl. L 114 vom 27.4.2006, S. 1).

dauerhaft oder vorübergehend besonders hilfsbedürftig sind oder Gefahr laufen, marginalisiert zu werden. Diese Dienstleistungen tragen entscheidend dazu bei, das Grundrecht auf Schutz der Würde und Integrität des Menschen zu garantieren; sie sind Ausfluss der Grundsätze des sozialen Zusammenhalts und der Solidarität und sollten daher von dieser Richtlinie unberührt bleiben.

(28) Diese Richtlinie berührt nicht die Finanzierung von sozialen Dienstleistungen oder des damit verbundenen Beihilfesystems. Sie berührt auch nicht die Kriterien und Bedingungen, die von den Mitgliedstaaten festgelegt werden, um zu gewährleisten, dass die sozialen Dienstleistungen dem öffentlichen Interesse und dem sozialen Zusammenhalt dienen. Zudem sollte diese Richtlinie nicht den Grundsatz des Universaldienstes bei den sozialen Dienstleistungen der Mitgliedstaaten berühren.

(29) Angesichts der Tatsache, dass der Vertrag besondere Rechtsgrundlagen im Bereich der Steuern enthält, und angesichts der in diesem Bereich bereits verabschiedeten Gemeinschaftsrechtsakte muss der Bereich der Steuern aus dem Anwendungsbereich dieser Richtlinie ausgenommen sein.

(30) Dienstleistungstätigkeiten sind bereits Gegenstand einer Vielzahl von Gemeinschaftsvorschriften. Diese Richtlinie ergänzt und vervollständigt diesen gemeinschaftsrechtlichen Besitzstand. Kollisionen zwischen dieser Richtlinie und anderen Gemeinschaftsinstrumenten sind festgestellt worden und werden in dieser Richtlinie berücksichtigt, unter anderem durch Ausnahmeregelungen. Dennoch bedarf es einer Regelung für verbleibende Fälle und Ausnahmefälle für den Fall, dass eine Bestimmung dieser Richtlinie mit einer Bestimmung eines anderen Gemeinschaftsinstruments kollidiert. Ob eine Kollision vorliegt, sollte in Übereinstimmung mit den Bestimmungen des Vertrags über die Niederlassungsfreiheit und den freien Dienstleistungsverkehr festgestellt werden.

(31) Diese Richtlinie steht im Einklang mit der Richtlinie 2005/36/EG des Europäischen Parlaments und des Rates vom 7. September 2005 über die Anerkennung von Berufsqualifikationen([1]) und lässt diese unberührt. Sie behandelt andere Fragen als diejenigen im Zusammenhang mit Berufsqualifikationen, z. B. Fragen der Berufshaftpflichtversicherung, der kommerziellen Kommunikation, multidisziplinärer Tätigkeiten und der Verwaltungsvereinfachung. Bezüglich der vorübergehenden grenzüberschreitenden Erbringung von Dienstleistungen stellt eine Ausnahme von den Bestimmungen der vorliegenden Richtlinie über die Dienstleistungsfreiheit sicher, dass der Titel II „Dienstleistungsfreiheit" der Richtlinie 2005/36/EG nicht berührt wird. Somit werden keine gemäß der Richtlinie 2005/36/EG im Mitgliedstaat der Dienstleistungserbringung anwendbaren

([1]) ABl. L 255 vom 30.9.2005, S. 22.

Maßnahmen von den Bestimmungen der vorliegenden Richtlinie über die Dienstleistungsfreiheit berührt.

(32) Diese Richtlinie steht im Einklang mit der gemeinschaftlichen Gesetzgebung zum Verbraucherschutz wie etwa der Richtlinie 2005/29/EG des Europäischen Parlaments und des Rates vom 11. Mai 2005 über unlautere Geschäftspraktiken im binnenmarktinternen Geschäftsverkehr zwischen Unternehmen und Verbrauchern (Richtlinie über unlautere Geschäftspraktiken)(1) und der Verordnung (EG) Nr. 2006/2004 des Europäischen Parlaments und des Rates vom 27. Oktober 2004 über die Zusammenarbeit zwischen den für die Durchsetzung der Verbraucherschutzgesetze zuständigen nationalen Behörden (Verordnung über die Zusammenarbeit im Verbraucherschutz)(2).

(33) Die von dieser Richtlinie erfassten Dienstleistungen umfassen einen weiten Bereich von Tätigkeiten, die einem ständigen Wandel unterworfen sind, wie etwa Dienstleistungen für Unternehmen wie Unternehmensberatung, Zertifizierungs- und Prüfungstätigkeiten, Anlagenverwaltung einschließlich Unterhaltung von Büroräumen, Werbung, Personalagenturen und die Dienste von Handelsvertretern. Die von dieser Richtlinie erfassten Dienstleistungen umfassen ferner Dienstleistungen, die sowohl für Unternehmen als auch für Verbraucher angeboten werden, wie etwa Rechts- oder Steuerberatung, Dienstleistungen des Immobilienwesens wie die Tätigkeit der Immobilienmakler, Dienstleistungen des Baugewerbes einschließlich Dienstleistungen von Architekten, Handel, die Veranstaltung von Messen, die Vermietung von Kraftfahrzeugen und Dienste von Reisebüros. Hinzu kommen Verbraucherdienstleistungen, beispielsweise im Bereich des Fremdenverkehrs, einschließlich Leistungen von Fremdenführern, Dienstleistungen im Freizeitbereich, Sportzentren und Freizeitparks, und, sofern sie nicht aus dem Anwendungsbereich dieser Richtlinie ausgenommen sind, Unterstützungsdienste im Haushalt wie etwa Hilfeleistungen für ältere Menschen. Hierbei handelt es sich sowohl um Tätigkeiten, die die räumliche Nähe zwischen Dienstleistungserbringer und Dienstleistungsempfänger oder aber auch den Ortswechsel des einen oder anderen erfordern, als auch um Leistungen, die im Fernabsatz, beispielsweise über das Internet, erbracht werden können.

(34) Nach der Rechtsprechung des Gerichtshofs muss die Frage, ob bestimmte Tätigkeiten – insbesondere Tätigkeiten, die mit öffentlichen Mitteln finanziert oder durch öffentliche- Einrichtungen erbracht werden – eine „Dienstleistung“ darstellen, von Fall zu Fall im Lichte sämtlicher Merkmale, insbesondere der Art, wie die Leistungen im betreffenden Mitgliedstaat erbracht, organisiert und fi-

(1) ABl. L 149 vom 11.6.2005, S. 22.

(2) ABl. L 364 vom 9.12.2004, S. 1. Geändert durch die Richtlinie 2005/29/EG.

nanziert werden, beurteilt werden. Der Gerichtshof hat entschieden, dass das wesentliche Merkmal eines Entgelts darin liegt, dass es eine Gegenleistung für die betreffenden Dienstleistungen darstellt, und hat anerkannt, dass das Merkmal des Entgelts bei Tätigkeiten fehlt, die vom Staat oder für den Staat ohne wirtschaftliche Gegenleistung im Rahmen der sozialen, kulturellen, bildungspolitischen und rechtlichen Verpflichtungen des Staates ausgeübt werden, wie etwa bei im Rahmen des nationalen Bildungssystems erteiltem Unterricht oder der Verwaltung von Systemen der sozialen Sicherheit, die keine wirtschaftliche Tätigkeit bewirken. Die Zahlung einer Gebühr durch den Dienstleistungsempfänger, z.B. eine Unterrichts- oder Einschreibegebühr, die Studenten als Beitrag zu den Betriebskosten eines Systems entrichten, stellt als solche kein Entgelt dar, da die Dienstleistung noch überwiegend aus öffentlichen Mitteln finanziert wird. Diese Tätigkeiten entsprechen daher nicht der in Artikel 50 des Vertrags enthaltenen Definition von „Dienstleistungen" und fallen somit nicht in den Anwendungsbereich dieser Richtlinie.

(35) Der Amateursport, bei dem kein Gewinnzweck verfolgt wird, ist von beträchtlicher sozialer Bedeutung. Er dient oftmals uneingeschränkt sozialen Zielvorgaben oder Freizeitzwecken. Somit stellt er unter Umständen keine Wirtschaftstätigkeit im Sinne des Gemeinschaftsrechts dar und sollte nicht in den Anwendungsbereich dieser Richtlinie fallen.

(36) Der Begriff des Dienstleistungserbringers sollte alle natürlichen Personen mit der Staatsangehörigkeit eines Mitgliedstaats und alle juristischen Personen erfassen, die in einem Mitgliedstaat eine Dienstleistungstätigkeit ausüben, entweder unter Inanspruchnahme der Niederlassungsfreiheit oder des freien Dienstleistungsverkehrs. Der Begriff des Dienstleistungserbringers sollte deshalb nicht nur die Fälle erfassen, in denen die Leistung grenzüberschreitend im Rahmen des freien Dienstleistungsverkehrs erbracht wird, sondern auch die Fälle, in denen sich ein Marktteilnehmer in einem anderen Mitgliedstaat niederlässt, um dort Dienstleistungstätigkeiten zu erbringen. Andererseits sollte der Begriff des Dienstleistungserbringers nicht den Fall der Zweigniederlassung einer Gesellschaft aus einem Drittstaat in einem Mitgliedstaat erfassen, denn die Niederlassungsfreiheit und der freie Dienstleistungsverkehr finden gemäß Artikel 48 des Vertrags nur auf Gesellschaften Anwendung, die nach den Rechtsvorschriften eines Mitgliedstaates gegründet wurden und ihren satzungsmäßigen Sitz, ihre Hauptverwaltung oder ihre Hauptniederlassung in der Gemeinschaft haben. Der Begriff des Dienstleistungsempfängers sollte auch Drittstaatsangehörige erfassen, die bereits in den Genuss von Rechten aus Gemeinschaftsrechtsakten kommen wie etwa der Verordnung (EWG) Nr. 1408/71, der Richtlinie 2003/109/EG des Rates vom 25. November 2003 betreffend die Rechtsstellung der langfristig aufenthaltsberechtigten Dritt-

staatsangehörigen[1], der Verordnung (EG) Nr. 859/2003 des Rates vom 14. Mai 2003 zur Ausdehnung der Bestimmungen der Verordnung (EWG) Nr. 1408/71 und der Verordnung (EWG) Nr. 574/72 auf Drittstaatsangehörige, die ausschließlich aufgrund ihrer Staatsangehörigkeit nicht bereits unter diese Bestimmungen fallen[2], und der Richtlinie 2004/38/EG des Europäischen Parlaments und des Rates vom 29. April 2004 über das Recht der Unionsbürger und ihrer Familienangehörigen, sich im Hoheitsgebiet der Mitgliedstaaten frei zu bewegen und aufzuhalten[3]. Darüber hinaus können die Mitgliedstaaten den Begriff des Dienstleistungsempfängers auf andere Drittstaatsangehörige ausdehnen, die sich in ihrem Hoheitsgebiet aufhalten.

(37) Der Ort, an dem ein Dienstleistungserbringer niedergelassen ist, sollte nach der Rechtsprechung des Gerichtshofs bestimmt werden, nach der der Begriff der Niederlassung die tatsächliche Ausübung einer wirtschaftlichen Tätigkeit mittels einer festen Einrichtung auf unbestimmte Zeit umfasst. Diese Anforderung kann auch erfüllt sein, wenn ein Unternehmen für einen bestimmten Zeitraum gegründet wird oder es das Gebäude oder die Anlage mietet, von dem bzw. der aus es seine Tätigkeit ausübt. Sie kann ferner erfüllt sein, wenn ein Mitgliedstaat eine befristete Genehmigung ausschließlich für bestimmte Dienstleistungen erteilt. Eine Niederlassung muss nicht die Form einer Tochtergesellschaft, Zweigniederlassung oder Agentur haben, sondern kann aus einer Geschäftsstelle bestehen, die von einem Beschäftigten des Dienstleistungserbringers oder von einem Selbstständigen, der ermächtigt ist, dauerhaft für das Unternehmen zu handeln, betrieben wird, wie dies z. B. bei einer Agentur der Fall ist. Gemäß dieser Definition, die die tatsächliche Ausübung einer wirtschaftlichen Tätigkeit am Ort der Niederlassung des Dienstleistungserbringers erfordert, begründet ein bloßer Briefkasten keine Niederlassung. Hat ein Dienstleistungserbringer mehrere Niederlassungsorte, so ist es wichtig zu bestimmen, von welchem Niederlassungsort aus die betreffende Dienstleistung tatsächlich erbracht wird. In den Fällen, in denen es schwierig ist zu bestimmen, von welchem der verschiedenen Niederlassungsorte aus eine bestimmte Dienstleistung erbracht wird, sollte der Ort als Niederlassungsort angesehen werden, an dem der Dienstleistungserbringer das Zentrum seiner Tätigkeiten in Bezug auf diese konkrete Dienstleistung hat.

(38) Der Begriff der juristischen Person im Sinne der Bestimmungen des Vertrags über die Niederlassung stellt es dem Marktteilnehmer frei, die Rechtsform zu wählen, die er für die Ausübung seiner Tätigkeit für geeignet hält. Folglich sind „juristische Personen" im Sinne des Vertrags sämtliche Einrichtungen,

(1) ABl. L 16 vom 23.1.2004, S. 44.

(2) ABl. L 124 vom 20.5.2003, S. 1.

(3) ABl. L 158 vom 30.4.2004, S. 77.

die nach dem Recht eines Mitgliedstaats gegründet wurden oder diesem Recht unterstehen, unabhängig von ihrer Rechtsform.

(39) Der Begriff der Genehmigungsregelung sollte unter anderem die Verwaltungsverfahren, in denen Genehmigungen, Lizenzen, Zulassungen oder Konzessionen erteilt werden, erfassen sowie die Verpflichtung zur Eintragung bei einer Berufskammer oder in einem Berufsregister, einer Berufsrolle oder einer Datenbank, die Zulassung durch eine Einrichtung oder den Besitz eines Ausweises, der die Zugehörigkeit zu einem bestimmten Beruf bescheinigt, falls diese Voraussetzung dafür sind, eine Tätigkeit ausüben zu können. Die Erteilung einer Genehmigung kann nicht nur durch eine förmliche Entscheidung erfolgen, sondern auch durch eine stillschweigende Entscheidung, beispielsweise, wenn die zuständige Behörde nicht reagiert oder der Antragsteller die Empfangsbestätigung einer Erklärung abwarten muss, um eine Tätigkeit aufnehmen oder sie rechtmäßig ausüben zu können.

(40) Der Begriff der zwingenden Gründe des Allgemeininteresses, auf den sich einige Bestimmungen dieser Richtlinie beziehen, ist in der Rechtsprechung des Gerichtshofes zu den Artikeln 43 und 49 des Vertrags entwickelt worden und kann sich noch weiterentwickeln. Der Begriff umfasst entsprechend der Auslegung des Gerichtshofes zumindest folgende Gründe: öffentliche Ordnung, öffentliche Sicherheit und öffentliche Gesundheit im Sinne der Artikel 46 und 55 des Vertrags; Wahrung der gesellschaftlichen Ordnung; sozialpolitische Zielsetzungen; Schutz von Dienstleistungsempfängern; Verbraucherschutz; Schutz der Arbeitnehmer einschließlich des sozialen Schutzes von Arbeitnehmern; Tierschutz; Erhaltung des finanziellen Gleichgewichts des Systems der sozialen Sicherheit; Betrugsvorbeugung; Verhütung von unlauterem Wettbewerb; Schutz der Umwelt und der städtischen Umwelt einschließlich der Stadt- und Raumplanung; Gläubigerschutz; Wahrung der ordnungsgemäßen Rechtspflege; Straßenverkehrssicherheit; Schutz des geistigen Eigentums; kulturpolitische Zielsetzungen einschließlich der Wahrung des Rechts auf freie Meinungsäußerung, insbesondere im Hinblick auf soziale, kulturelle, religiöse und philosophische Werte der Gesellschaft; die Notwendigkeit, ein hohes Bildungsniveau zu gewährleisten; Wahrung der Pressevielfalt und Förderung der Nationalsprache; Wahrung des nationalen historischen und künstlerischen Erbes sowie Veterinärpolitik.

(41) Der Begriff der öffentlichen Ordnung in der Auslegung des Gerichtshofs umfasst den Schutz vor einer tatsächlichen und hinreichend erheblichen Gefahr, die ein Grundinteresse der Gesellschaft berührt; hierunter können insbesondere Fragen der menschlichen Würde, des Schutzes von Minderjährigen und hilfsbedürftigen Erwachsenen sowie der Tierschutz fallen. Entsprechend umfasst der Begriff der öffentlichen Sicherheit auch Fragen der nationalen Si-

cherheit und Fragen der Sicherheit der Bevölkerung.

(42) Die Bestimmungen in Bezug auf Verwaltungsverfahren sollten nicht darauf abzielen, die Verwaltungsverfahren zu harmonisieren, sondern darauf, übermäßig schwerfällige Genehmigungsregelungen, -verfahren und -formalitäten zu beseitigen, die die Niederlassungsfreiheit und die daraus resultierende Gründung neuer Dienstleistungsunternehmen behindern.

(43) Eine der grundlegenden Schwierigkeiten bei der Aufnahme und Ausübung von Dienstleistungstätigkeiten, insbesondere für KMU, besteht in der Komplexität, Langwierigkeit und mangelnden Rechtssicherheit der Verwaltungsverfahren. Deshalb sind, nach dem Vorbild einiger Initiativen zur Modernisierung und Verbesserung der Verwaltungspraxis auf Gemeinschaftsebene und auf nationaler Ebene, Grundsätze für die Verwaltungsvereinfachung aufzustellen, unter anderem durch die Beschränkung der Pflicht zur Vorabgenehmigung auf die Fälle, in denen diese unerlässlich ist, und die Einführung des Grundsatzes, wonach eine Genehmigung nach Ablauf einer bestimmten Frist als von den zuständigen Behörden stillschweigend erteilt gilt. Eine solche Modernisierung soll – bei gleichzeitiger Sicherstellung der Transparenz und ständiger Aktualisierung der Informationen über die Marktteilnehmer – die Verzögerungen, Kosten und abschreckende Wirkung beseitigen, die beispielsweise durch überflüssige oder zu komplexe und aufwändige Verfahren, Mehrfachanforderungen, überzogene Formerfordernisse für Unterlagen, willkürliche Ausübung von Befugnissen der zuständigen Behörden, vage oder überlange Fristen bis zur Erteilung einer Antwort, die Befristung von erteilten Genehmigungen oder unverhältnismäßige Gebühren und Sanktionen verursacht werden. Die betreffenden Verwaltungspraktiken schrecken ganz besonders Dienstleistungserbringer ab, die in anderen Mitgliedstaaten tätig sein wollen, und erfordern deshalb eine koordinierte Modernisierung in einem auf 25 Mitgliedstaaten erweiterten Binnenmarkt.

(44) Die Mitgliedstaaten sollten, sofern dies angebracht ist, auf Gemeinschaftsebene harmonisierte, von der Kommission erstellte Formblätter einführen, die Zeugnissen, Bescheinigungen oder sonstigen für die Niederlassung erforderlichen Dokumenten gleichwertig sind.

(45) Bei der Prüfung der Frage, ob eine Vereinfachung der Verfahren und Formalitäten erforderlich ist, sollten die Mitgliedstaaten insbesondere die Notwendigkeit und die Zahl der Verfahren und Formalitäten, mögliche Überschneidungen, die Kosten, die Klarheit, die Zugänglichkeit sowie die zeitliche Verzögerung und die praktischen Schwierigkeiten, die die Verfahren und Formalitäten dem betroffenen Dienstleistungserbringer bereiten könnten, berücksichtigen.

(46) Um die Aufnahme und Ausübung von Dienstleistungstätigkeiten im Binnenmarkt zu erleichtern, muss

das Ziel der Verwaltungsvereinfachung für alle Mitgliedstaaten festgelegt und müssen Bestimmungen über u.a. das Recht auf Information, die elektronische Abwicklung von Verfahren und die für Genehmigungsregelungen geltenden Grundsätze vorgesehen werden. Weitere Maßnahmen auf nationaler Ebene zur Verwirklichung dieses Ziels könnten in der Verringerung der Zahl der Verfahren und Formalitäten für Dienstleistungstätigkeiten bestehen sowie in der Beschränkung dieser Verfahren und Formalitäten auf diejenigen, die aus Gründen des Allgemeininteresses unerlässlich sind und nach Zweck oder Inhalt keine Mehrfachanforderungen darstellen.

(47) Um die Verwaltungsabläufe zu vereinfachen sollten nicht generelle formale Anforderungen vorgesehen werden, wie etwa die Vorlage von Originaldokumenten, beglaubigten Kopien oder beglaubigten Übersetzungen, es sei denn, dies ist objektiv durch einen zwingenden Grund des Allgemeininteresses gerechtfertigt, wie etwa durch den Schutz der Arbeitnehmer, die öffentliche Gesundheit, den Schutz der Umwelt oder den Schutz der Verbraucher. Es ist weiterhin erforderlich, dass eine Genehmigung grundsätzlich die Aufnahme und Ausübung einer Dienstleistungstätigkeit im gesamten nationalen Hoheitsgebiet ermöglicht, es sei denn, dass eine Genehmigung für jede einzelne Niederlassung, beispielsweise für jede Verkaufsstätte großer Einkaufszentren, oder eine Genehmigung, die auf einen spezifischen Teil des nationalen Hoheitsgebiets beschränkt ist, objektiv durch einen zwingenden Grund des Allgemeininteresses gerechtfertigt ist.

(48) Um die Verwaltungsverfahren weiter zu vereinfachen, ist es angebracht sicherzustellen, dass jeder Dienstleistungserbringer über eine Kontaktstelle verfügt, über die er alle Verfahren und Formalitäten abwickeln kann (nachstehend „einheitliche Ansprechpartner“ genannt). Die Zahl der einheitlichen Ansprechpartner kann von Mitgliedstaat zu Mitgliedstaat verschieden sein, je nach den regionalen oder lokalen Zuständigkeiten oder den betreffenden Tätigkeiten. Die Schaffung einheitlicher Ansprechpartner sollte die Zuständigkeitsverteilungen zwischen den zuständigen Behörden in den nationalen Systemen unberührt lassen. Sind mehrere Behörden auf regionaler oder lokaler Ebene zuständig, so kann eine von ihnen die Rolle des einheitlichen Ansprechpartners und Koordinators wahrnehmen. Die einheitlichen Ansprechpartner können nicht nur bei Verwaltungsbehörden angesiedelt werden, sondern auch bei Handels- oder Handwerkskammern, Berufsorganisationen oder privaten Einrichtungen, die die Mitgliedstaaten mit dieser Aufgabe betrauen. Den einheitlichen Ansprechpartnern kommt eine wichtige Unterstützerfunktion gegenüber den Dienstleistungserbringern zu, entweder als Behörde, die für die Ausstellung der für die der Aufnahme einer Dienstleistungstätigkeit erforderlichen Dokumente unmittelbar zuständig ist, oder als Mittler zwischen dem Dienstleis-

tungserbringer und den unmittelbar zuständigen Behörden.

(49) Die Gebühr, die die einheitlichen Ansprechpartner erheben können, sollte in einem angemessenen Verhältnis zu den Kosten der entsprechenden Verfahren und Formalitäten stehen. Dies sollte die Mitgliedstaaten nicht daran hindern, die einheitlichen Ansprechpartner zu ermächtigen, andere Verwaltungsgebühren wie etwa die Gebühren für die Aufsichtsorgane zu erheben.

(50) Dienstleistungserbringer und -empfänger müssen leichten Zugang zu bestimmten Arten von Informationen haben. Jeder Mitgliedstaat sollte im Rahmen dieser Richtlinie selbst bestimmen, wie die Informationen den Dienstleistungserbringern und -empfängern zur Verfügung gestellt werden. Insbesondere kann die Verpflichtung der Mitgliedstaaten sicherzustellen, dass die einschlägigen Informationen für Dienstleistungserbringer und Dienstleistungsempfänger und für die Öffentlichkeit leicht zugänglich sind, dadurch erfüllt werden, dass diese Informationen auf einer Website öffentlich zugänglich gemacht werden. Alle Informationen sollten in einer klaren und unzweideutigen Weise erteilt werden.

(51) Die Informationen, die den Dienstleistungserbringern und -empfängern zur Verfügung gestellt werden, sollten insbesondere die Informationen über Verfahren und Formalitäten, Kontaktinformationen der zuständigen Behörden, Bedingungen für den Zugang zu öffentlichen Registern und Datenbanken sowie Angaben über Rechtsbehelfe und Kontaktinformationen von Vereinigungen und Organisationen, bei denen Dienstleistungserbringer bzw. -empfänger praktische Unterstützung erhalten können, umfassen. Die Verpflichtung der zuständigen Behörden, Dienstleistungserbringer und -empfänger zu unterstützen, sollte nicht die Rechtsberatung in Einzelfällen umfassen. Allgemeine Informationen darüber, wie Anforderungen gewöhnlich ausgelegt oder angewandt werden, sollten jedoch erteilt werden. Fragen wie etwa die Haftung für die Übermittlung unrichtiger oder irreführender Informationen sollten durch die Mitgliedstaaten geregelt werden.

(52) Die Einrichtung eines Systems zur elektronischen Abwicklung von Verfahren und Formalitäten in einer angemessen nahen Zukunft ist unerlässlich für die Verwaltungsvereinfachung im Bereich der Dienstleistungstätigkeiten, was sowohl den Dienstleistungserbringern und -empfängern als auch den zuständigen Behörden zugute kommen wird. Die Erfüllung dieser Verpflichtung, d. h. die Verwirklichung des vorgegebenen Ergebnisses, kann die Anpassung nationaler Rechtsvorschriften sowie anderer für den Dienstleistungssektor geltender Vorschriften erfordern. Diese Verpflichtung sollte die Mitgliedstaaten nicht daran hindern, neben dem elektronischen Weg auch andere Möglichkeiten zur Abwicklung der Verfahren und Formalitäten vorzusehen. Das Erfordernis, die Verfahren und Formalitäten auch aus de Ferne abwi-

ckeln zu können, verlangt von den Mitgliedstaaten insbesondere, eine grenzüberschreitende Abwicklung zu ermöglichen. Die Pflicht, das genannte Ergebnis zu erreichen, gilt nicht für Verfahren oder Formalitäten, die sich naturgemäß nicht aus der Ferne abwickeln lassen. Darüber hinaus bleiben die Rechtsvorschriften der Mitgliedstaaten über die Verwendung von Sprachen hiervon unberührt.

(53) Die Erteilung von Lizenzen für bestimmte Dienstleistungstätigkeiten kann es erforderlich machen, dass die zuständige Behörde ein Gespräch mit dem Antragsteller führt, um zu bewerten, ob er zuverlässig und für die Erbringung des entsprechenden Dienstes geeignet ist. In derartigen Fällen kann eine elektronische Abwicklung der Formalitäten ungeeignet sein.

(54) Die Möglichkeit zur Aufnahme einer Dienstleistungstätigkeit sollte nur von einer Genehmigung der zuständigen Behörde abhängig gemacht werden, wenn diese Entscheidung nicht diskriminierend sowie notwendig und verhältnismäßig ist. Demnach sollten Genehmigungsregelungen insbesondere nur zulässig sein, wenn eine nachträgliche Kontrolle nicht gleich wirksam wäre, weil Mängel der betreffenden Dienstleistung später nicht festgestellt werden können, wobei die Risiken und Gefahren zu berücksichtigen sind, die sich aus dem Verzicht auf eine Vorabkontrolle ergeben könnten. Diese Bestimmungen der Richtlinie können jedoch keine Genehmigungsregelungen rechtfertigen, die durch andere Gemeinschaftsrechtsakte untersagt sind, wie durch die Richtlinie 1999/93/EG des Europäischen Parlaments und des Rates vom 13. Dezember 1999 über gemeinschaftliche Rahmenbedingungen für elektronische Signaturen(1) oder die Richtlinie 2000/31/EG des Europäischen Parlaments und des Rates vom 8. Juni 2000 über bestimmte rechtliche Aspekte der Dienste der Informationsgesellschaft, insbesondere des elektronischen Geschäftsverkehrs, im Binnenmarkt (Richtlinie über den elektronischen Geschäftsverkehr)(2). Anhand des Ergebnisses der gegenseitigen Evaluierung kann auf Gemeinschaftsebene ermittelt werden, für welche Arten von Tätigkeiten die Genehmigungsregelungen abgeschafft werden sollten.

(55) Diese Richtlinie sollte die Möglichkeit der Mitgliedstaaten unberührt lassen, Genehmigungen nachträglich zu widerrufen, wenn die Voraussetzungen für die Erteilung der Genehmigung nicht mehr erfüllt sind.

(56) Gemäß der Rechtsprechung des Gerichtshofes sind Ziele im Bereich der öffentlichen Gesundheit, des Schutzes der Verbraucher, der Gesundheit von Tieren und der städtischen Umwelt zwingende Gründe des Allgemeininteresses. Solche zwingenden Gründe können die Anwendung von Genehmigungsregelungen und weitere Einschränkungen rechtfertigen. Allerdings

(1) ABl. L 13 vom 19.1.2000, S. 12.
(2) ABl. L 178 vom 17.7.2000, S. 1.

sollte keine derartige Genehmigungsregelung oder Einschränkung eine Diskriminierung aus Gründen der Staatsangehörigkeit des Antragstellers bewirken. Darüber hinaus sollten die Grundsätze der Erforderlichkeit und der Verhältnismäßigkeit immer geachtet werden.

(57) Die Bestimmungen dieser Richtlinie über Genehmigungsregelungen sollten die Fälle betreffen, in denen Marktteilnehmer für die Aufnahme oder Ausübung einer Dienstleistungstätigkeit eine Entscheidung einer zuständigen Behörde benötigen. Dies betrifft weder Entscheidungen der zuständigen Behörden zur Schaffung einer öffentlichen oder privaten Einrichtung für die Erbringung einer bestimmten Dienstleistung noch den Abschluss von Verträgen durch die zuständigen Behörden für die Erbringung einer bestimmten Dienstleistung, die den Vorschriften über das öffentliche Beschaffungswesen unterliegt, da diese Richtlinie Vorschriften über das öffentliche Beschaffungswesen nicht behandelt.

(58) Um die Aufnahme und Ausübung von Dienstleistungstätigkeiten zu erleichtern, ist es wichtig, Genehmigungsregelungen und ihre Begründungen zu evaluieren und darüber Bericht zu erstatten. Diese Berichtspflicht bezieht sich nur auf die Existenz von Genehmigungsregelungen und nicht auf die Kriterien und Voraussetzungen für die Erteilung von Genehmigungen.

(59) Die Genehmigung sollte dem Dienstleistungserbringer in der Regel die Aufnahme oder Ausübung der Dienstleistungstätigkeit im gesamten Hoheitsgebiet des Mitgliedstaats ermöglichen, sofern nicht eine territoriale Einschränkung durch einen zwingenden Grund des Allgemeininteresses gerechtfertigt ist. Zum Beispiel kann der Umweltschutz die Auflage rechtfertigen, eine Einzelgenehmigung für jede Anlage im nationalen Hoheitsgebiet einzuholen. Diese Bestimmung sollte keine regionalen oder lokalen Zuständigkeiten für die Erteilung von Genehmigungen in den Mitgliedstaaten berühren.

(60) Diese Richtlinie, insbesondere ihre Bestimmungen zu den Genehmigungsregelungen und zum territorialen Geltungsbereich einer Genehmigung, sollte nicht die Aufteilung der regionalen oder lokalen Zuständigkeiten in den Mitgliedstaaten, einschließlich der regionalen und lokalen Selbstverwaltung und der Verwendung von Amtssprachen, berühren.

(61) Die Bestimmung über das Verbot der doppelten Anwendung gleichwertiger Voraussetzungen für die Erteilung der Genehmigungen sollte die Mitgliedstaaten nicht daran hindern, ihre eigenen, in der Genehmigungsregelung festgelegten Voraussetzungen anzuwenden. Diese Bestimmung sollte nur verlangen, dass die zuständigen Behörden bei der Prüfung der Frage, ob der Antragsteller diese Voraussetzungen erfüllt, den gleichwertigen Voraussetzungen Rechnung tragen, die der Antragsteller bereits in einem anderen Mitgliedstaat erfüllt hat. Diese Bestimmung sollte nicht die Anwendung

der Voraussetzungen für die Erteilung der Genehmigungen vorschreiben, die in der Genehmigungsregelung eines anderen Mitgliedstaats vorgesehen sind.

(62) Ist die Zahl der für eine bestimmte Tätigkeit verfügbaren Genehmigungen aufgrund der Knappheit der natürlichen Ressourcen oder der technischen Kapazitäten begrenzt, so sollte ein Verfahren für die Auswahl zwischen mehreren Antragstellern vorgesehen werden, um mit Hilfe des freien Wettbewerbs höchstmögliche Qualität und optimale Angebotsbedingungen im Interesse der Dienstleistungsempfänger zu erzielen. Ein solches Verfahren sollte Garantien für Transparenz und Neutralität bieten und gewährleisten, dass solchermaßen erteilte Genehmigungen keine übermäßig lange Geltungsdauer besitzen, nicht automatisch verlängert werden und keinerlei Begünstigungen des Dienstleistungserbringers vorsehen, dessen Genehmigung gerade abgelaufen ist. Insbesondere sollte die Geltungsdauer der Genehmigung so bemessen sein, dass sie den freien Wettbewerb nicht über das für die Amortisierung der Investitionen und die Erwirtschaftung einer angemessenen Investitionsrendite notwendige Maß hinaus einschränkt oder begrenzt. Diese Bestimmung sollte die Mitgliedstaaten nicht daran hindern, die Zahl der Genehmigungen aus anderen Gründen als der Knappheit der natürlichen Ressourcen oder der technischen Kapazitäten zu begrenzen. Diese Genehmigungen sollten in jedem Fall den weiteren Vorschriften dieser Richtlinie zu den Genehmigungsregelungen unterworfen sein.

(63) Eine Genehmigung sollte, sofern keine andere Regelung vorliegt, als erteilt gelten, falls keine Antwort binnen einer bestimmten Frist erfolgt. Für bestimmte Tätigkeiten können jedoch andere Regelungen vorgesehen werden, wenn dies durch zwingende Gründe des Allgemeininteresses objektiv gerechtfertigt ist, wozu auch berechtigte Interessen Dritter gehören. Zu diesen anderen Regelungen könnten auch nationale Vorschriften gehören, wonach bei Ausbleiben einer Antwort der zuständigen Behörde der Antrag als abgelehnt gilt, und die Ablehnung einer gerichtlichen Überprüfung zugänglich ist.

(64) Wenn ein wirklicher Binnenmarkt für Dienstleistungen geschaffen werden soll, müssen die in den Rechtsvorschriften bestimmter Mitgliedstaaten noch enthaltenen Beschränkungen der Niederlassungsfreiheit und des freien Dienstleistungsverkehrs, die mit Artikel 43 bzw. 49 des Vertrags unvereinbar sind, beseitigt werden. Die unzulässigen Beschränkungen beeinträchtigen den Binnenmarkt für Dienstleistungen und sollten unverzüglich systematisch abgebaut werden.

(65) Die Niederlassungsfreiheit beruht insbesondere auf dem Grundsatz der Gleichbehandlung, der nicht nur jede Diskriminierung aus Gründen der Staatsangehörigkeit verbietet, sondern auch indirekte Diskriminierungen aufgrund anderer Unterscheidungsmerkmale, die faktisch zum gleichen Ergebnis

führen. So sollte die Aufnahme oder Ausübung einer Dienstleistungstätigkeit in einem Mitgliedstaat als Haupt- oder Nebentätigkeit nicht von Kriterien wie dem Niederlassungsort, dem Wohnsitz oder Aufenthaltsort oder dem Standort der überwiegenden Tätigkeit abhängen. Zu diesen Kriterien sollte jedoch nicht die Anforderung gehören, dass der Dienstleistungserbringer bzw. einer seiner Arbeitnehmer oder Vertreter bei der Ausübung seiner Tätigkeit präsent sein muss, wenn zwingende Gründe des Allgemeininteresses dies rechtfertigen. Zudem sollte ein Mitgliedstaat die Rechts- oder Parteifähigkeit von Gesellschaften nicht beschränken, die nach dem Recht eines anderen Mitgliedstaates, in dessen Hoheitsgebiet sie ihre Hauptniederlassung haben, gegründet wurden. Desgleichen sollte ein Mitgliedstaat keinerlei Begünstigungen für Dienstleistungserbringer vorsehen, die eine besondere Bindung zur nationalen oder regionalen Wirtschaft und Gesellschaft haben; er sollte ferner die Freiheit des Dienstleistungserbringers, Rechte und Güter zu erwerben, zu nutzen oder zu übertragen, sowie seinen Zugang zu verschiedenen Formen von Finanzierungen oder Geschäftsräumen nicht aufgrund des Niederlassungsortes beschränken, soweit diese Möglichkeiten für die Aufnahme und tatsächliche Ausübung seiner Dienstleistungstätigkeit von Nutzen sind.

(66) Die Aufnahme oder Ausübung einer Dienstleistungstätigkeit im Hoheitsgebiet eines Mitgliedstaates sollte nicht von einer Überprüfung eines wirtschaftlichen Bedarfs abhängen. Das Verbot von Überprüfungen eines wirtschaftlichen Bedarfs als Vorbedingung für die Erteilung einer Genehmigung sollte sich auf wirtschaftliche Erwägungen als solche beziehen und nicht auf andere Anforderungen, die objektiv durch zwingende Gründe des Allgemeininteresses gerechtfertigt sind, wie etwa den Schutz der städtischen Umwelt, die Sozialpolitik und Ziele der öffentlichen Gesundheit. Das Verbot sollte nicht die Ausübung der Befugnisse der für das Wettbewerbsrecht zuständigen Behörden betreffen.

(67) Hinsichtlich finanzieller Sicherheiten oder Versicherungen sollte sich die Unzulässigkeit von Anforderungen nur auf die Verpflichtung erstrecken, dass die erforderlichen finanziellen Sicherheiten und Versicherungen von einem in dem betroffenen Mitgliedstaat niedergelassenen Finanzinstitut stammen.

(68) Hinsichtlich der Voreintragung in ein Register sollte sich die Unzulässigkeit von Anforderungen nur auf die Verpflichtung erstrecken, dass der Dienstleistungserbringer bereits vor der Niederlassung für einen bestimmten Zeitraum in einem in dem betroffenen Mitgliedstaat geführten Register eingetragen gewesen sein muss.

(69) Zur Koordinierung der Modernisierung der nationalen Vorschriften zur Anpassung an die Erfordernisse des Binnenmarktes ist es erforderlich, bestimmte nicht diskriminierende nationale Anforderungen, die ihrer Art nach die Aufnahme

oder Ausübung einer Tätigkeit unter Inanspruchnahme der Niederlassungsfreiheit maßgeblich einschränken oder sogar verhindern könnten, zu überprüfen. Diese Überprüfung sollte sich auf die Vereinbarkeit dieser Anforderungen mit den bereits vom Gerichtshof zur Niederlassungsfreiheit festgelegten Kriterien beschränken. Sie sollte nicht die Anwendung des Wettbewerbsrechts der Gemeinschaft betreffen. Sind solche Anforderungen diskriminierend oder nicht objektiv durch einen zwingenden Grund des Allgemeininteresses gerechtfertigt oder unverhältnismäßig, so müssen sie beseitigt oder geändert werden. Das Ergebnis dieser Überprüfung kann je nach Art der betreffenden Tätigkeit und des Allgemeininteresses unterschiedlich ausfallen. Insbesondere könnten solche Anforderungen voll gerechtfertigt sein, wenn damit sozialpolitische Ziele verfolgt werden.

(70) Für die Zwecke dieser Richtlinie und unbeschadet des Artikels 16 des Vertrags können Dienstleistungen nur dann als Dienstleistungen von allgemeinem wirtschaftlichem Interesse angesehen werden, wenn sie der Erfüllung eines besonderen Auftrags von öffentlichem Interesse dienen, mit dem der Dienstleistungserbringer von dem betreffenden Mitgliedstaat betraut wurde. Diese Beauftragung sollte durch einen oder mehrere Akte erfolgen, deren Form von dem betreffenden Mitgliedstaat selbst bestimmt wird; darin sollte die genaue Art des besonderen Auftrags angegeben werden.

(71) Das in dieser Richtlinie vorgesehene Verfahren der gegenseitigen Evaluierung sollte nicht die Freiheit der Mitgliedstaaten berühren, in ihren Rechtsvorschriften ein hohes Schutzniveau in Bezug auf Allgemeininteressen festzusetzen, insbesondere bezüglich sozialpolitischer Ziele. Darüber hinaus ist es erforderlich, dass der Prozess der gegenseitigen Evaluierung der Besonderheit der Dienstleistungen von allgemeinem wirtschaftlichem Interesse und der damit verbundenen besonderen Aufgaben umfassend Rechnung trägt. Diese können bestimmte Einschränkungen der Niederlassungsfreiheit rechtfertigen, insbesondere wenn solche Beschränkungen dem Schutz der öffentlichen Gesundheit oder sozialpolitischen Zielen dienen und wenn sie die Bedingungen des Artikels 15 Absatz 3 Buchstaben a, b und c erfüllen. So hat der Gerichtshof beispielsweise bezüglich der Verpflichtung, eine bestimmte Rechtsform für die Ausübung bestimmter Dienstleistungen im sozialen Bereich zu wählen, anerkannt, dass es gerechtfertigt sein kann, von dem Dienstleistungserbringer die Rechtsform einer gemeinnützigen Gesellschaft zu verlangen.

(72) Dienstleistungen von allgemeinem wirtschaftlichem Interesse sind mit wichtigen Aufgaben für den sozialen und territorialen Zusammenhalt verbunden. Die Durchführung dieser Aufgaben sollte durch den in dieser Richtlinie vorgesehenen Evaluierungsprozess nicht behindert werden. Zur Erfüllung dieser Aufgaben erforderliche Anforderungen sollten von diesem Pro-

zess nicht berührt werden; zugleich sollte aber das Problem ungerechtfertigter Beschränkungen der Niederlassungsfreiheit behandelt werden.

(73) Zu den zu prüfenden Anforderungen gehören nationale Regelungen, die aus nicht mit der beruflichen Qualifikation zusammenhängenden Gründen die Aufnahme bestimmter Tätigkeiten bestimmten Dienstleistungserbringern vorbehalten. Zu diesen Anforderungen zählen auch solche Anforderungen, die vom Dienstleistungserbringer verlangen, eine bestimmte Rechtsform zu wählen, insbesondere die Rechtsform einer juristischen Person, einer Personengesellschaft, einer Gesellschaft ohne Erwerbszweck oder eine Gesellschaft, deren Anteilseigner ausschließlich natürliche Personen sind, oder Anforderungen im Hinblick auf die Beteiligungen am Gesellschaftskapital, insbesondere eine Mindestkapitalausstattung für bestimmte Dienstleistungstätigkeiten oder den Besitz besonderer Qualifikationen für die Anteilseigner oder das Führungspersonal bestimmter Unternehmen. Die Evaluierung der Vereinbarkeit von festgelegten Mindest- und/oder Höchstpreisen mit der Niederlassungsfreiheit betrifft nur Preise, die von zuständigen Behörden spezifisch für die Erbringung bestimmter Dienstleistungen festgelegt werden, und nicht etwa allgemeine Vorschriften über die Festlegung von Preisen, wie z.B. für die Vermietung von Häusern.

(74) Der Prozess der gegenseitigen Evaluierung bedeutet, dass die Mitgliedstaaten während der Umsetzungsfrist zunächst eine Überprüfung ihrer Rechtsvorschriften vornehmen müssen, um festzustellen, ob eine der oben genannten Anforderungen in ihrem Rechtssystem existiert. Spätestens bis zum Ende der Umsetzungsfrist sollten die Mitgliedstaaten einen Bericht über die Ergebnisse dieser Überprüfung erstellen. Jeder Bericht wird allen anderen Mitgliedstaaten und Interessengruppen übermittelt. Die Mitgliedstaaten können dann innerhalb von sechs Monaten ihre Bemerkungen zu diesen Berichten vorlegen. Die Kommission sollte spätestens ein Jahr nach Ablauf der Umsetzungsfrist einen zusammenfassenden Bericht erstellen, gegebenenfalls mit Vorschlägen für weitere Initiativen. Die Kommission könnte – in Zusammenarbeit mit den Mitgliedstaaten – die Mitgliedstaaten erforderlichenfalls bei der Erstellung einer gemeinsamen Methodik unterstützen.

(75) Die Tatsache, dass diese Richtlinie eine Reihe von Anforderungen festlegt, die die Mitgliedstaaten während der Umsetzungsfrist beseitigen oder prüfen müssen, lässt die Möglichkeit der Einleitung von Vertragsverletzungsverfahren gegen einen Mitgliedstaat wegen eines Verstoßes gegen die Artikel 43 oder 49 des Vertrags unberührt.

(76) Diese Richtlinie betrifft nicht die Anwendung der Artikel 28, 29 und 30 des Vertrags über den freien Warenverkehr. Bei den nach den Bestimmungen über die Dienstleistungsfreiheit unzulässigen Beschränkungen handelt es sich um Anforderungen für die Aufnahme

und Ausübung von Dienstleistungstätigkeiten und nicht um Anforderungen, die sich auf Waren als solche beziehen.

(77) Begibt sich ein Marktteilnehmer in einen anderen Mitgliedstaat, um dort eine Dienstleistungstätigkeit auszuüben, so sollte zwischen Sachverhalten, die unter die Niederlassungsfreiheit und solchen, die unter den freien Dienstleistungsverkehr fallen, unterschieden werden, je nachdem, ob es sich um eine vorübergehende Tätigkeit handelt oder nicht. Nach der Rechtsprechung des Gerichtshofs ist für die Unterscheidung zwischen der Niederlassungsfreiheit und dem freien Dienstleistungsverkehr ausschlaggebend, ob der Marktteilnehmer in dem Mitgliedstaat, in dem er die betreffende Dienstleistung erbringt, niedergelassen ist oder nicht. Ist der Marktteilnehmer in dem Mitgliedstaat, in dem er seine Dienstleistungen erbringt, niedergelassen, so sollte in seinem Fall die Niederlassungsfreiheit anwendbar sein. Ist der Marktteilnehmer dagegen nicht in dem Mitgliedstaat niedergelassen, in dem die Dienstleistung erbracht wird, so sollte seine Tätigkeit unter den freien Dienstleistungsverkehr fallen. Nach der ständigen Rechtsprechung des Gerichtshofs sollte der vorübergehende Charakter der betreffenden Tätigkeiten nicht nur unter Berücksichtigung der Dauer der Erbringung der Leistung, sondern auch ihrer Häufigkeit, ihrer regelmäßigen Wiederkehr oder ihrer Kontinuität beurteilt werden. Der vorübergehende Charakter der Dienstleistung sollte nicht die Möglichkeit für den Dienstleistungserbringer ausschließen, sich in dem Mitgliedstaat, in dem die Dienstleistung erbracht wird, mit einer bestimmten Infrastruktur, wie etwa Geschäftsräumen, einer Kanzlei oder Praxis auszustatten, soweit diese Infrastruktur für die Erbringung der betreffenden Leistung erforderlich ist.

(78) Um die wirksame Verwirklichung des freien Dienstleistungsverkehrs sicherzustellen und zu gewährleisten, dass Dienstleistungsempfänger und -erbringer gemeinschaftsweit ohne Rücksicht auf die Grenzen Dienstleistungen in Anspruch nehmen und erbringen können, ist es erforderlich, zu klären, inwieweit die Anforderungen des Mitgliedstaats, in dem die Dienstleistung erbracht wird, zur Anwendung kommen können. Es muss unbedingt geregelt werden, dass die Bestimmungen über die Dienstleistungsfreiheit den Mitgliedstaat, in dem die Dienstleistung erbracht wird, nicht daran hindern, gemäß den in Artikel 16 Absatz 1 Buchstaben a bis c festgelegten Grundsätzen seine besonderen Anforderungen aus Gründen der öffentlichen Ordnung oder der öffentlichen Sicherheit oder der öffentlichen Gesundheit oder des Schutzes der Umwelt anzuwenden.

(79) Nach ständiger Rechtsprechung des Gerichtshofs behält ein Mitgliedstaat das Recht, Maßnahmen zu ergreifen, um Dienstleistungserbringer daran zu hindern, die Grundsätze des Binnenmarktes missbräuchlich zu nutzen. Missbrauch durch einen Dienstleis-

tungserbringer sollte auf Einzelfallbasis festgestellt werden.

(80) Es muss sichergestellt werden, dass Dienstleistungserbringer in der Lage sind, Ausrüstungsgegenstände, die für die Erbringung ihrer Dienstleistung unerlässlich sind, mitzunehmen, wenn sie sich in einen anderen Mitgliedstaat begeben, um dort Dienstleistungen zu erbringen. Insbesondere ist zu vermeiden, dass Dienstleistungserbringern in Fällen, in denen die Dienstleistung ohne die Ausrüstungsgegenstände nicht erbracht werden könnte, zusätzliche Kosten z. B. dadurch entstehen, dass sie andere Ausrüstungsgegenstände als die, die sie gewöhnlich verwenden, mieten oder kaufen müssen oder dass sie die Art und Weise, wie sie ihre Tätigkeit gewöhnlich ausüben, erheblich ändern müssen.

(81) Der Begriff der Ausrüstungsgegenstände bezieht sich nicht auf materielle Gegenstände, die entweder vom Dienstleistungserbringer an den -empfänger geliefert werden oder die – wie beispielsweise Baustoffe oder Ersatzteile – aufgrund der Dienstleistungstätigkeit Teil eines materiellen Gegenstands werden oder – wie beispielsweise Brennstoffe, Sprengstoffe, pyrotechnische Erzeugnisse, Pestizide, Giftstoffe oder Arzneimittel – im Zuge der Erbringung der Dienstleistung verbraucht oder vor Ort belassen werden.

(82) Diese Richtlinie sollte der Anwendung von Vorschriften über Beschäftigungsbedingungen durch einen Mitgliedstaat nicht entgegenstehen. Rechts- und Verwaltungsvorschriften sollten nach dem Vertrag aus Gründen des Schutzes der Arbeitnehmer gerechtfertigt und – nach der Auslegung des Gerichtshofes – nicht diskriminierend, erforderlich und verhältnismäßig sein sowie mit sonstigen einschlägigen Rechtsvorschriften der Gemeinschaft in Einklang stehen.

(83) Es ist erforderlich sicherzustellen, dass Abweichungen von den Bestimmungen über die Dienstleistungsfreiheit nur in den Bereichen zulässig sind, für die Ausnahmeregelungen gelten. Diese Ausnahmeregelungen sind notwendig, um dem Ausmaß der Rechtsvereinheitlichung im Binnenmarkt bzw. bestimmten Gemeinschaftsrechtsakten im Bereich der Dienstleistungen Rechnung zu tragen, nach denen ein Dienstleistungserbringer einem anderen Recht als dem des Niederlassungsmitgliedstaates unterliegt. Darüber hinaus sollten in bestimmten Ausnahmefällen und unter strengen verfahrensrechtlichen und materiellen Voraussetzungen gegenüber einem Dienstleistungserbringer Maßnahmen im Einzelfall ergriffen werden. Des Weiteren sollte jede in Ausnahmefällen zulässige Beschränkung des freien Dienstleistungsverkehrs im Einklang mit den Grundrechten stehen, die integraler Bestandteil der im gemeinschaftlichen Rechtssystem anerkannten allgemeinen Rechtsgrundsätze sind.

(84) Die Ausnahme von den Bestimmungen über die Dienstleistungsfreiheit im Falle der Postdienste sollte sowohl Tätigkeiten, die Universaldiensterbringern vorbehalten

sind, als auch sonstige Postdienste betreffen.

(85) Die Ausnahme von den Bestimmungen über die Dienstleistungsfreiheit im Falle der gerichtlichen Beitreibung von Forderungen und die Bezugnahme auf einen möglichen künftigen Harmonisierungsrechtsakt sollten ausschließlich die Aufnahme und Ausübung von Tätigkeiten betreffen, die im Wesentlichen in der Einreichung von Klagen zur Beitreibung von Forderungen vor einem Gericht bestehen.

(86) Diese Richtlinie sollte nicht die Arbeits- und Beschäftigungsbedingungen berühren, die gemäß der Richtlinie 96/71/EG des Europäischen Parlaments und des Rates vom 16. Dezember 1996 über die Entsendung von Arbeitnehmern im Rahmen der Erbringung von Dienstleistungen[1] für Arbeitnehmer gelten, die für die Erbringung von Dienstleistungen in das Hoheitsgebiet eines anderen Mitgliedstaats entsandt werden. In diesen Fällen sieht die Richtlinie 96/71/EG vor, dass die Dienstleistungserbringer in den im Einzelnen aufgeführten Bereichen die in dem Mitgliedstaat, in dem die Dienstleistung erbracht wird, geltenden Arbeits- und Beschäftigungsbedingungen einhalten müssen. Dabei handelt es sich um folgende Bereiche: Höchstarbeitszeiten und Mindestruhezeiten, bezahlter Mindestjahresurlaub, Mindestlohnsätze einschließlich der Überstundensätze, die Bedingungen für die Überlassung von Arbeitskräften, insbesondere Schutz der von Leiharbeitsunternehmen zur Verfügung gestellten Arbeitskräfte, Gesundheitsschutz, Sicherheit und Hygiene am Arbeitsplatz, Schutzmaßnahmen im Zusammenhang mit den Arbeits- und Beschäftigungsbedingungen von Schwangeren und Wöchnerinnen, Kindern und Jugendlichen, Gleichbehandlung von Männern und Frauen sowie andere Nichtdiskriminierungsbestimmungen. Dies betrifft nicht nur die gesetzlich festgelegten Arbeits- und Beschäftigungsbedingungen, sondern auch die in allgemein verbindlich erklärten oder im Sinne der Richtlinie 96/71/EG de facto allgemein verbindlichen Tarifverträgen oder Schiedssprüchen festgelegten Bedingungen. Außerdem sollte diese Richtlinie die Mitgliedstaaten nicht daran hindern, Arbeits- und Beschäftigungsbedingungen für andere als die in Artikel 3 Absatz 1 der Richtlinie 96/71/EG aufgeführten Aspekte aus Gründen der öffentlichen Ordnung vorzuschreiben.

(87) Diese Richtlinie sollte ebenso wenig die Arbeits- und Beschäftigungsbedingungen in Fällen betreffen, in denen der für die Erbringung einer grenzüberschreitenden Dienstleistung beschäftigte Arbeitnehmer in dem Mitgliedstaat, in dem die Dienstleistung erbracht wird, eingestellt wird. Außerdem sollte diese Richtlinie nicht das Recht der Mitgliedstaaten, in denen die Dienstleistung erbracht wird, berühren, das Bestehen eines Arbeitsverhältnisses zu bestimmen und den Unter-

(1) ABl. L 18 vom 21.1.1997, S. 1.

schied zwischen Selbstständigen und abhängig beschäftigten Personen, einschließlich so genannter Scheinselbstständiger, festzulegen. In diesem Zusammenhang sollte das wesentliche Merkmal eines Arbeitsverhältnisses im Sinne des Artikels 39 des Vertrags die Tatsache sein, dass jemand während einer bestimmten Zeit für einen anderen nach dessen Weisung Leistungen erbringt, für die er als Gegenleistung eine Vergütung erhält; jedwede Tätigkeit einer Person außerhalb eines Unterordnungsverhältnisses muss als selbstständige Beschäftigung im Sinne der Artikel 43 und 49 des Vertrags angesehen werden.

(88) Die Bestimmungen über die Dienstleistungsfreiheit sollten in Fällen, in denen eine Tätigkeit in einem Mitgliedstaat im Einklang mit dem Gemeinschaftsrecht einem bestimmten Beruf vorbehalten ist, keine Anwendung finden, z. B. wenn Rechtsberatung nur von Juristen durchgeführt werden darf.

(89) Die Ausnahme von den Bestimmungen über die Dienstleistungsfreiheit für die Zulassung von Kraftfahrzeugen, die nicht in dem Mitgliedstaat geleast wurden, in dem sie genutzt werden, ergibt sich aus der Rechtsprechung des Gerichtshofes, der anerkannt hat, dass ein Mitgliedstaat Fahrzeuge, die in seinem Hoheitsgebiet genutzt werden, einer solchen Anforderung unterwerfen kann, sofern sie das Erfordernis der Verhältnismäßigkeit erfüllt. Diese Ausnahme betrifft nicht die gelegentliche oder vorübergehende Anmietung.

(90) Vertragsbeziehungen zwischen dem Dienstleistungserbringer und dem Kunden sowie zwischen Arbeitgeber und Arbeitnehmer sollten nicht unter diese Richtlinie fallen. Die Festlegung des auf vertragliche oder außervertragliche Schuldverhältnisse des Dienstleistungserbringers anzuwendenden Rechts sollte durch die Regeln des internationalen Privatrechts erfolgen.

(91) Den Mitgliedstaaten muss die Möglichkeit gelassen werden, ausnahmsweise in bestimmten Einzelfällen aus Gründen der Sicherheit der Dienstleistungen in Abweichung von den Bestimmungen über die Dienstleistungsfreiheit Maßnahmen gegenüber einem Dienstleistungserbringer zu ergreifen, der in einem anderen Mitgliedstaat niedergelassen ist. Es sollte jedoch nur möglich sein, solche Maßnahmen bei Fehlen einer gemeinschaftlichen Harmonisierung zu ergreifen.

(92) Dieser Richtlinie entgegenstehende Beschränkungen des freien Dienstleistungsverkehrs können sich nicht nur aus Maßnahmen gegenüber den Dienstleistungserbringern, sondern auch aus vielfältigen Beschränkungen ergeben, denen die Dienstleistungsempfänger und insbesondere die Verbraucher bei der Nutzung von Dienstleistungen begegnen. Diese Richtlinie enthält Beispiele für bestimmte Arten von Beschränkungen gegenüber einem Dienstleistungsempfänger, der eine Dienstleistung in Anspruch nehmen möchte, die von einem in einem anderen Mitgliedstaat niedergelassenen Dienstleistungser-

bringer angeboten wird. Dies umfasst auch Fälle, in denen Dienstleistungsempfänger verpflichtet sind, eine Genehmigung ihrer zuständigen Behörden einzuholen oder bei diesen Behörden eine Erklärung abzugeben, um eine Dienstleistung eines Dienstleistungserbringers, der in einem anderen Mitgliedstaat niedergelassen ist, in Anspruch nehmen zu können. Dies betrifft keine allgemeinen Genehmigungsregelungen, die auch für die Inanspruchnahme einer Dienstleistung gelten, die von einem in demselben Mitgliedstaat niedergelassenen Dienstleistungserbringer erbracht wird.

(93) Der Begriff der finanziellen Unterstützung für die Inanspruchnahme einer bestimmten Dienstleistung sollte weder für Beihilferegelungen der Mitgliedstaaten, insbesondere im sozialen oder kulturellen Bereich, die unter die gemeinschaftlichen Wettbewerbsvorschriften fallen, gelten, noch für allgemeine finanzielle Unterstützung, die nicht mit der Inanspruchnahme einer bestimmten Dienstleistung verknüpft ist, z. B. Zuschüsse oder Darlehen für Studenten.

(94) Gemäß den Vorschriften des Vertrags über den freien Dienstleistungsverkehr sind Diskriminierungen des Dienstleistungsempfängers aufgrund seiner Staatsangehörigkeit, seines Wohnsitzstaates oder seines Wohnortes verboten. Eine solche Diskriminierung kann in einer Verpflichtung bestehen, wonach lediglich Staatsangehörige eines anderen Mitgliedstaats Originaldokumente, beglaubigte Kopien, einen Staatsangehörigkeitsnachweis oder beglaubigte Übersetzungen von Unterlagen vorzulegen haben, um in den Genuss bestimmter Dienstleistungen, günstigerer Bedingungen oder Preisvorteile zu kommen. Gleichwohl sollte das Verbot diskriminierender Anforderungen nicht verhindern, dass bestimmte Vergünstigungen, namentlich Preisvorteile, bestimmten Dienstleistungsempfängern vorbehalten sind, wenn dies auf berechtigten und objektiven Kriterien beruht.

(95) Der Grundsatz der Nichtdiskriminierung im Binnenmarkt beinhaltet, dass einem Dienstleistungsempfänger, insbesondere einem Verbraucher, der Zugriff auf allgemein angebotene Dienstleistungen nicht aufgrund eines Kriteriums verwehrt oder erschwert werden darf, das in veröffentlichten allgemeinen Geschäftsbedingungen enthalten ist und an seine Staatsangehörigkeit oder seines Wohnsitzes anknüpft. Hieraus folgt nicht, dass es eine rechtswidrige Diskriminierung darstellt, wenn in solchen allgemeinen Geschäftsbedingungen für eine Dienstleistung unterschiedliche Preise oder Bedingungen festgelegt werden, die durch objektive Gründe gerechtfertigt sind, die von Land zu Land unterschiedlich sein können, wie beispielsweise entfernungsabhängige Zusatzkosten, technische Merkmale der Erbringung der Dienstleistung, unterschiedliche Marktbedingungen wie saisonbedingte stärkere oder geringere Nachfrage, unterschiedliche Ferienzeiten in den Mitgliedstaaten, unterschiedliche Preisge-

staltung der Wettbewerber oder zusätzliche Risiken, die damit verbunden sind, dass sich die rechtlichen Rahmenbedingungen von denen des Niederlassungsmitgliedstaates unterscheiden. Hieraus folgt auch nicht, dass es eine rechtswidrige Diskriminierung darstellen würde, wenn einem Verbraucher eine Dienstleistung nicht erbracht wird, weil die erforderlichen Rechte des geistigen Eigentums in einem bestimmten Hoheitsgebiet nicht vorliegen.

(96) Bei den Möglichkeiten, die der Dienstleistungserbringer hat, um dem Dienstleistungsempfänger die von ihm bereitzustellenden Informationen leicht zugänglich zu machen, sollte die Angabe seiner elektronischen Adresse einschließlich seiner Website vorgesehen werden. Im Übrigen sollte die Verpflichtung des Dienstleistungserbringers, in den ausführlichen Informationsunterlagen über seine Tätigkeit bestimmte Angaben zu machen, nicht für die allgemeine kommerzielle Kommunikation wie etwa Werbung gelten, sondern vielmehr für Dokumente, die ausführliche Angaben über die angebotenen Dienstleistungen enthalten, einschließlich der Dokumente auf einer Website.

(97) Es ist erforderlich, in diese Richtlinie bestimmte Vorschriften zur Gewährleistung einer hohen Qualität der Dienstleistungen, insbesondere in Bezug auf Informations- und Transparenzerfordernisse, aufzunehmen. Diese Vorschriften sollten sowohl für die grenzüberschreitende Erbringung von Dienstleistungen zwischen Mitgliedstaaten als auch für Dienstleistungen, die in einem Mitgliedstaat von einem dort niedergelassenen Anbieter erbracht werden, gelten, ohne dass KMU vermeidbare Belastungen auferlegt werden. Diese Vorschriften sollten die Mitgliedstaaten in keiner Weise daran hindern, in Übereinstimmung mit dieser Richtlinie und anderem Gemeinschaftsrecht zusätzliche oder andere Qualitätsanforderungen zu stellen.

(98) Jeder Marktteilnehmer, dessen Dienstleistungen ein unmittelbares und besonderes Risiko für die Gesundheit, Sicherheit oder die finanzielle Lage des Dienstleistungsempfängers oder eines Dritten darstellen, sollte grundsätzlich über eine angemessene Berufshaftpflichtversicherung oder eine andere gleichwertige oder vergleichbare Sicherheit verfügen, was insbesondere bedeutet, dass ein solcher Marktteilnehmer in der Regel für die Erbringung der Dienstleistung in einem oder mehreren anderen Mitgliedstaaten als dem Niederlassungsmitgliedstaat angemessen versichert sein sollte.

(99) Die Versicherung oder Sicherheit sollte der Art und dem Ausmaß des Risikos angemessen sein. Deshalb sollte ein Dienstleistungserbringer nur dann über eine grenzüberschreitende Deckung verfügen müssen, wenn dieser Dienstleistungserbringer tatsächlich in anderen Mitgliedstaaten Dienstleistungen erbringt. Die Mitgliedstaaten sollten keine detaillierteren Vorschriften für die Versicherungsdeckung festlegen und z. B. Mindestwerte für die Versiche-

rungssumme oder Begrenzungen für Ausnahmen von der Deckung vorsehen. Dienstleistungserbringer und Versicherer sollten weiterhin über die nötige Flexibilität verfügen, um genau auf die Art und das Ausmaß des Risikos abgestimmte Versicherungspolicen auszuhandeln. Darüber hinaus ist es nicht notwendig, dass die Verpflichtung zu einer angemessenen Versicherung gesetzlich festgelegt wird. Es sollte ausreichen, wenn die Versicherungspflicht Teil der von den Berufsverbänden festgelegten Standesregeln ist. Ferner sollten Versicherungsunternehmen nicht gezwungen werden, Versicherungsverträge abzuschließen.

(100) Es ist erforderlich absolute Verbote kommerzieller Kommunikation für reglementierte Berufe zu beseitigen, wobei nicht Verbote gemeint sind, die sich auf den Inhalt der kommerziellen Kommunikation beziehen, sondern solche, die diese allgemein und für ganze Berufsgruppen in einer oder mehreren Formen untersagen, beispielsweise ein Verbot von Werbung in einem bestimmten Medium oder in einer Reihe von Medien. Hinsichtlich des Inhalts und der Art und Weise der kommerziellen Kommunikation ist es erforderlich, die Angehörigen der reglementierten Berufe aufzufordern, im Einklang mit dem Gemeinschaftsrecht gemeinschaftsweite Verhaltenskodizes zu erarbeiten.

(101) Es ist erforderlich und im Interesse der Dienstleistungsempfänger, insbesondere der Verbraucher, sicherzustellen, dass die Dienstleistungserbringer die Möglichkeit haben, multidisziplinäre Dienstleistungen anzubieten, und dass die diesbezüglichen Beschränkungen auf das begrenzt werden, was erforderlich ist, um die Unparteilichkeit und Unabhängigkeit sowie die Integrität der reglementierten Berufe zu gewährleisten. Hiervon unberührt bleiben solche Beschränkungen oder Verbote, besondere Tätigkeiten auszuführen, mit denen die Unabhängigkeit in Fällen sichergestellt werden soll, in denen ein Mitgliedstaat einen Dienstleistungserbringer mit einer besonderen Aufgabe, insbesondere im Bereich der Stadtentwicklung, betraut; ferner sollte dies nicht die Anwendung von Wettbewerbsvorschriften berühren.

(102) Um die Transparenz zu erhöhen und sicherzustellen, dass Bewertungen der Qualität der angebotenen und erbrachten Dienstleistungen sich auf vergleichbare Kriterien stützen, ist es wichtig, dass die Informationen über die Bedeutung der Gütesiegel und sonstigen Kennzeichnungen der Dienstleistungen leicht zugänglich sind. Eine solche Transparenzpflicht ist in Bereichen wie dem Fremdenverkehr, namentlich im Hotelgewerbe mit seinen weit verbreiteten Klassifizierungssystemen, besonders wichtig. Im Übrigen ist es angebracht zu untersuchen, in welchem Maß europäische Normung von Nutzen sein kann, um die Vergleichbarkeit und die Qualität der Dienstleistungen zu erleichtern. Europäische Normen werden von den europäischen Normungsorganisationen, dem Europäischen Komitee für Normung (CEN), dem Europäischen Komitee für elektro-

technische Normung (CENELEC) und dem Europäischen Institut für Telekommunikationsnormen (ETSI) erarbeitet. Soweit erforderlich, kann die Kommission nach den in der Richtlinie 98/34/EG des Europäischen Parlaments und des Rates vom 22. Juni 1998 über ein Informationsverfahren auf dem Gebiet der Normen und technischen Vorschriften und der Vorschriften für die Dienste der Informationsgesellschaft(1) vorgesehenen Verfahren einen Auftrag zur Erarbeitung europäischer Normen erteilen.

(103) Um eventuelle Probleme bei der Befolgung einer Gerichtsentscheidung zu lösen, ist es angezeigt, dass die Mitgliedstaaten gleichwertige Sicherheiten anerkennen, die bei in einem anderen Mitgliedstaat niedergelassenen Instituten oder Einrichtungen wie Banken, Versicherern oder anderen Finanzdienstleistungserbringern bestellt wurden.

(104) Die Entwicklung eines Netzes der für den Verbraucherschutz zuständigen Behörden der Mitgliedstaaten, das Gegenstand der Verordnung (EG) Nr. 2006/2004 ist, ergänzt die in dieser Richtlinie vorgesehene Zusammenarbeit. Die Anwendung der Rechtsvorschriften über den Verbraucherschutz in grenzüberschreitenden Fällen, insbesondere im Hinblick auf die Entwicklung neuer Marketing- und Vertriebspraktiken, ebenso wie die Notwendigkeit, bestimmte Hindernisse für die Zusammenarbeit in diesem Bereich zu beseitigen, erfordern ein erhöhtes Maß an Zusammenarbeit zwischen den Mitgliedstaaten. Insbesondere ist es in diesem Bereich erforderlich sicherzustellen, dass die Mitgliedstaaten von Marktteilnehmern die Beendigung rechtswidriger Praktiken in ihrem Hoheitsgebiet fordern, die auf Verbraucher in anderen Mitgliedstaaten abzielen.

(105) Für ein reibungsloses Funktionieren des Binnenmarktes für Dienstleistungen ist eine Zusammenarbeit der Verwaltungen unerlässlich. Mangelnde Zusammenarbeit zwischen Mitgliedstaaten führt zu einer Zunahme von Vorschriften für Dienstleistungserbringer oder zu doppelten Kontrollen von grenzüberschreitenden Tätigkeiten und kann auch von unseriösen Geschäftemachern dazu genutzt werden, sich einer Kontrolle zu entziehen oder auf Dienstleistungen anwendbare nationale Vorschriften zu umgehen. Es ist daher unverzichtbar, klare und rechtsverbindliche Verpflichtungen der Mitgliedstaaten zur wirksamen Zusammenarbeit festzulegen.

(106) Für die Zwecke des Kapitels über Verwaltungszusammenarbeit sollte „Kontrolle“ Tätigkeiten wie Überwachung und Faktenermittlung, Problemlösung, Verhängung und Vollstreckung von Sanktionen sowie die damit verbundenen Folgemaßnahmen umfassen.

(107) Unter normalen Umständen sollte die Amtshilfe direkt zwischen den

(1) ABl. L 204 vom 21.7.1998, S. 37. Zuletzt geändert durch die Beitrittsakte von 2003.

zuständigen Behörden erfolgen. Die von den Mitgliedstaaten benannten Verbindungsstellen sollten nur dann aufgefordert werden, diesen Prozess zu unterstützen, wenn Schwierigkeiten auftreten, z. B. wenn Hilfe erforderlich ist, um die entsprechende zuständige Behörde zu ermitteln.

(108) Bestimmte Verpflichtungen zur Amtshilfe sollten für alle Fragen gelten, auf die sich diese Richtlinie erstreckt; hierzu gehören auch Verpflichtungen im Zusammenhang mit Fällen, in denen sich der Dienstleistungserbringer in einem anderen Mitgliedstaat niederlässt. Andere Verpflichtungen zur Amtshilfe sollten nur in den Fällen der grenzüberschreitenden Erbringung von Dienstleistungen Anwendung finden, in denen die Bestimmungen über die Dienstleistungsfreiheit gelten. Eine Reihe weiterer Verpflichtungen sollten in allen Fällen der grenzüberschreitenden Erbringung von Dienstleistungen Anwendung finden, also auch in Bereichen, die nicht von den Bestimmungen über die Dienstleistungsfreiheit erfasst werden. Die grenzüberschreitende Erbringung von Dienstleistungen sollte auch solche Fälle umfassen, in denen die Dienstleistungen aus der Ferne erbracht werden, und solche, in denen sich der Dienstleistungsempfänger in den Niederlassungsmitgliedstaat des Dienstleistungserbringers begibt, um die Dienstleistung in Anspruch zu nehmen.

(109) Für die Fälle, in denen sich der Dienstleistungserbringer vorübergehend in einen anderen Mitgliedstaat als seinen Niederlassungsmitgliedstaat begibt, muss eine Amtshilfe zwischen diesen beiden Mitgliedstaaten vorgesehen werden, damit der Bestimmungsmitgliedstaat im Auftrag des Niederlassungsmitgliedstaats Überprüfungen, Kontrollen und Untersuchungen durchführen kann oder aber, wenn es lediglich um die Sachverhaltsfeststellung geht, von sich aus tätig werden kann.

(110) Es sollte Mitgliedstaaten nicht möglich sein, die Vorschriften dieser Richtlinie, einschließlich der Bestimmungen über die Dienstleistungsfreiheit, dadurch zu umgehen, dass sie diskriminierende oder unverhältnismäßige Überprüfungen, Kontrollen oder Ermittlungen durchführen.

(111) Die sich auf den Austausch von Informationen über die Zuverlässigkeit der Dienstleistungserbringer beziehenden Bestimmungen dieser Richtlinie sollten Initiativen im Bereich der polizeilichen und justiziellen Zusammenarbeit in Strafsachen nicht vorgreifen, insbesondere nicht Initiativen zum Austausch von Informationen zwischen den Strafverfolgungsbehörden und über Strafregister der Mitgliedstaaten.

(112) Die Zusammenarbeit zwischen den Mitgliedstaaten erfordert ein gut funktionierendes elektronisches Informationssystem, damit die zuständigen Behörden ihre jeweiligen Ansprechpartner in anderen Mitgliedstaaten leicht ermitteln und wirksam mit ihnen kommunizieren können.

(113) Es ist vorzusehen, dass die Mitgliedstaaten in Zusammenarbeit mit der Kommission Interessengruppen ermutigen, gemeinschaftsweite Verhaltenskodizes auszuarbeiten, die, unter Berücksichtigung der Besonderheiten jedes Berufs, insbesondere die Dienstleistungsqualität verbessern sollen. Diese Verhaltenskodizes sollten mit dem Gemeinschaftsrecht, vor allem dem Wettbewerbsrecht, vereinbar sein. Sie sollten mit rechtsverbindlichen Berufsregeln in den Mitgliedstaaten vereinbar sein.

(114) Die Mitgliedstaaten sollten die Ausarbeitung von Verhaltenskodizes insbesondere durch Berufsverbände, -organisationen und -vereinigungen auf Gemeinschaftsebene unterstützen. Diese Verhaltenskodizes sollten je nach Art der einzelnen Berufe Bestimmungen über die kommerzielle Kommunikation in den reglementierten Berufen sowie die Standesregeln der reglementierten Berufe enthalten, die insbesondere die Wahrung der Unabhängigkeit, der Unparteilichkeit und des Berufsgeheimnisses gewährleisten sollen. Darüber hinaus sollten die Voraussetzungen für die Ausübung der Tätigkeit von Immobilienmaklern in diese Verhaltenskodizes einbezogen werden. Die Mitgliedstaaten sollten begleitende Maßnahmen ergreifen, um die Berufsverbände, -organisationen und -vereinigungen zu ermutigen, die auf Gemeinschaftsebene verabschiedeten Verhaltenskodizes auf nationaler Ebene umzusetzen.

(115) Verhaltenskodizes auf Gemeinschaftsebene sollen dazu dienen, Mindestverhaltensnormen festzulegen, und sie ergänzen die rechtlichen Anforderungen der Mitgliedstaaten. Sie hindern die Mitgliedstaaten nicht daran, im Einklang mit dem Gemeinschaftsrecht strengere rechtliche Maßnahmen zu erlassen, oder die nationalen Berufsverbände, einen stärkeren Schutz in ihren nationalen Verhaltenskodizes vorzusehen.

(116) Da die Ziele dieser Richtlinie, nämlich die Beseitigung von Beschränkungen der Niederlassungsfreiheit von Dienstleistungserbringern in den Mitgliedstaaten und für den freien Dienstleistungsverkehr zwischen den Mitgliedstaaten, auf Ebene der Mitgliedstaaten nicht ausreichend verwirklicht werden können und daher wegen des Umfangs der Maßnahme besser auf Gemeinschaftsebene zu verwirklichen sind, kann die Gemeinschaft im Einklang mit dem in Artikel 5 des Vertrags niedergelegten Subsidiaritätsprinzip tätig werden. Entsprechend dem in demselben Artikel genannten Grundsatz der Verhältnismäßigkeit geht diese Richtlinie nicht über das zur Erreichung dieser Ziele erforderliche Maß hinaus.

(117) Die zur Durchführung dieser Richtlinie erforderlichen Maßnahmen sollten gemäß dem Beschluss 1999/468/EG des Rates vom 28. Juni 1999 zur Festlegung der Modalitäten für die Ausübung der der Kommission übertragenen Durch-

führungsbefugnisse[1] erlassen werden.

(118) Gemäß Nummer 34 der Interinstitutionellen Vereinbarung über bessere Rechtsetzung[2] sind die Mitgliedstaaten aufgefordert, für ihre eigenen Zwecke und im Interesse der Gemeinschaft eigene Tabellen aufzustellen, aus denen im Rahmen des Möglichen die Entsprechungen zwischen dieser Richtlinie und den Umsetzungsmaßnahmen zu entnehmen sind, und diese zu veröffentlichen –

HABEN FOLGENDE RICHTLINIE ERLASSEN:

KAPITEL I
ALLGEMEINE BESTIMMUNGEN

Artikel 1
Gegenstand

(1) Diese Richtlinie enthält allgemeine Bestimmungen, die bei gleichzeitiger Gewährleistung einer hohen Qualität der Dienstleistungen die Wahrnehmung der Niederlassungsfreiheit durch Dienstleistungserbringer sowie den freien Dienstleistungsverkehr erleichtern sollen.

(2) Diese Richtlinie betrifft weder die Liberalisierung von Dienstleistungen von allgemeinem wirtschaftlichem Interesse, die öffentlichen oder privaten Einrichtungen vorbehalten sind, noch die Privatisierung öffentlicher Einrichtungen, die Dienstleistungen erbringen.

(3) Diese Richtlinie betrifft weder die Abschaffung von Dienstleistungsmonopolen noch von den Mitgliedstaaten gewährte Beihilfen, die unter die gemeinschaftlichen Wettbewerbsvorschriften fallen.

Diese Richtlinie berührt nicht das Recht der Mitgliedstaaten, im Einklang mit dem Gemeinschaftsrecht festzulegen, welche Leistungen sie als von allgemeinem wirtschaftlichem Interesse erachten, wie diese Dienstleistungen unter Beachtung der Vorschriften über staatliche Beihilfen organisiert und finanziert werden sollten und welchen spezifischen Verpflichtungen sie unterliegen sollten.

(4) Diese Richtlinie berührt nicht die Maßnahmen, die auf gemeinschaftlicher oder nationaler Ebene im Einklang mit dem Gemeinschaftsrecht ergriffen werden, um die kulturelle oder sprachliche Vielfalt oder den Medienpluralismus zu schützen oder zu fördern.

(5) Diese Richtlinie berührt nicht das Strafrecht der Mitgliedstaaten. Die Mitgliedstaaten dürfen jedoch nicht unter Umgehung der Vorschriften dieser Richtlinie die Dienstleistungsfreiheit dadurch einschränken, dass sie Strafrechtsbestimmungen anwenden, die die Aufnahme oder Ausübung einer Dienstleistungstätigkeit gezielt regeln oder beeinflussen.

(6) Diese Richtlinie berührt nicht das Arbeitsrecht, d.h. gesetzliche oder vertragliche Bestimmungen über Arbeits- und Beschäftigungsbedingungen, einschließlich des Gesundheitsschutzes und der Sicherheit am Arbeitsplatz und über die Beziehungen zwischen Arbeitgebern und Arbeitnehmern, die von den Mitgliedstaaten gemäß nationalem Recht unter Wahrung des Gemeinschaftsrechts angewandt werden. In gleicher Weise be-

(1) ABl. L 184 vom 17.7.1999, S. 23. Geändert durch den Beschluss 2006/512/EG (ABl. L 200 vom 22.7.2006, S. 11).

(2) ABl. C 321 vom 31.12.2003, S. 1.

rührt die Richtlinie auch nicht die Rechtsvorschriften der Mitgliedstaaten über die soziale Sicherheit.

(7) Diese Richtlinie berührt nicht die Ausübung der in den Mitgliedstaaten und durch das Gemeinschaftsrecht anerkannten Grundrechte. Sie berührt auch nicht das Recht, gemäß nationalem Recht und nationalen Praktiken unter Wahrung des Gemeinschaftsrechts Tarifverträge auszuhandeln, abzuschließen und durchzusetzen sowie Arbeitskampfmaßnahmen zu ergreifen.

Artikel 2
Anwendungsbereich

(1) Diese Richtlinie gilt für Dienstleistungen, die von einem in einem Mitgliedstaat niedergelassenen Dienstleistungserbringer angeboten werden.

(2) Diese Richtlinie findet auf folgende Tätigkeiten keine Anwendung:

a) nicht-wirtschaftliche Dienstleistungen von allgemeinem Interesse;

b) Finanzdienstleistungen wie Bankdienstleistungen und Dienstleistungen im Zusammenhang mit einer Kreditgewährung, Versicherung und Rückversicherung, betrieblicher oder individueller Altersversorgung, Wertpapieren, Geldanlagen, Zahlungen, Anlageberatung, einschließlich der in Anhang I der Richtlinie 2006/48/EG aufgeführten Dienstleistungen;

c) Dienstleistungen und Netze der elektronischen Kommunikation sowie zugehörige Einrichtungen und Dienste in den Bereichen, die in den Richtlinien 2002/19/EG, 2002/20/EG, 2002/21/EG, 2002/22/EG und 2002/58/EG geregelt sind;

d) Verkehrsdienstleistungen einschließlich Hafendienste, die in den Anwendungsbereich von Titel V des Vertrags fallen;

e) Dienstleistungen von Leiharbeitsagenturen;

f) Gesundheitsdienstleistungen, unabhängig davon, ob sie durch Einrichtungen der Gesundheitsversorgung erbracht werden, und unabhängig davon, wie sie auf nationaler Ebene organisiert und finanziert sind, und ob es sich um öffentliche oder private Dienstleistungen handelt;

g) audiovisuelle Dienste, auch im Kino- und Filmbereich, ungeachtet der Art ihrer Herstellung, Verbreitung und Ausstrahlung, und Rundfunk;

h) Glücksspiele, die einen geldwerten Einsatz verlangen, einschließlich Lotterien, Glücksspiele in Spielkasinos und Wetten;

i) Tätigkeiten, die im Sinne des Artikels 45 des Vertrags mit der Ausübung öffentlicher Gewalt verbunden sind;

j) soziale Dienstleistungen im Zusammenhang mit Sozialwohnungen, der Kinderbetreuung und der Unterstützung von Familien und dauerhaft oder vorübergehend hilfsbedürftigen Personen, die vom Staat, durch von ihm beauftragte Dienstleistungserbringer oder durch von ihm als gemeinnützig anerkannte Einrichtungen erbracht werden;

k) private Sicherheitsdienste;

l) Tätigkeiten von Notaren und Gerichtsvollziehern, die durch staatliche Stellen bestellt werden.

(3) Die Richtlinie gilt nicht für den Bereich der Steuern.

Artikel 3
Verhältnis zu geltendem Gemeinschaftsrecht

(1) Widersprechen Bestimmungen dieser Richtlinie einer Bestimmung eines anderen Gemeinschaftsrechtsaktes, der spezifische Aspekte der Aufnahme oder Ausübung einer Dienstleistungstätigkeit in bestimmten Bereichen oder bestimmten Berufen regelt, so hat die Bestimmung des anderen Gemeinschaftsrechtsaktes Vorrang und findet auf die betreffenden Bereiche oder Berufe Anwendung. Dies gilt insbesondere für:

a) die Richtlinie 96/71/EG;

b) die Verordnung (EWG) Nr. 1408/71;

c) die Richtlinie 89/552/EWG des Rates vom 3. Oktober 1989 zur Koordinierung bestimmter Rechts- und Verwaltungsvorschriften der Mitgliedstaaten über die Ausübung der Fernsehtätigkeit[1];

d) die Richtlinie 2005/36/EG.

(2) Diese Richtlinie betrifft nicht die Regeln des internationalen Privatrechts, insbesondere die Regeln des auf vertragliche und außervertragliche Schuldverhältnisse anzuwendenden Rechts, einschließlich der Bestimmungen, die sicherstellen, dass die Verbraucher durch die im Verbraucherrecht ihres Mitgliedstaats niedergelegten Verbraucherschutzregeln geschützt sind.

(3) Die Mitgliedstaaten setzen die Bestimmungen dieser Richtlinie in Übereinstimmung mit den Bestimmungen des Vertrags über die Niederlassungsfreiheit und den freien Dienstleistungsverkehr um.

Artikel 4
Begriffsbestimmungen

Für die Zwecke dieser Richtlinie bezeichnet der Ausdruck:

1. „Dienstleistung" jede von Artikel 50 des Vertrags erfasste selbstständige Tätigkeit, die in der Regel gegen Entgelt erbracht wird;

2. „Dienstleistungserbringer" jede natürliche Person, die die Staatsangehörigkeit eines Mitgliedstaats besitzt, und jede in einem Mitgliedstaat niedergelassene juristische Person im Sinne des Artikels 48 des Vertrags, die eine Dienstleistung anbietet oder erbringt;

3. „Dienstleistungsempfänger" jede natürliche Person, die die Staatsangehörigkeit eines Mitgliedstaats besitzt oder die in den Genuss von Rechten aus gemeinschaftlichen Rechtsakten kommt, oder jede in einem Mitgliedstaat niedergelassene juristische Person im Sinne des Artikels 48 des Vertrags, die für berufliche oder andere Zwecke eine Dienstleistung in Anspruch nimmt oder in Anspruch nehmen möchte;

4. „Niederlassungsmitgliedstaat" den Mitgliedstaat, in dessen Hoheitsgebiet der Dienstleistungserbringer niedergelassen ist;

5. „Niederlassung" die tatsächliche Ausübung einer von Artikel 43 des Vertrags erfassten wirtschaftlichen Tätigkeit durch den Dienstleistungser-

(1) ABl. L 298 vom 17.10.1989, S. 23. Geändert durch Richtlinie 97/36/EG des Europäischen Parlaments und des Rates (ABl. L 202 vom 30.7.1997, S. 60).

bringer auf unbestimmte Zeit und mittels einer festen Infrastruktur, von der aus die Geschäftstätigkeit der Dienstleistungserbringung tatsächlich ausgeübt wird;

6. „Genehmigungsregelung" jedes Verfahren, das einen Dienstleistungserbringer oder -empfänger verpflichtet, bei einer zuständigen Behörde eine förmliche oder stillschweigende Entscheidung über die Aufnahme oder Ausübung einer Dienstleistungstätigkeit zu erwirken;

7. „Anforderungen" alle Auflagen, Verbote, Bedingungen oder Beschränkungen, die in den Rechts- oder Verwaltungsvorschriften der Mitgliedstaaten festgelegt sind oder sich aus der Rechtsprechung, der Verwaltungspraxis, den Regeln von Berufsverbänden oder den kollektiven Regeln, die von Berufsvereinigungen oder sonstigen Berufsorganisationen in Ausübung ihrer Rechtsautonomie erlassen wurden, ergeben; Regeln, die in von den Sozialpartnern ausgehandelten Tarifverträgen festgelegt wurden, sind als solche keine Anforderungen im Sinne dieser Richtlinie;

8. „zwingende Gründe des Allgemeininteresses" Gründe, die der Gerichtshof in ständiger Rechtsprechung als solche anerkannt hat, einschließlich folgender Gründe: öffentliche Ordnung; öffentliche Sicherheit; Sicherheit der Bevölkerung; öffentliche Gesundheit; Erhaltung des finanziellen Gleichgewichts der Systeme der sozialen Sicherung; Schutz der Verbraucher, der Dienstleistungsempfänger und der Arbeitnehmer; Lauterkeit des Handelsverkehrs; Betrugsbekämpfung; Schutz der Umwelt und der städtischen Umwelt; Tierschutz; geistiges Eigentum; Erhaltung des nationalen historischen und künstlerischen Erbes; Ziele der Sozialpolitik und Ziele der Kulturpolitik;

9. „zuständige Behörde" jede Stelle oder Behörde, die in einem Mitgliedstaat eine Kontroll- oder Regulierungsfunktion für Dienstleistungstätigkeiten innehat, insbesondere Verwaltungsbehörden, einschließlich der als Verwaltungsbehörden fungierenden Gerichte, Berufsverbände und der Berufsvereinigungen oder sonstigen Berufsorganisationen, die im Rahmen ihrer Rechtsautonomie die Aufnahme oder Ausübung einer Dienstleistungstätigkeit kollektiv regeln;

10. „Mitgliedstaat der Dienstleistungserbringung" den Mitgliedstaat, in dem die Dienstleistung von einem in einem anderen Mitgliedstaat niedergelassenen Dienstleistungserbringer erbracht wird;

11. „reglementierter Beruf" eine berufliche Tätigkeit oder eine Gruppe beruflicher Tätigkeiten im Sinne des Artikels 3 Absatz 1 Buchstabe a der Richtlinie 2005/36/EG;

12. „kommerzielle Kommunikation" alle Formen der Kommunikation, die der unmittelbaren oder mittelbaren Förderung des Absatzes von Waren und Dienstleistungen oder des Erscheinungsbildes eines Unternehmens, einer Organisation oder einer natürlichen Person dienen, die eine Tätigkeit in Handel, Gewerbe oder Handwerk oder einen reglementierten Beruf ausübt. Folgende Angaben stellen als solche keine Form der kommerziellen Kommunikation dar:

a) Angaben, die direkten Zugang zur Tätigkeit des Unternehmens, der Organisation oder der Person ermöglichen, wie insbesondere ein Domain-Name oder eine E-Mail-Adresse,

b) Angaben in Bezug auf Waren und Dienstleistungen oder das Erscheinungsbild eines Unternehmens, einer Organisation oder einer Person, die unabhängig und insbesondere ohne finanzielle Gegenleistung zusammengestellt werden.

KAPITEL II
VERWALTUNGS-VEREINFACHUNG

Artikel 5
Vereinfachung der Verfahren

(1) Die Mitgliedstaaten prüfen die für die Aufnahme und die Ausübung einer Dienstleistungstätigkeit geltenden Verfahren und Formalitäten. Sind die nach diesem Absatz geprüften Verfahren und Formalitäten nicht einfach genug, so werden sie von den Mitgliedstaaten vereinfacht.

(2) Die Kommission kann nach dem in Artikel 40 Absatz 2 genannten Verfahren auf Gemeinschaftsebene einheitliche Formblätter einführen. Diese Formblätter sind Zeugnissen, Bescheinigungen und sonstigen vom Dienstleistungserbringer vorzulegenden Dokumenten gleichwertig.

(3) Verlangen die Mitgliedstaaten von einem Dienstleistungserbringer oder -empfänger ein Zeugnis, eine Bescheinigung oder ein sonstiges Dokument zum Nachweis der Erfüllung einer Anforderung, so erkennen die Mitgliedstaaten alle Dokumente eines anderen Mitgliedstaates an, die eine gleichwertige Funktion haben oder aus denen hervorgeht, dass die betreffende Anforderung erfüllt ist. Die Mitgliedstaaten dürfen nicht verlangen, dass Dokumente eines anderen Mitgliedstaates im Original, in beglaubigter Kopie oder in beglaubigter Übersetzung vorgelegt werden, außer in den Fällen, in denen dies in anderen Gemeinschaftsrechtsakten vorgesehen ist, oder wenn zwingende Gründe des Allgemeininteresses, einschließlich der öffentlichen Ordnung und Sicherheit, dies erfordern.

Unterabsatz 1 berührt nicht das Recht der Mitgliedstaaten, nicht beglaubigte Übersetzungen von Dokumenten in einer ihrer Amtssprachen zu verlangen.

(4) Absatz 3 gilt nicht für Dokumente im Sinne des Artikels 7 Absatz 2 und des Artikels 50 der Richtlinie 2005/36/EG, des Artikels 45 Absatz 3 und der Artikel 46, 49 und 50 der Richtlinie 2004/18/EG des Europäischen Parlaments und des Rates vom 31. März 2004 über die Koordinierung der Verfahren zur Vergabe öffentlicher Bauaufträge, Lieferaufträge und Dienstleistungsaufträge(1), des Artikels 3 Absatz 2 der Richtlinie 98/5/EG des Europäischen Parlaments und des Rates vom 16. Februar 1998 zur Erleichterung der ständigen Ausübung des Rechtsanwaltsberufs in einem anderen Mitgliedstaat als dem, in dem die Qualifikation erworben wurde(2), der Ersten

---

(1) ABl. L 134 vom 30.4.2004, S. 114. Zuletzt geändert durch die Verordnung (EG) Nr. 2083/2005 der Kommission (ABl. L 333 vom 20.12.2005, S. 28).

(2) ABl. L 77 vom 14.3.1998, S. 36. Geändert durch die Beitrittsakte von 2003.

Richtlinie 68/151/EWG des Rates vom 9. März 1968 zur Koordinierung der Schutzbestimmungen, die in den Mitgliedstaaten den Gesellschaften im Sinne des Artikels 58 Absatz 2 des Vertrages im Interesse der Gesellschafter sowie Dritter vorgeschrieben sind, um diese Bestimmungen gleichwertig zu gestalten[1] und der Elften Richtlinie 89/666/ EWG des Rates vom 21. Dezember 1989 über die Offenlegung von Zweigniederlassungen, die in einem Mitgliedstaat von Gesellschaften bestimmter Rechtsformen errichtet wurden, die dem Recht eines anderen Staates unterliegen[2].

Artikel 6
Einheitliche Ansprechpartner

(1) Die Mitgliedstaaten stellen sicher, dass Dienstleistungserbringer folgende Verfahren und Formalitäten über einheitliche Ansprechpartner abwickeln können:

a) alle Verfahren und Formalitäten, die für die Aufnahme ihrer Dienstleistungstätigkeiten erforderlich sind, insbesondere Erklärungen, Anmeldungen oder die Beantragung von Genehmigungen bei den zuständigen Behörden, einschließlich der Beantragung der Eintragung in Register, Berufsrollen oder Datenbanken oder der Registrierung bei Berufsverbänden oder Berufsorganisationen;

b) die Beantragung der für die Ausübung ihrer Dienstleistungstätigkeit erforderlichen Genehmigungen.

(2) Die Schaffung einheitlicher Ansprechpartner berührt nicht die Verteilung von Zuständigkeiten und Befugnissen zwischen Behörden innerhalb der nationalen Systeme.

Artikel 7
Recht auf Information

(1) Die Mitgliedstaaten stellen sicher, dass Dienstleistungserbringern und -empfängern über die einheitlichen Ansprechpartner folgende Informationen leicht zugänglich sind:

a) die Anforderungen, die für in ihrem Hoheitsgebiet niedergelassene Dienstleistungserbringer gelten, insbesondere bezüglich der Verfahren und Formalitäten für die Aufnahme und Ausübung von Dienstleistungstätigkeiten;

b) die Angaben über die zuständigen Behörden, einschließlich der für die Ausübung von Dienstleistungstätigkeiten zuständigen Behörden, um eine direkte Kontaktaufnahme mit diesen zu ermöglichen;

c) die Mittel und Bedingungen für den Zugang zu öffentlichen Registern und Datenbanken über Dienstleistungserbringer und Dienstleistungen;

d) die allgemein verfügbaren Rechtsbehelfe im Falle von Streitigkeiten zwischen den zuständigen Behörden und den Dienstleistungserbringern oder -empfängern oder zwischen Dienstleistungserbringern und -empfängern oder zwischen Dienstleistungserbringern;

---

(1) ABl. L 65 vom 14.3.1968, S. 8. Zuletzt geändert durch die Richtlinie 2003/58/EG des Europäischen Parlaments und des Rates (ABl. L 221 vom 4.9.2003, S. 13).

(2) ABl. L 395 vom 30.12.1989, S. 36.

e) die Angaben zu Verbänden oder Organisationen, die, ohne eine zuständige Behörde zu sein, Dienstleistungserbringer oder -empfänger praktisch unterstützen.

(2) Die Mitgliedstaaten stellen sicher, dass die Dienstleistungserbringer und -empfänger von den zuständigen Behörden auf Anfrage Unterstützung in Form von Informationen über die gewöhnliche Auslegung und Anwendung der maßgeblichen Anforderungen gemäß Absatz 1 Buchstabe a erhalten können. Sofern angebracht, schließt diese Beratung einen einfachen Schritt-für-Schritt-Leitfaden ein. Die Informationen sind in einfacher und verständlicher Sprache zu erteilen.

(3) Die Mitgliedstaaten stellen sicher, dass die in den Absätzen 1 und 2 genannten Informationen und Unterstützung in einer klaren und unzweideutigen Weise erteilt werden, aus der Ferne und elektronisch leicht zugänglich sind sowie dem neuesten Stand entsprechen.

(4) Die Mitgliedstaaten stellen sicher, dass die einheitlichen Ansprechpartner und die zuständigen Behörden alle Auskunfts- oder Unterstützungsersuchen gemäß den Absätzen 1 und 2 so schnell wie möglich beantworten und den Antragsteller unverzüglich davon in Kenntnis setzen, wenn sein Ersuchen fehlerhaft oder unbegründet ist.

(5) Die Mitgliedstaaten und die Kommission ergreifen begleitende Maßnahmen, um die Bereitschaft der einheitlichen Ansprechpartner zu fördern, die in diesem Artikel genannten Informationen auch in anderen Gemeinschaftssprachen bereitzustellen. Dies berührt nicht die Rechtsvorschriften der Mitgliedstaaten über die Verwendung von Sprachen.

(6) Die Verpflichtung der zuständigen Behörden zur Unterstützung der Dienstleistungserbringer und -empfänger umfasst keine Rechtsberatung in Einzelfällen, sondern betrifft lediglich allgemeine Informationen darüber, wie Anforderungen gewöhnlich ausgelegt oder angewandt werden.

Artikel 8
Elektronische Verfahrensabwicklung

(1) Die Mitgliedstaaten stellen sicher, dass alle Verfahren und Formalitäten, die die Aufnahme oder die Ausübung einer Dienstleistungstätigkeit betreffen, problemlos aus der Ferne und elektronisch über den betreffenden einheitlichen Ansprechpartner oder bei der betreffenden zuständigen Behörde abgewickelt werden können.

(2) Absatz 1 betrifft nicht die Kontrolle des Ortes der Dienstleistungserbringung oder die Überprüfung der vom Dienstleistungserbringer verwendeten Ausrüstungsgegenstände oder die physische Untersuchung der Eignung oder persönlichen Zuverlässigkeit des Dienstleistungserbringers oder seiner zuständigen Mitarbeiter.

(3) Die Kommission erlässt nach dem in Artikel 40 Absatz 2 genannten Verfahren Durchführungsbestimmungen zu Absatz 1 des vorliegenden Artikels, um die Interoperabilität der Informationssysteme und die Nutzung der elektronischen Verfahren zwischen den Mitgliedstaaten zu erleichtern, wobei auf Gemeinschaftsebene entwickelte gemeinsame Standards berücksichtigt werden.

KAPITEL III
NIEDERLASSUNGSFREIHEIT DER DIENSTLEISTUNGS-ERBRINGER

ABSCHNITT 1
Genehmigungen

Artikel 9
Genehmigungsregelungen

(1) Die Mitgliedstaaten dürfen die Aufnahme und die Ausübung einer Dienstleistungstätigkeit nur dann Genehmigungsregelungen unterwerfen, wenn folgende Voraussetzungen erfüllt sind:

a) die Genehmigungsregelungen sind für den betreffenden Dienstleistungserbringer nicht diskriminierend;

b) die Genehmigungsregelungen sind durch zwingende Gründe des Allgemeininteresses gerechtfertigt;

c) das angestrebte Ziel kann nicht durch ein milderes Mittel erreicht werden, insbesondere weil eine nachträgliche Kontrolle zu spät erfolgen würde, um wirksam zu sein.

(2) Die Mitgliedstaaten nennen in dem in Artikel 39 Absatz 1 genannten Bericht die in ihrer jeweiligen Rechtsordnung vorgesehenen Genehmigungsregelungen und begründen deren Vereinbarkeit mit Absatz 1 des vorliegenden Artikels.

(3) Dieser Abschnitt gilt nicht für diejenigen Aspekte der Genehmigungsregelungen, die direkt oder indirekt durch andere Gemeinschaftsrechtsakte geregelt sind.

Artikel 10
Voraussetzungen für die Erteilung der Genehmigung

(1) Die Genehmigungsregelungen müssen auf Kriterien beruhen, die eine willkürliche Ausübung des Ermessens der zuständigen Behörden verhindern.

(2) Die in Absatz 1 genannten Kriterien müssen:

a) nicht diskriminierend sein;

b) durch einen zwingenden Grund des Allgemeininteresses gerechtfertigt sein;

c) in Bezug auf diesen Grund des Allgemeininteresses verhältnismäßig sein;

d) klar und unzweideutig sein;

e) objektiv sein;

f) im Voraus bekannt gemacht werden;

g) transparent und zugänglich sein.

(3) Die Voraussetzungen für die Erteilung der Genehmigung für eine neue Niederlassung dürfen nicht zu einer doppelten Anwendung von gleichwertigen oder aufgrund ihrer Zielsetzung im Wesentlichen vergleichbaren Anforderungen und Kontrollen führen, denen der Dienstleistungserbringer bereits in einem anderen oder im selben Mitgliedstaat unterworfen ist. Die in Artikel 28 Absatz 2 genannten Verbindungsstellen und der Dienstleistungserbringer unterstützen die zuständige Behörde durch Übermittlung der im Hinblick auf diese Anforderungen notwendigen Informationen.

(4) Die Genehmigung ermöglicht dem Dienstleistungserbringer die Aufnahme oder die Ausübung der Dienstleistungstätigkeit im gesamten Hoheitsgebiet des

betreffenden Mitgliedstaats, einschließlich der Einrichtung von Agenturen, Zweigniederlassungen, Tochtergesellschaften oder Geschäftsstellen, sofern nicht zwingende Gründe des Allgemeininteresses eine Genehmigung für jede einzelne Betriebsstätte oder eine Beschränkung der Genehmigung auf einen bestimmten Teil des Hoheitsgebiets rechtfertigen.

(5) Die Genehmigung wird erteilt, sobald eine angemessene Prüfung ergibt, dass die Genehmigungsvoraussetzungen erfüllt sind.

(6) Abgesehen von dem Fall, in dem eine Genehmigung erteilt wird, sind alle anderen Entscheidungen der zuständigen Behörden, einschließlich der Ablehnung oder des Widerrufs einer Genehmigung, ausführlich zu begründen; sie sind einer Überprüfung durch ein Gericht oder eine andere Rechtsbehelfsinstanz zugänglich.

(7) Dieser Artikel stellt die Verteilung der lokalen oder regionalen Zuständigkeiten der mitgliedstaatlichen Behörden, die solche Genehmigungen erteilen, nicht in Frage.

Artikel 11
Geltungsdauer der Genehmigung

(1) Die dem Dienstleistungserbringer erteilte Genehmigung darf nicht befristet werden, es sei denn:

a) die Genehmigung wird automatisch verlängert oder hängt lediglich von der fortbestehenden Erfüllung der Anforderungen ab;

b) die Zahl der verfügbaren Genehmigungen ist durch zwingende Gründe des Allgemeininteresses begrenzt,

oder

c) eine Befristung ist durch einen zwingenden Grund des Allgemeininteresses gerechtfertigt.

(2) Absatz 1 betrifft nicht die Höchstfrist, innerhalb derer der Dienstleistungserbringer nach Erteilung der Genehmigung seine Tätigkeit tatsächlich aufnehmen muss.

(3) Die Mitgliedstaaten verpflichten den Dienstleistungserbringer, den betreffenden in Artikel 6 genannten einheitlichen Ansprechpartner über folgende Änderungen zu informieren:

a) die Gründung von Tochtergesellschaften, deren Tätigkeiten der Genehmigungsregelung unterworfen sind;

b) Änderungen seiner Situation, die dazu führen, dass die Voraussetzungen für die Erteilung der Genehmigung nicht mehr erfüllt sind.

(4) Dieser Artikel lässt die Möglichkeit der Mitgliedstaaten unberührt, Genehmigungen zu widerrufen, wenn die Voraussetzungen für die Erteilung der Genehmigung nicht mehr erfüllt sind.

Artikel 12
Auswahl zwischen mehreren Bewerbern

(1) Ist die Zahl der für eine bestimmte Dienstleistungstätigkeit verfügbaren Genehmigungen aufgrund der Knappheit der natürlichen Ressourcen oder der verfügbaren technischen Kapazitäten begrenzt, so wenden die Mitgliedstaaten ein neutrales und transparentes Verfahren zur Auswahl der Bewerber an und machen insbesondere die Eröffnung, den Ablauf und den Ausgang des Verfahrens angemessen bekannt.

(2) In den in Absatz 1 genannten Fällen wird die Genehmigung für einen angemessen befristeten Zeitraum gewährt und darf weder automatisch verlängert werden noch dem Dienstleistungserbringer, dessen Genehmigung gerade abgelaufen ist, oder Personen, die in besonderer Beziehung zu diesem Dienstleistungserbringer stehen, irgendeine andere Begünstigung gewähren.

(3) Vorbehaltlich des Absatzes 1 und der Artikel 9 und 10 können die Mitgliedstaaten bei der Festlegung der Regeln für das Auswahlverfahren unter Beachtung des Gemeinschaftsrechts Überlegungen im Hinblick auf die öffentliche Gesundheit, sozialpolitische Ziele, die Gesundheit und Sicherheit von Arbeitnehmern oder Selbstständigen, den Schutz der Umwelt, die Erhaltung des kulturellen Erbes sowie jeden anderen zwingenden Grund des Allgemeininteresses berücksichtigen.

Artikel 13
Genehmigungsverfahren

(1) Die Genehmigungsverfahren und -formalitäten müssen klar, im Voraus bekannt gemacht und so ausgestaltet sein, dass eine objektive und unparteiische Behandlung der Anträge der Antragsteller gewährleistet ist.

(2) Die Genehmigungsverfahren und -formalitäten dürfen weder abschreckend sein noch die Erbringung der Dienstleistung in unangemessener Weise erschweren oder verzögern. Sie müssen leicht zugänglich sein, und eventuelle dem Antragsteller mit dem Antrag entstehende Kosten müssen vertretbar und zu den Kosten der Genehmigungsverfahren verhältnismäßig sein und dürfen die Kosten der Verfahren nicht übersteigen.

(3) Die Genehmigungsverfahren und -formalitäten müssen sicherstellen, dass Anträge unverzüglich und in jedem Fall binnen einer vorab festgelegten und bekannt gemachten angemessenen Frist bearbeitet werden. Die Frist läuft erst, wenn alle Unterlagen vollständig eingereicht wurden. Die zuständige Behörde kann die Frist einmal für eine begrenzte Dauer verlängern, wenn dies durch die Komplexität der Angelegenheit gerechtfertigt ist. Die Fristverlängerung und deren Ende sind ausreichend zu begründen und dem Antragsteller vor Ablauf der ursprünglichen Frist mitzuteilen.

(4) Wird der Antrag nicht binnen der nach Absatz 3 festgelegten oder verlängerten Frist beantwortet, so gilt die Genehmigung als erteilt. Jedoch kann eine andere Regelung vorgesehen werden, wenn dies durch einen zwingenden Grund des Allgemeininteresses, einschließlich eines berechtigten Interesses Dritter, gerechtfertigt ist.

(5) Für jeden Genehmigungsantrag wird so schnell wie möglich eine Empfangsbestätigung übermittelt. Die Bestätigung muss folgende Angaben enthalten:

a) die in Absatz 3 genannte Frist;

b) die verfügbaren Rechtsbehelfe;

c) gegebenenfalls eine Erklärung, dass die Genehmigung als erteilt gilt, wenn der Antrag nicht binnen der vorgesehenen Frist beantwortet wird.

(6) Im Falle eines unvollständigen Antrags wird der Antragsteller so schnell wie möglich darüber informiert, dass Unterlagen nachzureichen sind und welche Auswirkungen dies möglicherweise auf die in Absatz 3 genannte Frist hat.

(7) Wird ein Antrag wegen Nichtbeachtung der erforderlichen Verfahren oder

Formalitäten abgelehnt, so ist der Antragsteller so schnell wie möglich von der Ablehnung in Kenntnis zu setzten.

ABSCHNITT 2
Unzulässige oder zu prüfende Anforderungen

Artikel 14
Unzulässige Anforderungen

Die Mitgliedstaaten dürfen die Aufnahme oder Ausübung einer Dienstleistungstätigkeit in ihrem Hoheitsgebiet nicht von einer der folgenden Anforderungen abhängig machen:

1. diskriminierenden Anforderungen, die direkt oder indirekt auf der Staatsangehörigkeit oder – für Unternehmen – dem satzungsmäßigen Sitz beruhen, insbesondere:

   a) einem Staatsangehörigkeitserfordernis für den Dienstleistungserbringer, seine Beschäftigten, seine Gesellschafter oder die Mitglieder der Geschäftsführung oder Kontrollorgane;

   b) einer Residenzpflicht des Dienstleistungserbringers, seiner Beschäftigten, der Gesellschafter oder der Mitglieder der Geschäftsführung oder Kontrollorgane im betreffenden Hoheitsgebiet;

2. einem Verbot der Errichtung von Niederlassungen in mehr als einem Mitgliedstaat oder der Eintragung in Register oder der Registrierung bei Berufsverbänden oder -vereinigungen in mehr als einem Mitgliedstaat;

3. Beschränkungen der Wahlfreiheit des Dienstleistungserbringers zwischen einer Hauptniederlassung und einer Zweitniederlassung, insbesondere der Verpflichtung für den Dienstleistungserbringer, seine Hauptniederlassung in ihrem Hoheitsgebiet zu unterhalten, oder Beschränkungen der Wahlfreiheit für eine Niederlassung in Form einer Agentur, einer Zweigstelle oder einer Tochtergesellschaft;

4. Bedingungen der Gegenseitigkeit in Bezug auf den Mitgliedstaat, in dem der Dienstleistungserbringer bereits eine Niederlassung unterhält, mit Ausnahme solcher, die durch Gemeinschaftsrechtsakte im Bereich der Energie vorgesehen sind;

5. einer wirtschaftlichen Überprüfung im Einzelfall, bei der die Erteilung der Genehmigung vom Nachweis eines wirtschaftlichen Bedarfs oder einer Marktnachfrage abhängig gemacht wird, oder der Beurteilung der tatsächlichen oder möglichen wirtschaftlichen Auswirkungen der Tätigkeit oder der Bewertung ihrer Eignung für die Verwirklichung wirtschaftlicher, von der zuständigen Behörde festgelegter Programmziele; dieses Verbot betrifft nicht Planungserfordernisse, die keine wirtschaftlichen Ziele verfolgen, sondern zwingenden Gründen des Allgemeininteresses dienen;

6. der direkten oder indirekten Beteiligung von konkurrierenden Marktteilnehmern, einschließlich in Beratungsgremien, an der Erteilung von Genehmigungen oder dem Erlass anderer Entscheidungen der zuständigen Behörden, mit Ausnahme der Berufsverbände und -vereinigungen oder anderen Berufsorganisationen, die als zuständige Behörde fungieren; dieses Verbot gilt weder für die Anhörung von Organisationen wie Han-

delskammern oder Sozialpartnern zu Fragen, die nicht einzelne Genehmigungsanträge betreffen, noch für die Anhörung der Öffentlichkeit;

7. der Pflicht, eine finanzielle Sicherheit zu stellen oder sich daran zu beteiligen, oder eine Versicherung bei einem Dienstleistungserbringer oder einer Einrichtung, die in ihrem Hoheitsgebiet niedergelassen sind, abzuschließen. Dies berührt weder die Möglichkeit der Mitgliedstaaten, Versicherungen oder finanzielle Sicherheiten als solche zu verlangen, noch Anforderungen, die sich auf die Beteiligung an einem kollektiven Ausgleichsfonds, z.B. für Mitglieder von Berufsverbänden oder -organisationen, beziehen;

8. der Pflicht, bereits vorher während eines bestimmten Zeitraums in den in ihrem Hoheitsgebiet geführten Registern eingetragen gewesen zu sein oder die Tätigkeit vorher während eines bestimmten Zeitraums in ihrem Hoheitsgebiet ausgeübt zu haben.

Artikel 15
Zu prüfende Anforderungen

(1) Die Mitgliedstaaten prüfen, ob ihre Rechtsordnungen die in Absatz 2 aufgeführten Anforderungen vorsehen, und stellen sicher, dass diese Anforderungen die Bedingungen des Absatzes 3 erfüllen. Die Mitgliedstaaten ändern ihre Rechts- und Verwaltungsvorschriften, um sie diesen Bedingungen anzupassen.

(2) Die Mitgliedstaaten prüfen, ob ihre Rechtsordnung die Aufnahme oder Ausübung einer Dienstleistungstätigkeit von folgenden nicht diskriminierenden Anforderungen abhängig macht:

a) mengenmäßigen oder territorialen Beschränkungen, insbesondere in Form von Beschränkungen aufgrund der Bevölkerungszahl oder bestimmter Mindestentfernungen zwischen Dienstleistungserbringern;

b) der Verpflichtung des Dienstleistungserbringers, eine bestimmte Rechtsform zu wählen;

c) Anforderungen im Hinblick auf die Beteiligungen am Gesellschaftsvermögen;

d) Anforderungen, die die Aufnahme der betreffenden Dienstleistungstätigkeit aufgrund ihrer Besonderheiten bestimmten Dienstleistungserbringern vorbehalten, mit Ausnahme von Anforderungen, die Bereiche betreffen, die von der Richtlinie 2005/36/EG erfasst werden, oder solchen, die in anderen Gemeinschaftsrechtsakten vorgesehen sind;

e) dem Verbot, in ein und demselben Hoheitsgebiet mehrere Niederlassungen zu unterhalten;

f) Anforderungen, die eine Mindestbeschäftigtenzahl verlangen;

g) der Beachtung von festgesetzten Mindest- und/oder Höchstpreisen durch den Dienstleistungserbringer;

h) der Verpflichtung des Dienstleistungserbringers, zusammen mit seiner Dienstleistung bestimmte andere Dienstleistungen zu erbringen.

(3) Die Mitgliedstaaten prüfen, ob die in Absatz 2 genannten Anforderungen folgende Bedingungen erfüllen:

a) Nicht-Diskriminierung: die Anforderungen dürfen weder eine direkte noch eine indirekte Diskriminierung aufgrund der Staatsangehörigkeit oder – bei Gesellschaften – aufgrund des Orts des satzungsmäßigen Sitzes darstellen;

b) Erforderlichkeit: die Anforderungen müssen durch einen zwingenden Grund des Allgemeininteresses gerechtfertigt sein;

c) Verhältnismäßigkeit: die Anforderungen müssen zur Verwirklichung des mit ihnen verfolgten Ziels geeignet sein; sie dürfen nicht über das hinausgehen, was zur Erreichung dieses Ziels erforderlich ist; diese Anforderungen können nicht durch andere weniger einschneidende Maßnahmen ersetzt werden, die zum selben Ergebnis führen.

(4) Die Absätze 1, 2 und 3 gelten für Rechtsvorschriften im Bereich der Dienstleistungen von allgemeinem wirtschaftlichem Interesse nur insoweit, als die Anwendung dieser Absätze die Erfüllung der anvertrauten besonderen Aufgabe nicht rechtlich oder tatsächlich verhindert.

(5) In dem in Artikel 39 Absatz 1 genannten Bericht für die gegenseitige Evaluierung geben die Mitgliedstaaten an:

a) welche Anforderungen sie beabsichtigen beizubehalten und warum sie der Auffassung sind, dass diese die Bedingungen des Absatzes 3 erfüllen;

b) welche Anforderungen sie aufgehoben oder gelockert haben.

(6) Ab dem 28. Dezember 2006 dürfen die Mitgliedstaaten keine neuen Anforderungen der in Absatz 2 genannten Art einführen, es sei denn, diese neuen Anforderungen erfüllen die in Absatz 3 aufgeführten Bedingungen.

(7) Die Mitgliedstaaten teilen der Kommission alle neuen Rechts- und Verwaltungsvorschriften mit, die die in Absatz 6 genannten Anforderungen vorsehen, sowie deren Begründung. Die Kommission bringt den anderen Mitgliedstaaten diese Vorschriften zur Kenntnis. Die Mitteilung hindert die Mitgliedstaaten nicht daran, die betreffenden Vorschriften zu erlassen.

Binnen drei Monaten nach Erhalt der Mitteilung prüft die Kommission die Vereinbarkeit aller neuen Anforderungen mit dem Gemeinschaftsrecht und entscheidet gegebenenfalls, den betroffenen Mitgliedstaat aufzufordern, diese neuen Anforderungen nicht zu erlassen oder aufzuheben.

Die Mitteilung eines Entwurfs für einen nationalen Rechtsakt gemäß der Richtlinie 98/34/EG erfüllt gleichzeitig die in der vorliegenden Richtlinie vorgesehene Verpflichtung zur Mitteilung.

KAPITEL IV
FREIER DIENSTLEISTUNGSVERKEHR

ABSCHNITT 1
Dienstleistungsfreiheit und damit zusammenhängende Ausnahmen

Artikel 16
Dienstleistungsfreiheit

(1) Die Mitgliedstaaten achten das Recht der Dienstleistungserbringer, Dienstleistungen in einem anderen Mitgliedstaat als demjenigen ihrer Niederlassung zu erbringen.

Der Mitgliedstaat, in dem die Dienstleistung erbracht wird, gewährleistet die freie Aufnahme und freie Ausübung von

Dienstleistungstätigkeiten innerhalb seines Hoheitsgebiets.

Die Mitgliedstaaten dürfen die Aufnahme oder Ausübung einer Dienstleistungstätigkeit in ihrem Hoheitsgebiet nicht von Anforderungen abhängig machen, die gegen folgende Grundsätze verstoßen:

a) Nicht-Diskriminierung: die Anforderung darf weder eine direkte noch eine indirekte Diskriminierung aufgrund der Staatsangehörigkeit oder – bei juristischen Personen – aufgrund des Mitgliedstaats, in dem sie niedergelassen sind, darstellen;

b) Erforderlichkeit: die Anforderung muss aus Gründen der öffentlichen Ordnung, der öffentlichen Sicherheit, der öffentlichen Gesundheit oder des Schutzes der Umwelt gerechtfertigt sein;

c) Verhältnismäßigkeit: die Anforderung muss zur Verwirklichung des mit ihr verfolgten Ziels geeignet sein und darf nicht über das hinausgehen, was zur Erreichung dieses Ziels erforderlich ist.

(2) Die Mitgliedstaaten dürfen die Dienstleistungsfreiheit eines in einem anderen Mitgliedstaat niedergelassenen Dienstleistungserbringers nicht einschränken, indem sie diesen einer der folgenden Anforderungen unterwerfen:

a) der Pflicht, in ihrem Hoheitsgebiet eine Niederlassung zu unterhalten;

b) der Pflicht, bei ihren zuständigen Behörden eine Genehmigung einzuholen; dies gilt auch für die Verpflichtung zur Eintragung in ein Register oder die Mitgliedschaft in einem Berufsverband oder einer Berufsvereinigung in ihrem Hoheitsgebiet, außer in den in dieser Richtlinie oder anderen Rechtsvorschriften der Gemeinschaft vorgesehenen Fällen;

c) dem Verbot, in ihrem Hoheitsgebiet eine bestimmte Form oder Art von Infrastruktur zu errichten, einschließlich Geschäftsräumen oder einer Kanzlei, die der Dienstleistungserbringer zur Erbringung der betreffenden Leistungen benötigt;

d) der Anwendung bestimmter vertraglicher Vereinbarungen zur Regelung der Beziehungen zwischen dem Dienstleistungserbringer und dem Dienstleistungsempfänger, die eine selbstständige Tätigkeit des Dienstleistungserbringers verhindert oder beschränkt;

e) der Pflicht, sich von ihren zuständigen Behörden einen besonderen Ausweis für die Ausübung einer Dienstleistungstätigkeit ausstellen zu lassen;

f) Anforderungen betreffend die Verwendung von Ausrüstungsgegenständen und Materialien, die integraler Bestandteil der Dienstleistung sind, es sei denn, diese Anforderungen sind für den Schutz der Gesundheit und die Sicherheit am Arbeitsplatz notwendig;

g) der in Artikel 19 genannten Beschränkungen des freien Dienstleistungsverkehrs.

(3) Der Mitgliedstaat, in den sich der Dienstleistungserbringer begibt, ist nicht daran gehindert, unter Beachtung des Absatzes 1 Anforderungen in Bezug auf die Erbringung von Dienstleistungen zu stellen, die aus Gründen der öffentlichen Ordnung, der öffentlichen Sicherheit, der öffentlichen Gesundheit oder des Schutzes der Umwelt gerechtfertigt sind. Die-

ser Mitgliedstaat ist ferner nicht daran gehindert, im Einklang mit dem Gemeinschaftsrecht seine Bestimmungen über Beschäftigungsbedingungen, einschließlich derjenigen in Tarifverträgen, anzuwenden.

(4) Bis zum 28. Dezember 2011 unterbreitet die Kommission nach Konsultation der Mitgliedstaaten und der Sozialpartner auf Gemeinschaftsebene dem Europäischen Parlament und dem Rat einen Bericht über die Anwendung dieses Artikels, in dem sie prüft, ob es notwendig ist, Harmonisierungsmaßnahmen hinsichtlich der unter diese Richtlinie fallenden Dienstleistungstätigkeiten vorzuschlagen.

Artikel 17
Weitere Ausnahmen von der Dienstleistungsfreiheit

Artikel 16 findet keine Anwendung auf:

1. Dienstleistungen von allgemeinem wirtschaftlichem Interesse, die in einem anderen Mitgliedstaat erbracht werden, unter anderem:
   a) im Postsektor die von der Richtlinie 97/67/EG des Europäischen Parlaments und des Rates vom 15. Dezember 1997 über gemeinsame Vorschriften für die Entwicklung des Binnenmarktes der Postdienste der Gemeinschaft und die Verbesserung der Dienstqualität(1) erfassten Dienstleistungen;
   b) im Elektrizitätssektor die von der Richtlinie 2003/54/EG(2) des Europäischen Parlaments und des Rates vom 26. Juni 2003 über gemeinsame Vorschriften für den Elektrizitätsbinnenmarkt erfassten Dienstleistungen;
   c) im Gassektor die von der Richtlinie 2003/55/EG des Europäischen Parlaments und des Rates vom 26. Juni 2003 über gemeinsame Vorschriften für den Erdgasbinnenmarkt(3) erfassten Dienstleistungen;
   d) die Dienste der Wasserverteilung und -versorgung sowie der Abwasserbewirtschaftung;
   e) Dienste der Abfallbewirtschaftung;
2. die Angelegenheiten, die unter die Richtlinie 96/71/EG fallen;
3. die Angelegenheiten die unter die Richtlinie 95/46/EG des Europäischen Parlaments und des Rates vom 24. Oktober 1995 zum Schutz natürlicher Personen bei der Verarbeitung personenbezogener Daten und zum freien Datenverkehr(4) fallen;
4. die Angelegenheiten, die unter die Richtlinie 77/249/EWG des Rates vom 22. März 1977 zur Erleichterung der tatsächlichen Ausübung des frei-

---

(1) ABl. L 15 vom 21.1.1998, S. 14. Zuletzt geändert durch die Verordnung (EG) Nr. 1882/2003 (ABl. L 284 vom 31.10.2003, S. 1).

(2) ABl. L 176 vom 15.7.2003, S. 37. Zuletzt geändert durch die Entscheidung 2006/653/EG der Kommission (ABl. L 270 vom 29.9.2006, S. 72).

(3) ABl. L 176 vom 15.7.2003, S. 57.

(4) ABl. L 281 vom 23.11.1995, S. 31.

en Dienstleistungsverkehrs der Rechtsanwälte([1]) fallen;

5. die gerichtliche Beitreibung von Forderungen;

6. die Angelegenheiten, die unter Titel II der Richtlinie 2005/36/EG fallen, sowie Anforderungen im Mitgliedstaat der Dienstleistungserbringung, die eine Tätigkeit den Angehörigen eines bestimmten Berufs vorbehalten;

7. die Angelegenheiten, die unter die Verordnung (EWG) Nr. 1408/71 fallen;

8. bezüglich Verwaltungsformalitäten betreffend die Freizügigkeit von Personen und ihren Wohnsitz die Angelegenheiten, die unter diejenigen Bestimmungen der Richtlinie 2004/38/EG fallen, die Verwaltungsformalitäten vorsehen, die die Begünstigten bei den zuständigen Behörden des Mitgliedstaates, in dem die Dienstleistung erbracht wird, erfüllen müssen;

9. in Bezug auf Drittstaatsangehörige, die sich im Rahmen einer Dienstleistungserbringung in einen anderen Mitgliedstaat begeben, die Möglichkeit der Mitgliedstaaten, Visa oder Aufenthaltstitel für Drittstaatsangehörige zu verlangen, die nicht dem in Artikel 21 des Übereinkommens zur Durchführung des Übereinkommens von Schengen vom 14. Juni 1985 betreffend den schrittweisen Abbau der Kontrollen an den gemeinsamen Grenzen([2]) vorgesehenen System der gegenseitigen Anerkennung unterfallen, oder die Möglichkeit, Drittstaatsangehörige zu verpflichten, sich bei oder nach der Einreise in den Mitgliedstaat der Dienstleistungserbringung bei den dortigen zuständigen Behörden zu melden;

10. bezüglich der Verbringung von Abfällen die Angelegenheiten, die von der Verordnung (EWG) Nr. 259/93 des Rates vom 1. Februar 1993 zur Überwachung und Kontrolle der Verbringung von Abfällen in der, in die und aus der Europäischen Gemeinschaft([3]) erfasst werden;

11. die Urheberrechte, die verwandten Schutzrechte, Rechte im Sinne der Richtlinie 87/54/EWG des Rates vom 16. Dezember 1986 über den Rechtsschutz der Topographien von Halbleitererzeugnissen([4]) und der Richtlinie 96/9/EG des Europäischen Parlaments und des Rates vom 11. März 1996 über den rechtlichen Schutz von Datenbanken([5]) sowie die Rechte an gewerblichem Eigentum;

12. die Handlungen, für die die Mitwirkung eines Notars gesetzlich vorgeschrieben ist;

([1]) ABl. L 78 vom 26.3.1977, S. 17. Zuletzt geändert durch die Beitrittsakte von 2003.

([2]) ABl. L 239 vom 22.9.2000, S. 19. Zuletzt geändert durch die Verordnung (EG) Nr. 1160/2005 des Europäischen Parlaments und des Rates (ABl. L 191 vom 22.7.2005, S. 18).

([3]) ABl. L 30 vom 6.2.1993, S. 1. Zuletzt geändert durch die Verordnung (EG) Nr. 2557/2001 der Kommission (ABl. L 349 vom 31.12.2001, S. 1).

([4]) ABl. L 24 vom 27.1.1987, S. 36.

([5]) ABl. L 77 vom 27.3.1996, S. 20.

13. die Angelegenheiten, die unter die Richtlinie 2006/43/EG des Europäischen Parlaments und des Rates vom 17. Mai 2006 über die Prüfung des Jahresabschlusses und des konsolidierten Abschlusses([1]) fallen;
14. die Zulassung von Fahrzeugen, die in einem anderen Mitgliedstaat geleast wurden;
15. Bestimmungen betreffend vertragliche und außervertragliche Schuldverhältnisse, einschließlich der Form von Verträgen, die nach den Vorschriften des internationalen Privatrechts festgelegt werden.

Artikel 18
Ausnahmen im Einzelfall

(1) Abweichend von Artikel 16 und nur in Ausnahmefällen können die Mitgliedstaaten Maßnahmen gegenüber einem in einem anderen Mitgliedstaat niedergelassenen Dienstleistungserbringer ergreifen, die sich auf die Sicherheit der Dienstleistungen beziehen.

(2) Die in Absatz 1 genannten Maßnahmen können nur unter Einhaltung des in Artikel 35 genannten Amtshilfeverfahrens und bei Vorliegen aller folgenden Voraussetzungen ergriffen werden:

a) die nationalen Rechtsvorschriften, aufgrund deren die Maßnahme getroffen wird, waren nicht Gegenstand einer Harmonisierung auf Gemeinschaftsebene im Bereich der Sicherheit von Dienstleistungen;

b) die Maßnahmen bewirken für den Dienstleistungsempfänger einen größeren Schutz als die Maßnahmen, die der Niederlassungsmitgliedstaat aufgrund seiner nationalen Vorschriften ergreifen würde;

c) der Niederlassungsmitgliedstaat hat keine bzw. im Hinblick auf Artikel 35 Absatz 2 unzureichende Maßnahmen ergriffen;

d) die Maßnahmen sind verhältnismäßig.

(3) Die Absätze 1 und 2 lassen die in den Gemeinschaftsrechtsakten festgelegten Bestimmungen zur Gewährleistung der Dienstleistungsfreiheit oder zur Gewährung von Ausnahmen von dieser Freiheit unberührt.

ABSCHNITT 2
Rechte der Dienstleistungsempfänger

Artikel 19
Unzulässige Beschränkungen

Die Mitgliedstaaten dürfen an den Dienstleistungsempfänger keine Anforderungen stellen, die die Inanspruchnahme einer Dienstleistung beschränken, die von einem in einem anderen Mitgliedstaat niedergelassenen Dienstleistungserbringer angeboten wird; dies gilt insbesondere für folgende Anforderungen:

a) die Pflicht, bei den zuständigen Behörden eine Genehmigung einzuholen oder diesen gegenüber eine Erklärung abzugeben;

b) diskriminierende Beschränkungen der Möglichkeit zur Erlangung finanzieller Unterstützung, die auf der Tatsache beruhen, dass der Dienstleistungserbringer in einem anderen Mitgliedstaat niedergelassen ist, oder

---

([1]) ABl. L 157 vom 9.6.2006, S. 87.

aufgrund des Ortes, an dem die Dienstleistung erbracht wird;

Artikel 20
Nicht-Diskriminierung

(1) Die Mitgliedstaaten stellen sicher, dass dem Dienstleistungsempfänger keine diskriminierenden Anforderungen auferlegt werden, die auf dessen Staatsangehörigkeit oder Wohnsitz beruhen.

(2) Die Mitgliedstaaten stellen sicher, dass die allgemeinen Bedingungen für den Zugang zu einer Dienstleistung, die der Dienstleistungserbringer bekannt gemacht hat, keine auf der Staatsangehörigkeit oder dem Wohnsitz des Dienstleistungsempfängers beruhenden diskriminierenden Bestimmungen enthalten; dies berührt jedoch nicht die Möglichkeit, Unterschiede bei den Zugangsbedingungen vorzusehen, die unmittelbar durch objektive Kriterien gerechtfertigt sind.

Artikel 21
Unterstützung der Dienstleistungsempfänger

(1) Die Mitgliedstaaten stellen sicher, dass die Dienstleistungsempfänger in ihrem Wohnsitzstaat folgende Informationen erhalten:

a) allgemeine Informationen über die in anderen Mitgliedstaaten geltenden Anforderungen bezüglich der Aufnahme und der Ausübung von Dienstleistungstätigkeiten, vor allem solche über den Verbraucherschutz;

b) allgemeine Informationen über die bei Streitfällen zwischen Dienstleistungserbringer und -empfänger zur Verfügung stehenden Rechtsbehelfe;

c) Angaben zur Erreichbarkeit der Verbände und Organisationen, die den Dienstleistungserbringer oder -empfänger beraten und unterstützen können, einschließlich der Zentren des Netzes der europäischen Verbraucherzentren.

Sofern angebracht umfasst die Beratung der zuständigen Behörden einen einfachen Schritt-für-Schritt-Leitfaden. Die Informationen und Unterstützung müssen in einer klaren und unzweideutigen Weise erteilt werden, aus der Ferne und elektronisch leicht zugänglich sein und dem neuesten Stand entsprechen.

(2) Die Mitgliedstaaten können die in Absatz 1 genannte Aufgabe den einheitlichen Ansprechpartnern oder jeder anderen Einrichtung, wie beispielsweise den Zentren des Netzes der europäischen Verbraucherzentren, den Verbraucherverbänden oder den Euro Info Zentren, übertragen.

Die Mitgliedstaaten teilen der Kommission die Angaben zur Erreichbarkeit der benannten Einrichtungen mit. Die Kommission leitet sie an die anderen Mitgliedstaaten weiter.

(3) Zur Erfüllung der in den Absätzen 1 und 2 genannten Anforderungen wendet sich die angerufene Einrichtung erforderlichenfalls an die zuständige Einrichtung des betreffenden Mitgliedstaates. Letztere übermittelt die angeforderten Informationen so schnell wie möglich der ersuchenden Einrichtung, die sie an den Dienstleistungsempfänger weiterleitet. Die Mitgliedstaaten stellen sicher, dass diese Einrichtungen einander unterstützen und effizient zusammenarbeiten. Sie treffen gemeinsam mit der Kommission die praktischen Vorkehrungen zur Durchführung des Absatzes 1.

(4) Die Kommission erlässt nach dem in Artikel 40 Absatz 2 genannten Verfahren

Durchführungsbestimmungen für die Absätze 1, 2 und 3 des vorliegenden Artikels, die unter Berücksichtigung gemeinsamer Standards die technischen Modalitäten des Austauschs von Informationen zwischen den Einrichtungen der verschiedenen Mitgliedstaaten und insbesondere die Interoperabilität der Informationssysteme regeln.

KAPITEL V
QUALITÄT DER DIENSTLEISTUNGEN

Artikel 22
Informationen über die Dienstleistungserbringer und deren Dienstleistungen

(1) Die Mitgliedstaaten stellen sicher, dass die Dienstleistungserbringer den Dienstleistungsempfängern folgende Informationen zur Verfügung stellen:

a) den Namen des Dienstleistungserbringers, seinen Rechtsstatus und seine Rechtsform, die geografische Anschrift, unter der er niedergelassen ist, und Angaben, die, gegebenenfalls auf elektronischem Weg, eine schnelle Kontaktaufnahme und eine direkte Kommunikation mit ihm ermöglichen;

b) falls der Dienstleistungserbringer in ein Handelsregister oder ein vergleichbares öffentliches Register eingetragen ist, den Namen dieses Registers und die Nummer der Eintragung des Dienstleistungserbringers oder eine gleichwertige in diesem Register verwendete Kennung;

c) falls die Tätigkeit einer Genehmigungsregelung unterliegt, die Angaben zur zuständigen Behörde oder zum einheitlichen Ansprechpartner;

d) falls der Dienstleistungserbringer eine Tätigkeit ausübt, die der Mehrwertsteuer unterliegt, die Identifikationsnummer gemäß Artikel 22 Absatz 1 der Sechsten Richtlinie 77/388/EWG des Rates vom 17. Mai 1977 zur Harmonisierung der Rechtsvorschriften der Mitgliedstaaten über die Umsatzsteuern – Gemeinsames Mehrwertsteuersystem: einheitliche steuerpflichtige Bemessungsgrundlage(1);

e) bei den reglementierten Berufen den Berufsverband oder eine ähnliche Einrichtung, dem oder der der Dienstleistungserbringer angehört, sowie die Berufsbezeichnung und den Mitgliedstaat, in dem sie verliehen wurde;

f) gegebenenfalls die vom Dienstleistungserbringer verwendeten allgemeinen Geschäftsbedingungen und Klauseln;

g) gegebenenfalls das Vorliegen vom Dienstleistungserbringer verwendeter Vertragsklauseln über das auf den Vertrag anwendbare Recht und/oder den Gerichtsstand;

h) gegebenenfalls das Vorliegen einer gesetzlich nicht vorgeschriebenen nachvertraglichen Garantie;

i) den Preis der Dienstleistung, falls der Preis für eine bestimmte Art von Dienstleistung im Vorhinein vom Dienstleistungserbringer festgelegt wurde;

---

(1) ABl. L 145 vom 13.6.1977, S. 1. Zuletzt geändert durch die Richtlinie 2006/18/EG (ABl. L 51 vom 22.2.2006, S. 12).

j) die Hauptmerkmale der Dienstleistung, wenn diese nicht bereits aus dem Zusammenhang hervorgehen;

k) Angaben zur Versicherung oder zu den Sicherheiten gemäß Artikel 23 Absatz 1, insbesondere den Namen und die Kontaktdaten des Versicherers oder Sicherungsgebers und den räumlichen Geltungsbereich.

(2) Die Mitgliedstaaten stellen sicher, dass die in Absatz 1 genannten Informationen nach Wahl des Dienstleistungserbringers:

a) vom Dienstleistungserbringer von sich aus mitgeteilt werden;

b) für den Dienstleistungsempfänger am Ort der Leistungserbringung oder des Vertragsabschlusses leicht zugänglich sind;

c) für den Dienstleistungsempfänger elektronisch über eine vom Dienstleistungserbringer angegebene Adresse leicht zugänglich sind;

d) in allen von den Dienstleistungserbringern den Dienstleistungsempfängern zur Verfügung gestellten ausführlichen Informationsunterlagen über die angebotene Dienstleistung enthalten sind.

(3) Die Mitgliedstaaten stellen sicher, dass die Dienstleistungserbringer den Dienstleistungsempfängern auf Anfrage folgende Zusatzinformationen mitteilen:

a) falls der Preis nicht im Vorhinein vom Dienstleistungserbringer festgelegt wurde, den Preis der Dienstleistung oder, wenn kein genauer Preis angegeben werden kann, die Vorgehensweise zur Berechnung des Preises, die es dem Dienstleistungsempfänger ermöglicht, den Preis zu überprüfen, oder einen hinreichend ausführlichen Kostenvoranschlag;

b) bei reglementierten Berufen einen Verweis auf die im Niederlassungsmitgliedstaat geltenden berufsrechtlichen Regeln und wie diese zugänglich sind;

c) Informationen über ihre multidisziplinären Tätigkeiten und Partnerschaften, die in direkter Verbindung zu der fraglichen Dienstleistung stehen, und über die Maßnahmen, die sie ergriffen haben, um Interessenkonflikte zu vermeiden. Diese Informationen müssen in allen ausführlichen Informationsunterlagen der Dienstleistungserbringer über ihre Tätigkeit enthalten sein;

d) Verhaltenskodizes, die für den Dienstleistungserbringer gelten, und die Adresse, unter der diese elektronisch abgerufen werden können, sowie Angaben über die Sprachen, in denen sie vorliegen;

e) falls ein Dienstleistungserbringer einem Verhaltenskodex unterliegt oder einer Handelsvereinigung oder einem Berufsverband angehört, die außergerichtliche Verfahren der Streitbeilegung vorsehen, einschlägige Informationen hierzu. Der Dienstleistungserbringer hat näher anzugeben, wie ausführliche Auskünfte über die Merkmale der außergerichtlichen Verfahren der Streitbeilegung und über die Bedingungen, unter denen die Verfahren angewandt werden, eingeholt werden können.

(4) Die Mitgliedstaaten stellen sicher, dass die Informationen, die der Dienstleistungserbringer gemäß diesem Kapitel zur Verfügung stellen oder mitteilen muss, klar und unzweideutig sind und

rechtzeitig vor Abschluss des Vertrages oder, wenn kein schriftlicher Vertrag geschlossen wird, vor Erbringung der Dienstleistung bereitgestellt werden.

(5) Die Informationsanforderungen gemäß diesem Kapitel ergänzen die bereits im Gemeinschaftsrecht vorgesehenen Anforderungen und hindern die Mitgliedstaaten nicht daran, zusätzliche Informationsanforderungen für Dienstleistungserbringer, die in ihrem Hoheitsgebiet niedergelassen sind, vorzuschreiben.

(6) Die Kommission kann nach dem in Artikel 40 Absatz 2 genannten Verfahren den Inhalt der in den Absätzen 1 und 3 des vorliegenden Artikels genannten Informationen entsprechend den Besonderheiten bestimmter Tätigkeiten präzisieren und die Modalitäten der praktischen Durchführung von Absatz 2 des vorliegenden Artikels präzisieren.

Artikel 23
Berufshaftpflichtversicherungen und Sicherheiten

(1) Die Mitgliedstaaten können sicherstellen, dass die Dienstleistungserbringer, deren Dienstleistungen ein unmittelbares und besonderes Risiko für die Gesundheit oder Sicherheit des Dienstleistungsempfängers oder eines Dritten oder für die finanzielle Sicherheit des Dienstleistungsempfängers darstellen, eine der Art und dem Umfang des Risikos angemessene Berufshaftpflichtversicherung abschließen oder eine aufgrund ihrer Zweckbestimmung im Wesentlichen vergleichbare Sicherheit oder gleichwertige Vorkehrung vorsehen.

(2) Wenn ein Dienstleistungserbringer sich in ihrem Hoheitsgebiet niederlässt, dürfen die Mitgliedstaaten keine Berufshaftpflichtversicherung oder Sicherheit vom Dienstleistungserbringer verlangen, sofern er bereits durch eine gleichwertige oder aufgrund ihrer Zweckbestimmung und der vorgesehenen Deckung bezüglich des versicherten Risikos, der Versicherungssumme oder einer Höchstgrenze der Sicherheit und möglicher Ausnahmen von der Deckung im Wesentlichen vergleichbare Sicherheit in einem anderen Mitgliedstaat, in dem er bereits niedergelassen ist, abgedeckt ist. Besteht nur eine teilweise Gleichwertigkeit, so können die Mitgliedstaaten eine zusätzliche Sicherheit verlangen, um die nicht gedeckten Risiken abzusichern.

Verlangt ein Mitgliedstaat von einem in seinem Hoheitsgebiet niedergelassenen Dienstleistungserbringer den Abschluss einer Berufshaftpflichtversicherung oder eine andere Sicherheit, so hat er die von in anderen Mitgliedstaaten niedergelassenen Kreditinstituten und Versicherern ausgestellten Bescheinigungen, dass ein solcher Versicherungsschutz besteht, als hinreichenden Nachweis anzuerkennen.

(3) Die Absätze 1 und 2 berühren nicht die in anderen Gemeinschaftsrechtsakten vorgesehenen Berufshaftpflichtversicherungen oder Sicherheiten.

(4) Im Rahmen der Durchführung des Absatzes 1 kann die Kommission nach dem in Artikel 40 Absatz 2 genannten Regelungsverfahren Dienstleistungen benennen, die die in Absatz 1 des vorliegenden Artikels genannten Eigenschaften aufweisen. Die Kommission kann ferner nach dem in Artikel 40 Absatz 3 genannten Verfahren Maßnahmen erlassen, die dazu bestimmt sind, nicht wesentliche Bestimmungen dieser Richtlinie zu ändern, indem sie durch Festlegung gemeinsamer Kriterien ergänzt wird, nach denen festgestellt wird, ob eine Versicherung oder Sicherheit im Sinne des Absatzes 1 des vorliegenden Arti-

kels im Hinblick auf die Art und den Umfang des Risikos angemessen ist.

(5) Im Sinne dieses Artikels bedeutet:

- „unmittelbares und besonderes Risiko“ ein Risiko, das sich unmittelbar aus der Erbringung der Dienstleistung ergibt;
- „Gesundheit oder Sicherheit“ in Bezug auf einen Dienstleistungsempfänger oder einen Dritten die Verhinderung des Todes oder einer schweren Körperverletzung;
- „finanzielle Sicherheit“ in Bezug auf einen Dienstleistungsempfänger die Vermeidung erheblicher Geldverluste oder Einbußen bei Vermögenswerten;
- „Berufshaftpflichtversicherung“ eine Versicherung, die ein Dienstleistungserbringer bezüglich seiner potenziellen Haftung gegenüber Dienstleistungsempfängern und gegebenenfalls Dritten, die sich aus der Erbringung der Dienstleistung ergibt, abgeschlossen hat.

Artikel 24
Kommerzielle Kommunikation für reglementierte Berufe

(1) Die Mitgliedstaaten heben sämtliche absoluten Verbote der kommerziellen Kommunikation für reglementierte Berufe auf.

(2) Die Mitgliedstaaten stellen sicher, dass die kommerzielle Kommunikation durch Angehörige reglementierter Berufe die Anforderungen der berufsrechtlichen Regeln erfüllt, die im Einklang mit dem Gemeinschaftsrecht je nach Beruf insbesondere die Unabhängigkeit, die Würde und die Integrität des Berufsstandes sowie die Wahrung des Berufsgeheimnisses gewährleisten sollen. Berufsrechtliche Regeln über die kommerzielle Kommunikation müssen nicht diskriminierend, durch einen zwingenden Grund des Allgemeininteresses gerechtfertigt und verhältnismäßig sein.

Artikel 25
Multidisziplinäre Tätigkeiten

(1) Die Mitgliedstaaten stellen sicher, dass die Dienstleistungserbringer keinen Anforderungen unterworfen werden, die sie verpflichten, ausschließlich eine bestimmte Tätigkeit auszuüben, oder die die gemeinschaftliche oder partnerschaftliche Ausübung unterschiedlicher Tätigkeiten beschränken.

Jedoch können folgende Dienstleistungserbringer solchen Anforderungen unterworfen werden:

a) Angehörige reglementierter Berufe, soweit dies gerechtfertigt ist, um die Einhaltung der verschiedenen Standesregeln im Hinblick auf die Besonderheiten der jeweiligen Berufe sicherzustellen und soweit dies nötig ist, um ihre Unabhängigkeit und Unparteilichkeit zu gewährleisten;

b) Dienstleistungserbringer, die Dienstleistungen auf dem Gebiet der Zertifizierung, der Akkreditierung, der technischen Überwachung oder des Versuchs- oder Prüfwesens erbringen, wenn dies zur Gewährleistung ihrer Unabhängigkeit und Unparteilichkeit erforderlich ist.

(2) Sofern multidisziplinäre Tätigkeiten zwischen den in Absatz 1 Buchstaben a und b genannten Dienstleistungserbringern erlaubt sind, stellen die Mitgliedstaaten sicher, dass

a) Interessenkonflikte und Unvereinbarkeiten zwischen bestimmten Tätigkeiten vermieden werden;

b) die Unabhängigkeit und Unparteilichkeit, die bestimmte Tätigkeiten erfordern, gewährleistet sind;

c) die Anforderungen der Standesregeln für die verschiedenen Tätigkeiten miteinander vereinbar sind, insbesondere im Hinblick auf das Berufsgeheimnis.

(3) Die Mitgliedstaaten nennen in dem in Artikel 39 Absatz 1 genannten Bericht die Dienstleistungserbringer, die den Anforderungen gemäß Absatz 1 des vorliegenden Artikels unterworfen sind, ferner den Inhalt dieser Anforderungen und die Gründe, aus denen sie diese für gerechtfertigt halten.

Artikel 26
Maßnahmen zur Qualitätssicherung

(1) Die Mitgliedstaaten ergreifen in Zusammenarbeit mit der Kommission begleitende Maßnahmen, um die Dienstleistungserbringer dazu anzuhalten, freiwillig die Qualität der Dienstleistungen zu sichern, insbesondere durch eine der folgenden Methoden:

a) Zertifizierung ihrer Tätigkeiten oder Bewertung durch unabhängige oder akkreditierte Einrichtungen,

b) Erarbeitung eigener Qualitätscharten oder Beteiligung an auf Gemeinschaftsebene erarbeiteten Qualitätscharten oder Gütesiegeln von Berufsverbänden.

(2) Die Mitgliedstaaten stellen sicher, dass den Dienstleistungserbringern und -empfängern die Informationen über die Bedeutung bestimmter Gütesiegel und die Voraussetzungen zur Verleihung der Gütesiegel und sonstiger Qualitätskennzeichnungen für Dienstleistungen leicht zugänglich sind.

(3) Die Mitgliedstaaten ergreifen in Zusammenarbeit mit der Kommission begleitende Maßnahmen, um die Berufsverbände sowie die Handels- und Handwerkskammern und die Verbraucherverbände in ihrem Hoheitsgebiet zu ermutigen, auf Gemeinschaftsebene zusammenzuarbeiten, um die Dienstleistungsqualität zu fördern, insbesondere indem sie die Einschätzung der Kompetenz eines Dienstleistungserbringers erleichtern.

(4) Die Mitgliedstaaten ergreifen in Zusammenarbeit mit der Kommission begleitende Maßnahmen, um, vor allem durch die Verbraucherverbände, eine unabhängige Bewertung der Qualität und Mängel von Dienstleistungen, insbesondere vergleichende Versuchs- oder Prüfverfahren auf Gemeinschaftsebene sowie die Veröffentlichung ihrer Ergebnisse, zu fördern.

(5) Die Mitgliedstaaten fördern in Zusammenarbeit mit der Kommission die Entwicklung von freiwilligen europäischen Standards, um die Vereinbarkeit der von Dienstleistungserbringern aus verschiedenen Mitgliedstaaten erbrachten Dienstleistungen, die Information der Dienstleistungsempfänger und die Qualität der Dienstleistungen zu verbessern.

Artikel 27
Streitbeilegung

(1) Die Mitgliedstaaten ergreifen die erforderlichen allgemeinen Maßnahmen um sicherzustellen, dass die Dienstleistungserbringer Kontaktdaten, insbesondere eine Postanschrift, eine Faxnummer oder eine E-Mail-Adresse und eine Telefonnummer angeben, an die alle Dienstleistungsempfänger, auch diejenigen, die in einem anderen Mitgliedstaat ansässig sind, direkt eine Beschwerde oder eine

Bitte um Information über die erbrachte Dienstleistung richten können. Die Dienstleistungserbringer teilen ihre Firmenanschrift mit, falls diese nicht ihre übliche Korrespondenzanschrift ist.

Die Mitgliedstaaten ergreifen die erforderlichen allgemeinen Maßnahmen um sicherzustellen, dass die Dienstleistungserbringer die in Unterabsatz 1 genannten Beschwerden so schnell wie möglich beantworten und sich um zufrieden stellende Lösungen bemühen.

(2) Die Mitgliedstaaten ergreifen die erforderlichen allgemeinen Maßnahmen um sicherzustellen, dass die Dienstleistungserbringer verpflichtet werden nachzuweisen, dass sie die in dieser Richtlinie vorgesehenen Informationspflichten erfüllen und ihre Informationen zutreffend sind.

(3) Ist es um eine Gerichtsentscheidung zu befolgen notwendig, eine finanzielle Sicherheit zu stellen, so erkennen die Mitgliedstaaten gleichwertige Sicherheiten an, die bei einem in einem anderen Mitgliedstaat niedergelassenen Kreditinstitut oder Versicherer bestellt werden. Solche Kreditinstitute müssen nach Maßgabe der Richtlinie 2006/48/EG zugelassen sein, und solche Versicherer müssen nach Maßgabe der Ersten Richtlinie 73/239/EWG des Rates vom 24. Juli 1973 zur Koordinierung der Rechts- und Verwaltungsvorschriften betreffend die Aufnahme und Ausübung der Tätigkeit der Direktversicherung (mit Ausnahme der Lebensversicherung)(1) bzw. der Richtlinie 2002/83/EG des Europäischen Parlaments und des Rates vom 5. November 2002 über Lebensversicherungen(2) zugelassen sein.

(4) Die Mitgliedstaaten ergreifen die erforderlichen allgemeinen Maßnahmen um sicherzustellen, dass die Dienstleistungserbringer, die Verhaltenskodizes unterworfen sind oder Handelsvereinigungen oder Berufsverbänden angehören, die außergerichtliche Verfahren der Streitbeilegung vorsehen, die Dienstleistungsempfänger davon in Kenntnis setzen und in allen ausführlichen Informationsunterlagen über ihre Tätigkeit darauf hinweisen; dabei ist anzugeben, wie ausführliche Informationen über dieses Streitbeilegungsverfahren und die Bedingungen für seine Inanspruchnahme erlangt werden können.

KAPITEL VI
VERWALTUNGS-ZUSAMMENARBEIT

Artikel 28
Amtshilfe – Allgemeine Verpflichtungen

(1) Die Mitgliedstaaten leisten einander Amtshilfe und ergreifen Maßnahmen, die für eine wirksame Zusammenarbeit bei der Kontrolle der Dienstleistungserbringer und ihrer Dienstleistungen erforderlich sind.

(2) Für die Zwecke dieses Kapitels benennen die Mitgliedstaaten eine oder mehrere Verbindungsstellen und teilen den übrigen Mitgliedstaaten und der

(1) ABl. L 228 vom 16.8.1973, S. 3. Zuletzt geändert durch die Richtlinie 2005/68/EG des Europäischen Parlaments und des Rates (ABl. L 323 vom 9.12.2005, S. 1).

(2) ABl. L 345 vom 19.12.2002, S. 1. Zuletzt geändert durch die Richtlinie 2005/68/EG.

Kommission die Kontaktdaten dieser Stellen mit. Die Kommission veröffentlicht die Liste der Verbindungsstellen und aktualisiert diese Liste regelmäßig.

(3) Ersuchen um Informationen und um Durchführung von Überprüfungen, Kontrollen und Untersuchungen nach Maßgabe dieses Kapitels müssen ordnungsgemäß begründet sein; insbesondere ist anzugeben, weshalb die betreffenden Informationen angefordert werden. Die ausgetauschten Informationen dürfen nur im Zusammenhang mit der Angelegenheit verwendet werden, für die sie angefordert wurden.

(4) Die Mitgliedstaaten stellen bei Erhalt eines Ersuchens um Amtshilfe von den zuständigen Behörden eines anderen Mitgliedstaats sicher, dass die in ihrem Hoheitsgebiet niedergelassenen Dienstleistungserbringer ihren zuständigen Behörden alle Informationen zur Verfügung stellen, die für die Kontrolle ihrer Tätigkeiten nach Maßgabe ihrer nationalen Gesetze erforderlich sind.

(5) Treten bei der Beantwortung eines Ersuchens um Informationen oder bei der Durchführung von Überprüfungen, Kontrollen und Untersuchungen Schwierigkeiten auf, so informiert der betroffene Mitgliedstaat umgehend den ersuchenden Mitgliedstaat, um eine gemeinsame Lösung zu finden.

(6) Die Mitgliedstaaten stellen die von anderen Mitgliedstaaten oder von der Kommission angeforderten Informationen so schnell wie möglich auf elektronischem Wege zur Verfügung.

(7) Die Mitgliedstaaten stellen sicher, dass die Register, in die die Dienstleistungserbringer eingetragen sind und die von den zuständigen Behörden in ihrem Hoheitsgebiet eingesehen werden können, unter denselben Bedingungen auch von den entsprechenden zuständigen Behörden der anderen Mitgliedstaaten eingesehen werden können.

(8) Die Mitgliedstaaten unterrichten die Kommission über Fälle, in denen andere Mitgliedstaaten ihrer Verpflichtung zur Amtshilfe nicht nachkommen. Soweit erforderlich, ergreift die Kommission geeignete Maßnahmen, einschließlich der Verfahren nach Artikel 226 des Vertrags, um sicherzustellen, dass die betreffenden Mitgliedstaaten ihre Verpflichtungen zur gegenseitigen Amtshilfe erfüllen. Die Kommission informiert die Mitgliedstaaten in regelmäßigen Abständen über das Funktionieren der Bestimmungen über die Amtshilfe.

Artikel 29
Amtshilfe – Allgemeine Verpflichtungen für den Niederlassungsmitgliedstaat

(1) In Bezug auf Dienstleistungserbringer, die in einem anderen Mitgliedstaat Dienstleistungen erbringen, übermittelt der Niederlassungsmitgliedstaat die von diesem anderen Mitgliedstaat angeforderten Informationen über Dienstleistungserbringer, die in seinem Hoheitsgebiet niedergelassen sind, und bestätigt insbesondere, dass ein Dienstleistungserbringer in seinem Hoheitsgebiet niedergelassen ist und – seines Wissens – seine Tätigkeiten nicht in rechtswidriger Weise ausübt.

(2) Der Niederlassungsmitgliedstaat nimmt die von einem anderen Mitgliedstaat erbetenen Überprüfungen, Kontrollen und Untersuchungen vor und informiert diesen über die Ergebnisse und, gegebenenfalls, über die veranlassten Maßnahmen. Die zuständigen Behörden werden im Rahmen der Befugnisse tätig,

die sie in ihrem Mitgliedstaat besitzen. Die zuständigen Behörden können entscheiden, welche Maßnahmen in jedem Einzelfall am besten zu ergreifen sind, um dem Ersuchen eines anderen Mitgliedstaats nachzukommen.

(3) Sobald der Niederlassungsmitgliedstaat tatsächliche Kenntnis von einem Verhalten oder spezifischen Handlungen eines in seinem Hoheitsgebiet niedergelassenen und in anderen Mitgliedstaaten tätigen Dienstleistungserbringers erhält, von denen – seines Wissens – eine ernste Gefahr für die Gesundheit oder die Sicherheit von Personen oder für die Umwelt ausgehen könnte, unterrichtet er so schnell wie möglich alle anderen Mitgliedstaaten sowie die Kommission.

Artikel 30

Kontrolle durch den Niederlassungsmitgliedstaat im Fall eines vorübergehenden Ortswechsels eines Dienstleistungserbringers in einen anderen Mitgliedstaat

(1) In Fällen, die nicht von Artikel 31 Absatz 1 erfasst werden, stellt der Niederlassungsmitgliedstaat sicher, dass die Einhaltung seiner Anforderungen gemäß den in seinem nationalen Recht vorgesehenen Kontrollbefugnissen überwacht wird, insbesondere durch Kontrollmaßnahmen am Ort der Niederlassung des Dienstleistungserbringers.

(2) Der Niederlassungsmitgliedstaat kann die Ergreifung von Kontroll- oder Durchführungsmaßnahmen in seinem Hoheitsgebiet nicht aus dem Grund unterlassen, dass die Dienstleistung in einem anderen Mitgliedstaat erbracht wurde oder dort Schaden verursacht hat.

(3) Die in Absatz 1 genannte Verpflichtung bedeutet für den Niederlassungsmitgliedstaat nicht, dass er verpflichtet ist, Prüfungen des Sachverhalts und Kontrollen im Hoheitsgebiet des Mitgliedstaats durchzuführen, in dem die Dienstleistung erbracht wird. Solche Prüfungen und Kontrollen werden auf Ersuchen der Behörden des Niederlassungsmitgliedstaats und im Einklang mit Artikel 31 von den Behörden des Mitgliedstaats durchgeführt, in dem der Dienstleistungserbringer vorübergehend tätig ist.

Artikel 31

Kontrolle durch den Mitgliedstaat, in dem die Dienstleistung erbracht wird, im Fall eines vorübergehenden Ortswechsels des Dienstleistungserbringers

(1) In Bezug auf nationale Anforderungen, die gemäß Artikel 16 oder 17 gestellt werden können, ist der Mitgliedstaat der Dienstleistungserbringung für die Kontrolle der Tätigkeit der Dienstleistungserbringer in seinem Hoheitsgebiet zuständig. Im Einklang mit dem Gemeinschaftsrecht:

a) ergreift der Mitgliedstaat der Dienstleistungserbringung alle erforderlichen Maßnahmen um sicherzustellen, dass die Dienstleistungserbringer die Anforderungen über die Aufnahme und Ausübung der betreffenden Tätigkeit erfüllen;

b) führt der Mitgliedstaat der Dienstleistungserbringung die Überprüfungen, Kontrollen und Untersuchungen durch, die für die Kontrolle der erbrachten Dienstleistung erforderlich sind.

(2) Wechselt ein Dienstleistungserbringer vorübergehend in einen anderen Mitgliedstaat, in dem er keine Niederlassung hat, um eine Dienstleistung zu erbringen, so wirken die zuständigen Be-

hörden dieses Mitgliedstaates in Bezug auf andere Anforderungen als die in Absatz 1 genannten gemäß den Absätzen 3 und 4 an der Kontrolle des Dienstleistungserbringers mit.

(3) Auf Ersuchen des Niederlassungsmitgliedstaats nehmen die zuständigen Behörden des Mitgliedstaats der Dienstleistungserbringung die Überprüfungen, Kontrollen und Untersuchungen vor, die notwendig sind, um die Wirksamkeit der Kontrolle des Niederlassungsmitgliedstaats sicherzustellen. Die zuständigen Behörden werden im Rahmen der Befugnisse tätig, die sie in ihrem Mitgliedstaat besitzen. Die zuständigen Behörden können entscheiden, welche Maßnahmen in jedem Einzelfall am besten zu ergreifen sind, um dem Ersuchen des Niederlassungsmitgliedstaats nachzukommen.

(4) Die zuständigen Behörden des Mitgliedstaats der Dienstleistungserbringung können von Amts wegen Überprüfungen, Kontrollen und Untersuchungen vor Ort durchführen, vorausgesetzt, diese Maßnahmen sind nicht diskriminierend, beruhen nicht darauf, dass der Dienstleistungserbringer seine Niederlassung in einem anderen Mitgliedstaat hat und sind verhältnismäßig.

Artikel 32
Vorwarnungsmechanismus

(1) Erhält ein Mitgliedstaat Kenntnis von bestimmten Handlungen oder Umständen im Zusammenhang mit einer Dienstleistungstätigkeit, die einen schweren Schaden für die Gesundheit oder Sicherheit von Personen oder für die Umwelt in seinem Hoheitsgebiet oder im Hoheitsgebiet anderer Mitgliedstaaten verursachen könnten, so unterrichtet dieser Mitgliedstaat so schnell wie möglich den Niederlassungsmitgliedstaat, die übrigen betroffenen Mitgliedstaaten und die Kommission hierüber.

(2) Zur Durchführung von Absatz 1 unterstützt die Kommission den Betrieb eines europäischen Netzes der Behörden der Mitgliedstaaten und beteiligt sich daran.

(3) Nach dem in Artikel 40 Absatz 2 genannten Verfahren erlässt die Kommission detaillierte Regeln zur Verwaltung des in Absatz 2 des vorliegenden Artikels genannten Netzes und aktualisiert diese regelmäßig.

Artikel 33
Informationen über die Zuverlässigkeit von Dienstleistungserbringern

(1) Auf Ersuchen einer zuständigen Behörde eines anderen Mitgliedstaats übermitteln die Mitgliedstaaten unter Beachtung ihres nationalen Rechts Informationen über Disziplinar- oder Verwaltungsmaßnahmen oder strafrechtliche Sanktionen und Entscheidungen wegen Insolvenz oder Konkurs mit betrügerischer Absicht, die von ihren zuständigen Behörden gegen einen Dienstleistungserbringer verhängt wurden und die von direkter Bedeutung für die Kompetenz oder berufliche Zuverlässigkeit des Dienstleistungserbringers sind. Der Mitgliedstaat, der die Informationen zur Verfügung stellt, informiert den Dienstleistungserbringer darüber.

Ersuchen gemäß Unterabsatz 1 müssen hinreichend begründet sein, insbesondere bezüglich der Gründe für den Antrag auf Information.

(2) Die in Absatz 1 genannten Sanktionen und Maßnahmen werden nur mitgeteilt, wenn eine endgültige Entscheidung ergangen ist. Hinsichtlich der anderen in Absatz 1 genannten vollstreckbaren Ent-

scheidungen muss der Mitgliedstaat, der die Informationen übermittelt, angeben, ob es sich um eine endgültige Entscheidung handelt oder ob Rechtsbehelfe dagegen eingelegt wurden und wann voraussichtlich über diese entschieden wird.

Dieser Mitgliedstaat muss darüber hinaus angeben, aufgrund welcher nationaler Rechtsvorschriften der Dienstleistungserbringer verurteilt oder bestraft wurde.

(3) Bei der Anwendung der Absätze 1 und 2 müssen die Vorschriften über den Schutz personenbezogener Daten und die Rechte von in den betreffenden Mitgliedstaaten – auch durch Berufsverbände – verurteilten oder bestraften Personen beachtet werden. Alle diesbezüglichen Informationen, die öffentlich zugänglich sind, müssen den Verbrauchern zugänglich sein.

Artikel 34
Begleitende Maßnahmen

(1) Die Kommission richtet in Zusammenarbeit mit den Mitgliedstaaten ein elektronisches System für den Austausch von Informationen zwischen den Mitgliedstaaten ein, wobei sie bestehende Informationssysteme berücksichtigt.

(2) Die Mitgliedstaaten ergreifen mit Unterstützung der Kommission begleitende Maßnahmen, um den Austausch der mit der Amtshilfe betrauten Beamten und deren Fortbildung einschließlich Sprach- und Computerkursen zu fördern.

(3) Die Kommission prüft die Erforderlichkeit der Einrichtung eines Mehrjahresprogramms zur Organisation derartiger Beamtenaustausch- und Fortbildungsmaßnahmen.

Artikel 35
Amtshilfe bei Ausnahmen im Einzelfall

(1) Beabsichtigt ein Mitgliedstaat, eine Maßnahme gemäß Artikel 18 zu ergreifen, so ist unbeschadet der gerichtlichen Verfahren, einschließlich Vorverfahren und Handlungen, die im Rahmen einer strafrechtlichen Ermittlung durchgeführt werden, die in den Absätzen 2 bis 6 des vorliegenden Artikels festgelegte Vorgehensweise einzuhalten.

(2) Der in Absatz 1 genannte Mitgliedstaat ersucht den Niederlassungsmitgliedstaat, Maßnahmen gegen den betreffenden Dienstleistungserbringer zu ergreifen und übermittelt alle zweckdienlichen Informationen über die in Frage stehende Dienstleistung und den jeweiligen Sachverhalt.

Der Niederlassungsmitgliedstaat stellt unverzüglich fest, ob der Dienstleistungserbringer seine Tätigkeit rechtmäßig ausübt und überprüft den Sachverhalt, der Anlass des Ersuchens ist. Er teilt dem ersuchenden Mitgliedstaat unverzüglich mit, welche Maßnahmen getroffen wurden oder beabsichtigt sind, oder aus welchen Gründen keine Maßnahmen getroffen wurden.

(3) Nachdem eine Mitteilung der Angaben gemäß Absatz 2 Unterabsatz 2 durch den Niederlassungsmitgliedstaat erfolgt ist, unterrichtet der ersuchende Mitgliedstaat die Kommission und den Niederlassungsmitgliedstaat über die von ihm beabsichtigten Maßnahmen, wobei er mitteilt:

a) aus welchen Gründen er die vom Niederlassungsmitgliedstaat getroffenen oder beabsichtigten Maßnahmen für unzureichend hält;

b) warum er der Auffassung ist, dass die von ihm beabsichtigten Maßnahmen die Voraussetzungen des Artikels 18 erfüllen.

(4) Die Maßnahmen dürfen frühestens fünfzehn Arbeitstage nach der in Absatz 3 genannten Mitteilung getroffen werden.

(5) Unbeschadet der Möglichkeit des ersuchenden Mitgliedstaates, nach Ablauf der Frist gemäß Absatz 4 die betreffenden Maßnahmen zu ergreifen, muss die Kommission so schnell wie möglich prüfen, ob die mitgeteilten Maßnahmen mit dem Gemeinschaftsrecht vereinbar sind.

Kommt die Kommission zu dem Ergebnis, dass die Maßnahme nicht mit dem Gemeinschaftsrecht vereinbar ist, so erlässt sie eine Entscheidung, in der sie den betreffenden Mitgliedstaat auffordert, von den beabsichtigten Maßnahmen Abstand zu nehmen oder sie unverzüglich aufzuheben.

(6) In dringenden Fällen kann der Mitgliedstaat, der beabsichtigt, eine Maßnahme zu ergreifen, von den Absätzen 2, 3 und 4 abweichen. In diesen Fällen sind die Maßnahmen der Kommission und dem Niederlassungsmitgliedstaat unverzüglich unter Begründung der Dringlichkeit mitzuteilen.

Artikel 36
Durchführungsmaßnahmen

Die Kommission erlässt nach dem in Artikel 40 Absatz 3 genannten Verfahren die zur Änderung nicht wesentlicher Bestimmungen dieses Kapitels bestimmten Durchführungsmaßnahmen, indem sie es durch Angabe der in den Artikeln 28 und 35 genannten Fristen ergänzt. Die Kommission erlässt ferner nach dem in Artikel 40 Absatz 2 genannten Verfahren die praktischen Regelungen des Informationsaustauschs auf elektronischem Wege zwischen den Mitgliedstaaten und insbesondere die Bestimmungen über die Interoperabilität der Informationssysteme.

KAPITEL VII
KONVERGENZPROGRAMM

Artikel 37
Verhaltenskodizes auf Gemeinschaftsebene

(1) Die Mitgliedstaaten ergreifen in Zusammenarbeit mit der Kommission begleitende Maßnahmen, um insbesondere Berufsverbände, -organisationen und -vereinigungen zu ermutigen, auf Gemeinschaftsebene im Einklang mit dem Gemeinschaftsrecht Verhaltenskodizes auszuarbeiten, die die Dienstleistungserbringung oder die Niederlassung von Dienstleistungserbringern in einem anderen Mitgliedstaat erleichtern sollen.

(2) Die Mitgliedstaaten stellen sicher, dass die in Absatz 1 genannten Verhaltenskodizes aus der Ferne und elektronisch zugänglich sind.

Artikel 38
Ergänzende Harmonisierung

Die Kommission prüft bis zum 28. Dezember 2010 die Möglichkeit, Vorschläge für harmonisierende Rechtsakte zu folgenden Punkten vorzulegen:

a) die Aufnahme von Tätigkeiten zur gerichtlichen Beitreibung von Forderungen;

b) private Sicherheitsdienste und Beförderung von Geld und Wertgegenständen.

Artikel 39

Gegenseitige Evaluierung

(1) Die Mitgliedstaaten legen der Kommission bis zum 28. Dezember 2009 einen Bericht vor, der die folgenden Angaben enthält:

a) Informationen gemäß Artikel 9 Absatz 2 über die Genehmigungsregelungen;

b) Informationen gemäß Artikel 15 Absatz 5 über die zu prüfenden Anforderungen;

c) Informationen gemäß Artikel 25 Absatz 3 über die multidisziplinären Tätigkeiten.

(2) Die Kommission leitet die in Absatz 1 genannten Berichte an die anderen Mitgliedstaaten weiter, die binnen sechs Monaten nach Erhalt zu jedem dieser Berichte ihre Stellungnahme übermitteln. Gleichzeitig konsultiert die Kommission die betroffenen Interessengruppen zu diesen Berichten.

(3) Die Kommission legt die Berichte und Anmerkungen der Mitgliedstaaten dem in Artikel 40 Absatz 1 genannten Ausschuss vor, der dazu Stellung nehmen kann.

(4) Unter Berücksichtigung der in den Absätzen 2 und 3 genannten Stellungnahme legt die Kommission dem Europäischen Parlament und dem Rat spätestens bis zum 28. Dezember 2010 einen zusammenfassenden Bericht vor; diesem fügt sie gegebenenfalls Vorschläge für ergänzende Initiativen bei.

(5) Die Mitgliedstaaten legen der Kommission spätestens bis zum 28. Dezember 2009 einen Bericht über die nationalen Anforderungen vor, deren Anwendung unter Artikel 16 Absatz 1 Unterabsatz 3 und Absatz 3 Satz 1 fallen könnte; in diesem Bericht legen sie die Gründe dar, aus denen die betreffenden Anforderungen ihres Erachtens mit den Kriterien nach Artikel 16 Absatz 1 Unterabsatz 3 und Artikel 16 Absatz 3 Satz 1 vereinbar sind.

Danach übermitteln die Mitgliedstaaten der Kommission alle Änderungen der vorstehend genannten Anforderungen einschließlich neuer Anforderungen und begründen dies.

Die Kommission setzt die anderen Mitgliedstaaten von den übermittelten Anforderungen in Kenntnis. Diese Übermittlung steht dem Erlass der betreffenden Vorschriften durch den jeweiligen Mitgliedstaat nicht entgegen. Die Kommission legt danach jährlich Analysen und Orientierungshinweise in Bezug auf die Anwendung derartiger Vorschriften im Rahmen dieser Richtlinie vor.

Artikel 40
Ausschussverfahren

(1) Die Kommission wird von einem Ausschuss unterstützt.

(2) Wird auf diesen Absatz Bezug genommen, so gelten die Artikel 5 und 7 des Beschlusses 1999/468/EG unter Beachtung von dessen Artikel 8. Der Zeitraum nach Artikel 5 Absatz 6 des Beschlusses 1999/468/EG wird auf drei Monate festgesetzt.

(3) Wird auf diesen Absatz Bezug genommen, so gelten die Artikel 5a Absätze 1 bis 4 und Artikel 7 des Beschlusses 1999/468/EG unter Beachtung von dessen Artikel 8.

Artikel 41
Überprüfungsklausel

Die Kommission legt dem Europäischen Parlament und dem Rat bis zum 28. Dezember 2011 und danach alle drei Jahre einen umfassenden Bericht über die Anwendung dieser Richtlinie vor. Im Einklang mit Artikel 16 Absatz 4 geht dieser Bericht insbesondere auf die Anwendung des Artikels 16 ein. Er behandelt ferner die Frage, ob zusätzliche Maßnahmen in Bereichen außerhalb des Anwendungsbereichs dieser Richtlinie erforderlich sind. Er enthält gegebenenfalls Vorschläge für die Anpassung dieser Richtlinie im Hinblick auf die Vollendung des Binnenmarktes für Dienstleistungen.

Artikel 42
Änderung der Richtlinie 98/27/EG

Dem Anhang der Richtlinie 98/27/EG des Europäischen Parlaments und des Rates vom 19. Mai 1998 über Unterlassungsklagen zum Schutz der Verbraucherinteressen[1] wird folgende Nummer angefügt:

„13. Richtlinie 2006/123/EG des Europäischen Parlaments und des Rates vom 12. Dezember 2006 über Dienstleistungen im Binnenmarkt (ABl. L 376 vom 27.12.2006, S. 36).“

Artikel 43
Schutz personenbezogener Daten

Bei der Umsetzung und Anwendung dieser Richtlinie und insbesondere der Bestimmungen über Kontrollen werden die Vorschriften zum Schutz personenbezogener Daten, der Richtlinie 95/46/EG und der Richtlinie 2002/58/EG eingehalten.

KAPITEL VIII
SCHLUSSBESTIMMUNGEN

Artikel 44
Umsetzung

(1) Die Mitgliedstaaten setzen die erforderlichen Rechts- und Verwaltungsvorschriften in Kraft, die erforderlich sind, um dieser Richtlinie bis spätestens ab dem 28. Dezember 2009 nachzukommen.

Sie teilen der Kommission unverzüglich den Wortlaut dieser Rechtsvorschriften mit.

Wenn die Mitgliedstaaten diese Vorschriften erlassen, nehmen sie in den Vorschriften selbst oder durch einen Hinweis bei der amtlichen Veröffentlichung auf diese Richtlinie Bezug. Die Mitgliedstaaten regeln die Einzelheiten der Bezugnahme.

(2) Die Mitgliedstaaten teilen der Kommission den Wortlaut der wichtigsten innerstaatlichen Rechtsvorschriften mit, die sie auf dem unter diese Richtlinie fallenden Gebiet erlassen.

Artikel 45
Inkrafttreten

Diese Richtlinie tritt am Tag nach ihrer Veröffentlichung im Amtsblatt der Europäischen Union in Kraft.

Artikel 46
Adressaten

Diese Richtlinie ist an die Mitgliedstaaten gerichtet.

Geschehen zu Straßburg am 12. Dezember 2006.

Im Namen des Europäischen Parlaments	*Im Namen des Rates*
Der Präsident	*Der Präsident*
J. BORRELL FONTELLES	M. PEKKARINEN

[1] ABl. L 166 vom 11.6.1998, S. 51. Zuletzt geändert durch die Richtlinie 2005/29/EG.

www.ingramcontent.com/pod-product-compliance
Lightning Source LLC
Chambersburg PA
CBHW061740210326
41599CB00034B/6746

* 9 7 8 3 9 0 2 5 7 1 4 7 2 *